西夏区年鉴

XI XIA QU NIAN JIAN

2017

《西夏区年鉴》编纂委员会 编

方志出版社
Publishing House of Local Records

图书在版编目(CIP)数据

西夏区年鉴.2017/《西夏区年鉴》编纂委员会编.
—北京:方志出版社,2018.12
ISBN978-7-5-5144-3592-4

I.①西··· II.①西 III.①区(城市)—银川—
2017—年鉴 Ⅳ.①Z524.34

中国版本图书馆 CIP 数据核字(2019)第 020579 号

西夏区年鉴(2017)

编　　者:《西夏区年鉴》编纂委员会
责任编辑:张　颢

出 版 人:冀祥德
出 版 者:方志出版社
　　地址　北京市朝阳区潘家园东里 9 号(国家方志馆 4 层)
　　邮编　100021
　　网址　http://www.fzph.org
发　　行:方志出版社图书经销中心
　　电话(010)67110500
经　　销:各地新华书店
印刷装订:宁夏凤鸣彩印广告有限公司

开　　本: 889mm × 1194mm　　1/16
印　　张:
字　　数: 781 千字
印　　次: 2018 年 12 月第 1 版　　2018 年 12 月第 1 次印刷
印　　数: 0001~1000 册

ISBN 978-7-5144-3592-4　　定价 330.00 元

《西夏区年鉴》编纂委员会

名誉主任　雍　辉

主　　任　刘　虹

副 主 任　党　成　路爱宁　谢乐军　李天保　杨义策

委　　员（以姓氏笔画为序）

马　涛　马世宏　马志强　马宏军　马春宁　马春花　马春梅
马晓凤　马海波　马富琴　王　芳　王有忠　尤银健　邓瑞红
尹志刚　尹国略　石平院　田晓霞　冯兆宏　吕淑华　朱立红
伍爱民　向伯安　刘　军　刘　炜　刘翠华　安　锋　安治祎
米广荣　祁凤玲　孙业峰　孙春芳　杨　艳　李　光　李　芳
李　晶　李晓颖　李静民　吴素娟　何剑锋　何曼丽　余文平
张　冰　张永明　陈　伟　陈学忠　纳丽瓦　郑淮忠　罗继龙
金　玲　周建红　周德强　侯小成　高　军　高　峰　郭秀山
郭锁华　唐慧明　黄建新　黄晓晨　韩　栋　蒋新泽　樊荣春
戴凤琴

《西夏区年鉴》（2017）编辑部

主　　编　何剑锋

特邀编辑　张明鹏

资料征集、彩页采编：　蒋　博　魏征兵　杨学秀　杨晓娟

《西夏区年鉴 2017》撰稿人员

（按姓氏笔画为序）

丁建涛	于　颖	于嘉莉	马吉娟	马名立	马荣荣	马智敏
马佳妮	王　亮	王　晗	王　辉	王依婷	牛卫东	石　倩
白小莉	任　杰	刘　慧	孙　欣	杨　洁	杨学秀	杨美欧
李　乐	李　娜	李　鹏	李　鑫	李芸芸	李虹遐	李晓运
李清江	李淑云	李琳娜	冶永春	张　心	张树鹏	张晓娜
张微歌	张新花	陈虹余	林　栋	罗　刚	周文涛	周梦涛
赵晓楠	胡纪康	禹银芳	耿艳芳	徐　敏	郭毓杰	陶　芬
曹文山	崔惠芳	康　君	梁建军	梁　洁	董艳婷	谢　杨
雷张龙	樊富成	潘春笛	潘厚俊	魏建华	魏晓玲	

编辑说明

一、《西夏区年鉴》是由中共西夏区委、区人民政府主办，区档案局组织实施，各参编单位共同编纂公开出版的综合性资料年刊。以马列主义、毛泽东思想、邓小平理论、“三个代表”重要思想、科学发展观和习近平新时代中国特色社会主义思想为指导。旨在逐年记述本行政区域年度内自然、政治、经济、文化、社会等方面的情况，所载资料全面、系统、翔实、准确，是国内外各界人士了解西夏区的权威性工具书。

二、按照年鉴是收录上年度综合工作的资料性工具书的定位，《西夏区年鉴（2017）》所收录的资料上限起自2016年1月1日，下限截至2016年12月31日。为了较完整地保存和积累地方文献资料，对一些史实作了简要的上溯。由于个别单位未按要求提供资料，以致缺载，请予见谅。

三、《西夏区年鉴（2017）》主要收集2016年西夏区各项事业发展的基本情况。主体内容分为类目、分目、条目三个层次，条目标题采用黑体字并加【】表示。全书设特载、组织机构和负责人、大事记、西夏区综览、中共西夏区委员会、西夏区人民代表大会、西夏区人民政府、中国人民政治协商会议西夏区委员会、社会团体、民主党派、法治、军事、综合经济、经济管理、财政税务、城乡建设与交通管理、科学技术、人口与医疗卫生事业、文化 体育 教育 旅游、社会管理与服务、镇·街道、人物与集体、附录共23个类目。

四、稿件大部分资料由西夏区直各部门、各单位、各镇、街道办及区市驻西夏区有关单位提供，《西夏区年鉴》编辑部撰写了部分稿件并统纂全书。所提供的资料均因统计时间、口径不同等原因，个别数据在不同稿件中可能不尽一致，敬请读者采用时引起注意，所有数据均以西夏区统计局资料为准。

五、本年鉴的编辑出版得到了西夏区各级各部门和有关单位领导的大力支持，广大撰稿人员为此付出了辛勤的劳动，在此一并致以诚挚的谢意。由于编纂经验不足，水平有限，且本年鉴篇幅较大，图文虽经多次审核、校对，仍难免有差错和疏漏之处，恳请各级领导和广大读者对我们编辑工作中的错误与疏漏予以指正，并提出宝贵意见。

西夏区年鉴编辑部

2018年3月

西夏区交通图

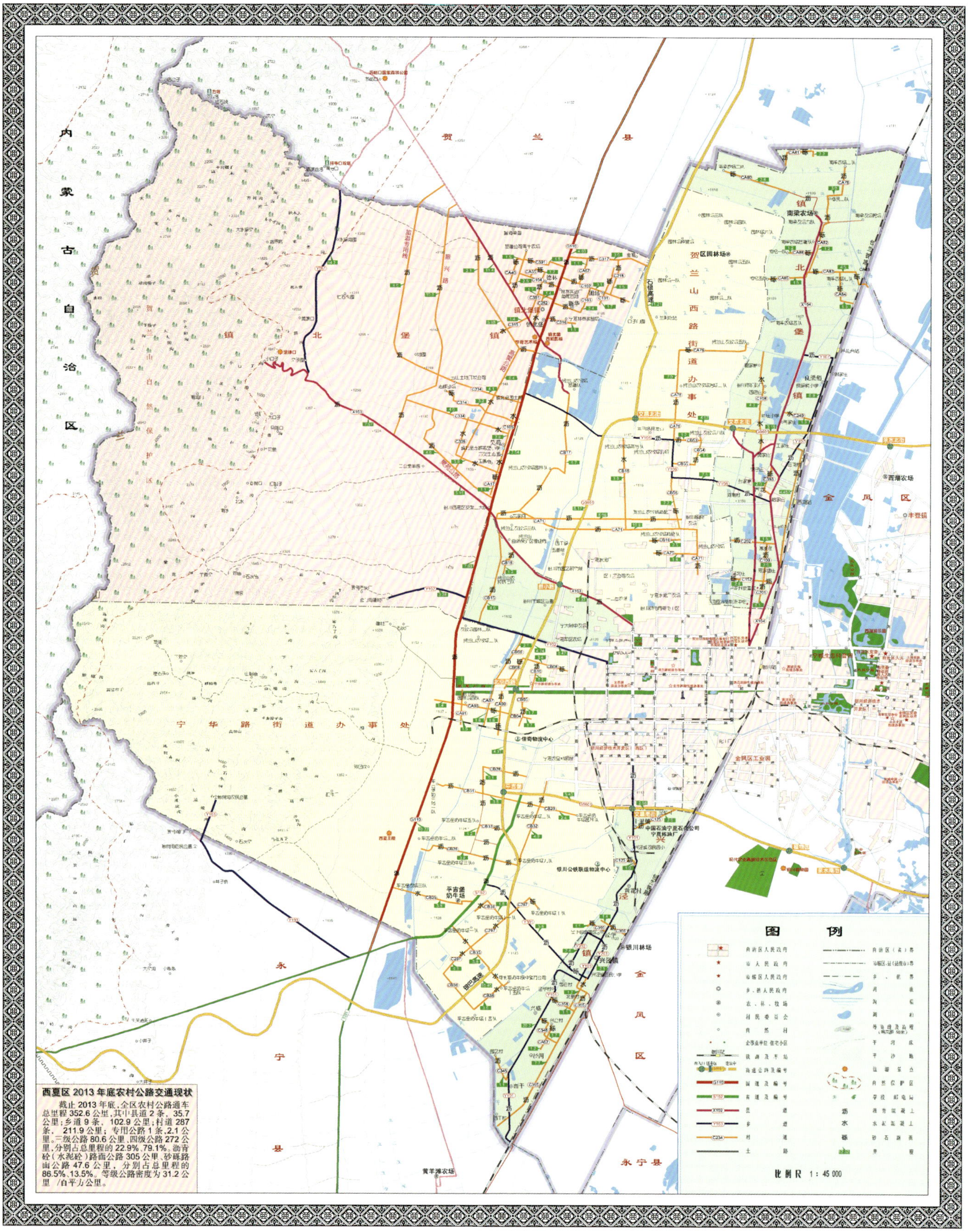

西夏区 2013 年底农村公路交通现状

截止 2013 年底，全区农村公路通车总里程 352.6 公里，其中县道 2 条，35.7 公里；乡道 9 条，102.9 公里；村道 287 条，211.9 公里；专用公路 1 条，2.1 公里。二级公路 80.6 公里、四级公路 272 公里，分别占总里程的 22.9%、79.1%。沥青砼（水泥砼）路面公路 305 公里、砂砾路面公路 47.6 公里，分别占总里程的 86.5%、13.5%。等级公路密度为 31.2 公里/百平方公里。

2013 年 11 月　　内部用图　　西夏区建设交通局　编制　电话：0951-6888941

2016 年 9 月 8 日，自治区主席咸辉（右四）在华西村慰问学校教师

2016 年 8 月 24 日，自治区党委副书记崔波（前排右二）到宁夏电商谷实地调研

2016 年 4 月 21 日，自治区人大常委会副主任吴玉才（前排中）在共享集团调研

2016 年 3 月 31 日，国家统计局服务业司副巡视员王群英（前排右二）一行调研西夏区服务业统计工作

2016 年 2 月 18 日，银川市商务局局长郝春明（前右）到宁夏电商谷调研

2016 年 9 月 20 日，西夏区委书记雍辉到西马银小学调研

2016 年 6 月 30 日，西夏区人大常委会常务副主任徐克东（右二）到江南小区调研老旧小区节能改造情况

2016 年 3 月 31 日，西夏区区长刘虹(右三)观摩老旧小区城乡环境综合治理工作

2016 年 9 月 27 日，西夏区召开中共银川市西夏区第三届委员会第一次全体会议

2016 年 11 月 1 日，西夏区召开西夏区第四届人民代表大会第一次会议

2016 年 1 月 19 日，西夏区召开学习贯彻《中国共产党纪律处分条例》专题辅导培训会

2016 年 6 月 27 日，西夏区召开建党 95 周年暨“两学一做”学习教育表彰大会

2016 年 9 月 23 日，西夏区委举行 2016 年第 9 次中心组学习（扩大）暨长征故事报告会

2016 年 4 月 1 日，西夏区召开全域旅游示范区创建工作动员大会

2016 年 3 月 7 日，举行西夏区庆“三八”创业就业表彰暨首届“最美西夏人”“西夏杯”微电影大赛颁奖大会

2016 年 4 月 7 日，西夏区文化体育旅游局与高孚（宁夏）投资控股有限公司、宁夏尊园实业有限公司战略合作签约仪式

2016 年 6 月 27 日，西夏区人民政府与国家电投宁夏能源铝业集团有限公司战略合作签约仪式

2016 年 9 月 2 日，宁夏农垦集团公司与西夏区人民政府《战略合作协议》签约仪式在西夏区行政中心举行

2016 年 9 月 2 日，西夏区商贸物流与经合局与宁夏宁垦电子商务有限责任公司《中垦电子商务平台项目合作协议》签约仪式在西夏区行政中心举行

2016 年 11 月 21 日，西夏区与中铁二十三局第二工程有限公司合作发展签约仪式在西夏区行政中心举行

2016 年 12 月 3 日，西夏区政府与中国电信、易可智联、宁夏优品汇项目签约仪式在西夏区行政中心举行

2016 年 4 月 6 日，厦门风云科技有限公司董事长王昌淦一行 6 人在宁夏电商谷调研考察

2016 年 4 月 11 日，外国友人参观西夏区文化产业基地

2016 年 2 月 29 日，西夏区举行 2016 年第一批重点建设项目集中启动誓师大会

2016 年 11 月 1 日，西夏区举行 2016 年“准备之冬”项目集中开工仪式

海尔虚实网即将建成

润恒城二期项目建设顺利

正在建设中的文化宫商业广场

建设中的泾华苑三期A区B区

兴泾镇小商品城

2016 年 2 月 6 日，首届西夏古城传统文化庙会开幕

2016 年 2 月 22 日，西夏区举办“万达杯”社火巡演大赛

2016 年 4 月 28 日，宁夏十大金牌旅游小吃授牌暨首届西北五省特色小吃美食节启动仪式

2016 年 5 月 18 日，西夏区科协联合北方民族大学开展流动试验室进校园活动

2016 年 5 月 26 日，西夏区第二届邻里”百家宴“活动在园缘小区开展

2016 年 8 月 29 日，西夏区“金秋助学 情暖人间”助学金发放启动仪式在西夏万达广场举行

2016 年 9 月 19 日，西夏区举办全国科普日活动启动仪式暨机器人、无人机、科普大篷车进社区展演活动

2016 年 10 月 29 日，中国银川环西夏自行车赛贺兰山赛段

目 录

专 载

组织机构和负责人

大事记

西夏区综览

中共西夏区委员会

综 述

重要会议

纪检监察

组织工作

西夏区人民代表大会

西夏区人民政府

中国人民政治协商会议西夏区委员会

社会团体

共青团

妇 联

科学技术协会

残疾人联合会

工商业联合会

民主党派

民革西夏区支部

法　治

军 事

综合经济

财政税务

城乡建设与交通管理

文化 体育 教育 旅游

文 化

体 育

教 育

旅 游

社会管理与服务

人力资源和社会保障

镇·街道

文昌路街道

宁华路街道

西花园路街道

怀远路街道

人物与集体

领导简介

见义勇为先进个人事迹

附　录

索　引

特 载

转型突破 跨越发展 为建设美好西夏而奋斗

——在中国共产党银川市西夏区第三次代表大会上的报告

西夏区委书记 雍 辉

各位代表、同志们：

现在，我代表中共银川市西夏区第二届委员会向大会作报告，请予审议。

中国共产党银川市西夏区第三次代表大会，是在西夏区深入实施“十三五”规划、全面建成小康社会进入决胜阶段召开的一次十分重要的大会。大会的主要任务是：回顾总结区委二次党代会以来的工作，科学确立未来五年的目标任务，选举产生新一届区委、区纪委领导班子，动员全区各级党组织、全体共产党员和广大干部群众，解放思想，奋力前进，转型突破，跨越发展，为建设美好西夏而努力奋斗。

过去五年：砥砺奋进，发展成就显著

第二次党代会以来，在自治区党委和银川市委的坚强领导下，我们团结带领西夏区党员干部群众，全面贯彻落实党的十八大和十八届三中、四中、五中全会精神，深入学习贯彻习近平总书记系列重要讲话精神，认真落实区市党委的各项决策部署，聚精会神抓党建、一心一意谋发展、攻坚克难求突破，全区经济、政治、文化、社会建设以及生态文明建设和党的建设取得新成就，开创了科学发展新局面，谱写了富民强区新篇章。

发展思路进一步清晰。以解放思想为先导，在深入分析西夏区发展优势、发展条件和发展环境的基础上，凝聚干部群众智慧，明确了加快建设商贸物流城、新型工业城、现代大学城、文化旅游城、运动休闲城“五城”，着力打造镇北堡镇温泉葡萄影视文化休闲特色明星镇、兴泾镇回乡风情卫星镇“两翼”，构建了银川商业次中心。围绕“五城一心两翼”定位布局，大力实施新型工业强区、商贸物流活区、文化旅游兴区、科教人才铸区、凝心聚力建区“五大战略”和以产业发展为基础、财政增收为核心的“西夏突破”发展战略，统一了全区上下的思想，凝聚了

党心民心，引领了经济社会又好又快发展。

综合实力迈上新台阶。2011 年至 2015 年，全区地区生产总值年均增长 9%；固定资产投资年均增长 19.4%；规模以上工业总产值达到 405.65 亿元，是 2011 年的 1.99 倍，增加值达到 91.7 亿元，是 2011 年的 2.02 倍；财政收入年均增长 19.9%，连续跨越两个亿元台阶，达到 3.51 亿元；社会消费品零售总额达到 22.64 亿元，是 2011 年的 1.27 倍；城镇和农村人均可支配收入分别是 2011 年的 1.41 倍和 1.85 倍，年均增长 11%和 13.4%，跑赢 GDP 增速。先后荣获全国文化先进县（区）、全国“双拥模范城区”八连冠等 220 余项国家和区市级荣誉。

项目建设取得重大突破。坚持经济工作项目化，累计实施重点项目 248 个，其中亿元以上大项目 72 个，完成固定资产投资 716.19 亿元，招商引资到位资金 293.2 亿元，分别是“十一五”时期的 3.2 倍和 5.39 倍。首次引进海尔、万达、绿地等世界 500 强和中国 500 强企业落户西夏区，镇北堡镇温泉小镇、西夏古城等一批大项目建成投入运营，打造了新的经济增长点，产业集聚和示范带动效应日益凸显。

转变经济发展方式取得明显成效。深入实施传统产业优化升级和新兴产业培育壮大工程，实现了由工业一业独大向多元支撑转型发展。以西夏万达和润恒物流园为引领的商贸核心区，以金波街、同心街、文萃街为支撑的多元化商贸服务圈，以贺兰山东麓葡萄文化旅游商贸带和银西铁路生产资料物流带为重点的商贸物流带，构建了“一核两圈两带”商贸物流发展新格局；全域旅游示范县（区）创建工作亮点频闪，西夏风情园等一批文化旅游休闲项目相继建成，葡萄种植达到 3.42 万亩，特色酒庄达到 24 座，实现了西线黄金旅游带与贺兰山东麓葡萄文化长廊融合发展；以宁夏电商谷为引领的电商企业集群，打造了经济发展新引擎。城区老工业基地搬迁改造取得突破性进展，《银川市西夏区城区老工业搬迁改造实施方案》获自治区政府批复，共享装备列入国务院首批企业双创示范基地。都市型特色现代农业提质增效，培育了上陵巴氏奶生产基地、奇正沙湖枸杞深加工等一批“接二连三”产业链项目，特色农产品产值占农业总产值达到 90%以上，有力推动了农业与二三产业融合发展。

产城融合发展取得重大进展。深入实施“五城一心两翼”产城融合发展战略，构建了以主城中心区为龙头的“一中心三片区”特色产业集群，形成了中商西游南北物流产城融合发展格局。主城中心区，以西夏万达为引领的生活性服务业提档升级，2015 年全区实现社会消费品零售总额 22.6 亿元，是 2011 年的 1.27 倍；镇北堡镇（西片区），对镇区基础设施进行了全面改造提升，实施了幸福小镇安置区建设，建成了丝路美食街、红酒博物馆等文化旅游项目，有效提升了西线黄金旅游线综合承载力；兴泾镇(南片区),实施了中石油大气防护带征地动迁、西夏区新市民创业市场、肉牛养殖园区、泾华园安置区等重大项目建设,特别是文昌南路的拓宽改造，打通了商贸物流产业发展大动脉，公铁物流城的集聚优势日益凸显;老芦花地区(北片区),实施了芦花洲土地增减挂钩一期和润恒物流城项目,有效解决了7000余人上楼后的就业、增收、发展等问题,加快了城乡一体化进程。

城乡面貌显著变化。全力推进城乡基础设施建设、棚户区改造等重大工程,110国道综合改造、文昌南街拓宽改造等道路畅通工程和农村公路建设项目，打通了城市交通主动脉,健全了城乡路网微循环。实施盈北家园康居B区等棚户区改造项目和老旧小区综合改造，城乡人居环境不断改善提升。深入实施“美丽银川行动”、主干道路大整治大绿化、城乡环境综合治理等工程，全面推行城管环卫一体化管理,“两宜两化”城市水平优化提升，彰显了宜居宜业、富有活力、舒朗大气的城市风格。

社会事业全面进步。5年来,财政民生支出年均占公共财政支出的80%以上。义务教育均衡发展，实施校安工程74个,新建中小学校幼儿园11所,办学条件不断改善。基层医疗卫生服务水平大幅提升,建成西夏区卫生服务大楼、残疾人康复托养中心和13所农村标准化村卫生室,荣获全国基层中医药工作先进(县)区。文化惠民工程全面推广,建成“两馆三中心”等一批公共文化体育阵地，成功创建全国先进文化县(区)。社会保险、救助、福利、慈善和养老事业稳步发展，建成全区首家公建民营敬老院和老年人营养餐配送中心，一批老年人日间照料中心和活动中心投入使用。深入实施“大众创业富民”行动,打造了801文化创意创业孵化园、银川(西夏)大学生创业孵化基地等一批创业就业平台。扎实推进扶贫攻坚，全面消除了集体经济“空壳村”,圆满完成了“十二五”期间移民搬迁任务。新设立怀远路街道办事处,结束了西马银自主迁徙居民长期缺乏管理服务的困局。

民主政治建设全面推进。人大及其常委会认真履行职能,创新工作方法,代表向选区报告工作、代表约见地方国家机关负责人办理代表议案建议等工作被评为全市创新亮点工作。政府依法行政水平、公共服务能力和管理社会事务能力不断提升。政治协商、民主监督、参政议政有声有色,为推动经济社会加快科学发展聚智聚势聚力。群团组织围绕中心、服务大局,工作有亮点、有创新。爱国统一战线巩固壮大,形成了合力推进“西夏突破”发展的强大力量。深入开展民族团结创建工作,有序推进合坊并寺,宗教领域和谐稳定。社会治理体系不断完善,“平安西夏”建设成效显著,公众安全感不断增强。国防后备力量进一步加强,军民融合式发展、双拥共建取得新成效。

从严治党全面加强。牢固树立“抓党建是最大政绩”的理念,以严的要求和实的作风全面加强党的建设。扎实开展党的群众路线教育实践活动和“三严三实”、“两学一做”学习教育，凝聚了思想共识，汇聚了发展合力。大力践行“四心”工作法，持续深化拓展“先富带后富”“三联三互”党建载体，扎实开展“双增双减”“先锋”“堡垒”工程，基层服务型党组织建设水平进一步提升。坚持用“好干部”标准选拔干部，注重在基层一线和重点工作、重大项目建设的主战场锻炼、考察、识别和任用干部，领导班子和干部队伍建设不断加强。认真落实党风廉政建设“两个责任”，深入开展“正风提效促跨越”、治理“三政两不为”等专项整治行动，严格落实中央“八项规定”精神，驰而不息纠治“四风”，严肃查处违纪违法案件，营造了风清气正的政治生态。

过去五年，是思想再解放、积极探索西夏发展新路的五年，我们深化了对区情的再认识，打开了以工业为主导向商贸物流文化旅游服务业为引领的转型发展新境界。过去五年，是全区人民同舟共济、经受考验的五年，面对工业转型、职工下岗、经济增速放缓、社会兜底压力增大等内外交织的困局，我们上下齐心，攻坚克难，“西夏突破”取得阶段性成果。过去五年，是夯实发展基础、增创发展优势的五年，我们站在了新的发展起点上，为转型突破、跨越发展提供了难得机遇，拉开了建设美好西夏的序幕。

五年的成绩来之不易，是区市党委坚强领导、亲切关怀的结果，是历届领导班子和老领导、老同志打下良好基础，长期支持的结果，是全区各级党组织、共产党员和干部群众团结奋斗、扎实苦干的结果，是所有投资者、建设者和关心西夏区发展的各界人士、各方朋友鼎力支持的结果。在此，我代表中共银川市西夏区第二届委员会，向为西夏区经济社会发展付出辛勤劳动的全体党员、干部群众，向所有关心、支持、参与西夏区改革发展的同志们、朋友们，表示衷心的感谢并致以崇高的敬意！

五年来，我们在攻坚克难中奋力追赶，在开拓创新中奋勇争先，在激情奋斗中收获喜悦。成绩来之不易，经验弥足珍贵，我们深刻地感悟到，做好西夏区的工作，必须坚持党的领导这一根本，坚决贯彻落实党中央和自治区党委的决策部署，认真落实市委工作要求，切实发挥好区委的领导核心作用、基层党组织的战斗堡垒作用和广大共产党员的先锋模范作用；必须坚持以解放思想为先导，不断深化对世情、国情、区情和实情的认识，注重把中央、区市的各项决策部署具体化，着力做好“结合”文章，走符合西夏区实际的发展路子；必须坚持发展第一要务不动摇，把产业发展作为重要支撑，把项目建设作为重要抓手，抢抓机遇、乘势而上、加快发展；必须坚持改善民生不懈怠，持续提高城乡居民生活水平，不断提升人民群众获得感、幸福感；必须坚持发扬求真务实、奋力拼搏的实干精神和自

强不息、敢拼能赢的工作作风，以新状态适应新常态，以新作为引领新常态。

总结过去，激励我们跨越发展的豪情壮志；面向未来，我们清醒认识到存在的困难与挑战。我们一定要看到，发展不足、发展不快仍是西夏区最大的实际；转型突破、跨越发展依然是最紧迫的任务，发展质量不高、财力弱、综合竞争力不强仍是发展中最突出的问题。城市基础设施和配套服务功能还不够完善，商贸物流服务业和新兴产业起步较晚，转型突破、跨越发展的任务依然艰巨。党的建设还存在薄弱环节，全面从严治党仍须常抓不懈。上述挑战和问题，我们必须采取有力举措认真加以解决。

展望五年：转型突破，力推跨越发展

各位代表、同志们，未来五年是西夏区加快转型、奋力突破的攻坚阶段，是实现弯道超车、跨越发展的关键时期。今年7月，习近平总书记来宁视察时深刻指出，“发展不足仍是宁夏最大的实际，要坚持发展第一要务，贯彻新发展理念，主动服务和融入国家发展战略，立足自身优势，努力实现经济繁荣、民族团结、环境优美、人民富裕，确保与全国同步建成全面小康社会。”总书记的重要讲话为自治区的发展明确了新定位、赋予了新使命，也为我们西夏区各项工作提供了根本遵循和行动指南。自治区党委要求我们加快转型升级步伐，市委、政府支持西夏区突破发展，这都为我们加快发展、跨越发展指明了方向、增添了力量。

发展如逆水行舟，不进则退，慢进也是退。特别是面对当前经济发展新常态，如果我们不能主动适应新常态，深刻领会贯彻落实新发展理念，切实增强加快转变经济发展方式的自觉性和紧迫感，不但不会在经济发展新旧动能迭代更替过程中把握主动、抢占先机，而且还会在将来的发展过程中陷入举步维艰的严峻形势。今后五年，我们最重要、最紧要的任务，就是推进西夏转型突破、跨越发展，这是立足西夏实际、实现更好更快发展的现实需求；是我们贯彻区市党委决策要求，顺应人民群众期盼的战略选择。要以转型突破、跨越发展为主线，把西夏区建设成为宁夏乃至西北地区重要的新型工业基地、教育产业高地、文化旅游胜地、商贸物流中心。今天的西夏，非常需要这样的信念、勇气和智慧。

谋大事、办实事，须明大局、观大势。谋划好今后五年的工作，必须进一步把握世情、国情、区情、实情，认清客观规律，适应形势变化，做到因势而谋、应势而动、顺势而为、借势而进。我们要看到面临的困难挑战：当前和今后一段时期，发展的外部环境不稳定不确定因素增多，我们自身面临着既要“赶”、又要“转”的双重任务，承受着既要“弯道超车”、又要“行稳致远”的双重要求。我们更要看到，转型突破、跨越发展，我们有机遇、有基础、有条件、有潜力。从外部条件看，国家“一带一路”战略深入推进，西部大开发向西部大开放延展，自治区“四个宁夏”和银川市“两宜两化”城市建设稳步推进，国务院批准银川市建设西北地区重要的中心城市，这些都为西夏区转型突破、跨越发展释放了一系列重大机遇利好。从区情实际看，西夏区与历史上的“神秘西夏”有天然联系，历史悠久，遗址多样，文化荟萃，具有很高的知名度、美誉度和影响力，为今日西夏区的发展提供了丰富的文化沃土、闪亮的发展名片。西夏区文化旅游资源集中，是休闲、旅游、度假的理想之地，随着自治区打造贺兰山东麓葡萄文化长廊、宁夏西线黄金旅游带，以及创建全国全域旅游示范区、实施城区老工业基地调整改造，自身得天独厚、蓄势待发的资源优势将更加凸显，形成了跨越发展新的增长极、增长链。西夏区交通便利，物流交通运输体系日益完善，公铁联运辐射带动作用不断增强，中阿班列开通和乌力吉口岸建设，为大开放大发展提供了大通道。西夏区发展要素聚集，汇聚了自治区40%左右的高等院校和科研院所，科教人才资源、消费群体和劳动力资源富集，土地资源潜力大，是创新创业的理想之地。“西夏突破”战略深入推进，城乡居民收入水平不断提升，发展内生动力显著增强，特别是“十二五”期间谋划建设的一批产业项目，在今后几年将呈现聚集引领的后发效应。西夏区社会和谐稳定的局面不断巩固，干部群众谋发展、奔小康，思稳定、求发展的意识十分强烈，这是我们推进各项社会事业发展的强大动力。

综合研判，西夏区面临的发展机遇与挑战并存，机遇大于挑战，希望与困难同在，希望多于困难，仍然处于大有可为、大有作为的重要时期，我们一定要适应新常态，抢抓新机遇，做到发展有新思路，改革有新突破，开放有新局面，各项工作都有新业绩。

今后五年工作的指导思想是：高举中国特色社会主义伟大旗帜，以邓小平理论、“三个代表”重要思想、科学发展观为指导，认真贯彻落实习近平总书记系列重要讲话和来宁视察重要讲话精神，按照“五位一体”总体布局和“四个全面”战略布局，秉持“五大发展理念”，紧扣自治区“四个宁夏”和银川市“两宜两化”目标，围绕“五城一心两翼”产城融合发展布局和“西夏突破”战略任务，以转型突破、跨越发展为主线，以提高发展质量和效益为中心，强力实施“六大战略”，着力推进经济持续健康发展、着力保持社会和谐稳定、着力巩固和发展党的执政基础，努力建设经济繁荣、民族团结、环境优美、人民富裕的美好西夏。

今后五年的奋斗目标是：全面完成“十三五”规划目标任务，社会事业全面进步的同时，经济实力明显提升，实现“两翻番两同步一增强”（到2020年地区生产总值和地方公共财政预算收入在2010年的基础上翻一番；城乡居民收入与经济增长同步；劳动报酬提高与劳动生产率提高同步；城乡基础设施支撑能力显著增强），全面建成小康社会，新型工业基地、教育产业高地、文化旅游胜地、商贸物流中心的集聚效应和优势进一步显现。

——经济保持中高速增长。在提高发展质量的基础上，经济增速高于全区平均水平，年均增长8%；规模以上工业增加值年均增长5%；地方公共财政预算收入年均增长12%以上；固定资产投资年均增长10%以上；社会消费品零总售额年均增长8%；常住人口城镇化率达到93%以上。

——改革创新有新局面。重点领域和关键环节改革取得实质性突破，部分改革事项走在区市前列。投资发展环境进一步优化，开放型经济和开放通道建设取得明显成效。科技创新能力显著增强，科技成果产业化步伐进一步加快，大众创业万众创新成效显著。

——产业转型升级取得重大突破。城区老工业基地搬迁改造顺利推进，传统产业质量和效益显著提升，都市现代农业发展势头强劲，高成长性、高技术产业和轻工业占工业比重明显提高，商贸物流、文化旅游、葡萄产业等优势产业和电子商务、金融服务等新兴产业蓬勃发展，第三产业增加值占GDP比重50%以上，主要经济指标更加协调，产业布局更趋合理。

——人民生活品质持续提升。就业更加稳定，城乡居民人均可支配收入年均分别增长9%和10%以上，基本医疗卫生制度体系健全，社会保险实现人员全覆盖。学前教育、基础教育、职业教育、民办教育水平大幅提升，精准扶贫脱贫全面完成，群众对美好西夏建设的幸福感和获得感不断增强。

——社会文明程度显著提高。中国梦和社会主义核心价值观更加深入人心，政治文明、精神文明和物质文明协调推进，人民思想道德素质、科学文化素质、健康素质全面提升，全社会法治意识、诚信意识不断增强，法治政府基本建成，各方面制度更加健全，社会治理体系更加完善，民族团结、宗教和顺、社会安定的局面更加巩固。

——生态环境持续改善。绿色发展理念深入人心，节能减排任务全面完成，主要污染物排放总量大幅减少。能源、土地、水资源综合利用水平不断提升，城市精细化管理水平进一步提高，生态景观提升、美丽乡村建设取得显著成效，城市建成区绿化覆盖率超过40%，“碧水蓝天、明媚银川、生态西夏”的名片更加靓丽。

——党的建设不断加强。“两个责任”落实到位，党的思想建设不断提高。基层组织党建规范化水平大幅提升，基层党组织的战斗堡垒和党员先锋模范作用充分发挥。干部培养选拔管理考核使用更加科学规范，干部队伍、人才队伍结构更趋合理，党风政风明显好转，党群干群关系更加密切，政治生态风清气正。

实现上述目标，必须坚持五个方面的

原则：一是牢固树立“双调双转”理念，解放思想，突破固化思想和内陆心态，用世界眼光和全球化思维敏锐发现机遇，实干赢得机遇，释放发展优势，破解发展难题，切实在解放思想中统一思想，在统一思想中凝聚力量，以思想上的“融化坚冰”，转化为行动上的“突出重围”；二是牢固树立和贯彻落实新发展理念，确保在创新发展上求突破，在协调发展上下功夫，在绿色发展上用实招，在开放发展上抢机遇，在共享发展上见成效；三是加快新旧发展动能接续转换，推进新动能异军突起、传统动能转型升级，在做大总量中优化结构、在加快发展中提高质量效益、在协调互动中升级转型，实现三次产业协调发展，开创经济转型升级新局面；四是坚持以人才科技创新为引领，借助“互联网+”大趋势，着力培育发展新产业、新业态，打造新模式，形成新的经济增长点、增长极、增长链，使经济社会发展充满生机与活力；五是在遵循发展规律的前提下，发展能快则快，又好又快，更好更快，努力缩小与兄弟县区的差距，实现跨越发展。

“转型突破、跨越发展，建设美好西夏”，是时代的要求、人民的期盼，是我们面向未来作出的庄严承诺。全区各级党组织和全体党员一定要不负重托、不辱使命，用智慧汗水把宏伟蓝图变为美丽现实，让一个宜居宜业宜游的新西夏，一个经济繁荣、民族团结、环境优美、人民幸福的美好西夏展现在世人面前。

奋战五年：实施“六大”战略，建设美好西夏

宏伟蓝图已绘就，奋发有为正当时。今后五年，我们必须进一步解放思想，大力践行“不到长城非好汉”的宁夏精神，突出重点，狠抓关键，强力推进工业转型突破、金融创新突破、商贸物流突破、全域旅游突破、产城融合突破、社会事业提升“六大战略”，奋力建设美好西夏。

（一）实施工业转型突破战略，奋力打造工业升级新高地

西夏区是自治区的老工业基地，工业一业独大的局面造成产业结构矛盾突出，转方式、调结构、促升级的任务十分迫切。要坚定不移地实施工业转型突破战略，实现工业发展速度、结构、质量和效益相统一，推进西夏区经济协调发展。

加快传统工业转型升级。全面推进城区老工业基地搬迁改造工作，积极引进“高轻新”产业企业，加快“退二进三”步伐，实现“腾笼换鸟”，到2020年全面完成13家高耗能、高污染、低产能企业异地搬迁和12家企业的提升改造。坚定不移推进供给侧结构性改革，全面落实“三去一降一补”五大任务，采取差别化政策和市场倒逼机制，清理整顿“僵尸企业”，逐步淘汰落后产能，促进石油化工、铁合金、水泥等资源类和重化工类企业转型升级，全面提升质量和效

益，增强企业核心竞争力和品牌知名度。充分发挥老工业基地的区域优势和政策优势，紧盯“中国制造 2025”，深入实施“反梯度”战略，一步承接产业前沿，千方百计培育新能源、新材料、智能制造等战略新兴产业，逐步改变能源、石化企业占比过大的局面，促进工业结构由重向轻转变、产业链条由前端向末端延生、价值链条由低端向高端攀升，全面提升工业经济综合实力，着力打造新型工业基地。

做大做强主导产业。深入实施工业强基工程，一手抓技术改造调优存量，一手抓重点产业做大增量。依托银川经济技术开发区（西区），进一步借势借力，借船出海，增强老工业基地区域核心竞争力。充分发挥中石化宁夏分公司、共享化工等龙头骨干企业的资源和品牌优势，大力引进先进装备制造企业和上下游配套企业，做大做强数控机床、风力发电机组、太阳能光伏发电、起重机、大型精密铸件、铁路牵引变压器、轴承等主导优势产业，形成引领工业转型升级集团军。加大小微企业扶持力度，最大限度激发各类企业创新创业潜力，形成大企业顶天立地，小企业铺天盖地的发展格局。

大力培育高新技术与新型产业。以核心关键技术研发、自主技术产业化和前沿技术引进为着力点，大力推进智能制造、“互联网 +”、分享经济、大数据等新科技、新业态、新技术、新模式为主要内容的新经济，不断提升智能化、专业化、精细化水平，推动产品向自动化、数字化、一体化高端方向发展。鼓励企业与高校和科研院所合作建立技术研发机构，积极培育科技服务平台、科技型企业、企业技术服务中心、信息处理中心等项目，走创新驱动发展路子。充分利用城区老工业基地搬迁改造腾退厂区、厂房，发展以产品设计、技术开发、加工制造、营销管理和技术服务为主体的低碳环保型、劳动密集型、技术密集型、研究开发型和轻加工型的都市型工业。

（二）实施金融创新突破战略，奋力打造银川金融新样板

金融是现代经济的血液，金融活则经济活，金融兴则经济兴。紧紧围绕建设优质、高效、便捷的区域性金融服务中心，持续优化金融生态环境，增强经济发展动力。

创新投融资体制机制。坚持以金融促经济，以经济活金融，建立金融投资奖励、风险补偿、风险分担等机制，培育发展各类投资基金、股权基金和产业基金及相关的财富管理中介机构，丰富金融业态，实现金融产品的多元化。积极探索资本证券化，盘活沉淀资源、资产和资金，放大投资乘数效应，着力推动金融业加快发展、创新发展，增强金融业综合实力、区域竞争力，力争 5 年内金融业产值（增加值）占第三产业的 25%左右。

打造新型金融服务平台。充分利用西夏区生态、旅游、教育资源和人才优势，着

力发展以创业投资、股权投资、证券投资基金为主导的新型金融产业，不断完善总部经济和楼宇经济发展环境、政策框架和服务体系。支持商业银行、保险公司、证券公司、投资公司等各类金融资源在西夏区设立分支机构和"金融服务超市"。引进金融租赁公司、民间借贷登记服务、"新三板"挂牌企业和上市公司总部等各类机构入驻西夏区。大力支持引导条件较成熟的企业在国内主板、中小板、创业板上市和新三板挂牌。推广、完善村级互助担保基金，大力推进中小企业私募债和公司债发行工作，鼓励创业投资、股权投资等机构投资中小微企业。

提升金融服务实体经济效益。加快发展多层次资本市场，运用财政竞争性存储资金方式，鼓励金融机构支持重点项目、重点产业和重点企业发展，切实提高金融服务经济社会发展的能力和水平。积极推广PPP模式，支持社会资本参与基础设施建设、公共服务和社会事业等领域的开发建设，促进国有资产保值增值。做大做强国有资本，探索建立国有控股混合所有制融资平台，鼓励非国有资本通过出资入股、收购股权、认购可转债等多种形式参与地方投融资企业混合所有制经营，使国有资本、非国有资本交叉持股，相互融合，公平竞争，共同发展。清理盘活西夏区存量资产，整合润夏、国控等国有企业、国有控股企业资产，组建国有资本运营集团公司，实现由资产管理向资本管理转变。

（三）实施商贸物流突破战略，奋力打造宁夏物流新中心

坚持把做大做强商贸物流业作为引领经济结构转型升级的突破口，加快物流园区、商贸综合体和商业街区建设运营，推动西夏区经济结构逐步由工业主导型向商贸物流服务业引领型转变。

做大做强物流产业。主动融入国家"一带一路"战略，抢抓中阿班列开通和乌力吉口岸建设的重大机遇，充分放大铁路南货场和公铁物流园区区位优势，做大做强以中铁物流、海尔（银川）虚实网服务园、飞翔国际空港物流园等为龙头的生产性资料物流业，构筑以铁路为核心，连接沿海城市，通达港口的出海通道；连接银川机场和综合保税区，通达迪拜辐射中东、西欧的空中通道；连接丝绸之路经济带，通达亚欧经济圈的陆上通道，打造宁夏内陆经济开放实验区对外开放的铁海、铁空、公铁多式联运现代物流中心。全面完成润恒农副产品物流园建设，打造集食品展示交易、物流配送、深加工于一体，面向阿拉伯国家的区域性国际物流中心和西北地区重要生活资料物流枢纽。积极培育社会化、专业化、网络化、信息化的第三方物流市场，加快物流业与西夏区优势重点产业联动发展，着力构筑工业品物流、农产品冷链物流、城市共同配送物流"三大物流体系"。

加快发展现代服务业。以新型城镇化

为依托，优化商贸业态布局，充分放大西夏万达广场、镇北堡温泉小镇的辐射带动作用，全面建成工人文化宫综合体、银西高铁银川西站商业新中心等高端城市综合体项目。实施万达金街、同心路商业街、文萃路商业街等现有特色街区网点升级改造，提升辖区餐饮、住宿、娱乐服务水平，逐步形成以金波街、文萃街、同心街为核心的现代高端服务业核心商圈。依托宁夏电商谷、801创意园等平台，重点推进电子商务、物流配送、信息产业、文化创意、养生养老等新型现代服务业蓬勃发展。大力发展总部经济、楼宇经济、平台经济、金融中心，加快推进双创大厦等高端城市楼宇建设，积极对接引进海绵城市产业园、苏宁云商、润恒西北农副产品交易中心等一批龙头企业区域总部、营销中心、研发中心、结算中心入驻，全面提升城区商圈综合竞争力。

（四）实施全域旅游突破战略，奋力打造西线旅游新地标

旅游业是战略性产业。要抢抓宁夏作为全国第二个“国家全域旅游示范省（区）”和西夏区作为首批“全国全域旅游示范区”创建单位的战略机遇，按照“全景、全时、全民、全业”内涵式发展模式，全面整合旅游资源、全域布局景区景点、全面创新旅游产品、全力满足游客需求，打造内涵丰富、业态齐全、效益明显、具有品牌影响力的文化旅游产业集群，实现景点旅游向全域旅游的转变。

构建全域旅游发展新格局。坚持规划先行，优化旅游发展布局，科学配置各类资源，一张蓝图绘到底。结合美丽乡村建设，全景式推进建设，打造极具特色化、主题化的旅游特色小城镇，引领产业发展。实施城市公园休闲化改造，提供特色化、主题化旅游服务，丰富城区休闲和旅游功能。全景式完善基础设施，以自治区实施西夏王陵至贺兰山岩画景区直通轻轨为契机，构建互联互通、高效便捷的现代旅游综合交通运输体系，全面提升贺兰山东麓各大旅游景点发展内涵。充分放大宁夏西线黄金旅游核心区的区位优势，结合银川火车站西站及广场周边区域改造提升项目，构建宁夏南北旅游景点相连、多种文化相融的综合交通枢纽和旅游集散服务中心，进一步增强旅游集聚辐射和综合服务功能。

培育文化旅游融合发展新业态。以贺兰山苏峪口国家森林公园整体开发为主线，积极推动旅游与特色文化、优势产业、新生活方式融合发展。大力实施西夏王陵申遗、韩美林艺术馆、贺兰山国际自驾车运动、贺兰山东麓葡萄旅游产业带等重点文化旅游项目，建成贺兰山自驾游、登山、攀岩、滑雪、穿越为主要形式的山地运动体验区，不断丰富以文化艺术、生态休闲、度假娱乐、健康养生为主要内容的旅游要素，加快贺兰砚、刺绣、剪纸等非遗手工艺术品向旅游商品的转化，着力培育发展旅游＋教育、旅游＋休闲度假、旅游＋健康养生、旅

游 + 新型养老、旅游 + 互联网等全域旅游新业态，推进旅游与相关产业相互渗透、相互促进融合发展，打造旅游全产业链。

大力发展现代都市型农业。积极开发乡村休闲度假产品，丰富业态供给，增强休闲度假功能，着力打造“一村一品、一村一景”乡旅品牌，促进旅游发展与农村发展、生态保护相融合。加快发展绿色生态农业、休闲观光农业、高科技现代农业，促进农业与旅游业深度融合，扩大旅游综合消费，打造城市休闲“后花园”。兴泾镇，着力打造肉牛（奶牛）养殖、畜草种植、屠宰（奶制品）加工、市场销售为一体的现代畜牧业全产业链基地。镇北堡镇，着力打造与文化旅游、休闲度假相关联的特色化、品牌化、高端化都市休闲农业基地。老芦花地区，着力打造以规模化露地蔬菜种植、水产品养殖、农产品物流、水上运动娱乐为主的现代农业示范基地。

（五）实施产城融合突破战略，奋力打造城乡一体发展新格局

牢固树立“全域西夏”理念，围绕银川市“两宜两化”城市定位，按照“做强中心、做优主城、做特两镇、做美村庄”思路，统筹推进主城区、特色小城镇和美丽乡村建设，着力打造布局合理、特色鲜明、充满活力、生态宜居、产城融合发展新格局。

全面提升主城区品位。抓住国家支持城市地下综合管廊和地下停车场建设的有利契机，加大城区道路交通、园林绿化、供水供热、照明亮化、污水处理等基础设施建设，着力提升城区承载力。大力发展以西夏万达、工人文化宫商业广场为重点的城市综合体、星级酒店等高端商贸商务，切实提升主城区聚集人流、物流、信息流、资金流的吸引力，全面提升城市现代化气息。抢抓“宽带宁夏”和“智慧银川”建设机遇，加快推进以智慧社区、智慧旅游、智慧政务、智慧教育为主要内容的智慧西夏建设。深入推进城市管理综合执法改革，高水平加强城市管理，使城市运行更安全、公共服务更完善、市民居住生活更便捷。

加快特色小城镇建设。坚持把建设特色小镇作为推动经济转型升级和统筹城乡发展的重大举措，打破行政区划单元上的“镇”，转变传统产业园区、风景区的“区”，按照“产、城、人、文、景”五位一体发展模式，差异定位、错位发展、“一镇一业”，通过政府引导、企业主体、市场化运作方式，打造“红酒小镇”“影视小镇”“健康小镇”“酷玩小镇”等特色小镇，形成以点带面、从线到面、区域合作的特色小镇格局，同步解决发展空间和经济转型问题，同时改善产业结构和人居环境，不断提升西夏区的美誉度和影响力。依托贺兰山东麓黄金旅游线、葡萄文化长廊和西夏历史文化资源优势，放大华西村在东西协作、文旅融合等方面的品牌优势，大力发展以酿酒葡萄、温泉度假、运动休闲为主的旅游服务产业，强化生态治理与旅游项目捆绑开发，着力将镇北

堡镇打造成业态丰富、功能互补的温泉葡萄影视文化休闲特色明星镇。依托公铁物流城，突出产业培育，实施兴泾镇新型城镇化改造项目，力争在3—5年内完成镇区集中改造建设，着力将兴泾镇打造为公铁物流产业服务区、民族团结回乡风情卫星镇。依托润恒农产品物流城，结合土地增减挂钩，实施芦花洲二期项目建设，积极推动农村社区化、农民市民化，将老芦花地区打造成为产城融合示范区。

加快城乡基础设施建设。以构建立体化交通体系为重点，规划建设西夏王陵至贺兰山岩画宁夏首条城市旅游轻轨和贺兰山苏峪口公路铁路隧道向西陆路快捷通道、银川南线物流直达快速南部通道、六盘山路跨包兰铁路连接110国道中部通道、大连路沈阳路跨包兰铁路至阅海商务区北部通道“四大开放通道”，大力实施沈阳路向西延伸至110国道等工程，打通金波南街、文萃南街等“瓶颈路和断头路”，不断提升互联互通水平。加快棚户区、老旧小区改造和安置区建设进程，大力实施规划引领、危房改造、收入倍增、基础配套、环境整治、生态建设、服务提升、文明创建“八大”工程，打造整洁、优美、舒适的人居环境。

加快美丽西夏建设步伐。秉持“绿水青山就是金山银山”的绿色发展理念，坚定不移地实施生态优先发展战略。加强贺兰山东麓生态廊道的保护与建设，实施贺兰山东麓葡萄种植基地及周边采砂区生态修复工程，提升沿山、沿路生态环境整体功能。实施美丽乡村建设，着力打造田园美、村庄美、生活美、风尚美的美丽乡村。实施城市“绿肺”工程，加大绿化隔离带、绿地公园等公共绿化建设，加快推进110国道、文昌南街等城市主次干道景观绿化，提高绿化覆盖率，打造秀美家园。深入开展“蓝天工程”，全面推进大气复合污染综合整治，大力推行清洁生产，坚决打赢大气污染防治攻坚战。加快城市和小城镇生活污水处理设施及配套管网建设，治理西大沟、三闸沟等主干渠系，切实解决水系污染及畅通问题。通过努力，让西夏区的天更蓝、地更绿、水更清、空气更清新、环境更优美。

（六）实施社会事业提升战略，奋力打造宜业宜居新福地

让老百姓过上好日子是我们一切工作的出发点和落脚点，要自觉落实共享发展理念，让人民群众享有更好的教育、更稳定的工作、更丰富的文化生活、更高水平的医疗卫生服务、更可靠的社会保障，进一步增强人民群众获得感与幸福感。

优先发展教育事业。始终把教育优先发展摆在重要的战略位置，加大教育投入，扩大优质教育资源覆盖面，办好人民满意教育。积极引入国内外优质教育资源，创新办学模式，用先进的教育理念和教学模式引领学前教育和基础教育，打造“教育在西夏”品牌。支持和规范民办教育发展，鼓励社会力量和民间资本提供多样化教育服

务。坚持高等教育内涵式发展，充分发挥大学城在教育、人力、智力、科研等方面的优势，深入推进“院地合作、校企合作、政企合作”，建立大中专院校与市场、产业的有效对接机制，加快培养符合市场需求的专业型人才，加速科技成果产业化进程。加大职教园区基础设施建设和公共服务配套，吸引更多的职业教育院校、社会资本及相关配套产业入驻园区，打造学府产业发展“智带”，构筑“大学经济圈”。

深入推进创业就业行动。完善“双创”扶持政策，加大优秀创业项目扶持力度，做优电商谷、大学生创业孵化基地等平台，支持发展众创、众包、众扶、众筹等创业创新模式，培育主体，拓宽领域，掀起“精英创业”“大众创业”“草根创业”热潮。加大创业就业培训力度，加强对灵活就业、新就业人群的支持，统筹抓好在校毕业生、城乡就业困难群体、外来务工者、残疾人等重点对象的就业服务和就业援助。创新劳动关系协调机制，以构建和谐劳动关系实现更高质量就业。

大力发展公共文化卫生事业。健全公共文化服务体系，完善基层文化基础设施建设，广泛开展形式多样的群众性文化活动。积极发展文化创意、游戏动漫、数字出版等新型文化业态，推动文化产业转型升级。认真落实全国卫生与健康大会精神，深入推进健康西夏建设。积极引进中阿友好医院等优质医疗卫生资源，建立健全医疗设施设备完善、诊疗技术水平专业、就医环境舒适的基层医疗卫生服务体系，使人民群众多层次、多样化的医疗卫生服务需求逐步得到满足。

完善社会保障体系。不断巩固城乡居民社会保险、被征地农民养老保险及城乡居民大病保险制度成果，继续扩大养老、医疗等社会保险覆盖面，努力实现人人享有社会保险的社会保障体系。建立城乡低保标准自然增长机制，适时调整城乡低保保障标准，全面提高社会保障水平。健全完善社会福利、社会救助、社会慈善相互衔接的社会保障体系，推进基本公共服务均等化，力争 2021 年实现社会保障全覆盖。

坚决打赢脱贫攻坚战。大力实施“移民收入倍增计划”，统筹打好吊庄移民、生态移民、劳务移民和自主迁徙居民脱贫攻坚战，按照“五个一批、六个精准、九大脱贫”措施，分类施策，精准扶贫，把政策、资金、项目精准“滴灌”到贫困村、贫困户身上，确保两年内完成建档立卡贫困人口脱贫攻坚任务，实现与全区人民同步进入全面小康社会目标。

全面深化平安西夏建设。建立党委领导、政府主导、社会协同、公众参与、法治保障的社会治理体制，结合智慧城市建设，构建数字化、立体化、智能化的社会治安防控与管理服务体系，实现网格化管理、信息化支撑、社会化服务。加大矛盾（诉求）纠纷排查调处力度，完善社会矛盾排查预警和多元化纠纷调处化解机制，加强和改进信访工作，推行“阳光信访”，协调处理好征地拆迁补偿、拖欠农民工工资等引发的矛盾，切实提高信访工作的法治化水平。加快健全公共安全责任体系，强化公共安全应急管理，严防重大安全事故、重大群体事件、重大突发事件、重大刑事案件、重大食品药品安全事故、重大网络舆情发生，确保社会和谐稳定。

决胜五年：全面从严治党
提供坚强保证

党的领导是我们各项事业成功的根本保证。加快西夏区经济社会发展，关键要把各级党组织建设好，把广大党员的先锋模范作用发挥好，把各方面的积极性调动好。要切实履行全面从严治党的政治责任，统筹抓好党的思想、组织、作风、反腐倡廉建设和制度建设，为建设美好西夏提供坚强保证。

（一）从严从实抓好思想政治建设，夯实跨越发展的思想根基。坚持把理想信念教育摆在首要位置，以习近平总书记系列重要讲话精神武装党员干部，教育广大群众，巩固深化“两学一做”等学习教育成效，增强“四个意识”，坚定“四个自信”。坚持把严肃党内政治生活作为锤炼党性的主要平台，教育党员干部特别是领导干部，严格遵守党内政治生活基本规范，严格执行党内政治生活各项制度，自觉遵守党的政治纪律和政治规矩。大力弘扬和践行社会主义核心价值观，牢牢掌握意识形态工作领导权和主导权，全面加强党的宣传思想工作，拓宽主渠道，弘扬主旋律，传导正能量，夯实全区党员干部、各族群众团结奋斗的共同思想根基。

（二）从严从实抓好干部队伍建设，打造富民强区的中坚力量。坚持好干部标准，加强领导班子建设，优化各级领导班子知识结构和专业结构，着力培养一支政治坚定、作风优良、视野开阔、务实干事、廉洁自律的干部队伍。深化干部人事制度改革，完善政绩考核评价体系和奖惩机制，健全完善“容错机制”，允许试错、宽容失败，为干事者撑腰，为担当者负责。改进完善干部选拔任用机制，牢固树立凭实绩看素质、凭素质用干部的选人用人导向，让肯干事的有岗位、能干事的有舞台、干成事的有地位、不称职者要挪位，着力形成人尽其才、才尽其用的科学用人机制。创新干部联系服务群众的体制机制，改进干部工作作风，密切党群干群关系。深入开展“筑巢引凤”工程，推进人才发展体制改革，构建充满活力、富有效率、更加开放、促进科学发展的人才工作机制，积极引进商贸物流、电子商务、现代金融、文化旅游、城乡规划等方面的急需紧缺人才，充分发挥优秀人才在美好西夏建设中的引领支撑和示范带动作用。

（三）从严从实抓好基层服务型党组织建设，构筑坚强有力的战斗堡垒。持续开展基层服务型党组织建设，着力抓好基层党组织体系、骨干队伍、活动载体、工作制度等要素建设，下大力气解决基层党组织软弱涣散、带头人能力不强、党员作用发挥不够等问题，努力做到一个党组织就是一个堡垒、一名党员就是一面旗帜。围绕推动发展、服务群众、凝聚人心、促进和谐，坚持分类指导，激励党员立足岗位争优秀，扎实开展彰显时代特征的系列主题活动，努力打造富有实效性、示范性和影响力的党建品牌。建立和完善党建带工建、带团建、带妇建和党群共建长效机制。深入开展城市与农村、机关与企业、机关与社区基层党组织“互助共建”活动，有效整合人才、教育、信息、阵地等资源，构建资源共享、功能互补、共同提高的工作新格局，推动农村、社区、机关、企事业单位、非公经济和社会组织等领域基层党建工作全面进步、全面过硬。

（四）从严从实抓好反腐倡廉建设，营造风清气正的发展环境。严格落实全面从严治党政治责任，压紧压实“两个责任”，运用好监督执纪“四种形态”。加强对党员干部经常性教育管理，把反腐倡廉教育融入干部培养、选拔、管理和使用全过程，筑牢党员干部拒腐防变思想道德防线。保持反腐高压态势，坚持无禁区、零容忍、全覆盖，有贪必肃，有案必查，既严肃查处发生在领导机关和重要岗位领导干部插手工程建设、土地出让、干预司法、以权谋私、腐化堕落、失职渎职等违纪违法案件，又严肃查处基层小官小贪、小官大贪。认真贯彻党内监督条例，全方位加强对权力监督制约，防止领导干部权力失控、决策失误和行为失范，确保权力在阳光下运行。坚持作风建设永远在路上，持续抓好中央八项规定精神贯彻执行。认真落实《中国共产党问责条例》，深化正风肃纪，着力解决领导干部不作为、不担当等问题，以硬的作风保障工作落实，推进事业发展，为建设美好西夏营造担当作为、干事创业环境。

（五）从严从实抓好民主政治建设，巩固安定团结的政治局面。发挥党委“总揽全局、协调各方”的作用，坚持把党的领导、人民当家作主和依法行政有机统一起来，不断巩固和发展民主团结、生动活泼、安定和谐的政治局面。坚持人民代表大会制度，支持人大及其常委会依法履职，充分发挥各级人大在法律监督、决定重大事项和重要人事任免等方面的重要作用。坚持中国共产党领导的多党合作和政治协商制度，支持人民政协履行职能，充分发挥协调关系、汇集力量、建言献策、服务大局的重要作用。继续巩固和壮大最广泛的爱国统一战线，加强同各民主党派、工商联和无党派人士的团结合作。扎实做好民族宗教工作，持之以恒地加强党的民族宗教理论和方针政策宣传教育，深入持久地开展民族团结进步创建活动，依法管理宗教，不断提高民族宗教工作法治化水平。贯彻中央群团工作会议精神，加强和改进党对群团工作的领导，推动群团组织把工作重心转向基层、放在群众身上。深入推进公正廉洁执法，保证和实现司法为民、司法公正，切实维护社会公平正义。不断扩大基层民主，健全民主制度，丰富民主形式，依法保障广大人民群众的知情权、参与权和监督权。坚持党管武装原则，抓好国防后备力量建设，加强全民国防教育，提高国防动员能力，扎实开展双拥共建活动，巩固和发展军政军民团结的生动局面。认真做好老干部、关心下一代等工作。

转型突破、跨越发展，建设美好西夏，关键在党，关键在各级领导班子和领导干部。要充分发挥区委常委班子在全区各级党组织和领导班子中的示范带头作用，坚持带头解放思想、转变作风、担当责任、践行宗旨，着力打造民主务实型、团结高效型、科学发展型、廉洁干事型常委班子，真正做到为民务实清廉。

同志们，宏伟的目标鼓舞着我们，崇高的使命激励着我们。未来五年的发展蓝图已经绘就，全面建成小康社会的宏伟目标催人奋进，让我们更加紧密地团结在以习近平同志为总书记的党中央周围，激发同心同德的精神和力量，凝聚决战决胜的信心和勇气，解放思想、真抓实干，锐意进取，为建设经济繁荣、民族团结、环境优美、人民富裕的美好西夏而奋斗！

西夏区人大常委员会工作报告

——在西夏区第四届人民代表大会第一次会议上

西夏区人大常委会代理主任　徐克东

各位代表：

我受西夏区第三届人民代表大会常务委员会的委托，向大会报告工作，请予审议。

四年来的主要工作

西夏区第三届人大常委会任职的四年，是全区经济结构调整最大、社会事业发展最快、城乡面貌变化最好、人民生活提升最高、人民群众享受实惠最多的四年。也是人大常委会各方面工作不断改进、不断完善、不断提高、不断创新、不断突破的四年。四年来，在区委的领导下，人大常委会始终坚持以党的十八大和十八届三中、四中、五中、六中全会精神及习近平总书记系列重要讲话精神为指导，认真履行宪法和法律赋予的职责，自觉服务服从发展大局，为实施“西夏突破”发展战略，加快构建“五城一心两翼”新格局，全力推动经济社会加快发展做出了积极贡献。四年来共组织视察、调研 43 次，开展执法检查 19 次，召开常委会议 23 次，主任会议 45 次，听取和审议“一府两院”专项工作报告 83 个，形成审议意见 42 个，任免国家机关工作人员 141 人，作出决议决定 22 件。圆满完成了任期内的各项任务。

一、围绕突破发展、切实增强实效性，监督工作凸显新成效

四年来，常委会坚持把推进重点项目建设、产业转型升级、保障和改善民生、维护社会和谐稳定等作为监督重点，深入开展视察调研和监督检查，推动工作落实，有力促进了经济社会各项事业的发展。

（一）加强经济工作监督，推动重点项目建设，实现财政收入两连跳。一是围绕“五城一心两翼”战略布局和“西夏突破”发展战略，精准发力，强化监督。常委会同党委政府同心同向，共谋发展大局，同心同力助推重大项目建设。四年来，共听取项目建设和有关经济发展工作的报告 40 个。先后组织对区委确定的 248 个重大项目以及教育、科技、文化、旅游、扶贫攻坚等重点工作视察 18 次、调研 21 次，提出了 9 个方面的意见和建议。加速推动了西夏万达、润恒、

西夏古城等一大批重大投资项目的建设，力促协议项目抓落地、落地项目抓开工、开工项目抓进度、建成项目抓达效。二是继续紧扣区委工作重点，加快推进经济结构调整速度。针对西夏区工业经济占比过大，地方财政收入提高过慢的实际，加大对商贸物流、电子商务和葡萄产业文化旅游项目的监督力度，重点加大对公铁物流园区、万达、润恒物流园、镇北堡镇温泉小镇等项目的监督力度，多次组织视察、调研，有针对性地提出加快建设的意见，推进了项目建设速度，强化了应有的效益，加大了对财政收入的贡献力度。三是把区委的要求转变为现实。加大新兴产业培育力度，针对西夏区经济总量大区、财政收入小区、办事能力弱区的实际，为促进西夏区经济从工业一业独大向多元支撑转型发展，全力支持贺兰山东路葡萄酒庄、西夏风情园、镇北堡镇温泉小镇等新业态项目建设，使一批新业态项目成为提高财政收入新的主力军。四是密切关注经济运行，夯实经济发展基础，推动财政收入突破增长。针对复杂多变的发展环境和经济持续下行的巨大压力，常委会加强对国民经济运行情况的调查分析，认真听取和审议半年国民经济和社会发展计划执行情况的报告。有针对性地听取了政府关于电子商务发展、新税源配置和营改增等情况的报告，就加强项目建设、拓宽融资渠道、努力培植财源、发挥财政职能作用、平衡促进经济发展等方面，向政府提出意见和建议40多条，维护了预算的严肃性，保证了财政收入总量与质量双重并重，使西夏区财政收入在四年间连续跨越两个亿元台阶，实现了财政收入两连跳。

（二）持续优化发展环境，深入推动依法治理建设，实现社会和谐稳定。一是深入开展优化发展环境年系列活动，为突破发展提供良好的发展环境。围绕推进“两权一化”改革、市民服务中心改革、社区便民服务网格化管理改革试点以及政府“建立三个清单”等工作，不断加大调研督查力度，督促政府及职能部门不断提高服务质量和效率，加大简政放权的力度，完善基层服务设施，为优化发展环境“加压、提速”。二是加强法律监督，保障法律法规的贯彻实施。组织了对《安全生产法》等6部法律的贯彻实施情况的执法检查，对西夏区法制宣传教育、社区矫正等工作进行了检查，督促有关部门结合工作实际学法释法，切实解决执法中存在的突出问题。三是加强司法监督，促进司法机关公正司法。先后听取和审议了西夏区人民法院关于民事案件执行、审判监督、民商事审判工作开展情况的报告和西夏区人民检察院关于反贪污贿赂反渎职侵权、侦查监督、公诉工作开展情况的报告。提出了具体的整改意见，进一步促进了司法公正和公正司法。四是加强依法治理工作，营造良好的法治环境。先后组织开展了以“守法律、讲诚信、尽职责、促和谐”为主题的依法治理活动、“餐饮服务行业守法诚信建设年”和“违法用地专项执法”等专题活动；加大对“六五”普法工作监督力度，形成了执法部门规范执法，企事业法人守法诚信，公民遵纪守法的良好氛围，为法治西夏建设提供了有力保障。

（三）加强民生事项监督，推动改革惠及群众，实现发展成果共享。常委会认真践行以人为本、履职为民的宗旨，切实加强对教育文化、医疗卫生、社会保障和城乡建设等重点领域的动态监督，持续推动民生改善，维护群众根本利益。高度重视教育工作。围绕义务教育均衡发展、教育信息化和“美丽学校”建设等工作，督促政府加大教育资金投入，不断改善校园环境，壮大师资队伍，注重城乡学校均衡发展，使西夏区义务教育均衡发展通过国家验收。密切关注基层医疗卫生机构建设。督促政府建立持续稳定的基层公共卫生和医疗服务经费投入和保障机制，完善基层公共卫生和医疗服务网络体系建设，有效推动了西夏区公共卫生服务大楼、13 所农村卫生室和 25 个基层卫生院医保系统的建成并投入使用。紧盯社会保障体系建设。督促政府建成养老服务机构 76 个，为 1492 名被征地农民办理了养老保险，累计发放城乡低保等救助资金 2.46 亿元。城乡居民医疗保险参保 107341 人，养老保险参保 13494 人，参保率达 97%，基本实现社会保障全覆盖。持续推进城乡基础设施建设。督促政府加快推进老旧小区改造和居民安置区建设，加强建设质量、安全监管，加速推动了 22 个旧城改造项目和 9 个安置区顺利建成。加大食品安全监督力度。针对食品生产、流通、消费环节存在的突出问题，督促政府进一步加大监督管理力度，加快构建保障食品安全长效机制，努力提高人民群众饮食安全程度。同时，对农村“双增双减”、城乡环境综合整治、大众创业就业等 13 项民生实事落实情况进行了检查，听取专项工作报告，促进了一些涉及民生的实际问题得以解决。

（四）加强权力运行监督，推动政务公开透明，实现政务阳光运行。一是全面加强对政府全口径预决算审查监督。认真听取财政决算及预算执行情况的报告，审查批准区本级财政决算和预算调整方案。要求政府严格执行人大及其常委会批准的预算，强化预算管理和监督，提高财政资金使用效益，全力支持经济转型升级。延伸部门预算监督，对农牧、经合等 16 个部门预算执行和决算情况进行重点审查，规范部门预算行为。首次对政府举债使用及清偿情况进行监督，要求政府牢固树立债务风险意识，完善债务偿还机制，健全债务风险预警机制，做到举债有度，风险可控，确保债务资金的使用安全、合法、有效；强化国有资产管理使用监督，要求政府规范国有资产处置行为，建立健全固定资产监督管理、增值长效机制，确保国有资产不流失，且保值增值。二是支持审计部门依法履行职权。组织审计、监察、财政等部门成立联合检查

组，对 2013 年、2014 年审计查出问题的整改情况进行“回头看”，对审计问题屡次整改不利的单位点名通报，促其整改到位，有效维护了财经秩序。三是督促政府全面建立权力清单、权力运行责任清单和行政审批负面清单，压缩政务服务中心办事环节 171 个、减免行政审批手续 56 项、减免行政收费事项 76 项，有效促进了政府行为的规范化和法律化，切实方便了群众。

（五）不断创新监督方式，推动增强监督实效，实现人大监督由虚变实。依法监督是人大的基本职能和基本工作方式。依法监督的水平代表人大工作的水平。四年来，常委会认真总结监督工作经验，不断创新监督方式，拓宽监督渠道，突出监督实效，使人大的监督工作逐步由虚变实。一是不断创新人大工作监督和依法监督的方式方法。本届人大常委会履职的四年，不断创新方式，扩大监督范围，在听取“一府两院”工作报告时增加了询问环节，创新建立了重大项目重点工作专项督察制度，人大代表约见国家机关负责人督办代表建议等制度，为增强监督实效提供了制度保障。二是着力强化监督实效。增加了专门听取“一府两院”办理人大审议意见情况的报告，坚决不搞人大一审议了事，“一府两院”一报告了事的形式，跟踪督查审议意见办理情况，突出常委会审议意见的刚性作用，使审议意见的办理成为人大监督工作的延伸，使监督工作不断变硬、变实、变强。三是代表议案、意见建议办理的质量和水平不断提高。常委会不断改进人大代表议案、意见建议的交办、督办方式，定期对议案、建议办理工作进行调研和视察，适时组织代表对承办工作进行监督检查、面商座谈、把脉施策，加强与代表、承办单位之间的沟通联系。主任会议每季度听取一次代表建议办理情况汇报，随时掌握办理进度。为人大代表约见政府部门负责人督办建议搭建平台，加快办理时效。使政府对议案、意见建议办理工作更加重视，办理质量和效率不断提高，一批涉及民生的社会反映比较强烈的问题得到了有效解决。

二、强化履职意识、不断提高积极性，代表工作开创新局面

人大代表是国家权力机关的主体，常委会始终坚持人大代表的主体地位，不断完善工作机制，充分发挥代表作用，使代表的责任意识和履职能力不断提升。

（一）努力搭建履职平台，提高代表履职能力水平。一是强化履职平台建设。共建立基层人大代表工作室 40 个，将自治区、银川市、西夏区和镇四级代表，混合编成 31 个代表活动小组，到分别联系的村、社区和单位开展经常性的活动。联系群众、听取意见，协调推动问题解决。二是注重代表能力提升。多次组织代表外出学习，学习借鉴外地经验，开阔眼界，启发思想。常委会还专门召开代表工作会议，分别以代表如何行权履职、如何提出高质量的意见建议、如何

发挥代表作用为主要内容进行了集中培训，通过以案说理、以例引导和专题研讨等方式，提高了代表履职的知识和能力。三是规范代表履职行为。先后出台了《银川市西夏区人大代表履职评价办法》、《西夏区人大代表辞去代表职务的暂行办法》，对代表履职情况进行综合评价，合理运用评价结果，对于不能按要求履行职务的代表，要求其改进工作或辞去代表职务，切实以制度的形式倒逼代表依法履行职务，提高了代表的综合组织和履职能力。

（二）努力创新方式方法，提高议案建议办理水平。区三届人大一次会议以来，共收到代表议案、建议和代表团讨论所提意见共 174 件，争取银川市议案工程 4 件。常委会每年将人代会确定的议案、建议张榜公示，并将涉及民生的意见、建议作为重点督办事项，严格落实常委会领导督办，政府分管领导领衔办理，人大相关委室督促配合、代表小组延伸督办工作机制，形成了办中跟踪督促、办后追踪问效的完整工作机制。截至目前，除 24 件正在办理中，其他已全部办理并答复代表，代表建议回复率达到 100%，代表满意率 90%以上。2015 年，常委会首次就代表“不满意件”创新开展了人大代表约见政府部门负责人督办代表建议活动，人大代表就建议办理涉及的事项，当面“问政”，政府负责人当场作答，并在规定的时间内将具体的办理措施书面答复约见代表，全程接受人大常委会、代表与群众的监督，有效提升了政府工作效率。约见活动的开展得到了人大代表的大力支持和广大干部群众的一致好评。《人民代表报》在报道中称此举全国少见，区市电视台和报纸等媒体纷纷进行了重点报道。

（三）努力增强责任意识，提高代表联系群众水平。制定了《西夏区人大代表联系选区联系选民的意见》、《人大代表向选民报告工作制度》，建立完善以代表小组、代表工作站为代表活动的基本形式，组织开展了代表联系选区联系选民的“双联”活动、“代表活动月”、“代表履职日”等活动，进一步密切了代表与选民群众的联系，实现了代表联系服务群众经常化、制度化。常委会组成人员和人大代表积极深入选区，畅通表达渠道，掌握社情民意，共收集到群众的意见建议 3000 余条，内容涉及群众生产生活的各个方面。其中，1100 多条当场进行了说明答复，1800 多条已由相关部门办理或答复，进一步理顺了情绪，化解了矛盾。2013 年以来，来自社区、农村、企事业单位的西夏区本级人大代表基本上每年都要回原选区向选民报告工作接受测评，收到群众意见建议 680 余条，全部转交相关部门办理，选民对代表的满意度平均达到 98.5%，进一步激发了代表为民履职的政治热情。

三、依法决定重大事项，任免国家工作人员，实现人民当家作主

常委会始终坚持民主集中制原则，紧

紧围绕经济社会发展中的重大事项行使决定权，依法作出决议决定，推进科学决策和民主决策进程，依法任免地方国家机关工作人员，保障了经济社会建设的顺利进行。

（一）依法决定重大事项。常委会根据形势发展的需要，结合西夏区实际，及时依法决定重大事项，先后就“十三五”发展规划、年度国民经济和社会发展计划、财政预决算、政府融资贷款等13个重大事项作出决议、决定，使政府的工作有据可依，有效促进了经济社会各项事业的推进和发展。

（二）依法任免国家机关工作人员。坚持党管干部和人大依法任免国家机关工作人员相统一的原则，严格按照《选举法》、《地方组织法》等法律的规定，认真做好选举和任免工作，为国家机关工作的正常运转提供了组织保障。认真组织新任职人员开展向宪法宣誓活动，增强被任命干的部法律意识和责任意识。四年来，共依法任免国家机关工作人员141人，其中任命79人，免职62人；任命人民陪审员40人；接受辞职9人（包含常委会委员和人大代表）；补选市人大代表2名，罢免市人大代表1名。实现了党委满意与群众满意的有机结合。

（三）加强对“一府两院”干部的监督。为进一步加强对人大及其常委会选举和任命干部的监督，常委会制定出台了《西夏区人民代表大会及其常务委员会选举和任命干部述职评议的办法》，先后组织部分政府组成部门负责人向常委会进行了述职并接受评议，常委会组成人员本着监督与关心、支持相统一和对人民负责的原则，客观公正地对述职人员的工作作出评议。通过干部的述职评议，实现了对人大选举和任命干部的任前和任后的管理和监督；干部感到自身有压力，不干位不保，干了有发展，提高了干部干事创业的积极性。

四、着眼提能促效，不断提升能动性，机关建设树立新形象

常委会以提升理论修养、增强履职能力、提高服务水平、争创一流业绩为目标，不断强化自身素质，完善工作机制，转变工作作风，努力建设学习型、法治型、效能型机关。

（一）立足提能促效，不断加强履职所需知识储备。以创建学习型人大机关为重点，全体机关干部在自觉自愿学习的基础上，积极参加区委中心组理论学习、干部网络学习和人大机关组织的集中学习。认真学习贯彻党的十八大和十八届三中、四中、五中全会以及习近平总书记系列重要讲话精神，深刻领会中央、自治区党委、银川市委及西夏区委一系列重要指示精神，切实以理论武装头脑、明确方向、推动工作。同时，结合周二学法议事制度，通过领导干部分别备课、轮流讲课的方式，先后学习了《宪法》《代表法》《监督法》等36部法律法规，每年将学习内容和讨论情况汇编成册发至每一名干部手中，进一步巩固学习成果，指导常委会组成人员和各委室工作人

员依法履职，全面提升机关干部综合素质和能力。

（二）深化作风建设，不断增强履职自觉性主动性。认真贯彻落实中央八项规定和自治区、银川市及西夏区关于作风建设相关规定，深入开展了党的群众路线教育实践活动、“守纪律、讲规矩”“三严三实”“两学一做”等学习教育活动，进一步增强了党员领导干部的党性意识。认真落实领导干部重点项目包抓责任，常委会班子成员积极参与重点项目建设，带头深入企业和项目一线，督促政府及有关部门做好企业协调服务，切实在推进项目建设和提质增效上发挥积极作用。不断改进会议、视察、调研等工作，围绕人大工作的重点，常委会议题，群众关注的热点、难点问题，深入持久的开展走访联系群众活动，广泛吸取群众意见建议，认真撰写调研报告，为常委会密切联系群众、提高审议质量，增强监督实效提供了保障。四年来，常委会组成人员和人大机关工作人员每人登门入户走访群众达400余户，收集意见建议1200余条，经分类整合全部转交相关部门办理，有效促进了民生改善和社会稳定。

（三）加强制度建设，不断提高履职过程科学规范。坚持以制度促规范、抓落实，先后新制定和修改了《西夏区人民代表大会常务委员会议事规则》等11项制度规定，对重大事项的范围、主要内容、提请审议程序等适时作了进一步的明确和细化，促进决策的民主化、科学化和规范化。先后修订了财务管理、车辆管理等5制度，根据岗位职责和工作需要，将任务分解明确，责任落实到人，促进机关各项工作规范、有序、高效开展。不断完善信访工作制度，对77件、91人次的群众来信来访认真进行答复和办理，强化信访案件的转办、督办，依法协调解决信访群众诉求，维护了人民群众的利益和社会和谐稳定。

（四）增强服务意识，不断提高服务保障代表履职能力。坚持常委会领导接待代表、走访基层代表活动，听取代表对常委会工作、重点项目建设、民生事业等方面的意见建议，询问、帮助解决代表在履职、工作、生活中存在的困难和问题，定期向代表寄送常委会文件、简报、学习资料等刊物，及时向各代表活动小组拨付代表活动经费和工作经费。积极组织人大代表参加人大常委会的各种视察、调研和执法检查，邀请代表列席常委会会议。四年来，代表参加常委会专题调研、执法检查和代表视察活动210人次，列席常委会议100人次，30余名代表担任有关行业行风监督员，使代表充分了解重点工作、中心工作及社会热点难点问题，为代表知情知政、行使职权、联系群众提供便利和保障。及时总结交流人大工作经验，积极向区市报刊媒体投稿，共征集理论文章180篇，报送信息简报200余篇，宣传人大代表履职风采，弘扬人大新风气，传递人大正能量。

回顾过去四年的工作，我们欣慰的是在区委的坚强领导下，常委会一班人，紧扣区委的中心工作，科学确定监督工作重点，时刻关注民生，扎实推进民主法治建设，敢于触碰难点，化解复杂问题，直面尖锐矛盾，体现应有效果，做到了人大工作年年都有新亮点，年年都有新突破。连续两年获得银川市级创新工作奖，表现出人大常委会一班人的创新素质和能力，政治担当和勇气，实践能力和水平，责任意识和精神，较好地发挥了人大的职能作用。我们深刻体会到，面对新形势、新任务、新要求，坚持和完善人民代表大会制度，依法履行好宪法和法律赋予的职责，必须切实把握好以下几个方面：

第一，坚持和依靠党的领导，把握人大工作的正确方向。坚持党的领导、人民当家作主和依法治国有机统一是人大工作遵循的政治原则，也是做好人大工作的根本保证。四年来，常委会牢固树立党的观念，坚决维护区委总揽全局、协调各方的领导地位，坚持围绕全区发展大局和区委决策部署，确定人大常委会工作思路和履职重点，及时向区委请示报告重要问题和重大事项，自觉把人大工作置于区委领导之下。实践证明，只有始终坚持正确的政治方向，紧紧依靠区委的坚强领导，人大工作才能在全区工作大局中发挥重要作用。

第二，坚持发展为第一要务，把握人大工作的首要职责。牢固树立并切实贯彻创新、协调、绿色、开放、共享的“五大发展理念”，坚定不移地进经济持续健康发展，是人大行使职权，服务工作大局的重中之重。四年来，常委会在贯彻区委重大决策部署上凝神聚焦发力，提高观大势、议大事、抓大事的能力，自觉地服从服务于“西夏突破”发展战略部署，凡是区委决策的、人民群众迫切希望的，人大及其常委会都全力推动落实。实践证明，只有把促进发展作为首要职责，坚持围绕中心，服务大局，统筹谋划，才能推动人大履职的动力不断增强。

第三，坚持推进民主法治建设，把握人大工作的根本任务。加强社会主义法治建设，事关广大人民群众能否依法行使自己的各项民主权利，事关西夏区经济发展速度和社会和谐稳定。四年来，常委会始终坚持民主集中制原则，在讨论重大事项、行使人事任免权和开展监督工作中，充分尊重每一位人大代表、每一位常委会组成人员的意见，严格依法、依程序办事，集体研究处理问题。在坚持少数服从多数的同时，加强沟通、充分协商，集中集体的智慧和力量，为创造良好的法制环境发挥了职能作用。实践证明，只有坚持民主集中制，正确处理监督与支持的关系，凝聚“一府两院”的工作合力，才能保障人民的各项权利，推动宪法和法律法规有效贯彻执行。

第四，坚持把群众的根本利益放在首位，把握人大工作的本质内涵。实现好、维护好、发展好最广大人民群众的根本利益是人大工作的出发点和落脚点。四年来，围绕群众关心的热点、难点问题，通过代表视察、执法检查、工作评议等方式，依法督促相关部门切实解决各类民生问题，提高人民群众的生活水平。通过组织代表走访群众、开展专题询问、督办代表建议意见、接待群众来信来访等措施，全力支持代表依法履职行权。实践证明，坚持以民为本，充分发挥人大代表在反映民意、集中民智和为民解忧方面的积极作用，做到权为民所用、情为民所系、利为民所谋，人大行使职权才能有坚实的基础，人大工作才能赢得最广泛的信任和支持。

第五，坚持与时俱进，勇于创新，把握人大工作的时代要求。坚持和完善人民代表大会制度的过程，就是人大不断探索、实践和创新的过程。在宪法、法律框架下，紧密结合西夏区实际，勇于探索创新是人大工作得以不断前进和有所成就的有效途径和重要保障。四年来，常委会结合自身工作实际，在监督工作、代表工作、常委会自身建设等方面作了积极探索和有益实践，代表百日万民群众集中走访活动，代表向选区选民报告工作，代表约见活动、设置宪法墙等一系列创新举措，得到广大干部群众的一致好评，取得了良好的社会效应。代表工作在2014、2015年连续两年被银川市评为市级创新工作，增强了常委会履职效果，积累了宝贵的工作经验。实践证明，坚持与时俱进、勇于创新，才能不断提高履职水平，不断开创人大工作新局面。

各位代表，区三届人大常委会工作取得的成绩和进展，是区委坚强领导的结果，是全体人大代表、常委会组成人员以及机关工作人员辛勤工作的结果，是“一府两院”及有关方面密切配合的结果，是广大人民群众和社会各界大力支持的结果。在此，我谨代表区三届人大常委会，向关心支持人大工作的所有同志，向广大人民群众和社会各界人士，表示崇高的敬意和衷心的感谢！

回顾本届的工作，面对新的希望和要求，我们深感责任重大，也深刻认识到常委会的工作与党和人民群众的希望，与民主政治建设的要求，与宪法和法律的规定，还存在一定的不足和差距。主要表现在：履职还存在盲点和空白、监督力度仍显不足、代表主体作用发挥不够、自身建设有待加强、宣传工作较为薄弱等。针对这些问题，我们将在今后的工作中认真研究，强化措施，切实改进。

今后五年的工作建议

各位代表，今后五年，将是西夏区抢抓机遇、突破发展，全面建成小康社会，建设“美好西夏”的关键时期。做好新一届人大工作，意义深远、责任重大。区四届人大常委会要在区委坚强领导下，把加强民主法治建设作为根本任务，把促进社会和谐科学发展作为首要任务，把人民利益高于一切作为工作出发点和落脚点，主要围绕思想认识要有新提高、监督工作要有新举措，代表工作要有新成效，自身建设要有新活力，认真行使法定职权，努力做好各项工作。总的指导思想是：以党的十八大和十八届三中、四中、五中、六中全会精神为指导，认真学习贯彻习近平总书记系列讲话和来宁视察重要讲话精神，深入贯彻落实西夏区第三次党代会精神，紧紧围绕“五城一心两翼”产城融合发展战略布局和“西夏突破”战略任务，以转型突破、跨越发展为主线，依法履行宪法和法律赋予的职权，更加注重推动发展方式转变，更加注重保障和改善民生，更加注重生态文明建设，更加注重促进社会和谐稳定，努力创新工作方法，增强监督实效，强化素质提升，不断开创人大工作新局面，全面推进“美好西夏”建设。

（一）以贯彻区委决策部署为中心，进一步开创“美好西夏”建设新局面。始终把推动区委重大决策部署贯彻落实作为人大工作的重中之重，切实以工作成效助推“美好西夏”建设。一是认真贯彻区委实施“工业转型突破、金融创新突破、商贸物流突破、全域旅游突破、城乡一体发展、社会事业提升”六大战略重大决策部署，进一步统一思想认识，增强坚持党的领导、人民当家作主、依法治国有机统一的自觉性，增强坚持和完善人民代表大会制度的坚定性，增强人大及其常委会工作服务和保障全区工作大局的主动性。二是紧密结合“十三五”规划的实施，在调结构、促转型，保障和改善民生，完善社会治理体系、生态环境持续改善等方面，全面部署和统筹安排监督、决定重大事项等各项工作，更好地发挥地方国家权力机关的作用。三是充分发挥人大常委会党组的核心领导作用，自觉服从服务于全区工作大局，积极承担区委确定的重点项目和重点工作，深入一线督促指导，协调解决有关问题，推动经济持续健康发展和社会和谐稳定。

（二）以促进转型突破和民生改善为己任，进一步强化监督工作。深入学习贯彻监督法，始终把监督工作的重点放在规范监督程序、完善监督机制、加大监督力度、增强监督实效上，不断提高人大监督工作水平。一是坚持发展导向，紧紧围绕工业强基工程、金融强区建设、现代商贸物流企业培育、全域旅游示范区创建工程、产城融合发展、民生改善工程等事关改革发展稳定的大事，运用执法检查、听取和审议专项工作报告、听取和审议计划和预算工作报告、审查规范性文件等手段，全力推动各项工作有效落实。二是坚持问题导向。紧紧抓住在推进社会事业发展中的重点难点问题和群众最关心、最直接、最现实的民生问题开展监督，重点围绕创新创业、优质教育资源提质扩面、文化卫生服务质量提升、社会保障体系建设和平安西夏建设等工作，及时发现问题，提出意见建议。三是继续开展专题询问和代表约见活动，不断扩大公民有序的政治参与，综合运用各种形式，深入调查研究，多提建设性的建议，多做实质性的工作，推动民生持续改善和社会和谐稳定。四是切实加强对行政权、审判权、检察权运行的监督，正确处理同“一府两院”监督与被监督的关系，做到在监督中体现支持，在支持中实施监督，督促和支持“一府两院”依法行政、公正司法，切实维护和实现好最广大人民的根本利益。

（三）以提高依法履职水平为抓手，进一步推进依法治区进程。依法行使好宪法和法律赋予的权力，推动依法治区落到实处。一是依法行使重大事项决定权，善于把区委的重大决策部署通过人大法定程序转化为全区人民的意志，推动建立“一府两院”和有关方面的重要工作、重要情况、重大事项向人大及其常委会报告制度。二是在区委的统揽下，通过听取计划、财政、审计及专项工作报告，依法对重大事项严格把关，及时作出决定，推进决策的科学化、民主化。三是依法开展人事任免工作。坚持党管干部原则与人大依法任免相统一，认真行使好人事任免权，保证区委人事意图的顺利实现。同时，认真介绍被推荐人选的基本情况，规范被推荐人选在会议投票表决前同人大代表、常委会组成人员见面的程序，切实保障人大代表和常委会组成人员的知情权；严格落实宪法宣誓制度，规范宣誓程序和仪式，树立宪法意识、维护宪法权威。

（四）以发挥代表作用为重点，进一步推进基层民主政治建设。尊重和保障代表的主体地位，支持代表依法执行职务，切实发挥代表作用。一是加强和改进代表培训工作，积极组织和引导代表积极投身到全区经济建设的主战场，参与社会治理创新和矛盾化解，不断提高代表依法履职的能力和“人民选我当代表、我当代表为人民”的意识。二是坚持邀请人大代表列席常委会会议和常委会组织开展的视察、检查、调研等活动，保障代表的知情权、参与权、表达权和监督权。三是完善代表工作制度，建立健全代表激励和约束机制，规范代表履职档案建设，重视和加强代表小组建设，强化代表活动阵地功能，进一步调动代表依法履职的积极性和主动性。四是密切代表与群众的联系，不断探索代表“双联”、代表向选民报告工作和代表约见等活动的有效方法，畅通民主渠道，增强代表履职尽责的使命感、紧迫感和自豪感。五是支持代表提出建议、批评和意见，建立健全重点建议督办机制和跨年度建议跟踪办理机制，大力推行建议内容、承办单位、办理时限、办理结果“四公开”制度，不断加大协调督办、跟踪督办、现场督办、常委会领导重点督办的工作力度，切实提高办理实效。六是强化代表服务工作，加大经费保障，充分调动一切积极因素，凝聚各方面的智慧和力量，极大地激发代表投身于全区经济建设和社会各项事业发展的热情。

（五）以增强履职能力和工作实效为根本，进一步提升自身建设水平。以“政治坚定、业务精通、务实高效、作风过硬、团结协作、勤政廉洁”为准则，加强人大常委会及机关思想、组织、作风、业务和干部队伍建设，不断提高工作水平和服务质量。一是坚持学习为先，认真学习贯彻党各项方针政策，深刻理解有关加强人大工作的重要论述，切实以理论武装头脑、指导实践。不断加强对宪法、监督法、代表法以及对人大常委会审议议题涉及的有关法律法规、社会主义市场经济知识和现代科技知识的学习，增强责任意识和依法履职意识，营造常委会机关学法、知法、懂法的良好氛围。二是强化工作实效，坚持把学习调研贯穿于常委会工作的全过程和各个方面，真正吃透上情，掌握下情，了解实情，熟悉要情，不断增强常委会议事决策的前瞻性、科学性、针对性和实效性。密切联系群众，深入持久的开展走基层访群众活动，广泛征求群众意见，倾听群众呼声，解决群众问题，推动作风持续转变。三是狠抓党风廉政建设工作，推进廉政机关建设。四是重视宣传工作，扩大对外交流，努力提升人大工作的对外影响力。五是加强对镇街人大工作的联系指导，推进人大工作全面发展。

各位代表，区三届人大常委会已经完成使命，区四届人大常委会即将选举产生。回顾过去，我们豪情满怀；展望未来，我们信心百倍。让我们在区委的坚强领导下，紧紧围绕西夏区第三次党代会确定的发展目标，励精图治，真抓实干，锐意进取，认真做好人大各项工作，为顺利完成“十三五”目标任务，全面建成小康社会，实现经济繁荣、民族团结、环境优美、人民富裕的“美好西夏”做出新的贡献！

政府工作报告

——在西夏区第四届人民代表大会第一次会议上

西夏区区长　刘　虹

各位代表：

现在，我代表西夏区人民政府，向大会报告工作，请予审议，并请政协委员和其他列席人员提出意见。

一、本届政府工作回顾

西夏区第三届人民代表大会一次会议以来，在区市党委、政府和西夏区委的坚强领导下，在西夏区人大、政协的监督支持下，我们团结带领西夏区各族人民，紧扣自治区建设“四个宁夏”和银川市开放内涵式发展战略，围绕“五城一心两翼”布局，全力以赴稳增长、调结构、惠民生、促和谐，较好的完成了西夏区三届人大一次会议确定的目标任务，实现了“十二五”顺利收官和“十三五”良好开局，在全面建成小康社会的征程中迈出了坚实步伐。

四年来，我们砥砺奋进、赶超发展，经济实力显著提升。预计 2016 年完成地区生产总值 286 亿元，是 2012 年的 1.23 倍；公共财政预算收入突破 4 亿元，是 2012 年的 1.8 倍；累计完成固定资产投资 745 亿元，是上一个五年的 2.42 倍；社会消费品零售总额达 24.5 亿元，是 2012 年的 1.2 倍；城镇和农村居民人均可支配收入分别达到 24860 元和 10267 元，年均增长 9.8%和 12.4%。荣获“全国文化先进县(区)”等 220 余项国家和区市殊荣。

四年来，我们质效并重、转型升级，产业结构持续优化。项目投资再攀新高，累计实施重点项目 278 项，完成投资 474 亿元。都市型现代农业特色彰显，围绕葡萄、有机枸杞等特色产业，培育发展绿色休闲观光农业。葡萄种植面积达 3.42 万亩，建成特色酒庄 24 座，特色优势农业对农业总产值贡献率达 90%以上。新型工业发展强劲，中石油 500 万吨炼油、宝塔实业高端轴承、共享数字化装备等 11 个重点工业项目建成投产。规模以上工业企业达到 80 家，建成国家级、自治区级实验室 12 家。高新技术、装备制造等战略性新兴产业占工业产值比重达到 20%。万元地区生产总值能耗累计下降 47.6%，位居银川市第一。现代服务业发展迅速，西夏万达广场、公铁物流城、润恒物流园、宁夏电商谷等投入运营。特色旅游蓬勃发展，依托贺兰山东麓葡萄产业带和西线黄金旅游带，开发农业休闲游、生态亲子游、乡村文化游等特色旅游项目，贺兰山东麓葡萄酒庄、西夏风情园、影视城、温泉小镇等文化旅游项目融合发展，游客数量、旅游收入快速攀升。三次产业结构由2012年的3.5∶56∶40.5调整为2.8∶51.3∶45.9，经济结构逐步由工业主导型向商贸物流服务业引领型转变。

四年来，我们统筹推进、建管并重，城乡面貌明显改观。城市框架全面拉开，建成区面积由2012年的38平方公里拓展到52平方公里，城镇化率达到90%以上。围绕旧城(棚户区)改造、500万吨炼油大气环保带动迁和芦花洲土地增减挂钩等项目，累计动迁9581户280万平方米，建成康居AB区、芦花洲一期、泾华园、幸福小镇等6个安置区。实施长城机床厂等15个旧城改造项目，总建筑面积424万平方米，1.7万户4万多城乡居民搬进新居。打通怀远西路、兴州南街等断头路，拓宽改造110国道、大连路、沈阳路、文昌南街等交通主干道路，建设城乡道路79条160公里。开通7条公交线路，“十纵八横”交通网络日趋完善。深入实施“美丽银川行动”、主干道路大整治大绿化、城乡环境综合治理等工程，清运整治渣土1200万立方米，拆除“两违”建筑140万平方米，建成2处带状公园、9处小微公园，城市绿化率达到38%。全面推行城市精细化管理，建立全域城管数字化平台，数字化城管连续三年全市评比第一。标准化管理延伸至社区、农村。推广农村垃圾处理“贺田模式”，主干道路机械化清扫率达到100%。开展无物业老旧小区综合整治，实现107个小区“保洁、保绿、保安、保常态”和基本物业服务全覆盖。

四年来，我们心系群众、改善民生，社会事业全面进步。不断加大民生投入，占财政支出的82%。新(改扩)建中石油希望小学、银川八中等学校75所，完成教育信息化“三通两平台”建设，引进北方民族大学附属中学、银川一幼等名校集团化合作办学，教育教学水平显著提升，义务教育均衡发展通过国家验收。强化科技创新能力，科技对经济增长的贡献率达48%。文化体育事业繁荣发展，建成“两馆三中心”等公共文化体育阵地22个，群众性广场文化、周末大舞台等活动丰富多彩，西夏区文化馆被评为全国十大优秀文化馆。基层医疗卫生服务水平不断提升，西夏区公共卫生服务大楼投入使用，建成标准化村卫生室13所，健全25个基层卫生院(室)“一卡通”医保系统，全面落实“七免一救助”等政策，荣获全国基层中医药工作先进县(区)。社会保障体系逐步完善，新建社区养老服务机构76个，为22个征地项目1219名被征地农民办理了失地农民养老保险，累计发放城乡低保、各类救助资金2.46亿元。创建全国和谐示范社区2个，增设社区居委会13个，社区网格化服务实现全覆盖。大众创业就业氛围浓厚，搭建了801文化创意园、银川（西夏）大学生创业就业孵化基地、宁夏微电影创作基地等8个创业就业孵化平台，新增城镇就业岗位3.2万人次，实现“零就业”家庭动态消零。全面完成“十二五”715户生态移民搬迁任务，累计流转土地11000亩。实施“双增”项目271个，注入村级互助资金1070万元，总规模达2800万元，全面消除了“空壳村”。

四年来，我们先行先试、锐意创新，改革开放纵深推进。不断深化“放管服”改革，取消、合并行政审批事项89项，行政审批时限压缩率达60%以上。完成机关事业单位养老保险制度改革，全面开展农村土地承包经营权、水资源、林权确权和小型水利工程改革，试点开展“两权一化”工作，创新活力进一步迸发。加快财税体制改革，部门预算更加科学，国库集中支付、政府采购全面执行。创新金融服务形式，大力推行政府购买服务、PPP模式，优化政府资源配置，公共事业服务能力进一步提升。着力发展开放型经济，开通了中阿班列，积极对接乌力吉口岸建设，开放通道进一步拓展，共实施招商引资项目109个，到位资金275亿元，万达、海尔、绿地等500强企业落户西夏区。

四年来，我们从严从实、提高效能，政府自身建设不断加强。扎实开展党的群众路线教育实践活动、“三严三实”专题教育和“两学一做”学习教育，严格执行中央八项规定，弛而不息纠“四风”、转作风、树新风。全面落实党风廉政建设责任制，不断加强效能监察，政风行风持续好转。抓机制建设，开展“三政两不为”专项整治行动，营造风清气正、清风聚民的发展环境。自觉接受人大及其常委会法律监督、工作监督和政协民主监督、社会舆论监督，累计办理人大议案14件、代表建议意见138件、代表团建议意见47件，办理政协委员提案344件、委员建议意见86件，解决了一大批事关民生发展的热点、难点问题。深化政府法律顾问、专家决策咨询及评审、重大决策风险评估等制度。制定完善政府权力清单、责任清单，确保政府权力公开透明、规范运行。强化政府投资项目招标控制价预算审计，累计核减1.03亿元。强化社会治安综合治理，严厉打击各类犯罪，化解信访积案65件，社会秩序持续稳定。深入开展安全生产、道路交通专项整治，安全生产形势保持平稳。“六五”普法工作荣获全区先进，民族宗教工作受到自治区表彰。国防动员和民兵基层建设不断加强，获得全国双拥模范城区“八连冠”。档案工作走在全区前列，统计综合监测职能充分发挥，市场监管、科技、气象、地震、老龄、外事侨务、机关事务管理、消防等工作扎实有效，工青妇、残疾人等工作取得新成绩。

各位代表，2016年是“十三五”开局之年。今年以来，面对经济持续下行的巨大压力，我们凝心聚力促发展，真抓实干求突破，经济社会发展呈现稳中有进、稳中有好、稳中趋好的态势，为建设美好西夏奠定了坚实基础。

——项目投资梯次跟进。坚持经济工作项目化，工人文化宫文化商业广场、西夏热电二期、怀远路改造提升等50个重点项目全部开工建设，预计年内完成固定资产投资116亿元。成功引进厦门风云科技、中铁物流银川智能产业基地等26个项目，招商引资到位资金76亿元。加大金融服务项目建设力度，润夏公司注册资本金由1亿元增至8.34亿元，投融资实力明显增强。积极培育税源，强化税收征管，银西高铁、银吴客专等一批利税大户助推了财政收入快速增长。积极争取国家专项基金9.16亿元，投资建设棚户区改造、水利工程等8个项目。创新政府购买服务方式，争取国开行、农发行贷款65.5亿元，为加快推进镇北堡镇人居环境改善和兴泾镇新型城镇化进程提供坚实的资金保障。

——新兴产业提质增效。推进工业技改升级，落实扶持工业发展"新十条""十九条"等政策，降低企业杠杆率和生产成本。宁夏共享装备快速成形智能制造等5个项目试车投产，宝塔实业增速器轴承等11个重点项目完成技改扩能，培育巨能机器人有限公司在"新三板"挂牌，共享装备列入国务院首批企业双创示范基地。西夏区城区老工业搬迁改造方案获国家发改委备案。商贸物流服务业层级提升，公铁物流城基础设施进一步完善，引入企业14家，累计完成固定资产投资22.6亿元，预计全年交易额突破30亿元。依托宁夏电商谷和"双创大厦"，大力发展总部经济、楼宇经济，引进中垦电商等项目，形成新产业新业态的集聚效应。入选首批国家全域旅游示范县（区）创建名录，成功举办了全国山地自行车越野赛、国际轮滑马拉松赛、丝路美食节、贺兰山音乐节暨大学生艺术节等30余场大中型文体旅游活动。温泉小镇、葡萄酒庄的建成拉长了产业链条，丰富了贺兰山东麓旅游业态，带动市场消费节节攀升，全域旅游逐步向全域经济转变，全年接待游客有望突破500万人次，实现旅游收入25亿元。

——城乡环境不断改善。加快长城机床厂、兴盈五八队等8个旧城（棚户区）改造项目，对同心苑、银巴小区等13个老旧小区进行既有建筑节能改造，受益群众4500户。实施怀远路、宁朔街地下综合管廊及道路改扩建工程，综合改造老旧街巷11条95.8公里，新建农村公路15公里。开展城乡环境综合整治春季行动和"冬防工作"，清运渣土500万立方米，拆除拌合站、灰砂砖厂150家，拆除"两违"建筑20多万平方米；建设北京西路碧波公园等小微公园5个，完成影视城外围绿化整治，人居环境不断优化。镇北堡镇被列为"国家重点小城镇"，并成功跻身127个首批中国特色小镇之一。西夏盛典剧院、温泉小镇美食街等项目投入运营，智慧垃圾桶、免费网络等智慧旅游元素的引入，进一步提升了小镇品质。夯实兴泾镇新型城镇化基础设施，文昌南街通车运行，镇村环境明显改观。

——民生保障持续提升。新（改扩）建银川十八中、芦花洲小学等23所学校，巩固提高义务教育均衡发展成果，着力打造教育云、数字校园等信息化平台，引进上海方略教育集团，提升教育质量与管理水平，荣获“全国中小学影视教育实验区”称号。完善创业就业孵化平台服务功能，健全“九位一体”创业服务体系，城镇登记失业率控制在3.35%以内。提升基层医疗服务水平，建设镇北堡中心卫生院、芦花洲卫生服务站，全面接收17所社区医疗服务站，构建覆盖城乡的医疗卫生服务体系。全面落实两孩政策，促进人口均衡发展。新建公建民营医养结合型敬老院1所、老年人日间照料中心9个、残疾人康复站3个。成立怀远路街道办事处，整体接管“西马银”自主迁徙居民区。健全公共安全体系，全面推广“三化一满意”社会治理机制，群体性上访批次、人数“双下降”。高度重视人民群众生命财产安全，特别是面对50年一遇的“8·21”洪灾，广大干部群众众志成城、共渡难关、重建家园，在3小时内安全转移受灾群众1万余人，无一人死亡，灾后与群众在短时间内修复了道路，恢复了生产，用行动诠释了“我是谁”“为了谁”“依靠谁”，展示了人民政府为人民的良好形象。

各位代表，四年实践铸就崭新业绩，历程令人难忘，成就令人振奋。区市党委、政府和西夏区委的正确领导为我们指明了前进方向，西夏区人大及其常委会、政协的监督支持为我们提供了有力保障，人民群众坚韧不拔、团结奋进为我们注入了不竭动力，历届政府班子的努力为我们奠定了良好基础。在此，我代表西夏区人民政府，向广大干部群众，向各位人大代表、政协委员、离退休老同志，向参与和支持西夏区建设的自治区和银川市各单位、驻区解放军、武警官兵、政法干警，向各民主党派、工商联、无党派人士和各人民团体，向在西夏区投资创业的同志们，致以崇高的敬意和衷心的感谢！

各位代表，四年成就来之不易，实践经验弥足珍贵。总结四年我们深切体会到，在转型突破、跨越发展的进程中，必须坚持发展第一要务，狠抓产业支撑，实施项目带动，才能推动经济又好又快发展；必须坚持以解放思想为先导，理清发展思路，创新发展模式，适应新常态，培育新产业，走符合西夏区实际的发展路子，才能在竞相发展中破解难题；必须坚持把改善和保障民生作为一切工作的出发点和落脚点，关注民生、发展民利、解决民困，让人民群众共享改革发展成果，才能赢得群众的广泛支持；必须坚持绿色协调发展，正确处理好经济建设与人口、资源、环境保护的关系，不断提高发展的质量和效益，才能实现经济社会的可持续发展；必须坚持加强政府自身建

设，始终保持求真务实的工作作风和奋发有为的精神状态，以良好的政治生态凝聚人心、服务人民，才能以政府的高效率换取发展的加速度。

在肯定成绩、总结经验的同时，我们也清醒地认识到，前进道路上还面临着不少困难和问题：工业一业独大的结构矛盾依然突出，城区老工业区搬迁改造难度大；商贸物流服务业仍处于培育阶段，优化投资结构、拉动固定资产投资的项目接续不足，缺乏集聚带动力强的大项目好项目；财政增收乏力，可用财力少，发展后劲不足；城乡居民收入水平不高，公共服务能力亟待提高；政府自身建设需要持续加强，部分工作人员服务意识不强，工作效率不高，消极腐败现象和不正之风仍然存在。对此，我们一定高度重视，采取更加有力的措施，切实加以解决。

二、今后五年目标任务

各位代表，今后五年是西夏区全面建成小康社会的决胜阶段，是加快转型、奋力突破的攻坚时期，是实现跨越发展、弯道超车的关键节点。我们要认清形势、坚定信心，把握机遇、奋发有为，努力把西夏区的发展推向新的更高水平，为“四个宁夏”建设和银川市“两宜两化”城市建设做出新的贡献。

今后五年工作的指导思想是：高举中国特色社会主义伟大旗帜，以邓小平理论、“三个代表”重要思想、科学发展观为指导，深入贯彻落实习近平总书记系列重要讲话精神和治国理政新理念新思想新战略，按照“五位一体”总体布局和“四个全面”战略布局，秉持“五大发展理念”，紧扣自治区“四个宁夏”和银川市“两宜两化”目标，围绕“五城一心两翼”战略布局和“西夏突破”战略任务，以转型突破、跨越发展为主线，以提高发展质量和效益为中心，强力实施“六大战略”，着力推进经济持续健康发展、着力保持社会和谐稳定、着力加强政府自身建设，努力建设经济繁荣、民族团结、环境优美、人民富裕的美好西夏。

今后五年的奋斗目标是：全面完成“十三五”规划的各项目标任务，保持地区生产总值年均增长8%以上，规模以上工业增加值年均增长5%，地方公共财政预算收入年均增长12%以上，固定资产投资年均增长10%以上，社会消费品零售总额年均增长8%以上，常住人口城镇化率达到93%以上，第三产业增加值占地区生产总值比重50%以上，城乡居民人均可支配收入年均分别增长9%和10%以上，城市建成区绿化覆盖率超过40%，实现“两翻番两同步一增强”（到2021年地区生产总值和地方公共财政预算收入在2016年的基础上翻一番；城乡居民收入与经济增长同步；劳动报酬提高与劳动生产率提高同步；城乡基础设施支撑能力显著增强），全面完成“十三五”脱贫攻坚任务，全面建成小康社会，新型工业基地、教育产业高地、文化旅游胜地、商贸物流中心的集聚效应和优势进一步显现。

实现上述目标，是时代的召唤、人民的期盼。我们必须弘扬“不到长城非好汉”的宁夏精神，切实增强坐不住的责任感、等不住的紧迫感、慢不得的危机感，抢抓机遇不迟疑、扭住发展不放松、实干有为不懈怠，全面贯彻落实西夏区第三次党代会的决策部署，强力推进“六大战略”，做好以下六个方面的工作：

（一）转型升级强工业，集聚突破发展新动能。实施工业转型突破战略，着力提升工业增量、调优存量，逐步实现工业向高端化、集聚化、智能化升级，争创国家级产业转型升级示范区。深入推进供给侧结构性改革，升级换代传统产业，依托中石油宁夏石化分公司、共享化工、宝塔精细等龙头骨干企业，引进先进装备制造企业和配套产品企业，做大做强数控机床、光伏发电等优势产业。全面推进城区老工业区搬迁改造，清理整顿“三高”行业，坚决关停并转“僵尸企业”。分离改造“三供一业”，力争到2021年完成13家“两高一低”企业异地搬迁和12家低科技含量企业的提升改造。增量提效新经济，保护利用工业遗产，鼓励利用老厂区、老厂房等设施，建设特色旅游景点，引导与科普教育、文化旅游、创意产业发展相结合，发展工业旅游。建立西夏区“产业工人人才数据库”，加大产业工人培训力度，引导其再就业。提质扩规新兴产业，主动融入“中国制造2025”宁夏行动计划，鼓励高职院校与升级企业联合建设研发创新平台，加快发展智能制造、“互联网+”、共享经济、大数据等低碳环保、研究开发都市型工业，推动产业和产品向价值链中高端跃升。力争2021年，轻重工业比达到20:80，基本建成新型工业基地。

（二）优化环境活金融，搭建创新发展新平台。实施金融创新突破战略，完善金融服务体系，搭建多层次融资平台，打造支持实体经济的现代金融体系。积极涵养新税源，培育壮大电子商务、文化创意等新兴产业。创新政策性扶持资金拨款形式，采取“拨”改“投”方式，放大财政资金效应，破解财政资金碎片化问题。深化金融体制改革，用活用好“西夏突破”战略政策，形成公共财政收入增长新机制。整合润夏公司等融资平台资产，成立“汇创资本”，提升公司信用等级，增强融资担保能力。完善农业金融服务体系，设立“三农”贷款风险补偿基金，支持农业农村产城一体发展。大力推广PPP等模式，鼓励社会资本参与城市绿道、水系公园、市政道路等公共基础设施项目开发，提升城市品味。到2021年，金融业增加值占第三产业增加值25%左右，年均增速不低于20%。

（三）提质增效兴商贸，打造结构调整新亮点。实施商贸物流突破战略，抢抓银川市列入“一带一路”43个重点城市和37个国家级流通节点城市机遇，针对包银高铁、银西高铁、巴彦浩特—银川高铁、青银高铁等高铁建设，与银川铁路南货场合作，对西夏公铁物流中心再定位，充分发挥公铁联运等优势，打通南部快速通道，建设智慧物流园区，构筑海陆空公铁立体联运网络。争取开通银川至天津港、俄罗斯联运通道，建设面向中蒙俄的物流结算中心，打造公铁物流产业集群。全面完成润恒农副产品物流园二期建设，打造集食品展示交易、物流配送、深加工为一体的西北重点生活资料物流园区。加大土地流转力度，发展种养、加工、冷链、存储、互联网销售产业化体系，配套建设农副产品加工园区。放大万达商业广场辐射带动作用，力促工人文化宫文化商业广场、银川西站商业新中心等高端城市综合体早日建成运营。提升改造同心路、文萃路等特色商业街区，扶持做活兴泾镇新市民创业就业市场，建成镇北堡旅游商品集散中心，逐步形成城乡一体化商贸流通体系。大力发展夜市经济，打造特色型、创业型街区，支持镇北堡影视城、温泉小镇等景区景点开辟夜游项目，形成具有影响力的夜市品牌。促进新型电商产业蓬勃发展。到 2021 年，商贸物流产值占地区生产总值总量的 30%以上，年均增长 15%以上。

（四）开放带动旺旅游，扩大全域旅游新优势。实施全域旅游突破战略，借力乌力吉口岸、中蒙俄经济走廊，搭乘中阿班列，创新运用“互联网 +”，打通对外开放大通道，扩大旅游经济辐射面。拓宽综合交通网络，建设贺兰山苏峪口公路铁路隧道向西陆路快捷通道、银川南线物流直达快速南部通道、六盘山路跨包兰铁路连接 110 国道中部通道、大连路沈阳路跨包兰铁路至阅海商务区北部通道“四大对内开放通道”。畅通沈阳路、六盘山路等东西连接道路，打通金波南街、宁朔街等断头路。推动城市 1 号轻轨线项目，全力配合实施银川国际旅游轻轨。依托贺兰山东麓优质文化旅游资源，融合葡萄酒、温泉、户外运动等元素，加快构建特色突显的西部景观带。积极开发乡村休闲度假产品，丰富业态供给，打造乡旅品牌。实施西夏王陵申遗、贺兰山国际户外运动休闲基地等重大文化旅游项目。构建全景覆盖、全业融合、全时体验、全民参与的旅游经济新格局。到 2021 年，力争接待游客突破 1000 万人次，旅游收入达到 45 亿元以上，从业人员达 3 万人。

（五）统筹城乡优布局，实现产城融合新提升。实施产城融合突破战略，围绕银川市“两宜两化”城市定位，按照“做强中心、做优主城、做特两镇、做美村庄”思路，统筹推进主城区、特色小城镇和美丽乡村建设。积极创建生态园林城市，建成犀牛湖水上生态公园、玫瑰园西园等 16 个综合性公园和小微公园。加快推进老旧城区改造，扩大棚户区改造货币化安置比例，推进“两房融合”，2020 年前基本消除棚户区、城中村和城市危房。科学有序推进美丽乡村建设，围绕“产城人文景”特色，着力打造特色鲜明、文景融合的影视小镇、葡萄酒小镇、酷玩小镇等亲近自然的绿色、低碳、生态特色小镇，特别注重产业、城镇空间布局、居住环境的高度融合；特别注重产业生态与自然环境、旅游服务融为一体。对保留性村落进行改造提升，基础设施、公共服务、社会建设等综合配套，形成聚居适度、产业优先、功能完善、城乡融合的美丽村落。全面推行环卫保洁市场化运作机制，不断提升城市精细化管理水平。深入推进“蓝天工程”，综合整治贺兰山东麓葡萄种植基地及周边采砂区生态环境，坚决打赢大气污染防治攻坚战。到 2021 年，力争人均公共绿地达到 20 平方米，空气质量优良天数不断增加。

（六）保障民生增福祉，蓄积美好西夏建设新力量。实施社会事业提升战略，加快完善公共服务体系建设，尽心尽力保基本、兜底线、补短板，进一步增强人民群众安全感、获得感和幸福感。优先发展教育事业，巩固义务教育均衡发展成果，加快发展学前教育，优化普及高中义务教育。充分发挥大学城人才智力优势，吸引职教资源、社会资本及相关配套产业入驻职教园区，构筑“教育经济圈”。大力培育“双创”基地，加强政校深度合作。深入推进“七五”普法工作，推动形成办事依法、遇事找法、解决问题用法、化解矛盾诉法的良好社会氛围。补齐农村文化服务“短板”，推动免费开放文化体育场馆，创建全区基本公共体育服务体系示范区。健全完善公共卫生服务体系，实现服务均等化。继续扩大养老、医疗等社会保险覆盖面，努力实现人人享有社会保险的社会保障体系。坚持计划生育基本国策，促进人口均衡发展。重视红十字会、残疾人等事业发展，保护妇女、未成年人、农村留守儿童合法权益。推动军民融合发展，争创全国双拥模范城区“十连冠”。打赢精准扶贫攻坚战。认真做好民族工作，依法管理宗教，争创自治区民族团结示范区。加强公共安全应急管理，严防重大安全事故发生。着力提高信访工作的法治化水平，最大限度把社会矛盾纠纷解决在基层，化解在萌芽状态，确保社会和谐稳定。

三、2017 年主要工作

2017 年是新一届政府各项工作的开局之年，我们将全力确保新一届政府在新起点上有新作为，在新起步上有新成绩。

经济社会发展主要预期目标是：力争实现地区生产总值增长 7%左右；实现规上工业增加值增长 5%左右；固定资产投资增长 10%左右；地方公共财政预算收入增长 10%左右；社会消费品零售总额增长 8%左右；城镇和农村居民人均可支配收入均增长 10%以上。同时完成其他约束性指标。

（一）紧抓投资拉动，夯实经济发展基础。坚持把投资作为拉动经济增长的第一动力，全面加强投资和项目管理，充分发挥投资对稳增长的关键作用。

高标准推进项目。计划全年实施建设项目 130 个，总投资 556 亿元，年度计划投资180亿元。全力支持银吴客专客车编组站建设工程、火车站西广场地下交通枢纽、沈阳路向西打通等重点项目建设，力争完成工人文化宫文化商业广场、西夏热电二期等续建项目，加快推进镇北堡、兴泾镇、芦花洲等新型城镇化建设，开工建设中电投智慧能源、宝塔精细化工技改等工业项目，完成怀远路、兴洲北街道路改扩建、金波路打通等市政工程。

高质量招商引资。抢抓全国工商联常委会在宁召开等机遇，围绕商贸物流、文化旅游、教育医疗等产业，开展建链、补链、延链集群式招商选资、造商引资、招才引智。力促中阿友好医院、海绵城市产业园等项目签约落地。开工建设中铁物流综合物流基地、宁夏全民健身示范中心、众一西夏印象等项目。对接引进上海卡行天下、运满满、中奥集团等重点企业。结合全域旅游示范区创建，采取创新模式，着力建设贺兰山国际户外运动基地。落实人才扶持政策，优先引进金融财务、电子商务、葡萄酒产业等方面人才。力争引进亿元以上项目25个，招商引资实际到位资金80亿元以上。

高效率融引资金。紧盯中央政策导向、专项资金投向，力促好项目、大项目进入到国家、自治区重大项目计划和银川市固定资产投资项目库。积极争取棚户区改造、工业技改、“三供一业”、文化旅游等专项建设基金，建设一批城市基础设施、生态环保、脱贫攻坚等方面的重大项目。放大财政支农信贷担保效应，鼓励扶持特色优势产业发展。加快融资平台建设，成立汇创资本投资控股有限公司，引进海通证券、文旅基金等投资基金、股权基金和产业基金，吸引民间资本、社会资金多元参与产业项目建设，实现放大和撬动效应。

（二）加快结构调整，推动产业转型升级。优化经济结构，转变发展方式，全面提升产业发展层次，努力实现经济总量和质量双提升。

发展休闲观光现代农业。统筹农垦三大农场、葡萄酒庄、枸杞园区等农业旅游观光资源，加快发展绿色休闲观光农业，扩大旅游综合消费，打造城市休闲“后花园”。镇北堡镇以影视文化、葡萄酒庄、特色小镇为支撑，打造采摘体验、酒庄观光、运动休闲为一体的都市农业。兴泾镇依托肉牛（奶牛）养殖，集市贸易活跃，打造标准化养殖、规模化种植、规范化屠宰加工、信息化商贸物流为一体的现代畜牧业全产业链基地。深化与农垦集团的战略合作，以平吉堡休闲观光园为支撑，以点带面形成现代休闲生态观光农业产业集群。依托润恒农副产品物流园，引进供港蔬菜种植、水产品养殖、农产品物流等龙头企业，实施保护价收购、反季节输出、智慧物流配送，打造从田间地头到市民餐桌的食品安全“城市冰箱”。深化农村集体产权制度改革，开展农村集体资产股份改革试点工作，结合特色小城镇建设，推动资源变股权、资金变股金、农民变股民，激活农村发展内生动力，拓宽农民增收渠道。

力促工业转型。坚持把转方式、调结构作为工业发展重中之重，着力做好“老字号”“原字号”“新字号”三篇文章。改造升级“老字号”，加大科技创新对传统优势工业企业的扶持能力。深度开发“原字号”，运用好专项建设资金，支持宝塔精细化工等实现技改升级。培育壮大“新字号”，发展工业旅游、文化创意、影视产业等项目。加快公铁物流开放平台建设，承接主城区产业转移，建立“园中园”示范区，支持引进先进制造业、战略性新兴产业、生产性服务业等“轻”型产业。积极争取国家专项建设基金和预算内资金，做好26家企业搬迁改造工作。深化政校合作，建设科技研发平台。完成区市下达的万元地区生产总值能耗下降任务。

做活商贸物流。完善公铁物流园综合配套，加快海尔(银川)虚实网服务园、飞翔国际空港物流园等项目建设，力促北京传树建材循环再利用总部、深圳中投环保装饰直供市场等项目落地。创新物流地产发展模式，建设国际化标准仓储基地和保税仓库。围绕包银高铁、青银高铁项目，引进企业采取PPP模式建设银川西站商业新中心，形成高铁经济新优势。丰富双创大厦业态，引入互联网金融、软件动漫、跨境电商等新产业。力促万达金街、文化宫商业广场、富润新都等商圈开业运营。做大做强久零网等电商平台，力争2017年电子商务交易额突破30亿元，形成经济增长新热点。

(三)创建全域旅游，构建旅游经济新格局。做实做细全域旅游示范区创建工作，紧抓产业融合、资源整合、共建共享，着力打造旅游经济升级版。

打造旅游全域化。优化“全域5A旅游区”空间布局，高起点、高质量编制全域旅游建设总体规划。创新设立文化旅游产业发展基金，拓宽全域旅游融资渠道。启动建设贺兰山国际户外运动休闲基地，打造一站式户外运动服务产业链，建设户外运动装备电商平台，组织徒步穿越、山地越野、攀岩攀冰等赛事。建成犀牛湖水上生态公园，做活生态景观水系文章，稳定辖区北部湿地生态系统。进一步完善旅游基础设施，打造镇苏路至贺兰山岩画、新小线至小口子沟两条景观大道，建设生态旅游厕所、自行车骑行驿站和镇苏路木栈道，建成城市步道和自行车交通体系。启动贺兰山路、文萃街等5条主干道路亮化工程。

打造服务全程化。建设西线旅游带交通枢纽中转站和旅游集散服务中心，构建互联互通、高效便捷的现代旅游综合交通运输体系。推行“1+N”营销模式，放大节会效应，策划开展自驾车房车露营大会、中国国际微电影节、贺兰山岩画冰雪嘉年华等文化旅游、运动休闲活动，进一步活跃旅游市场，聚集人气商气，拉动旅游消费。加强特色产品、特色线路运营设计，全年举办各类营销活动10场(次)以上。着力提升服务水平,搭建集咨询展示、预订交易于一体的智慧旅游服务体系,建设“吃住行游购娱”一站式旅游服务平台。加强旅游市场监管,推进诚信体系建设,提升旅游服务软实力。

打造旅游产业化。大力发展“旅游+”,促进旅游与相关产业行业融合发展。积极发展乡村旅游,推进旅游精准扶贫。大力发展健身休闲产业,在普及日常健身的基础上,大力推动发展户外运动,发展冰雪运动、山地户外运动、水上运动、汽摩运动、航空运动、电竞公园等。促进“体医结合”,发挥自治区中医研究院、回医研究院的作用,与宁夏中医院联合推动中医药康养医疗,实现全民健身和全民健康的深度融合。提升贺兰山东麓葡萄产业带旅游层级标准,延伸葡萄酒产业上下游产业链,打造富有特色的红酒街区。结合镇北堡镇人居环境改善工程,鼓励酒庄建设各具特色的民宿酒店,形成葡萄酒品鉴、民俗文化展示、西夏古城文化集市等特色街区。全年接待游客突破600万人次,力争实现旅游收入30亿元。

(四)统筹城乡建设,加快产城融合进程。坚持把生态文明理念融入到城市功能升级、镇容村貌改善上,落实绿色发展理念,推进美丽西夏建设,加快产城融合一体化步伐。

空间上深度融合。加快推进“多规合一”试点工作。突出特色化,体现差异化,完成西夏区贺兰山东麓葡萄产业带总体规划、镇北堡镇特色小城镇旅游规划、兴泾镇控制性详细规划等编制工作。对接海绵城市、城区停车场、旅游集散中心专项规划,优化城市整体风貌、道路景观、建筑形态,加强城市主干道等重点片区、重要节点的规划设计,努力形成覆盖城区、乡镇、村居三个层面的规划体系。

建设上提质提速。落实老旧小区“三供一业”资金,完成石化建、宁华园、建欣苑等企业代管小区供水供电供气改造。建成镇北堡自来水、污水处理厂,完成旧城(棚户区)改造安置区建设,让群众尽早住上“暖心房”。加快实施镇北堡人居环境改造项目,集约利用建设用地,试点规划建设三个最美乡村。启动实施镇芦路、酒庄路改建工程,全面完成昊苑村美丽乡村建设任务。推进兴泾镇新型城镇化改造项目,实施芦花洲二期项目建设,建成公交首末站,支持农民流转土地、上楼进城、就地务工,积极推动农村社区化、农民市民化,打造芦花地区产城融合示范区。

管理上精细高效。进一步完善城市管理机制,推进环卫保洁市场化运作机制改革,延伸城管服务区域,提高城市精细化管理水平,打造文明亮丽银川西中心。通过政府购买服务,引进物业公司,实现对48个老旧小区和无物业小区基本物业服务全覆盖。推行以智慧社区、智慧旅游、智慧物流等“智慧+”为内容的智慧城市。建成北京路两侧带状公园，改造提升八一公园、玫瑰园，新建同心北街等小微公园4处，提升镇苏路、文昌南街等7条道路两侧景观。实施中电投智慧能源项目，完善城区北部及镇北堡地区集中供热管网，全面淘汰城市建成区20蒸吨以下燃煤锅炉，完成20蒸吨以上燃煤锅炉脱硫脱硝改造任务。严格落实饮用水源地保护及水土流失综合治理制度，加强主要沟道和重点地区污染源控制，加快农村环境综合整治，打造天蓝地绿、水清城净、环境宜人的幸福家园。

（五）致力民生改善，提升群众幸福指数。坚持民生优先、共建共享，更加关注和改善民生，更加注重公共服务体系建设，让群众享有更多获得感、更强幸福感。

完善公共服务体系。建设兴顺苑社区等3个老年日间照料中心，改扩建同心苑、南梁、金阳等5个社区服务站。引进专业社会工作服务机构，推进“三社联动”，切实做好困境未成年人和农村留守儿童关爱保护工作。西夏区敬老院和残疾人康复中心投入运营。推进慈善项目计划，年内培育扶持慈善药品超市20家，慈善医院3家。

健全社会保障机制。深入实施“双创”战略，引导高校毕业生、农村富余劳动力、退役军人等群体自主创业。建成镇北堡返乡农民工创业孵化基地，支持农民工返乡创业。年内培训城乡劳动力600余人次，转移农村劳动力3500人次，实现城镇新增就业3000人，城镇居民登记失业率控制在4%以内。加强地方与高校创新创业深度合作，设立大学生创业基金，打造创新创业孵化基地和国家级科技示范园。深化军民共建、军警寺共建等双拥优抚活动。全面治理拖欠农民工工资问题，构建和谐劳动关系。推进全民参保登记，稳步实施“五险合一”。完善社会救助家庭收入核查机制，实现低保、医疗、扶残等救助公平公正。大力实施扶贫济困技能脱贫工程，全面完成323户1228人脱贫攻坚任务，打赢精准扶贫攻坚战。

大力发展教科文卫事业。新建银川市第二十九中学，迁建南梁、西马银等小学。深化办学体制改革，撬动社会资本和优质教育资源，高标准打造在国际国内有影响力的两所基础教育学校。落实乡村教师支持计划，提高教师队伍整体素质，推动教育健康可持续发展。实施“宽带乡村”及智慧城市建设工程，加快推进公共文化数字化、信息化建设，提升文化服务经济社会发展能力。深入开展全民健身活动，积极备战十五届全运会。建成镇北堡镇中心卫生院和芦花洲、泾华园等社区卫生站。建设中阿友好医院、妇幼保健专科医院，改扩建辖区医院，推进优质医疗资源共建共享。着力做好两孩计划生育服务管理，落实辖区居民普惠性体检工作。加快推进分级诊疗卫生体制改革，有效解决基层优质医疗资源不足、技术能力薄弱等问题。

维护社会和谐稳定。完善社会管理信

息服务平台，健全基层治安防控网络和联动机制，强化社区网格化服务功能，切实增强基层群众自治能力。认真落实党的民族宗教政策，切实维护民族团结、宗教和顺的良好局面。全面落实“党政同责、一岗双责、失职追责”制度，有效预防各类安全生产事故发生。启动“七五”普法工作，完善法律援助和司法救助体系。加强突发事件应急管理，提高预警和处置能力。强化重大事项社会稳定风险评估，深入开展社会矛盾纠纷排查化解，实行领导定期接访、重点约访、带案下访等工作机制，及时解决群众合理诉求。

四、加强政府自身建设

各位代表，新常态、新形势、新任务对政府工作提出了新的更高要求，我们要坚持以百姓之心为心，将百姓的呼声作为工作的指挥棒，把群众的期望作为工作的风向标，勤政为民，高效务实。

激发创造力，打造创新政府。坚持把解放思想贯穿于政府建设的全过程，坚持用改革的办法破解发展难题，深化“放管服”改革，继续优化政务服务流程。深化非税收入管理、预算管理、政府性债务管理等财政制度改革。深化投融资体制改革，建立财政资金使用绩效评价体系，提高财政资金使用效益。深化行政审批制度改革，创新事中事后监管，全面推行“双随机、一公开”抽查机制，为市场和社会活动留足空间，为正常经营活动保驾护航。

增强公信力，打造法治政府。依法全面履行政府职能，坚持“法无授权不可为、法定职责必须为”，大力推行权力清单、责任清单、负面清单制度，并实行动态管理。健全依法决策机制，严格执行重大行政决策程序。深入推进行政决策科学化、民主化、法制化，加强规范性文件和重大行政决策合法性审查，严格按照法定权限和法定程序行使权力、履行职责。坚持严格规范公正文明执法。推动“互联网+政务服务”，让数据多跑路，让群众和企业少跑腿、好办事、不添堵。全面推进政务信息公开，实现决策、执行、结果公开透明。自觉接受人大及其常委会的法律监督和工作监督、政协的民主监督，认真办理人大议案、代表建议意见和政协委员提案，主动接受公众和舆论监督，积极支持政协协商议政，确保权力在法治轨道上正确运行。

提高执行力，打造效能政府。深入开展效能建设，发扬“马上办”的作风和“钉钉子”精神，力促政府提速。推行重点工作项目化管理，把各项决策部署落实到事，具体到人，细化具体措施，严格时间节点，明确奖惩办法，严格责任落实，确保完成任务。完善政府议事规则，切实用制度管人管事。完善政务督查、行政问责等机制，坚决纠正不作为、乱作为，坚决克服懒政、怠政。政府全体工作人员特别是各级领导干部要始终保持“干”的状态，想干、敢干、会干、快干，抓紧每一天，干好每件事。

汇集凝聚力，打造廉洁政府。认真履行党风廉政建设“两个责任”，严格落实“一岗双责”，自觉践行“三严三实”。加强党风廉政教育，树立道德高线，严守法律底线，营造讲政治、守纪律的浓厚氛围。加大政府项目资金监管力度，加强对工程招投标、公共资源交易等重点领域的行政监管和审计监督，着力从源头上预防和治理腐败。健全廉政风险防控机制，严格控制“三公”经费支出，切实把有限的财力和资源用在发展经济和改善民生上。坚决反对腐败，严肃查处各类违纪违法案件，做到干部清正、政府清廉、政治清明。

各位代表！实干改天换地，拼搏创造未来。展望美好前景，任何挑战都动摇不了我们建设美好西夏的决心，任何困难都阻挡不了我们加快发展的脚步。让我们更加紧密地团结在以习近平同志为核心的党中央周围，在区市党委、政府和西夏区委的坚强领导下，在人大、政协的监督和支持下，凝心聚力，扬帆奋进，为建设经济繁荣、民族团结、环境优美、人民富裕的美好西夏而努力奋斗！

名词解释：

1.四个宁夏：开放宁夏、富裕宁夏、和谐宁夏、美丽宁夏。

2.五城一心两翼：建设商贸物流城、新型工业城、现代大学城、文化旅游城、运动休闲城和银川次商业中心，加快推进镇北堡葡萄影视文化休闲特色明星小城镇和兴泾镇首府回乡风情卫星镇“两翼”建设。

3.个转企、小转规：具有一定规模的个体工商户转型升级为企业、规模以下企业转型升级为规模以上企业。

4.贺田模式：垃圾源头分类可追溯、减量处理再利用的卫生保洁机制。

5.三通两平台：加强学校宽带网络建设，基本实现宽带网络校校通，初步实现教学资源班班通，大力推进网络学习空间人人通。加强数字教育资源公共服务平台和教育管理信息系统平台建设。

6.两馆三中心：图书馆、文化馆，职工文化活动中心、全民健身中心、老年人活动中心。

7.七免一救助：实施婚前医学免费检查、农村孕产妇免费住院分娩、新生儿四种代谢性疾病免费筛查、新生儿听力障碍疾病免费筛查、先天性患儿免费治疗、农村妇女乳腺癌免费筛查、农村妇女宫颈癌免费筛查。对农村急重危症孕产妇急救和农村乳腺癌、宫颈癌患者治疗给予救助。

8.双增：增加农村居民人均可支配收入和村集体收入。

9.空壳村：集体经济薄弱、财政亏空的村子。

10.两权一化：简政放权、强镇扩权和农村社区化。

11.PPP模式：政府通过特许经营、购买服务、股权合作等方式，与社会资本合作建设公共基础设施的一种融资模式。

12.项目四制：公开承诺制、进度督查制、目标考核制、责任追究制。

13.三政两不为：治理庸政懒政怠政，整治为官不为、为政不为。

14.新三板：由中国证监会、科技部发起和组织，并经国务院批准设立的专为国家级科技园区非上市科技公司提供的代办股份转让平台，既非上市股份有限公司代办股份报价转让系统，于2006年1月23日设立，代码为430开头的股票。

15.九位一体创业服务体系：创业孵化基地（创业园）、创业项目、创业培训、创业担保贷款、电子商务、众创空间、项目展示、税费减免、跟踪服务九位一体的创业服务体系。

16.三化一满意：以“信息化支撑、网格化管理、全程化服务、群众满意”为主要内容的社会治理机制。

17.五位一体：经济建设、政治建设、文化建设、社会建设、生态文明建设，着眼于全面建成小康社会、实现社会主义现代化和中华民族伟大复兴。

18.四个全面：全面建成小康社会、全面深化改革、全面依法治国、全面从严治党。

19.五大发展理念：创新发展、协调发展、绿色发展、开放发展、共享发展。

20.两宜两化：建设宜居、宜业，国际化、现代化城市。

21.六大战略：推进工业转型突破、金融创新突破、商贸物流突破、全域旅游突破、产城融合突破、社会事业提升。

22.“三高”行业：高污染、高耗能、高耗水工业企业。

23.僵尸企业：已停产、半停产、连年亏损、资不抵债，主要靠政府补贴和银行续贷维持经营的企业。

24.三供一业：国企（含企业和科研院所）将家属区供水、供电、供暖和物业管理职能从国企剥离，转由社会专业单位实施管理的一项政策性管理工作。

25.海绵城市：城市能够像海绵一样，在适应环境变化和应对自然灾害等方面具有良好的“弹性”，下雨时吸水、蓄水、渗水、净水，需要时将蓄存的水释放并加以利用。

26.智慧城市：运用信息和通信技术手段感测、分析、整合城市运行核心系统的各项关键信息，从而对包括民生、环保、公共安全、城市服务、工商业活动在内的各种需求做出智能响应。其实质是利用先进的信息技术，实现城市智慧式管理和运行。

27.两高一低：企业成本高、税负高，利润低。

28.蓝天工程：加强大气污染防治，全面改善空气质量。包括燃煤污染防治、城市扬尘污染防治、工业废气污染防治、机动车排气污染防治、污染治理能力提升与社会参与五大工程。

29.五大扶贫行动：实施人才和科技脱贫行动、人居环境整治脱贫行动、医疗保障和卫生脱贫行动、“互联网+”脱贫行动、文化旅游脱贫行动。

30.六个一批：生产脱贫发展一批、劳务脱贫输出一批、教育脱贫阻断一批、就业脱贫稳定一批、金融脱贫扶持一批、保障脱贫兜底一批。

31.三社联动：通过社区建设、社会组织培育和社会工作现代化体制，形成资源共享、优势互补、相互促进的良好局面，加快形成政府与社会之间互联、互动、互补的社会治理新格局。

32.五险合一：城镇职工基本养老、城镇职工医疗、失业、工伤和生育五项社会保险（统称“社会保险”）实行统一登记、统一基数、统一征缴和统一稽核。

33.两个责任：落实党风廉政建设责任制，党委负主体责任，纪委负监督责任，制定实施切实可行的责任追究制度。

34.双随机一公开：随机抽取检查对象，随机选派执法检查人员，抽查情况及查处结果及时向社会公开。

中国人民政治协商会议银川市西夏区第三届委员会常务委员会工作报告

——2016 年 10 月 31 日在政协银川市西夏区第四届委员会第一次会议上

西夏区政协副主席 刘红伟

各位委员、同志们：

我受政协银川市西夏区第三届委员会常务委员会委托，向大会作工作报告。

一、本届政协工作回顾

政协西夏区三届一次会议以来，本届政协在区委的坚强领导下，紧紧围绕团结和民主两大主题，动员组织各党派团体和各族各界人士，团结和带领广大政协委员，全面贯彻落实党的十八大和十八届三中、四中、五中全会精神，深入学习贯彻习近平总书记系列重要讲话精神，认真落实自治区、银川市和西夏区党委的各项决策部署，紧紧围绕区委“五城一心两翼”发展格局和“西夏突破”发展战略，以“加快科学发展、实现富民强区”和“提升产业层次、完善服务功能、美化城乡环境、改善民生民利”为主题主线，认真履行政治协商、民主监督、参政议政职能，齐心协力谋发展，尽心竭力惠民生，凝心聚力促和谐，为加快西夏区科学发展和跨越发展做出了重要贡献。

（一）围绕中心，服务大局，政治协商规范有序

围绕区委、政府中心工作，紧扣发展第一要务，创新举措，主动作为，通过开展多种形式的协商议政，为区委、政府集思广益、科学决策发挥积极作用。

围绕大局，全面协商。认真落实政协全委会议制度，全委会期间，区委、政府领导与委员共商西夏区发展大计，政协委员认真听取“一府两院”和其他工作报告，了解掌握区委、政府的重点工作和主要任务，紧扣经济社会发展的重大问题开展协商议政，围绕有关区情民生的重大问题提出意见和建议，共议发展之策。在大会发言中，委员们提出有关经济转型升级、民主法制建设、生态建设等方面的意见建议 360 余条，得到了区委、政府的高度重视，多条意见建议在出台的相关政策中得到体现。主席会议围绕国民经济和社会发展主要指标、财政预算和重点项目工程安排等重大事项开展协商，积极建言献策。每年年中举行政情通报会，听取政府半年工作情况的

通报，为加快西夏区经济社会发展议政建言。积极与政府协商对接，就优化投资环境、规范执法行为、创新提案办理机制等课题，坦诚开展协商讨论，探讨解决办法，有力助推工作落实。三届一次会议以来，区委、政府领导参加分组讨论 40 多场(次)，有关部门负责人参加小组讨论 300 多人次，组织委员大会发言 32 人(次)，其中《大力发展社区居家养老服务，努力提升西夏区养老服务水平》、《大学城对西夏区经济发展带动作用的探讨》、《加快推进西夏区电子商务发展的建议》等调研报告得到区委高度重视并批示转交政府有关部门研究落实。

紧扣中心，专题协商。通过召开全委会议、常委会议和主席会议就西夏区“十三五”规划纲要、经济结构调整、和谐社区建设、商贸物流业、现代服务业、文化旅游业发展等重大决策进行专题协商。组织委员中的专家、学者、企业家就西夏区发展战略、发展定位等重大问题座谈交流，征求各方意见建议，促进了区委、政府科学决策、民主决策。为提高专题协商效果，常委会议精心选择议题，组织协商讨论，提出意见建议。西夏区政协第三届委员会共召开常委会议 22 次，主席会议 28 次，围绕经济社会运行情况、重点项目建设和政协提案办理等议题进行专题协商，在协商活动各环节加强与政府有关部门沟通，知情议政。组织开展了多场次、多界别、多领域的专家学者委员讨论座谈会，围绕“西夏突破”战略、教育在西夏、居住在西夏等主题，广泛征求委员的意见建议。根据区委安排，牵头组织专家委员就发展西夏区商贸物流业课题开展有深度的调研，完成了西夏区商贸物流业发展规划编制工作。提出了“要发挥西夏区作为贺兰山东麓葡萄产业带核心区的独特优势，坚定不移地发展西夏区葡萄和葡萄酒产业”“坚持城乡一体化发展，加快推进西夏区城镇化进程”“重视重点项目建设运行的跟踪服务工作，确保项目的顺利推进取得成效”等多条协商讨论建议案，得到了有关部门的重视和采纳，增强了协商议政的针对性和协商效果。

把握重点，对口协商。各专委会和各界别委员加强与政府职能部门的沟通联系，利用对口协商平台，掌握部门工作动态，助推难题解决。工商联界与工信局、国税局开展对口协商，进一步发挥税收服务经济的职能作用，推动民营经济转型升级；科技界与科技局(科协)对口协商，商讨解决中小企业在科技创新中遇到的难题；农林牧业界就现代农业发展与农牧水务局、扶贫办开展对口协商，为农业提质增效集思广益。各专委会还主动就新农村建设、贺兰山东麓葡萄产业、商贸物流业、电子商务产业、文化旅游、创业就业等多个专题进行调研，开展对口协商，为有关部门落实政策、改进工作建言献策。

（二）拓宽渠道，创新载体，民主监督稳步推进

坚持把民主监督贯穿于政协履行职能的全过程，不断探索有效途径，民主监督力度不断加强。

落实提案办理制度。常委会把提案工作作为政协一项全局性工作摆上重要议事日程，加强组织领导，凝聚工作合力，完善工作机制，创新工作方式，更好地发挥了提案在履行民主监督职能中的积极作用，坚持和完善主席会议督办重点提案、专委会对口协调督办、委员参与督办等制度，采取民主评议、情况通报、专项视察、协商座谈和办理工作“回头看”等多种方式，加大提案督办力度。区委、政府和各承办单位高度重视提案办理工作，把办理政协提案作为密切联系群众、改进工作作风、推进科学决策的重要抓手，积极采纳建议，认真办理提案。政协三届一次会议以来，共审查立案提案303件，答复率100%，满意和基本满意率达98%以上，委员们提出的劳动就业、教育医疗、社会保障、环境保护、食品安全、交通出行和综治维稳等事关民生的一大批提案，得到了承办单位的重视，所提的建议在有关政策文件、重要规划和部门工作中得到了较好体现。

积极反映社情民意。围绕社会热点问题，发挥政协组织联系广泛、渠道畅通的优势，组织委员利用走访群众、座谈交流等形式，深入城乡社区、村组与基层群众面对面交流，实地听取群众的意见建议，并及时将群众的意见建议整理汇总转送有关部门。通过在基层建立委员联系点，设立委员接待群众公开栏、委员信箱、联系电话，以及向社区居民发放“社会服务连心卡”、建立委员定期走访制度等，为委员服务群众拓宽联系渠道。共收集基层群众意见建议320多条，经整理编辑后向区、市政协上报社情民意信息112篇，充分利用自治区政协、银川市政协、县（区）政协民意诉求反映渠道，使最基层的群众愿望得到关注。今年2月，我们与自治区政协积极沟通协调，宁夏政协兴华爱心基金拨付资金15万元，在春节前为西夏区602户农村低保对象配送（更换）烤火煤炉602台（套）；“关于镇北堡村贺兰山泄洪沟修建桥梁的建议”，在三级政协委员协调下，自治区水利厅出资80多万元修建了桥梁，于2015年8月投入使用，方便了村民安全出行；“关于解决沁园社区、惠民社区、伊地社区阵地建设资金”“建议自治区教育厅批准宁夏育才中学招收西夏区辖区内初中毕业生”“尽快实施西夏区兴盈公司7队10队城中村改造工程的建议”“支持兴泾镇肉牛养殖园区建设的建议”等社情民意信息得到了区、市相关部门和西夏区的高度重视，予以项目资金和政策支持。通过反映社情民意，进一步畅通了群众诉求渠道，促进经济社会的和谐发展。

认真开展民主评议。坚持把民主评议作为民主监督的重要举措，支持担任法院、

检察院特约监督员的政协委员发挥作用，组织政协委员参加法庭审判观摩活动、检察院“检察开放日”活动，对两院履行职责、工作作风、办案效率等方面进行经常性的民主评议，促进社会公众与司法检察工作的沟通互动。通过向委员通报工作情况，开展提案工作“双向评议”、提案办理“回头看”、参与行风评议等活动，并邀请政府及部门领导参与政协议政会议、界别委员座谈会、通报会，努力提高政协民主评议工作效果。组织16名政协委员参加了4期银川《电视问政》现场录制，将基层群众的意见建议直接反映到有关部门。

（三）聚力发展，关注民生，参政议政扎实有效

牢固树立“参政为民、促进发展”理念，着眼西夏发展大局，坚持把服务发展、改善民生作为参政议政重点，顺时而谋，应势而为，卓有成效地开展调研献策活动。

深入开展调查研究。常委会围绕中心，找准坐标，为深化改革、推动经济持续健康发展调研建言，做到调研课题与国家、区市发展布局、与西夏区产业优势相结合，与构建“五城一心两翼”空间发展布局相契合。按照区委“西夏突破”发展战略，坚持少而精、深而实的调研原则，针对文化旅游、商贸物流、金融业发展等内容确定了20余个调研课题，依托辖区高校人才资源，建立了由50多位专家学者组成的西夏区政协专家服务团，涵盖酿酒葡萄、文化旅游、商贸物流、金融等多个专业领域，为政协开展调查研究和专业咨询提供服务保障。同时积极协助支持各民主党派、工商联开展调研活动和调研报告撰写工作，形成了38篇专题调研成果，为区委、政府的科学决策提供了参考依据，体现了委员积极参政议政的使命感和责任感。

助推重点项目落实。按照区委项目建设“四制”要求，政协班子成员积极投身经济建设和社会发展第一线，到所联系的部门、镇街、村(社区)和企业指导工作，帮助梳理存在的困难和问题，并积极协调处理。对所牵头和负责的文昌南街改扩建、泾华园安置区、兴泾镇小城镇基础设施建设项目、兴泾镇失地农民创业园等重点项目、重点工作，主动牵头协调，履行担当责任，针对工程建设中存在的问题，先后多次召集有关部门和单位到现场召开协调会研究解决，听情况、议难题、献实策，有力地推动了工程建设过程中疑难问题的解决，为项目的顺利实施发挥了强有力的助推作用。

认真开展专题视察。视察既是政协委员知情明政的渠道，也是委员参政议政的重要方式。三届一次会议以来，组织政协委员视察34次，围绕群众关心的热点问题，对西夏区社会养老机构现状、人民调解工作等进行专题视察；围绕重点项目，先后就新型工业城、现代大学城和电商发展情况等开展专题视察；围绕重点任务，就沿山公路拓宽改造工程、基层服务型社区建设和

老旧小区改造等工作开展专题视察，并提出了许多条意见建议。调研视察工作的开展，有力地促进了西夏区经济社会的发展。

（四）突出主题，发挥优势，凝心聚力共促和谐

常委会充分发挥政协代表性广、包容性强的特点，多渠道、多层面做好合作共事、凝心聚力工作，促进了社会和谐稳定。

发挥党派团体作用。重视和支持各民主党派、工商联，通过政协全体会议、常委会议、主席会议等议政平台，发表见解和主张，有序参政议政。定期召开党派团体调研座谈会、工作联系会和通报会，适时通报区委、政府重大决策部署和经济社会发展情况。支持各党派团体积极发挥自身优势，开展社会服务，扩大影响。民革支部在翟靖巷社区开展了青少年法制教育和就业创业帮扶服务；民盟支部在兴泾镇建立了非物质文化遗产传承基地，深入挖掘传承回族非遗文化；民建支部开展了困难群众创业帮扶活动；民进支部开展了“聚焦课堂”课改活动；农工党总支在盈北社区建立了医疗服务基地，常态化服务周边群众；九三学社西夏区委员会组织农业专家进村入户为农民传授种养殖技术；工商联积极引导非公企业人士参与“光彩事业”“感恩行动”和精准扶贫工作，取得了良好的社会效果。

搭建委员联系平台。以三级政协委员为主体，在两镇、七街设立政协委员基层联系点9个，以“十个有”标准抓好联系点软硬件建设，实现三级政协委员开展活动“全参与”和“广覆盖”，推进政协工作向基层延伸和拓展。组织三级政协委员与团结村、镇北堡村开展结对帮扶活动，委员捐资10万元，帮助镇北堡镇团结村改造升级了4条村庄巷道，解决了群众出行难的问题。组织医药界委员孙广宏、马占豹医师深入到伊地、赛马等社区，开展“义诊进社区”活动，为500多名群众开展义诊和疾病预防知识讲座。近年来，委员们先后深入基层开展慰问活动，向西夏区困难群众、环卫工人、老年公寓、困难学生家庭等进行帮助慰问。委员们还积极参与“希望工程、圆梦行动”活动，并协调6家企业捐款8.8万元，资助了29名困难大学生。五年来，三级政协委员累计捐款捐物价值112万余元，委员们的关爱和资助，密切了委员与基层群众的联系。结合工作实际，制定了《西夏区政协委员联系界别群众工作的实施意见》，建立政协委员联系基层群众工作制度，探索建立政协委员联系本界别群众反映意见建议机制。组织各界别委员定期深入所联系的基层单位和群众中间，了解群众的愿望和诉求，将群众对党和政府有关政策的期盼、对热点问题的看法，及时上报区委、政府和区市政协。

促进民族宗教和顺。把促进民族团结、宗教和顺作为政协工作的重要任务。政协主要领导带领班子成员深入宗教场所，走访信教群众，倾听群众意见，协调解决实际

问题，促进了民族乡镇重点项目建设、群众增收、合坊并寺、社会维稳等工作。加强宗教界委员的学习培训，推荐有关教职人员参加自治区政协举办的教职人员学习培训班。组织开展"民族团结进步示范社区"观摩活动，促进民族团结进步工作巩固和发展。

发挥文史工作优势。政协三届常委会坚持以宣传西夏区、推介西夏区为己任，致力向区内外广泛宣传西夏区近年来取得的成果和发展前景，为推动西夏区全面发展尽心尽力。在区委、政府的大力支持下，开展对重大历史事件亲历者和重要代表人物史料的征集活动，继编辑出版《西夏区文史资料》(1–4 辑)后，通过发掘、收集、整理，编辑形成 20 多万字的《关于贺兰山东麓葡萄酒产业发展文史专辑》并出版发行，有效扩大了西夏区对外影响力。

(五)夯实基础，转变作风，提高机关服务水平

切实把政协自身建设摆上重要位置，不断解放思想、开拓创新，着力提升履职的能力和水平。

加强理论学习，提高履职意识。按照区委总体部署，扎实开展党的群众路线教育实践和"三严三实"活动及"两学一做"学习教育，着力解决"四风"方面存在的突出问题，提高新形势下做好群众工作的能力。坚持开门纳言，到委员和群众中"走亲连心"，广泛征求意见，并提出即知即改相关举措。坚决贯彻执行中央八项规定，严格遵守党的政治纪律。对政协提案、走访委员、公务接待等 14 个方面的工作制度进行梳理，进一步完善了《西夏区政协委员履职管理办法》，制定了《西夏区政协委员履职考核评分细则》，使政协履职工作进一步制度化、规范化、程序化。

转变工作作风，提高服务水平。为发挥委员的主体作用，完善了委员学习培训、履职考评和优秀委员评选等制度，积极开展优秀提案和优秀委员的评优评先，增强委员履职的主动性和积极性。通过区委中心组学习会、机关党组扩大会、每周例会等载体，认真学习重要会议精神，掌握政协理论知识，着力提高业务能力和服务水平，着眼规范工作程序，机关干部的办文、办会、办事能力稳步提升。

回顾本届政协工作历程，成绩来之不易，这是区委正确领导的结果，是人大、政府大力支持的结果，是辖区各参加单位、全体政协委员和政协工作者团结奋斗的结果，也是社会各界和广大人民群众积极参与的结果。在此，我代表三届政协常委会表示衷心的感谢和崇高的敬意！

在看到成绩的同时，我们也清醒地认识到，政协工作与新时期新任务的要求，与人民群众的期望相比，工作中还存在着差距和不足，主要有：一是政协工作的有关制度需继续加以创新和完善，有关规定的落实还有待进一步强化；二是民主监督力度

和实效亟待进一步增强，促进履职成果转化的力度还需进一步加大；三是个别委员的履职积极性和能力还有待进一步提高；四是政协机关为委员服务的能力有待进一步提升等。这些问题需要我们在今后的工作中加以重视和改进。

二、今后五年的主要工作任务

今后五年，是西夏区加快转型、乘势而上、奋力突破的攻坚阶段，更是实现跨越发展，全面建成小康社会目标的关键阶段。政协工作要高举中国特色社会主义伟大旗帜，以邓小平理论和“三个代表”重要思想、科学发展观为指导，认真贯彻落实习近平总书记系列重要讲话和来宁视察重要讲话精神，按照区委第三次党代会部署，围绕“五城一心两翼”战略布局和“西夏突破”战略任务，紧扣“六大战略”实施，坚持“围绕中心、履职为民、凝心聚力、务实创新”的工作理念，切实履行三大职能，努力做到政治协商更加规范，民主监督更加有力，参政议政更加到位，服务民生更加有效，团结联谊更加广泛，扎实推进政协工作制度化、规范化、程序化建设，为建设美好西夏、实现跨越发展做出新贡献。

（一）发展为先，务实履职，为转型跨越献良策

把围绕区委、政府中心工作建言献策作为最大着眼点，发挥政协的人才智力优势，广泛协商议政，参与咨询论证，为全区“十三五”发展献计出力。贯彻落实区委关于美好西夏建设的重大决策，进一步解放思想，求是创新，运用创新的理念和思维改进政协工作，以“工业转型突破”“金融创新突破”“商贸物流突破”“全域旅游突破”“产城融合突破”“社会事业提升”为主题，召开专题常委会，使“六大战略”成为社会各界的广泛共识。就特色城镇建设、美丽乡村打造等课题开展调研，强力推进美好西夏建设。强化主席会议的协商作用，着重围绕物流体系建设、文化产业发展等课题，邀请有关部门通报情况，组织委员视察议政，激发西夏发展新活力。

（二）民生为本，倾情履职，为改善民生建诤言

把民生改善作为政协履职的重要落脚点，围绕特困群体救助体系建设，养老、医疗、住房保障制度完善，教育卫生事业改革等一系列“民生大事”搞好调研视察。探索建立监督结果运用到纪委、组织部等部门考核的工作联动机制，推动民主监督工作的经常化、制度化，使民主监督成为促进部门工作、维护群众利益的重要方式。完善社情民意信息网络，提高信息质量，更好地发挥社情民意信息“直通车”作用。开展“提案工作质量年”活动，着力提高提案质量、办理质量和服务质量，把提案工作作为“民心工作”，充分发挥提案在保障和改善民生中的积极作用。把为民服务作为重要责任，深入开展送服务下基层、进社区活动，鼓励委员积极参与各种公益活动，真心实意地为

群众办实事、解难事、做好事。

(三)合力为重,协力履职,为和谐稳定增共识

把增进共识、凝聚人心、汇聚力量作为政协服务改革发展的切入点，坚持大团结大联合,努力为改革发展寻求最大公约数、增进最大共识度、汇聚最大正能量。加强与各民主党派和无党派人士、各人民团体和各族各界人士的沟通联系，支持他们通过政协舞台合作共事,履行职责,发挥作用。不断巩固壮大爱国统一战线组织，坚持定期走访各界人士制度，加强与民族宗教界和新经济阶层人士的团结，共同为促进经济社会和谐发展服务。发挥政协独特优势,动员广大政协委员，广泛联系走访在外宁夏企业家,吸引他们返乡创业。依托政协各社团，广泛开展文史研究和文化交流等活动,助推非物质文化遗产的抢救、保护、传承工作。加强与各界别、各阶层群众的联系,积极协助区委、政府做好协调关系、理顺情绪、化解矛盾的工作,为营造政通人和的社会氛围,身体力行,尽心尽力。

(四)创新为要,科学履职,为民主建设搭平台

把扎实推进协商民主作为政协工作的着力点，认真落实好全区政协工作会议精神，进一步健全和完善政治协商的各项制度,明确协商主体,规范协商程序,丰富协商载体，积极推进协商民主广泛多层制度化发展。聚焦社会和经济发展的新常态,充分发挥协商民主的重要渠道作用。政协委员要主动适应新常态，增强责任感和使命感,凝聚智慧力量,为实现新跨越、重塑新动力、赢得新希望谋划新对策。创新协商方式，探索建立以界别为基础、以专题为重点、以对口为纽带、以座谈为主要方式的季协商制度,针对工业转型升级、金融创新发展、社会事业提升等一些重要领域性问题协商建言,为委员参政议政、发表意见提供更多机会。进一步探索基层民主协商的途径和方法，通过完善三级政协委员基层联系点工作,推动政协工作向基层延伸。

(五)自身为基,用心履职,为政协工作强保障

把巩固深化“两学一做”等学习教育成效作为政协自身建设的关键点，认真落实中央八项规定,切实转变工作作风。充分发挥委员主体作用,通过菜单式培训模式,对新委员进行培训,对老委员进行轮训,打造一支素质好、履职好、形象好的委员队伍;通过举行常委读书会的形式，提升常委履职水平；引导委员认真学习习近平总书记系列重要讲话精神,增强“四个意识”;倡导委员诚实做人、诚信做事,争做移风易俗的先锋带头者;建立健全委员履职档案,落实委员履职情况通报制度和考核制度，探索建立委员诫勉劝退机制。突出抓好专委会和界别建设,加强专委会之间、界别之间、专委会与界别、党政部门之间的工作联动协作和交流，积极探索开展界别活动新方

法新途径，落实界别召集人例会制度，发挥好界别召集人的带头组织作用。组织委员经常性开展访民生工作，进一步密切政协与群众的联系，充分发挥政协委员在推进镇街经济社会发展和基层民主政治建设中的作用。加强政协机关文化建设，按照“宽松、团结、活力、严谨、务实”的要求，营造“热烈而不对立、真诚而不敷衍、尖锐而不极端”的履职氛围，建设学习好、作风好、服务好的政协机关，为政协有效履行职能、顺利开展工作提供有力保障。

各位委员，全面深化改革的新形势和新任务，对人民政协工作提出了新的要求，也为政协委员履行职责、发挥作用提供了更加广阔的舞台。让我们在区委的坚强领导下，高举中国特色社会主义伟大旗帜，以高度的政治责任感和历史使命感，自觉践行“一线”要求，以更加坚定的信念、更加振奋的精神、更加扎实的举措、更加务实的作风，不断开创政协工作新局面，为建设美好西夏，实现跨越发展，做出新的更大的贡献!

银川市西夏区人民法院工作报告

——在西夏区第四届人民代表大会第一次会议上

西夏区人民法院代院长　马立新

各位代表：

我代表西夏区人民法院向大会报告工作，请予审议，并请政协委员和其他列席会议的同志提出意见。

过去四年工作的回顾

西夏区三届人大一次会议以来，在区委的领导和区人大、政府、政协及上级法院的监督、支持、指导下，我院认真学习党的十八大及三中、四中、五中全会精神，深入贯彻习近平总书记系列重要讲话，围绕“司法为民、公正司法”的工作方针，开展“党的群众路线教育”“三严三实”“两学一做”等主题教育活动，紧盯“西夏突破”战略，发挥职能，忠诚履责，为平安西夏建设做出了积极的贡献。四年来，共受理各类案件22648件，年均上升20.84%，审执结案件17787件，审限内结案率97.86%。今年截至目前共受理各类案件6277件，同比上升9.95%，审执结案件4385件，审限内结案率98.59%。

一、强化执法办案，努力维护社会和谐稳定

依法严惩刑事犯罪，维护社会和谐稳定。共受理各类刑事案件1096件，审结1009件，审限内结案率98.41%。今年截至目前共受理各类刑事案件319件，审结271件，审限内结案率98.15%。依法严惩抢劫、故意伤害、强奸等严重暴力犯罪，重点打击盗窃、诈骗、非法集资、传销等侵财类犯罪219件296人。积极参与反腐败斗争，依法严惩贪腐犯罪及职务犯罪26件58人。积极参与禁毒斗争，审结毒品犯罪案件64件74人。严格“醉驾”认定标准，审结危险驾驶犯罪239件239人。积极推进量刑规范化工作，统一裁判尺度，规范量刑平衡，四年来，适用量刑规范化审理案件共计1151件。审结涉及300余名被害人、社会影响较大的王淑兰十字绣诈骗案。依法严惩环境资源犯罪23件70人，审结郭伟等12人非法捕猎案。依法严惩了荣国民等19人涉黑案件，有效震慑了犯罪。贯彻宽严相济的刑事政策，对犯罪情节较轻和社会危害较小的

被告人依法适用缓刑 295 人。做好刑事附带民事案件调解、轻微刑事案件和解工作，共调解处理 179 件，调解率 72%。积极推进轻微刑事案件快速办理机制，审结“轻刑快办”案件 63 件 63 人，均在 10 天内办结。加强与社区矫正部门的对接与指导，最大限度预防和减少违法犯罪。

妥善处理民商案件，调判结合化解纠纷。共受理各类民商事案件 14640 件，审结 11440 件，审限内结案率 98.84%。今年截至目前共受理各类民商事案件 3730 件，审结案件 2638 件，审限内结案率 99.01%。平等保护各类主体的合法权益，注重保护民生，加大对违法行为和不诚信行为的制裁，保障公平有序的投资环境和交易秩序，提振市场信心。针对破产企业多、下岗职工多、房屋拆迁、征地纠纷多的区域性特点，主动服务辖区经济社会发展大局。妥善审理民间借贷、融资租赁类纠纷，着力化解金融风险。重视保护公民的人身权和财产权，依法处理婚姻家庭、合同纠纷、人身财产损害等案件。成立劳动争议案件专业合议庭，加强对合法劳动关系的保护。依法审结建筑工程施工等合同纠纷案件 270 件，农民土地承包经营权流转、宅基地纠纷、拖欠农民工工资等案件 1032 件。有效化解能祥劳务派遣公司、西夏佳酿、西轴集团等较大影响的诉讼案件。注重保护妇女、儿童、老人、残疾人等弱势群体的合法权益。积极开展小额速裁工作，坚持“能调则调、当判则判、调判结合”的原则，完善“三调联动”工作机制，加强与乡镇、街道、社区和相关单位的联系，构建多元化纠纷解决机制。四年来，我院民商事案件调解撤诉率年均达到 66.46%，努力做到“案结事了人和”，有效防止了民转刑案件的发生，维护了社会稳定。

规范助力依法行政，倾力促进官民和谐。共受理行政案件 76 件，审结 76 件，审限内结案率 96.05%。贯彻新修订的《行政诉讼法》及相关司法解释，落实行政案件集中管辖制度，妥善审理城镇化建设中发生的土地征收、房屋拆迁等行政争议案件。与行政执法机关召开联席会议 8 次，开展依法行政培训讲座 10 次，加强非诉行政案件审查，共审查行政非诉案件 85 件，既注重保护当事人的合法权益，又为辖区行政机关执法活动提供司法保障。

全力攻坚执行难题，充分保护合法权益。共受理执行案件 6806 件，执结 5236 件，执结率 76.93%，执行案件标的 10.42 亿元。今年共受理执行案件 2024 件，执结 1348 件，执结率为 66.60%，执行案件标的 3.07 亿元。建立统一管理模式和快速反应机制，在执行局设立执行一庭、执行二庭，形成裁执分权、快速出击、联动配合的工作格局。健全执行威慑机制，加强与公安、银行、房产、车管等协助机关的相互配合，实施“点对点”“总对总”网络查控机制，初步实现了在法院就地查控人员和财产的功能，大为提高了工作效率。开展了“百日攻坚”“清理执行积案”等专项活动，加大对被执行人的法律制裁，建立失信被执行人黑名单制度，公开对1338名被执行人、343家被执行单位进行曝光，在融资信贷、旅游出行、高消费等方面予以严厉限制。全面清理执行积案，果断运用查封、冻结、扣押、司法拘留等强制措施，严厉惩处执行“老赖”，四年来，共计对189名被执行人进行司法拘留，提高了执行强制力。

多方化解涉诉信访，依法保障合理诉求。贯彻涉诉信访工作新机制，注重从源头上化解。实行诉访分离、领导包案、评估预防、多元化解、依法终结。做到耐心接待、认真审查、有错必纠、实质解决，对进京上访当事人张学明劳动争议等多案成功化解。四年来接待来访及法律咨询2万余人次，处理信访案件80余件，复查当事人申请立案27件，依照审判监督程序再审6件。

二、坚持司法为民，努力满足人民群众司法需求

创新服务形式，方便群众诉讼。落实立案登记制，对符合条件的，做到有案必立、有诉必理。畅通诉讼绿色通道，建设诉讼服务中心，规范服务窗口建设，实行导诉立案、材料审查、诉前调解、判后答疑“一站式、柜台式”服务，简化立案审批程序，当天立案率达95%以上。创新服务举措，制作便民联系服务卡、《诉讼指南》手册，安装电子公告屏和查询触摸屏，设置饮水机、复印机、银行柜员机等便民设施，为群众提供便捷的诉讼服务。完善网上预约立案、电话预约立案，满足诉讼当事人的多样化需求。体现人文关怀，施行司法救助，四年来共减缓免交诉讼费47.9万元，救助当事人共52名，发放救助金123.6万元。

推动司法公开，促进公正司法。以公开促公正，推动法院常态化公开机制，实行党务、政务、审务三公开。建设审判流程公开、裁判文书公开和执行信息公开“三大平台”，开通法院内网、外网和官方微博，动态发布工作信息，对网络咨询举报做到及时回应，件件答复。推进“阳光司法”，倡导开门办案，实行审判执行全程公开，有理讲在法庭，有证据出示在法庭，裁判充分说明理由，做好答疑解惑，让当事人输赢皆明。实施裁判文书网上公开，四年来共在互联网上发布裁判文书7071件，上网率97.28%。建成9个数字审判法庭，实现庭审直播点播，增加了司法透明度。运用远程视频接访案件，配备执法记录仪，实施手机办公系统、12368诉讼服务热线、车载卫星定位系统，实现了网上办公办案，促进了信息技术与法院工作的深度融合。

实施综合治理，推动平安建设。建立诉前调解对接机制，与司法局、街道（乡镇）、社区（村）及企业合作，开展“联合调解”，将矛盾化解在基层，解决在源头。发挥“城管巡回法庭”的作用，宣讲法律，及时处理。开展巡回审判和法官“六进”活动，充分利用展板、电子屏、宣传册等形式，以案释法，教

育群众。四年来，共巡回开庭20余次，开办法律专题讲座20余场，发放宣传资料3万余份。

三、加强队伍建设，努力打造过硬法院队伍

加强政治思想建设，坚定理想信念。认真履行党组主体责任，从严从实抓班子、带队伍、促审判，抓好党建促进队建。开展专题党课、主题演讲比赛、手抄党章比赛及重温入党誓词等丰富多样的教育活动。严格落实中央八项规定，深入查摆“四风”问题，严肃认真开好民主生活会，广泛听取意见，提出并落实35条整改措施，修订完善15项规章制度。发挥法院党总支、团支部、工会、妇工委等群团组织作用，凝聚法院正能量。进一步强化大局意识、看齐意识、服务意识，大力弘扬“崇法厚德、致公为民、凝心聚力、务实卓越”的宁夏法院精神，评先奖优，弘扬正气，大力塑造风清气正、外顺内和、敬业奉献的工作氛围。

加强党风廉政建设，确保廉洁司法。树立“讲廉政就是最大福利、讲廉政就是积德行善”的理念，注重用制度管人管事管权，筑牢反腐倡廉防线。开展廉洁司法教育活动，建立领导干部干预司法活动追责机制和内部人员插手案件登记制度。严格落实中央“八项规定”，减少“三公”经费支出，开展“六难三案”专项整治，实施“一岗双责”目标管理，抓工作下抓一级，追责任上追一级，对干警轻微违规行为进行约谈。四年来，作出通报批评19次61人，干警主动拒收和退还礼品礼金10余人次，价值5840元。

加强审判机制建设，提升审判质效。建立完善流程管理机制，实施节点控制、红黄预警、限时办结，加强对审判执行的全过程监控，提升了法院管理的精细化水平。建立案件质效评查机制，逐案评查、月度通报、责任倒查。建立院庭长和审判委员会监管机制，加大对不当司法行为的问责。实施司法能力提升工程，开展岗位练兵、业务竞赛，进行庭审和裁判文书质量“两评查”活动，加强业务培训，发扬传帮带作用，培养锻炼年轻干警，不断提高司法能力。

加强职业能力建设，推进司法改革。坚持专业化、职业化方向，按照“让审理者裁判，由裁判者负责”的要求，在中、高院的统一指导下，进行人员分类改革，完成了首批35名入额法官遴选工作。修订审判委员会工作规则，完善主审法官、合议庭办案责任制，优化审判资源配置，稳步推进司法改革。

加强法院文化建设，营造和顺环境。建设文体中心、职工书屋、电子阅览室和心理健康咨询室，开展道德讲堂、书香法院、趣味运动会、演讲比赛等各类文体活动，积极参加全市法官体育节、文艺汇演等各类活动，丰富文化生活，展示干警风采，增强了队伍的凝聚力和向心力。

四、自觉接受监督，努力提升司法公信力

主动接受人大法律监督和政协民主监

督，加强与人大代表、政协委员联络沟通。四年来，邀请人大代表、政协委员参加庭审观摩、征求意见等活动 10 余次，办理代表建议 8 件、政协提案 5 件。自觉接受检察机关诉讼监督，邀请检察长列席法院审判委员会，及时办理检察建议 136 件，办理刑事、民事抗诉案件 13 件。开展“法院开放日”活动，邀请各界人士走进法院，增强对法院工作的监督和支持。公布举报网址、投诉电话和院长信箱，查办群众投诉举报 38 件，限时办理、及时反馈、认真整改。

各位代表、各位委员：四年来，我院的各项工作取得了长足的发展，审判执行工作、队伍建设、信息化建设、档案规范化建设等 6 项工作得到上级表彰，连续 3 年在西夏区绩效考核中评为优秀等次，荣获市级文明单位，1 名干警获得全国“劳动模范”称号，有 6 个部门和 11 名干警记功授奖。这些成绩的取得离不开西夏区党委的正确领导，离不开人大、政府、政协和社会各界的监督支持。在此，我代表西夏区法院向关心、支持法院工作的各位代表、委员和各界人士表示衷心的感谢！

在取得成绩的同时，我们也清醒地认识到工作中还存在一些问题和不足。主要表现在：受经济下行影响，我院受理案件逐年增长，案多人少问题十分突出；我院没有派出法庭，当事人中下岗职工多、流动人口多、移民群众多，案件审理执行难度较大；审判人员长期超负荷工作，压力大，基层法院人员结构失调、人才难求、人才难留等问题较为突出；缠诉、闹访事件增多，辱骂、殴打、报复法院干警的事件时有发生；逃避甚至抗拒裁判现象突出，“执行难”问题仍未根本解决；个别人员司法作风不正，精神状态不佳，不廉不公，工作效率不高的问题依然存在，法院干警的司法能力与党和人民群众的要求仍然存在较大差距。对于这些问题，我院高度重视，不回避、不护短、不迁就，将采取更加有力的措施，认真切实加以解决。

2017 年及今后五年工作思路

今后五年，西夏法院工作的总体思路是：深入贯彻中央政法工作会议精神，紧紧围绕“司法为民、公正司法”工作方针，落实区委第三次党代会和本次会议的安排部署，紧盯“五城一心两翼”战略布局和“两翻番两同步一增强”发展目标，全面推进我院“1234”工作新思路，即坚持“为民公正司法”一条工作主线，紧握“审判管理和审判监督”两个抓手，落实“司法改革、制度建设、两庭建设”三项重点工作，深化“提高审判质效、推进司法公开、加强信息化建设、提升法院文化”四项举措，努力实现法院工作新突破。

一、立足执法办案，努力在服务大局上有新作为

认真学习党的十八届六中全会精神，

紧扣执法办案第一要务，积极应对新常态下，法院执法办案压力，把审判执行工作主动融入到服务经济社会发展大局之中，充分发挥审判职能作用，严厉打击犯罪、惩处违法、保护合法，公平公正调处各类纠纷，积极参与综合治理和平安建设，不断提高工作质效，提升司法服务水平，以实际行动为经济社会发展保驾护航。

二、积极稳妥推进，努力在司法改革上有新成效

坚持放权与监督并重，强化法官主体责任，落实审判责任制，简化工作流程，积极推进法院员额制改革，建立规范高效的审判权运行机制。实施人员分类管理，建立专业职务序列，组建审判团队。做好法院人、财、物统管，完善职业保障，落实干警职级待遇与薪金制度改革，切实推进法院队伍的职业化进程。

三、强化工作举措，努力在司法为民上有新提升

构建开放、透明的阳光司法机制，切实保障人民群众的知情权。调动各方因素，举全院之力，全力攻坚“执行难”，完善执行指挥中心平台建设。筹建镇北堡、兴泾镇2个派出法庭和1个交通巡回法庭，就地办案，方便群众。深化多元化纠纷解决机制改革，加大巡回审判和法治宣传教育力度。继续加大对困难群众的司法救助，整合诉讼服务中心职能，增加便民设施，提升服务质量，创建优秀服务窗口，为当事人提供更加文明高效的司法服务。

四、加强队伍建设，努力在廉洁司法上有新进步

坚持从严治院，巩固“两学一做”学习教育成果。落实法官办案终身负责制，严格执行错案追究、责任倒查机制。完善审判流程管理、案件质量评查、案件质效量化考核机制。加强法院基础设施建设、信息化建设和人民法庭建设，继续抓好司法能力提升工程，促进法院科学发展，努力建设一支信念坚定、执法为民、勇于担当、廉洁务实的法院队伍。

五、主动接受监督，努力在司法公信上有新提高

严格落实党组的主体责任和纪检部门的监督责任，自觉接受人大政协监督，主动报告工作，加强与代表、委员沟通交流，广泛征求意见。完善代表、委员提案和建议办理机制，提高办理质量和效率。自觉接受检察机关和社会各界的监督，加强审判监督，认真依法纠错，从源头上解决矛盾，不断提升司法公信力。

各位代表、各位委员，新时代赋予新使命，新征程昭示新希望。我院将继续在区委的领导下，在人大、政府、政协和上级法院的监督、指导下，忠实履行宪法法律赋予的职责，不忘初心、不辱使命、不负众望、不断前行，为转型突破、跨越发展、建设美好西夏做出新的更大的贡献！

名词解释:

1.醉驾:醉驾是指因过量饮酒而驾驶机动车的行为。每百毫升血液酒精含量大于 20 毫克就算酒驾,大于等于 80 毫克即为醉驾。最高人民法院、最高人民检察院、公安部于 2013 年 12 月联合发布的《关于办理醉酒驾驶机动车刑事案件适用法律若干问题的意见》规定,醉酒驾驶机动车,以危险驾驶罪定罪处罚。《刑法修正案(八)》规定,在道路上醉酒驾驶机动车的,处拘役,并处罚金。

2.三调联动:指人民调解、司法调解、行政调解。

3.点对点:网络执行查控系统,是法院利用计算机网络系统与辖区内各大银行对接,便捷查询、冻结被执行人的存款信息。

4.总对总:全国法院网络查控系统,是最高法院利用计算机网络系统与全国各大商业银行对接,便捷查询、冻结被执行人在全国各大银行的存款。

5.六难三案:“六难”即“门难进、脸难看、事难办、立案难、诉讼难、执行难”,“三案”即“关系案、人情案、金钱案”。

银川市西夏区人民检察院工作报告

——在西夏区第四届人民代表大会第一次会议上

西夏区人民检察院代检察长　王安云

各位代表：

现在，我代表西夏区人民检察院向大会报告工作，请予审议，并请与会的政协委员和其他列席同志提出意见。

过去四年的工作回顾

自2012年西夏区三届人大一次会议以来，西夏区检察院在区委和上级检察机关的正确领导下，在人大及其常委会的有力监督和政府、政协及社会各界的大力支持下，积极履行各项检察职能，全力服务西夏区经济社会发展大局，深化反腐倡廉建设，有效惩治职务犯罪，严格规范司法，全面加强自身建设，为维护社会公平正义和司法公正做出了积极贡献。四年来，共立案侦查职务犯罪案件27件59人；受理提请批准逮捕案件703件1045人；受理审查起诉案件1237件1676人；受理民行监督案件160件；受理控告申诉举报类案件线索431件631人。

一、全面履行检察监督职能

自觉将检察工作融入区委、政府工作大局，全面履行检察职能，致力营造风清气正的经济社会发展环境。

加大查办和预防职务犯罪力度，着力营造廉洁政务环境。紧紧围绕区委发展战略，紧盯权力集中的重点领域、关键岗位，进行有针对性的职务犯罪查办和预防工作。共立案侦查职务犯罪案件27件59人，其中贪污贿赂犯罪案件21件46人，渎职侵权犯罪案件6件13人，侦查终结27件59人，提起公诉26件58人，不起诉1件1人，做出有罪判决20件36人，6件22人法院尚未做出判决，大要案45人，占立案总人数的76%，通过办案为国家和集体挽回经济损失1021万元。如依法查办了武某某等8人套取粮食补贴案、马某某等5人贪污征地补偿款案、谢某某等6人贪污、受贿、玩忽职守案等一批发生在群众身边、严重损害群众利益的职务犯罪案件。依托“黄河预防工程”，不断加大职务犯罪预防工作力度，深入走访核实了惠农扶贫资金使用情况，与纪委联合举办西夏区预防职务犯罪宣讲会。共开展预防职务犯罪警示宣传教育64场次，开展预防调查27次，提出预防职务犯罪检察建议27份，形成调查报告19篇，提供行贿犯罪档案查询3300余次，累计发放《阳光检察》、《民生检察》、《亮剑职务犯罪》等宣传书籍1万余册。

严厉打击刑事犯罪，着力维护社会和谐稳定。坚持把维护社会和谐稳定作为第一责任，认真履行审查批捕、审查起诉职责，重点打击抢劫、强奸、盗窃、破坏生态环境、危害食品药品安全、合同诈骗、涉黑涉恶和毒品犯罪等案件。共批准逮捕528件747人，不批准逮捕175件298人；提起公诉1164件1535人，不起诉41件60人。依法审查批捕、起诉了荣某某等19人黑社会性质组织案，赵某利用邪教组织破坏法律实施案，白某某非法采矿案和郭某某污染环境案等一批新类型犯罪，依法打击盗猎珍稀野生动物案件10件45人，开展吸毒人员管控大收戒专项行动以来，依法打击毒品犯罪案件64件70人。

强化刑事诉讼监督，着力维护执法司法公正。坚持重大案件提前介入，制定“三提前、三跟踪”①工作机制，在公安机关设立检察官监督办公室，加强刑事诉讼监督。共提前介入侦查81次，立案监督案件37件61人，发检察建议书189份，发纠正违法通知书17份；纠正漏捕48人，纠正漏诉42人，追加遗漏罪行48起；提请抗诉13件31人，全部得到市院支持，其中5件13人已改判，3件10人发回重审，其余案件正在审理。搭建“两法衔接”②平台，对有关行政执法单位进行监督检查，并对发现的问题提出意见建议，共计录入行政处罚案件660件，依托平台成功监督荣某某公司生产劣质矿泉水一案，保障了居民的饮食用水安全。完成了社区矫正检察管理系统的上线运行，共计录入社区矫正人员的信息501人，发检察建议书14份，纠正脱管漏管3件3人。

稳步开展民事行政监督，着力打造民生检察。围绕开展违法行为调查、行政执法专项检查、执行专项检查三项重点工作，统筹推进生效裁判监督、审判程序监督和执行活动监督。共办理民行监督案件160件，其中不服法院生效裁判案58件、民事行政执行类监督案63件，行政执法类监督案46件，发检察建议书143份；对银川市中级法院和兴庆区法院审判的案件建议提请抗诉和提请抗诉9件，得到上级院支持3件，改判1件；对西夏区法院发再审检察建议1份，被采纳并改判。在镇街、学校、军营等设立民生检察服务联络站5个，开展法律宣传和咨询60次，全力打造民生检察。

积极应对信访事项，着力化解矛盾纠纷。不断畅通信访渠道，强化服务措施，开展带案下访、定期巡访、联合接访等活动。检察长接待来访群众118次156人，班子成员带案下访73次。高度重视“两访一户”案件，制定了“333”应急工作机制③。共受理控告申诉案件线索376件544人，其中转办

117件,其余均直接答复。共受理职务犯罪举报类线索55件87人,初核8件,转办47件。成功化解集体访案件6件85人,成功化解了区市两级督办的周某某信访积案。开展法律宣传42场次,接听12309检察服务热线259次,发放宣传资料8500余份。积极开展司法救助工作,共办理司法救助案件7件,为8名刑事被害人发放司法救助金29万元。

深化规范化窗口建设,着力提升检务公开水平。以“123456”[④]服务型窗口创建为抓手。建立了首问负责制、事后回访制、责任追究制等服务机制,设立控告申诉、举报、咨询答复三个窗口,设置检察长接待室、候谈室、情绪疏导室、举报接待室,为来访群众提供贴心、全程和延时服务。我院控申接待大厅被评定为全市第一批服务型窗口达标单位。加强检务公开大厅建设,配备专人负责信息公开工作,推行电话预约阅卷、电子档案查询、案件办理流程公开等一站式服务。自平台搭建以来,共公开案件程序性信息1073件,重要案件信息113件,先后开通了“两微一端”网络宣传平台,发布宣传信息共计3000余条,微博粉丝数达到5539人,在各级报刊杂志上刊登宣传稿件400余篇。深入开展法律“六进”活动,进行法律宣传80次,发放普法宣传资料16000余册,2016年我院获评全市依法治理示范单位。

二、全面加强检察队伍建设

以“三基提升”[⑤]工程为抓手,大力加强检察队伍建设,提高司法公信力和群众满意度。

突出抓好领导班子建设。以党的群众路线教育、“三严三实”和“两学一做”学习教育为契机,以市院“三基提升”工程为抓手,认真践行社会主义法治理念,全面加强班子建设,切实以班子带队建、以党建促队建、以队建促业务,强化创先争优、强化从严治检。四年来多次获得国家、区市级等各级表彰奖励,其中集体奖项17项,个人奖项43人次。先后获得了全区检察机关“文明接待室”、全市目标管理考核先进基层检察院、银川市“六五”普法先进集体、银川市“十佳”书香机关和银川市年度创新工作等荣誉。多人获得全区检察先进个人和自治区“三八红旗手”等荣誉称号。

突出抓好队伍素能提升。坚持以文化育检提高队伍思想境界、职业操守和法律素养。先后确立了院训、院规、院徽、院歌、西检精神、检察文化发展理念和检察人物化品格等。建成了“检察文化艺术中心”,满足检察机关开展学习教育活动的需要。按照司法体制改革的要求,完成了首批23名入额检察官遴选工作。深入开展了规范司法行为专项整治工作,各业务科室共查摆不规范突出问题十个方面39条,制定整改措施39条,全部完成整改。深入开展岗位练兵和业务培训,为青年干警定制检察官“一帮一、一带一、结对子”的辅导员制度,不断提升干警的理论业务水平,几年来我院干警撰写的 35 篇理论调研文章刊登在《人民检察》、《检察日报》、《共产党人》和《宁夏检察》等报刊杂志上。四年来，先后有 7 名干警取得研究生学历，17 人取得司法考试 A 证。1 名干警获评银川市优秀共产党员，4 名干警荣记二等功、三等功，1 人入选全国检察机关调研骨干人才库，5 人入选全区检察机关青年人才库。

突出抓好党风廉政建设。认真落实党风廉政建设党组主体责任和纪检组监督责任，制定《西夏区检察院党组落实党风廉政建设主体责任的实施办法》，切实把党风廉政建设融入检察业务、队伍建设、检务保障等各项工作之中，坚持每季度班子成员和中层干警述职述廉述学，并进行满意度测评，班子成员和各部门负责人每年进行两次廉政谈话，有效提升了干警的廉洁从检意识，四年来无干警违纪违法情况。在“三严三实”教育活动中深入查找执法办案风险点 21 条，制定整改措施 30 条，修订完善各项制度 40 项，努力建设团结、高效、务实、清廉的领导班子和检察队伍。

三、全面自觉接受人大监督

始终牢固树立监督者更要接受监督的意识，主动接受人大及其常委会的监督，自觉接受社会各界监督，确保依法公正行使检察权。制定了我院代表委员联系机制，主动向人大、政协汇报重要工作，自觉接受人大常委会开展的专题调研和执法检查活动，主动邀请人大代表、政协委员视察评议检察工作、观摩庭审、进行执法检查。将群众普遍关心的案件庭审现场前移至社区、学校等，增强司法公信力和透明度。在案件办理中采用了“疑难案件专家咨询会议”和“不起诉案件公开审查会议”，并形成机制，有效促进了案件质效，实现了办案的法律效果和社会效果有机统一。四年来共接受银川市、西夏区两级人大调研视察 9 次，向同级人大常委会报告重点司法办案工作 12 次，提供专题报告 7 份。

各位代表，四年来我院检察工作虽然取得了一定成绩，受到了各级领导的肯定和社会各界的认可，但我们深知这些成绩的取得离不开区委的正确领导，离不开人大及其常委会的监督，离不开政府、政协以及社会各界的关心、支持和帮助。在此，我代表西夏区检察院向长期以来关心、支持检察工作的各位领导、各位代表表示衷心感谢！

回顾四年的工作，在充分肯定成绩的同时，我们也清醒地认识到检察工作仍然存在一些问题，主要是：一是查办和预防职务犯罪的力度与人民群众的期待和要求还有一定差距；二是司法办案的效率和突破案件的能力有待提升；三是服务群众的工作方法有待进一步丰富；四是队伍建设需要加强，专家型、骨干型人才较少。对此，在今后的工作中，我们将高度重视，认真加以解决。

2017年及今后五年工作思路

今后五年，我院检察工作的总体思路和主要任务是：深入学习贯彻党的十八大和十八届三中、四中、五中全会精神，深入学习贯彻习近平总书记系列重要讲话和来宁视察重要讲话精神，深入贯彻落实第十四次全国检察工作会议精神，认真贯彻落实本次人代会会议精神，按照西夏区第三次党代会确定的“五城一心两翼”战略布局和“西夏突破”战略任务，紧盯西夏区“两翻番两同步一增强”的战略目标，以司法办案为中心，以深入推进司法体制改革为动力，大力加强司法规范化标准化、队伍专业化职业化、管理科学化信息化、保障现代化适用化的建设，全面提升检察工作水平，全力保障“六大战略”实施，为建设经济繁荣、民族团结、环境优美、人民富裕的美好西夏而努力奋斗。

明年和今后五年的工作重点及主要措施：

强化中心意识，服务保障大局。认真研究转型发展中反映在司法领域的矛盾纠纷，围绕大局突出重点，加强对产城融合发展、民生优先发展、转型升级创新发展、依法治区和谐发展等重点方面的关注和保障。坚决打击制假售假、传销、非法集资、劳务诈骗等破坏市场经济秩序的犯罪；严厉惩治非法毁林、采矿、环境污染等破坏生态资源的犯罪。不断完善法律监督工作机制，做到既有力打击犯罪，又促进社会和谐，更加有效地保障西夏区经济社会加快发展。

强化检察职能，提升反腐倡廉。以司法办案为中心，把解决发生在群众身边的腐败问题摆上重要位置，提升预防职务犯罪的能力和水平。切实加强职务犯罪侦查实战需要的信息体系和装备体系建设，持续深化“黄河预防工程”，积极开展查办和预防工程建设、移民拆迁、食品药品安全和扶贫涉农领域职务犯罪专项工作，进一步营造风清气正的发展环境。

强化规范司法，提升监督能力。强化立案监督、侦查监督和审判监督，促进严格、规范、公正、文明司法。加强机制建设，加大办案力度，积极探索建立专业化办案小组。加强对遗漏罪行和遗漏同案犯的监督。综合运用抗诉、检察建议、调查核实等手段，开展对民事审判、行政诉讼活动的法律监督。

强化班子建设，提升检察形象。坚持院党组、检委会、中心组学习制度不动摇，大力弘扬“不到长城非好汉”的宁夏精神，在全院干警中认真践行“三干精神”⑥，提升“十种意识”⑦，强化“三个力戒”⑧，提倡“八个不让”⑨，切实加强班子成员的思想、组织和作风建设。严格执行民主集中制，充分发挥党内民主，不断提高班子的决策水平和凝聚力。

强化队伍建设，提升干警素能。严明党的纪律和检察纪律，严格按照上级检察机关安排，大力推进以司法责任制为核心的司法体制改革工作，不断健全检察管理体制和检察权运行机制，建立符合职业特点的检察人员管理制度。加大检务督查力度，强化执纪问责，进一步完善党风廉政建设责任制，执行领导干部重大事项报告、述职述廉、检察干警廉政档案等制度，切实促进机关党风廉政建设和队伍执行力建设，着力培养一支忠诚干净担当的检察队伍。

强化监督自律，提升司法公信。积极主动地向人大及其常委会报告工作，落实人大的决议和要求。加强与人大代表、政协委员的联系，听取意见建议。围绕保障和改善民生，依法解决群众的合理诉求。虚心接受新闻舆论监督和群众监督，使检察工作更好地体现人民群众的愿望和要求。

潮平两岸阔，风正好扬帆。各位代表，面对新的形势和任务，我们决心在西夏区委和上级检察院的领导下，在人大、政府、政协和社会各界的监督、支持下，认真落实本次大会精神，奋发有为，开拓进取，全面履行好宪法和法律赋予的神圣职责，为西夏区经济社会各项事业科学发展、跨越发展、坚实发展做出新的更大贡献！

名词解释：

1.“三提前、三跟踪”：“三提前”是对公安机关立案侦查的刑事犯罪案件诉讼监督前移，指“提前沟通、提前介入、提前引导。“三跟踪”是对办理的案件进行监督复查，指“跟踪监督、跟踪落实、跟踪服务”。

2.“两法衔接”：指行政执法与刑事司法相衔接。是检察机关、监察机关、公安机关、政府主管部门和有关行政执法机关探索实行的旨在防止以罚代刑、有罪不究、渎职违纪等社会管理问题而形成行政执法与司法合力的工作机制。

3.“333”应急工作机制：针对“两访一户”等重点案件，或是可能发生的突发事件或者群体性事件，做到重大信息、重要案件、重大突发事件发生后三十分钟内及时层报信息，三小时内做好预警工作和网上舆情应对处置，在三天内妥善处理，实现效果，保证发现、报告、处理等环节紧密衔接。

4.“123456”服务型窗口创建机制：我院争创全区政法机关示范窗口单位的实施路径。即：实现 1 个创建全区检察机关示范性窗口的目标；推进 2 个重点公开，重大案件信息公开和重大事项公开；窗口人员做到“三个必须”，必须准时到岗、必须规范着装、必须规范答复；窗口干警提升“四个能力”，规范办案能力、释法说理能力、群众工作能力和解决问题能力；践行“五项承诺”。“心系群众、规范司法、有信必复、文明接待、服务一流”；推行 “六心服务”，热心为民、耐心做事、贴心服务、细心接待、爱心奉献、恒心处事。

5.“三基提升”：银川市检察机关对培养高素质检察官队伍，加强司法规范化建设提出的总体要求。即实现全体检察人员基本规范、基本技能、基本素养的全面提升。

6.“三干精神”：即，干事：肯干是德，善干是能，多干是勤，干好是绩；干练：科学决策，确保质量，提高效率，令行禁止；干净：严守纪律，拒腐防变，清廉如水，执法如山。

7."十种意识":即院领导班子进一步强化党性意识、组织意识、核心意识、纪律意识、争创意识、责任意识、团队意识、实干意识、规范意识和能力意识。

8."三个力戒":即全体干警坚持做到力戒浮躁,在了解实情上下功夫;力戒虚套,在敢说实话上下功夫;力戒空谈,在真抓实干上下功夫。

9."八个不让":即不让工作在我手中延误,不让任务在我手里积压,不让差错在我这里出现,不让违纪在我身上发生,不让领导为我的岗位担心,不让同志对我的表现不满,不让人民群众因我受到冷落,不让党员形象因我受到影响。

关于西夏区 2016 年国民经济和社会发展计划执行情况与 2017 年国民经济和社会发展计划（草案）的报告

——在西夏区第四届人民代表大会第一次会议上

各位代表：

现将西夏区 2016 年国民经济和社会发展计划执行情况与 2017 年国民经济和社会发展计划(草案)提请大会审议,并请政协委员和其他列席人员提出意见。

一、2016 年国民经济和社会发展计划执行情况

2016 年,在区委的正确领导下,在人大及其常委会的监督支持下，西夏区政府紧紧围绕全年各项目标任务,奋力拼搏,扎实工作，积极化解经济持续下行带来的困难和风险,准确把握当前经济运行新常态,把加快发展速度与优化产业结构、提升经济质量结合起来，把发挥产业优势与培育新的经济增长点结合起来，着力在农村经济优质发展、工业经济企稳回升、商贸物流与现代服务业快速发展、重点项目建设助推经济发展上狠抓落实，有力地促进了经济和社会各项事业的稳步健康发展。

预计 2016 年主要经济指标完成情况：

——地区生产总值完成 286 亿元,同比增长 5.5%;

——规模以上工业增加值完成 100.6 亿元,同比增长 1%;

——固定资产投资完成 173 亿元,同比增长 10.1%;

——实现社会消费品零售总额 24.5 亿元,同比增长 8%;

——本级财政一般预算收入完成 4 亿元,同比增长 15%以上;

——城镇居民人均可支配收入 24860 元,同比增长 7.5%;农村居民人均可支配收入 10267 元,同比增长 10%;

——城镇登记失业率控制在 3.35%以内。

为完成全年国民经济和社会发展目标任务,主要做了以下工作：

(一)结构调整初见成效,转型升级稳中提质。特色现代农业快速发展。推动葡萄产业、肉牛养殖、枸杞种植和乡村休闲观光农业等优势特色产业融合发展，全年发展休闲农家乐 28 家,休闲农庄 5 家,休闲农业园区 5 家,年营业收入达到 6750 万元,年接待游客 75 万人次，从业人员 3000 余人;电

子商务与合作社及家庭农场融合发展，建成并投入运营14个（含涉农社区）村级电商服务站，完成交易10000余笔；葡萄种植面积达3.42万亩，新建美御、名麓2座酒庄；培育了上陵巴氏奶生产基地、奇正沙湖枸杞深加工等一批“接二连三”产业链项目，特色农产品产值占农业总产值达90%以上。工业经济企稳回升。大力推动企业技改升级，加大实施宝塔石化25万吨/年柴油加氢、宝塔实业重大技术装备保障工程项目等13个技改项目，加速推进宁夏共享装备快速成形智能制造、中石油宁夏石化公司MTBE（甲基叔丁基醚）反应器及自控系统改造项目等8个项目试车投产，预计年内完成工业投资20亿元以上；政策引导工业转型升级，《银川市西夏区城区老工业搬迁改造实施方案》已获国家发改委备案，全面开展城区老工业基地搬迁改造工作，为宁夏宝塔实业股份有限公司高端轴承产业化基地建设项目（国产机器人应用）争取国家专项建设基金3.83亿元、西夏热电厂二期2×350兆瓦热电联产项目2亿元，加快“退二进三”步伐。实施“一厂一策”精准帮扶，解决了银川宝塔精细化工有限公司、犇牛饲料等企业生产经营及建设中遇到的困难，培育巨能机器人系统有限公司在“新三板”挂牌，协调宁夏瀛海银川建材有限公司、银川宝塔精细化工有限公司等企业争取土地使用税减免政策，减免税金287.49万元；商贸物流服务业发展壮大。开工建设了工人文化宫商业广场、飞翔国际空港物流综合产业园、中垦电商平台等大型商贸物流项目；全力推进润恒农产品（冷链）物流园、新兴现代物流、海尔虚实网服务园等项目的建设力度；积极引进厦门风云科技、昆仑天然气银川分公司、农垦玉泉葡萄酒销售公司等企业入驻双创大厦，中铁物流集团、北京传树建材科技集团有限公司等4家企业入驻公铁物流园区；依托西夏万达和润恒物流园，充分挖掘消费潜力，做活商贸流通产业，截至目前，西夏万达年销售额为40737.9万元，润恒冷链物流园年交易量为101.2万吨，交易额达36.68亿元，预计年底完成交易量106万吨，交易额达到47亿元。文化旅游齐头并进。启动了西夏区全域旅游发展总体规划和“旅游+”农业、工业、体育、商贸、文化、养老、养生等一系列以旅游为主线的规划编制工作，积极构建以贺兰山东麓宁夏西线黄金旅游核心区、贺兰山文化旅游产业带、贺兰山东麓葡萄文化长廊为主体的“一核一带一廊”全域旅游发展格局；组织举办了首届丝路美食节、2016贺兰山音乐节等一系列精彩纷呈的特色活动，西夏国际轮滑马拉松赛、全国山地自行车越野赛的成功举办，拉开了“2016中国·宁夏·贺兰山户外运动季”的帷幕，有力促进了西夏区旅游“吃住行游娱购”六大元素特色化、优势化、规模化发展；编制储备了中电投智慧能源项目、中阿友好医院等28个带动能力强的招商引资项目。全年接待游客力争突破500万人次，实现旅游收入25亿元。三次产业结构由2015年的2.8：54.1：43.1调整为2.8：51.3：45.9，经济结构正逐步由工业主导型向商贸物流服务业引领型转变。

（二）重点项目梯次跟进，投资拉动作用显现。2016年西夏区共确定商贸物流、工业、文化旅游、城乡基础设施及社会事业、农林水牧五大类50个重点项目，预计年内完成固定资产投资116亿元。落实重点项目"四制"要求，加大服务与督查力度，全力推进工人文化宫文化商业广场、西夏热电厂二期2×350兆瓦热电联产等在建项目建设进度，力促项目早日投产达效；加快宁夏飞翔国际空港物流综合产业园、西夏（古城）商业文化旅游博览园B区、中垦电商平台等新开工项目的投资进度；协调做好宁夏润恒农副产品（冷链）物流产业园电子商务配送中心、镇北堡镇改善农村人居环境、自治区党校家属区旧城（棚户区）改造等拟开工项目的前期工作，力争早日开工形成有效投资；积极储项目争资金，征集编制了"十三五"重点项目196个，估算总投资774.08亿元，"西夏突破"发展重点项目136个，估算总投资229.1亿元；实施招商引资项目30个，协议资金172.9亿元，实际到位资金76亿元；上报了3批67个国家专项建设基金项目，争取国家专项建设基金9.16亿元，惠及西夏热电二期、兴泾镇特色小城镇基础设施建设、新兴现代物流园中心建设、西夏风情园建设项目等8个项目；通过政府购买服务方式，为西夏区镇北堡镇幸福小镇三期、芦花洲安置区二期、西夏区兴泾镇回乡风情特色小城镇整体城镇化等项目争取贷款65.5亿元。

（三）社会事业发展全面提速，人民生活品质持续提升。一是保障民生财政投入。截至9月底，投入民生保障资金8.2亿元，占财政总支出的75.5%。二是就业创业推陈出新。打造了3家大学生创业就业孵化基地，用于扶持大学生创业就业工作，实现创业带动就业，新增注册个体工商户3133个，培育小微企业1104家，小企业154个，创业带动就业2296人。三是科教文卫不断提高。实施扩建银川十八中、新建物华兴洲幼儿园、改造维修奕龙小学等23个建设项目，建设镇北堡中心卫生院、芦花洲卫生服务所，全面实施兴泾镇卫生院、丰友社区服务中心等7家医疗机构中医馆建设项目，认真落实"全面二孩"政策，全面开展远程会诊工作，积极推进家庭签约式服务。四是城市功能进一步完善。实施旧城（棚户区）改造项目8个，建筑面积达163万平方米；实施怀远路、宁朔街地下综合管廊及道路改扩建工程；对运材巷、广武巷等11条小街巷进行了维修改造；集中在镇北堡镇、兴泾镇进行绿化提升，总面积68亩，同时对休闲观光园、农夫乐园山下人家等进行景观提升改造，对6个街道34个无物业小区进行绿化改造提升。五是扶贫方式不断优化。把产业扶贫作为脱贫攻坚的重要抓手，通过闽宁协作平台引进宁夏优素福·泽丽哈民族服装加工厂在同阳村驻点设厂，开展驻村帮扶，结合电子商务进农村建设，兴泾镇西干村、镇北堡团结村等17个村全部实现了一村一电商平台，并对每个村级电商服务站补助2万元，拓展农产品销售渠道，提高农民收入。六是社会治理持续加强。认真做好矛盾纠纷的排查调处化解工作，加强了食品药品安全监管检查，认真开展了安全生产严打整治专项行动，有力地维护了社会稳定。

（四）改革工作持续深入，发展活力进一步增强。坚持放管结合，规范行政审批行为，全面完成权力清单和责任清单的梳理工作，确定保留职权事项1583项，精简率达到52%；提高行政服务效率，取消14项行政审批事项，取消行政性收费项目76项，清理行政性收费收入276万元，实现了行政事业"零收费"目标。农村改革持续深化，农村集体土地承包经营权确权登记颁证及土地流转工作、农村集体资产股份化改革等工作有序开展，为发展现代农业增添了动力。加快财税体制改革，积极推进政府购买社会服务，已通过政府购买服务完成西夏区敬老院公办民营及"西马银"土地宅基地房屋测绘等项目。积极探索政府和社会资本合作（PPP）模式新路径，吸引社会资本以PPP模式参与中铁物流集团银川智能综合物流产业基地项目以及镇北堡镇污水处理厂和自来水厂项目。

同时，我们也清醒地认识到，西夏区经济和社会发展还存在着一些困难和突出问题，我们将在今后的工作中认真研究、积极应对，采取有效措施逐步加以解决。一是结构性矛盾依然突出。工业"一业独大"局面还未扭转，商贸物流、文化旅游、电子商务等新的经济增长点正处于起步阶段，产业转型升级任务依然艰巨。二是工业企业效益下滑，投资规模缩减。石化行业产值占工业近70%，仅中石油宁夏公司一家企业产值占全区规上工业一半以上，石化行业正处于全行业产能过剩期，产品价格持续低迷，至今还没有显现触底反弹的迹象，对整个工业冲击严重。三是财政收支矛盾突出，收入结构不尽合理。一方面随着经济下行压力增大和税收政策的调整，财政增收面临着较大压力。另一方面，保民生、促发展等刚性支出持续增长，各项改革都需要财力保障，财政收支矛盾非常突出。四是固定资产投资后劲不足，缺乏大项目和产业项目支撑。五是社会消费品零售总额总量偏小，消费动力有待提升，商贸流通业"散、小、弱"等问题突出，商贸服务业网点（如同心街、文萃街、兴盈市场等）处于低水平、低层次的阶段，规划布局滞后，产业关联度不高，产品档次较低。

二、2017年经济社会发展的总体要求和主要目标

总体要求是：高举中国特色社会主义

伟大旗帜，以邓小平理论、“三个代表”重要思想、科学发展观为指导，认真贯彻落实习近平总书记系列重要讲话和来宁视察重要讲话精神，按照“五位一体”总体布局和“四个全面”战略布局，秉持“五大发展理念”，紧扣“四个宁夏”建设和银川市“两宜两化”目标，围绕“五城一心两翼”战略布局和“西夏突破”战略任务，以转型突破、跨越发展为主线，以提高质量和效益为中心，强力实施“六大战略”，着力推进经济持续健康发展、着力保持社会和谐稳定、着力巩固和发展党的执政基础，努力建设经济繁荣、民族团结、环境优美、人民富裕的美好西夏。

主要预期性指标是：力争地区生产总值增长7%左右；规模以上工业增加值增长5%左右；全社会固定资产投资增长10%左右；社会消费品零售总额增长8%左右；地方公共财政预算收入增长10%左右；城镇居民人均可支配收入增长10%左右；农村常住居民人均可支配收入增长10%左右。

主要约束性指标是：科学研究与试验发展(R&D)经费支出占地区生产总值比重达到1%以上；城镇登记失业率控制在4%以内；人口自然增长率控制在9‰以内；能耗和主要污染物排放指标完成自治区下达任务；亿元生产总值生产安全事故死亡人数控制在0.164人以内。

三、2017年经济社会发展的主要任务

（一）全力抓项目促招商，增强固定资产投资后劲。提前谋划征集项目，切实解决项目建设中的土地、资金、环评、配套政策等问题，谋划储备2017年建设项目130个，总投资556亿元，年度计划投资180亿元，其中建设重点项目60个，“建设之春”集中开工项目30个，切实增强经济发展后劲；重点实施银吴客专（客车编组站）建设工程、沈阳路向西打通、火车站西广场地下交通枢纽、中电投智慧能源、宝塔精细化工技改、芦花州二期、幸福小镇三期等重点项目，力促工人文化宫文化商业广场、西夏热电二期等续建项目投产达效；强化项目管理，严格按照项目建设“四制”要求，继续发挥重点项目督查领导小组和重点项目联席会议的作用，加大督查和问责力度，全力推进项目建设进度，护航全年目标任务顺利完成；强化招商引资力度，开展全方位、全产业链招商引资、招才引智，力促洽谈项目尽快签约，签约项目及早落地，力争引进亿元以上项目25个，招商引资实际到位资金80亿元以上；做好项目资金争取工作，积极对接国家部委、自治区厅局，及时掌握投资方向和政策，加强沟通联系，确保年内争取资金5亿元以上。

（二）加快产业结构优化，推进经济转型升级。一是加快工业转型升级，提升工业经济质量和效益。全面推进城区老工业基地搬迁改造工作，做好26家搬迁改造企业的前期准备，完成搬迁改造项目储备，逐步淘汰落后产能，盘活闲置厂房，开展工业旅游、创意产业、影视基地等项目；积极争取

国家专项建设基金和各级财政资金，支持西北轴承股份有限公司高端轴承基地、宁夏电投西夏热电厂二期扩建、共享装备股份有限公司高端铸件智能制造技术改造等项目;大力培育高新技术与新型产业,完成共享装备智能化工厂、荣光研发实训中心等项目。力争实现工业总产值420亿元,增加值100亿元。二是坚持实施项目带动,做大做活商贸物流产业。加快物流园区、商贸综合体和商业街区建设运营，做大做强以中铁物流、海尔(银川)虚实网服务园、飞翔国际空港物流园等为龙头的生产性资料物流业,力促北京传数建材循环再利用本部、深圳中投环保装饰直供市场等项目落地，全面完成润恒农副产品物流园建设，打造集食品展示交易、物流配送、深加工于一体，面向阿拉伯国家的区域性国际物流中心和西北地区重要生活资料物流枢纽;力促万达金街、富润新都、文化宫商业广场等商圈开业运营，做活兴泾镇新市民创业就业市场、镇北堡温泉小镇美食街等项目,完善城乡商贸服务网络，促进消费结构持续优化；丰富双创大厦业态，引入互联网金融、软件动漫、跨境电商等新产业,力争年内电子商务交易额突破30亿元,形成新的经济增长点；积极搭建新产业和总部经济平台，力争中国农垦集团宁夏电子商务产业园、厦门风云科技、中国石油昆仑天然气公司总部等项目早日运营，形成新产业新业态的集聚效应。三是做优"三精"农业,推动现代农业融合发展。把握现代都市农业与休闲旅游产业融合发展主线，加快发展绿色生态农业、休闲观光农业、高科技现代农业。以兴泾镇肉牛产业引进标准化屠宰厂,打响肉牛绿色品牌。以镇北堡酒庄、农家乐、华西农夫乐园为支撑,着力打造集休闲采摘体验、酿酒葡萄(有机枸杞)种植、特色酒庄观光于一体的都市休闲观光旅游生态农业基地。以润恒农副产品产业园为支撑,着力打造以规模化露地蔬菜种植、水产品养殖、农产品物流为主,集产、销、储、运于一体的现代农业生产示范基地。实施互联网+现代农业行动,推介有机枸杞、葡萄酒、牛羊肉等特色优势农产品,逐步建立产销一体化农产品销售体系。

(三)紧扣全域旅游理念,打造西线旅游新地标。加快"全域AAAAA旅游区"空间布局，着力推进贺兰山东麓运动休闲示范园、贺兰山运动休闲露营文化产业园区及贺兰山国际房车露营公园、众一西夏印象等项目建成运营,力促贺兰山文化小镇、昊苑村葡萄酒旅游设施、德林村乡村旅游整村推进、西夏古城观光夜市、华西村乡村旅游等项目早日落地;进一步完善基础设施,推进重点旅游乡镇与高速公路连接线等工程建设，筹划建设贺兰山东麓交通枢纽项目,完成西夏风情园、古夏山庄、兰泉度假村等21个生态旅游厕所建设,建设镇苏路等5个自行车骑行驿站；充分利用节庆假日,策划开展自驾车房车露营大会、中国国际微电影盛典、贺兰山东麓葡萄酒紫色品鉴之夜、户外冰雪节等文化旅游及运动休闲活动，全年举办各类营销活动10场(次)以上，进一步活跃旅游市场；加快搭建特色旅游商品开发销售平台，以非物质文化遗产为重点，大力发展和精心推出贺兰砚雕刻、抟土砖雕、民间刺绣、民间堆绣、民间剪纸、皮影戏等原生态文化和西夏文化特色旅游纪念品，发展壮大西夏古城文化集市街区。全年接待游客突破600万人次，力争实现旅游收入30亿元以上。

(四)着眼人民利益福祉，创造宜业宜居福地。夯实主城区基础设施，完成怀远路、宁朔街、沈阳路城市地下综合管廊建设、兴洲北街道路改扩建等工程；建成镇北堡自来水、污水处理厂，完成长城机床厂一期、幸福小镇二期等6个旧城(棚户区)改造项目，加快推进110国道、文昌南街等城市主次干道景观绿化，新建同心北街等小微公园4个，改造提升八一公园、玫瑰园，提高绿化覆盖率，打造秀美家园；完善社会公共服务体系，建设兴顺苑社区等3个老年人日间照料中心，兴磷、同心苑等5个社区阵地，投入运营西夏区敬老院和残疾人康复中心；加大教育投入，新建银川市第二十九中学，迁建南梁、西马银等小学；完善“双创”扶持政策，加大优秀创业项目扶持力度，做优电商谷、大学生创业孵化基地等平台，建成镇北堡返乡农民工创业孵化基地，年内培训城乡劳动力600余人次，转移农村劳动力3500人次，实现城镇新增就业3000人；积极引进中阿友好医院等优质医疗卫生资源，建立健全医疗设施设备；不断巩固城乡居民社会保险、被征地农民养老保险及城乡居民大病保险制度成果，继续扩大养老、医疗等社会保险覆盖面，努力实现人人享有社会保险的社会保障体系；加大矛盾纠纷排查调处力度，强化公共安全应急管理，严防重大安全事故，确保社会和谐稳定。

(五)深入推进改革创新，大力优化发展环境。一是深化行政审批制度改革，大力推行权力清单、责任清单，深入推进规范性文件和重大行政决策合法性审查，严格按照法定权限和法定程序行使权力、履行职责。二是继续深化农村集体产权制度改革，实施农村集体资产股份改革试点，开展集体经济组织成员身份界定，组建股份经济合作社，建立集体资产收益分配制度。三是深化财税体制改革，强化非税收入管理，盘活政府存量资产；建立部门预算结余结转资金管理机制，提高财政资金使用效益；进一步完善预算编制制度，建立政府综合预算体系，实行全口径政府预算管理，深化部门预算公开。四是深化金融体制改革，整合润夏公司等融资平台资产，做大做强国有资本，鼓励非国有资本通过出资入股、收购股权、认购可转债等多种形式参与地方投融资企业混合所有制经营，使国有资本、非国有资本交叉持股，融合发展；积极推广

PPP 模式，支持社会资本参与基础设施建设、公共服务、社会事业等领域开发建设。

各位代表，做好 2017 年经济社会发展各项工作，任务艰巨，意义重大。我们要深入贯彻习近平总书记系列重要讲话精神，自觉接受人大的监督，虚心听取政协的意见和建议，齐心协力，奋发有为，转型追赶，创新突破，为促进西夏区经济社会持续健康发展而努力奋斗！

关于西夏区2016年财政预算执行情况和2017年财政预算草案的报告

——在西夏区第四届人民代表大会第一次会议上

各位代表：

受西夏区人民政府委托，现将《关于西夏区2016年财政预算执行情况和2017年财政预算草案的报告》提请审议，并请各位政协委员和其他列席人员提出意见。

一、2016年预算执行情况

2016年是“十三五”规划的开局之年，也是全面深化改革的关键之年。面对经济下行压力不断加大的严峻局面，我们在区委的坚强领导下，在人大、政协的监督支持下，紧紧围绕西夏区三届人大四次会议确定的目标任务，全面开展财源建设大会战，努力培植税源，狠抓增收节支，严格监督管理，圆满完成了预算执行和各项财政工作任务。

（一）一般公共预算执行情况

1.本级财政收入情况：全年预计完成公共财政预算收入38613万元，力争突破4亿元，增速达到15%以上。截至9月底，公共财政预算收入完成29562万元，增速为26.15%，位列全市第一，全区第四。

主要收入项目完成情况：截至9月底，全口径税收收入完成75.77亿元，其中：中央级64.26亿元，自治区级4.79亿元，银川市级4.94亿元，西夏区级1.78亿元（增值税2758万元、营业税3361万元、企业所得税420万元、个人所得税366万元、房产税2807万元、印花税2519万元、城镇土地使用税2860万元、土地增值税140万元、车船使用税2533万元）。行政事业性收费和罚没收入803万元；国有资产有偿使用收入5751万元；其他收入5244万元。

2.本级财政支出情况：截至9月底，公共财政预算支出为10.89亿元。

主要支出项目完成情况：一般公共服务支出10194万元；国防支出63万元；公共安全支出4697万元；教育支出21816万元；科学技术支出366万元；文化体育与传媒支出357万元；社会保障和就业支出17025万元；医疗卫生支出3795万元；节能环保支出994万元；城乡社区事务支出20115万元；农林水事务支出6165万元；交通运输支出345万元；资源勘探电力信息等事务支出84万元；商业服务业等事务支出568万元；

国土资源气象等事务支出 12 万元；住房保障支出 6483 万元;其他支出 15822 万元。

3.自治区、银川市对本级转移支付补助情况:自治区、银川市对本级转移支付补助 78853 万元，其中一般性转移支付收入 12392 万元，专项转移支付补助收入 66461 万元。

4.地方政府置换债券情况:地方政府债券置换存量债务(一般债券)收入 2302 万元。

5.一般公共预算执行结果:截至 9 月底，本级一般公共财政预算总收入 111203 万元,其中一般公共预算收入 29562 万元,一般性转移性支付收入 12392 万元，专项转移支付收入 66461 万元，调入预算稳定调节基金 486 万元，地方政府债券置换存量债务收入 2302 万元。一般公共财政预算总支出 110752 万元，其中一般公共预算支出完成 108901 万元,地方政府债券置换存量债务支出 1851 万元。一般公共预算收支结余 451 万元，为地方政府债券置换存量债务(一般债券)资金结余。

(二)政府性基金预算执行情况

截至 9 月底，政府性基金预算总收入 38227 万元,其中自治区、银川市转移支付补助 18045 万元，地方政府债券置换存量债务(专项债券)收入 20182 万元。政府性基金预算总支出 26635 万元，其中政府性基金支出完成 18045 万元（城乡社区事务支出 17995 万元;其他支出 50 万元),地方政府债券置换存量债务支出 8590 万元。政府性基金预算收支结余 11592 万元，为地方政府债券置换存量债务(专项债券)资金结余。

上述预算收支情况为 9 月份月报统计数,最终执行结果待决算完成后,再向西夏区人大常委会报告。

(三)落实西夏区人大预算决议情况及预算执行的效果

2016 年，西夏区认真贯彻落实积极的财税政策,发挥财政职能作用,加强和规范财政管理,严格执行预算,着力保障和改善民生,努力服务改革发展大局,促进了经济社会平稳较快发展。

1.发挥融资杠杆效应,财政支撑能力不断提高。通过发挥润夏、国控等融资平台优势,对接国家开发银行、农业发展银行等金融机构，争取到棚户区改造融资贷款 21.8 亿元,用于泾华园三期、泾祥园、兴盈家园、镇北堡幸福小镇二期安置区等项目建设；通过政府购买服务，争取农业发展银行贷款 65.5 亿元,实施芦花洲安置区二期、镇北堡幸福小镇三期、城市建成区零散片区棚户区改造等 5 个重大基础设施建设项目；争取到农业发展银行重点建设基金 9.16 亿元，用于宝塔实业有限公司高端轴承产业化基地、盈北商贸城、新兴现代商贸物流中心等项目建设。

2.加大协调对接力度,上争资金政策成效显著。积极对接上级部门,争取到项目建设资金和土地出让金 4.23 亿元，确保了 500 万吨炼油大气环保带动迁、芦花洲土地增减挂钩复垦、110 国道综合整治工程、文昌南街拓宽、公铁物流园、润恒物流园、薄弱学校改造等重大项目的顺利实施。通过置换债券等化解西夏区政府性债务，债务下降率达到 52.72%。

3.千方百计培植税源，增收潜力逐步增强。一是领导分片包税。制定了西夏区税收“四制”分工，对今年实施的 59 个重点项目，一律实行县级领导分片包税，并将税收完成情况纳入全年绩效考核。西夏区重点项目督导组按照税务局设计的企业税收情况统计表，对辖区纳税企业进行督查指导。二是摸清家底。组织财政局、工信局、经发局等多家单位对辖区税收单位和文化创意等新业态、新产业开展了一次“拉网式”的普查摸底，做到了应统尽统。三是加大零散税的征缴。对区、市政府组织实施的项目，积极协助项目企业在西夏区办理税收登记，照章纳税。赴天津协助天津电建办理了外经证等相关手续。四是设立结算中心。对中国网库、蓝图大宗商品交易中心等落户西夏区的电商项目，加大与集团总部的协调对接，争取在西夏区设立集团总部西北结算中心；对辖区已落地或生产经营但结算及税收未在西夏区的项目，积极协调争取将结算地或项目部设立在西夏区。现已将宁夏报业不种田电子商务等 12 个项目变更注册在西夏区。五是大力发展总部经济。协助润恒物流产业园、国药配送中心等商贸物流项目尽快上市，并将庆元建设有限公司总部注册在西夏区。六是积极服务企业。为企业提供办公经营场所，并给予优惠政策，协助企业在西夏区注册、结算、投资和开展业务，依法依规开展动态税收监管，采取有力措施稳住老税源，挖掘新税源。现已将银西铁路有限公司、玉泉国际葡萄酒庄贸易总公司等 8 家企业注册在西夏区。七是加强联合治税。协调市直部门，引进央企、国企注册在西夏区，已将中铁二十一局、中铁二十三局、中冶公司等 24 家企业注册在西夏区。

4.兜牢底线服务发展，财政普惠更加有力。积极筹集调度资金，调整和优化支出结构，加大教育投入，推进政府购买学前教育服务，全面改善农村义务教育薄弱学校改造，促进义务教育均衡发展；全面提升城乡社会保障水平，加大社会保障力度，支持养老服务体系建设；积极支持公共医疗卫生体制改革，提高医疗卫生服务水平；大力推进老旧小区改造、维修更换环卫设施建设、公厕改造及植树造林等城乡社区事务；深入实施“蓝天”工程，支持群众文化体育活动；保障公安协勤人员工资及禁毒专项支出，维护辖区公共安全；积极落实财政强农惠农政策，精准助力农村脱贫攻坚，改善农田水利基础设施建设，加快发展农业特色优势产业；推进美丽小城镇建设，加大棚户区项目改造推进力度。截至 9 月底，公共预算财政支出为108901万元，安排民生支出82221万元，占总支出的75.5%，预计年底民生支出占公共预算财政支出的80%以上。

5.坚持创新引领发展，财政改革有序推进。积极推进政府购买社会服务，完成西夏区敬老院公办民营、西夏区接管办“西马银”土地宅基地房屋测绘项目等；编制发布政府和社会资本合作(PPP)项目清单，完善风险共担、利益分配等机制，与中铁物流集团有限公司、中国PPP研究院联合开展中铁物流集团西夏区智能物流园项目课题研究，筹备实施镇北堡镇污水处理厂和自来水厂PPP模式合作项目。

2016年西夏区预算执行总体良好，财政改革发展迈出新步伐，各项工作取得新进展。同时，我们也清醒认识到，当前和今后财政工作还面临一些突出的困难和问题，主要表现在：受到营改增政策的影响，组织财政收入难度加大，财税增收缺乏税源，财政收支矛盾突出等。对此，我们将结合财税体制改革，积极采取有力措施，切实加以解决。

二、2017年财政预算草案

(一)预算编制的总体要求和指导思想

按照《预算法》的规定，进一步完善政府预算体系，加大一般公共预算统筹力度；深化绩效预算管理改革，实行绩效评价结果与预算编制挂钩；清理规范财政支出，统筹和优先保障民生支出和重点事项；提高部门预算到位率，细化基本支出和项目支出预算，压缩预留资金；严格控制“三公”经费等一般性支出；发挥市场机制作用，积极推进财政支出方式改革。

财政工作的指导思想是：认真贯彻落实习近平总书记系列重要讲话和来宁视察重要讲话精神，围绕“五城一心两翼”战略布局和“西夏突破”战略任务，以转型突破、跨越发展为主线，以提高质量和效益为中心，强力实施“六大战略”，以加快发展为第一要务，以培植新税源为重点，以培育新产业为突破口，深化财税体制改革，强化法制财政建设，优化财政支出结构，提高财政资金使用效益，努力建设经济繁荣、民族团结、环境优美、人民富裕的美好西夏。

(二)2017年预算安排草案

1.一般公共预算安排草案

财政收入情况：一般公共预算总收入61684万元，其中一般公共预算收入42474万元（增长10%，其中税收收入33979万元，非税收入完成8495万元）、一般性转移支付收入18210万元（含上解支出1687万元），开发区超收分成600万元以及社会管理道路清扫费400万元。

主要收入项目安排情况：增值税17229万元；企业所得税1100万元；个人所得税1000万元；房产税4000万元；印花税3100万元；城镇土地使用税4000万元；土地增值税550万元；车船使用税3000万元。

财政支出情况：西夏区公共财政预算支出安排为61684万元。

主要支出项目安排情况：一般公共服务支出 11848 万元；国防支出 135 万元；公共安全支出 4724 万元；教育支出 16341 万元；科学技术支出 675 万元；文化体育与传媒支出 371 万元；社会保障和就业支出 8590 万元；医疗卫生支出 4004 万元；城乡社区事务支出 5865 万元；农林水事务支出 966 万元；交通运输支出 317 万元；资源勘探电力信息等事务支出 90 万元；商业服务业等事务支出 148 万元；国土海洋气象等事务支出 10 万元；住房保障支出 2381 万元；其他支出 2732 万元；预备费 800 万元；上解支出 1687 万元，一般公共预算收支平衡。

2.国有资本经营预算安排

按照有关规定，西夏区财政局、金融办共同监管企业将税后利润上缴收益。2017 年本级国有资本经营预算收入安排 100 万元（为国有企业上缴利润收入），与此对应国有资本经营支出安排 100 万元，主要用于资本性支出。

三、奋力拼搏，勇往直前，推进财政工作走上新台阶

2017 年，在总结分析 2016 年工作成效的基础上，我们将认真围绕财政工作重点，全面落实“十三五”规划纲要，进一步完善财政体制，积极挖掘财源税源，不断提高财政资金使用效益，实现财政收入稳定增长、财政支出保障有力的良好局面，为西夏区社会经济协调发展提供强有力的资金保障。

（一）扎实推进依法理财。认真贯彻落实人大及其常委会的决议决定，认真办理人大代表建议和政协委员提案，主动接受人大和政协监督。严格依法理财，规范财经秩序，严肃财经纪律。积极整改审计针对预算执行和管理等方面提出的问题，增强财政依法理念，完善财政权力运行制约和监督机制，严格依法决策、依法执法。加强政府采购监管，加大监督检查力度。加强政府债务管理，建立健全债务规模控制、债务预算管理、债务风险防范和绩效评价等制度机制，切实防范债务风险。

（二）全力挖掘财源税源。继续加强财政收入管理，分解落实目标任务，确保落实到部门、到企业、到项目，找准做大财源的切入点和着力点，大力培植增长稳定、支撑力强的支柱财源和骨干财源。扶持精品农业提质增效、工业转型升级、商贸物流集聚发展，围绕培育壮大电子商务、全域旅游等新兴产业，涵养财源税源，增强经济发展后劲，确保财政收入平稳增长。用足用活“西夏突破”发展政策，积极向银川市争取税制改革税收分成向西夏区倾斜，形成财政增收长效机制。

（三）高效利用金融平台。整合国有资产，搭建投融资平台，培育壮大润夏公司、国控公司等平台，放大投资乘数效应，增强金融业综合实力和竞争力。拓宽渠道，引入金融机构团队，为政府投资项目融资，支持棚户区改造、工业技改、“三供一业”、教育

卫生、文化旅游等项目建设。将景观步道、绿化水系等若干个项目打包，通过PPP、政府购买服务的方式，改善基础设施建设，提升城市品味。

(四)切实保障和改善民生。坚持保基本、兜底线、促公平，继续将财政支出的80%以上用于保障和改善民生，切实增强广大群众的幸福感。不断完善公共服务体系，健全社会保障机制，发展教育事业，提升文体卫生惠民水平，维护社会和谐稳定。大力实施扶贫济困技能脱贫工程，打赢精准扶贫脱贫攻坚战。

(五)积极发挥财政职能。进一步加强财政结余结转资金的统筹使用和安排，加大跨年度结转项目资金清理力度。建立健全固定资产监督管理、清查制度，逐步规范国有资产管理，发挥资产最大效益。加大财政监督力度，提高财政支出透明度，保障财政资金安全。建立财政资金的绩效评价体系。认真落实厉行节约制度机制，规范因公出国(境)、公务接待、会议、培训和差旅费管理。

(六)深化财税体制改革。狠抓国家推进新一轮财税体制改革契机，争取自治区、银川市对西夏区税收分成的倾斜。建立透明预算制度，全面公开除涉密信息外的所有预决算信息。建立跨年度预算平衡机制。积极探索中期财政规划管理，实施编制三年滚动财政规划。硬化支出预算约束，加快预算执行进度。深化绩效预算管理改革，扎实推进绩效评价，提高财政资金使用效率。

各位代表，做好明年的财政工作任务艰巨，责任重大。我们将在区委的坚强领导下，在人大、政协的监督指导下，坚定信心，锐意进取，攻坚克难，为顺利完成全年收支预算任务，推进西夏区经济社会快速发展做出新的更大的贡献!

名词解释：

1.公共财政预算收入：是指政府凭借国家政治权力，以社会管理者身份筹集以税收为主体的财政收入，主要用于保障和改善民生、维持国家行政职能正常运转、保障国家安全等方面。包括本级收入、上级政府对本级政府的税收返还和一般转移支付收入。

2.公共财政预算支出：是国家将集中起来的社会产品或国民收入按照一定的方式和渠道，有计划地进行分配的过程。具体体现在政府对其所掌握的公共财政资金的安排、供应、使用和管理的全过程，反映了公共财政资金的规模、结构、流向和用途。包括本级支出、对上级政府的上解支出、对下级政府的税收返还和转移支付支出。

3.政府性基金预算：是对依照法律、行政法规的规定在一定期限内向特定对象征收、收取或者以其他方式收取的资金，专项用于特定公共事业发展的收支预算。各级政府应当根据收入情况和实际支出需要，按基金项目编制，做到以收定支。

4.财政转移支付：包括中央对地方的转移支付和地方上级政府对下级政府的转移支付，以为均衡地区间基本财力、由下级政府统筹安排使用的一般性转移支付为主体。

5.一般性转移支付:指中央政府对有财力缺口的地方政府(主要是中西部地区),按照规范的办法给予的补助。包括均衡性转移支付、民族地区转移支付、农村税费改革转移支付、调整工资转移支付等，地方政府可以按照相关规定统筹安排和使用。

6.专项转移支付:是中央财政为实现特定的宏观政策及事业发展战略目标而设立的补助资金,重点用于各类事关民生的公共服务领域。地方财政需按规定用途使用资金。

7.上解支出:是指下级财政根据体制应上解上级财政的支出，主要包括体制上解支出和专项上解支出。

8.预算稳定调节基金:是指各级财政通过超收安排的具有储备性质的基金，用于弥补短收年份预算执行的收支缺口，以及视预算平衡情况,在安排年初预算时调入并安排使用,基金的安排使用接受同级人大及其常委会的监督。预算稳定调节基金单设科目，安排或补充基金时在支出方反映,调入使用基金时在收入方反映。

9.地方政府债券置换:就是在财政部甄别存量债务（置换范围是 2014 审计甄别后纳入预算管理的地方政府存量债务)的基础上,通过发行地方政府债券来偿还旧债,把期限短、利率高的地方政府债务,置换成利率低、期限长的债券。这样既可以降低地方债务利息负担，优化债务期限结构,缓解地方政府偿还债务的压力,又可以腾出更多资金用于重点项目建设，释放债务危机风险。

西夏区2016年国民经济和社会发展统计公报

西夏区统计局　　国家统计局银川调查队

2017年4月15日

今年以来，西夏区坚持稳中求进的总基调，攻坚克难，主动适应新常态，紧扣自治区“四个宁夏”建设和市委“2258”工作思路，按照银川市委、政府的部署，大力实施“西夏突破”发展战略，坚定不移抓项目，千方百计转方式、调结构、促发展、惠民生，为“十三五”起好步、开好头，全力推动经济社会快速发展，经济运行总体保持稳中有进、稳中向好的良好运行态势。

一、综合

初步核算，西夏区2016年地区生产总值完成302.27亿元，同比增长5.4%。其中：第一产业实现增加值7.77亿元，同比增长2.2%；第二产业实现增加值161.24亿元，同比增长1.5%；第三产业实现增加值133.26亿元，同比增长10.3%；按常住人口计算，人均地区生产总值84903元，比上年增长14.3%。三次产业结构为2.6:53.3:44.4。

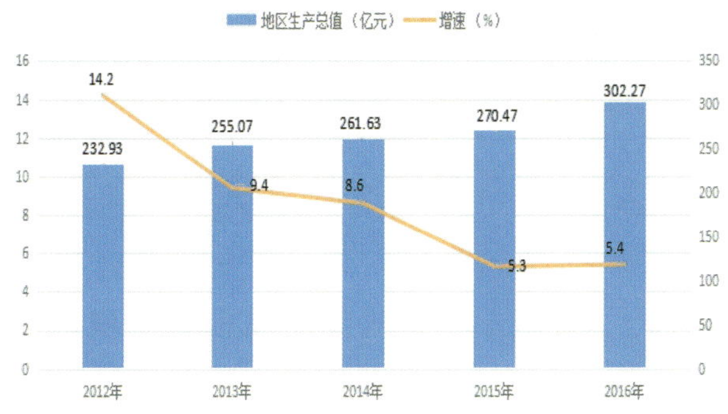

2012-2016年西夏区地区生产总值及增速对比

2016年居民消费价格比上年涨跌幅度

表1　　单位:%

产品名称	计量单位
食品烟酒	2.9
#粮食	0.7
鲜菜	17.4
畜肉	5.5
水产品	2.8
蛋	-2.3
鲜果	0.9
衣着	2.6
居住	0.7
生活用品及服务	0.7
交通和通信	-0.9
教育文化和娱乐	1.1
医疗保健	2.4
其他用品和服务	2.7

全年居民消费价格比上年上涨1.7%，其中其他用品和服务上涨2.7%，衣着类上涨2.6%，医疗保健上涨2.4%，教育文化和娱乐类上涨1.1%，居住类和生活用品及服务类均上涨0.7%，交通和通信类下降

0.9%。工业生产者出厂价格指数下降1.1%，工业生产者购进价格指数下降3.6%，新建住宅价格指数下降0.2%，商品零售价格指数上涨0.8%。

二、农业

全年完成农林牧渔业总产值11.05亿元，按可比价格计算，比上年增长5%。

全年小麦播种面积0.04万公顷，减少33%。蔬菜播种面积0.06万公顷，增长20%。园林水果播种面积0.30万公顷。增长50%。全年粮食产量12.13万吨，增产3.4%；其中小麦产量0.24万吨，减产22.5%。蔬菜产量3.66万吨，增长30.2%；园林水果3.17万吨，增产13.2%。

三、工业和建筑业

2016年西夏区规模以上工业实现增加值105.55亿元，下降1.3%，规模以上大中型企业增加值102.23亿元，增长0.2%。按轻重工业分，轻工业增加值5.88亿元，下降4.3%；重工业增加值99.67亿元，下降1.1%。按经济类型分，国有企业增加值4.21亿元，下降3.6%；股份制企业增加值94.64亿元，下降1.5%；外商及港澳台商投资企业增加值6.7亿元，增长3.2%。按行业分，电力、热力的生产和供应业增加值6.64亿元，下降4.8%；石油加工、炼焦业增加值73.65

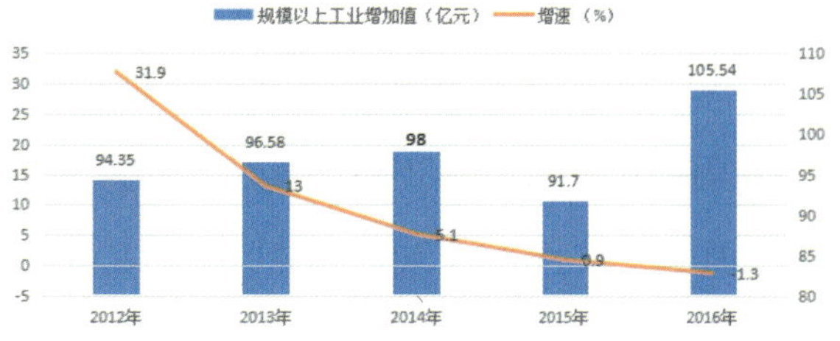

2012—2016年西夏区规模以上工业增加值及增速对比

亿元，下降2.7%；化学原料及化学制品制造业增加值0.81亿元，增长49.9%；纺织业增加值0.02亿元，下降26.6%。西夏区规模以上非公有制工业企业增加值23.57亿元，增长7.8%。

2016年规模以上工业企业实现销售产值385.6亿元，比上年下降1.4%，工业产品销售率为97.6%；工业企业主营业务收入378.19亿元，比上年增长4.8%；主营业务成本267.88亿元，增长2%。利润总额22.92亿元，增长277.4%。工业品出口交货值7.8亿元，亏损企业亏损7.03亿元，资产负债率58.9%。

2016年西夏区主要工业产品产量

表2

产品名称	计量单位	产量	比上年增长(%)
水泥	万吨	369	6.9
液体乳	万吨	18.8	-1.1
农用化肥(折纯)	万吨	24.4	20.2
橡胶轮胎外胎	万条	201.9	45.5
原油加工量	万吨	457.6	1.9
单晶硅	万千克	1490	93.6
多晶硅	万千克	239.4	62.9
柴油	万吨	173.4	-5.3
汽油	万吨	27.4	21.6
发电量	亿千瓦小时	38.6	5.6
铁合金	万吨	1.5	-59.5

2016年具有资质等级建筑业企业21个，实现建筑业总产值32.66亿元，下降1.8%；其中国有及国有控股企业实现产值23.76亿元，下降5.8%；建筑装修装饰业实现产值1.12亿元，下降12.6%。房屋建筑施

工面积 28.14 万平方米，下降 17.5%。

四、固定资产投资

全年完成全社会固定资产投资 168.45 亿元，比上年增长 7.2%。其中：西夏区上报固定资产投资 107.51 亿元（不含厅局项目及农户投资，下同）。按投资主体分，国有经济投资 41.9 亿元，下降 18.45%；非国有经济投资 65.61 亿元，增长 10.44%。按投资结构分，第一产业投资 3 亿元，比上年下降 55.42%；第二产业投资 48.5 亿元，下降 13.9%；第三产业投资 56.02 亿元，增长 1.3%。

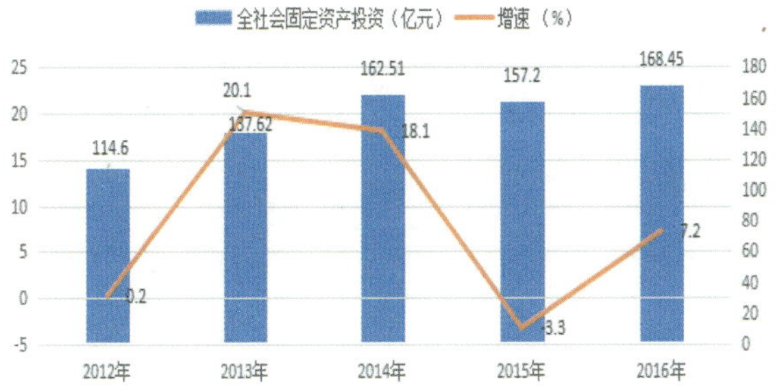

2012—2016 年西夏区全社会固定投资增速对比

全年完成房地产开发投资 32.54 亿元，比上年增长 9.6%，其中住宅开发投资 21.66 亿元，增长 14.4%。商品房施工面积 262.02 万平方米，下降 6.5%，其中住宅施工面积 172.16 万平方米，下降 13.7%；商品房销售面积 45.03 万平方米，增长 2%，其中住宅销售面积 41.88 万平方米，增长 0.3%；商品房待售面积 72.35 万平方米，增长 13.5%，其中住宅待售面积 54.39 万平方米，增长 4.5%。全年商品房销售额 19.76 亿元，下降 0.4%，其中住宅销售额 16.21 亿元，下降 9.5%。

五、国内贸易

全年实现社会消费品零售总额 24.31 亿元，比上年增长 7.4%。分城乡看，城镇消费品零售额 23.73 亿元，增长 7.2%；乡村消费品零售额 0.58 亿元，增长 16.1%。分行业看，批发零售业零售额 21.31 亿元，增长 8.4%；住宿餐饮业零售额 2.99 亿元。分经济类型看，国有经济实现零售额 0.29 亿元，下降 7.5%；股份制经济实现零售额 13.97 亿元，增长 1.3%；私营经济实现零售额 3.12 亿元，增长 22.3%；个体经济实现零售额 6.73 亿元，增长 15.9%；其他各种经济实现零售额 0.19 亿元，增长 16.1%。

六、财政

全年完成地方公共财政预算收入完成 4.14 亿元，同比增长 17.8%。其中：税收收入完成 2.72 亿元，同比增长 29.3%；非税收入完成 1.41 亿元，同比增长 0.7%。地方公共财政预算支出完成 14.51 亿元，同比增长 48.8%，八项公共服务支出之和 11.85 亿元，同比增长 46.0%。其中：城乡社区支出同比增长 354.7%，节能环保支出同比增长 59.4%，科学技术支出同比增长 53.1%。

2012—2016 年西夏区地方公共财政预算收入及增速

七、人口和人民生活

年末西夏区常住总人口 35.60 万人，增长 1.1%。其中城镇人口 32.07 万人，乡村人口 3.53 万人。人口出生率为 11.14‰，死亡率为 4.09‰,人口自然增长率为 7.06‰。

全年城镇居民人均可支配收入 24976.3 元,比上年增加 1850.82 元,增长 8.0%。全年农村居民人均可支配收入 10111.8 元,比上年增加 777.36 元,增长 8.3%。

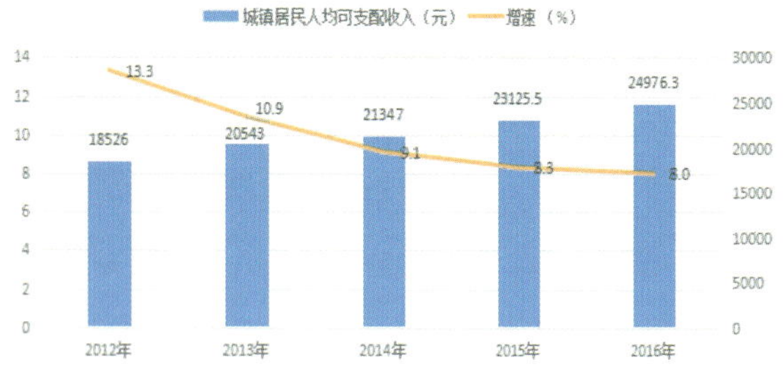

2012—2016 年西夏区城镇居民人均可支配收入及增速

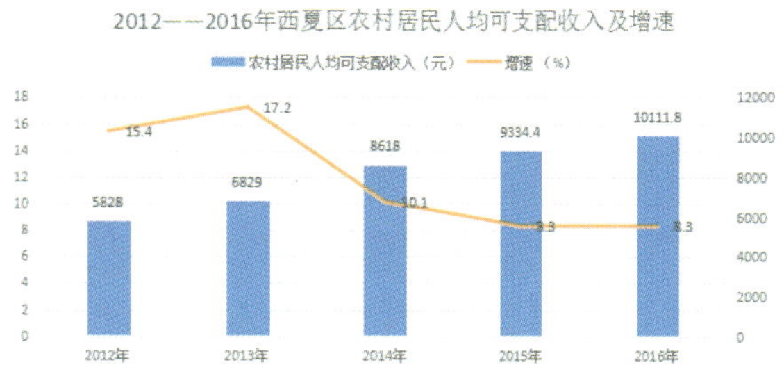

2012—2016 年西夏区农村居民人均可支配收入及增速

八、安全生产

全年发生各类生产安全事故 76 起,同比下降 52.2%,死亡 7 人,同比下降 12.5%,亿元 GDP 生产安全事故死亡人数为 0.02 人。

注:

1.本公报中数据均为初步统计数。

2.地区生产总值、各产业增加值绝对数按现行价格计算,增长速度按可比价格计算。

3.2012 年起,国家统计局执行新的国民经济行业分类标准,工业行业大类由原来的 39 个调整为 41 个,固定资产投资(不含农户)行业分类也按新的标准进行了调整。

组织机构和负责人

中共银川市西夏区第三届委员会

书　记　李鸿儒（8月止）　雍　辉（9月起）

副书记　刘　虹（1月起）　闫树革（8月止）

党　成（9月起）

常　委　丁　芳（1月止）　戈建国（2月止）

党　成　刘　婧（6月止）　李　亮

马黎刚　李永仁　杨爱军

杨　晨（6月起）　周维骞（8月止）

路爱宁（8月起）　姜继琴（9月止）

贺满庭（9月起）　邵中宏（9月起）

李景阳（9月止）

委　员　（以姓氏笔画为序）

丁　芳（1月止）　马立新（9月起）

马秀英（9月起）　马宏军（9月起）

马黎刚　王　芳（9月起）

王立平（11月止）　王彦君（11月止）

王安云（9月起）　王殿宏（8月止）

尤建萍（9月止）　戈建国（2月止）

冯宁娟（9月起）　吕淑华（9月起）

任学霞（9月止）　刘　虹（9月起）

刘　婧（6月止）　刘红伟

刘金民（4月止）　闫树革（8月止）

米广荣　杨　晨（6月起）

杨　智　杨爱军

杨振如（9月起）　李　亮

李　蕾（9月止）　李永仁

李建红（9月起）　李鸿儒（8月止）

李景阳（9月止）　李普光（9月起）

吴素娟（9月起）　张　冰

张学锋（8月止）　陈　钢（9月起）

邵中宏（9月起）　郑淮忠（9月止）

周建红（9月起）　周维骞（8月止）

赵黎源（9月起）　侯自强（9月起）

姜　永（9月起）　姜继琴（9月止）

贺满庭（9月起）　党　成

徐克东（9月止）　唐慧明

崔继鹏（9月起）　蒋新泽（9月起）

路爱宁（8月起）　雍　辉（9月起）

裴建宁

候补委员（按得票多少排序）

祁凤玲（9月止）　周建红（9月止）

孙业峰（9月止）　曹德玲（9月止）

张　勇（9月止）　袁振海（9月止）

马春宁（9月起）　田晓霞

司应源（9月起）　陈学忠（9月起）

周德强（9月起）　秋万全（9月起）

戴凤琴（9月起）　王鉴之（9月起）

高　峰（9月起）　朱立红（9月起）

西夏区第四届人大常务委员会

党组书记、主任　李鸿儒（8月止）　杨振如（11月起）

党组副书记、常务副主任　徐克东（11月止）

副主任　奚杏芳（10月止）　李天保　金肖栋　周德强（9月起）　林克川（1月起）　王立平（11月起）

专职委员　孙远珠（11月止）　奚杏芳（11月起）

委　员（以姓氏笔画为序）

马金林　马春宁（11月起）
马素玲（11月起）　马雪玲（11月止）
马银平（11月止）　王　新（11月起）
王晓明（11月止）　吕淑华（11月止）
任学霞（11月止）　刘志毅（11月起）
许宗金（11月止）　那　黎（11月起）
杨志学（11月起）　杨晓梅（11月起）
芮云风　李海军（11月起）
吴玉萍（11月止）　吴雪梅（11月起）
张玉梅（11月起）　张忠民（11月止）
张静怡（11月起）　陈建军（11月起）
金　玲（11月起）　周　伟（11月起）
赵　杰（11月起）　赵建华（11月止）
赵黎源（11月起）　秋万全（11月止）
秦云友（11月止）　袁　辉（11月起）
贾小飞（11月起）　贾卫华（11月止）
徐国强（11月起）　奚杏芳（11月起）
郭　艳（11月起）　郭秀山
高　洁（11月止）　高晓梅（11月起）
高耀廷　梁星梅（11月止）

人大常委会办公室

主　任　郭秀山

人大常委会代表联络工作委员会

主　任　赵　杰

人大常委会法制工作委员会

主　任　刘志毅

副主任　梁银都（12月止）

人大常委会财政经济工作委员会

主　任　高晓梅

人大常委会科教文卫工作委员会

主　任　杨志学

副主任　张晓融（12月止）

西夏区人民政府（第四届）

区　长　刘　虹（1月起）

副区长　马黎刚　杨　智
丁　芳（挂职1月止）
戈建国（挂职2月止）
宋　琰（挂职2月起）
马建国（挂职5月止）
胡　峻（7月止）　陈蕴丹（8月止）
党　成（9月止）　李景阳（9月止）
侯自强（9月起）　姜　永（9月起）
马秀英（11月起）

中国人民政治协商会议西夏区第四届委员会

主　席　高　保(11 月止)
　　　　裴建宁(11 月起)
副主席　马　臻(回族)(11 月止)
　　　　杨义策　刘红伟(回族)
　　　　孙春芳(11 月起)
常委会委员(以姓氏笔画为序)
　　于春发(11 月起)　马占豹
　　王克林(11 月止)　王思思(10 月止)
　　王彦君(9 月止)　王振平
　　尤建萍(11 月止)　石　蕾(11 月起)
　　田　帅(11 月起)　史慧茹(11 月起)
　　冯惠茹(11 月止)　伏国军(11 月起)
　　任立超(11 月止)　任彦豹(11 月起)
　　刘　庄(11 月止)　刘良庆(11 月止)
　　安海举(11 月起)　许卫东(11 月止)
　　杨冬敏(11 月止)　杨永芳(11 月止)
　　李文革(11 月止)　李海宁(11 月起)
　　李景文(11 月起)　何敬科(11 月起)
　　余秀玲　余崇仁　宋　萍(11 月止)
　　宋月琴(11 月止)　张　宁(11 月止)
　　张　勇(11 月起)　张　铖(11 月起)
　　张成全(11 月起)　张海鸣(11 月起)
　　岳泰和(11 月止)　胡继宁(11 月起)
　　胡惠敏(11 月止)　钟　鸣(11 月起)
　　侯小成(11 月起)　洪　宪(11 月起)
　　贾效东　顾宝清(11 月起)
　　陶卫国(11 月起)　蒋新泽(11 月止)
　　黑雪玲(11 月起)

政协办公室

主　任　张　勇(7 月止)　胡继宁(7 月起)
副主任　潘莉燕　石彦斌(8 月止)

政协提案委员会

主　任　王锦平(8 月止)　余秀玲(8 月起)

政协经济法制民族宗教委员会

主　任　岳泰和(8 月止)　钟　鸣(8 月起)

政协科教文卫体委员会

主　任　何建江(8 月止)
　　　　袁振海(8—11 月)
副主任　孟令军

中共银川市西夏区第三届纪律检查委员会

书　记　杨爱军
副书记　赵黎源　齐亚兰(5 月止)
　　　　纳丽瓦(5 月起)
常　委　杨爱军　赵黎源
　　　　齐亚兰(5 月止)　纳丽瓦(5 月起)
　　　　钟　鸣(7 月止)　陈学良(6 月起)
　　　　王　君(6 月起)　王慧容
　　　　马世宏(4 月止)　安治祎(7 月起)
委　员　(以姓氏笔画为序)
　　　　丁文忠　马　燕　马卫东
　　　　马世宏(4 月止)　马利斌
　　　　马菊红　王　君(6 月起)　王慧容
　　　　任雅洁　齐亚兰(5 月止)　安治祎
　　　　杨爱军　张向伟　张晶明

陈学良　纳丽瓦(5 月起)

赵黎源　哈　成　钟　鸣(7 月止)

高小龙　郭海虹

办公室主任　马世宏(4 月止)

安治祎(7 月起)

西夏区监察局(与纪委合署办公)

局　长　赵黎源(11 月止)纳丽瓦(11 月起)

副局长　陈学良(6 月起)

西夏区人民检察院

检察长　王殿宏(8 月止)　王安云(8 月起)

副检察长　吴万宏　郭海虹

李　静(9 月止)

张捷武(12 月起)

纪检组长　张　铭

办公室主任　杨倩茹

西夏区人民法院

院　长　张学锋(8 月止)　马立新(8 月起)

副院长　李节利　马　永　黑晓虎

纪 检 组 长　王建文

办公室主任　伍爱民

西夏区人民武装部

部　长　冯兆宏

政　委　李永仁

副部长　樊保明

中共银川市西夏区委员会工作部门

西夏区委办公室

主　任　王忠军(6 月止)

王彦君(6—9 月)

陈　伟(10 月起)

副主任　王　波(1 月止)

陈　伟(10 月止)

李宏伟(7 月起)

信息中心主任　(空缺)

西夏区委组织部

部　长　周维骞(8 月止)

路爱宁(8 月起)

副部长　吴延状(4 月止)

余文平(兼)　马春宁(4 月起)

代永生(6 月止)　杜天虎(12 月起)

机关工委书记　(空缺)

非公有制经济组织党工委专职副书记

陈　静(1 月止)　哈　成(4 月起)

人才办主任　康春霞(4 月止)

西夏区委宣传部

部　长　刘　婧(6 月止)　杨　晨(6 月起)

副部长　王　芳　张维宏

王向阳(10 月止)

温晓成（10月起）

精神文明建设委员会办公室

主　任　（空缺）

西夏区委政法委员会

书　记　闫树革（8月止）　党　成（11月起）

副书记　李　亮（1月起）　刘金民（4月止）

王继斌（4月起）

副秘书长　陈学良（6月止）

石彦斌（7月起）

综治办

主　任　陈学良（6月止）

副主任　石彦斌（7月起）

西夏区委统战部

部　长　姜继琴（9月止）　贺满庭（9月起）

副部长　马志强　余全升（6月止）

马荣荣（7月起）

西夏区委政策研究督查室

主　任　王　波（1月止）

陈　伟（1—10月）

副主任　李宏伟（7月止）

刘子奇（7月起）

西夏区机构编制委员会办公室

主　任　祁凤玲

事业登记管理局

局　长　陶　野（1—7月）

中共银川市西夏区委员会老干部局

局　长　余文平

副局长　张　宏（11月止）

关心下一代工作委员会办公室

主　任　周　琛

西夏区信访（督办）局

局　长　王有忠

副局长　马丽霞

西夏区档案局

局　长　金　玲（8月止）　何剑锋（8月起）

西夏区社会团体

西夏区工会工作委员会

主　席　任学霞（6月止）　刘红伟（7月起）

副主席　高　军

女工委主任　梁素婷

经费审查委员会主任　宋月琴

共青团西夏区委员会

书　记　王思思（7月止）　马春梅（12月起）

西夏区妇女联合会

主　席　邓瑞红

西夏区科学技术协会

主　席　袁振海（7月止）　金　玲（7月起）

副主席　马富琴（5月止）　侯小成（5月起）

西夏区工商业联合会

主　席　张　宁（9月止）　任彦豹（9月起）

书　记　姜继琴（11月止）

秘书长　朱立红

西夏区残疾人联合会

理事长　马海波（5月止）　马富琴（5月起）

副理事长　左可平（7月止）

王成玉（7月止）

陈海霞（8月起）

西夏区人民政府工作部门及所属事业单位

西夏区政府办公室

主　任　王立平(11 月止)

副主任　陈学忠　韩　刚

戴凤琴(5 月止)　何曼丽(5 月起)

张立中(6 月止)　刘　炜(6 月起)

马春梅(12 月止)

法制办

主　任　韩　刚

西夏区政务服务中心

主　任　戴凤琴(5 月止)　何曼丽(5 月起)

副主任　姜秀玲

西夏区机关事务管理局

局　长　刘　炜(6 月起)

西夏区经济发展局

局　长　周建红

副局长　别志立(7 月止)　黑雪玲

西夏区安全生产监督管理局

局　长　孙业峰

副局长　孙　羽

西夏区教育局

局　长　张　冰

党工委书记　(空缺)

副书记　马　燕

副局长　朱　林　韩瑞红　涂焕应

纪工委书记　马　燕

西夏区科技局

局　长　马富琴(5 月止)侯小成(5 月起)

副局长　余秀玲(8 月止)

西夏区知识产权局

局　长　马富琴(5 月止)侯小成(5 月起)

西夏区民族宗教事务局

局　长　马志强

副局长　余全升(6 月止)

马永香(挂职 7 月起)

西夏区民政局

局　长　王彦君(6 月止)

吴素娟(6—11 月)

唐慧明(11 月起)

副局长　罗继龙(7 月止)

杜天虎(7—12 月)

王向阳(11 月起)

任雅洁(12 月起)

纪工委书记　郝　军

双拥办

主　任　王彦君(6 月止)

吴素娟(6—11 月)

唐慧明(11 月起)

副主任　伍莉萍

老龄办

主　任　赵兰茹

社会组织党工委书记　王彦君(6 月止)

社会组织党工委副书记

哈　成(4 月止)

杜天虎(7—12 月)

任雅洁(12 月起)

西夏区司法局

局　长　高　峰

副局长　李海宁　李　英(12 月起)

西夏区财政局

局　长　马秀英(11 月止)

吴素娟(11 月起)

副局长　刘翠华(5 月止)　杨　燕(7 月起)

会计核算中心

主　任　刘晓捷

农业综合开发办公室

主　任　郭锁华(11 月止)

副主任　王金会

西夏区人力资源和社会保障局

局　长　田晓霞

副局长　马春宁(4 月止)　吴延状(4 月起)

王鉴之(5 月止)　李晓颖(7 月起)

陈小龙(11 月止)　顾宝清(11 月起)

社会保险经办服务中心

主　任　徐　红

西夏区劳动就业服务局

局　长　王鉴之(5 月止)　李晓颖(7 月起)

副局长　史红军

西夏区劳动保障监察大队

队　长　王金山

西夏区劳动人事争议仲裁院

院　长　徐海涛

西夏区建设交通局

局　长　吴素娟(6 月止)　马宏军(6 月起)

副局长　王立忠　沙海军

郑淮忠(1 月起)

纪工委书记　马　诚(6 月起)

西夏区民防局

局　长　王立忠

西夏区农牧水务局

党工委书记　唐慧明(11 月止)

郭锁华(11 月起)

局　长　唐慧明(11 月止)

郭锁华(11 月起)

副局长　侯小成(5 月止)　曹建辉(11 月起)

张小莉

西夏区文化体育旅游局

局　长　王　芳

西夏区文物保护局

局　长　王　芳

西夏区文学艺术界联合会

主席　(空缺)

西夏区卫生和计划生育局

党工委书记、局长　张文武(5 月止)

戴凤琴(5 月起)

副局长　杜天虎(7 月止)　马菊红

王成玉(7 月起)

纪工委书记　宋建云

卫生监督所

所　长　华　琴(5 月止)

陶卫国(5 月起)

疾病预防控制中心

主　任　马广宏

计划生育服务中心

主　任　马菊红(5 月止)

华　琴(5 月起)

西夏区审计局

局　长　米广荣

副局长　杨晓燕　施志军(1 月止)

齐亚兰(5 月起)

经济责任审计办公室

主　任　王　磊

西夏区统计局

局　长　李　芳

副局长　梁银丽　张　浩

西夏区园林管理局（西夏区林业和葡萄产业局）

局　长　张勇坚

副局长　顾立斌（5 月止）
　　　　王振静（5 月起）
　　　　余全升（6 月起）

西夏区第三监察室主任　杨春俊

西夏区城市管理综合执法局

党工委书记、局长　孙春芳

副书记　王春侠

副局长　聂宏强　王春侠（5 月止）
　　　　马海波（5 月起）　王玮华（6 月止）
　　　　李静民（7 月起）

工会主席　李红燕

西夏区市容环卫服务中心

主　任　王春侠（5 月止）　马海波（5 月起）

副主任　孙泽文　王　燕
　　　　郭学玲　宋　林

西夏区爱卫办

主　任　孙春芳

西夏区工业和信息化办公室（西夏区工业和信息化局）

局　长　朱立红

副局长　石平院　贾　青

西夏区经济技术合作局（西夏区商贸物流与经合局）

局　长　胡继宁（7 月止）　王鉴之（7 月起）

副局长　王鉴之（5—7 月）
　　　　何剑锋（8 月止）　李　晶

西夏区公铁物流中心

党工委书记　裴建宁

主　任　裴建宁

副主任　李　蕾　魏　富
　　　　马金祥（8 月止）　吴永东（8 月起）

西夏区拆迁安置办公室

主　任　安　锋（1 月止）　郑淮忠（1 月起）

副主任　王金山　李　伟（1 月起）
　　　　陈小军（1 月起）　孟令涛（6 月起）
　　　　王怀林（12 月止）　高学兵（12月止）
　　　　李　杰（12 月起）

西夏区扶贫办

主　任　唐慧明（11 月止）
　　　　郭锁华（11 月起）

副主任　安　锋（1 月起）　曹建辉（11 月止）

西夏区国有控股有限公司

总经理　孟令涛（6 月止）
　　　　李振名（6 月起）

副经理　李振名（6 月止）
　　　　刘建武（6 月起）

西夏公交分公司

董事长　卢　鹏

总经理　张三虎　金文忠

副总经理　赵占光　李建峰

民主党派地方组织

民革西夏区支委

主　委　余秀玲

民盟西夏区支委

主　委　宋　萍（7 月止）

顾宝清(7月起)

民建西夏区支委

主　委　胡慧敏(7月止)

何敬科(7月起)

民进西夏区支委

主　委　杨冬敏(7月止)

李海宁(7月起)

农工党西夏区支委

主　委　马占豹

九三学社西夏区支委

主　委　岳泰和(7月止)

陶卫国(7月起)

银川市垂直管理部门

西夏区公安分局

局　长　李　亮

政　委　马义平(7月止)　马　峰(7月起)

纪委书记　丁文忠

副局长　韩永忠(4月止)　马　峰(4月止)

闫　勇(4月起)　王新明(4月起)

王占东(12月起)

政治处主任　尤银健

办公室主任　哈晓东

西夏区消防大队

大队长　马　涛

教导员　张　强

西夏区交警一大队

大队长　雷世文(6月止)　黄晓晨(6月起)

教导员　王晓波

副大队长　吴海军(4月起)

西夏区交警二大队

大队长　黄建新

教导员　朱世刚

副大队长　李　龙　郝　龙

西夏区南区地税局

局　长　刘　军

副书记　智金梁

副局长　肖占华　陆　璐(9月止)

赵军来(9月起)

纪检组长　高　鸣

西夏区北区地税局

局　长　张永明

副书记　纳少林

副局长　李　龙　贾　滨

纪检组长　韩银平

西夏区国税局

局　长　李　光

副局长　张晓东　赵景双

陈建民　陈永祥

纪检组长　杨俏丽

西夏市场监督管理分局

局　长　樊荣春

副局长　杜恩泽　李科林　胡　娟

西夏区国土分局

局　长　马　力

副局长　高　鹏

西夏区环保分局

局　长　向伯安

副局长　李丰华

西夏区供电服务中心

主　任　安少明

镇·街道

镇北堡镇

中共银川市西夏区镇北堡镇委员会

党委书记　崔继鹏
副书记　周德强(6 月止)
　　司应源(6 月起)
　　陈建军
纪委书记　马荣荣(7 月止)
　　王思思(7—10 月)
　　高小龙(10 月起)
武装部部长　张　琪(7 月止)
　　陶　野(7 月起)

银川市西夏区镇北堡镇人大主席团

主　席　崔继鹏
副主席　马荣荣(7 月止)　陈建军(9 月起)

银川市西夏区镇北堡镇人民政府

镇　长　周德强(6 月止)　司应源(6 月起)
副镇长　王　智(1 月止)　高小龙(1 月起)
　　陈　钢(7 月止)　施志军(7 月止)
　　张　琪(7 月止)　顾宝清(7 月止)
　　陶　野(7 月起)　秋万全(9 月起)
　　李东平(9 月起)

兴泾镇

中共银川市西夏区兴泾镇委员会

党委书记　邵中宏
副书记　周　伟　司应源(6 月止)
　　周德强(6 月起)
　　田建军(挂职 4 月起)
纪委书记　刘子奇(7 月止)
　　施志军(7 月起)
武装部部长　李东平(7 月止)
　　张　琪(7 月起)

银川市西夏区兴泾镇人大主席团

主　席　邵中宏
副主席　刘子奇(7 月止)　周　伟(9 月起)

银川市西夏区兴泾镇人民政府

镇　长　司应源(6 月止)　周德强(6 月起)
副镇长　李东平(7 月止)　张　琪(7 月起)
　　王晓岚　张作义　周　伟(9 月止)
　　洪　宪(9 月起)

西花园路街道

中共银川市西夏区西花园路街道工作委员会

党工委书记　纳丽瓦(5 月止)
　　李建红(6 月起)
副书记　王继斌(4 月止)　马世宏(4 月起)
　　任雅洁(12 月止)　张　文(12月起)
纪工委书记　任雅洁(12 月止)
　　张　文(12 月起)
武装部部长　张　文(12 月止)

银川市西夏区西花园路街道办事处

主　任　王继斌(4 月止)　马世宏(4 月起)
副主任　马　玲　李晓颖(7 月止)
　　王惠玲(12 月起)

朔方路街道

中共银川市西夏区朔方路街道工作委员会

党工委书记　马宏军(11 月止)
　　代永生(11 月起)
副书记　李建红(6 月止)　尹国略

代永生（6月起）
纪工委书记　尹国略
武装部部长　李静民（7月止）

银川市西夏区朔方路街道办事处

主　任　李建红（6月止）
代永生（6—11月）
袁振海（11月起）
副主任　罗　鹏　李静民（7月止）
刘　芳

北京西路街道

中共银川市西夏区北京西路街道工作委员会

党工委书记　吕淑华
副书记　刘　炜（6月止）　王玮华（6月起）
陈海霞（8月止）
纪工委书记　陈海霞（8月止）
武装部部长　师　展（4月止）

银川市西夏区北京西路街道办事处

主　任　刘　炜（6月止）　王玮华（6月起）
副主任　师　展（4月止）　安治袆（7月止）
李　慧（12月起）

文昌路街道

中共银川市西夏区文昌路街道工作委员会

党工委书记　何曼丽（5月止）
冯宁娟（5月起）
副书记　尹志刚　余　溢
纪工委书记　余　溢
武装部部长　温晓成（11月止）

银川市西夏区文昌路街道办事处

主　任　尹志刚
副主任　于　颖　温晓成（11月止）

宁华路街道

中共银川市西夏区宁华路街道工作委员会

党工委书记　郏淮忠（1月止）
蒋新泽（1月起）
副书记　冯宁娟（5月止）　刘翠华（5月起）
马卫东
纪工委书记　马卫东
武装部部长　王海霞

银川市西夏区宁华路街道办事处

主　任　冯宁娟（5月止）　刘翠华（5月起）
副主任　刘红琴　王海霞　李　莉（7月止）

贺兰山西路街道

中共银川市西夏区贺兰山西路街道工作委员会

党工委书记　蒋新泽（1月止）
李普光（1月起）
副书记　马晓凤（1月起）　骆　喜（7月起）
纪工委书记　马雪玲（1月起）
武装部部长　李彦虎

银川市西夏区贺兰山西路街道办事处

主　任　马晓凤（1月起）
副主任　李彦虎　骆　喜（7月起）
李　晶（11月止）　安格平（11月起）
袁美娟（12月止）

怀远路街道

中共银川市西夏区怀路街道工作委员会

党工委书记　陈　钢（7月起）
副书记　罗继龙（7月起）　马利斌（10月起）
纪工委书记　马利斌（10月起）

银川市西夏区怀路街道办事处

主　任　罗继龙（7月起）
副主任　袁美娟（12月起）　肖文静（12月起）

大事记

1月

1日　西夏区疾控中心取消了从业人员预防性体检费和卫生检测费。

4日　由西夏区人民政府、银川市文化新闻出版广电局、西夏区委宣传部主办，西夏区文化体育旅游局承办的2016年“西夏之春　金猴送瑞”迎新春文艺演出在宁化剧院隆重举办。

6日　西夏区委组织召开班子2015年度“三严三实”专题民主生活会。通报了西夏区委班子2014年民主生活会整改落实情况和2015年“三严三实”专题民主生活会前期准备工作情况，区委书记李鸿儒代表区委班子作对照检查，西夏区委班子成员分别作对照检查，区委班子成员之间相互开展批评与自我批评。

8日　西夏区委书记李鸿儒主持召开西夏区委2016年第1次常委会议（区委二届总83次），会议传达学习了市委十三届六次全体（扩大）会议和银川市委书记徐广国、市长白尚成重要讲话精神，研究部署西夏区贯彻落实工作。

9日　由银川市文化新闻出版广电局、银川市体育旅游局、银川市滨河新区社会事务和文化旅游局主办，银川市文化艺术馆、银川市滨河新区文化旅游投资公司承办，银川市广播电视台、银川日报社、银川市西夏区协办的2016“黄河外滩杯”红红火火闹新春社火展演大赛在银川市滨河新区黄河外滩景区大爱广场举行。

12日　自治区卫生和计划生育委员会办公室，批准西夏区疾控中心安康医院戒毒药物维持治疗延伸服务点，为戒毒药物维持治疗机构。

15日　内蒙古通辽房地产开发有限公司董事长刘俊学一行5人到西夏区考察洽谈银川水上乐园项目。

△　由西夏区民政局主办，西夏区文化体育旅游局、西夏区老干部局协办的“文化助困送温暖”志愿者服务文艺演出在西夏区敬老院顺利进行。

16日　西夏区工会2016年职业技能培训班在宁夏军宏职业技能培训学校开班，120多名学员分别参加电工、电焊工、挖掘机、装载机4个工种为期20天的培训。

△　宁夏电视台经济频道《财富故事》对西夏区非遗贺兰砚制作技艺传承人郝延强的贺兰砚制作、雕刻技艺进行专题报道。

17日　西夏区委书记李鸿儒主持召开西夏区委2016年第2次常委会议（区委二届总84次），会议传达学习十八届中央纪委六次全会和中中央总书记习近平重要讲话精神，研究西夏区贯彻落实意见；会议传达学习自治区十一届人大五次会议、政协十届四次会议精神，安排部署西夏区贯彻落实工作。

△　由西夏区政府主办、西夏区文化体育旅游局承办的“西夏区 2016 年迎新春首届冬季冰钓比赛”在西夏区水利工程院内顺利举行。

18 日　义乌国际博览中心副总经理孙潭清一行 4 人到西夏区考察商贸项目。

20 日　中国北大荒产业集团控股有限公司副总裁皇甫明生一行 10 人到西夏区考察农业项目。

22 日　西夏区在西夏古城文化产业基地举行揭牌仪式。自治区文化厅、自治区文联、银川市文化新闻出版广电局、银川市非遗保护中心有关领导、西夏区四套班子领导、政府有关单位出席仪式。

△　由西夏区委宣传部主办的西夏汇文化旅游商品（进口）城暨“古韵今声　唱响西夏”秦腔大赛在西夏古城举行开幕仪式。

24 日　江苏宿迁电子商务有限公司董事长张秀明一行 3 人到西夏区考察洽谈电子商务项目。

25 日　由西夏区委宣传部牵头，组织文化、教育、科技、农牧、林业、卫生计生、司法、民政、就业、安监、消防、交警、工青妇、公检法等部门单位，在镇北堡镇文化广场举行文化科技卫生法律“四下乡”活动启动仪式，正式拉开 2016 年“四下乡”活动的帷幕。

28 日　自治区政协副主席李淑芬，走访慰问西夏区兴泾镇西干村、西北轴承厂和全国劳动模范代表，西夏区委书记李鸿儒陪同。

2 月

1 日　自治区党委组织部副部长李泽峰，慰问西夏区朔方路街道朔方小区解放前老党员丛曼滋，西夏区委书记李鸿儒陪同。

2 日　国务院总理李克强到宁夏共享装备有限公司调研。

△　银川市政协主席贺满明一行走访慰问西夏区全国劳模张华和困难职工吴伟，并送去慰问金，西夏区委书记李鸿儒陪同。

△　银川市总工会副主席蔡剑英一行，在西夏区委常委、组织部部长周维骞、人大常委会副主任奚杏芳的陪同下，走访慰问西夏区 20 名环卫工人和困难职工。

△　西夏区委书记李鸿儒带领四套班子慰问驻区部队（宁夏军区、空六师、银川警备区）。

3 日　西夏区委书记李鸿儒主持召开西夏区委 2016 年第 3 次常委会议（区委二届总 85 次），传达学习自治区纪委十一届七次全体会议精神和自治区党委书记李建华重要讲话精神，研究部署西夏区贯彻落实工作；传达学习全区组织部长会议精神，研究部署西夏区贯彻落实工作。

6 日　银川市委常委、常务副市长马凯，副市长徐庆对西夏区环卫工人进行慰问，西夏区委书记李鸿儒陪同。

18—19 日　西夏区纪委二届六次全会召开，会议分第一次会议（基层党政主要负责人向纪委全会述廉述责接受质询和评议）和第二次会议（全体扩大会议）两个阶段举行。会上纪委书记杨爱军作了题为《坚守责任担当　突出从严执纪　坚定不移推进党风廉政建设和反腐败工作》的工作报告。

19 日　西夏区司法局联合西夏区交警一大队、盈北、书香苑社区，在西夏古城庙会开展了以“手拉手远离毒品　心连心造福社会”为主题的法制宣传活动。

21 日　北京嘉寓门窗幕墙股份有限公司董事长田家玉一行 6 人，到西夏区就在银川公铁物流园区建设西北区域总部相关事宜进行考察商谈。

22 日　西夏区非遗中心组织回族刺绣、滩羊皮鞣制工艺、贺兰砚制作技艺、赵增涛皮影制作技艺、民间剪纸、玉凤堆贴画、西夏沙画、杨家布艺、常氏根雕、汪氏篆刻、贺兰山石画，参加在中山公园文化广场由银川市非遗保护中心主办的银川市非遗主题展览。

△　由西夏区委宣传部主办，西夏区文化体育旅游局承办的西夏万达杯“红红火火闹新春”社火巡游展演大赛，在西夏区金波路隆重举行。来自西夏区两镇六街道一办的 31 支队伍共 1500 人参加巡游展演活动。

23 日　湖南长江石化环保科技有限公司经理袁红波一行 5 人，到西夏区考察洽谈工业项目。

24 日　西夏区委书记李鸿儒主持召开西夏区委 2016 年第 4 次常委会议（区委二届总 86 次），会议传达学习银川市委书记徐广国在市纪委十三届六次全体（扩大）会议和“新常态下如何破解产业发展难题”专题会上的重要讲话精神，研究部署西夏区贯彻落实工作；会议传达学习全市环境治理誓师大会和徐广国书记重要讲话精神，研究部署了西夏区贯彻落实工作。

26 日　文化部公共文化司副司长孙凌平到西夏古城文化产业基地，就西夏区文化产业基地发展和非遗保护工作进行调研。银川市文化新闻出版广电局副局长郭林、西夏区文化体育旅游局局长王芳陪同调研。

△　西夏区卫计局、教体局联合召开 2016 年学校春季传染病防控培训会议，39 所中小学校及 70 所托幼机构的 130 名副校长、保健教师，参加了内容包括《银川市学校和托幼机构传染病预防与控制工作规范》、麻疹、流行性腮腺炎、流感、甲肝等重大传染病防控、疫苗免疫接种程序、学校及托幼机构晨午检制度、患病学校缺课登记制度等培训。

29 日　西夏区在宁夏电投西夏热电有限公司举行西夏区 2016 年第一季度第一批重大项目集中开工仪式。

是月　西夏区委宣传部编印的《2015 媒体看西夏》出版。

3 月

4 日　西夏区委书记李鸿儒参加全市城乡环境综合治理春季行动专题会议。

△　银川市委常委、纪委书记左新军

一行12人，深入西夏区对纪检监察工作开展调研。区委书记李鸿儒、区委副书记闫树革和区委常委马黎刚、周维骞、杨爱军及西夏区纪委班子成员、各基层纪检组织负责人参加调研汇报会。

△　西夏区工会在政府视频会议室举办以“巾帼建功十三五　建设西夏做贡献”为主题的女职工演讲比赛，来自各基层工会选送的19名选手参加比赛。

△　西夏区工会在政府视频会议室举办“庆三八”表彰会暨女职工素质提升讲座，并对5名女职工创业明星、5名女职工创业带头人和3户女职工创业示范户进行了表彰。

△　国务院教育督导委员会督导组到位于西夏区的银川八中进行2016年学校春季开学情况专项督查。

6日　西夏区工会在西夏万达广场举办2016年“春风行动”就业援助招聘会，组织辖区117家用工单位提供涉及电子、家政、酒店、餐饮、超市等20多个行业的2700多个就业岗位，吸引了近3000名求职者现场应聘，最终达成就业意向1254人。

7日　西夏区委书记李鸿儒主持召开西夏区委2016年第5次常委会议（区委二届总87次），会议研究了《关于开展机关干部“下农村　送政策　促发展”活动方案》；会议研究了政府党组《关于城乡环境综合治理春季行动实施方案》《关于贯彻落实中央1号文件精神加快推进都市型现代农业发展的实施方案》《西夏区2016年农业农村工作要点》《关于春季园林绿化工作实施方案》。听取了“西马银”整体移交接管工作进展情况的汇报；会议研究了关于贯彻落实《中国共产党统一战线工作条例（试行）》的十二条具体措施。

△　西夏区文明办在宁化宾馆会议中心隆重举办首届“最美西夏人”“新丝路”首届宁夏“西夏杯”微电影大赛颁奖大会。西夏实验小学被评为“三八”红旗先进集体。

6日　西夏区2016年“春风行动”专场招聘会在西夏万达广场拉开帷幕。

9日　西夏区召开教育系统安全工作会议。辖区各中小学、幼儿园、民办教育机构和民办培训机构安全负责人共200人参加会议。

10日　西夏区贺兰砚制作技艺传承人郝延强参加在江苏南京国际展览中心举行的全国2015年度中国工艺美术行业典型人物颁奖典礼，中国工艺美术协会副会长兼秘书长王山主持颁奖典礼，郝延强荣获2015年度“中国工艺美术行业典型人物”。

14日　自治区党委宣传部副部长贾捷频、文明办专职副主任高建波等一行，到西夏区调研社会主义核心价值观主题公园。

15日　银川市西夏区人民政府与深港企业家在深圳市中国招商引资实战平台综合会议室举行项目签约仪式。

21日　“全国社区侨务工作示范单位”挂牌仪式在西夏区文昌路街道举行，自治区外办侨务处处长赫小练、副主任白玉珍、副处长纪元、银川市经合外侨局副局长李艳丽、西夏区副区长宋琰、文昌路街道办事处党工委书记何曼丽、主任尹志刚等参加挂牌仪式。

25 日 西夏区委书记李鸿儒主持召开西夏区委 2016 年第 6 次常委会议（区委二届总 88 次），会议传达学习了中共中央组织部《关于学习贯彻习近平总书记重要批示精神加强党委(党组)领导班子建设的通知》和毛泽东《党委会的工作方法》;会议传达学习了自治区推进整治和查处侵害群众利益的不正之风和腐败问题电视电话会议和自治区纪委书记陈绪国重要讲话精神，研究部署了西夏区贯彻落实工作。

△ 位于西夏区怀远西路、西花园北街与中和巷丁字路口西侧的历史文物遗迹将军楼拆迁工作开始,原址将修建碑亭,设置纪念碑,以泽被后人。

26 日 西夏区科协积极组织西夏区 15 余所中小学校，到中卫市参加自治区第三十一届青少年科技创新大赛暨机器人竞赛大赛,西夏区推选作品获自治区优秀科技实践活动 3 项,少儿科学幻想绘画 6 幅,机器人普及赛 2 个队,虚拟机器人比赛 3人(队)。

4 月

6 日 西夏区非遗中心 5 名剪纸传承人、艺人,参加全国文化干部培训基地—宁夏艺术职业学院举办的历时 1 个月的剪纸学习班。学习素描、中国画线描、书法等专业课,中国非遗概论、中国美术史、中国工艺美术史、中国传统文化修养和非遗产品营销 5 门理论课。

7 日 西夏区劳动三方在职工活动中心启动集体协商“春季要约”行动,企业行政方代表和企业工会主席代表 110 余人参加。

8 日—10 日 西夏区招商小分队参加在郑州国际会展中心隆重举行的第十届中国(河南)国际投资贸易洽谈会。

10 日 赛伯乐投资集团总经理徐良喜一行 4 人到西夏区考察洽谈文体项目。

12 日 大连隆太利节能科技有限公司总经理陈平一行 6 人到西夏区考察洽谈节能环保项目。

20 日 西夏区委书记李鸿儒持召开西夏区委 2016 年第 7 次常委会议（区委二届总 89 次），会议传达学习全区市县乡领导班子换届工作会议和自治区党委书记李建华重要讲话精神，研究西夏区学习贯彻落实意见;传达学习全区“两学一做”学习教育工作电视电话会议和崔波、徐广国重要讲话精神,研究西夏区《关于在全体党员中开展“学党章党规,学系列讲话,做合格党员”学习教育实施方案》;会议传达学习了自治区 2016 年第一季度经济形势分析会精神,研究部署了西夏区贯彻落实工作。

22 日 全国劳动模范路勇，自治区劳动模范秋万全、刘兴礼,在西夏区工会主席任学霞的陪同下前往西夏区新天地老年公寓和镇北堡敬老院开展劳模爱心奉献活动,捐赠价值 5000 元的生活所需物品。

△ 西夏区工会举办劳模述职报告会,全国劳模路勇、自治区劳模沙哈克、银川市劳模张淯娟、劳动之星王国涛、张明等,分别从不同的角度讲述了自己在工作岗位

上顾全大局、爱岗敬业、甘于奉献的奋斗史，40余名职工代表现场聆听了报告会。

26日　西夏区工会在西夏万达广场举办“中国梦·劳动美——永远跟党走”庆“五一”劳动节表彰大会暨专场文艺演出，银川市总工会务副主席蔡剑英、西夏区委常委、统战部部长姜继琴等领导以及劳动模范、劳动之星、好工人、一线职工、农民工代表300余人参加了本次活动。

28日　由西夏区委宣传部、西夏区文化体育旅游局主办，西夏区文化馆、西夏区社会民间文艺团体联合会承办的2016年“文化银川　花开四季”银川市第十三届湖城之夏广场文化季暨西夏区“周末欢乐大舞台”在西夏万达广场正式拉开帷幕。

△　银川首届“西北五省特色小吃美食节”在西夏区镇北堡镇温泉小镇隆重举行。

5月

3日　宁夏电视台在西夏区金阳花园进行行风现场问政，副区长胡峻及城管局、建设交通局、物业办、接管办、爱卫办、环保分局现场参加了直播问政。问政后，副区长胡峻召开了现场办公会，解决金阳花园排污管网破损事宜。

4日　西夏区文明办组织辖区学生在西夏区十八中学操场上，开展“小手拉大手——美丽西夏从我做起”主题活动，同时还启动了西夏区“美我家园”志愿服务项目，大学生志愿者向全体青少年发出美丽西夏从我做起的倡议。

6日　西夏区宁华路街道计生协会在宁化居家养老服务中心举办“浓情五月感恩母亲”小学生演讲比赛暨关爱女孩、慰问贫困计生家庭活动。西夏区卫生和计划生育局副局长马菊红、西夏区计划生育协会秘书长李敏应邀参加活动。

12日　西夏区工会在北京西路和同心北路打造的首批“户外劳动者之家”，正式向环卫工人、农民工、出租车司机、快递员等户外劳动者开放。

13日　西夏区委书记李鸿儒主持召开西夏区委2016年第9次常委会议（区委二届总91次），会议研究了关于进一步加强军地教育协作区建设的意见、西夏区第十个党建月活动方案、关于从优秀村干部等三类人员中公推比选两镇领导班子换届提名人选工作方案。

15日　由银川市文化新闻出版广电局主办，西夏区委宣传部、西夏区文化体育旅游局、银川市文化艺术馆、西夏区文化馆承办的银川首届农民文化大集在西夏区兴泾镇隆重举行。

16日　香港瀛晟科学公司董事局主席高峰一行到西夏区考察对接中阿友好医院项目。

△　北京诺泰德生物科技有限公司总经理肖俊生一行6人到西夏区考察商谈生物制药项目。

18日　西夏区文化体育旅游局和银川餐饮烹饪业协会联合主办，镇北堡温泉小镇承办的第三届贺兰山东麓·西夏区农家乐特色美食大赛在镇北堡温泉小镇成功举

办。贺麓庄园、东方红公社、古夏山庄等11家农家乐的30余名乡村美食厨师、42道菜品参赛角逐特色农家菜、风味小吃、乡村美食创意菜三大奖项。

20日　江西九江市庐山区市容局、固原市泾源县城管局分别对西夏区数字化城市管理指挥中心、西夏区城市管理工作进行观摩学习、考察交流。

24日　辽宁沈阳市人大代表9人在银川市人大、银川市文化新闻出版广电局、银川市非遗保护中心和西夏区相关领导陪同下到西夏古城调研和观摩。

25日　美丽乡村·文化惠民——银川市首届农民文化大集启动仪式在西夏区镇北堡镇文化广场举行。

△　中央政法委副秘书长徐显明一行，在自治区政法委、司法厅和银川市领导陪同下，到西夏区司法局文昌路司法所调研社区矫正工作并召开座谈会。

31日　西夏区工会在芦花台良渠稍小学开展“庆六一　手拉手　献爱心”活动，胜利体育为同阳新村的90名贫困家庭子女捐赠了衣服、篮球、足球，工会为他们赠送了书包等节日礼物。

6月

1日　西夏区办税大厅开业，西夏区委书记李鸿儒出席开业仪式。

△　银川市人大常委会副主任、总工会主席张自华带领全市工会干部40余人，到西夏区观摩银川公铁物流园工会的职工文化建设工作。

6日　西夏区工会开展“培育好家风——西夏女职工在行动”活动，收到和美职工家庭故事50余篇，“好家风、家规、格言照片”100余幅，通过展板、微信平台晒好家风，来自辖区的1000余名职工参加此次活动。

7日　西夏区工会召开工会代表联系基层活动座谈会，来自各行业、各岗位的部分工会十六大代表参加了会议。

8日　银川市人大常委会主任孙荣山一行，到西夏热电厂和中石油宁夏石化公司检查企业安全生产，西夏区委书记李鸿儒陪同。

13日　西夏区委宣传部举办区委第6次中心组学习(扩大)会暨“两学一做”学习教育党课，西夏区委书记李鸿儒就如何深入开展基层服务型党组织建设进行授课。

△　西夏区委组织部在西夏区行政中心礼堂开展“争做一名优秀共产党员”演讲比赛。

14日　全国人大内务司法委员会副主任委员秦光荣到西夏区宣河巷老年人日间照料中心调研老年人营养餐配送工作，西夏区委书记李鸿儒陪同。

20日　西夏区委书记李鸿儒主持召开了西夏区委2016年第10次常委会议(区委二届总92次)，会议传达学习了中共中央总书记习近平在全国宗教工作会议上的重要讲话精神，听取了关于西夏区统战和民族宗教工作的汇报，进一步安排部署了贯彻落实全国宗教会议精神工作；会议听取了关于“两学一做”学习教育和基层党建工作的汇报；会议传达了自治区纪委关于四起落实“两个责任”不力受到责任追究典型问题的通报，听取了关于党风廉政建设工作的汇报。

22日　国家农垦局局长王守聪一行，到淘宝宁夏店和宁垦电商有限公司考察，西夏区委书记李鸿儒陪同。

23日　西夏区工会代表团在职工文化活动中心五楼举办工会十六大代表培训班，开展“提一条优秀提案、推行一项创新亮点工作、撰写一篇高质量调研报告、为基层群众办一件实事”“四个一”活动履行代表职责。

24日　西夏区工会在宁夏兴盛驾驶员培训学校举办汽车驾驶技能大赛，银川市总工会副调研员、组织部部长马赛、西夏区四套班子相关领导参加开幕式并观看比赛，来自辖区各行各业的11支代表队125名汽车驾驶员参加C1准驾车型的科目一和科目二考试。

28日　西夏区工会协同辖区企业宁夏铁发人力资源服务有限公司、银川江海洋企业管理有限公司、宁夏共享人力资源有限公司、宁夏宁阳房地产有限公司负责人，前往同阳新村开展扶贫帮困献爱心活动。

△　19时37分，西夏区城管局宁华路综合执法中队队长马军因劳累过度，突发脑溢血不幸去世，终年50岁。

30日　西夏区委组织部在西夏区行政中心礼堂，召开西夏区庆祝建党95周年暨“两学一做”表彰大会。

7月

1日　银川市委组织部常务副部长张正标，慰问西夏区辖区老党员和困难党员，西夏区委书记李鸿儒陪同。

△　西夏区委书记李鸿儒主持召开西夏区委2016年第11次常委会议（区委二届总93次），会议传达学习了自治区党委书记李建华在自治区党委办公厅《宁夏信息》第272期上的重要批示和自治区党委网络安全和信息化领导小组第3次会议、自治区统一战线工作领导小组第3次会议及市委2016年第8次常委会议精神，研究了西夏区贯彻落实意见。

5日　西夏区工会、人社局、市场监督局等部门联合对辖区20人以上的非公企业进行执法检查。

△　西夏区工会在政府视频会议室举办集体协商指导员及协商代表业务培训，来自辖区企业工会、区域性、行业性工会兼职指导员和行业集体协商代表近参加培训。

19日　西夏区委副书记闫树革到各镇街督查西夏区千名干部百日大走访行动进展情况。

22日　西夏区委书记李鸿儒主持召开西夏区委2016年第12次常委会议（区委二届总94次），会议研究了关于西夏区第四届人民代表大会代表选举选区划分和代表名额分配方案的请示；会议研究了区委统战部关于西夏区各民主党派换届选举结果汇报和西夏区工商联换届有关事项的请示；会议听取了纪委监察局关于干部违纪问题处理事宜汇报。

25日　西夏区委书记李鸿儒陪同全市上半年重大项目暨县域经济观摩团到西夏热电二期视察。

8月

2日　阿拉善盟阿盟妇联主席党组书记娜仁图雅、阿盟妇联副主席赵秀萍等13人，在银川市妇联主席刘红梅、副主席王晓瑾和西夏区委常委统战部长姜继琴和西夏区妇联主席邓瑞红的陪同下，到西夏区文昌路街道荷花苑社区、西夏区北京西纺苑社区和西夏区怀远路街道盈北社区观摩学习妇女儿童之家和家庭文明建设等工作。

3日　西夏区工会在银川市体育馆门口进行2016年"送清凉"活动，为近千名一线环卫工人送去了价值4万余元的绿茶、绿豆、冰糖等防暑降温用品。

4日　西夏区工会在镇北堡镇文化广场，开展为农民工"送技能、送法律、送文化、送健康"的"四送"下基层关爱农民工活动，600余名农民工代表及职工群众参加了活动。

13日　西夏区委书记雍辉主持召开西夏区委2016年第16次常委(扩大)会议(区委二届总98次)，会议听取区委、人大、政府、政协领导和各相关部门主要负责人关于近期重点工作开展情况的汇报，并对下一步工作进行安排部署。

15日　自治区党委常委、银川市委书记徐广国调研西夏区智慧社区建设，西夏区委书记雍辉陪同。

△　西夏区印发《关于中国共产党银川市西夏区第三次代表大会代表选举工作的安排意见》，西夏区第三次代表大会代表选举工作正式开始。

△　来自全国各地的穆斯林群众，到西夏区滚钟口拱北清真寺举行伊斯兰教先贤克马伦丁长老归真388周年纪念日纪念活动。

19日　日本岛根县松江市民间文化代表团成员一行11人，在宁夏外事办领导带领下，到西夏区西夏古城文化产业基地视察基地非物质文化遗产项目。

21日　西夏区城管局根据区委、政府部署，出动城管执法队员82名，执法车辆15辆，到镇北堡镇苏路、工业组以及同阳新村参加抗洪抢险，劝离车辆40余辆，疏散群众3000余人，动用城管执法车辆15辆次，转移老弱妇孺群众161人。

23日　第九届中国宁夏欧米勒国际钢(器乐)艺术节暨第25届美国音乐公开赛中国赛区选拔赛在银川圆满落幕。西夏区第十小学学生刘恒竹荣获金奖并将赴美国参加国际总决赛。

△　银川市降暴雨，西夏区环卫服务中心迅速启动应急预案，积极组织700多名一线环卫工人全员上岗，出动洗扫车30多辆，吸粪车2辆对道路积水进行清淤、冲洗、疏通下水，确保路面畅通。

24日　银川市副市长徐庆带领市旧改、国土、规划等相关部门负责人，对西夏区长城机床厂家属区、橡民A区、兴盈公司七十队三个旧改项目进行现场调研。

△ 自治区卫生和计划生育监督局局长蒯文和一行，检查指导西夏区抗洪救灾卫生监督工作，先后到五小安置点、镇北堡镇安置点和三北林业受灾点了解情况，指导开展健康教育、饮用水安全和消毒隔离等工作。

△ 自治区党委副书记崔波、自治区副主席曾一春到宁夏电商谷调研，西夏区委书记雍辉陪同。

31日 西夏区卫生监督所开展夏秋季学校、托幼机构学校卫生、传染病防控、饮用水卫生专项监督检查工作。

△ 国家卫计委疾控局副局长王斌和国家疾控中心副主任刘剑君对西夏区结核病防治工作进行调研，自治区结防所、银川市卫计委、银川市疾控中心、西夏区疾控中心等负责人陪同参加调研并召开座谈会。

9月

1日 西夏区委书记雍辉主持召开西夏区委2016年第20次常委会议(区委二届总102次)，会议研究了关于确定西夏区第四次人民代表大会代表正式候选人的请示；听取了关于银川市西夏区工商联第三届执行委员会人事安排和关于召开西夏区工商联第三次会员代表大会的请示；研究了西夏区第三届委员会委员及候补委员、西夏区纪律检查委员会委员候选人预备人选建议名单的请示；研究了政府党组关于庆祝第32个教师节有关事宜的请示。

7日 西夏区委、政府在银川十八中召开庆祝第32个教师节暨表彰大会。

8日 自治区代主席咸辉、副主席姚爱兴，在自治区教育厅厅长郭虎、银川市市长白尚成和西夏区委、政府主要负责人陪同下慰问西夏区中小学教师。

△ 西夏区委书记雍辉参加国际TMF智慧城市银川峰会和首届中国(宁夏)国际旅游博览会与旅游高峰论坛活动。

11日 西夏区文明办联合西夏区文体局在镇北堡瑞信小镇西夏盛典广场组织开展奥运“童”行与你相约亲子奥运会暨文明旅游签名活动。

19日 西夏区中小学教育质量和管理水平咨询服务项目启动仪式在西夏回民小学多功能厅举行。上海方略教育集团总经理管明、银川市教育局副局长刘胜林，西夏区副区长侯自强出席仪式。西夏区教育局领导、25所项目学校校长及教师代表170余人参加仪式。

20日 亚洲大众体操节暨第五届全国全民健身操舞总决赛在青岛举行。西夏十小啦啦操队代表宁夏赛区参加比赛获得小学甲组有氧健身操、轻器械健身操2级项目一等奖。

21日 西夏区委书记雍辉主持召开了西夏区委2016年第22次常委会议(区委二届总104次)，会议听取了西夏区党政代表团赴江苏省江阴市华西村考察情况的汇报；会议听取了县级领导带领招商小分队赴上海、南京等地招商和考察情况汇报；会议研究了政府党组关于《银川市西夏区公务用车制度改革实施方案》的请示。

△ 西夏区二届九次全委会审议通过了西夏区第三次代表大会选举办法及大会主席团成员等建议名单。

△ 西夏区工会第二期技能培训班在宁夏农垦干部学校开班，来自辖区的70多名城镇下岗失业人员、农民工、高校毕业生等分别参加为期19天的计算机操作和中式面点制作培训。

22日 国家卫计委指导司副司长魏云鹏一行3人，在自治区卫计委副主任孙建军及银川市卫计委领导陪同下，对西夏区全面两孩政策实施进展情况进行调研。此次主要针对西夏区全面两孩政策实施进展与具体落实情况开展调研。

25—27日 西夏区召开第三次党代会。雍辉当选为区委书记，刘虹、党成当选为区委副书记。

26日 西夏区工会在西夏区法院举办第二届劳动争议调解员技能大赛，银川市总工会经审会主任黄建华、西夏区委常委、常务副区长马黎刚等领导及各基层工会主席、职工200余人参加了此次活动。

27日 中国共产党银川市西夏区第三届委员会第一次全体会议选举产生书记1人、副书记2人，常委7人，委员19人。

28日 西夏区委书记雍辉、副书记党成参加2016·贺兰山音乐节开幕式。

30日 西夏区委书记雍辉主持召开西夏区委2016年第23次常委会议(区委三届1次)，会议传达学习自治区党委书记李建华在自治区十一届人大六次会议银川代表团上的讲话精神，研究部署了西夏区贯彻落实工作。

△ 西夏区文昌路街道举办“夕阳晚情重温甜蜜，银铃绿花乐享国庆”重阳节活动。

10月

8日 西夏区疾控中心组织辖区7所社区卫生服务机构，在同心路市场开展主题为“知晓您的血压”的“全国高血压日”宣传活动。此次活动设立高血压人群合理饮食运动、预防知识咨询台，同时免费为市民测量血压，共发放宣传资料1000余份，接受义诊咨询群众50余人。

10日 西夏区工会在工会职工活动中心举办“相约你我 十全十美”单身职工相亲会，为顺风快递小哥及辖区80余名单身职工搭起了一座相识沟通、爱情婚姻之桥。

△ 自治区妇联儿童部调研员李建荣、银川市妇联儿童部部长张平峡，到西夏区检查和调研“中央专项彩票支持婴幼儿营养补助项目消除婴幼儿贫血行动”工作。

12日 西夏区纪委、检察院联合举办西夏区预防职务犯罪宣讲会，西夏区在职副处级领导、各镇街、各部门副科级以上领导干部、各村党支部书记、村委会主任和各社区书记共270余人参加了宣讲会。

17日 西夏区委书记雍辉主持召开了西夏区委2016年第24次常委会议(区委三届2次)，会议研究了政府党组《西夏区政府工作报告(送审稿)》《关于西夏区2016年国民经济和社会发展计划执行情况与2017年国民经济和社会发展计划(草案)的报告(送审稿)》;会议研究了西夏区人大常委会党组《西夏区人大常委会工作报告(送审稿)》和关于召开西夏区第四届人民代表大会第一次会议有关事项的请示。

△ 西夏区工商联及十余家爱心企业一行到西夏区镇北堡镇团结村,举行"家用分户式光伏发电"项目启动仪式,开展爱心企业捐款助力精准扶贫活动。

19日 中央护路办一行,观摩兴泾镇兴盛清真寺护路工作,西夏区委副书记党成陪同。

△ 西夏区首家"职工创新工作室"在宁夏夏进昊尔乳品有限公司揭牌成立,银川市总工会党组成员、经审会主任黄建华、西夏区政协副主席、工会主席刘红伟等领导参加揭牌仪式。

20日 陕西榆林公安系统到西夏区观摩西夏九小禁毒教育工作。

21日 新疆乌鲁木齐市党政代表团一行,到西夏区志辉源石酒庄进行考察,西夏区委书记雍辉、区长刘虹陪同考察。

24日 "健康宁夏行动"文艺演出分别在西夏区镇北堡镇广场和怀远路街道西夏古城举行。

28日 西夏区委书记雍辉主持召开西夏区委2016年第25次常委会议(区委三届3次),会议传达学习了习近平同志在纪念红军长征胜利80周年大会上的重要讲话精神,研究部署了西夏区贯彻落实工作。

△ 美国明尼苏达州LILA学校校长Cam Hadlund、Shannon、副校长Peterson到西夏区开展为期两天的访问交流。

△ 西夏区委宣传部、文明办组织开展了西夏区移动杯"传承长征精神 争做文明先锋"精神文明建设知识竞赛,两镇七街共9个代表队伍的27位选手参加了此次竞赛。

11月

5—6日 西夏八小选手在上海国际交互绳大赛中荣获冠军。

10日 由银川市教育局、西夏王陵管理处、西夏区、金凤区、兴庆区教育局联合举办的"西夏王陵"申遗进校园活动启动仪式在西夏二小举行。

11日 "第二十届环球夫人大赛宁夏分赛区"总决赛在银川市西夏区镇北堡温泉小镇西夏盛典剧场隆重举办,进入决赛的16位宁夏环球夫人同台竞艳、角逐大奖。

12日 西夏区委书记雍辉主持召开中国文房四宝协会考察座谈会。

15日 西夏区工会在职工活动中心五楼启动"暖冬行动",共慰问困难职工109户,发放慰问金10.9万元,西夏区委常委、常务副区长马黎刚、政协副主席、工会主席刘红伟等领导参加了启动仪式,并为困难职工发放了慰问金。

19日 西夏区委书记雍辉主持召开了西夏区委2016年第26次常委会议(区委三届4次),会议传达了自治区党委办公厅《关于转发〈中共中央宣传部关于湖北省委严肃处理恩施州委、利川市委中心组学习突出问题的通报〉的通知》;会议传达了李建华书记、咸辉主席在自治区党委督查室《关于中央第八环境保护督查组转办事项办理情况开展后督查情况的报告》上的批示精神及其通报。

23 日　自治区党委常委、银川市委书记徐广国，调研犀牛湖等水系建设并参加座谈会,西夏区委书记雍辉陪同。

26 日　西夏区阿里巴巴“百城千校百万英才”跨境电子商务专才培训班开班仪式，在宁夏电商谷三楼党群活动中心顺利举行。

27 日　西夏区教育局对辖区中小学、幼儿园和民办教育机构开展“拉网式”安全大检查。

12 月

1 日　西夏区委书记雍辉主持召开西夏区委 2016 年第 25 次常委会议(区委三届 3 次)，会议传达学习了中共银川市第十四次代表大会精神和银川市委书记徐广国在西夏区代表团上的重要讲话精神，研究部署西夏区贯彻落实工作。

△　西夏区工会在西夏万达广场集中开展以“携手抗艾　重在预防”为主题的第 29 个“世界艾滋病日”宣传活动,现场共发放艾滋病知识折页、手提袋、挂画、计生用品、职工维权口袋书等资料 400 余份。

△　西夏区教育局召开教育宣传推介会。西夏区委常委、宣传部长杨晨出席会议。新华社、宁夏电视台、宁夏日报、银川日报、银川电视台等多家新闻媒体,教育局负责人及部分中小学校长参加会议。

3 日　西夏区北京西路街道星光巷社区“微益行”志愿者服务项目荣获第三届中国青年志愿服务项目银奖。

6 日　自治区、银川市、西夏区卫计部门,西夏区政府,西夏区政务中心等部门负责人陪同国家卫生计生委综合监督局调研员李晋一行,对西夏区卫计局“放管服”改革推进情况进行督查。以此次督查为契机，深入推进“放管服”工作,进一步抓好落实，优化服务，切实增强辖区群众的满意度和获得感。

7 日　西夏区委宣传部邀请今日头条副总裁、区域总经理杨洁,在西夏区行政中心召开今日头条·西夏数据化产品分析会。

9 日　自治区人大常委会副主任王儒贵,到西夏区兴泾回中调研民族教育工作。

13 日　西夏区委书记雍辉主持召开西夏区委 2016 年第 27 次常委会议(区委三届 5 次)，会议传达学习中共银川市第十四次代表大会精神和银川市委书记徐广国在西夏区代表团上的重要讲话精神，研究部署西夏区贯彻落实工作。

14 日　自治区副主席马力调研西夏区民政工作,西夏区委书记雍辉陪同。

△　西夏区委组织部在西夏区行政中心二楼礼堂,召开西夏区农村“两委”换届选举工作动员会,西夏区各镇、街主要负责人参加了会议。

23 日　西夏区宁华路街道在宁华影剧院举办“美好西夏　和谐宁华”群众文化艺

术节才艺大赛。西夏区人大常委会副主任林克川，西夏区政协副主席孙春芳，西夏区宣传部副部长温晓成，西夏区文体局副局长、文联专职副主席李政，银川市园林场党委书记成岗参加了此次活动。

29日　西夏区教育质量提升现场调研座谈会在西夏九小召开。复旦大学博士徐冬青、上海虹口区督学汪建华、全国优秀教师严国忠、上海范尔网络公司联合创始人张凤记等专家出席会议。

西夏区综览

地理人文

【位置境域】 地处银川平原西部、贺兰山东麓。地理坐标为位于，北纬 38°08′~38°52′，东经 105°49′~106°18′。西夏区西至贺兰山分水岭，与内蒙古阿拉善左旗接壤，与金凤区为邻，南北分别与永宁县和贺兰县相连。西夏区是银川市三个市辖区之一，总面积 1129.3 平方公里，有耕地面积 9.3 万亩。

【行政区划】 截至 2016 年底，西夏区辖 2 镇（镇北堡镇、兴泾镇）、7 街道（西花园路街道、北京西路街道、文昌路街道、朔方路街道、宁华路街道、贺兰山西路街道、怀远路街道）、123 家行政事业单位、17 个行政村、61 个社区、非公企业和社会组织 416 个。境内有自治区农垦系统的平吉堡奶牛场、贺兰山农牧场、南梁农场 3 大农（牧）场和银川市园林场、苗木场。

【历史沿革】 西夏区历史悠久，早在 5000 年前，就有人类劳动繁衍生息。夏商时期，西夏区为少数民族游牧驻牧之地。西周时期，出现朔方等地名。北周时期，设立怀远郡，这是银川地区设立县级建制的开始。公元 1038 年，李元昊建立了大夏国，宋人称之为西夏。西夏国先后历经十帝，一百九十年历史，公元 1227 年被蒙古灭亡。明朝时，西夏区作为“九边重镇”，在镇北堡、平吉堡设立宁夏镇前卫及右屯卫，驻兵防守。从清朝乾隆五年（1740 年）开始，在宁夏府城西十五里平伏桥东南建新满城（今银川新城前身）。1912 年，西夏区隶属宁朔县。1941 年，宁夏新增置永宁县，转为隶属永宁县管辖。1951 年，划归银川市管辖。1961 年 4 月，中共银川市委决定成立新城人民委员会，设立新城区；2002 年 10 月，自治区党委对银川市行政区划进行调整，将新城区更名为西夏区；截至 2016 年，西夏区先后经历了四届领导班子。

【地形地貌】 属宁夏北部平原和山地地貌区，由贺兰山山地和银川平原两个地貌分区组成。银川平原又分为贺兰山前洪积倾斜平原、黄河冲积平原两个地貌区。西山东川、西干渠、新开渠、良田渠等绕境，湖沼镶嵌，是西夏区地貌格局的基本特征。

【气候特征】 属中温带干旱气候区。全年大部分时间受高空和西风环流影响，同时又是季风气候区，夏季东南风带来水气，冬季西北季风带来干冷的空气。西夏区气候的基本特征是：冬寒夏暑，春季多风沙，秋季雨集中；春迟、夏短、秋早、冬长。西夏区气候干燥，晴天多，日照充足，光能资源丰

富。年平均太阳辐射总量为 146 千卡 / 平方厘米，全年平均日照时数为 3039.6 小时，日照率为 69%。西夏区全年平均气温差为 13.1℃。西夏区无霜期较短，最长无霜期 177 天，最短无霜期 129 天。西夏区降水较少，1990 年后，年降水量介于 99.7—233.1 毫米。蒸发量远大于降水量，年平均蒸发量为 1583.2 毫米。

【矿产资源】 境内的贺兰山段储藏的矿产种类有能源矿产、冶金辅助原料矿产、化工原料矿产、建筑原料及其他非金属矿产等 5 大类 21 个品种。其中主要有煤矿、赤铁矿、溶剂白云岩、溶剂硅石、溶剂石灰岩、磷块岩、水泥石灰岩、辉绿岩等。此外，西夏区还有食盐、芒硝、砖瓦黏土及天然建材风积沙、细沙矿层、石材、石膏等矿产资源。

【植物资源】 天然林分布于贺兰山区。贺兰山区共有天然次生林 2.41 万公顷，森林覆盖率 10.3%，其中云杉、油松、山杨等乔木林 12227.4 公顷，山榆、山杏等灌木林 3865.2 公顷，疏林面积 7998.74 公顷，活立木蓄积量 175.6 立方米。除贺兰山区天然林外，西夏区还有林地面积 92010 亩，覆盖率 26%，公益林面积 47962 亩，经济林面积 44048 亩。贺兰山共有野生维管植物 665 种，隶属 81 科 381 属，其中种子植物约有 652 种，分属 72 科 308 属。西夏区药用植物主要有银杏、大黄、麻黄、黄芪、甘草、柴胡、益母草、玉竹、远志、肉苁蓉等 40 多种，其中经济价值较高的植物有枸杞、甘草、银柴胡、锁阳、党参、黄芪、大黄等。西夏区境内的贺兰山中段，分布有 5 种国家三级重点保护植物。沙冬青、豆科常绿灌木，也是旱生荒漠区唯一的常绿强旱生植物。

【动物资源】 贺兰山有陆栖脊椎动物 182 种及亚种，畜类 51 种，鸟类约 120 种。西夏区有主要经济动物 80 种，其中鸟类 40 种，畜类 10 余种，两栖爬行类 10 余种，鱼类近 10 种。西夏区鱼类主要有鲤鱼、青鱼、鲫鱼、白鲢、鲶鱼、草鱼、鸽子鱼等。西夏区有国家保护的珍稀动物多达 30 余种。其中属于国家一级保护动物有游隼、白尾海雕，属于国家二级保护动物的有大天鹅、小天鹅、鸢、蜂鹰、苍鹰、雀鹰、松雀鹰、兀鹫、秃鹫、胡兀鹫、鹗、猪隼、红隼、雕号鸟、纵纹腹小鸮、长耳小鸮、蓝马鸡、灰鹤、蓑羽鹤、大鸨、小鸨、石貂、兔狲、猞猁、马鹿、马麝、盘羊等。

【水资源】 有黄河、农渠、山泉、降水 4 类，地表水矿化度小于 0.5 克 / 升。农渠主要有唐徕、汉延、西干渠及配套干支、支斗渠，年引进水量 18.2 亿立方米。贺兰山诸口常年泉水不断，年涌水量约 0.09 亿立方米，主要依靠大气降水补给。除蒸发渗流的降水量外，能产生的径流多年平均水量约 0.19 亿立方米。西夏区地下水资源为 2.73 亿立方米，水质良好，污染不明显，pH 值 7~8，总硬度小于 250 毫克 / 升，含盐量 0.01%~0.2%。区内地下水资源可分为山前倾斜和引黄灌溉区两部分，山前倾斜平原可补给 0.04 亿立方米，引黄灌区可补给 2.65 亿立方米。

【土地资源】 2016年，西夏区全区土地总面积88383.88公顷，其中，耕地17176.15公顷（含农垦），园地4282.52公顷，林地11487.55公顷，草地21386.89公顷，城镇村及工矿用地11073.18公顷，交通运输用地2363.37公顷，水域及水利设施用地6471.32公顷，其他土地（盐碱地、沙地、未利用地等）14142.90公顷。

【人 口】 截至2016年底，动态常住人口47万人（常住人口35.6万人），其中回族人口4.31万人，占户籍人口的17.7%；建成区面积52平方公里，城镇化率达90%以上。

经济建设

【经济运行状况】 2016年，实现地区生产总值302.27亿元（占银川市的23.7%，在全区川区市辖区中列第2位），同比增长5.4%；全社会固定资产投资168.45亿元，增长7.2%；地方公共财政预算收入4.14亿元，增长17.8%；城镇居民人均可支配收入24976.3元，增长8.0%；农村居民人均可支配收入10111.8元，增长8.3%。

【工业经济】 辖区共有中石油、西北轴承、共享铸钢、赛马水泥等规模以上工业企业75家。2013年3月，经国务院批准西夏区列入《全国老工业基地调整改造规划（2013—2022年）》；2016年6月《西夏区城区老工业区搬迁改造实施方案》通过国家发改委备案，辖区26家工业企业（含油库）列入搬迁改造计划，搬迁工作正在稳步推进。2016年，西夏区规模以上工业企业完成产值423.12亿元，同比增长11.1%；完成销售产值423.08亿元，同比增长12.9%。

【农业与农村经济】 2016年，西夏区农业紧紧围绕“农业发展、农村繁荣、农民增收”的目标，不断加大工作力度，强力推动现代农业、“三精”农业和高效农业建设，并形成以酿酒葡萄、有机枸杞、肉牛养殖、休闲观光等特色主导产业，实现农业增效、农民增收和农业农村经济可持续发展。2016年农业总产值达到10.79亿元，同比增长2%；农业增加值达到7.8亿元，同比增长4.5%；农村居民人均可支配收入10111.8元，同比增长8.3%。

【招商引资】 2016年，西夏区开展“请进来”活动80余次，共计413人次；开展“走出去”活动35余次，共计106人次。共实施招商引资项目27个，协议资金170.7亿元，实际到位资金79.9亿元，占目标任务75亿元的106.5%。其中：新建项目23个，协议资金102.1亿元，到位资金68.2亿元。

【重点项目建设】 2016年，共确定商贸物流、工业、文化旅游、城乡基础设施及社会事业、农林水牧和招商引资六大类59个重点项目，总投资324亿元，年度计划投资116.54亿元。截至年末，“四制”文件中确定的59个项目除招商引资项目外均已开工。年初通过认真筛选，确定了35个前期工作

较为充分、建设资金基本到位的项目作为2016年一季度集中开工项目，总投资192.7亿元，年度计划投资67.5亿元。

【旅游产业】 西夏区是我国著名历史文化名区，宁夏旅游胜地。共有AA级以上景区11家，其中AAAAA级1家，AAAA级4家，镇北堡西部影城、西夏王陵、贺兰山岩画等文化遗产和风景名胜闻名遐迩，丰富的文化遗产和风景名胜为西夏区发展提供了靓丽名片，先后荣获全国文化先进县（区）、国家首批全域旅游创建示范区和西北地区十大旅游潜力县（区）、全国首批休闲农业与乡村旅游示范县区、中国贺兰砚之乡等荣誉称号，列入首批国家全域旅游示范县（区）创建单位。2016年共接待游客502.59万人次，实现旅游综合收入41.3亿元（旅游直接收入2.92亿元），各旅游景区、农家乐共接待游客502.59万人次，分别占自治区和银川市旅游综合收入的19.7%、40.2%。2016年1—10月，西夏区各景区、农家乐共接待游客537.3万人次，实现旅游综合收入44.17亿元（旅游直接收入2.97亿元），旅游接待人次和旅游综合收入同比增长14.5%和18.7%。

【葡萄酒产业】 西夏区地处贺兰山东麓世界酿酒葡萄最佳生态带，结合宁夏打造贺兰山东麓百万亩葡萄文化长廊建设，近年来共建成各类特色酒庄25座，葡萄种植面积累计达到3.64万亩，年生产优质葡萄酒1.4万吨，年产值突破1.5亿元，形成了以镇北堡镇为中心，辐射农林科学院枸杞研究所、银川市园林场、西夏王陵四大种植区域的葡萄产业聚集区，米擒、蒲尚、蓝赛、名麓、新牛、海香苑、美御、宝实8座酒庄达到“五级列级酒庄”标准，兰一、迦南美地、留世、张裕、铖铖5座酒庄达到“四级列级酒庄”标准，贺兰晴雪和志辉源石酒庄达到“三级列级酒庄”标准。“加贝兰”“山之子”“迦南美地”“兰一”等葡萄酒款累计荣获国际国内奖项57项。至2016年底，各酒庄完成销售额6600余万元，接待游客10万人次，葡萄产业与文化旅游融合发展的经济效益生态效益显著。

社会事业

【交通物流】 西夏区交通优势明显，银川火车西站、银川铁路南货运站、银川汽车西站设在辖区，包兰铁路纵贯其中，银新、银西专用线与其接轨。按照国家“八纵八横”高速铁路网规划，银川站作为银西铁路、包银铁路、巴银铁路、太中银铁路始发终到站和包兰铁路核心站，西夏区将全面进入“高铁经济”时代。银川公铁物流园区蓬勃发展，“中阿号”国际货运班列开通运行，银川—德黑兰国际货运班列获国家发改委批准开通，为西夏区融入“一带一路”，走向中亚中东打开了通道，西夏区作为新亚欧大陆桥重要物流枢纽作用不断显现。

【道路交通建设】 2016年，西夏区对接上级住建交通部门争取实施南线物流快速通道、文昌街至闽宁镇、沈阳路西延伸至110国道、兴州北街道路改扩建等12条新建道路，新小线及镇苏路自行车专用车道及沈阳路、怀远路、宁朔北街地下综合管廊工程已开工建设，贺兰山西路向西延伸工程已竣工通车，文昌南街拓宽改造项目已交付使用。对运材巷、广武巷等10余条小街巷进行了维修改造。争取自治区交通厅对乡村公路建设工程的支持，启动黑云墩泄洪沟道路、志辉源石酒庄至宝石酒庄共4条15公里道路建设，总投资1900万元。对辖区农村公路管养路段进行安全隐患排查，投入资金30余万元，对隐患路段安装各类标识牌、减速带、桥梁反光膜、车道线、缓冲坡等；巡查乡村公路200条、340余公里，查出并整改各类问题4类，其中(缺损各类标志牌50余块，减速带200余米，警示柱20余个，隔离桩4个)。

【城乡面貌】 2016年，西夏区在镇北堡镇幸福小镇二期安置区建设1处休闲公园，绿化面积48亩。对兴泾镇小商品城外围裸露空地进行绿化提升，绿化面积20亩。对镇北堡镇、兴泾镇镇区和泾华村、黄花村、新华村、德林村、团结村、昊苑村、同阳社区三期等7个庄点进行绿化，种植各类苗木6.1万株，绿化面积60亩。对西夏区奕龙小学、银川市第八中学等4所学校进行整体景观提升，绿化面积8610平方米总投资73.5万元。对西夏区南梁小学、西夏区第七小学等8所学校提供苗木支持，共29344株。对6个街道34个无物业小区进行绿化改造提升，绿化面积15万平方米，种植各类乔灌木10万余株，提供草籽100公斤。全年，清运整治渣土52处467万立方米，拆除拌合站6家14万平方米，搬迁整治废品回收站71家3.4万平方米，74家灰沙砖厂全部停产，54家老旧小区完成整治，27家砂石厂停产歇业。彩钢房等“两违”建筑面积约55197平方米，拆除各类违法建设8万余平方米，城乡环境大力改善。

【葡萄产业及酒庄建设】 2016年，指导辖区酒庄企业完成酿酒葡萄种植900亩，完成3750亩低产园改造，评选优质葡萄园4个。新建美御、名麓酒庄2座，续建酒庄4座。推进非基本农田葡萄确权颁证，为银川新牛葡萄酒庄园有限公司、银川西夏开福酒庄有限公司等5家酒庄颁发林木所有权证。加大葡萄产业种植、酿造、品牌建设、宣传推广等全产业链扶持力度，争取区市各类扶持资金537.23万元，举办西夏区葡萄酒标识和品牌保护知识培训班，组织参加自治区、银川市葡萄产业局的培训4期296人次。

【医疗卫生】 2015年2月13日，正式设立西夏区卫生和计划生育局，为西夏区人民政府工作部门。撤销银川市西夏区卫生和食品药品监督管理局、银川市西夏区人口和计划生育局。2016年，加速推进芦花洲、澳海澜庭社区卫生服务中心(站)，新建镇北堡镇中心卫生院。解决泾华园、西马银、涝池社区卫生服务站业务用房。争取国家项目资金135.7万元，建成兴泾镇、平吉堡、贺兰山农牧场卫生院周转宿舍。争取自治区 122.5 万元资金，全面实施兴泾镇卫生院、丰友社区服务中心等 7 家医疗机构中医馆建设项目。2016 年，实施卫生行政许可网上受理 602 件，发放 602 件。全年出动监督人员 1266 人次，车辆 380 车次，监督检查 3876 户次，监督覆盖率为 100%。实施卫生计生行政处罚 52 件，案件查处指数为 0.91。其中警告 31 件，罚款 41 件，罚款金额 48285 元，没收违法所得 11 件，没收金额 16272 元。开展生活饮用水卫生重点监督检查工作，对城市区 9 家二次供水单位和农村 15 家集中式供水单位进行监督检查和水质现场快速检测。开展生活饮用水专项监督检查工作，检查饮用水单位 19 家。2016 年，适龄儿童国家免疫规划疫苗接种 109460 剂次。免疫规划原五苗报告接种率为 99.92%，新增疫苗接种率达 99.93%，新生儿乙肝疫苗首针及时接种率 99.41%。辖区社区公共卫生服务机构建立居民纸质档案 310633 人，电子电子居民档案 310633 人，建档率 88.9%；其中乡镇农场卫生院建立居民档案纸质 75660 人，电子档案 67758 人，电子建档率 72.9%。

【社会救助】 2016 年，全面落实覆盖城乡低保、医疗等各类救助工作，西夏区共有城乡低保对象 3782 户 6413 人（其中：城市低保对象 2348 户 4005 人；农村低保对象 1442 户 2417 人），截至 12 月底，发放城乡低保金（含各类补贴）3713.63 万元；特困供养人员 103 人，其中：农村五保对象 30 人，城市三无人员 28 人，孤儿 45 人，截至 12 月底，发放供养金和养育金共计 90.43 万元。1—12 月，共实施临时救助 12 批，救助 1220 户次 2316 人次，发放临时救助金 368.19 万元；实施医疗救助 1879 人次，发放救助金 502.11 万元；实施大学生助学 2 批 266 人，发放助学金 92.5 万元；发放低保对象中的重度残疾人津贴 286.7 万元。截至 12 月底，西夏区共发放各类社会救助资金共计 5053.56 万元。走访慰问老党员、困难党员、重点优抚对象等困难家庭，对驻西夏区部队、社会福利机构等 27 家单位、12 家机构 13227 人（户）发放慰问金（慰问物资）940.56 万元。其中，为民政对象发放慰问救助金共计 302.06 万元；积极协调自治区政协下拨新华爱心协会专项资金 15 万元，购买烤火煤炉 602 套，确保困难群众度过一个祥和温暖的春节。

【社会保障】 2016 年，西夏区城乡居民医疗保险共缴费 107183 人；城乡居民社会养老保险应参保 15086 人，已参保 14567 人，参保率为 96.55%；城乡居民社会养老保险应缴费 11427 人，已缴费 10070 人，征缴率为 88.1%；为 2890 名到龄人员发放养老金 680.63 万元，发放率 100%。西夏区城乡居民养老保险领取养老金资格认证 5789 人。西夏区社会保险经办服务中心窗口全年办件量为 36532 件。城乡居民住院中心端报销 362 人次，报销补偿 189.07 万元。普通门诊和一般诊疗费支出共 130524 人次，基金统筹支付 200.53 万元。医保退费 63 人，2.1

万元。城乡居民大病保险报销 563 人次，209.99 万元。西夏区将自治区生态移民项目 363 名被征地农民纳入到银川市被征地农民养老保险参保范围，为西夏区节省财政补贴资金 1128 万元。全年西夏区已为 1740 人办理了被征地农民养老保险参保登记，其中领取待遇 672 人。制订西夏区普惠性体检实施方案，为 4133 人实施了普惠性健康体检并建立了体检档案，发放体检报告。2016 年社会保障卡统一进行首次制卡、补卡、缴激活等业务，共办理首次制卡 2244 张、补办卡 3344 张。

文教旅游

【教　育】 2016 年，西夏区共有各级各类学校 141 所。普通高等学校 10 所，其中：本科院校 4 所（宁夏大学、北方民族大学、中国矿业大学银川学院、宁夏大学新华学院）；高职（专科）学院 6 所（宁夏职业技术学院、宁夏财经职业技术学院、宁夏工商职业技术学院、宁夏司法警官职业学院、宁夏建设职业技术学院、宁夏艺术职业学院）。中等职业学校 8 所。普通中小学 45 所，幼儿园 43 所，民办教育机构 35 所。共有各级各类在校学生 13.97 万人，其中普通高等学校在校生 68634 人；高中阶段在校生 22471 人；义务教育阶段在校生 33336 人（初中 10582 人，小学 23036 人）；幼儿园在园生 8645 人；民办非学历教育在校生 6635 人。西夏区各级各类专任教师共 8123 人，其中高等院校 4368 人，高中阶段学校 1144 人，义务教育阶段 2046 人，学前教育 565 人，全部实现持教师资格证书上岗。2016 年，继续开办宁夏生源地信用助学贷款业务，认真做好大学生生源地贷款工作。全年共受理申请 727 人，贷款总金额 483.66 万元。

【旅　游】 2016 年，辖区共有国家 AAAAA 级旅游景区 1 家（镇北堡西部影城）、AAAA 级旅游景区 4 家（西夏王陵、贺兰山国家森林公园、贺兰山岩画风景区、张裕摩赛尔十五世酒庄）、AAA 级旅游景区 2 家（西夏风情园、志辉源石酒庄）、AA 级旅游景区 3 家（滚钟口景区、红玛瑙枸杞观光园、塞上江南枸杞观光园）。共有星级农家乐 9 家（五星级 3 家：贺麓庄园、新牛庄园、红柳湾山庄，四星级农家乐 5 家：古夏山庄、玖隆山庄、岩画古村、万义生态园、兰一山庄，三星级农家乐 1 家：郭家大院）。

【图书馆】 2016 年，西夏区图书馆实施二代身份证免押金办理读者证，共接待读者 9万余人次，免费办理借书证 5000 多个；新增入藏图书 6094 册，书刊文献外借 10万册次。

【非物质文化遗产】 西夏区非遗中心非遗传承人队伍建设日趋成熟与规模化，传承人队伍逐步成长与壮大化。现有非遗项目 27 项：其中，国家级非遗项目 4 项：贺兰砚制作技艺、滩羊皮鞣制工艺（二毛皮制作技艺）、回族剪纸；自治区级非遗项目 6 项：民间刺绣、民间剪纸、回族刺绣、回族踏脚、皮影戏、抟土砖雕制作技艺；银川市级非遗项目10项：阿文书法、清真寺与民居建筑艺术、民歌、玉凤堆贴画、赵增涛皮影制作技艺、谈家泥塑、乔家手工皮艺、黄毓糖画、传统古法纯粮酿酒技艺、五奎陶艺；县区级非遗项目7项：牛肉分割技艺、汪氏篆刻、杨家布艺、常氏根雕、西夏沙画、闫家软陶工艺、贺兰山石画技艺。有非遗代表性传承人30名(包括回族非遗传承人13名)，贺兰砚制作与雕刻技艺传承人50名，国家级非遗传承人1名、自治区级非遗传承人8名、银川市级非遗传承人9名，西夏区级非遗传承人8名。西夏区人民政府投资约1500万元，建成西夏古城文化产业基地(非遗传承保护基地)，总建筑面积6300平方米，有传统文化区、非遗区、古玩文化区、玉石文化区、创意创作区、会展区，全力营造融作品展演、收藏、创作、研究及运营为一体的综合文化服务基地。入驻贺兰砚(石)制作与雕刻技艺、滩羊皮鞣制工艺(二毛皮制作技艺)、抟土砖雕制作技艺、皮影制作技艺、手工皮艺、民间刺绣、民间剪纸、堆贴画、皮影戏、影视文化项目26项，进驻非遗传承人30人。这些项目从整体展位设计、装饰，从作品制作、摆放，充分融合传统与现代相结合的文化元素，以传统的方式打造时代内涵，从传统文化方面为基地注入人文理念和回归意识。文化产业基地取得经济效益近100万元，接待了塔吉克斯坦党政干部考察团、韩国庆山市青少年代表团、日本岛根县松江市民间文化代表团、意大利葡萄酒专家、文化部公共文化司、辽宁沈阳人大代表团、法籍华人观摩团，接待人数11860人次。

生态建设

【环境保护与治理】 2016年，制定《西夏区餐饮油烟整治工作方案》，配合城管部门推广无烟烧烤炉98家。加强对606家餐饮企业的环境监管，确保了油烟净化设施正常运行。加强辖区70家燃煤锅炉使用单位121台锅炉的综合治理，对煤质超标的12家单位依法处以罚款38万元，完成4家单位20蒸吨以下燃煤锅炉拆除工作。执行夜间施工审批制度，审批109次；查处夜间违法施工10件，下达首次违法告知书4家，立案处罚5家6次。按照自治区政府办公厅《关于印发清理整顿环保违规建设项目工作方案》要求，对环保违规项目进行全面清理整顿，共清理出未批先建或批建不符合的工业企业3批次26家。完成各类信访查处293件，查处率100%，满意率97.3%。其中上级转办件5件、12345督办件38件、环保微博、微信86件、政民互动平台投诉1件、12369环保热线投诉163件。

【蓝天工程】 制定《西夏区2016年蓝天工程实施方案》《西夏区城乡环境综合治理暨春季行动实施方案》《西夏区冬季大气污染防治工作方案》形成了条块结合、协调联动的工作机制。采取清运、覆盖、绿化等方式清理、整治渣土52处470万方；对21家工地在建工地进行全过程监管，工地扬尘防控

6个100%落实比例明显提高，拆除市区内临时拌合站4家;清理整治灰砂砖厂74家。

【污染减排】 扎实推进污染减排，实施自治区级重点工业减排项目11个、市级重点工业减排项目9个。落实重点减排项目月督查、季通报制度，西夏热电等11个自治区级项目、二污提标改造等9个市级项目加紧建设。

【自然生态保护】 制定《西夏区2016年度农村环境整治工作方案》，督促各相关单位加快项目建设进度，确保按期建成投运。先后出动执法人员40人次对贺兰山自然保护区内的工矿企业、农林牧设施、军事设施和交通旅游设施进行检查，及时发现查处环境违法行为积极协调有关部门对恒泰元种禽场和昊苑村养殖区进行关闭搬迁。对110国道两侧8家拌合站进行集中整治，先后出动执法人员80余人次，对26家采砂采石企业进行检查。对26家已建成葡萄酒庄的环境监管，督促8家葡萄酒庄申请补办环评手续。关停取缔北郊水源地及周边的灰砂砖厂15家。开展水源地专项检查10次。对辖区39家规模化畜禽养殖场进行全面排查整治。

中共西夏区委员会

综　述

【重点项目建设】 坚持把项目建设作为转型发展、开放发展、统筹发展的重要抓手，严格执行重大项目建设公开承诺制、限时办结制、督查通报制和责任追究制“四制”，全力推进经济工作项目化。5月，年初确定的50个重点项目全面开工。加大金融服务项目建设力度，累计争取城乡基础设施建设等国家专项建设基金9.16亿元，争取国开行、农发行贷款67.02亿元，有效解决了项目建设中融资难、融资贵问题。截至年底，完成重大项目投资78亿元，西夏热电二期、西夏工人文化宫文化商业广场等一批投资额度大、带动力强的大项目顺利推进，对促进产业转型升级、带动创业就业、增加城乡居民收入和培植新税源起到了重要的引领带动作用。

【产业转型】 把培育新产业新业态作为调整产业结构的主攻方向，推动经济结构逐步由工业主导型向商贸物流服务业引领型转变。大力培育发展商贸物流和现代服务业，实施海尔（银川）虚实网服务园等8个商贸物流和现代服务业项目，西夏万达、润恒、公铁物流及镇北堡温泉小镇等产业项目带动作用持续放大；加快发展以电子商务为主的新兴产业，着力做大做强宁夏电商谷，大力发展总部经济，久零网、蓝图商品交易市场总部、中垦电商落户西夏区。截至年底，宁夏电商谷线上线下交易额突破25亿元，成为带动经济增长的新动力；全力推动工业经济企稳回升，精准施策，有保有压，强化“一企一策”协调服务，力促工业焕发新的生机。加快推进城区老工业转型升级，《银川市西夏区城区老工业搬迁改造实施方案》获自治区政府批复，并在国家发改委备案。争取技改升级项目资金及国家专项建设基金3.83亿元，实施宝塔城市轨道交通轴承、共享装备铸造智能工厂等工业项目21个，新培育规上企业2家，共享装备被列入国务院首批企业双创示范基地。

【招商引资】 2016年，共储备招商引资项目54个，其中：签约落地中铁物流集团银川智能综合物流产业基地、国电投集团银川智慧能源供热、厦门风云科技、火车站西广场综合改造提升等14个项目，跟踪对接中阿友好医院、上海卡行天下物流、上海方略教育、北京外国语学院附中、深圳绿色建筑装饰材料市场等40个项目，引导经济发展从培育项目向催生产业转变。全年共实施招商引资项目36个，协议资金185亿元，实际到位资金69.75亿元，完成全年75亿元目标任务的93%。

【培育新税源】 坚持把财政增收作为“西夏突破”的核心来抓，着力推动土地财政向新经济财政转换。优化整合国有资产，壮大润夏公司投融资实力，注册资本金由成立之初的1亿元迅速增加至8.34亿元，打造了“借、用、管、还”四位一体的投融资平台。坚持强化征管与培育税源并行，发展总部经济、楼宇经济、设立结算中心并举，引入中垦电商、久零网全国总部、银吴客运专线等一批纳税企业，有力推动财政收入快速增长。截至9月底，完成公共财政预算收入2.96亿元，增长26.15%。

【民生项目】 树立“抓民生也是抓发展”的理念，加快敬老院等27个重点民生项目建设进度，截至年底，民生8项支出8.67亿元，占公共预算支出的80%以上。镇北堡幸福小镇一期、原建筑机械厂棚户区改造等4个安置区已全面完工交付使用，安置1380户4830名动迁群众。大众创业富民行动和“双增双减”专项行动成效显著，投资1.1亿元的西夏新市民劳务市场已正式投入运营，新增城镇就业4600余人，转移农村劳动力就业近8000人。扎实推进城乡环境综合治理，城乡面貌和群众生产生活环境显著改善。

【全域旅游示范区创建】 抢抓西夏区成功入选首批“全国全域旅游示范区”试点单位的战略机遇，大力实施“旅游+小城镇+文化”，镇北堡红酒街暨丝路美食一条街项目投入运营，贺兰山音乐节暨大学生艺术节成功举办，西夏盛典等文化旅游品牌效应逐步显现，“旅游+”产业聚集优势凸显。2016年以来，西夏区共接待游客430万人次，实现旅游收入25.3亿元，分别增长80%和30%以上，孕育了推动产业转型升级新动能。

【新兴产业】 着力打造宁夏电商谷、西夏区“双创大厦”为主体的电子商务产业示范区，1号店特产中国银川馆、宁夏报业不种田、新疆蓝图大宗商品交易网等16个项目运行良好，成功引进久零网全国总部、中肯电商等总部经济和电商企业，基本形成淘宝特色中国馆、1号店、中国网库等电子商务企业及互联网金融、文化创意产业等新业态相辅相成的业态格局。

【特色小镇建设】 在镇北堡镇打造了瑞信·温泉小镇，总建筑面积约27万平方米，完成投资12亿元，涵盖温泉度假休闲、民族风情演绎、体验休闲文化交流、特色餐饮、购物互动等多元业态。同时，小镇结合智慧旅游引入直饮水，开通免费Wi-Fi，添置智能垃圾桶等设施，提高小镇的智慧度和游客舒适度。自开业以来，“小镇经济”日新月异，共接待游客120万人次，实现旅游收入5125万元，解决就业3000余人，带动就业人员年均增收1.2万元左右。

【贺兰山东麓酿酒葡萄和酒庄产业】 深入实施名产区、名葡萄、名酒庄、名酒标、名酒、名企业“六名工程”，葡萄种植面积达

3.42万亩，建成特色酒庄24座，获得波尔多国际葡萄酒挑战赛等国际国内奖项60余项，培育了源石酒庄、贺兰晴雪等多家贺兰山东麓特色酒庄和知名品牌，至2016年底，各酒庄完成销售额6600余万元，接待游客10万人次，葡萄产业与文化旅游融合发展的经济效益生态效益显著。

【社会治理】 率先在全自治区建成以公共法律服务中心为基础，以9个镇街法律服务站为支干、以75个村居法律服务室为终端的三级公共法律服务体系，开展集法援、法宣、咨询、调解、公证、信访法律服务等功能于一体的"一站式法律服务"，率先在全自治区开通村居法律网络视频咨询，受到辖区群众广泛欢迎。全年共受理各类案件525件，为群众避免或挽回经济损失1020万元。探索推广"向阳花"关爱青少年服务站模式，得到自治区党委副书记崔波高度评价。

【党建工作】 以基层服务型党组织建设为统揽，优化党组织设置，在各优势产业链上设立功能党小组，按照"党带群""富带贫""先带后"三种模式，将党组织的根系和功能深深植入群众之中，"先富带后富"在2016年7月召开东西部扶贫协作现场考察中作为典型经验进行了交流汇报。牢固树立"以发展论英雄，凭实绩用干部"的选人用人导向，圆满完成了区委和辖区两镇换届工作。强化"两个责任"，全面推行主要领导干部向纪委全会述廉述责并接受质询评议，制定《西夏区党风廉政巡察制度（试行）》，基层服务型党组织建设和党风廉政建设实现新提升，党员干部作风进一步转变。

【"8·21"抗洪救灾】 面对50年一遇的"8·21"特大山洪，在区市党委、政府的坚强领导下，西夏区干部群众团结一心、众志成城，第一时间组织群众安全转移，第一时间处置突发险情，第一时间奔赴现场，6小时内转移受灾群众近万人，无一人伤亡；灾后，干群同心，攻坚克难，在短时间内重建家园、恢复了生产，夺取了"8·21"抗洪救灾工作的全面胜利。

【政策研究】 2016年，西夏区委政研室累计起草领导讲话、调研报告等各类文稿350篇，完成自治区党委政研室、市委政研室及区委领导交办的调研课题及文稿起草任务，起草三届区委工业转型突破、金融创新突破、商贸物流突破、全域旅游突破、产城融合突破、社会事业提升"六大战略"，履行"以文辅政、参谋助手"作用。改革工作呈现出整体推进、重点突破的良好态势，行政审批、公车改革、党的建设、小城镇建设等重点领域和关键环节改革取得明显成效。镇北堡镇入选深化城镇基础设施投融资模式创新特色镇、全国第一批特色小镇，"西马银"自主迁徙户籍迁入、土地确权等工作为自治区化解20万自发移民难题提供了示范和样板。

【督查工作】 2016年，西夏区委成立两个重大项目重点工作督查组，采取集中督查、随机抽查、专项督查等方式，坚持每月一督查，严格按照项目四制要求，对全年确立的重大项目和重点工作进行督查 20 余次，下发督查通报 16 期。区委督查室对中央、自治区、银川市党委和西夏区委的重大决策及各级党委领导批示件、交办事项进行跟踪督办，并对督办结果及时向上级党委汇报全年共进行督查 20 余次，参与联合督查 6 次，收转上级领导及区委主要领导批示件 118 余件。

【信息发布】 2016 年，西夏区各镇街、部门、单位共报送信息 5306 篇，编辑上报区市信息 371 篇，自治区党委办公厅刊物采用 57 篇，市委办公厅刊物采用 25 篇。年终，在全区 22 个县市（区）信息积分排名第 3 位，在全市排名第 5 位。对西夏区门户网站西夏政务网版面设计、功能设置、栏目编排、内容要素等方面进行完善，进一步强化网站的宣传与便民服务功能，并对政府门户网站进行备案。2016 年，“西夏微博”共发布、转发微博 476 条，受理各类微博 1050 件，全部办理完毕，办结率 100%。进一步完善西夏区电子政务外网、党政内网规划布局，顺利建设完成了电子政务外网 A、B 平面建设（共完成 A、B 平面建设共计 135 个点位）。认真做好党政内网和中心机房日常维护工作，高质量完成全年 95 余次党政内网视频会议的调试对接保障工作，确保了党政内网视频会议顺利召开。

【保密工作】 2016 年，西夏区保密委办公室从秘密载体的制作、收发、传递、使用、保管销毁等环节入手，做到登记清楚、管理规范、责任到人，抓好秘密载体管理工作，严格履行秘密载体管理登记制度，重点强化了新配置计算机及涉密 U 盘的保密管理工作，根据载体的种类、型号、硬盘（U 盘）序列号、配备时间、用途、责任单位、责任人等项进行登记造册。充分利用西夏区政务网、政务微博、手机短信三种渠道，制作政务网悬浮宣传窗口，先后向科级及以上干部发送保密宣传短信 400 余条，政务微博宣传覆盖面超过 1.2 万人，采取自查与抽查相结合的方式，对辖区各单位涉密信息系统和涉密计算机进行全方位的梳理，重点对互联网计算机、涉密计算机、移动存储介质、密级文件、保密要害部门部位的保密管理和计算机使用者签订保密承诺书等情况进行检查，切实做到“日常工作讲质量，重点工作讲创新，涉密工作无失误，各项工作保安全”，不给保密工作留下隐患，推进西夏区保密管理工作再上新水平。

重要会议

【第 1 次常委会议】 1 月 8 日，区委书记李鸿儒主持召开。会议传达学习了市委十三届六次全体（扩大）会议和徐广国书记、白尚成市长重要讲话精神，传达学习了自治区脱贫攻坚誓师大会精神，传达学习了自治区、银川市安全维稳工作会议精神，听取了关于西夏区安全生产工作情况汇报。并针对相关问题，部署了西夏区具体工作。研究了《关于设立“八一”（或怀远路）街道办事处及部分镇街行政区划调整的请示》《关于成立银川市西夏区自主迁徙居民接收管理领导小组及工作机构的请示》《关于成立银川市西夏区自主迁徙居民接收管理办公室的请示》《关于成立中共银川市西夏区自主迁徙居民接收管理办公室工作委员会和纪律检查工作委员会的请示》。会议决定，成立银川市西夏区自主迁徙居民接收管理领导小组及工作机构，全面负责“西马银”整体移交接收管理的组织领导工作；领导小组下设接收管理办公室（简称“接管办”），挂西夏区“八一”（或怀远路）街道办事处筹建办公室牌子，接管办公室下设户籍与社会治安服务管理工作组、土地核实确权接管工作组、建筑房屋及用地核实确权接管工作组、公共资产核实确权接管工作组、公共服务业人员核实确认安置组5个专项工作组，具体负责西夏区自主迁徙居民接收管理工作。成立银川市西夏区自主迁徙居民接收管理办公室党工委，设立银川市西夏区自主迁徙居民接收管理办公室纪工委，根据新调整确定的行政区划，承担相应的党建和纪律监察工作。同时，撤销银川市西夏区芦花台产城一体化办公室及其党工委、纪工委，其相应承担的职能职责及工作人员划归贺兰山西路街道办事处及其党工委、纪工委承接。会议研究了关于补选西夏区人大代表和增补西夏区政协委员的请示，原则同意关于补选银川市西夏区第三届人民代表大会代表和增补政协银川市西夏区第三届委员会委员建议人选，依照有关法律、章程组织选举和增补。会议研究了干部事宜。刘虹、闫树革、李永仁、李亮、刘婧、姜继琴、党成、马黎刚、周维骞、杨爱军、李景阳参加会议。

【第2次常委会议】 1月17日，区委书记李鸿儒主持召开。会议传达学习了十八届中央纪委六次全会和习近平总书记重要讲话精神，会议传达学习了自治区十一届人大五次会议、政协十届四次会议精神，安排部署了西夏区贯彻落实工作。会议研究了《自治区党委第二巡视组反馈意见整改方案》，并做了具体部署。会议研究了《西夏区政府工作报告》《关于西夏区2015年国民经济和社会发展计划执行情况与2016年国民经济和社会发展计划（送审稿）报告》《关于西夏区2015年财政预算执行情况和2016年财政预算（送审稿）的报告》，会议研究并原则同意提请西夏区三届人大四次会议审议。会议研究了政府党组《银川市西夏区国民经济和社会发展第十三个五年规划（讨论稿）》，决定政府要再组织召开常务会，对“十三五”规划作进一步修改完善后，再提请区委和三届人大四次会议审议。会议讨论了《西夏区2015年人大常委会工作报告（送审稿）》《政协西夏区2015年工作报告（送审稿）》《西夏区人民法院工作报告（送审稿）》《西夏区人民检察院工作报告（送审稿）》，研究了关于召开西夏区三届人大四次会议和政协西夏区三届四次会议有关事项的请示。会议研究了政府党组《关于2016年送温暖及春节走访慰问活动安排的请示》。会议研究了干部事宜。闫树革、李永仁、刘婧、党成、马黎刚、周维骞、杨爱军、李景阳、戈建国参加会议。

【第3次常委会议】 2月3日,区委书记李鸿儒主持召开。会议传达学习了自治区纪委十一届七次全体会议精神和李建华书记重要讲话精神、传达学习了全区组织部长会议精神，研究部署了西夏区贯彻落实工作。会议讨论了《西夏区纪委二届六次全会工作报告》(送审稿),会议研究并原则同意《西夏区纪委二届六次全会工作报告》,由杨爱军负责,组织召开座谈会,充分听取基层的意见，按常委会意见修改完善后提交西夏区纪委二届六次全会审议。会议研究了《关于2015年度绩效考评结果和兑现重点项目“四制”奖惩有关事宜及科级领导班子和科级干部2015年度综合考核结果的请示》《关于拟命名第五批民族团结进步模范单位的请示》和《关于拟推荐表彰信访维稳工作先进集体及先进个人的请示》,决定对拟命名的14个民族团结进步模范单位、15个民族团结进步模范家庭、15名民族团结模范个人和推荐的8个信访维稳工作先进集体和35名先进个人,征求纪委、政法、信访、卫计、安监等部门意见并公示后进行表彰。会议研究了关于开展纪念“三八”国际劳动妇女节106周年表彰活动的方案(送审稿)。会议还听取了组织部、民政局关于孙仙梅聘用薪酬问题的请示汇报，会议原则同意组织部、民政局的意见。会议研究了《关于调整中共银川市西夏区委书记、副书记、常委工作分工的请示》。会议研究了干部事宜。刘虹、闫树革、刘婧、姜继琴、党成、马黎刚、周维骞、杨爱军、李景阳参加会议。

【第4次常委会议】 2月26日，区委书记李鸿儒主持召开。会议传达学习了徐广国书记在市纪委十三届六次全体(扩大)会议和“新常态下如何破解产业发展难题”专题会上的重要讲话精神、传达学习了全市环境治理誓师大会和徐广国书记重要讲话精神,研究部署了西夏区贯彻落实工作。会议研究了《关于进一步完善区委中心组学习制度的意见》《关于加强各党组党(工)委中心组学习工作的意见》《关于进一步加强和改进人民政协工作的实施意见》和《银川市西夏区政协年度协商计划的实施意见》《西夏区2016年宣传思想文化工作要点(送审稿)》《西夏区2016年组织工作要点（送审稿)》《西夏区2016年统一战线和民族宗教工作要点(送审稿)》《西夏区2016年政法综治工作要点(送审稿)》《西夏区2016年信访工作要点(送审稿)》。会议研究了《关于拟表彰西夏区三八红旗集体、三八红旗手等先进集体和先进个人的建议及拟推荐出席银川市妇女第十六次代表大会代表人选的请示》《关于拟推荐银川市表彰2015年度平安建设、安全生产工作先进集体和先进个人的请示》《关于撤销西夏区纪委派驻系统（行业)“四风”专项整治监察员办公室的请示》。刘虹、闫树革、李亮、刘婧、姜继琴、马黎刚、周维骞、杨爱军、李景阳参加会议。

【第5次常委会议】 3月7日，区委书记李鸿儒主持召开。会议研究了《关于开展机关干部“下农村 送政策 促发展”活动方案》《关于城乡环境综合治理春季行动实施方案》《关于贯彻落实中央1号文件精神加快推进都市型现代农业发展的实施方案》和《西夏区2016年农业农村工作要点》《关于春季园林绿化工作实施方案》。听取了“西马银”整体移交接管工作进展情况的汇报，研究了关于贯彻落实《中国共产党统一战线工作条例(试行)》的十二条具体措施。研究了关于拟表彰2015年西夏区人武工作先进单位及先进个人的请示。刘虹、闫树革、李永仁、李亮、刘婧、姜继琴、党成、马黎刚、周维骞、杨爱军、李景阳参加会议。

【第6次常委会议】 3月25日，区委书记李鸿儒主持召开。会议传达学习了中共中央组织部《关于学习贯彻习近平总书记重要批示精神加强党委(党组)领导班子建设的通知》和毛泽东《党委会的工作方法》、自治区推进整治和查处侵害群众利益的不正之风和腐败问题电视电话会议和陈绪国同志重要讲话精神，研究部署了西夏区贯彻落实工作。会议听取了县级领导带领招商小分队赴北京、吉林、浙江、江苏、深圳招商和考察情况汇报。研究了政府党组《关于提请审议西夏区全域旅游示范县(区)创建工作实施方案的请示》《关于提请审议西夏区政府投资项目竣工决算审计暂行办法的请示》。会议研究了《关于建立区委书记约谈制度的请示》《西夏区科级非领导干部管理暂行办法》《西夏区进一步从严管理干部开展干部召回管理工作实施方案》《关于落实银川市推进领导干部能上能下实施细则(试行)的实施意见》和《关于调整驻村第一书记的请示》。刘虹、闫树革、李永仁、李亮、刘婧、姜继琴、党成、马黎刚、周维骞、李景阳参加会议。

【第7次常委会议】 4月20日，区委书记李鸿儒主持召开。会议传达学习了全区市县乡领导班子换届工作会议和李建华书记重要讲话精神，全区“两学一做”学习教育工作电视电话会议和崔波、徐广国同志重要讲话精神，研究了西夏区《关于在全体党员中开展“学党章党规，学系列讲话，做合格党员”学习教育实施方案》、传达学习了自治区2016年第一季度经济形势分析会精神，研究部署了西夏区贯彻落实工作。听取了政府党组关于西夏区2016年一季度经济运行和重点项目建设情况的汇报，安排部署了下一季度工作。通报了西夏区县处级领导干部2015年实绩考核结果和《自治区关于2015年度县(区)效能目标管理考核结果的通报》。听取了纪委监察局关于干部违纪问题处理事宜汇报。研究了《关于拟推荐全国优秀共产党员、优秀党务工作者、先进基层党组织和增补西夏区公安分局党委委员以及成立西夏区区镇领导班子换届工作领导小组的请示》。会议还研究了干部事宜。刘虹、闫树革、李永仁、刘婧、姜继琴、党成、马黎刚、周维骞、杨爱军、李景阳参加会议。

【第 8 次常委会议】 5 月 13 日，区委书记李鸿儒主持召开。会议研究了《中共银川市西夏区委政党协商制度》《西夏区两镇领导班子换届工作实施方案》。会议研究了《关于拟推荐自治区、银川市优秀共产党员人选、优秀党务工作者人选和先进基层党组织考察对象的请示》《关于拟推荐和表彰建党 95 周年、“两学一做”学习教育先进基层党组织和个人的请示》《关于拟推荐银川市“六五”普法先进集体及先进个人的请示》。会议研究了干部事宜。刘虹、闫树革、李永仁、李亮、刘婧、姜继琴、马黎刚、周维骞、杨爱军、李景阳参加了会议。

【第 9 次常委会议】 5 月 31 日，区委书记李鸿儒主持召开。会议研究了《关于进一步加强军地教育协作区建设的意见》《西夏区第十个党建月活动方案》《关于从优秀村干部等三类人员中公推比选两镇领导班子换届提名人选工作方案》、研究了政府党组《关于成立西夏区法学会的实施方案》、研究了《关于拟推荐第三届“宁夏巾帼创业之星”和自治区、银川市“最美家庭”的请示》《2016年西夏区公开选拔副科级领导干部工作方案》。会议听取了纪委监察局关于干部违纪问题处理事宜汇报。会议研究了干部事宜。刘虹、闫树革、李永仁、李亮、刘婧、姜继琴、党成、周维骞、杨爱军、李景阳参加会议。

【第 10 次常委会议】 6 月 20 日，区委书记李鸿儒主持召开。会议传达学习了习近平总书记在全国宗教工作会议上的重要讲话精神，听取了关于西夏区统战和民族宗教工作的汇报，安排部署了西夏区贯彻落实全国宗教会议精神工作。会议听取了关于“两学一做”学习教育和基层党建工作的汇报，传达了自治区纪委关于四起落实“两个责任”不力受到责任追究典型问题的通报，听取了关于党风廉政建设工作的汇报。会议书面传达了《关于在全区开展贯彻落实中央八项规定精神“回头看”的通知》和《自治区省级领导同志和区直机关在“两学一做”中率先改进会议文件调研工作的承诺》精神，研究了《关于严格落实“八项规定”精神重申公务活动纪律要求的请示》和《西夏区县(处)级领导和区直机关在“两学一做”中带头改进会议文件调研工作的承诺》的请示。会议研究了《西夏区委、人大、政协换届工作方案及第三届党代会筹备工作机构组成人员建议名单的请示》，研究了《西夏区两镇召开第三次党代会及两镇领导班子考察工作方案》。会议研究了人大常委会党组《关于西夏区和两镇人民代表大会换届选举工作有关问题的请示》和《关于成立西夏区选举委员会的请示》。会议研究了《西夏区政协换届工作方案》以及《关于拟表彰建党 95 周年及“两学一做”学习教育先进基层党组织和个人的请示》。刘虹、李永仁、李亮、刘婧、姜继琴、党成、马黎刚、周维骞、杨爱军、李景阳参加会议。

【第 11 次常委会议】 7 月 1 日，区委书记李鸿儒主持召开。会议传达学习了自治区党委书记李建华在自治区党委办公厅《宁夏信息》第 272 期上的重要批示和自治区党委网络安全和信息化领导小组第 3 次会议、自治区统一战线工作领导小组第 3 次会议及市委 2016 年第 8 次常委会议精神，研究了西夏区贯彻落实意见。会议传达了自治区人民政府关于同意设立怀远路街道办事处的批复精神，研究了关于成立银川市西夏区怀远路街道党工委和纪工委及有关事项的请示、研究了政府党组关于《2016 年西夏区城乡社区治理“全面提升年”工作方案》《西夏区关于“三事分流、三社联动、三治并举” 社区治理创新试点工作实施意见》《西夏区创建全国慈善示范区活动实施方案》的请示。会议研究了西夏区委统战部《关于协助各民主党派西夏区支部换届工作实施方案》和西夏区各民主党派支委会换届人事安排建议的请示。研究了《关于召开中国共产党银川市西夏区第三次代表大会的决议(草案)》及说明。研究了关于西夏区两镇领导班子考核情况汇报及换届人事安排意见的请示。会议研究了干部事宜。听取了纪委监察局关于干部违纪问题处理事宜汇报。刘虹、李永仁、李亮、姜继琴、党成、马黎刚、周维骞、杨爱军、杨晨、李景阳参加会议。

【第 12 次常委会议】 7 月 22 日，区委书记李鸿儒主持召。会议研究了《关于西夏区第四届人民代表大会代表选举选区划分和代表名额分配方案的请示》《区委统战部关于西夏区各民主党派换届选举结果汇报和西夏区工商联换届有关事项的请示》。会议听取了《纪委监察局关于干部违纪问题处理事宜汇报》。会议研究了干部事宜。刘虹、闫树革、李永仁、李亮、姜继琴、党成、马黎刚、周维骞、杨爱军、杨晨、李景阳参加会议。

【第 13 次常委会议】 7 月 22 日，区委书记李鸿儒主持召开。2016 年 7 月 22 日，自治区党委组织部考察组在西夏区推荐 1 名正处级领导干部人选。李鸿儒同志通报了考察组反馈的民主推荐得票结果：参加书面推荐共 75 人，周维骞同志得 70 票；参加个别谈话推荐 69 人，周维骞同志得 69 票。根据书面推荐和个别谈话推荐结果，周维骞同志确定为正处级领导干部考察对象建议人选。刘虹、徐克东、闫树革、裴建宁、李永仁、李亮、姜继琴、党成、马黎刚、杨爱军、杨晨、李景阳参加会议。

【第 14 次常委会议】 2016 年 7 月 28 日，区委书记李鸿儒主持召开。2016 年 7 月 28 日，银川市委组织部考察组在西夏区推荐 1 名正处级非领导干部人选和 1 名副处级非领导干部人选。银川市委组织部部务委员王建刚通报了考察组反馈的民主推荐得票结果：参加会议推荐共 90 人，张学锋得 77 票，李静得 63 票；参加个别谈话推荐 76 人，张学锋得 65 票，李静得 56 票。根据会议推荐和个别谈话推荐结果，张学锋确定为正处级非领导干部考察对象建议人选，李静确定为副处级非领导干部考察对象建议人选。李鸿儒、刘虹、闫树革、裴建宁、李永仁、姜继琴、党成、马黎刚、周维骞、杨爱军、杨晨、李景阳参加会议。

【第 15 次常委(扩大)会议】 7 月 29 日，区委书记李鸿儒主持召开。会议传达学习了习近平总书记在宁(银)视察、东西部扶贫协作座谈会上的重要讲话精神，研究部署了贯彻落实工作。会议传达学习贯彻了自治区党委十一届八次全体会议和自治区党委书记李建华重要讲话精神、自治区城市工作会议和自治区代主席咸辉重要讲话精神，研究部署了贯彻落实工作。会议传达学习了自治区党委书记李建华、银川市委书记徐广国在《关于中央第八环保督察组转办事项查处整改进展情况的督查报告》《关于中央环保督察组转办事项查处办理和社会公开进展情况的督查报告》上的批示精神，听取了政府党组关于上半年环境整治保护工作和中央第八环境保护督察组转办事项查处办理及社会公开公示情况的汇报，进一步研究了安排下一步工作。会议传达学习了自治区全域旅游发展推进大会和咸辉代主席重要讲话精神，研究了西夏区贯彻落实意见。会议传达贯彻了全市上半年项目观摩暨经济形势分析会精神及市委 2016 年第 12 次常委(扩大)会议精神，通报了全市上半年专项考核及绩效考评情况，听取了政府党组关于上半年西夏区经济运行情况分析、重点项目推进情况、工业经济运行情况、招商引资及资金到位情况汇报，研究部署了西夏区下半年主要经济指标任务责任分工，项目争取和储备工作，工业企业止跌企稳具体措施和招商引资造商引资工作。李鸿儒、刘虹、闫树革、李永仁、姜继琴、党成、马黎刚、周维骞、杨爱军、杨晨、李景阳参加会议。

【第 20 次常委会议】 9 月 1 日，区委书记雍辉主持召开。会议研究了干部事宜。研究了《关于确定西夏区第四次人民代表大会代表正式候选人的请示》。会议听取并研究了《关于银川市西夏区工商联第三届执行委员会人事安排和关于召开西夏区工商联第三次会员代表大会的请示》《西夏区第三届委员会委员及候补委员、西夏区纪律检查委员会委员候选人预备人选建议名单的请示》《政府党组关于庆祝第 32 个教师节有关事宜的请示》。刘虹、李永仁、李亮、姜继琴、马黎刚、杨爱军、杨晨、路爱宁、李景阳参加会议。

【第 22 次常委会议】 9 月 21 日，区委书记雍辉主持召开。会议听取了西夏区党政代表团赴江苏省江阴市华西村考察情况汇报，县级领导带领招商小分队赴上海、南京等地招商和考察情况汇报。研究了政府党组《关于银川市西夏区公务用车制度改革实施方案》的请示，区委宣传部《关于党组党(工)委意识形态工作责任制实施细则》的请示。会议研究了《关于落实绿色发展理念加快美好西夏建设的实施意见》《中国共产党银川市西夏区第三次代表大会报告（送审稿）》《中共银川市西夏区纪律检查委员会西夏区第三次党代会工作报告（送审稿）》。研究了中国共产党银川市西夏区第三次代表大会选举办法及大会主席团等建议人选事宜、西夏区出席中共银川市第十四次代表大会代表候选人预备人选事宜。听取了第一、第二项目督查组近期督查情况的汇报、纪委监察局关于干部违纪问题处理事宜汇报。

【第23次常委会议】 9月30日，区委书记雍辉主持召开。会议传达学习了自治区党委书记李建华在自治区十一届人大六次会议银川代表团上的讲话精神，研究部署了西夏区贯彻落实工作。会议通报了中纪委关于五起执纪审查中发现的中管干部违反中央八项规定精神问题。会议传达了关于对2013—2015年全区产业发展和重点工作现场交流会观摩点位开展“回头看”督查情况的通报。会议听取了政府党组关于信访维稳、安全生产工作情况的汇报。会议研究部署了中国共产党银川市西夏区第三次代表大会精神贯彻落实工作，并对近期重点工作进行了安排部署。刘虹、党成、李永仁、李亮、马黎刚、杨爱军、杨晨、路爱宁、邵中宏参加会议。

【第24次常委会议】 10月17日，区委书记雍辉主持召开。会议研究了政府党组《西夏区政府工作报告（送审稿）》《关于西夏区2016年国民经济和社会发展计划执行情况与2017年国民经济和社会发展计划（草案）的报告（送审稿）》《关于西夏区2016年财政预算执行情况和2017年财政预算（草案）的报告（送审稿）》和《西夏区三届人大四次会议议案代表建议意见办理情况的报告（送审稿）》。会议研究了人大常委会党组《西夏区人大常委会工作报告（送审稿）》和《关于召开西夏区第四届人民代表大会第一次会议有关事项的请示》。会议研究了政协党组《政协银川市西夏区第三届委员会常务委员会工作报告（送审稿）》和《关于西夏区政协换届工作有关事项的请示》。会议研究了《西夏区人民法院工作报告（送审稿）》和《西夏区人民检察院工作报告（送审稿）》。会议安排部署了近期重点工作。党成、李永仁、李亮、马黎刚、杨爱军、贺满庭、杨晨、路爱宁、邵中宏参加会议。

【第25次常委会议】 10月28日，区委书记雍辉主持召开。会议传达学习了习近平总书记在纪念红军长征胜利80周年大会上的重要讲话精神，研究部署了西夏区贯彻落实工作。会议传达学习了自治区党委书记李建华、自治区主席咸辉在自治区十一届人大六次会议上的重要讲话精神，研究部署了西夏区贯彻落实工作。传达学习了银川市委书记徐广国在2016年全区产业发展和重点工作现场交流会上的重要讲话精神，研究部署了西夏区贯彻落实工作。会议传达学习了自治区纪委书记许传智在全区新任领导干部集体廉政谈话会上的重要讲话精神，研究部署了西夏区贯彻落实工作。会议研究了关于自治区第三届非公有制经济人士优秀中国特色社会主义事业建设者拟推荐人选、政协银川市第十三届委员会委员拟提名人选、银川市第五次民族团结进步模范集体模范个人推荐名单的请示。会议研究了关于拟表彰西夏区“8·21”抗洪救灾工作先进集体和先进个人的请示。会议研究了干部事宜。刘虹、党成、李永仁、李亮、马黎刚、杨爱军、杨晨、路爱宁、贺满庭、邵中宏参加会议。

【第 26 次常委会议】 11 月 19 日，区委书记雍辉主持召开。会议传达了自治区党委办公厅《关于转发〈中共中央宣传部关于湖北省委严肃处理恩施州委、利川市委中心组学习突出问题的通报〉的通知》。会议传达了自治区党委书记李建华、自治区主席咸辉在自治区党委督查室《关于中央第八环境保护督查组转办事项办理情况开展后督查情况的报告》上的批示精神及其通报。会议研究了《西夏区学习宣传贯彻党的十八届六中全会精神实施方案》《西夏区新闻宣传和信息报送奖励办法》。会议听取了党风廉政建设和反腐败工作情况汇报、听取了赴厦门、成都、六盘水、深圳等地考察学习、招商引资情况汇报，听取了纪委监察局关于干部违纪问题处理事宜汇报、会议研究了干部事宜。刘虹、党成、李永仁、李亮、马黎刚、杨爱军、杨晨、路爱宁、贺满庭、邵中宏参加会议。

【第 27 次常委会议】 12 月 1 日，区委书记雍辉主持召开。会议传达学习了中共银川市第十四次代表大会精神和徐广国书记在西夏区代表团上的重要讲话精神，研究部署西夏区贯彻落实工作。会议强调，西夏区各级党政组织和党员领导干部要把学习贯彻落实好银川市第十四次党代会精神和徐广国书记重要讲话精神作为当前一项重要政治任务，加强组织领导，抓好学习宣传，深入贯彻落实，切实把市委的决策部署变为西夏区上下的自觉行动，进一步统一思想，鼓舞斗志，充分调动各方面的积极性和创造性，加快形成建设美好西夏的强大合力。会议研究了干部事宜。刘虹、党成、李永仁、李亮、马黎刚、杨爱军、贺满庭、杨晨、路爱宁、邵中宏参加会议。

【第 30 次常委会议】 12 月 26 日，区委书记雍辉主持召开。会议传达学习了自治区党委十一届九次全体会议和自治区经济工作会议精神，研究部署了西夏区贯彻落实工作。会议传达学习了自治区宗教工作会议精神，研究部署了西夏区贯彻落实工作。会议通报了国务院扶贫开发领导小组反馈宁夏回族自治区 2015 年扶贫开发成效考核和 2016 年脱贫攻坚督查存在问题，研究部署了西夏区贯彻落实工作。会议研究了西夏区出席中国共产党第十九次全国代表大会候选人初步人选事宜。党成、李永仁、李亮、马黎刚、贺满庭、杨晨、路爱宁、邵中宏参加会议。

纪检监察

【概　况】 2016年，中共银川市西夏区纪律检查委员会、银川市西夏区监察局设办公室(宣教政研室)、党风政风监督室(纠正部门和行业不正之风领导小组办公室)、案件监督管理室(信访室)、纪检监察室、案件审理室共5个职能室。核定编制总数10名，核定领导职数7名。

【党风廉政责任制】 2016年，常委会研究党风廉政建设工作议题31项，中心组学习各级反腐倡廉决策部署精神及理论文章28篇，区委书记针对党风廉政建设作出专题批示17次，班子成员带头讲廉政党课15次。年初与基层党组织签订《落实全面从严治党主体责任书》，年中进行督导检查，年底进行专项考核。纪委年初分解党风廉政建设任务，平时抓好监督落实工作。研究制定《党风廉政建设党委主体责任和纪委监督责任清单》《班子成员"一岗双责"责任清单》，全面公示公开，党风廉政建设责任体系更加健全。落实基层纪检组织半年工作报告制度，认真开展"述廉述责"和质询评议活动，安排12名镇街和部门党政主要领导向纪委全会述廉述责并接受质询评议，以"述"明责、以"述"促干。

【纪委三届二次全会】 2月13日召开。会议分两次进行，第一次全体会议学习贯彻中央、自治区、银川市三级纪委全会精神，总结2016年工作，研究部署2017年党风廉政建设和反腐败工作，区委常委、纪委书记杨爱军代表纪委全会作题为《肃纪态度不变　惩腐力度不减　深入推进党风廉政建设和反腐败工作》的工作报告，区委书记雍辉在全会上作重要讲话。第二次全体会议主要是西夏区部分单位部门党政主要领导向纪委全会现场述廉述责并接受质询评议，不作现场述职的其他单位递交书面述廉述责报告。

【廉政教育】 组织收看专题片《永远在路上》《打铁还需自身硬》，传阅《忏悔录》《警示录》和《整治和查处侵害群众利益的不正之风和腐败问题典型案例警示录》等，印发《十八大以来关于加强作风建设规定摘编》450本，让党员干部受警醒、明底线、知敬畏。抓好警示告诫，坚持纪挺法前，贯彻落实《银川市关于"精准执纪"践行"四种形态"实施意见》，严格分类处置问题线索，扩大谈话函询覆盖面，先后对114名新调整和提拔交流的干部进行廉政谈话，对52名干部进行问题约谈、工作约谈、廉政约谈。

【换届监督】 认真学习中央关于湖南衡阳、四川南充、辽宁等地拉票贿选、破坏选举案通报精神，吸取教训；在换届前组织西夏区干部职工、"两代表一委员"观看宣传片《镜鉴》，从中汲取教训，切实引以为戒。会同组织部转发严肃换届纪律通知、开展集体廉政谈话，加强对推荐提名、考核评价、酝酿选举等环节的监督。严把党员领导干部党风廉政意见回复关，2016 年，共回复党风廉政意见征求函 829 人次。

【案件查办】 全年受理信访件 92 件，办结 90 件；初核 60 件，谈话函询 15 件，立案 22 件，司法移交案件 2 件；初核数、立案数同比分别上升 81.8%、214.2%。对十八大以来反映和举报的线索重新起底，逐一核实，分类处置，坚决做到“零暂存”。聚焦干部群众关注的热点问题，先后查处“政法委原副书记刘金民虚开发票套取现金”“卫计局原局长张文武受贿”“林业局原副局长顾立斌受贿”等一批严重违纪案件。全年给予党政纪处分 24 人，同比上升 100%。实行“一案双查”，对卫计局党工委履行主体责任不到位等问题，不仅追究当事人责任，还倒查履行主体责任不力的单位“一把手”和分管领导。坚持“一案三书”和典型案件通报制度，下发检查、监察建议书 14 份，印发典型案件通报 19 期。

【纠风治理】 深入开展贯彻八项规定“回头看”活动，整治“隐形”“变种”的“四风”问题，监督整改违规报销差旅费等问题 52 个，追回违规发放资金 34 万多元。着力整治和查处侵害群众利益不正之风和腐败问题，开展农村“三资”管理、街道党风廉政建设专项巡察，督促整改违反“六项纪律”、侵害群众利益等问题 20 个。每逢重要节日节点，均以文件、短信、微信等方式发布通知禁令，既为大多数党员干部在思想上打预防针，又为已经跑偏的党员干部矫正方向，起到了警戒和规范的双重作用。开通“清风西夏”党风廉政建设微信公众号，及时发布党风廉政建设动态信息、解读和宣传党规党纪，发布微信动态信息 35 期 122 条，印发西夏纪检监察信息 68 期。加强与财政、审计等部门的协同配合，把日常检查同离任审计、专项检查、随机抽查相结合，严肃查处 7 起审计移交违纪违规行为。督促整改巡视发现问题，巡视移交的 31 件信访件全部办结，党政纪立案 2 件、处分 2 人、问责 3 人，收回违纪款 40856 元。会同经发、财政、农牧等 8 个部门，对涉农惠农资金管理使用情况进行专项检查，发现问题线索 17 个，查处了“满虎套取自然灾害补助资金”等涉农惠农资金管理使用违纪问题。

【权力规范】 研究制定《区委书记约谈制度》《区委领导包抓基层党风廉政建设制度》《西夏区党风廉政巡察制度（试行）》《西夏区科级非领导职务干部管理暂行办法》《党风廉政建设主体责任和纪委监督责任清单（试行）》《西夏区反腐败协调工作领导小组工作制度》制度规定 6 项，严抓制度落实，进一步管住纪律、看住权力，“笼子”越扎越紧。

【教育培训】 抓好学习教育，结合“两学一做”学习教育，举办党的十八届六中全会精神、“两准则四条例” 等党风廉政专题辅导讲座 9 场次，组织 300 多名党员干部参与“两准则四条例”知识考试，强化了党员干部敬畏法纪意识。

【机构和队伍建设】 认真落实自治区纪委关于县区纪委内设机构改革意见，将纪委原来4个职能室调整为5个，区委、政府为纪委增加1个行政编制。整合纪律审查资源，建立4个纪律审查工作协作组。狠抓纪检监察系统干部学习教育，组织学习了中央和区市党委、西夏区委关于党风廉政建设部署要求、“两准则四条例”“学思践悟”系列文章等，参加中纪委和区、市纪委组织的专题培训、以案代培等30余人次。以“好习惯养成”活动为抓手，在委局机关开展“每周一案”评析活动，有效提升了纪检干部发现问题、分析问题、解决问题的能力。整合设立10个纪委派驻纪检组，实现基层纪检组织全覆盖。撤销7个行业系统纪工委和2个联合派驻纪检组，即：教育纪工委、卫生与计划生育纪工委、城管环卫纪工委、农牧水务纪工委、建设交通纪工委、社会组织纪工委、非公经济纪工委、联合派驻第一纪检组、联合派驻第二纪检组。调整新设置纪委派驻纪检组10个，分别为：派驻党委办公室纪检组、派驻政府办公室纪检组、派驻组织部纪检组、派驻统战部纪检组、派驻教育局纪检组、派驻卫生和计划生育局纪检组、派驻城管局纪检组、派驻农牧水务局纪检组、派驻建设交通局纪检组、派驻银川公铁物流服务中心纪检组，每个派驻纪检组分别负责归口监督3到7个部门(单位)。纪委派驻机构负责人由西夏区纪委会同组织部考察、提名，区委统一任命，纪委直接领导、统一管理，向纪委负责并请示报告工作。派驻机构负责人与驻在单位是监督与被监督关系，不占驻在单位的领导职数，不属于驻在单位班子成员。

组织工作

【概　况】 2016年，银川市西夏区委组织部核定行政编制7名，领导职数5名：组织部长1名，常务副部长1名，副部长1名，人才工作领导小组办公室主任1名，非公有制经济组织党工委专职副书记1名，党员教育中心核定参公管理编制3名，其中党员教育中心主任1名。

【“两学一做”学习教育活动】 2016年，西夏区委成立“两学一做”学习教育领导小组，制定下发实施方案，以“三查三树三做到”为载体，广泛开展明确一批学习读本和重点篇目、领导干部讲一次党课、开展一次专题学习讨论、切实解决一批思想问题和实际问题、开展一次民主评议党员活动、召开一次高质量的组织生活会和民主生活会的“六个一”活动，为辖区10322名党员赠送《党章》《中国共产党廉洁自律准则》《中国共产党纪律处分条例》《习近平总书记系列重要讲话读本》等学习资料3.2万余册。县处级以上领导干部、各级党组织书记讲党课131场次，开展专题讨论510场次，总结提炼党员行为规范和警言戒训616条。各级党组织围绕“两学一做”分别组织开展了主题演讲比赛、手工摘抄比赛以及知识问答测试等活动200余场次，各党支部边学边改，边改边做，查摆问题238个，解决问题211个,进一步巩固学习教育成果。

【基层党建】 探索“植入式”党建工作理念,分类分级抓好典型带动示范作用。在农村,继续推进“双增双减”专项行动,不断丰富“先富带后富”党建载体。共设立功能党小组102个,组建党群共富、共建联合体1200个,参与党员985人,带动农户6800余户,西夏区农民人均纯收入达到10062元,增长7.8%;村集体经济收入累计增收200万元。在社区深化拓展“三联三互”特色党建载体。引进学前教育、为老服务、水电气缴费终端等社会资源进社区。在各级党组织中开展“四走进”活动,党政领导带头下基层、做表率,通过产业技术对接、优势项目精准扶贫,促进军地、企地、校地共建工作迸发新活力。在机关,以强化机关党建“一岗双责”责任制,以“提振精神,树立形象”为主题,严格党员管理,深化干部“下基层”等活动,推动机关干部服务基层、转变作风。在社会组织和非公经济组织中,按照“成熟一个、组建一个;组建一个、巩固一个;巩固一个、提高一个”的原则,采取属地单建、区域联建、挂靠组建等方式,继续加大非公经济和社会组织党组织组建工作力度。西夏区共有社会组织208个,建立独立党支部8个,建立联合党支部77个,党组织覆盖率为71%;非公经济组织254个,建立独立党支部33个,建立联合党支部17个,党组织覆盖率为78.74%。打造了“让党旗飘香”的党建品牌,创建了电商谷“党群服务活动中心”1个。

【基层党建7项重点任务】 一是党员组织关系集中排查。对辖区217个党支部排查出党员10322人,流动党员995人,失联党员602人,找回601人,找回率达99.8%。二是党代表和党员违纪违法情况集中摸排。对2011年以来西夏区区镇党代会代表和人大代表,政协委员,以及受到过责任追究、行政处罚的党员进行排摸,依法处置23名违法违纪的党代表和党员。三是对西夏区各领域基层党组织换届情况进行了全面自查,督促指导217个基层党支部按期完成换届。四是严格做好党费收缴管理使用工作。组织开展党费收缴专项检查,严格按照党费收缴标准,完成2016年党费收缴和2008年以来少缴和补缴党费工作。共补缴党费4.77万元。五是扎实开展后进党组织整顿。制定《西夏区后进党组织专项整顿任务分解表》,年底全部完成整改提升。六是提升领导干部执行力。紧盯重大项目,重点工作,重点督查督办落实区委、政府决策部署不力,工作不在状态,亲力亲为抓落实意识差等问题,加大问责力度,提升干部执行力。七是从严落实“六项纪律”自查自纠。先后制定出台《区委领导包抓基层党风廉政建设制度》《西夏区党风廉政巡察制度(试行)》《2016年西夏区党风廉政建设和反腐败工作任务分工》等制度,明确工作目标、细化工作任务、强化责任落实。区委常委会5次研究党风廉政建设工作,开展两轮西夏区农村(社区)“三资”管理专项巡察和整治“三政两不为”等专项行动。共巡察两镇17个村,查阅财务凭证、档案资料300多本,发现4个方面13个问题，并将巡察发现问题反馈两镇并督促整改。

【基础保障】 一是提高村居干部待遇。印发《西夏区关于进一步加强农村基层党建工作的实施意见》和《西夏区关于进一步提高村（社区）干部和大学生村官待遇的通知》，将493名村（社区）干部、村官纳入公积金缴纳、年度健康体检范畴，全面提高待遇保障；评定完成196个基层党组织创星晋级工作。村书记年均生活补贴2.66万元，社区书记年均工资4.24万元，同比2015年分别增加了32%和43%。二是增加基层工作经费。按照社区7万元，村4~5万元的标准作为基层工作经费，较2015年分别增长79%和75%；三是整合基层项目经费。投入资金1000余万元，新（扩）建基层阵地2000平方米；累计注入互助资金2780余万元，惠及17个行政村；投入为民服务和发展专项资金及党建项目经费1000余万元，实施项目77个，解决西干村环境综合整治、盈北社区阵地建设、无物业小区亮化美化等一些实际困难。

【党员队伍建设】 新选派14名优秀机关干部任第一书记，对市区26名第一书记工作情况进行考核，其中“优秀”6名。举办西夏区党组织书记、带头人等示范培训班4期，参训人数500余人次。强化党员管理，严格落实“三会一课”、组织生活会、民主评议党员等基本制度。继续开展党员教育“积分制”管理，不断完善党员‘6+4+4’”管理模式，新发展党员83名。完善党内关怀机制，组织各基层党组采取多种形式开展关爱党员活动，对1024名困难党员及离任村（社区）书记进行了走访慰问，发放慰问金104.63万元，为198名老党员发放了“在党50年纪念章”。选树弘扬先进典型，在庆祝建党95周年之际，选树表彰先进基层党组织15个、优秀共产党员71名。与宁夏广播电视台联合开展“鲜花朵朵送党员”活动，为辖区20名困难优秀党员送去党的问候与温暖。西夏区委选送《感谢致富路上有你》《团结村“一带双促进”党建工作纪实》《艺术巷社区民乐帮办互助社纪实》等3部党员教育电视片参与自治区党员电教片评选。对256名困难党员及离任村（社区）书记进行了走访慰问，发放慰问金45.08万元，征求意见建议59条，并为198名老党员发放了“在党50年纪念章”。

【干部选任】 2016年，共研究调整任免干部12次205人次，其中提拔40人、平职交流74人、换届继续提名37人、试用期满正式任职20人、挂职3人、免职24人；拓宽选拔干部渠道，面向西夏区拿出7个副科级领导岗位进行公选，进一步激发干部队伍活力。

【干部教育培训】 着力增强干部教育培训的统筹性、针对性和实效性，通过自治区党校跟班学习、区外培训、中央和自治区调训、领导干部集中轮训、网络培训、专题培训等模式，学习交流各地区间的先进理念和经验做法，选派21名干部跟班学习，完成各类培训任务750余人次，拓宽干部工作思路和眼界，拓宽干部工作思路和眼界。全年共培训484人(次)，其中，县处级领导干部36人(次)、科级及以下干部285人(次)、村(社区)干部、非公有制经济组织和社会组织党组织负责人163人(次)；制定下发《2016年西夏区干部网络学习方案》，将符合参训条件的440人纳入学习范围，安排专人负责督查各参训单位及学员的学习进度，其中，县处级领导干部25人、科级领导干部256、科员(参公)159人，结业率100%。

【档案信息管理】 2016年，认真开展人事档案专审核查工作，共完成49个部门581卷干部人事档案的专项审核工作，对存在问题的140本干部人事档案分批通过部务会议研究进行了妥善处理，对49名干部人事档案中涉及的重要信息予以重新认定。通过审核，共发现21本档案涂改出生日期，120余本档案出生日期、参加工作时间记载不一致，凡年龄进行涂改的档案，统一交由自治区公安部门进行鉴定，还原其原始书写内容；凡年龄记载不一致的，由组织部安排专人调阅本人原始户籍底册或与亲属原始底册进行比对，报部务会综合分析研判后予以认定。

【干部监督】 2016年初，对45名正科级领导班子和313名科级干部进行考核，对整体排名靠后的部门和科级干部，由纪委、组织部联合进行了诫勉谈话，督促整改，切实发挥考核评价的导向和激励作用。制定《关于落实〈银川市推进领导干部能上能下实施细则(试行)的实施意见〉》《西夏区进一步从严管理干部开展干部召回管理工作实施方案》等制度。结合换届工作，区委领导班子成员与科级干部双向约谈近120余人次；组织63名正科级领导干部填写了个人有关事项报告表；加强出国(境)证件管理，实行组织部门登记造册、统一管理，共收回科级干部出国(境)证件142本。对503本干部档案逐一审核，共收集户籍材料、年度考核表、奖惩材料等1500多份，对干部"三龄两历一身份"存疑的，均不建议提拔任用。

【换届工作】 按照中央和区市党委做好换届工作的统一部署，强化换届选举组织领导，研究制定《银川市西夏区委人大政协换届工作方案》《关于从优秀村干部等三类人员中公推比选两镇领导班子换届提名人选的通知》等文件材料70余份、各类选票23种6000余张，营造风清气正换届环境，选举产生结构更加合理、思想更加解放、科学发展能力更强的新一届区镇领导班子。

【人才引进】 2016年3月，对大众创业就业富民行动中创业就业先进单位及个人进行表彰，9家创业就业先进集体和40名西夏区创业之星受到表彰。2016年，共引进葡萄酿酒产业外国专家8名、引进国内张军翔、苏洁等国家一级酿酒师和国家三级品酒师7名，拨付人才补助经费3万元；举办集知识推介、品酒为一体的葡萄酒品酒会2次，为贺兰山东麓葡萄的栽培、葡萄酒的酿造和酒庄的发展建立了坚实的技术人才支撑。为林业和葡萄产业局和会计核算中心分别招录1名财政学和1名葡萄与葡萄酒专业对口急需紧缺高层次人才；全区引进高层次人才60余名，其他各类紧缺型人才120余名，填补西夏区重点领域人才紧缺的短板。西夏区2016年实现电子商务网络零售交易额18亿元，直接解决就业550余人，间接带动就业3000余人。西夏区工业企业有2个国家级实验室和10个自治区级实验室。协调完成宝塔实业股份有限公司国家级轴承技术研发、检测、试验工程中心项目建设、宁夏荣光智能制造研发中心项目建设、宝塔活性炭和奇正沙湖检测中心项目建设；鼓励支持宝塔实业、共享集团等企业与河南科技大学、中国科学院金属研究所等高校、科研院所开展产学研用交流，先后组织开展了2次企业沙龙会，1次经济形势座谈会暨"工业十九条"解读会，鼓励企业升级产业、兼并重组、淘汰落后产能；企业柔性引进院士3名，引进或开展技术合作专家20名，共同开展项目的研发、技术推广应用和人才培养；组织共享装备申报组建"快速成形工程技术研究中心"等3个创新平台，共享装备已获自治区科技厅批准组建"宁夏智能铸造工程技术研究中心"，该中心主要以智能铸造技术产业化应用研究为主要方向，开展铸造3D打印技术研究、铸造智能工厂的全流程虚拟制造、数字化管理、智能单元集成等技术。积极争取区市人才项目，搭建人才引进开发服务平台。

【项目引进】 2016年，西夏区申请银川市人才项目2个、2015年申请自治区人才项目1个(项目实施时间为2年)、引进电商创新创业团队5个、成立西夏区葡萄产业服务团1个、引进农业专家团1个、创建技艺传承示范基地1个。申请"自治区电子商务产业人才创新创业实训基地"项目和"银川跨境贸易电商人才引育"项目扶持电子商务平台2个，引进培育电商团队23家，柔性引进电子商务紧缺人才16人。围绕能源化工、机械装备制造等优势特色产业，组织企业申报人才项目2个，其中自治区领军人才项目1个，银川市人才项目2个，共拨付人才项目经费86.06万元。针对辖区高校集中、大中专毕业生多、就业难的实际，创建了银川(西夏)大学生创业就业孵化基地、淘宝特色中国·宁夏馆等人才培养平台，通过"场地+资金+培训+导师"全方位服务，成功培育了本地创新创业团队13个，各类小微企业630余家，带动大学生就业2000人。先后成功举办大型招聘洽谈会6次，组织502家优质企业现场招聘，提供岗位1620个，吸引近4532名求职者前来应聘、咨询，达成求职意向1387人。

【人才培育】 实施西夏区教育人才培育工程，以"名师工作室"和"三名工程"为抓手，以7个"塞上名师工作室""教授工作室""银川市特级教师工作室""西夏区名师工作室"和其他骨干教师为引领示范，组织开展"西夏区第一届小学优质课大赛"、骨干教师高级研修班等教育人才培育活动，积极发挥优秀教师示范引领作用，通过区域、联片、结对等多种形式，组织开展备课研讨、教学观摩、网络教研、专题分析和学科技能竞赛等活动，努力打造“育人骨干团队”；组织教师培训 10930 人（次）；539 名教师在各类优质课大赛中获奖；414 名学生在学科竞赛中获奖。主动联系，积极沟通，争取自治区农牧厅、自治区党校、宁夏大学等单位的支持，培训专技人才 2300 人次、农村实用人才 300 人次、科技人才 100 人次。除党政人才外，70%的人才通过培训掌握了 1~2 门技能。2016 年，分别给予宁夏工商职业技术学院创业专项扶持资金 20 万元、宁夏大学、北方民族大学各 10 万元的创业专项扶持资金，用于完善大学生创业就业孵化服务平台建设及扶持大学生创业工作，引导大学生以创业、创新、创造、创优的理念投入西夏区经济社会建设的核心行列中。2016 年 3 月 24 日宁夏大学整合了原先分散于教务、学生、团委、就业创业中心、大学科技园等多个部门的创新创业资源，在西部地区率先成立了创新创业学院。2016 年 4 月 24 日，刘延东副总理亲临创新创业学院创客空间视察，并给予好评。

区直机关党的工作

【党的思想建设】 建立“基础在‘学’，关键在‘做’，优劣在‘评’，重点在‘改’，素质在‘提’”五步学习教育机制，区委书记带头学、带头讲，其他领导干部和党组织负责人亲自抓、真实评，机关党员群众认真做、扎实改，使学习教育成为新常态，不断提高干部素质，确保学习教育取得实效。强化干部交流学习，2016 年共组织 6 期干部外出学习，29 人次参加党校培训，为干部增长见识、提升素质搭建平台。

【党的组织建设】 一是认真落实“三会一课”制度。西夏区四套班子领导干部带头讲党课，主动参加所在支部的党课和学习讨论活动，不断丰富党课内容和形式。加强换届培训和指导，机关 27 个支部全部按期完成换届任务。开展述廉述职活动。坚持党组织书记向上一级党（工）委述廉述职，广泛交流工作经验，并接受上级党组织的点评。认真落实机关党组织书记“一岗双责”制度，通过书记抓、抓书记，确保机关党建工作和业务工作两不误、两促进。二是打破干部选用模式，开展面向全市跨单位、跨系统、跨身份竞争上岗活动，选拔了一批高素质的优秀年轻干部走向机关领导干部岗位。按照“三个留人”的要求，管好用好干部。坚持以人为本理念，关心、关怀机关干部，着力解决机关干部的实际困难。根据人尽其才、才尽其用的原则，加大机关干部的轮岗交流力度，进一步激发机关干部工作潜能和热情。三是把党组织能否如期完成重点工作、重大项目、重点任务作为年终绩效考核的重中之重内容，深入开展了“治庸、治懒、治怠”专项整顿，结合“大干实干 100 天”，督促机关党员干部加强对区市党委、政府的重大决策部署及区委、政府确定的重点工作、重大项目、重点任务的落实，西夏区委确定

的5大类50个建设项目和9大类54项改革试点工作全部如期、按进度完成。

【党的作风建设】 一是认真开展以“比学习，看谁解放思想、争先进位的意识强；比能力，看谁开拓创新、破解难题的办法多；比干劲，看谁攻坚克难、推进工作的成效好；比活力，看谁争取项目、招商引资引智的业绩优；比奉献，看谁促进和谐、服务群众的水平高”为主要内容的“五比五看”争先进位活动。不断激励广大党员干部树立勇于担当意识，切实推动机关作风转变。二是在机关中开展“四走进”活动，党政领导带头下基层、做表率，通过产业技术对接、优势项目精准扶贫、建立党建联系点，促进军地、企地、校地共建奔发新鲜活力。把机关党建工作渗透到服务基层、服务群众、服务党员的各个层面，延伸到服务农村、社区等各个方面，切实提高干部执行力。研究印发《西夏区干部结对帮扶贫困户方案》，35名县级领导，288名科级干部对323户贫困户开展一对一结对帮扶工作，密切了党群干群关系。三是根据《西夏区关于开展基层服务型党组织创星晋级活动实施意见》要求，认真开展机关党组织创星晋级，结合“五个好”党组织标准，以服务型机关建设为抓手，加强督查力度，认真对照星级标准，组织机关各支部积极提升党建水平。以“服务”作为机关党建工作的“统领”，坚持工作理念凸显服务，工作中心转向服务，重点任务聚焦服务，检验标准突出服务，通过搭平台、创载体、建体系，着力打造服务型机关党建品牌，促进机关党建与服务事业全面发展。四是充分发挥机关党组织的战斗堡垒作用，以“人有我先，人先我优，人优我特”的理念，扎实开展“一支部一特色”创建工作，机关各支部结合自身行业特点、党员队伍状况以及工作发展的需要，确定出能激发党员干部工作热情、推动行业出亮点、出精品的党建载体，并以项目化的形式组织实施，先后打造了城管局“三化双满意”、政务服务中心“争创全区服务标兵”等10余个党建项目，在西夏区党建观摩活动中，受到区委领导的高度评价，并给予了资金奖励和支持。

【党的制度建设】 大力推行以党员发展规范化、党员作用服务化、党员学习积分化、党员活动经常化、党员考核制度化的“五化”管理模式。认真落实银川市发展党员六项制度，规范发展党员工作。强化预备党员接收关键环节的督查指导，努力提高发展党员质量；按照《关于从严做好党费收缴工作的通知》的要求，组织机关各支部对党费收缴情况进行自查，进一步规范党费收缴标准和程序，加强党费补缴工作；按照《西夏区党员教育管理积分办法》规定，加强对党员学分制管理，并认真组织开展述职、考评和评星定格活动。

老干部工作

【概　况】 西夏区委老干部局是西夏区委、政府服务管理政府离退休干部的工作部门。其主要职能是：贯彻落实中央、区、市、西夏区关于离退休干部工作的方针、政策；负责落实离退休干部的政治和生活待遇，组织老干部为西夏区经济建设和精神文明建设发挥余热；及时向西夏区政府报告工作进展状况；协助区委、政府和有关部门研究制定新形势下西夏区老干部工作的具体政策和实施办法。

【离退休干部人员支部建设】 2016 年，老干部局有离退休干部 58 人，其中：离休干部 6 人（抗战时期 1 人、解放战争时期 5 人）；退休干部 52 人（县处级及以上退休干部 27 人、科级及以下退休干部 25 人）。2016 年决定将离退休干部第一、第三支部合并到第二支部，并于 2016 年 3 月 7 日通过全体党员选举产生了新的支部委员会，共有离退休党员 44 名。

【理论学习】 为西夏区离退休干部购买《中国共产党第十八次全国代表大会报告》《中国共产党章程》光碟，订阅《时事报告》《共产党人》《宁夏老干部工作》《金秋》《参考消息》《中国老年报》《宁夏日报》《银川晚报》等多种报刊学习资料。每月定期组织离退休干部集中进行政治理论学习，认真开展“两学一做”活动，引导老干部正确理解和把握中国特色社会主义理论体系和精神实质。

【离退休干部服务】 开展以“建党 95 周年”“红军长征胜利 80 周年”为主题的征文、主题知识竞赛及健身运动会；组织观摩区内重点建设项目活动；开展“喜看十八大以来新变化、展望十九大胜利召开”的诗词散文朗诵、歌咏比赛；组织参加市老干局组织的庆祝“建党 96 周年　喜迎党的十九大”离退休干部诗词散文朗诵比赛和歌咏比赛。坚持以“五抓五心”和“123”联系老干部制度为抓手，以“至亲至孝”和“让组织放心、让老干部满意”为服务宗旨，深入推进服务型党组织建设。春节前，精心组织开展走访慰问、送温暖等活动。全面了解离退休干部的情况，切实帮助他们解决实际困难和问题，努力取得“慰问一人、温暖一户、带动一片”的效果。2 月 1 日，召开离退休干部迎春茶话会；为全部离休干部及行动不便 80 岁以上的退休干部送一次家政服务；向老弱病残的离退休人员赠送轮椅、拐杖、沐浴凳、如厕凳、防褥疮垫；针对老干部年龄偏大、疾病增多的实际情况，年中进行健康体检和保健讲座；对离退休干部及遗孀普遍进行走访慰问、四套班子领导重点走访慰问离退休干部，实现走访慰问工作全覆盖；组织开展“夏日送清凉、冬日送温暖、生日送祝福、节日送健康”四送活动；“党建月”活动期间，组织离退休干部党员开展党建知识竞赛活动；“重阳节”组织老干部参观区内重点建设项目，共享经济建设和社会发展成果。

【老干部作用发挥】 离退休干部是宝贵的政治资源、人才资源，发挥离退休干部的政治优势和“五老”作用，开展“关爱明天、普法先行”等活动，发挥离退休老干部在建设社会主义先进文化、关心教育下一代中的作用；聘请离退休老领导担任西夏区关工委和延安精神研究会领导，发挥示范作用；聘请76名“五老”担任网吧义务监督员，连续9年对西夏区所辖的57家网吧进行义务监督，有效地促进了网吧健康有序发展；4名退休干部被银川市委聘任为银川市社会督查员；4名退休干部被西夏区法院聘为人民评审员。他们以多种方式协助党和政府做好宣传引导群众、协调利益关系、化解社会矛盾、加强社会管理等工作，成为党的优良传统的传播员、社会核心价值体系的宣传员、良好社会风气的监督员，共释老干部队伍正能量。

关心下一代工作

【概　况】 西夏区关心下一代工作委员会内设主任1人、常务副主任1人、办公室主任1人。至2016年年底，西夏区有各级关工委组织113个，西夏区关工委办公室核定编制2名，各基层关工委均为兼职工作人员。

【发挥“五老”作用】 西夏区关工委充分利用西夏区“五老”资源丰富的优势，聘请2位离退休老干部担任西夏区关工委领导；聘请13位离退休干部担任延安精神研究会会长、副会长、理事职务；聘请76名“五老”担任网吧义务监督员，连续9年对西夏区所辖的57家网吧进行义务监督，有效地促进了网吧健康有序地发展；动员组织935名“五老”面向学校、社区和家庭，在继承、引导、关爱、服务上为培养下一代，发挥着独特的政治优势，使他们在弘扬党的光荣传统和培养教育下一代上发挥示范作用。

【青少年普法教育】 已创建“零犯罪学校”两所，分别是银川市第十八中学和西夏区第九小学，2016年创建西夏二小、西夏实验小学、十六中、华西中学4所。制定西夏区“关爱明天，普法先行”青少年普法教育实施方案，成立领导小组。组织86人次的“五老”和法律人士参与的宣讲团到学校与有关老师进行交流座谈，增强普法教育的实效性。宣讲团为辖区中小学开展“关爱明天，普法先行”青少年普法教育156场次，参加青少年达28000人次；组织普法知识竞赛21场，1458名青少年参加。

【青少年思想道德教育】 西夏区关工委筛选30名各类老专家组成“五老”宣讲团，分别深入学校、社区对青少年进行各种宣讲，极大地促进了青少年的健康成长，推动了关工委整体工作上台阶。进一步引导广大青少年传承和弘扬尊师重教的中华民族优良传统，教育青少年正确的社会主义核心价值观。共宣讲180场次，受教学生32000多人次。

【结对帮扶】 2016年，结对帮扶21人，申请“四个一万”助学金15人，为残疾儿童、孤儿、外来务工人员子女等弱势群体发放爱心书包56个，各类帮扶慰问资金6万余元。为5名大学生申请救助15000元、1名高中生2000元、1名初中生1000元、4名小学生 800 元，共计 47415 元。定期组织对因病致贫返贫、因学致困的特困家庭学生进行全面走访摸排，华西村关工委积极与团委、妇联、计生、民政等部门联系，协调黄河银行、国酒茅台等多方争取帮困助学资金，累计共筹款 144000 余元，对华西村 36 名贫困家庭学生提供帮扶，解决了这些特困家庭学生的上学困难等问题。

【技术指导】 西夏区关工委组织“五老”积极配合科技、科协、农牧、林业等部门，针对西夏区经济、科技基础薄弱，科技人员数量少的实际，按照公开、公正、择优的原则，从县乡两级农技人员中择优选聘技术指导员，围绕设施葡萄种植、肉牛养殖、枸杞种植等主导产业的开发建设，选聘农业技术指导员 50 名，其中乡镇农技人员比例占三分之二。充分发挥“五老”的优势和作用，为老科技工作者解决了一定数额的交通、生活、通讯补贴费用和培训补助。印发培训教材 1000 余册。组织“五老”对青年农民“三扶”（扶志、扶技、扶创业），西夏区关工委科技示范基地现有 4 个，即：西夏区镇北堡镇团结村枸杞种植示范基地、西夏区兴泾镇肉牛养殖基地、西夏区兰一酒庄葡萄种植示范基地、西夏区昊惠家禽示范基地。2016 年，增加宁夏育新有限公司枸杞种植和宁夏志辉有限公司园林绿化 2 个示范基地，科技土专家和科技带头人已发展到 99 名，基地面积达 73586 亩。两镇关工委在青年农民中开展各种劳动技能培训，共举办各类培训班 20 期，科技培训 932 人，技能培训 678 人，带动脱贫人员 4295 人。西夏区关工委在“学科技、奔小康”突出发挥传帮带作用，着力发展有机枸杞、肉牛羊养殖等优势。兴泾镇阿优布肉牛养殖专业合作社致富带头人王学良、银川昊惠畜禽农民专业合作社的黄建虎、镇北堡镇银川奇源枸杞种植专业合作社有机枸杞基地的张生明等，他们既是“土专家”，又是经纪人，充分发挥传帮带作用，帮助青年农民学科技提高致富本领，农民收入增加，实现脱贫致富，进一步巩固“学科技、奔小康”活动成果。

宣传工作

【概　况】 2016 年，西夏区宣传思想文化工作紧紧围绕区委、政府中心工作，牢牢把握正确导向，加大正面宣传力度，主动适应新常态、弘扬主旋律、传播正能量，推进社会主义核心价值观建设，为推动“转型突破、跨越发展，建设美好西夏”提供有力的思想保证、舆论支持和文化条件。

【意识形态工作】 成立西夏区意识形态工作领导小组，制定《党组党（工）委意识形态工作责任制实施细则》《西夏区意识形态工作责任制考核办法》，区委与各党组、党（工）委、部门（单位）签订意识形态工作责任书。建立意识形态研判机制，制定网络舆情应急处置预案、重大舆情风险评估措施，区委召开 3 次专题会议研究部署意识形态工作。加强舆情监管、处置力度，成功化解了 15 起舆情事件。

【区委中心组理论学习】 制定《关于进一步完善区委中心组学习制度的意见》《关于加强各党组党(工)委中心组学习工作的意见》,明确了区委书记任中心组组长,亲自主持每次学习会,定期汇报中心组学习情况,深入研究理论学习中的重大问题。制定《关于2016年各党委(党组)中心组和干部理论学习的安排意见》,全年组织中心组学习12次,涵盖6个专题140个篇目,为中心组成员发放《全面小康热点面对面》等书目500余册。

【党员干部理论学习】 开展十八届六中全会精神、银川市第十四次党代会精神、西夏区第三次党代会精神等专题宣讲活动,编印《西夏区第三次党代会精神解读》,邀请自治区党委党史研究室主任宋建钢等5位专家学者对十八届六中全会精神、习近平总书记治国理政的新理念新思想新战略、长征精神等进行解读和辅导,参学领导干部1400余人次。

【全民阅读】 以"书香润泽西夏·阅读点亮人生"为主题的全民阅读活动,开展阅读"七进"活动,即"进部队、进校园、进机关、进农村、进社区、进家庭、进农家乐",策划形式多样、丰富多彩的系列读书活动:"闹元宵·乐猜谜"有奖竞猜,"阅读让我成长"少儿读书征文,"我阅读·我快乐"青少年诵读比赛,"书香西夏、阅读助力人生"读书会,"书虫读书积分兑换"等,以"润物细无声"的方式,使阅读成为各类人群的一种生活习惯。

【新闻宣传】 围绕区委、政府中心工作,通过重点宣传和常规宣传相结合,策划了一批有影响力的新闻宣传稿件,对送温暖献爱心活动、"两学一做"学习教育、重点项目进展情况等进行大力宣传,围绕西夏区党代会、"两会"(人代会、政协会)、"六大战略"实施情况、"准备之冬"活动等进行集中宣传;制作县域经济观摩片、环境综合整治系列专题片、"8·21"抗洪救灾专题片,依托行政中心电子屏循环播放区委政府中心工作和各部门(单位)重点及创新亮点工作宣传片,为西夏区"转型突破、跨越发展,建设美好西夏"营造良好的舆论氛围。创新宣传方式,借助"两微(微访谈、微直播)两端('银川发布'客户端和'银川手机台'客户端)"平台对西夏区"两会"进行直播,发布图文信息200余条,对18位代表委员进行了微访谈直播,访问量突破2万人次。加强与媒体协作,在镇北堡镇举办"中国主流媒体'全域旅游'高峰论坛",镇北堡镇荣膺"最受中国报业关注的十大古镇"之一。印发《西夏区新闻宣传奖励办法》《西夏区委宣传部信息报送奖励办法》,调动了新闻工作者和通讯员的积极性。全年在各平面媒体发稿801篇,在各级电视台播出新闻及专题片79条(次),在"文化西夏"客户端和宣传部网站发布信息834篇;制作展板50块,在行政中心电子屏制作播放幻灯片38个、视频新闻47条、专题片9部。

【网络舆情监管】 加强舆情监管、处置力度,成功化解了15起舆情事件。建立信息上载审查机制，加强对西夏政务网、宣传部网站、“文化西夏”客户端等新媒体平台的管控，做好对微博、微信公众号和QQ群等互联网平台收集社情民意的研判、分析。加大对各类宗教活动场所、图书馆、文化馆、公共文化活动场所等传统阵地和新媒体网络阵地的管理，有效杜绝了负面宣传，防止不当言论散布。开展网络走群众路线工作，通过“西夏发布”“清风西夏”等微信公众平台及时发布政务信息，畅通民意表达渠道，正确引导网络舆论。

【精神文明建设】 开展社会主义核心价值观教育、公民思想道德建设、志愿服务活动和巩固深化“创城”成果工作。指导文明单位、社区完善了道德讲堂、善行义举四德榜和志愿服务激励机制，开展“社会主义核心价值观主题微电影”征集活动，北区地税局、地矿局道德讲堂被自治区命名为“50佳道德讲堂”。推进文明村镇、文明单位、文明校园等创建活动，督导区市级文明单位到届申报和新申报工作。结合扶贫攻坚工作，开展文明单位与生态移民村“结对帮扶、文明共建”活动，提升文明共建成效。推荐24人获第四届“最美银川人”荣誉称号，授予周斌等10名个人、“五色花”志愿服务队1个集体第二届“最美西夏人”荣誉称号。开展“我们的节日”主题活动，丰富社区文化生活，推荐宁朔南路社区“阳光家园”、园林场社区“邻里百家宴”参加自治区“我们的节日”项目评选。开展“小手拉大手，共筑美丽西夏”主题实践活动，强化未成年人思想道德建设。开展诚信主题实践宣传活动，推进信用体系建设。开展“全民公益日”志愿服务活动，做好学雷锋志愿服务“四个100”先进典型推选活动，完善志愿服务项目库，注册志愿者4万余名。在217社区试行“亮家风家训，育文明市民”进楼栋，引导居民积极践行社会主义核心价值观，争做文明市民。召开社区建设现场观摩会，组织相关部门和镇街、村居负责人对银川市三区社区环境卫生整治和志愿服务等工作开展情况进行观摩。联合妇联开展了“最美家庭”评选活动，晒出幸福家庭照片1500张。

【文化建设】 积极整合公共文化资源，推进基层公共文化设施标准化建设，认真落实《关于建设示范性街道文化站的实施意见》《关于建设示范性农民文化大院的实施意见》文件精神，建成6个街道中心图书馆，8个镇（街）标准化文化站，17家农家书屋，24个流动图书服务点，2个图书阅读点，3个示范性民族广场舞推广点，4个西夏区图书馆馆外图书集体借阅点，10个农民文化大院，17个农村文化活动室，25个社区文化活动室，5个数字电影固定放映点，7个非遗传承保护基地，两镇“户户通”近1万户。组织辖区文化工作者深入社区、农村、福利院、敬老院、环卫工作一线进行慰问演出。开展文化助困送温暖志愿者服务5场、西夏区“花开四季·魅力银川”广场文化季系列演出50场、西夏区“周末欢乐大舞台”演出24场、西夏区“送戏下乡”专场演出39场、西夏区文化进社区8场，配合银川市圆满完成银川市首届“农民文化大集”启动仪式。设立以市政府分管领导任组长的西夏区全域旅游示范区创建工作指挥部，将创建工作纳入银川市重点工作范围，整合市一级资源，在资金、基础设施配套、星级景区创建、对外宣传营销、旅游人才培训、智慧旅游城市建设等方面予以优先安排和扶持。区政府主要领导亲自抓创建工作，成立了由政府“一把手”任组长，四套班子、辖区重点单位和重点景区主要负责人为副组长，各镇街部门单位及旅游企业为成员的全域旅游示范区创建协调工作领导小组。制定出台了《西夏区全域旅游示范区创建工作实施方案》，明确创建时间表，进行任务分解、限时办结。开展全方位、立体式的宣传动员，从学校到工厂、到农村、到景区，形成人人都是创建志愿者，人人都是旅游形象大使的浓厚氛围。

统战与民族宗教

【概　况】 2016年，统战部行政编制为4名(常委、统战部长1名，副部长、民族宗教局局长1名，副部长1名，派驻文体旅游局纪检组长占编1名)，民族宗教局下设事业单位民族食品办公室，参公事业编制4名。西夏区统一战线工作坚持围绕中心、服务大局、凝聚人心、汇聚力量为总体思路，深入践行“两学一做”专项教育，扎实推进各领域统战工作，为西夏区经济发展、社会稳定和民族团结做出了积极贡献。

【多党合作与政治协商】 加强对统战工作的组织领导，成立统一战线工作领导小组，制定了统战工作12条具体措施和政党协商等制度。顺利完成6个民主党派换届工作，坚持重大情况向党外人士通报、联系交友、对口联系和“特约四员”(特约监察员、检察员、审计员和教育督导员)等制度，组织党外人士列席区委全委会、纪委全会等重要会议，协助区委、政府向党外人士及时通报政府主要工作，召开征求意见会、联系会、通报会、座谈会6次，走访民主党派基层委员会12次，组织“双月”座谈会，对部务工作、党派社会服务活动、西夏区经济社会发展过程中存在的突出矛盾和问题进行讨论，为更好地开展工作提供可行的意见建议。建立党员领导干部同党外人士联系交友工作制度，推荐30名党外人士担任“特约监督人员”。支持6个民主党派基层组织建立完善社会服务活动基地，开展社会服务活动。

【专题调研】 组织统战成员围绕居民增收、社会保障、文化卫生、经济发展等方面开展调研，形成专题调研20个，上报政协的意见建议提案共108件，其中民主党派、工商界别集体提案38件，党派个人提案14件，个人联合提名4件。

【三支队伍建设】 完善内部管理和业务工作制度15项。建立党外代表人士档案，确定20名民主党派代表人士、20名宗教界人士、20名非公经济代表人士、20名少数民族代表人士等4个20名培养计划。经组织考察，2016年新提拔任用6名党外干部。

【民族团结事业】 西夏区高度重视民族团结创建工作。一是充分保障民族团结进步创建工作经费，将民族团结进步创建工作经费纳入年度预算，近年来西夏区财政本级配套资金累计120余万元，形成了逐年增长机制。二是深化宣传教育，扩大创建覆盖面。编印了《西夏区民族团结宣传手册》《宗教法规汇编》等资料，发放到各成员单位和宗教场所，使党的各项政策深入人心。三是坚持典型引领，提升创建水平。充分利用“民族团结月”等重大节日，在社区、部队、大中专院校、清真寺开展少数民族服装展演、民族食品展销、民族广场舞比赛等系列活动，涌现出了燕宝社区、长城须崎社区、恩和社区、团结村、兴泾回中、西夏回小、西夏清真寺等一批示范典型。精心打造了20个城市少数民族流动服务管理体系建设阵地，取得了一定成效。2016年，取得自治区级民族团结进步创建模范示范单位1个，银川市级2个，西夏区级13个的优异成绩；表彰民族团结进步模范人物15名，模范家庭15户。

【宗教事务管理】 2016年，严格落实“三定”学习制度，坚持每季度组织宗教界人士集中专题培训学习1次，为40个重点宗教活动场所赠订了党报党刊。引导伊斯兰教教职人员报考宁夏经学院函授本科班4人，大专班9人。深入开展“宗教场所规范年活动”，制定《西夏区加强宗教活动场所管理若干规定》，逐步引导宗教场所规范管理。在重大活动举办前，对影响民族宗教领域稳定的矛盾纠纷进行集中排查，建立台账，妥善协调解决。

【宗教场所安全管理】 认真贯彻落实《宁夏回族自治区宗教活动安全管理暂行办法》，与各宗教活动场所签订了安全管理目标责任书，对存在安全隐患的宗教场所建立整改台账，逐一进行整改销号。兴泾镇西干中寺危房拆除，西夏区宗教场所存在的安全隐患台账都已全部销号。

【慰问及服务】 在斋月、开斋节和古尔邦节对西夏区44座清真寺及开学阿訇进行全覆盖慰问，走访慰问穆斯林群众30户；为教职人员全年发放生活补贴186200元，155人次，做好50名朝觐人员培训、体检、统接统送服务工作。

政法与综合治理

【概　况】 2016年，西夏区成立社会矛盾问题排查化解专项工作领导小组，按照“属地管理”和“谁主管、谁负责”的原则，加大对各类矛盾纠纷排查力度，共排查矛盾纠纷1109件，化解1090件，化解率98%。建立依法、逐级、有序的信访秩序，妥善处理历史积案、重信重访、涉法涉诉案件等各类信访问题，有效遏制各类非访越级上访，依

法规范群众上访行为。开展吸毒人员管控大收戒专项工作，超额完成西夏区禁毒大收戒工作，并得到银川市及西夏区主要领导的批示肯定。打击治理电信网络新型违法犯罪专项工作。建设高校电信网络诈骗打防一体化，做大做强“微警务”，通过“互联网 +”平台，实现校园网络与公安宣传平台同步更新。政法机关服务型窗口建设专项工作。西夏区共有 20 个窗口单位被银川市命名为“达标窗口”，原贺兰山西路司法所、原贺兰山西路派出所获“优秀窗口”称号，7 人被评为先进个人。上半年，西夏区政法综治工作在银川市三区半年综合考评中排名第一。

【平安建设指标控制】 2016 年，西夏区共发生命案 2 起，均已破获。刑事案件立案数 2293 起，破案 909 起，八类主要刑事案件立案 57 起，破案 35 起。进京访共计 17 批 7 人次，其中非访 2 批 2 人次、正常访 15 批 5 人次。进京非访同比批次人次下降 75%，进京正常访同比批次人次下降 25%和 35.7%。50 人以上赴自治区集体访 4 批次 490 人次，赴银川市集体访 2 批次 150 人次。

【“百日百场”平安建设文艺会演】 西夏区综治办以提高群众对平安建设知晓率、重视率和满意率为目标，建立综治平安宣传长效机制，组织镇、街开展“百日百场”文艺会演活动。进一步提高群众参与平安建设的积极性，努力打造“社会和谐人人有责，和谐社会人人共享”的良好局面。西夏区各街道共举办 153 场会演，取得良好的宣传成效。

【平安命名】 西夏区综治办对八一社区等 58 个社区(村)和宁夏水利科学研究院等 4 个单位进行命名，命名率达 75%；西夏区教育局对辖区 15 所学校进行命名(自治区命名 5 所，银川市命名 4 所，西夏区命名 10 所)。西夏区妇联通过层层推选，选出“最美家庭”585 户；推选出的孙仙梅家庭获得全国“最美家庭”的荣誉称号。西夏区民族宗教局自 2014 年新一轮平安命名以来，共计 15 所寺院被命名平安寺院。(其中自治区命名 4 座，银川市命名 10 座，西夏区命名 1 座)。

【创新亮点】 西夏区结合辖区实际情况，创新工作机制，一是在全区开辟“互联网 +”即网络视频咨询，拓宽法律服务渠道，由专业律师负责答疑，有效地解决了偏远农村群众寻求法律服务难的问题。二是在全区建立综治中心，以宁华路街道综治中心为模板，建立集维护和加强社会稳定、社会治安于一体，协调联动、优势互补、方便群众、服务大局的新型工作平台。三是推广“12345”打传工作机制及“以房管人”工作模式，从根本上改变辖区传销窝点多反复打的现象。实行出租房屋登记备案制度，辖区公安派出所与出租房业主签订治安管理责任书，加强流动人口服务管理，提升群众安全感和满意度。四是推广街道“诉调一条线”工作模式，建立诉调衔接工作站，实现镇(街)与诉前调解的对接、与法院的对接，让辖区居民在家门口就能打官司，打得起官司，有效维护居民合法权益。五是推进“掌上西夏”建设，继续加强巩固整合现有信息平台，推动智慧西夏建设，在政法综治信访维稳工作上再创新亮点。六是加强镇（街）群防群治暨“平安使者”队伍建设，打造超过30支规模大、综合实力强的群防群治及“平安使者”队伍，把平安建设置身于人民群众的汪洋大海中。七是加强穆斯林爱路护路宣传驿站建设工作。西夏区全面推行“五位一体”工作，不断完善乡村护路工作机制，在清真寺建立“穆斯林爱路护路宣传教育驿站”及“爱路护路文化大院”。此项工作得到了自治区和银川市的高度重视，两次迎接来自中央及各市护路办领导指导和观摩。

信　访

【概　况】 2016年，西夏区信访工作在区、市信访部门和区委、政府的领导下，认真贯彻落实信访工作系列决策部署，以打造“阳光信访”“责任信访”“法治信访”为目标，以信访规范化建设为重点，综合施策、超前谋划、主动作为，扎实开展矛盾纠纷排查和信访积案化解集中攻坚行动，及时处置了润恒项目、瑞兴快乐小镇项目、绿地花都项目等一批农民工集体上访讨薪问题，有效化解了拆迁安置、被征地农民养老保险等信访积案，积极推进一批疑难信访问题的解决。

【信访案件】 2016年，共受理群众来信、来访、网上投诉291批次2689人次，同比批次人次比上年分别上升72%和2.6%。其中，受理群众来信15件次、接待群众来访253批次2651人次（含集体访101批次2391人次）、接到网上投诉31件、受理各类电话投诉655件，受经济下行压力影响，各类信访矛盾有所增加。2016年，西夏区共发生赴区市集体访86批次2848人次，同比批次人次比上年分别上升13.2%和15.3%。其中，赴自治区50人以上集体访6批次595人次，赴银川市50人以上集体访4批次290人次，主要集中在农民工讨薪、征地拆迁、安置补偿、老旧小区拆迁改造等方面。

【进京上访】 进京访总量为11批21人次，其中非访2批2人次、正常访9批19人次。进京非访同比批次人次均下降33.3%，进京正常访同比人次下降20.8%，进京访连续两年呈下降趋势。

【领导包案】 西夏区下发《关于加快办理县级领导包案信访事项的通知》（银西党办发〔2016〕54号）文件，对上级信访部门交办的7件重点信访积案和西夏区排查的16件信访事项，全部由县级领导包案督办，明确包案领导、明确责任单位、明确责任领导、明确结案期限，确保“案结事了”。2016年，西夏区委、政府召开专题会议研究解决信访问题20余次，化解自治区和银川市交办的7件信访积案、西夏区列入县级领导包案的16件信访案件，实现“清仓见底”，得到自治区的通报表扬。

【领导接访】 西夏区下发《关于进一步加强领导干部接访和带案下访工作的通知》(银西党办发〔2016〕31号)文件,区委、政府主要领导带头、党政领导干部轮流接访,面对面倾听信访人的诉求,变“百姓跑”为“我们干”,其中县级领导共接待信访群众318人次,答复解释疏导信访人226人次,督促责任单位解决合理诉求的27件。7月,西夏区以开展《关于在“两学一做”学习教育中深化“千名干部百日大走访”实施方案》活动为抓手,组织区、镇(街)、村(居)三级千名党员领导干部主动深入基层、农村、企业,坚持生活困难群众必访、有信访诉求的必访、动迁安置居民的必访、有创业就业需求的必访、特殊关爱人群必访、招商及困难企业必访“六必访”,深入查找存在的突出问题,切实解决群众的合理诉求。活动开展以来,各级党员干部共走访2350余人次,共征集到群众的意见建议374条,排查调解苗头性纠纷231件,确保重要节点期间的社会稳定。

【律师接访】 为进一步拓宽信访诉求渠道,推动诉访分离,协调西夏区司法局、西夏区公共法律服务中心安排律师坐班轮流参与信访接访,为信访群众提供法律咨询,全年解答信访群众法律咨询387余人次,引导及化解涉法涉诉信访案件54件。

【矛盾纠纷排查化解】 2016年,共开展排查活动400余次,排查调解苗头性纠纷231件,共排查出重点信访问题26件,进京非访重点人员9名,各类扬言报复社会的人员4名。建立矛盾纠纷排查台账,要求镇街领导和工作人员每周深入居民家中,无论是否排查出矛盾纠纷,都必须建立台账,如实反映走访情况。对排查出来的突出问题列出清单、明确责任单位和责任人,及时交办,一件一件化解销号。在中美旅游峰会、全球(银川)TMF智慧城市峰会、十八届六中全会和重大节日期间集中进行拉网式排查,没有发生越级上访和进京上访。

【信访网上办理】 大力推进“互联网+”信访工作,完善网上信访模式,2016年5月,联通西夏区2镇7街22个重点职能部门全国网上信访信息系统。为规范网上信访工作,先后下发《关于进一步加强信访事项网上登记录入工作的通知》《关于进一步规范办理信访事项的通知》等文件,积极构建信访事项网上办理规范化建设的长效机制,进一步明确信访部门做好群众来信来访及网上投诉件的登记、分类分流和协调等职责,强化信访事件按程序履行受理、转送交办、督察督办等工作,业务规范化水平得到了进一步提高,信访事件及时受理率达到100%,按期办结率达到93.22%,群众满意率达到94.25%。

【信访宣传】 为提高群众依法信访的能力,在宁夏电视台播放信访宣传片3次,在信访大厅滚动播放信访宣传片200余次,设立宣传栏2个,印制《信访工作指南》等宣传册6种、摆放到信访大厅方便群众查阅。组织干部深入兴泾镇、西夏万达广场、同心路市场等地开展依法信访宣传活动，发放宣传资料3千余份，耐心解答群众咨询百余人次，引导群众以理性合法的方式表达利益诉求，依法逐级走访率达95%。

机构编制

【权力清单】 建立和推行政府部门权力清单，是西夏区委、政府确定的重要改革任务，也是深化行政体制改革、推进政府职能转变和加快简政放权的一项重要内容。作为牵头部门，西夏区编办按照区委、政府的安排部署，任务分工，精心组织、周密安排、超前谋划，积极与银川市编办对接，借势借力，整合资源。通过部门梳理上报、集中审核、征求部门意见、部门联合三审、合法性审查、专家论证、常务会审定等阶段工作，形成了各部门和两镇的行政职权事项和清理调整意见，并于2016年5月在政府网站上公示。西夏区政府部门拟保留的1583项职权事项中，行政审批78项、行政处罚1012项、行政强制84项、行政征收8项、行政给付35项、行政检查123项、行政确认28项、行政奖励52项、行政裁决4项、其他类别150项，精简率达到52%。

【机构变更】 2016年2月，将“银川市西夏区第十三小学”和“银川市西夏区第六小学”合并办学，两校合并后使用“银川市西夏区第六小学”校名，同时撤销“银川市西夏区第十三小学”名称。银川市西夏区第十三小学人员及编制全部划转至银川市西夏区第六小学。同月，将“银川市西夏区兴泾镇回民三小”更名为“银川市西夏区兴泾镇中石油希望小学”，将“银川市西夏区兴泾镇回民四小”一并纳入“银川市西夏区兴泾镇中石油希望小学”，并使用“银川市西夏区兴泾镇中石油希望小学”名称，同时撤销“银川市西夏区兴泾镇回民三小”“银川市西夏区兴泾镇回民四小”学校名称。撤销的两个学校人员及编制全部划入银川市西夏区兴泾镇中石油希望小学。将“银川市西夏区兴泾镇回民五小”更名为“西夏区第十六小学”，同时撤销“银川市西夏区兴泾镇回民五小”学校名称。6月，西夏区档案局由西夏区党委办公室直属正科级事业单位调整为西夏区党委办公室所属副科级事业单位，将西夏区人民政府办公室所属事业单位西夏区机关服务中心更名为西夏区机关事务管理局，升格为西夏区人民政府直属正科级事业单位。同月，对西夏区纪委机关、西夏区监察局内设机构进行调整：撤销执法监察室，增设党风政风监督室，挂纠正部门和行业不正之风领导小组办公室牌子；增设案件监督管理室，挂信访室牌子；在办公室挂宣教政研室牌子。调整后，西夏区纪委机关、监察局内设机构为：办公室（宣教政研室）、党风政风监督室（纠正部门和行业不正之风领导小组办公室）、案件监督管理室（信访室）、纪检监察室、案件审理室，共5个职能室。9月，将建设交通局所属事业单位“银川市西夏区乡村公路养护所”更名为“银川市西夏区道路养护所”。将西夏区农牧水务局所属银川市西夏区镇北堡农林服务中心更名为银川市西夏区镇北堡农业水务服务中心，银川市西夏区兴泾镇农林服务中心更名为银川市西夏区兴泾农业水务服务中心。成立银川市西夏区怀远路街道办事处，为西夏区人民政府的派出机构，设立银川市西夏区民生服务中心和银川市西夏区市容环境卫生站为西夏区怀远路街道办事处所属不定级别事业单位。12月，西夏区人力资源和社会保障局所属事业单位“银川市西夏区社会保险经办服务中心”更名为“银川市西夏区社会保险事业管理局”。

【编制管理】 2016年，行政编制329名（其中政法专项编39名），事业编制2994名，核减法检两院政法专项编制179名，核减10名法检两院行政工勤编制，收归自治区编办统一管理；核减4名为银川市在西夏区事业总编内上收4名全额预算事业编制调整给市不动产登记事务中心，增加4名行政编制和4名事业编制用于解决银川市西夏区怀远路街道办事处机构编制需求。

【政府工作部门职责履行评估】 按照《宁夏回族自治区政府部门职责履行评估检查暂行办法》和《关于对西夏区人民政府工作部门职责履行评估检查的通知》文件要求，由西夏区编办牵头，邀请人大、政协有关领导带队，组织、纪检、人社、政研室、政府法制办组成的评估检查组对民政局、科技局、教育局、农牧水务局、宗教局5个涉及民生和西夏区重点工作的政府组成部门和文昌路、宁华路两个街道办事处职责履行情况进行评估检查。

【承担行政职能事业单位改革试点】 根据《中共中央办公厅、国务院办公厅印发〈关于开展承担行政职能事业单位改革试点的指导意见〉的通知》（中办发〔2016〕19号）、《中央编办关于开展地方承担行政职能事业单位改革试点工作有关问题的通知》（中央编办发〔2016〕19号）的精神和要求，结合西夏区实际，在西夏区全面开展承担行政职能事业单位改革试点。

【法人年度报告公示】 根据《事业单位登记管理暂行条例》和《事业单位法人年度报告公示办法（试行）》的要求，为贯彻落实《国务院关于批转发展改革委等部门法人和其他组织统一社会信用代码制度建设总体方案的通知》精神，按照区市编办统一要求，严格按照《事业单位登记管理暂行条例》等相关法律法规要求，对辖区事业单位报送事业单位法人年度报告进行审核并通过“事业单位在线”网站公示，并对辖区事业单位换发新版事业单位法人证书工作，2016年，西夏区已核准登记的法人事业单位59个，6个事业单位进行了变更登记，合格率达100%，实现了网上登记管理100%。

【统一社会信用代码制度】 按照《自治区编办关于开展机关、编办直接管理机构的群众团体统一社会信用代码赋码工作的通知》要求，西夏区全面启动实施统一社会信用代码赋码工作。2016年,西夏区在全区率先核准完成机关、编办直接管理机构编制的群众团体共46个单位的统一社会信用代码证换发工作。

档案管理及利用

【概　况】 西夏区档案局(馆)、党史研究室和地方志编纂委员会办公室合署办公,共有编制4人,实有3人。2016年9月,经人力资源和社会保障局统一招考,为档案局招录研究生1名,充实了档案工作人员队伍。

【档案接收】 2016年,西夏区档案局集中对各机关、事业单位、各街道、两镇2006年度的文书档案进行指导接收进馆。共接收43个单位纸质文书档案2645件,接收2015年度的文书电子档案、组织沿革、大事记、全宗介绍、立卷说明、归档范围,共接收54个单位电子档案9683件,电子光盘88盘,照片档案1143张。接收进馆2016年度的收养档案1卷,婚姻档案94卷3299件,其中结婚档案64卷2544件,离婚档案28卷700件,并将其录入津科软件。

【查询服务】 2016年,接待查档利用者5700多人次,查阅档案4100余卷,复印资料8700多张。在档案利用的同时,及时地为群众解决在婚姻、收养、法律诉讼、工资福利、人身权益、房屋过户、住房贷款等涉及群众自身利益方面的困难提供便利服务,得到群众的认可,同时也为解决经济纠纷、构建和谐社会等提供原始信息支持。

【档案安全管理】 2016年初,积极开展档案安全管理工作,落实档案安全责任人,建立严格的档案安全岗位责任制,认真落实档案“十防”措施,购置防虫药,按时放置和喷洒灭虫药,定期打扫卫生,确保档案馆的清洁,定期对档案保管状况进行检查,及时排除安全隐患,确保各项安全措施落到实处。加强了消防和供水、供电线路的管理,消除档案馆内的安全隐患,最大限度保证馆藏档案的安全。2016年8月,为做好西夏区行政中心搬迁过程中档案安全工作,防止档案的丢失、损毁、泄密,西夏区档案局印发《关于认真做好西夏区行政中心搬迁过程中档案安全管理工作的通知》,对各搬迁单位进一步做好档案安全管理工作进行安排部署。

【档案宣传】 西夏区档案局采取多渠道、多途径开展档案宣传工作。通过举办培训班、收集档案、到基层调研开展业务指导等,深入党政机关、各镇、街道、社区等单位开展档案法律法规条款、档案服务民生事例、档案违法违纪案例的宣传。6月9日是国际档案日,在区、市档案局统一组织安排下,全体工作人员到宁园紧紧围绕“全社会都要重视和支持档案工作”主题,开展了档案法律法规宣传活动,通过悬挂宣传横幅、摆放宣传展板、发放《档案法规条例》宣传册进行了广泛宣传,向来往路人发放宣传册500份,通过宣传活动,让公众了解档案的历史价值与现实作用，在社会中形成关注档案、走进档案、理解档案、支持档案的良好氛围。

【业务培训】 2016年，举办档案业务知识培训班4期，对党政机关和镇街、村(社区)档案工作人员分别进行培训，就机关、镇街、村、社区的档案归档范围和保管期限进行了修订，进一步规范细化了各部门的档案管理范围和保管期限，参加人员共计150余人次，提升基层档案人员业务水平。为了进一步提高档案工作人员的专业理论水平和技能，以便更好地下基层进行业务指导，先后派出4名工作人员多次参加区市档案业务培训班并结业。

西夏区人民代表大会

综　述

【概　况】 2016年，西夏区人大常委会先后召开主任会议14次，对人大及其常委会的各项工作作了安排部署，对西夏区人大常委会2016年工作要点和有关工作制度进行多次修改和完善。召开常委会7次，审议通过"一府两院"各项工作报告20个，形成审议意见10份，作出决议决定18项；组织视察6次、调研8次；督促办结代表议案3件，办理代表建议意见53件；审议通过人事任免议案6个，依法任免国家机关工作人员78人。召开第三届人民代表大会第四次会议进行换届选举，产生西夏区第四届人民代表大会代表175名。召开第四届人民代表大会第一次会议，选举产生西夏区人大常委会主任、副主任、委员，选举产生西夏区区长、副区长，西夏区人民法院院长，西夏区人民检察院检察长，选举产生西夏区出席银川市第十五届人民代表大会代表。2016年，圆满地完成人大及其常委会的各项工作任务。

【调研和视察】 2016年，围绕"五城一心两翼"战略布局和"西夏突破"发展战略，按照项目建设和重点工作"四制"要求，常委会先后组织对重大项目和重点工作视察6次、调研8次。对工人文化宫文化商业广场、热电厂二期、海尔(银川)虚实网服务园、兴泾镇福祥园安置区、怀远路改造提升等55个重大项目和教育、卫生计生、食品安全、文化旅游、电子商务、扶贫攻坚、环境综合整治等重点工作进行了专题视察和调研。

【议案、建议办理】 西夏区三届人大四次会议闭幕后，转交政府办理议案3件、代表建议30件，人大代表讨论建议意见23件。议案、建议意见内容涉及农村文体设施建设，基础设施建设、安置区建设、老旧小区改造、道路交通等。西夏区政府按照"分级负责、归口办理"的原则，及时将议案、建议意见分别落实到各承办单位进行办理。至西夏区四届人大一次会议开幕，3件议案全部办结，53件代表建议意见已经解决或基本解决43件，占建议意见总数的81%，正在解决或列入计划逐步解决10件，占建议意见总数的19%，整体办理工作有序进行。

【代表履职】 西夏区人大常委会始终把组织好代表闭会期间的活动作为一项重要工作内容，列入常委会年度工作目标，将43名市级人大代表、175名西夏区级人大代表和106名镇级人大代表进行了编组，分别联系17个村、50个社区内的所有行政、企事业单位和居民群众。深入组织开展代表

联系选区联系选民的“双联”活动、“代表活动月”“代表履职日”等活动，进一步密切了代表与选民群众的联系，以代表如何行权履职、如何提出高质量的意见建议、如何发挥代表作用为主要内容进行了集中培训，通过学案例、专题研讨、法律知识考试等方式，提高代表履职的知识和能力。坚持邀请代表列席常委会会议，组织人大代表参加人大常委会的各种视察、调研和执法检查，对人大常委会讨论决定的事项及时向代表通报。通过推行“统一代表接待日，统一代表活动日、统一制作代表名片，统一专用电话号码，统一制作制度标牌”；“公开代表信息，公开接访制度，公开接访职责、公开办理结果”的“五统一、四公开”机制，为代表更好地履行职务和畅通社情民意反映渠道搭建了有效平台。

【人大代表向选民报告工作】 为充分发挥代表作用，西夏区人大常委会以“拓宽和丰富代表联系群众的渠道和内容，提高代表履职服务保障水平”为目标，不断创新方法，先行先试，在辖区范围内广泛开展了人大代表向选民报告工作并接受评议活动，来自农村、社区、企业、机关的 96 名人大代表分别回各选区向选民报告工作并接受了评议，共收到意见建议 57 条，代表测评满意度达 98%以上。通过代表汇报、选民评议、综合测评、代表表态、会后整改等方式，让广大代表们看到自身的差距，增强了代表意识和履行代表职责的动力，代表之间也起到了相互学习和促进作用，同时选民当家作主的民主意识和监督意识得到有效增强，人大代表与选民的联系更加密切，有效调动了选民参与基层民主政治建设的积极性，为创新人大工作奠定了良好基础。

【监督工作】 围绕重大项目、重点工作和重点民生任务，通过视察、调研、听取工作报告等形式履行监督职责。对“准备之冬”项目建设、“西夏突破” 项目建设、“美丽学校”、环境综合整治、食品安全监管、扶贫攻坚、物流产业、政务公开工作、基层医疗卫生机构设备配备情况等工作和 2016 年重点项目建设情况进行专项视察和实地调研。在年中和年底听取和审议了政府财政预算执行情况、国民经济和社会发展计划执行情况以及 2015 年度财政预算执行和财政收支的审计情况等报告。听取和审议西夏区人民法院工作执行情况的报告、西夏区人民检察院公诉工作情况的报告。审议西夏区人民政府关于三届人大三次会议代表议案建议和意见办理情况的报告，组织部分代表对城市管理、交通、环保、卫生进行执法检查。组织人大代表、法律专家对“两院”自身建设、反贪污反渎职侵权工作及群众来信来访反映的突出问题进行视察。对三届人大四次会议确定的议案建议进行视察和调研。

【代表换届选举】 西夏区和兴泾镇、镇北堡镇两级人民代表大会代表换届选举工作从 2016 年 6 月 1 日开始，到 10 月 31 日结束，历时 153 天。全区现有人口 48 万人，登记选民人数303047人，参加投票选举的选民有283068人，占选民总数的93.40%。设立西夏区选举委员会1个，镇选举委员会2个，街道、选举单位选举领导小组12个，全区共设选区98个（含解放军选区4个），98个选区一次选举成功，一次性成功率100%。依法选举产生西夏区第四届人民代表大会代表175名（空缺2名），两镇人大代表105名（空缺1名）。

【人事任免】 2016年，西夏区人大常委会根据西夏区委关于人事任免的文件通知，着重抓好任前就职表态发言、任后监督、向人大常委会组成人员及代表述职报告、开展述职测评等工作。通过票决方式依法任免国家机关工作人员78人，其中，任免政府机关工作人员45人，法院工作人员9人，检察院工作人员14人，人大机关工作人员3人，接受辞去银川市西夏区区长职务1人，接受辞去银川市西夏区第三届人民代表大会常务委员会主任职务1人，接受辞去银川市西夏区第三届人民代表大会常务委员会副主任职务1人，罢免银川市第十四届人民代表大会代表职务1人，接受辞去西夏区第三届人民代表大会代表职务2人。补选西夏区人大代表10人。

【自身建设】 以创建学习型人大机关为重点，全体机关干部在自觉自愿学习的基础上，积极参加区委中心组理论学习、干部网络学习和人大机关组织的集中学习。认真学习贯彻党的十八大和十八届三中、四中、五中全会以及习近平总书记系列重要讲话精神，深刻领会中央、自治区党委、银川市委及西夏区委一系列重要指示精神，切实以理论武装头脑、明确方向、推动工作。结合周二学法议事制度，先后学习了《中华人民共和国宪法》《中华人民共和国监督法》等13部法律法规，将学习内容和讨论情况汇编成册发至每一名干部手中，进一步巩固学习成果，指导常委会组成人员和各委室干部依法履职，全面提升机关干部综合素质和能力。

【制度建设】 先后修改完善《西夏区人民代表大会常务委员会议事规则》《银川市西夏区人大常委会机关考勤管理暂行规定》等5项制度规定，对重大事项的范围、主要内容、提请审议程序等适时作了进一步的明确和细化，促进决策的民主化、科学化和规范化，有效地规范了机关各项工作有序高效开展。

【"两学一做"学习活动】 认真组织开展学习讨论、讲党课、专题组织生活会，常委会党组成员和党员领导干部率先垂范，引导机关全体党员进一步增强创新意识、责任意识和担当意识，推动学习教育在人大机关中深入开展，取得实效。深入开展"三严三实"专题教育"回头看"，以"不严不实"问题是否解决、群众是否满意为标尺，不断改进会议、视察、调研等工作，通过召开座谈会、开展社会调查、发放征求意见信等形式，广泛征求人大代表和基层党员群众对人大落实监督权、督办代表议案建议、以及群众普遍关心的热点难点问题等方面的意见建议。对查找出问题认真梳理，列出清单，明确整改措施、整改时限，责任部门、责任领导、具体责任人，做到对账销号、不留“死角”。深入持久的开展走访联系群众活动，常委会组成人员和人大机关工作人员每人登门入户走访群众100余户，收集意见建议200余条，经分类整合全部转交相关部门办理，为常委会密切联系群众、提高审议质量，增强监督实效提供了保障。

【宣传活动】 常委会机关全体领导干部职工主动撰写信息稿件、理论文章和心得体会，积极向区市报刊、媒体投稿，报送信息简报12篇，《西夏区新税源培育及营改增工作情况》《西夏区调研扶贫攻坚工作》等10余篇文章在《宁夏人大》《银川人大》等报刊刊登转载。

重要会议

【第三届人民代表大会第四次会议】 1月26—28日，在宁化宾馆召开。会议的主要内容是：听取和审查区人大常委会工作报告、区人民政府工作报告、区人民法院工作报告和区人民检察院工作报告；审查和批准西夏区国民经济和社会发展第十三个五年规划纲要、西夏区2015年国民经济和社会发展计划执行情况与2016年国民经济和社会发展计划草案的报告、西夏区2015年财政预算执行情况和2016年区本级财政预算草案的报告；审查西夏区人民政府关于西夏区第三届人民代表大会第三次会议议案和代表建议意见办理情况的报告；补选西夏区区长、人大常委会副主任。

【第三届人大常务委员会第十八次会议】 1月9日召开，会议听取和审议西夏区人民政府关于调整2015年本级财政预算的报告；审议西夏区人大常委会工作报告（草案）；审议西夏区第三届人民代表大会第四次会议议程、日程（草案）和主席团、秘书长名单（草案），审议通过列席人员名单（草案）和秘书处各机构工作人员名单（草案）；审议西夏区第三届人民代表大会第四次会议关于议案及代表建议、批评和意见的规定（草案）、提交议案截至时间的决定（草案）、代表质询的程序和办法（草案）；审议通过关于召开西夏区第三届人民代表大会第四次会议的决定（草案）；审议通过了有关人事任免议案。

【第三届人大常务委员会第十九次会议】 3月1日召开，会议听取西夏区政府“准备之冬”工作情况的报告；听取西夏区政府“十三五”规划修改完善情况的报告；听取和审议西夏区政府关于2016年部门预算安排情况的报告、关于美丽学校建设情况的报告；审议通过西夏区人大常委会2016年工作要点（草案）；审议罢免李维国银川市人大代表职务议案；审议通过了有关人事任免议案。

【第三届人大常务委员会第二十次会议】6月3日召开,会议听取和审议西夏区人民政府2016年重点项目建设推进情况的报告;听取和审议西夏区城乡环境综合整治情况的报告;听取和审议西夏区电子商务发展情况的报告;听取和审议西夏区人民法院民事审判工作情况的报告;审议通过了有关人事任免议案。

【第三届人大常务委员会第二十一次会议】7月26日召开,会议听取和审议西夏区人民政府关于西夏区三届人大四次会议代表议案、建议办理进展情况的报告;听取和审议西夏区人民政府关于新税源培育及营改增工作情况的报告;听取和审议西夏区人民检察院关于公诉工作情况的报告;听取和审议关于西夏区第四届人民代表大会换届选举工作的安排意见(草案);听取和审议关于对西夏区第四届人民代表大会和镇北堡镇、兴泾镇第三届人民代表大会换届选举时间的决定(草案);听取和审议关于成立西夏区第四届人民代表大会代表选举委员会和镇北堡镇、兴泾镇第三届人民代表大会代表选举委员会的决定(草案);听取和审议关于对镇北堡镇、兴泾镇第三届人民代表大会代表名额和主席团组成人员名额的决定(草案);听取和审议关于西夏区第四届人民代表大会代表选举选区划分和代表名额分配的意见(草案);审议通过了有关人事任免议案。

【第三届人大常务委员会第二十二次会议】9月8日召开,会议听取和审议西夏区人民政府关于2016年上半年国民经济和社会发展计划执行情况的报告、关于2015年度本级财政决算和2016年上半年预算执行情况的报告、关于2015年度本级预算执行及其他财政收支审计情况的报告、关于近三年来对所举债务的使用及清偿情况的报告;听取西夏区人民政府对人大常委会审议意见落实情况的报告(科技扶持项目、文化惠民工程、城乡环境综合整治、美丽学校工程实施);审议通过了有关人事任免议案。

【第三届人大常务委员会第二十三次会议】10月25日召开,会议听取和审议西夏区人民政府关于三届人大四次会议代表议案建议和意见办理情况的报告、关于调整2016年本级财政预算的报告;听取和审议关于代表资格的审查报告(草案);审议西夏区人大常委会工作报告(草案);审议西夏区第四届人民代表大会第一次会议议程、日程(草案)和主席团、秘书长名单(草案),通过列席人员名单(草案);审议西夏区第四届人民代表大会第一次会议关于议案及代表建议、批评和意见的规定(草案)提交议案截至时间的决定(草案)代表质询的规定(草案);审议通过《关于召开西夏区第四届人民代表大会第一次会议的决定》(草案);听取关于西夏区第四届人民代表大会第一次会议筹备工作情况的报告。

【第四届人民代表大会第一次会议】10月31日至11月3日,在西夏区行政中心召开。会议的主要内容是:听取和审查西夏区人大常委会工作报告、西夏区人民政府工作报告、西夏区人民法院工作报告和西夏区人民检察院工作报告；审查和批准西夏区2016年国民经济和社会发展计划执行情况与2017年国民经济和社会发展计划草案的报告、西夏区2016年财政预算执行情况和2017年本级财政预算草案的报告；审查西夏区人民政府关于西夏区第三届人民代表大会第四次会议议案和代表建议意见办理情况的报告。选举西夏区人大常委会主任、副主任、委员；选举西夏区区长、副区长；选举西夏区人民法院院长，西夏区人民检察院检察长；选举西夏区出席银川市第十五届人民代表大会代表。

【第四届人大常务委员会第一次会议】 12月16日召开，会议听取审议西夏区人大常委会2017年工作要点和调研视察安排；听取审议西夏区关于在公民中开展第七个五年法治宣传教育的实施意见；听取审议关于西夏区第四届人民代表大会常务委员会代表资格审查委员会名单(草案)的议案；审议通过了有关人事任免议案。

西夏区人民政府

综　述

【项目引进】 坚持经济工作项目化，工人文化宫文化商业广场、西夏热电二期、怀远路改造提升等50个重点项目全部开工建设，年内完成固定资产投资116亿元。成功引进厦门风云科技、中铁物流银川智能产业基地等26个项目，招商引资到位资金76亿元。加大金融服务项目建设力度，润夏公司注册资本金由1亿元增至8.34亿元，投融资实力明显增强。积极培育税源，强化税收征管，银西高铁、银吴客专等一批利税大户助推了财政收入快速增长。积极争取国家专项基金9.16亿元，投资建设棚户区改造、水利工程等8个项目。创新政府购买服务方式，争取国开行、农发行贷款65.5亿元，为加快推进镇北堡镇人居环境改善和兴泾镇新型城镇化进程提供坚实的资金保障。

【新兴产业】 推进工业技改升级，落实扶持工业发展“新十条”“十九条”等政策，降低企业杠杆率和生产成本。宁夏共享装备快速成形智能制造等5个项目试车投产，宝塔实业增速器轴承等11个重点项目完成技改扩能，培育巨能机器人有限公司在“新三板”挂牌，共享装备列入国务院首批企业双创示范基地。西夏区城区老工业搬迁改造方案获国家发改委备案。商贸物流服务业层级提升，公铁物流城基础设施进一步完善，引入企业14家，累计完成固定资产投资22.6亿元，全年交易额突破30亿元。依托宁夏电商谷和“双创大厦”，大力发展总部经济、楼宇经济，引进中垦电商等项目，形成新产业新业态的集聚效应。入选首批国家全域旅游示范县(区)创建名录，成功举办了全国山地自行车越野赛、国际轮滑马拉松赛、丝路美食节、贺兰山音乐节暨大学生艺术节等30余场大中型文体旅游活动。温泉小镇、葡萄酒庄的建成拉长了产业链条，丰富了贺兰山东麓旅游业态，带动市场消费节节攀升，全域旅游逐步向全域经济转变，全年接待游客突破500万人次，实现旅游收入25亿元。

【城乡环境】 加快长城机床厂、兴盈五八队等8个旧城(棚户区)改造项目，对同心苑、银巴小区等13个老旧小区进行既有建筑节能改造，受益群众4500户。实施怀远路、宁朔街地下综合管廊及道路改扩建工程，综合改造老旧街巷11条95.8公里，新建农村公路15公里。开展城乡环境综合整治春季行动和“冬防工作”，清运渣土500万立方米，拆除拌合站、灰砂砖厂150家，拆除“两违”建筑20多万平方米；建设北京西路碧波公园等小微公园5个，完成影视城外围绿化整治,人居环境不断优化。镇北堡镇被列为“国家重点小城镇”,并成功跻身127个首批中国特色小镇之一。西夏盛典剧院、温泉小镇美食街等项目投入运营，智慧垃圾桶、免费网络等智慧旅游元素的引入,进一步提升了小镇品质。夯实兴泾镇新型城镇化基础设施,文昌南街通车运行,镇村环境明显改观。

【民生保障】 新(改扩)建银川十八中、芦花洲小学等23所学校,巩固提高义务教育均衡发展成果,着力打造教育云、数字校园等信息化平台,引进上海方略教育集团,提升教育质量与管理水平,荣获“全国中小学影视教育实验区”称号。完善创业就业孵化平台服务功能,健全“九位一体”创业服务体系，城镇登记失业率控制在3.35%以内。提升基层医疗服务水平，建设镇北堡中心卫生院、芦花洲卫生服务站，全面接收17所社区医疗服务站，构建覆盖城乡的医疗卫生服务体系。全面落实两孩政策,促进人口均衡发展。新建公建民营医养结合型敬老院1所、老年人日间照料中心9个、残疾人康复站3个。成立怀远路街道办事处,整体接管“西马银”自主迁徙居民区。健全公共安全体系,全面推广“三化一满意”社会治理机制，群体性上访批次、人数“双下降”。高度重视人民群众生命财产安全,特别是面对50年一遇的“8·21”洪灾,广大干部群众众志成城、共渡难关、重建家园,在3小时内安全转移受灾群众1万余人，无一人死亡，灾后与群众在短时间内修复了道路,恢复了生产。

政府常务会议

【第1次常务会】 1月14日，代区长刘虹主持召开。会议听取了西夏区政府办公室关于《政府工作报告》(讨论稿)的汇报、西夏区经发局关于《银川市西夏区国民经济和社会发展第十三个五年规划纲要（讨论稿)》的汇报、西夏区财政局《关于西夏区2015年财政预算执行情况和2016年财政预算草案的报告(讨论稿)》的汇报、西夏区经发局关于《银川市西夏区2015年国民经济和社会发展计划执行情况与2016年国民经济和社会发展计划草案的报告（讨论稿)》的汇报。会议原则同意各项议题,并对相关工作进行了安排部署。

【第2次常务会】 1月21日，代区长刘虹委托常务副区长党成主持召开。会议听取了西夏区经发局关于《银川市西夏区国民经济和社会发展第十三个五年规划纲要(讨论稿)》的汇报,原则同意《银川市西夏区国民经济和社会发展第十三个五年规划纲要(讨论稿)》,经发局按会议所提意见进行修改完善后,提交区委常委会审议。

【第3次常务会】 2月26日，区长刘虹主持召开。会议由刘虹区长传达了自治区党委常委、银川市委书记徐广国、自治区政府党组副书记郝林海在全市环境综合治理大会上的讲话精神，并对西夏区贯彻落实提出要求。听取财政局关于 2016 年 1—2 月拨付项目资金情况的汇报。会议听取了工信局《关于申请原西夏区工业园区开元路济民路等道路建设遗留资金的请示》的汇报、审计局《关于西夏区政府投资项目竣工决算审计暂行办法》的汇报、农牧水务局关于发布《西夏区草原火灾应急预案》《西夏区深化小型水利工程管理体制改革实施方案》《西夏区水资源确权登记工作实施方案》的汇报。会议听取了人社局《关于镇北堡林草试验场第四批申请上岗人员工作安排的请示》、民政局《关于申请离任城镇社区工作者生活补贴等经费的请示》的汇报，西夏区交警一大队、城管局《关于申请尽快解决“三车”综合整治工作中有关问题的请示》的汇报、市容环境卫生服务中心《关于环卫编外人员在环卫服务中心期间个人缴纳养老保险退费的请示》的汇报。会议原则同意相关议题，并进行了具体安排部署。

【第 4 次常务会】 3 月 23 日，区长刘虹主持召开。会议听取了政府办公室《关于 2016 年政府工作报告任务分工的通知》(讨论稿)的汇报，研究了文体旅游局《西夏区全域旅游示范县区创建工作实施方案》(讨论稿)、组织部《关于兑现西夏区基层服务型党组织创星晋级结果奖金、绩效和报酬待遇的请示》、农牧水务局《关于解决兴泾镇部分购买奶牛农户贷款遗留问题的请示》、市容环卫中心《关于新增环卫车辆驾驶员招聘及运行经费的请示》《关于环卫职工王永欣工伤赔偿经费的请示》、综治办《关于表彰西夏区 2015 年度见义勇为先进分子的请示》、国控公司《关于对盈北商贸城剩余公寓与营业房进行公开处置的请示》《关于银川市西夏区学院路北侧盈北家园二期 26 套商业用房再次拍卖的请示》、团委《关于申请解决大学生志愿者社保缴费资金的请示》。会议原则上同意以上各项议题，并作出具体安排。

【第 6 次常务会】 5 月 3 日，区长刘虹主持召开。会议传达学习银川市委办公厅市人民政府办公厅《关于认真做好市辖三区有关问题办理工作的通知》，安排部署西夏区贯彻落实工作。会议听取了人社局《关于调整西夏区农民工工资清欠领导小组及成员单位责任的请示》《关于对 10 家建筑施工企业逾期补交农民工资保证金处理的请示》《关于润恒公司归还借用银川市 250 万应急周转金的请示》《西夏区关于全面治理拖欠农民工工资问题的实施方案》的汇报。取了编办关于西夏区权利清单制定情况的工作汇报。听取了财政局关于 2016 年 3—4 月份拨付项目资金情况的汇报、公铁物流中心《关于国际空港物流综合项目办理用地手续的请示》《关于拨付海尔虚实网络服务园项目政策性扶持资金的请示》《关于兴泾镇四小委托管理的请示》《关于发还宏龙物流股份有限公司违约保证金的请示》的汇报。会议原则同意以上请示汇报，并具体落实方案进行了安排部署。

【第 7 次常务会】 6 月 12 日，区长刘虹主持召开。会议听取了卫生和计划生育局关于2016年上半年计划生育工作情况的汇报、民族宗教局关于2016年上半年民族宗教工作开展情况的汇报、林业和葡萄产业发展局《关于审议西夏区市民休闲森林公园总体规划的请示》《关于非基本农田葡萄确权颁证的请示》的汇报、农牧水务局《关于支持农业特色优势产业发展合作协议》的汇报、教育局《关于西夏区乡村教师支持计划实施办法》的汇报、文体旅游局《关于成立贺兰山东麓旅游综合管理执法大队的请示》的汇报、财政局关于各部门申请拨付资金的汇报、西夏区法院关于妥善处理信访人李怀振与被执行人宁夏泉发贸易有限责任公司纠纷一案的汇报。会议原则同意各单位汇报的议题,并作出安排部署。

【第8次常务会】 6月27日，区长刘虹主持召开。会议由副区长马黎刚传达学习《李克强总理在全国科技创新大会上的讲话》。研究政府法制办《关于西夏区政府部门权利运行责任清单的请示》。会议听取了贺兰山西路街道办事处关于土地增减挂钩及润恒项目征地拆迁安置工作相关问题的汇报、征地动迁办关于镇北堡镇棚户区改造房屋征收补偿方案的报告、西夏区残联关于残疾人托养康复服务中心建设所需用地的汇报、公铁物流服务中心关于西夏区二手车市场退回部分土地的汇报、市容环境卫生服务中心关于西夏区环卫作业市场化运作方案的汇报、朔方路街道办事处关于拆除西夏区恩和园废弃水塔及违章建筑物的汇报、国控公司关于对盈北家园二期26套商业用房进行处置意见的汇报、公安分局关于解决西夏区禁毒教育基地建设用房的汇报。会议原则同意相关议题,并进行了安排部署。会议还研究了《关于免去银川润夏投资发展有限公司董事长的请示》,同意免去李维国银川润夏投资发展有限公司董事长职务。

【第9次常务会】 9月4日,区长刘虹主持召开。会议传达学习习近平总书记来银视察重要讲话、自治区党委第十一届八次全会和自治区城市工作会议精神、李克强总理关于上半年经济形势和做好下半年经济工作的讲话精神。听取《关于西夏区2015年度本级财政预算执行和其他财政收支情况的审计工作报告》、“8·21”大暴雨抢险救灾情况的汇报,听取了财政局关于各部门、单位申请拨付资金的汇报，研究镇北堡镇申请拨付资金事宜,公安分局《关于加强公安协勤队伍管理的请示》、交警一、二大队《关于申请增加工作人员的请示》监察局《关于给予李彦虎行政记大过处分的建议》,研究城管局关于增加环卫特种车驾驶员指数的请示。会议对相关议题进行了讨论,并作出安排部署。

【第四届人民政府第1次常务会】 11月19日,区长刘虹主持召开。会议分别听取了安监局和环保分局关于近期安全生产和环境整治工作的汇报。研究了西夏区“六五”普法总结表彰暨“七五”普法启动相关事宜、西夏区平安社区(村)及平安单位命名相关事宜、西夏区休闲农业融合升级示范项目相关事宜,关于购买兴磷社区、建设巷社区等服务用房相关事宜，审议了西夏区审计局《关于西夏区 18 家行政事业单位的往来款核查报告》、扶贫办关于《西夏区贫困村贫困户精准脱贫退出方案(送审稿)》,听取了润夏公司关于银川隆光置业有限公司国家专项建设基金拨付情况的报告,棚户区改造、旧城改造、基础设施建设拨付资金相关事宜,教育科技拨付资金相关事宜、公安消防拨付资金相关事宜、公铁物流中心拨付资金相关事宜、其他部门拨付资金相关事宜、西夏区监察局关于干部处理的有关事宜。会议原则同意相关事宜,并作出具体安排。会议决定,根据《行政机关公务员处分条例》有关规定,同意西夏区监察局给予张文武开除公职的处理意见。

区长办公会

【第 1 次】 1 月 20 日，西夏区代区长刘虹会同公铁物流主任裴建宁,副区长党成、李景阳、马建国,召集西夏区监察局、经发局、财政局、民政局、审计局、建设交通局、法制办、润夏公司等单位负责人,就推进农发行专项建设基金项目投资和公铁物流一号路工程代建费相关事宜召开会议。会议围绕润夏公司《关于推进农发行专项建设基金项目投资的请示》、公铁物流服务中心《关于申请拨付公铁物流园区一号路工程建设剩余费用的请示》,进行研究,并作出决定。

【第 2 次】 3 月 11 日，西夏区区长刘虹主持召开区长碰头会，就贯彻落实银川市副市长马凯 3 月 8 日调研西夏区重点项目座谈会精神提出具体要求。会议就关于西夏区零散片区危旧房采取政府购买存量房安置的问题、关于规划建设贺兰山东麓立体公共交通枢纽工程、关于镇北堡自来水厂、污水处理厂建设、关于文化宫商业广场地下通道工程(文萃路—怀远路段)、关于镇北堡镇农村人居环境项目工程、关于灰渣砖厂关停并转、关于城乡环境综合整治工作、关于环卫基地二期建设、关于乡村道路互联互通项目、关于西马银整体移交基础设施建设问题、关于西大沟治理、关于文昌南路两侧绿化、关于二毛三毛、标准件厂、西干渠家属院棚户区改造、关于兴泾镇整体城镇化项目、关于贺兰山东麓葡萄文化体育旅游发展规划等工作进行了安排部署。

【第 3 次】 6 月 14 日，西夏区区长刘虹会同副区长马黎刚、李景阳,召集西夏区经发局、财政局、建设交通局、民政局、工信局、镇北堡镇、润夏公司等单位负责人,就推进国家专项建设基金项目争取和基金拨付等相关事宜作出相关决定。

专题会议

【第 1 次专题会议】 1 月 4 日,西夏区委常委、常务副区长党成,召集西夏区财政局、监察局、审计局、拆迁办、芦花台产城办单位主要负责人，就解决芦花洲安置区一期项目部分安置户急需用房有关事宜进行了专题研究。会议决定，从兴洲雅居一期剩余未分配的50套房屋中，划拨35套3005.61平方米安置房移交芦花台产城办，用于安置芦花洲一期群众，优先安置子女结婚等急需用房群众，对未分房群众要做好安抚工作，切实把群众的好事办好。在移交时，国控公司现场监督交接工作。

【第2次专题会议】 2015年12月31日，西夏区委常委、常务副区长党成召集西夏区国有资产处置领导小组成员单位负责人，就盈北商贸城剩余公寓、营业房资产处置相关事宜进行了研究。会议决定：委托宁夏多元产权拍卖行（该拍卖行列入《关于确定自治区国有企业资产拍卖备选机构的公告》）对盈北商贸城剩余公寓与营业房资产进行公开拍卖。盈北商贸城剩余公寓与营业房资产公开拍卖价格以宁夏正业通房地产评估事务所近期所做市场评估价为基准。

【第3次专题会议】 2015年12月31日，西夏区副区长杨智召集财政局、农发办、审计局、农牧水务局、建设交通局、动迁安置办、城管局、国土分局、兴泾镇等单位负责人，就部署规范管理兴泾镇中庄组西侧、平吉堡农场十队东北侧、桑园沟南侧1000余亩土地使用问题进行研究，并做出相关决定。

【第4次专题会议】 2015年12月25日，在银川市西夏区政府会议室，自治区发改委组织召开《西夏区城区老工业区搬迁改造实施方案（2013-2022年）》工作推进会。会议由自治区发改委党组副书记、副主任郭秉晨主持。自治区发改委西部处处长蔡晓隽介绍全国老工业基地调整改造背景。听取西夏区工信局局长朱立红汇报《西夏区城区老工业区搬迁改造实施方案（2013-2022年）》的基本情况，专家组、各有关单位、企业发表意见建议。实地察看银川生物科技园（贺兰县）、宁夏银川（灵武）再生资源循环经济示范园搬迁两个承接地。专家组、各相关单位、企业代表反馈《宁夏银川市西夏区城区老工业区搬迁改造实施方案（2013—2022年）》意见建议。

【第5次专题会议】 2016年3月1日，为确保全国“两会”期间安全生产工作正常平稳，西夏区委副书记闫树革、副区长胡峻、政协副主席杨义策召集西夏区安监局、物业办、消防大队、北京西路街道办事处、西夏区物价所、幸福巷社区、开元物业公司、浙江商城业主委员会等单位负责人，就近期安全生产工作及浙江商城火灾隐患等相关事宜进行安排部署。

【第6次专题会议】 2016年3月10日，西夏区副区长胡峻召集西夏区物业办、西花园路街道办事处等单位负责人，就花半里小区群众反应小区中断供热事宜进行协商解决。

【第7次专题会议】 2016年3月11日，西夏区副区长胡峻召集西夏区城管局、市容环境卫生服务中心、物业办、环保分局、国土分局、两镇六街一办等单位负责人，就解决西夏区城乡环境综合治理进行安排部署。

【第 8 次专题会议】 2016 年 3 月 9 日，西夏区副区长党成召集政府办公室、财政局、建设交通局、监察局、审计局、政府采购办等部门负责人，就西夏区政务服务中心有关设备招标采购事宜进行了安排部署。

【第 9 次专题会议】 2016 年 3 月 2 日，西夏区副区长杨智召集兴泾镇、农牧水务局、建设交通局、银川市政建设公司、中石油宁夏石化公司、银川电信分公司等单位负责人，就加快推进文昌南路拓宽改造工程进行专题研究部署。会议就相关单位的责任范围进行了划分，就完成时限和责任主体作了明确规定。

【第 10 次专题会议】 2016 年 3 月 15 日，西夏区区长刘虹会同区委常委、公安分局局长李亮、副区长胡峻召集西夏区城管局、财政局、拆迁办、建设交通局、市容环境卫生服务中心、物业办、环保分局、国土分局、市场监督管理局、交警一二大队、两镇六街一办等单位负责人，邀请贺兰山农牧场、平吉堡奶牛场、南梁农场负责人，就城乡环境综合治理相关事宜进行了安排部署。

【第 11 次专题会议】 2016 年 3 月 18 日，西夏区副区长胡峻召集财政局、审计局、建设交通局、经发局、城管局、爱卫办等单位负责人，就渣土清运事宜进行了具体安排。

【第 12 次专题会议】 2015 年 12 月 31 日，西夏区委常委、副区长李景阳会同副区长杨智，召集财政局、审计局、农牧水务局、润夏公司、市场监督管理局、兴泾镇等单位负责人，就进一步发挥好兴泾镇肉牛产业担保基金扶农增收作用进行研究部署。

【第 13 次专题会议】 2016 年 3 月 9 日，西夏区政协主席高保会同副区长杨智，召集经发局、财政局、审计局、建设交通局、兴泾镇、泾华园三期设计单位和监理单位负责人，就泾华园三期外立面设计、室内洁具采购、营业房楼高调整等事宜进行研究部署。

【第 14 次专题会议】 2016 年 3 月 11 日，西夏区委常委、常务副区长党成召集西夏区法院、检察院、审计局、监察局、财政局、建设交通局、国控公司、经发局、法制办、公安分局、文昌路街道办事处、北京西路办事处、宁夏辅德律师事务所等相关单位负责人，就原二毛、三毛纺织厂家属区棚户区改造项目相关事宜进行研究，并提出了具体解决办法。

【第 15 次专题会议】 2016 年 2 月 1 日，西夏区委常委、常务副区长党成召集西夏区监察局、财政局、审计局、市容环境卫生服务中心、贺兰山西路街道办事处等相关单位负责人，就贺兰山西路街道办事处良渠稍村保洁员马学祥意外死亡补偿经费事宜进行专题研究。会议听取了贺兰山西路街道办事处关于申请拨付良渠稍村保洁员马学祥意外死亡补偿的情况汇报。决定：1.由贺兰山西路街道办事处向银川市人力资源和社会保障局申请工伤认定。2.若认定为工伤死亡，由人社局一次专题会议性核算工伤死亡补助金和丧葬费，并由贺兰山街道办事处向政府专项申请用于拨付家属。3.贺兰山西路街道办事处切实做好维稳和家属安抚工作。

【第16次专题会议】 2016年3月28日，西夏区副区长胡峻召集安监局、城管局、林业和葡萄产业局、民政局、市容环境卫生服务中心、消防大队、公安分局治安大队、交警二大队、镇北堡镇、宁化路街道办事处等单位负责人，就做好清明节和五一劳动节期间安全生产工作召开专题分工和部署。

【第17次专题会议】 2016年3月23日，西夏区政协主席高保会同政府副区长杨智，召集财政局、审计局、建设交通局、兴泾镇等单位负责人，就泾华园三期有线电视网络工程相关事宜进行研究部署。

【第18次专题会议】 2016年2月4日，西夏区副区长党成召集建设交通局、监察局、财政局、审计局、宁夏建筑设计研究院有限公司、银川力鼎房地产开发公司、宁夏陆磐建筑工程有限公司、江苏大汉建设实业集团有限公司等单位负责人，就西夏区政务服务中心项目建设有关问题进行了专题研究和部署。

【第19次专题会议】 2016年4月1日，西夏区副区长胡峻召集城管局、爱卫办、市容环卫服务中心、林业和葡萄产业局、交警一大队、两镇六街一办等单位负责人，就城乡环境卫生综合治理工作进行安排部署。

【第20次专题会议】 2016年3月31日，西夏区委常委、常务副区长党成召集西夏区公安分局、法院、检察院、审计局、监察局、教育局、城管局、法制办、拆迁办、贺兰山西路街道办事处、宁夏辅德律师事务所等相关单位负责人，就西夏区教育局综合木器加工厂征收拆迁安置工作进行安排部署。

【第21次专题会议】 2016年4月1日，西夏区副区长杨智召集财政局、审计局、监察局、建设交通局、兴泾镇等单位负责人，就盈北康居A区太阳能及热计量表安装、镇北堡幸福小镇二期天然气接入、兴泾镇镇区详细规划招标等事宜进行研究部署，决定同意兴泾镇对镇区控制性详细规划设计和泾华园安置区东北角未利用地开发建设工程设计进行招标。

【第22次专题会议】 2016年4月5日，西夏区副区长陈蕴丹召集民政局、财政局、审计局、建设交通局和有关镇（街）主要负责人，就社区服务站装修改造及设备购置召开专题研究会议。会议对2016年锦润社区、学院社区、园林场社区、农牧场社区和同安苑社区服务站的装修改造及设备购置等工作进行了安排部署。对锦润社区、学院社区、园林场社区、农牧场社区和同安苑社区服务站的装修改造项目内容进行了审定，对锦润社区、同安苑社区设备购置内容进行了审定。2016 年，银川市把城市社区居委会公益用房面积达标工作重点进行了安排部署。会议决定：1.锦润社区、学院社区、园林场社区、农牧场社区和同安苑社区服务站的装修改造项目由民政局牵头负责。在有关街道提出的预算基础上，民政局要对各社区装修改造的具体情况进行再核查，将初步预算控制在 90 万元内。各改造项目报经发局立项，统一招标，统一施工，最后以审计决算为准，由西夏区财政局拨付工程款。2.锦润社区、同安苑社区设备购置项目由民政局进行审核后，报政府采购办按相关程序进行集中采购，其中电脑和打印机的采购，按照每两个社区委员配置电脑 1 台、每个社区服务站配置打印复印一体机 1 台、普通打印机 1 台的配置标准进行。上述社区的采购总金额需控制在 13 万元以内。

【第 23 次专题会议】 2016 年 4 月 6 日，西夏区委常委、常务副区长党成主持召开了西夏区开展集中打击非法占地非法积土非法挡工和已出让土地未完征收专项整治行动领导小组专题会议，听取了国土分局和各成员单位关于开展专项整治行动工作情况的汇报，并对下一步工作进行了安排部署。

【第 24 次专题会议】 2016 年 4 月 12 日，西夏区委常委、宣传部长刘婧、副区长胡峻召集城管局、农牧水务局、爱卫办、国土分局、环保分局、宁华路街到办事处、接管办等单位负责人，就金波北街灰沙砖厂及渣土堆治理召开现场办公会。会议对机关工作的承办单位及完成时限进行了明确要求。

【第 25 次专题会议】 2016 年 4 月 12 日，西夏区委常委、常务副区长党成会同人大常委会副主任金肖栋、政协副主席马臻，召集西夏区审计局、财政局、建设交通局、经发局、拆迁办、北京西路办事处、朔方路街道办事处、自治区党校、宁夏民生房地产开发有限公司、宁夏万恒投资置业有限公司等相关单位负责人，就自治区党校家属区等 3 个棚户区改造项目、相关事宜进行研究。亚麻厂家属区（南区）暨宁夏水利科学家属区旧城（棚户区）改造项目及原二毛、三毛纺织厂家属区棚户区改造项目进行安排部署。

【第 26 次专题会议】 2016 年 4 月 6 日，西夏区委常委、副区长李景阳召集银川市城管局、西夏区工信局、城管局、公安分局、拆迁办、兴泾镇及热电二期、天津电建、中建三局、中国六冶有关部门和单位负责人在西夏热电公司，召开关于西夏热电二期项目开工建设中工程土方堆放及费用等问题进行协调解决。

【第 27 次专题会议】 2016 年 4 月 6 日，区委常委、常务副区长党成召集西夏区法院、检察院、财政局、审计局、监察局、法制办、拆迁办、国控公司、宁夏盛世开元拍卖有限公司、宁夏多元产权拍卖行(有限公司)等相关单位负责人，就西夏区学院路北侧盈北家园二区26套商业房、盈北商贸城·富润园部分营业房及公寓进行再次拍卖相关事宜进行研究,并作出相应决定。

【第28次专题会议】 2016年4月21日，西夏区副区长胡峻召集城管局、安监局、爱卫办、市容环卫服务中心、国土分局、环保分局、镇北堡镇、市场监督管理局、交警一二大队、消防大队、公安分局治安大队、物业办等单位负责人召开会议。就安全、环保、“三车”整治、渣土清运等工作进行安排部署,明确责任主体及完成完成时限。

【第29次专题会议】 2016年4月21日，西夏区委常委、常务副区长党成召集西夏区政府办公室、审计局、财政局、监察局、信访局、建设交通局、农牧水务局、林业局、经发局、拆迁办、镇北堡镇、兴泾镇、贺兰山西路街道办等相关单位负责人，就自治区党委第二巡视组反馈意见整改相关事宜进行研究。研究关于“干部群众反映两镇征地拆迁、安置补偿信访问题较突出”的问题;关于“有的政府投资项目超投资概算、超中标价格,少数项目先施工后招标、项目审核把关不严”的问题;关于“2012—2014年,西夏区相关部门滞留专项资金，特别是农牧水务局滞留涉农惠农资金数额较大”的问题;关于“个别部门存在坐收坐支、财务核算手续不齐全、报销票据审核不严格”问题和关于“个别部门账目清理不及时、往来账上资金长期挂账，不能真实反映财务状况和资产情况”的问题;关于“西夏区公车使用管理不规范、个别公务车辆为企业顶账但未过户”的问题;关于“违规发放补贴现象依然存在”的问题。进行整改落实,并提出具体完成时限。

【第30次专题会议】 2016年4月27日，西夏区委常委、常务副区长党成会同人大常委会副主任金肖栋、政协副主席马臻,召集西夏区审计局、财政局、建设交通局、经发局、北京西路办事处、朔方路街道办事处、文昌路街道办事处、银川恺祥达房地产开发有限公司、宁夏民生房地产开发有限公司、宁夏万恒投资置业有限公司等相关单位负责人，就区建三公司家属区等3个棚户区改造项目相关事宜进行研究安排部署。

【第31次专题会议】 2016年4月27日，西夏区副区长杨智召集农牧水务局、扶贫办、贺兰山西路街道、监察局、财政局、民政局、就业局、民族宗教局、建设交通局、城管局、润夏公司及同阳社区基础设施设计单位、施工单位、监理单位负责人,就同阳社区移民群众生产生活问题逐项予以研究解决,并就相关重点工作进行安排部署。会议就全力推动移民群众增收致富、整改安置区基础设施质量、完善营业房经营管理制度,完善停车场、护栏等设施,提升社区环境卫生水平等方面进行了安排部署。

【第 32 次专题会议】 2016 年 5 月 3 日，接宁夏电视台记者通知，在西夏区金阳花园进行了行风现场问政，西夏区副区长胡峻及城管局、建设交通局、物业办、接管办、爱卫办、环保分局现场参加了直播问政。问政后，胡峻就 4 月初金阳社区排污水管被车辆压破，导致污水外泄，影响了周边居民环境，群众和物业公司多次向接管办及政府反映未果的情况召开现场办公会。会议决定：由接管办和物业办分别书面向农垦集团、西夏苑房地产开发有限公司发出通知，督促企业去市政管理处办理污水管网接至市政管网手续。环保分局对开发企业和物业公司非法排污进行处罚，要求企业尽快将小区排污接至市政排污管网。建设交通局、物业办与市建设局市政管理处对接，请市上督促协调开发企业接通排污管网。接管办、物业办负责将压坏的金阳社区排污管道即日起更换修缮。

【第 33 次专题会议】 2016 年 4 月 5 日，西夏区委常委、常务副区长党成召集西夏区审计局、监察局、财政局、农牧水务局、拆迁办、国控公司、贺兰山西路街道盈北村等相关单位负责人，就西夏区环卫服务基地建设项目下欠盈北村土地补偿款相关事宜进行研究。

【第 34 次专题会议】 2016 年 1 月 21 日，西夏区委常委、常务副区长党成召集审计局、监察局、财政局、建设交通局、宁夏正业通工程咨询有限责任公司、宁夏富润投资置业有限公司等单位负责人，就西夏古城项目 A 区 1-6 号楼及地下室成本价核算相关事宜进行了研究，并就一些具体工作进行了安排落实。

【第 35 次专题会议】 2016 年 3 月 22 日，西夏区委常委、常务副区长党成召集西夏区宣传部、法院、检察院、公安分局、审计局、监察局、财政局、建设交通局、国控公司、经发局、法制办、信访局、劳动监察大队、文昌路街道办事处、北京西路办事处、宁夏华恒信工程造价咨询公司、中联资产评估集团宁夏华恒信有限公司等相关单位负责人，就原二毛、三毛纺织厂家属区棚户区改造项目相关事宜进行研究，并就相关工作进行安排部署。

【第 36 次专题会议】 为保障辖区夏季旅游高峰期安全生产形势稳定，落实刘虹区长在西夏区安全生产工作会议上的讲话精神。2016 年 5 月 16 日，西夏区副区长胡峻带领城管局、安监局、文体旅游局、消防大队、市场监督管理局等单位负责人对辖区重点旅游景点、人员密集场所开展安全生产工作检查。就检中存在的问题有针对性安排部署，明确各项工作的责任主体及具体任务。

【第 37 次专题会议】 2016 年 5 月 20 日，西夏区副区长胡峻召集城管局、法制办、交警一大队等单位负责人就辖区“三车”治理相关事宜召开专题会议。会议决定：城管局、交警一大队以西夏区政府名义向市政府打报告,催促请示暂扣“三车”的处理意见。按照市运管处授权,城管局、交警一大队要根据各自职责,本着先易后难、稳妥稳定、照顾民生的原则,对查扣的“三车”依法依规进行处罚处理。为消除道路隐患,按照自愿原则,对于愿意放弃车辆的车主,与其协商回购。

【第 38 次专题会议】 2016 年 5 月 18 日,区委常委、常务副区长党成召集西夏区财政局、审计局、监察局、国控公司、贺兰山西路街道办事处、宁夏正业通工程咨询有限公司、宁夏多元产权拍卖行(有限公司)等相关单位负责人,就盈北商贸城·富润园部分营业房及公寓处置相关事宜进行研究。会议听取了宁夏多元产权拍卖行（有限公司)关于盈北商贸城·富润园部分营业房及公寓第二次流拍情况的汇报。会议决定:盈北商贸城·富润园部分营业房及公寓不再公开拍卖,由政府按照有关规定自行处置。部分营业房及公寓标的价不再下浮，继续执行第二次拍卖标的价，分楼层单体向社会公开协议出让。

【第 39 次专题会议】 2016 年 5 月 20 日,西夏区副区长宋琰,召集政府办公室、监察局、审计局、招标办等单位负责人,就西夏区政务服务中心职工餐厅后厨用品和物业服务用品进行集中采购工作进行具体落实。

【第 40 次专题会议】 2016 年 5 月 26 日,西夏区副区长胡峻带领爱卫办、接管办、贺兰山西路街道办事处等单位负责人就整治银川市环境抽查反馈的脏点事宜召开现场办公会议。对具体问题及区域进行明确,责任到户,按照分工办法,要求相关部门做好工作。

【第 41 次专题会议】 2016 年 5 月 15 日，西夏区副区长杨智在镇北堡镇政府会议室，主持召开镇北堡镇 2016 年重点项目和重点工作推进会，就棚户区改造和农村人居环境项目,脱贫攻坚、信访维稳、加强班子建设、“两学”一做学教活动等工作并进行安排部署。

【第 42 次专题会议】 2016 年 5 月 13 日，西夏区区长刘虹、政协主席高保,召集西夏区财政局、审计局、经发局、兴泾镇、银川润夏公司负责人，专题研究兴泾镇失地农民创业就业基地暨小商品城项目建设资金拨付相关工作进行安排部署。

【第 43 次专题会议】 2016 年 5 月 31 日，区委常委、常务副区长党成召集西夏区财政局、审计局、监察局、卫生和计划生育局、国控公司、兴泾镇等相关单位负责人,就兴泾镇泾华园社区卫生服务站、居安家园 15 套安置房处置相关事宜进行研究。会议听取了卫生和计划生育局关于设立兴泾镇泾华园社区卫生服务站工作情况和国控公司关于处置安居家园 15 套安置房请示的汇报后,就相关事项作出决定。

【第 44 次专题会议】 2016 年 5 月 24 日，

西夏区副区长杨智带领林业和葡萄产业局、城管局、兴泾镇等单位负责人，实地踏勘文昌南路两侧环境综合整治工作，并召开现场办公会议，就全力推进文昌南路两侧绿化工作明确责任主体，明确时限范围，要求高质量完成工作任务。

【第 45 次专题会议】 为确保原第二毛、三毛厂家属区回迁居民妥善安置，维护与该项目有关的职工、施工方等债权人合法权益，顺利推进该项目尽快复工建设 2016 年 5 月 24 日，西夏区委常委、常务副区长党成召集政府法制办、审计局、建设交通局、宁夏浩华房地产综合开发有限公司、宁夏辅德律师事务所律师等相关单位负责人，就浩华公司放弃项目开发建设权及资产清理评估等事宜进行了磋商，达成了框架协议。

【第 46 次专题会议】 2016 年 6 月 8 日，西夏区副区长杨智邀请银川市交通运输局负责人，召集西夏区兴泾镇、农牧水务局、建设交通局、财政局、林业和葡萄产业局、润夏公司、银川市市政建设和综合管廊投资建设管理有限公司（以下简称银川市政公司）、中石油宁夏石化公司、精诚燃气公司、银川移动公司、银川联通公司、银川电信公司、西夏回中负责人以及文昌南路拓宽改造工程各标段施工单位负责人，沿文昌南路实地踏勘各标段施工现场，并召开现场办公会议，推进文昌南路拓宽改造工程中存在的问题逐一研究部署。会议决定：强力推进征地拆迁、线杆迁移工、管道管线铺设、东一支沟砌护工程。要严把工程质量关和安全关，加大沟通，协调，凝聚合力，全力做好该项工作。

【第 47 次专题会议】 2016 年 5 月 25 日，西夏区区长刘虹会同副区长杨智，召集财政局、建设交通局、经发局、监察局、审计局、镇北堡镇等单位负责人，就镇北堡镇昊苑村二组美丽村庄试点项目相关事宜进行研究部署。会议决定：鉴于自治区住建厅明确要求 5 家企业均须参与项目建设，且考虑到项目投资金额不高，由 5 家企业各自承担一部分工程后，各家预算金额都较低，由镇北堡镇政府按照自治区住建厅要求，尽快制定项目施工方案，并按照工程管理相关要求做好工程项目建设。

【第 48 次专题会议】 2016 年 6 月 8 日，西夏区副区长胡峻召集法院、城管局、环卫服务中心、教育局、信访局、民政局、交警一大队、朔方路街道办事处、西夏区第九小学等单位负责人，就市民高俊杰骑车与正在作业的环卫工人发生碰撞死亡后续处理事宜召开专题会议，会议就相关工作进行了安排部署。

【第 49 次专题会议】 2016 年 6 月 3 日，西夏区副区长杨智召集财政局、农牧水务局、经发局、监察局、审计局等单位负责人，就遴选财政支农业务合作银行进行专题研究。决定石嘴山银行银川分行和邮政储蓄银行作为西夏区财政支农项目合作银行。

由银川市担保基金中心担保，上述两家合作银行向群众贷款。由西夏区财政局积极指导，农牧水务局具体组织，尽快完善并与上述两家银行签订《西夏区财政支农业务合作协议》。

【第50次专题会议】 2016年5月9日，西夏区区长刘虹召集副区长杨智及西夏区经发局、财政局、建设交通局、国土分局、环保分局、镇北堡镇等单位负责人，就镇北堡镇污水处理厂及自来水厂PPP项目建设有关事宜进行研究部署。

【第51次专题会议】 2016年6月23日，西夏区副区长杨智召集国控公司、监察局、财政局、审计局、建设交通局、镇北堡镇等单位负责人，就镇北堡镇幸福小镇二期棚户区改造项目增容费事宜进行专题研究，并就相关工作进行了安排部署。

【第52次专题会议】 2016年6月8日，西夏区委常委、常务副区长党成会同人大常委会副主任金肖栋、政协副主席马臻，召集西夏区法制办、审计局、建设交通局、文昌路街道办事处、北京西路街道办事处、西花园路街道办事处，宁夏浩海房地产开发集团有限公司、银川隆光置业有限公司、宁夏大禹房地产公司、宁夏吉泰房地产开发有限公司等相关单位负责人，就原二毛、三毛纺织厂家属区等5个棚户区改造项目相关事宜召开了第六次旧改专题会议，就相关工作进行安排部署。

【第53次专题会议】 2016年6月24日，西夏区副区长杨智召集财政局、审计局、安监局、建设交通局、征地安置办、兴泾镇等单位负责人，在兴泾镇兴庆加油站召开现场办公会议，就兴庆加油站迁建及文昌南街两侧征地拆迁工作进行研究部署。

【第54次专题会议】 2016年4月31日，西夏区区长刘虹会同副区长马黎刚、李景阳、陈蕴丹、胡峻、杨智，召集西夏区政府办、法制办、民政局主要负责人，就西夏区养老院公建民营方案进行研究。会议原则上同意该方案，同时就方案所涉及的相关工作进行了研究。

【第55次专题会议】 2016年4月29日，西夏区委常委、常务副区长党成召集监察局、审计局、财政局、建设局、银川力鼎房地产公司、陕西安莱智能科技有限公司宁夏分公司、宁夏建工集团第八分公司等单位负责人，就西夏区政务服务中心建设项目部分材料认价、专业工程暂估价认价、增加工程签证及变更项目返工处理等事宜进项了研究。会议听取了银川力鼎房地产公司等3家企业关于西夏区政务服务中心项目消防设备、装饰材料等价格情况的汇报。银川力鼎房地产公司、陕西安莱智能科技有限公司宁夏分公司先后对各项材料价格进行了确认。

【第56次专题会议】 2016年4月29日，西夏区委常委、常务副区长党成召集监察局、审计局、财政局、建设局、宁夏陆磐建筑工程有限公司、圳昌装饰工程集团有限公司、宁夏建工集团装饰工程有限公司、深圳市晶宫设计装饰工程有限公司、江苏大汉建设实业集团有限责任公司等单位负责人，就西夏区政务服务中心建设项目部分材料认价、专业工程暂估价认价、增加工程签证及变更项目返工等事宜进项了研究。会议分别听取了宁夏陆磐建筑工程有限公司等5家施工单位关于西夏区政务服务中心装修工程相关材料价格的汇报。宁夏陆磐建筑工程有限公司、圳昌装饰工程集团有限公司、宁夏建工集团装饰工程有限公司、深圳市晶宫设计装饰工程有限公司、江苏大汉建设实业集团有限责任公司对相关材料价格进行了确认。

【第57次专题会议】 2016年4月29日，西夏区委常委、常务副区长党成召集监察局、审计局、财政局、建设局、宁夏建达建筑工程公司等单位负责人，就西夏区政务服务中心建设项目部分材料认价、专业工程暂估价认价、增加工程签证及变更项目返工处理等事宜进项了研究。会议就过车区域院坪硬化石材、不过车域院坪硬化石材、道牙石、成品值班岗亭制作安装、门房及地下车库入口升墙石材、电动伸缩门、围墙照明灯及道路返工等相关问题进行了确认。

【第58次专题会议】 2016年4月29日，西夏区委常委、常务副区长党成召集监察局、审计局、财政局、建设局、济南共力微电子有限公司、宁夏奇文安全系统工程有限公司、宁夏电通实业集团有限责任公司、宁夏希望信息产业有限公司等单位负责人，就西夏区政务服务中心建设项目部分材料认价、专业工程暂估价认价、增加工程签证及变更项目返工处理等事宜进行了研究。济南共力微电子有限公司、宁夏奇文安全系统工程有限公司、宁夏电通实业集团有限责任公司、宁夏希望信息产业有限公司先后对相关材料及设备价格进行了确认。

【第59次专题会议】 2016年6月21日，西夏区区长刘虹会同常务副区长党成、副区长杨智召集西夏区财政局、审计局、监察局、法制办、建设交通局、国控公司、镇北堡镇、兴泾镇、宁夏正业通房地产评估事务所等相关单位负责人，就盈北商贸城·富润园剩余部分营业房及公寓处置相关事宜进行研究。会议听取了宁夏正业通工程咨询有限公司、西夏区国控公司关于盈北商贸城·富润园部分营业房及公寓成本价测算情况和处置请示的汇报。决定：1.盈北商贸城·富润园剩余部分营业房及公寓不再公开拍卖，由政府按照有关规定进行处置。2. 盈北商贸城·富润园部分营业房及公寓标的价不再下浮，执行第二次拍卖标的价，分楼层单体向社会公开协议出让。3.出让协议签订后，由国控公司、国土分局负责协助受让企业抓紧办理土地证、房产证等转让手续。

【第60次专题会议】 2016年6月15日，西夏区区长刘虹会同副区长陈蕴丹，召集民政局、财政局、人社局、残联和各镇(街)、接管办主要负责人，就民政等工作召开专题研究会议。听取民政局关于《西夏区2016年城乡社区治理“全面提升年”工作方案》的汇报、民政局关于《西夏区创建全国慈善示范区活动实施方案》《提高农村居民最低生活保障补助水平的实施方案》《西夏区“三事分流、三社联动、三治并举”社区治理创新试点工作实施方案》、关于西夏区网格化管理情况的汇报、关于追加社区网格员社保地方配套资金的汇报、关于解决500平方米以下社区服务用房工作进展情况、关于申请拨付2016年度享受低保残疾生活补贴资金的汇报、关于开展“八一”双拥工作活动经费的情况汇报，听取残联关于申请拨付西夏区困难残疾人生活补贴和重度残疾人护理补贴资金的汇报。会议原则同意相关请示和汇报，并给与一定的经费支持。

【第61次专题会议】 2016年7月4日，西夏区副区长宋琰召集人社局、社会保险经办服务中心、兴泾镇、西花园路街道办事处、贺兰山西路街道办事处负责人，就2016年西夏区被征地农民养老保险参保工作进行了研究。会议传达了《关于督查被征地农民养老保险推进情况等4项重点工作进展情况的通知》、自治区人力资源和社会保障厅办公室《关于全区被征地农民养老保险工作推进情况的通报》精神。根据2016年自治区被征地农民养老保险参保率要达到60%以上的要求，西夏区2016年被征地农民养老保险应参保人数为6492人，任务数为3895人。其中：兴泾镇应参保人数为5384人，任务数为3230人；西花园路街道办事处应参保人数为288人，任务数为173人；贺兰山西路街道办事处应参保人数为820人，任务数为492人。会议要求，各级政府要加大工作力度，努力完成相关工作任务。

【第62次专题会议】 2016年7月4日，西夏区委常委、常务副区长党成召集两镇政府，各街道办事处，政府各有关部门(单位)等单位负责人，就各部门(单位)往来账款处置有关事宜进行研究。会议邀请宁夏五岳联合会计师事务所就事业单位往来账款处理事项进行了现场讲解，听取了审计局关于各部门(单位)往来款项处理意见请示的汇报。会议对相关工作提出了具体要求，并就部分工作的完成时限作了明确规定。

【第63次专题会议】 2016年7月17日，西夏区副区长杨智召集西夏区环保分局、城管局、工信局、建设交通局、爱卫办、国土分局、两镇政府、各街道办事处负责人，对中央第八环保督察组转办事项逐一进行研究落实，并就认真做好查处整改工作进行研究部署。会议就相关工作进行责任分工，要各责任单位针对问题逐项整改，确保每个问题都按期查处整改，件件有回应。

【第64次专题会议】 2016年7月22日，西夏区委常委、常务副区长党成召集财政局、监察局、审计局、国控公司等相关单位负责人，就缴纳泾祥园(棚户区)改造项目农民工工资保证金事宜进行了专题研究。会议听取了国控公司关于泾祥园棚户区改造项目进展情况以及存在问题的汇报。决定，暂借用施工单位缴纳的履约保证金缴纳农民工保证金，借用林州市昌宏建筑工程有限公司485.4万元，银川三建工程有限责任公司554.24万元，共计1039.64万元，待国开行专项资金下达后，归还原资金。

【第65次专题会议】 2016年7月22日，西夏区委常委、常务副区长党成召集西夏区民政局、财政局、监察局、审计局等相关单位负责人，就拨付病故军人张峥遗属一次性抚恤金经费事宜进行专题研究。决定，同意民政局《关于拨付病故军人张峥遗属一次性抚恤金的请示》（银西民发〔2016〕75号），按照相关标准，发放一次性抚恤金134492.4元，由西夏区本级财政拨付。

【第66次专题会议】 2016年7月26日，西夏区委常委、常务副区长党成会同政协副主席马臻，召集自治区党校、政府法制办、经发局、财政局、审计局、建设交通局、朔方路街道办事处、北京西路街道办事处和宁夏民生房地产开发有限公司、宁夏万恒投资置业有限公司等相关单位主要负责人，就自治区党校家属区和亚麻厂家属区（南区）暨宁夏水利科学家属区旧城（棚户区）改造项目所涉及的相关问题进行了研究，并提出了解决办法。

【第67次专题会议】 2016年7月22日，西夏区委常委、常务副区长党成主持召开了西夏区开展集中打击非法占地非法积土非法挡工和已出让土地未完成征收专项整治行动领导小组会议。会议听取了国土分局关于开展专项整治行动前阶段的工作总结暨下一阶段的工作安排的汇报。会议决定：1.由国土分局代政府拟函，对未拆迁的或渣土未清理的，且土地权属于开发区管委会、市土地储备局的，要求按银川市蓝天工程和打非专项行动环境治理规定，予以清理。2.由各镇、街作为责任单位，对非法占地建筑房屋的，对接国土分局、城管局联合近期依法拆除。3. 国土分局要做好市2016年上半年打非专项行动督查的迎检工作，认真总结西夏区在工作开展中好经验、好方法，尤其是西夏区难以解决的历史问题要再次梳理，恳请市打非专项领导小组协调解决。4.针对2015年度下发各乡镇、涉农办卫片，各乡镇、涉农办作为拆迁责任单位、按照清单要求，对未拆除的要尽快拿出方案，组织相关部门联合拆除。

【第68次专题会议】 2016年7月28日，西夏区委常委、常务副区长党成会同人大常委会副主任金肖栋，召集宁夏大学、国税局、西夏区法制办、审计局、建设交通局、监察局、经发局、朔方路街道办事处，宁夏亳森房地产开发有限公司、陕西恒隆房地产开发有限责任公司等相关单位负责人，就遴选参与宁夏大学学仕园旧城（棚户区）改造项目企业事宜进行研究。会议讲解了银川市旧城改造工作技术流程以及旧城改造的相关政策，分别听取了宁夏毫森房地产开发有限公司、陕西恒隆房地产开发有限责任公司关于项目规划设计方案、定位、资金来源，企业资质、纳税、信誉等方面情况的汇报。会议就开发商资质审核，工作协议未入选企业的退费等有关工作进行了安排部署。

【第 69 次专题会议】 2016 年 7 月 22 日，西夏区委常委、统战部部长姜继琴会同区委常委、常务副区长党成召集监察局、审计局、财政局、建设交通局、国控公司、残联、远成监理公司、宁夏建筑设计研究院有限公司、宁夏业通建设工程有限公司、雅宸装饰工程有限公司、深圳长城装饰设计工程有限公司、宁夏利明实业等单位负责人，就西夏区残疾人托养康复中心建设项目装修图纸审图、施工，土建工程施工范围确认等事宜进项了研究，并就施工所涉及的相关问题进行了确认。

【第 70 次专题会议】 2016 年 7 月 20 日，西夏区副区长杨智召集西夏区委办公室、政府办公室、环保分局、城管局、农牧水务局、林业和葡萄产业局、建设交通局、工信局、国土分局、征地安置办、两镇政府及各街道办事处负责人，就认真做好中央第八环保督察组督查相关工作进行安排部署。会议要求，各单位要切实提高思想认识、认清形势，站在合力完成转办事项查处整改工作的高度，加强沟通协调、密切协作配合、强化联动执法，真正落实环境保护网格化管理措施，形成齐抓共管、整体推进的工作格局，做到思想认识到位、查处整改到位、联动配合到位、跟踪督查到位、信息畅通到位。

【第 71 次专题会议】 2016 年 7 月 26 日，西夏区副区长杨智召集财政局、审计局、监察局、农牧水务局、贺兰山西路街道办事处等单位负责人，就军华农民专业合作社（以下简称军华合作社）申请减免部分土地租金事宜进行专题研究。会议听取了贺兰山西路街道办事处关于军华合作社申请减免部分土地租金的情况汇报。会议决定：一是鉴于军华合作社当年基本没有收成，为维护其合理利益，减免合作社 2014 年承包 816 亩土地应缴租金的 50%。2014 年之后土地租金仍按照原定标准收取。二是由贺兰山西路街道办事处负责，积极与军华合作社沟通，按照会议决定的标准收取土地租金，并及时发放给生态移民。三是请贺兰山西路街道办事处加大对合作社的管理协调，及时解决其存在的问题，并按时督促将生态移民的土地流转费用全额发放到老百姓手中。

【第 72 次专题会议】 2016 年 8 月 8 日下午，西夏区委常委、副区长马黎刚召集西夏区民族宗教局、安监局、卫计局、文体旅游局、农牧水务局、公安分局、交警二大队、消防大队、镇北堡镇、滚钟口管理所及滚钟口清真寺负责人召开专题会议，就滚钟口拱北清真寺举办克马伦丁长老归真 388 周年纪念活动安全保障有关事宜进行专题安排部署。会议要求，各单位、各部门要高度重视，按照各自所承担工作任务，制定工作方案，指定专人负责，加强信息沟通，认真履行职责，确保活动期间安全防范和秩序维护工作不留空白。同时，在工作中要注意方式方法，全面贯彻落实党的民族宗教政策，尊重信教群众风俗习惯，维护民族团结和社会稳定。

【第 73 次专题会议】 2016 年 7 月 26 日，西夏区副区长杨智召集财政局、审计局、建设交通局、扶贫办、镇北堡镇、贺兰山西路街道办事处等单位负责人，就生态移民工程审计决算相关事宜进行研究部署。

【第 74 次专题会议】 2016 年 8 月 9 日，西夏区委常委、副区长李景阳主持召开了推进银川润夏投资发展有限公司（以下简称润夏公司）国有资本收益管理改革专题会议。会议听取了润夏公司关于目前收入管理体制对企业发展的影响以及开展国有资本收益管理改革建议等有关情况的汇报，听取了财政局、审计局关于润夏公司开展国有资本收益管理改革的意见和建议。会议对参会单位提出的问题进行了安排部署。

【第 75 次专题会议】 2016 年 8 月 15 日，西夏区委常委、常务副区长党成会同人大常委会副主任金肖栋、政协副主席马臻，召集政府法制办、监察局、审计局、建设交通局、拆迁办、朔方路街道办事处和宁夏民生房地产开发有限公司等相关单位主要负责人，就启动自治区党校家属区旧城（棚户区）项目启动搬迁程序事宜进行研究部署。

【第 76 次专题会议】 2016 年 8 月 17 日，西夏区副区长杨智邀请泾源县交通局负责人，召集西夏区财政局、审计局、建设交通局、征地动迁办、润夏公司、西夏公交公司、兴泾镇等单位负责人，就泾源县兴泾镇长途客运汽车管理站（以下简称长途客运站）整体移交工作进行专题研究部署。并就相关工作进行了安排。

【第 77 次专题会议】 2016 年 8 月 17 日，西夏区委常委、常务副区长党成召集经发局、财政局、建设交通局、国土分局、国控公司、镇北堡镇、兴泾镇、贺兰山西路街道办事处等相关单位主要负责人，就所分管部门全面完成西夏区 2016 年固定资产投资目标任务事宜进行研究并就沈阳路（亲水大街—新南公路）、怀远路（兴州街—宁朔街）、宁朔街（怀远路—贺兰山路）3 条道路及城市地下综合管廊工程，西夏工人文化宫文化商业广场项目，自治区党校家属区、长城机床厂旧改（棚户区）2 个改造项目以及镇北堡棚户区改造项目、芦花洲安置区二期建设项目、泾祥园改造（棚户区）项目、泾华街拓宽改造项目、泾华村中庄组棚户区改造项目进行了安排部署。

【第 78 次专题会议】 2016 年 8 月 24 日，

银川市副市长徐庆带领市旧改、国土、规划等相关部门负责人对西夏区长城机床厂家属区、橡民A区、兴盈公司七十队三个旧改项目进行了现场调研。按照徐庆副市长调研指示精神，为尽快解决当前旧改项目推进过程中存在的问题，加快项目实施，妥善安置被拆迁居民，现场调研会后，西夏区委常委、政府常务副区长党成召集建设交通局、宁夏建艺房地产开发有限公司、宁夏大禹房地产公司主要负责人，就橡民A区、兴盈公司七十队2个旧城(棚户区)项目推进事宜进行安排部署。

【第79次专题会议】 为贯彻落实8月29日银川市环境空气质量约谈会议精神和市政府杨有贤副市长的指示要求，按照区委、政府主要领导安排，2016年8月31日，西夏区副区长杨智召集蓝天工程指挥部各成员单位主要负责人，主持召开落实银川市环境空气质量约谈专题会议，传达学习《银川市1–7月份空气质量状况和自治区督查反馈问题通报》、市政府约谈会议纪要精神和银川市副市长杨有贤在银川市环境空气质量约谈会议上的讲话精神，对西夏区1–7月环境空气质量状况和原因进行了剖析，研究提出了防治大气污染的整改措施，明确了任务分工。

【第80次专题会议】 2016年8月22日，西夏区区长刘虹会同副区长党成、杨智，召集宣传部、镇北堡镇、农牧水务局、建设交通局、卫生和计划生育局、民政局、文体旅游局等单位负责人，就“8·21”山洪灾后工作进行安排部署。会议要求，各单位要全力以赴开展灾后救助，全力做好卫生消毒防疫、水利工程抢修、受损道路修复等工作，切实保障好灾民亟需的医疗卫生、餐食住宿、交通出行等方面服务，尽力预防次生灾害，构建安全舒适的临时安置环境。

【第81次专题会议】 2016年8月31日，西夏区区长刘虹会同副区长杨智，召集政府法制办、财政局、审计局、监察局、经发局、建设交通局、镇北堡镇等单位负责人，召开“8·21”山洪灾后安置工作专题会议，就认真做好受灾群众临时安置、医疗救助、生活补贴以及银川园富温棚园区灾后工作进行安排部署。会议听取了镇北堡镇关于“8·21”山洪总体受灾情况、灾民临时安置救助情况和银川园富温棚园区受灾情况的汇报，并就灾后重建工作进行了安排部署。

【第82次专题会议】 2016年9月6日，西夏区委书记雍辉、区长刘虹在镇北堡镇调研期间，指出镇北堡西部影城对面裸露空地过多，严重影响西夏区形象面貌，要求副区长杨智召开专题会议研究安排绿化提升工作，强调第十届中美旅游高峰论坛召开在即，绿化工程可采取竞争性谈判等方式组织实施，确保中美旅游高峰论坛召开前完成绿化提升。按照区委、政府主要领导安排部署，2016年9月8日，西夏区副区长杨智召集监察局、财政局、审计局、建设交通局、林业和葡萄产业局、镇北堡镇等单位负责人，就镇北堡西部影城周边裸露空地绿化工作进行研究安排。会议决定，鉴于中美旅游高峰论坛将于 9 月中旬举办，由林业和葡萄产业局负责，于 9 月 15 日前，完成镇北堡西部影城对面及周边区域、导洪沟南北两侧区域、镇北堡温泉小镇周边区域裸露空地绿化美化提升工作。鉴于此项工作时间紧迫、意义重大，可采取竞争性谈判方式选择施工单位施工，确保按期完成绿化美化提升，展示优美生态环境和良好开放面貌，为中外嘉宾游客留下良好印象。

【第 83 次专题会议】 2016 年 8 月 25 日，西夏区委常委、常务副区长党成召集财政局、审计局、监察局、建设交通局、农牧水务局、拆迁办、国控公司等相关单位主要负责人，就兴盈八队安置事宜进行研究。会议听取了拆迁办关于将老火车站以北兴盈八队 22 户拆迁户安置于兴盈家园的情况汇报。会议就面临的具体工作任务进行了明确分工。

【第 84 次专题会议】 2016 年 9 月 22 日，西夏区副区长杨智召集建设交通局、动迁安置办、民族宗教局、西花园路街道、宁夏建艺房地产开发公司（以下简称为宁夏建艺公司）、兴盈公司负责人，就兴盈公司七、十队旧城（棚户区）改造项目推进中存在的问题进行专题研究，并就下一步重点工作进行安排部署。

【第 85 次专题会议】 2016 年 9 月 22 日下午，西夏区副区长侯自强主持召开会议，就治理拖欠职工（农民工）工资问题相关事宜进行了部署。会议传达学习了《自治区人民政府办公厅关于开展治理拖欠职工（农民工）工资突出问题专项督查的通知》《关于开展治理拖欠职工（农民工）工资突出问题专项督查的补充通知》文件精神，听取了西夏区职工（农民工）工资清欠工作进展情况的汇报，通报了辖区各企业清欠职工工资工作落实情况，并就保障职工（农民工）合法权益等工作做了安排部署。

【第 86 次专题会议】 2016 年 6 月 14 日，西夏区政协主席高保会同西夏区区委常委、统战部部长姜继琴、西夏区副区长马黎刚召集西夏区宗教局、兴泾镇人民政府、财政局、建设交通局、审计局、陕西龙寰招标代理公司、福建超平建筑设计公司、银川长城监理有限公司、宁夏第五建筑有限公司负责人就西夏区兴泾镇泾和大寺外网电气工程、锅炉房燃气锅炉设备、天然气管道、太阳能增加壁挂炉设备、自行车棚加宽、院内路灯安装等事宜进行专题研究，并就相关工作进行安排部署。

【第 87 次专题会议】 2016 年 10 月 10 日上午，西夏区副区长侯自强主持召开智慧西夏建设专题会议。会议传达学习了 2016 年市委 62 号专题会议纪要精神，听取了西夏区民政局关于智慧社区建设情况的汇报。会议要求，先行抓住银川市在三区建设 100 个智慧社区的机遇，争取在西夏区建设

30个左右智慧社区（智慧旅游、智慧校园），为智慧西夏建设打好基础。由建设交通局牵头，民政、文体旅游、教育、卫计等部门分别负责，各镇街合力配合，加强对接，形成部门镇街联动机制。要对实施智慧城市建设的企业提出约束机制，严把工程质量，确保西夏区智慧城市建设实现服务一流、管理先进、安全可靠。

【第88次专题会议】 2016年10月18日，西夏区副区长杨智召集监察局、财政局、审计局、建设交通局、西花园路街道办事处等单位负责人，就橡民A区棚户区改造项目开发企业退出事宜进行研究部署。会议听取了西花园路街道办事处、建设交通局关于橡民A区棚户区改造项目实施情况的汇报。会议决定：由建设交通局负责，与宁夏长轮房地产开发有限公司、宁夏大禹房地产开发集团有限公司沟通对接，拟定双方退出橡民A区棚户区改造项目协议，加快推进开发企业退出工作。由审计局负责委托中介机构，对照橡民A区棚户区改造项目开发建设协议，尽快对项目实际建设支出进行审计核算，形成审核报告呈报区委、政府研究。由西花园路街道办事处负责，尽快对橡民A区采暖设施、供热管道进行维修，确保居民正常采暖。

【第89次专题会议】 2016年10月20日，西夏区副区长宋琰召集西夏区卫计局、民政局、财政局、人社局、疾控中心、卫生监督所、社保经办中心、南梁卫生院单位负责人，就西夏区南梁农场移民一、二、三组卫生计生工作移交事宜进行专题研究。会议听取了卫计局关于南梁农场一、二、三组卫生室人员、固定资产、服务人口等情况的汇报。会议就相关工作进行了分工，并提出了具体要求。

【第90次专题会议】 为妥善解决西夏区风华小区、橡民A区等区域2016—2017年度采暖期供热遗留问题，保障居民冬季正常采暖，2016年10月24日西夏区常务副区长马黎刚、副区长杨智、姜永邀请银川市供热物业管理办公室主任徐少华就今冬供热问题召开协调会议。会议就几个小区的供热工作进行了安排部署。

【第91次专题会议】 2016年10月27日，西夏区副区长杨智召集监察局、财政局、审计局、民政局、建设交通局、林业和葡萄产业局、国控公司等单位负责人，实地查看了西夏区敬老院项目建设情况，就敬老院给排水管网接入城市管网相关事宜进行研究，就相关问题作出决定。

【第92次专题会议】 2016年10月28日，西夏区副区长杨智会同人大常委会副主任金肖栋，召集财政局、审计局、建设交通局（旧改办）、征地动迁办、国土分局、西花园路街道办事处、朔方路街道办事处、文昌路街道办事处等单位负责人，以及宁夏文化产业投融资有限公司、宁夏建艺房地产开发有限公司、宁夏圣雪绒房地产开发有限公司负责人，召开西夏区旧城改造专题会议。会议就一些老旧小区改造方面涉及的问题进行的具体安排。

【第 93 次专题会议】 2016 年 11 月 9 日，西夏区副区长杨智召集城管局、征地动迁办、贺兰山西路街道、三闸村、芦花村、顾家桥村等单位负责人，邀请银西高铁银吴客专工程建设指挥部、中铁二十一局集团银吴项目部负责人，召开现场办公会议，就银西高铁工程征地动迁工作进行研究部署。会议就征地拆迁补偿测算、土地征收及动迁居民安置、建设用工、项目区内边角地处置、征地拆迁补偿等方面的工作进行安排部署。

【第 94 次专题会议】 2016 年 11 月 7 日，西夏区副区长杨智会同人大常委会副主任金肖栋，召集经发局、财政局、审计局、城管局、建设交通局、征地动迁办、国土分局、贺兰山西路街道、银川建发集团股份有限公司等单位负责人，就加快推进宁光电表厂及周边区域旧城改造项目进行研究，并对涉及的相关问题进行安排部署。

【第 95 次专题会议】 2016 年 11 月 14 日，西夏区副区长杨智召集监察局、残联、财政局、审计局、建设交通局、国控公司以及西夏区残疾人托养康复中心项目施工单位和运营装修单位负责人，就该项目二次装修相关事宜进行研究。对涉及的相关问题明确责任主体和完成时限，要求尽快保质保量做好工作。

【第 96 次专题会议】 2016 年 11 月 10 日，西夏区副区长杨智召集征地动迁办、农牧水务局、林业和葡萄产业局、文体旅游局、国土分局、贺兰山西路街道办事处、同庄村负责人，就犀牛湖水上生态公园项目用地征收工作进行安排部署。会议对具体工作进行分解，落实责任主体，确保各项工作如期完成。

【第 97 次专题会议】 2016 年 7 月 16 日，西夏区泾华园安置区建设安置工作领导小组组长高保会同政府副区长杨智，召集经发局、财政局、审计局、林业和葡萄产业局、建设交通局、兴泾镇等单位负责人，以及泾华园安置区工程监理单位、绿化工程和监控系统施工单位负责人，对泾华园安置区一、二期绿化及监控系统工程组织验收，并召开现场办公会议。会议对具体工作提出解决办法和整改措施。

【第 98 次专题会议】 2016 年 12 月 15 日，西夏区区长刘虹主持召开银西高铁西夏区过境段征地拆迁事宜专题会议，区委常委、副区长马黎刚，副区长杨智，财政局、建设交通局、征地动迁办、农牧水务局、林业和葡萄产业局、文体旅游局、国土分局、贺兰山西路街道办的主要负责人参加了会议。会议听取了征地动迁办关于银西高铁西夏区过境段征地工作进展情况的汇报，并对加快推进征地工作进行了安排部署。会议明确了负责人，并就有关工作任务进行了分派，力求各项工作顺利开展。

【第99次专题会议】 2016年12月15日，西夏区区长刘虹主持召开犀牛湖水上生态公园项目土地征收工作专题会议，区委常委、副区长马黎刚，副区长杨智，财政局、建设交通局、征地动迁办、农牧水务局、林业和葡萄产业局、文体旅游局、国土分局、贺兰山西路街道办主要负责人参加了会议。会议听取了征地动迁办关于犀牛湖水上生态公园项目土地征收工作进展情况的汇报，并对下一步工作进行了安排部署。会议决定：1.由征地动迁办负责，尽快编制犀牛湖水上生态公园项目土地征收实施方案，要明确资金来源，厘清土地权属，综合考虑各方因素，认真细致做好测算工作。《方案》完成后报政府常务会议和区委常委会议研究审定。2.由农牧水务局尽快负责核实犀牛湖水上生态公园项目用地范围是否在水源地保护区范围内。3.由国土分局负责核实犀牛湖水上生态公园项目土地原规划用地性质，提出用地性质变更意见。

【第100次专题会议】 2016年11月21日，西夏区副区长杨智会同政协副主席孙春芳，召集两镇政府、财政局、审计局、征地动迁办、国土分局等单位负责人，就“准备之冬”期间征地动迁工作进行部署。对具体工作进行了具体分工，并明确了具体完成时限。

【第101次专题会议】 2016年10月20日，西夏区区长刘虹会同区委常委、常务副区长马黎刚，副区长杨智、侯自强、姜永，召集城管局、人社局、财政局负责人，专题研究了关于加强城管队伍建设有关事宜。会议听取了城管局关于城管队伍建设情况的汇报。决定：1.由姜永牵头，由城管局牵头，人社局配合，制定招聘工作实施方案，组织部、财政局积极配合，监察局做好监督工作，按照“公开、平等、竞争、择优”的原则，面向社会公开招聘城管执法队员及数字化城管指挥中心工作人员10名，补充到城管队伍中，优化城管队伍结构，提高城市管理水平。2.新聘用人员试用期为6个月，试用期内月工资1800元。试用期满经考核合格者，签订劳动合同，工资待遇比照政策性安置非在编人员工资待遇执行；后期若有名额空缺，可在原报考人员范围内按照成绩以递补形式进行补聘，补聘人员继续实行6个月试用期。

【第102次专题会议】 2016年12月8日，西夏区委常委、常务副区长马黎刚召集西夏区建设交通局、信访局、人社局劳动监察大队等相关单位负责人，就解决原二毛、三毛纺织厂家属区棚户区改造项目拖欠农民工工资问题进行研究部署。会议决定：1.由建设交通局负责，与顺安建筑工程有限公司对接，由顺安建筑工程有限公司提供与欠薪农民工共同签字认可的工资发放花名册，厘清涉及农民工工资发放和拖欠具体情况。2.由建设交通局负责，通知原开发单位宁夏浩华房地产开发有限责任公司负责人胡满华，配合顺安建筑工程有限公司，对提供的农民工工资花名册进行签字确认，限期内不予配合，造成农民工工资进一步拖欠，引发群体性上访等后果，移交公安机关立案处理。3.由西夏区人社局(劳动监察大队)监督发放确认后的农民工工资,确保被拖欠的工资按照实名制银行卡和花名册发放到农民工手中。

【第 103 次专题会议】 2016 年 12 月 20 日,西夏区委常委、兴泾镇党委书记邵中宏会同西夏区副区长杨智,召集经发局、财政局、审计局、建设交通局、农牧水务局、林业和葡萄产业局、教育局、卫生和计划生育局、民政局、文体旅游局、镇北堡镇、兴泾镇等单位负责人，邀请区市城乡规划领域专家,召开两镇总体规划评估论证会,就兴泾镇总体规划调整、镇北堡镇总体规划调整事宜进行研究和总体安排部署。

【第 104 次专题会议】 2016 年 12 月 19 日,西夏区副区长杨智召集监察局、财政局、审计局、建设交通局、征地动迁办、国控公司等单位负责人,就盈北商贸城·富润园项目农民认购出租公寓超出政策规定面积事宜进行专题研究。会议听取了国控公司关于盈北商贸城·富润园项目农民认购出租公寓超出政策规定面积相关情况汇报后,对涉及的具体问题进行了安排部署。

【第 105 次专题会议】 2016 年 12 月 19 日,西夏区副区长杨智召集旧改办、北京西路、文昌路、朔方路街道办事处以及相关项目开发企业,召开旧城改造专题会议,就长城机床厂家属区旧城(棚户区)改造项目、亚麻厂家属区及周边区域旧城(棚户区)改造项目。原二毛、三毛厂家属区旧城(棚户区)改造项目、风华小区旧城(棚户区)改造项目、进行专题研究,并就具体工作进行安排部署。

【第 106 次专题会议】 2016 年 12 月 20 日,西夏区副区长姜永召集农牧水务局、财政局、经发局、审计局、建设交通局、怀远路街道办事处单位负责人就建设宁夏廉政警示教育中心水系整治工程相关事宜召开专题会议。会议听取了农牧水务局关于建设宁夏廉政警示教育中心水系整治工程设计和前期准备情况的汇报后。决定:1.同意按照银川市水电勘查设计院所做的设计方案进行整治。2.由西夏区农牧水务局尽快做好项目的调查论证和前期准备工作，尽早完成招投标工作,建设资金由本级财政支出。3.农牧水务局要按照工程建设“四制”的要求,抓好工程质量和安全生产,使工程及早建成,改善廉政警示基地生态环境。

【第 107 次专题会议】 2016 年 12 月 19 日,西夏区政协原主席高保,区委常委、常务副区长马黎刚,区委常委、统战部长贺满庭,区委常委邵中宏,副区长杨智,召集兴泾镇、财政局、经发局、建设交通局、监察局、审计局、民族宗教局、安监局、消防大队和设计、监理、施工等部门主要负责人就西夏区兴泾镇泾和大寺(八寺合一)项目验收移交使用有关问题召开协调会议。会议听取了兴泾镇关于泾和大寺(八寺合一)建设

进展情况及验收移交工作中存在的问题和需要协调事项的汇报，听取了民族宗教局关于泾和大寺移交方案的汇报。会议对一些具体工作进行了安排部署。

【第108次专题会议】 2016年10月27日，西夏区副区长杨智带领监察局、财政局、审计局、建设交通局、文体旅游局、国控公司、消防大队、镇北堡镇政府等单位负责人，实地调研镇北堡镇在建项目实施情况，并召开项目建设现场办公会议，就关于镇北堡镇文体活动中心项目、团结村老年人日间照料中心项目、镇北堡镇镇区基础设施建设项目等相关工作进行研讨，并做出部署。

政府法治

【责任分工】 成立以区长为组长、分管区长为副组长、各部门主要领导为成员的法治政府建设工作领导小组。年初制定下发了《关于全面推进依法治区实施意见》《西夏区法治政府建设实施方案》等文件，并将法治政府建设工作纳入西夏区目标管理责任书中，将目标任务分解到各相关部门，明确职责，落实责任。

【经费保障】 2016年，安排预算资金1750万元用于推进西夏区法治政府建设工作，其中制作宪法墙、法治宣传、法律援助等项目1306万元。消防宣传培训经费、法学会工作经费、社区矫正等项目434万元。拨付法律顾问经费10万元。

【法制宣传】 积极拓宽普法宣传渠道，构建了门户网站、微信、微博、微信群的“一网两微一群”普法平台，实现了普法宣传教育工作从1.0摆摊设点式到2.0互动式普法再到3.0服务式的跨越发展。将辖区内的法官、检察官、律师、辖区大中专院校教师、人民调解员等纳入法制宣传队伍，组成普法教育宣讲团，深入推进“订单式”普法，根据辖区各方面的需求，因地制宜、因人制宜地开展法制讲座。全年，开展各类法制讲座20多场次，接待群众法律咨询2000人次，法制文艺演出15场。以“七五”普法为契机，在强化各单位干部例会学法的同时，积极参加各类线上线下培训，定期组织专门的法律知识培训。定期组织西夏区干部开展法律知识考试，共参加区、市、西夏区举办的各类法律培训13场次，参培人员100人次，开展法律培训活动38场次，接受培训2000余人次。

【行政审批】 根据国务院推进行政审批制度改革的有关精神，对现有行政审批事项进行清理并公布结果，积极推进政务服务事项“应进全进”，实现推开一扇门、办成一揽子事。通过五轮“瘦身”规范政务服务，简化行政审批手续，优化流程。梳理规范进厅政务服务事项113大类171项，共计压缩承诺时限2129个工作日，减少办事环节245个。对于在村（社区）初审、镇（街道）复审、其他相关单位办理的事项（如：低保、临时困难救助和困难职工申请等），由社区初审后，直接到西夏区政务服务中心各业务窗口进行审核办理，取消镇、街复审程序，减少中间办事环节。对于村(社区)初审，镇(街道)审核办理并发证的事项(如：再生育证、流动人口婚育证明等)，全部下放到村(社区)办理。由村(社区)统一收件并且初审完毕后，各镇(街道)办事处轮岗坐班首席代表统一审核，统一发证。群众可直接到社区领取证件，避免群众"两头跑，两头找"的现象。

【智能化服务】 6月初，将西夏区开展的行政职权事项全部迁移至宁夏行政审批与公共服务系统，全面接入自治区"政务云"信息平台，建立了网上服务与实体大厅服务、线上与线下服务相结合的一体化行政审批平台，打造了网上办事大厅、手机终端、微信关注和政务服务大厅窗口"四位一体"的办理模式。构建重点工程、重点项目和重要事项审批绿色通道，实行"企业承诺、容缺受理、容缺审查、急事急办、特事特办"的审批模式，确保了西夏区重大项目快审批、早落地。全年，快速办理了"企业投资建设项目备案"等审批事项99件，减少承诺时限563个工作日。通过自治区统一建设的宁夏投资项目在线审批监管平台，对非涉密投资项目一律通过平台在线受理、办理有关行政审批事项，实行"一站式"网上审批，通过互联网门户进行公示和通告，实现了内部和外部监督的双重监督。

【权责清单】 由法制办、编办、经发局牵头开展政府及部门责任清单、权力清单和市场准入负面清单工作，本次编制的政府各部门权力运行责任清单共涉及20个部门及两镇，针对西夏区本级锁定的3049项职权事项，经研究和合法性审查，确定保留职权事项1583项，其中行政审批78项、行政处罚1012项、行政强制84项、行政征收8项、行政给付35项、行政检查123项、行政确认28项、行政奖励52项、行政裁决4项、其他类别150项，精简率达到52%。对应1615项行政权力经反复查找10万余条法律、法规、规章和规范性文件及党纪政纪规定，编制出20987项责任事项、15955项追责情形和8446项担责方式。

【机制改革】 在"三证合一"基础上，整合社会保险和统计登记证，从6月1日起实行"五证合一、一照一码"登记制度改革，优化了营商环境，为促进结构性改革提供优质服务。2016年，西夏区核发"五证合一、一照一码"营业执照1719户，其中新办479户、换证1240户。加强行政事业性收费管理，通过收费清理专项检查工作的开展，取消行政事业性收费3项，没有五法定依据的行政审批中介服务项目及收费，同时严格执行《宁夏回族自治区2015年行政事业性收费政府性基金项目目录清单》相关要求，擅自提高征收标准、扩大征收范围的，一律停止执行；凡是法律、行政法规、国务院、区市决定或规章明确取消的行政审批项目，一律取消；凡是涉及行政审批及行政服务事项工本费，一律取消，清理行政性收费收入276

万元，实现了行政性事业“零收费”的目标。

【规范性文件制定和备案】 严格落实《西夏区规范性文件制发、审查备案、定期清理制度》，明确规范性文件起草、审核、备案、清理等各环节的责任和要求，督促相关部门切实履行工作职责。法制办定期对规范性文件进行合法性、可行性、可操作性审查并提出法制审查意见，未经审查或审查未通过的政府常务会不予审议。绝大多数部门和乡镇较好落实了规范性文件法制前置审查制度。自2013年起已4次组织对政府办公室及其各行政部门的规范性文件进行全面清理，共清理规范性文件26件，进一步加强了规范性文件的管理，确保了规范性文件的合法性和科学性。积极实施规范性文件有效期制度，切实维护国家法制统一和政令畅通。

【依法决策】 出台《西夏区政府法律顾问室规则》，成立政府法律顾问室，聘请多位政府法律顾问，为法律顾问开展工作提供制度保证，并推动政府部门落实政府法律顾问制度。西夏区政府大部分部门聘请了法律顾问，都较好地履行了法律顾问的职责；在规范政府重大行政决策方面，根据自治区重大行政决策规则，制定出台《西夏区重大决策听证制度》《重大决策专家咨询论证制度》《决策责任追究制度》《合同管理暂行办法》《法律顾问室工作规则》等文件；在强化执法监督方面，与西夏区人民检察院制定出台《银川市西夏区行政执法工作与检察监督工作相衔接实施办法》等；在体现违法必究方面，制定出台《西夏区人民政府决策责任追究制度》。2016年，西夏区没有因违法决策引发的重大群体事件或者重大集体上访事件发生；没有因违法决策或者不当决策被上级机关责令撤销的情形发生；没有因依据违法决策作出的行政行为被人民法院判决撤销、变更或者确认违法的情形发生。

【行政执法】 深化政府机构改革，如期完成机构撤并、职能划转及人员配置等任务，实现了政府部门事权和职能的有效划分，执法力量合理配置。将城管局各执法中队和街道（镇）综合执法队重新调整，成立西夏区城乡社会社会治理综合执法大队，同时成立城管局执法督查监察中队，加大对执法行为的监督，要求全体执法队员严格按照“六个一”和“五步骤”的管理要求，规范、文明执法，对发现的问题及时进行整改落实，强化全体执法队员的工作责任感和提高文明执法意识。与西夏区环保分局、国土分局、建设交通局等单位开展联合执法，重点对影响辖区环境整洁的露天烧烤、渣土乱倒、私搭乱建等不良现象进行整治。努力打造“碧水蓝天、明媚银川、运动西夏”。全面落实重点领域执法全过程记录制度，要求一线执法人员充分利用执法办案信息系统、现场执法记录设备、视频监控设施等技术手段，加强对执法台账和法律文书的制作、使用、管理，强化对立案、监督检查、调查取证、行政决定等行政执法活动全过程的跟踪，确保所有执法工作都有据可查。严格执行《重大执法决定法制审核制度》，未经法制审核或者审核未通过的，不得作出决定。对审核中发现的问题及时纠正，确保行政执法机关依法履行职责，维护公民合法权益。科学合理制定裁量标准，在法律规定的行政处罚幅度内，根据过罚相当原则，结合经济发展、行政案件发案等情况，为公正执法提供制度依据。

【执法监督】 一是主动接受人大的法律监督和政协的民主监督。政府认真执行人大及其常委会决议、决定，定期向人大常委会报告工作、向政协通报情况，主动接受人大的法律监督和政协的民主监督。2016 年，政协提案 87 件，已办结 64 件，办结率 77%。人大议案已办结 3 件，建议和意见 53 件，已办结 44 件，办结率 83%。二是部门内部层级监督。坚持规范性文件备案审查、重大行政处罚、备案审查、受理行政执法投诉、培训管理行政执法人员等常规监督工作。并与西夏区检察院签订《西夏区执法工作与检察监督工作相衔接实施办法》，对城管、安监等重点执法部门依法行政工作情况进行专项监督，进一步规范各级行政机关的行政行为。三是监察审计等专门监督。制定下发《2016 年西夏区党风廉政建设和反腐败主要任务及分工》，将任务逐条分解、落实到各有关单位，明确具体负责人、完成时间、完成标准等内容。严格落实中央八项规定，认真开展“回头看”，突出执纪问责，责任倒查，强化制度的刚性约束。制定出台《西夏区审计局预算执行情况审计监督执行暂行办法》严格履行财政审计监督职责。制定《西夏区党政领导干部离任经济责任事项工作交接管理办法》《银川市西夏区领导干部任期经济责任审计联系会议制度》《银川市西夏区领导干部经济责任审计办法》等，发挥了规范、制约和监督的作用。

【政务公开】 制定《西夏区政府信息主动公开制度》，各部门在各自职责范围内确定主动公开的政府信息的具体内容，依托电子政务网实施网上公开透明运行。严格按照《政府信息公开条例》要求，对照公开内容，坚持主动公开与依申请公开相结合、网站公开与公共查阅点公开相结合，不断拓宽公开渠道，创新公开形式，进一步确保政府信息公开工作适应新形势、新情况、新要求。2016 年，西夏区各单位通过各类公开途径向全社会主动公开的政府信息量达 1319 条。

【规范财政资金管理】 制定《西夏区人民政府财政资金审批议事规则》等相关规定，修改完善了预算资金使用流程、专项资金使用流程、政府采购方式流程。依法对货物及服务的招标投标项目统一纳入银川市公共资源交易平台进行，制定《西夏区政府集中采购目录》《银川市西夏区政府采购工作办法》，进一步加强和规范财政资金管理，强化财政资金分配使用、国有资产等权力集中部门和岗位行政权力的制约和监督。

【行政应诉】 制定出台《西夏区行政执法部门诉讼报告制度》,积极推行行政首长出庭应诉制度，不断增强行政机关负责人出庭应诉的主动性和自觉性。2016年,行政诉讼案件57件,已判决52件,未有败诉案件,5件未结;民事诉讼1件,未结。所有案件均应诉。

【劳动人事仲裁】 充分发挥仲裁在化解社会矛盾中的作用,积极解决各类经济纠纷、化解社会矛盾。不断完善仲裁制度,全面提升管理水平和服务质量，增强行政执法的社会公信度。1—10月西夏区劳动人事争议仲裁委员会共接待申诉396件，其中不予受理19件,非立案调解10件,立案调查审理367件。立案案件中，涉及劳动者人数481人;涉及经济标的2309万元。全年实际结案297件,时效内应结案率100%。其中调解99件,裁决198件。

【化解矛盾纠纷】 制定《关于开展人民调解矛盾纠纷排查化解专项行动的通知》,严格落实"两排查一分析"制度和矛盾纠纷排查零报告制度,对矛盾纠纷不报、漏报、排查不到位、化解不及时等方面实行扣分制,推行由社区调委会总调控,各网格区分控,各居住单元为基础点的"网格化管理"调控机制，利用西夏区公共法律服务中心集法律援助、法律咨询、人民调解、公证服务、信访法律服务、特殊人群维权等为一体的优势，多种途径化解矛盾纠纷，避免矛盾激化。全年共开展矛盾纠纷排查4206次,化解各类矛盾纠纷1128件,其中化解疑难复杂矛盾纠纷106件,重大矛盾纠纷12件,一般矛盾纠纷77件,达成口头协议933件,调解成功率达到100%。积极推行法律援助"打包签约"服务与"点援"服务,落实"法律援助律师流动值班制度"。指派专职律师到西夏区信访局接待室值班，为涉法信访人员当场提供法律咨询服务,2016年西夏区法律援助中心共受理信访法律援助案36件,办结20件,涉及受援人员36人。

【完善信访制度】 制定出台《西夏区重大信息报送制度》《西夏区信访绩效考评暂行办法》等制度,进一步完善规范了基层信访接待室,街道主要领导每天安排一人接访,联通了网上信访平台，实现了群众诉求渠道多元化、便捷化、高效化。协调公、检、法等部门围绕信访积案特别是涉法涉诉案件制定处置预案,加大化解和应急处置力度,有效地防止了影响较大的群体性事件的发生。1-10月,接到信访220件次,及时受理率达到100%,按期办结率93.22%,群众满意率94.25%。

【教育培训】 建立健全政府常务会议学法制度,制定了《领导干部学法制度》,每年集中专题学习不少于两次。2016年政府法制部门聘请宁夏大学政法系戴新毅教授就法治政府建设进行了解读,通过送法、讲法、学法、用法活动,各级领导干部进一步树立尊重法律的理念和依法行政的观念,有力推动政府管理社会经济事务由注重依靠行政手段、向运用法律思维和法律手段的转变。积极准备开展西夏区领导干部法律知识考试,利用西夏区微信公众平台,开展无纸化网络答题。开展行政执法证件年检工作,由各单位报送《宁夏回族自治区行政执法证件年度审验登记表》法制办严格审验,将转岗、退休等不在执法岗位上人员的执法证件收回注销,及时向审验通过的执法人员发放执法标识,确保行政执法人员执法合格。

政务服务

【概　况】 2016 年，西夏区人民政府政务服务中心紧紧围绕西夏区工作大局，认真贯彻落实国务院简政放权放管结合优化服务改革和自治区推进行政审批制度改革，深入推进信息化建设、标准化建设及效能化建设等,在行政审批制度改革、创新管理和审批方式、政务服务延伸基层等方面取得良好成效。全年，大厅共受理各类事项 128748 件,办结 128748 件,办结率 100%,比上年同期增长 49320 件,增长 62.09%,群众有效投诉率为 0。

【标准化建设】 按照区委着力打造全区一流县级示范性政务服务大厅的要求，统一标识、统一着装、统一规范,打造一流的服务队伍,创建一流的服务环境,提供一流的服务质量。窗口执行“首问负责制”“一次性告知制”“限时办结制”“责任追究制” 等制度,实行规范化服务和文明办件;配备电子监察室、事项查询触摸屏、事项公开显示屏和智能排号叫号系统等一流硬件设施,推进了中心标准化建设。服务大厅设置引领咨询台、服务窗口设置“首问负责制”等制度、实行引领服务、全程代办服务、延时办理服务、绿色通道服务。推进部门行政审批办公室整建制进驻政务服务大厅,婚姻、社保中心、市场监管、公安等实行主任与窗口首席代表“一肩挑”。行政审批协调权、行政审批专用章使用权的委托授予率均达 100%。严格规范审批事项标准化和公开化。清理公布了行政审批和公共服务事项目录,审批流程固化到“政务云”平台。确定行政审批办事指南标准文本,在政务服务网站上公开,全面完善办事制度标准化。修订和完善首问负责制、投诉登记和处理制度、信息上报工作制度等 22 项制度,汇编成《西夏区市民服务大厅工作人员手册》，被自治区政务服务中心确定为标准化工作试点单位。

【优化审批事项】 2016 年，西夏区政务服务中心强力推进服务事项集中化、审批流程简捷化。推进政务服务事项“应进全进”,精心编制西夏区公共服务目录。梳理规范进厅政务服务事项 113 大类 171 项,其中即办件 46 件，承诺件 125 件，承诺时限由 3833 个工作日减少到 1704 个工作日,办事环节由 735 个减少到 490 个。持续推进审批机制改革创新。开启审批绿色通道“容缺受理”,推进 32 项审批事项改备案,实行“同城通办”“一表通” 便捷审批模式和视频替代现场勘验,全面实施“五证合一、一照一码” 登记制度改革,“五证” 办理时限从 15

个工作日缩短至1个工作日。

【互联网+政务服务】 按照标准化要求统一规范事项名称、办理流程、编码、法律依据、办理时限，并于2016年6月6日，将进驻大厅的17个业务单位171项政务服务事项全部迁移至自治区“政务云”信息平台，行政审批事项全部实现网上流转，推进了“运行依流程、网上留痕迹、全程受监督”的网上审批、窗口审批、流程监督“三步走”。

【完善代办体系】 为更好地履行政务服务中心规范政府行为、推行政务公开、简化办事程序、提高工作效率的职能，在9个街道（镇）成立了便民服务中心，在77个社区（村）成立了为民服务代办点，形成区、街道（镇）、社区（村）三级联动的政务服务体系。在自治区、银川市率先完成基层代办点电子政务外网通达率100%的工作目标，并于12月15日承接了全市电子政务外网现场观摩会。加快推进村、社区光纤通达和升级改造。扩展西夏区政务外网覆盖范围，推动部门专网整合，实行“整网接入”，实现五级行政审批、公共服务事项线上线下办理全覆盖。梳理出27项街道（乡镇）公共服务事项和15项社区代办事项，并录入自治区“政务云”系统，居民在社区（村）或街道（乡镇）可办理公共服务事项，变“群众路上跑”为“事项网上跑”。中心制定了《西夏区“云惠宁夏服务城乡”暨政务云推广应用工作实施方案》《进一步做好镇、街民生服务中心工作的指导意见》《西夏区村居全程代办点考核细则》等，对乡镇（街道）、村（社区）全程代办点管理工作每半年进行督促检查和业务指导及人员培训。中心组织专人对各代办点工作人员进行了2轮培训；所有村（社区）代办点统一接入自治区政务外网，配备高拍仪，代办点专项经费15万元落实到位。基础保障工作促进了代办点服务质量和服务效率的提高。

【优化政务服务】 2016年，西夏区政务服务中心结合“两学一做”学习教育，通过开展“延时服务、预约服务、上门服务、绿色通道、容缺受理、法律援助、公证服务、证照寄送、交通违章自助处理”等九项便民措施，提出“五制五零两满意”工作机制，严格落实“窗口受理制、首问负责制、一次性告知制、限时办结制、责任追究制”等五项制度，实现“服务零障碍、办事零延误、审批零差错、群众零投诉、人员零违纪”的服务要求，达到“群众满意、企业满意”的工作目标。实行绩效考核和监管机制，加强大厅管理。严格监管，通过电子监察和值班巡查，强化人员管理，严肃工作纪律，流动巡查严肃工作行为，实行“周清月结季评比”的绩效考核机制，建立现场巡查与电子监察并重、大厅抽查与群众评价相结合等机制，以管理考核促服务提升，提高服务对象满意度。依托电子监察系统对窗口工作人员实行全程监管，以评价器、意见簿、意见箱为载体主动接受群众评议监督。30个窗口均能按照规范要求，结合群众需求和窗口实际，从牢固树立服务意识、规范服务行为、改革创新服务方式三方面采取具体措施，进一步提升了窗口服务水平和办件效率。全年，共收到群众感谢信4封，锦旗6面。

【政务公开及宣传】 通过政务服务手机APP、微信公共订阅号等多元化媒体方式将政策法规解读、重要政务舆情、重大突发事件等及时公开。群众可以足不出户"掌中"了解办事流程，提前准备相关材料，省去不必要的环节，减少了群众跑路。在区市各大媒体、政务服务系统及西夏区政务网等刊登报道工作信息44篇，其中《宁夏日报》1篇、《新消息报》1篇、《宁夏法治报》1篇、宁夏政务服务网3篇、《华兴时报》1篇、《银川日报》2篇、《银川晚报》2篇，《银川市信息》21篇、《西夏区信息》12篇。

【获得荣誉】 2016年，自治区政府参事吴建国、银川市行政审批局纪检组长陈文宁、副局长齐文胜，以及自治区、银川市各级领导多次检查指导工作。接待成都市、泰州市等政务服务中心观摩交流20多次。政务服务中心先后获得"银川市青年文明号""银川市巾帼文明岗"荣誉称号。

【行政审批】 西夏区政务服务中心以"互联网+政务服务"为抓手，积极推进智慧政务建设。一是贯通五级网络，变"群众路上跑"为"事项网上跑"。推进村、社区光纤通达和升级改造，对77个村居为民服务代办点网络进行全面改造，扩展了西夏区政务外网覆盖范围，在银川市率先完成基层代办点电子政务外网通达率100%的工作目标，进厅171项政务服务事项和27项街道（乡镇）公共服务事项、25项与居民生活密切相关的社区代办事项全部网上办理，实现全程电子化申报和审核，并于2016年12月承接全市电子政务外网现场观摩会。二是推进政务服务事项应进全进，实现"一站式"服务。六轮瘦身梳理规范行政审批、行政征收、行政确认、行政给付和其他类5大类行政职权事项171项集中进厅办理，录入自治区"政务云"信息平台，政务服务事项实现网上流转，推进了"运行依流程、网上留痕迹、全程受监督"的网上审批、窗口审批、流程监督"三步走"，实现推开一扇门、办成一揽子事。三是持续推进审批机制改革创新。开启审批绿色通道"容缺受理"，推进32项审批事项改备案，实行"同城通办""一表通"便捷审批模式和视频替代现场勘验，全面实施"五证合一、一照一码"登记制度改革，"五证"办理时限从15个工作日缩短至1个工作日。

机关事务管理

【廉政建设】 每周五定期召开局务例会，认真学习领会党的十八届六中全会、区市重要会议、西夏区第三次党代会及"两会"精神，组织收看讨论反腐倡廉警示教育片，深入开展"两学一做"主题教育活动，引导干部职工牢固树立清正廉洁、拒腐倡廉的自律意识。先后组织实施了食堂托管服务项目、食材采购配送项目、车辆定点维保项目等公开招标事项3项，成功引进食堂托管服务企业1个、食材配送企业4个、车辆定点维保企业3个，重大事务管理实现了货比三家、公开透明。针对人、财、物管理服务相对集中的特点，严肃财经纪律，认真落实“收支两条线”，严格控制各项经费支出，推行重大事项及重大财务支出（5000元以上）局务会议集体研究审议制度，进一步严格了内部控制管理制度。

【政务服务中心启用入驻】 8月下旬，提前完成各入驻部门办公用房及地下停车位分配管理、车辆通行证（蓝牙卡和门禁卡）制作发放、楼层索引牌及标识标牌制作安装、大楼设施设备调试联动检修等各项前期准备工作。30个部门、单位比预定时间提前3天顺利入驻，期间未发生任何人员财产损失或安全生产事故。不断细化、优化政务服务中心办公用房分配方案，主动做好与各部门的沟通对接工作，确保办公用房配置科学合理，顺利通过了市监察局、市机关事务管理局对大楼办公用房面积的监督检查。会同党办、政办、监察局，对区直各部门、单位办公用房清理整改落实情况进行了全面督查，发出限期整改通知书5份。完成了原行政中心办公楼固定资产清查登记和移交工作。印发了《关于认真组织干部职工参加升国旗仪式的通知》，积极主动做好组织协调和服务保障工作，将每月1日的升国旗仪式常态化、制度化。

【补充完善办公区域设施设备】 为全部楼层公共卫生间加装玻璃镜55面，为1楼南北楼门、防火门及食堂安装了冬季防寒门帘及玻璃提示腰条，在各楼层公共区域配置摆放绿植盆花1250盆。增设二楼会堂电动窗帘机、更换了楼层会议室无线话筒，优化调整了会议视频音频设备，实现了会议室的智能化和多功能化。积极协调建设、电力部门在院内安装了专用电缆排接线箱，解决了大型会议应急发电车安全规范接入的问题。在4个楼层中庭休息区配置了羽毛球网、乒乓球台等文体活动设施。会同工会开设了职工活动室和图书阅览室，配置了跑步机、塑形机、瑜珈垫等健身器材。在6部电梯轿厢安装了壁挂式广告机和静态公益广告宣传栏，实时循环播放西夏区经济社会发展及重大项目、重点工作进展情况。对政务服务中心门牌地址（贺兰山西路481号）及北大门北侧道路（政通路）进行了地名命名。协调交警部门在北大门前施划黄色网格线，安装电子违章监控设施，维护办公区内外通畅的交通秩序。

【物业服务管理】 通过公开招标，引进民生物业公司进场服务管理。引进保绿特公司科学收集处置餐厨垃圾，购置生活垃圾转运三轮车1辆，实现了大楼生活垃圾日产日清。进一步巩固完善人防物防技防措施，加大对政务服务中心办公大楼及周边区域巡逻巡查力度，实行巡逻监控点打卡制度，实现了24小时无死角巡逻监控，有效预防和杜绝了各类安全隐患。研究制定了门卫值守操作规程和应急预案，严格对来访人员、出入车辆进行电话核实和登记准入。会同信访、公安和相关责任单位及时处置群体性信访事件 9 次，积极疏导劝解来访人员到信访大厅依法依规信访，保障了大楼的正常办公秩序。结合工作需要，配置了会议室党旗国旗、挂钟、电子钟、笔筒、白板等会议用品。圆满完成了西夏区第三次党代会和四届一次人代会等 272 场次会议服务保障任务，实现了会议保障服务“零差错”。对大楼水、电、气、暖、消防系统、电梯设备等实行 24 小时监控维保，及时发现和排除各类安全隐患，利用节假日休息时间，会同建设部门、施工单位开展消防报警系统联动测试 2 次、电梯维修调试 15 次，确保办公大楼设施设备安全运行。

【食堂供餐保障服务】 通过公开招标，引进食堂托管服务企业 1 个、食材配送企业 4 个。对食堂就餐环境进行了整体设计布置，悬挂食堂管理制度、岗位职责、今日菜谱、公示宣传栏 40 余块，安装网络电视 6 台，增配了部分厨具餐具，营造了干净、整洁、卫生、舒适的就餐环境。健全完善了食堂固定资产登记、库管审核把关、入库出库备案、定期测评考核等管理考核制度，安排专人对食堂设备、用品用具、食材配送等进行登记验收保管，并监督托管服务企业合理使用。监督指导托管服务企业不断丰富供餐品种，每日更新公示菜谱，努力研发供应营养健康、品种多样、荤素搭配、量足质优的饭菜。食堂自运行以来，日均就餐人数近 900 人次，每日供应早餐、午餐品种有 13~15 种之多。在食堂大厅设置征求意见表 6 处，虚心征求就餐人员意见建议。认真落实中央八项规定，制定了公务接待简餐食谱，严格控制公务接待标准，规范公务接待行为，圆满完成食堂公务接待任务 51 次。

【执法执勤用车平台运转】 2016 年 10 月底，组建西夏区行政综合执法执勤用车服务管理平台，对执法执勤用车实行统一管理，集中保障。设立调度室 1 间、司机室 2 间，配置了桌椅、钟表、黑板、档案柜、电视机等办公用品。推行夜间、节假日人员车辆现场值班和就近备勤，实现了紧急突发事件 24 小时无间断用车保障。平台共收集整合车况较好的执法执勤车辆 40 辆，其中：轿车 12 辆、SUV17 辆、中小型商务车 8 辆、皮卡工具车 3 辆。为便于监督管理，对执法执勤车辆统一喷涂了“西夏执法”标识字样。为执法执勤用车等相关车辆办理银川市行政中心车辆通行证 70 余张。从参改单位中择优留用司勤人员 44 人，其中 1 人兼任车队长和总调度员，2 人兼任调度员。出台《西夏区行政综合执法执勤用车保障管理办法（试行）》，印发了执法执勤用车申请单、派车单及预约派车流程图，明确了执法执勤用车和司勤人员各项管理制度、岗位职责和考核细则。通过公开招标，就近引进定点车辆维保企业 3 个（二类维修资质 2 个、三类维修资质 1 个），确定了车辆定点保险、定点加油等服务保障机构，银川市公交公司有偿服务用车保障平台西夏区服务点于 11 月 19 日正式开通启用，院内暂停放有偿服务保障车辆2辆，并可视情况随时从市行政中心就近派车保障，充分满足了车改后备入驻部门及干部职工的一般公务出行需求。

【节能降耗】 优化调整公共机构节能工作领导小组人员组成，组织开展第三批节约型公共机构示范单位和节水型单位申报创建工作。科学简化政务服务中心各楼层照明灯开启数量，根据天气变化合理调控供暖、制冷系统温度，在办公楼大门、卫生间等公共区域张贴“出入关门、暖意融融”“节约一张纸、保护一片绿”等节能降耗温馨提示60余处。组织各相关单位开展以“节能领跑、绿色发展”为主题的节能宣传周实物展示和宣传咨询活动，各单位共发放节能、节水宣传资料2000余份，接待咨询群众1500余人。督促各镇街及相关单位安排专人报名参加国管局和清华大学联合组织的公共机构节能管理员远程培训班，着力提高从业人员专业技能。协调指导各有关单位认真做好公共机构能耗数据的统计、分析和上报工作，逐步建立健全能耗统计台账，完善能耗基础数据库，为精确统计、分析、测算公共机构能耗定额提供有力支撑。

志鉴编修

【史料编研】 2016年，利用馆藏档案资料，大力开展档案史料编研工作，指定专人着手为自治区及银川市两级年鉴上报西夏区资料的工作，于3月底前，完成两级年鉴的资料上报工作；分阶段地完成了西夏区2015年大事记编写汇总工作及区委、政府重要文件目录汇编；完成了《西夏区年鉴（2015）》出版发行工作，完成资料（文字、图片、表格等）的整理、编纂、修改、印刷、校对、出版发行等大量工作；启动了《西夏区年鉴（2016）》编纂工作，收到60多个部门（单位）的供稿，反映2015年度西夏区重大活动、重要事件、重点工程、重要领导视察、调研及经济社会发展成果照片280多张，初稿已完成60万多字。

【志鉴业务培训】 2016年，举办业务知识培训班2期，对党政机关和镇街、村（社区）分别进行了培训，参加人员共计150人，培训班上，学习《地方志工作条例》，传达了全国地方志工作会议精神及银川市地方志工作会议精神，对西夏区年鉴工作进行了全面部署，尤其是对资料搜集、整理和编纂做了重点的辅导，提升了基层人员业务水平。

【史志宣传】 利用“5·18”地方志宣传日，积极开展多种形式宣传活动。积极参加银川市地方志宣传活动和银川市情知识暨方志文化百题有奖竞答活动。5月18日上午，在银川市志办的统一组织安排下，组织人员到光明广场开展了地方志法规宣传活动，向全市人民展示了西夏区地方志成果和西夏区史志事业发展变化的新趋势，活动现场通过悬挂宣传横幅、摆放宣传展板、发放《地方志工作法规规章》宣传册进行了广泛宣传，共发放相关资料800余份，期间工作人员与对过往市民提出的问题给予详细的解答，进一步营造了浓厚的宣传氛围。

【年鉴编辑出版】《西夏区年鉴(2015)》于2016年7月出版，是西夏区地方志办公室编辑出版的第二卷综合年鉴。该书共有26个类目，分别为专载、组织机构和负责人、大事记、区情概要、中共西夏区委员会、西夏区人民代表大会、西夏区政府、中国人民政治协商会议西夏区委员会、群众团体、民主党派与工商联、公安司法、国防军事、综合经济、经济管理、财政税务、城乡建设与交通管理、城市管理、科学技术、教育、卫生医疗事业、文化体育旅游、社会管理与服务、镇·街道、人物与集体、附录、索引。类目下有126个分目、1034个条目，共55万字。《西夏区年鉴》(2015)全面记述2014年西夏区经济建设、社会发展等各行各业取得的新进展、新成就和新经验。

中国人民政治协商会议西夏区委员会

综　述

【概　况】 2016年，政协委员会在区委的坚强领导下，紧紧围绕团结和民主两大主题，动员组织各党派团体和各族各界人士，团结和带领广大政协委员，全面贯彻落实党的十八大和十八届三中、四中、五中全会精神，深入学习贯彻习近平总书记系列重要讲话精神，认真落实自治区、银川市和西夏区党委的各项决策部署，紧紧围绕区委“五城一心两翼”发展格局和“西夏突破”发展战略，以“加快科学发展、实现富民强区”和“提升产业层次、完善服务功能、美化城乡环境、改善民生民利”为主题主线，认真履行政治协商、民主监督、参政议政职能，齐心协力谋发展，尽心竭力惠民生，凝心聚力促和谐，为加快西夏区科学发展和跨越发展做出了重要贡献。

【政治协商】 紧扣区委“西夏突破”发展战略，围绕“六个坚持、六个着力”工作要求，充分发挥政协人才荟萃、智力密集的优势，按照“少而精、专而深、出精品、求实效”的原则，着力在转型发展、深化改革、依法治区、改善民生、科学谋划“十三五”规划等方面精选课题，组织委员深入开展专题调研和视察，通过全会协商、专题协商、对口协商、界别协商等多层次的议政协商，建诤言、献良策、求实效，为区委、政府民主决策、科学决策服务。

【民主监督】 围绕深化依法治区，重点开展公正司法和依法行政的民主监督，发挥向法院、检察院、城管局、政务服务中心等单位选派的特约监督员作用，开展系列民主监督活动。继续将政协提案办理完成情况和受派部门支持委派民主监督员工作的情况纳入西夏区年度目标考核内容，强化民主监督。

【参政议政】 精心组织开展“提案征集月”活动，着力提高提案立案质量。加大委员提案及意见建议办理力度，落实提案及意见建议办理领导责任制和目标考核制，选取涉及转型发展、改善民生、深化改革等方面的提案作为重点提案，由政协领导牵头负责督办，促进重点提案办理取得实效，带动其他提案及时办理、有效落实。

【提案、意见建议办理】 召开党派团体座谈会、提案办理情况通报会，组织委员视察调研，找准服务大局与发挥政协优势的结合点，撰写出较高量的提案；通过主席、副主席领衔督办，各委室协同对提案进行跟踪督办，有效地提高了提案办理的实效性；

注重与委员的联系沟通，深入了解提案者的意图、背景和办理愿望，与委员共商解决问题的办法，提高提案答复满意率。三届四次会议以来，共收到提案160件，立案87件，委员意见建议26条。截至2016年11月底，所有提案都在规定时限内办结答复，收到委员反馈意见87件，表示满意的74件，占85%，基本满意的13件，对委员意见建议，相关部门都一一答复说明。

【经济法制民族宗教工作】 下基层，访民意，充分反映社情民意，主动联系基层委员，走访4名基层委员，了解了他们的工作、生活状况，送去了组织的关怀；关注民生，围绕社会热点进行视察调研，调研西夏区六五普法开展落实情况和参加了检察院检察开放日活动，提出了合理化建议；积极为经济发展建言献策。对辖区内重点企业节能减排、环保工作开展专项调研；通过视察，对区委重大决策的实施和落实情况进行跟踪了解，对西夏区小农场工地使用基本情况开展了调研并积极提出建议和意见。

【科学教育文化卫生工作】 走访委员向委员征集社情民意，充分调动委员参政议政、建言献策的积极性；组织委员对兴泾镇养牛业对环境造成污染现状进行调研，并形成《科技创新驱动农业废弃物资源循环利用促进西夏区环保经济增长》调研报告；完成了西夏区文史资料第四辑《贺兰山东麓葡萄酒产业发展文史专访(1980—2015)》的编辑出版。

【民主生活会】 根据西夏区纪委、组织部安排，西夏区政协领导班子于2016年1月9日召开“三严三实”专题民主生活会。结合“西夏区突破”发展战略和“从严从实抓落实、大干实干100天”及“四个排查”等活动，通过民主评议、发放征求意见表、召开座谈会等多种形式广泛征求群众意见，经认真归纳整理，政协党组班子存在“三严三实”方面的问题主要有15条。根据整改工作“四明确一承诺”要求，针对查摆和民主生活会征求的15条意见建议，政协班子结合工作实际，提出了明确的改措施，明确了整改落实时限、整改要求和牵头负责领导并逐项逐条进行了落实。一年来，在牵头领导和各有关委员的共同努力下，各项整改措施得到了较好的贯彻落实。

【视察调研】 紧扣加快构建银川西中心新格局，不断深化“五城一心两翼”战略课题调研，组织实施了大学城对西夏区经济发展的带动作用、加强西夏区农村卫生工作、建设自驾游基地、镇北堡镇乡村旅游发展、西夏区幼儿教育现状等8个课题的调研。调研活动中，本着政协领导牵头、专家引领、企业参与和部门配合的原则组建调研组，把专家研究课题、政协调研课题、民主党派调研课题和企业科研项目结合起来，通过委托、邀请等形式，鼓励吸引专家学者和有行业影响力的委员参与政协调研活动，为区委政府战略实施提供高水平的决策参考。

重要会议

【三届十七次常委会议】 1月19日，西夏区政协召开三届十七次常委会议。会议审议通过《政协西夏区第三届委员会常务委员会工作报告（草案）》《政协西夏区第三届委员会常务委员会关于三届三次会议以来提案工作情况的报告（草案）》《政协西夏区第三届委员会第四次会议议程（草案）》《日程（草案）》《执行主席和秘书长建议名单（草案）》《提案审查委员会名单（草案）》《列席人员名单（草案）》《委员提交提案截至日期（草案）》《分组名单（草案）》。会议还审议通过《关于表彰三届一次会议以来优秀提案、提案承办先进单位名单》，讨论了《中共西夏区委关于进一步加强和改进人民政协工作的实施意见（讨论稿）》和《关于银川市西夏区政协年度协商计划的实施意见（讨论稿）》，审议通过《西夏区政协委员履职考核评分细则（试行）》。会议协商决定，接受蒋新泽、汪永春、任立超等3名同志辞去政协银川市西夏区第三届委员会常委、委员职务，周小定、刘建泉、张豫新、王惠娟、马宏军、陈刚、李文学、裴来宝等8名委员辞去政协银川市西夏区第三届委员会委员职务；增补马利斌、王睿、冯兆宏、周伟、陈刚、张铖、徐园萍、徐宝、戴新毅等9名同志为政协银川市西夏区第三届委员会委员。

【三届十八次常委会议】 1月26日，西夏区政协召开三届十八次常委会议。会议审议通过了《西夏区政协第三届委员会第四次会议关于常务委员会工作报告的决议（草案）》和《西夏区政协第三届委员会第四次会议政治决议（草案）》。

【三届十九次常委会议】 1月27日，西夏区政协召开三届十九次常委会议。会议听取了各组召集人关于政协常委会工作报告、政协提案工作报告及人代会有关报告分组讨论情况汇报，通过《政协银川市西夏区第三届委员会第四次会议政治决议（草案）》。

【三届二十次常委会议】 3月29日，西夏区政协召开三届二十次常委会议。会议学习传达了全国政协十二届四次会议精神，协商审议了《西夏区政协2016年工作要点》，协商确定了《西夏区政协2016年度协商计划》《2016年度调研课题》《西夏区2016年度领导领衔重点督办提案》。会议决定，免去潘莉燕西夏区政协办公室副主任职务，任西夏区政协办公室主任科员。

【三届二十一次常委会议】 8月25日，西夏区政协召开三届二十一次常委会议。会议听取了政府2016年上半年国民经济和社会发展计划执行情况及重点项目推进情况的通报和政府关于政协提案、意见建议办理情况通报。会议协商决定，免去张勇政协办公室主任职务、王锦平提案委员会主任职务、何建江科学教育文化卫生委员会主任职务、岳泰和经济法制民族宗教委员会主任职务、石彦斌政协办公室副主任职务，任命胡继宁为政协办公室主任、钟鸣为经济法制民族宗教委员会主任、袁振海为科学教育文化卫生委员会主任、余秀玲为提案委员会主任。

【三届二十二次常委会议】 10月20日，西夏区政协召开三届二十二次常委会议。会议决定，政协西夏区第四届委员会第一次会议于2016年10月下旬召开，会期4天。会议审议通过了《政协西夏区第三届委员会常务委员会工作报告》和《政协西夏区第三届委员会常务委员会关于三届一次会议以来提案工作情况的报告》。会议经过认真协商、表决产生政协西夏区第四届委员会委员143名。会议审议通过了《政协西夏区第四届委员会第一次会议议程（草案）》《日程（草案）》《会议主席团和秘书长名单（草案）》《主席团常务主席和主席团会议主持人名单（草案）》《执行主席名单（草案）》《提案审查委员会名单（草案）》等，协商通过了列席人员名单、分组名单、会议工作机构及主要职责等。

【四届一次会议】 10月31日—11月3日，中国人民政治协商会议银川市西夏区第四届委员会第一次会议，在中共西夏区委的领导下，经过全体委员、列席人员的共同努力，圆满完成了会议的各项议程，达到了预期目的。会议认为，自西夏区政协三届一次会议以来，在中共西夏区委的坚强领导下，政协银川市西夏区第三届委员会紧紧围绕团结和民主两大主题，动员组织各党派团体和各族各界人士，团结和带领广大政协委员，全面贯彻落实党的十八大和十八届三中、四中、五中全会精神，深入学习贯彻习近平总书记系列重要讲话精神，认真落实自治区、银川市和西夏区党委的各项决策部署，紧紧围绕区委“五城一心两翼”战略布局和“西夏突破”战略任务，以“加快科学发展、实现富民强区”和“提升产业层次、完善服务功能、美化城乡环境、改善民生民利”为主题主线，认真履行政治协商、民主监督、参政议政职能，齐心协力谋发展，尽心竭力惠民生，凝心聚力促和谐，为加快西夏区科学发展和跨越发展做出了重要贡献。会议对政协三届委员会所取得的成绩给予充分肯定。会议听取了刘红伟副主席作的政协三届常委会工作报告和杨义策副主席作的提案工作情况的报告。会议期间，全体委员列席了西夏区人大四届一次会议，听取、讨论并赞同刘虹区长作的《政府工作报告》，赞同《西夏区人民法院工作报告》《西夏区人民检察院工作报告》。委员们以高度负责的精神，紧扣“五城一心两翼”战略布局和“西夏突破”战略任务，围绕“工业转型突破”、“金融创新突破”、“商贸物流突破”“全域旅游突破”“产城融合突破”“社会事业提升”六大战略，就加快传统工业转型升级、创新投融资机制体制、加快发展现代服务业、培育文化旅游融合发展新业态、加快特色小城镇建设、深入实施精准扶贫、加强社会管理创新等重大问题进行了协商讨论，提出了建设性的意见和建议。会议选举产生了政协银川市西夏区第四届委员会

主席、副主席和常委会委员。

重要活动

【八一社区小农场现状调研】 4月7日，马臻副主席到八一社区了解小农场调研情况。马臻副主席带领政协常委尤建萍、岳泰和等对八一社区进行调研。八一社区书记徐红霞介绍具体情况，入户摸底工作从4月初已开展，共9人分三组进行，5月底结束摸底工作。

【春季城乡环境治理行动】 4月8日，西夏区接管办组织政协委员、社区干部、驻辖区部队以及广大人民群众一起参加环境综合治理“八大”工程，向脏乱差宣战，扮靓美好家园。下午2时，西夏区政协委员在农牧场平房区加入了劳动队伍，对农牧场老路、农牧场中学南路清理乱堆乱放、建筑垃圾约140立方米。

【调研活动】 5月20日上午，西夏区政协副主席杨义策带领政协提案委、政协经法民宗委主要负责人及部分委员对西夏区法院执行工作进行调研。调研中，听取了张学锋院长两年来法院执行工作汇报，委员们与法院执行法官及辖区部分企业人士，就法院执行工作中存在的问题开展交流座谈，专家学者查看了执行卷宗。委员们在交流座谈时，首先肯定了法院在执行工的成绩，并对执行工作中存在的问题提出了一些合理化的意见建议。副主席杨义策指出要加大对法院执行工作的宣传力度，要注重与党委、政府及各部门的沟通协作，进一步健全和完善执行工作制度。

【山东省荣成市文化经济界委员考察西夏区文化创意产业】 6月6日，山东省荣成市政协副主席比天夫带领荣成市政协文化经济科技界委员一行4人，考察西夏区文化创意产业发展情况。考察组在西夏区政协副主席刘红伟等领导的陪同下，先后实地考察了镇北堡西部影城，镇北堡镇，贺兰山岩画等发展情况。通过考察交流，西夏区与荣成市两地文化经济科技界人士进一步加深了交流和了解，亲身感受到了西夏区文化创意产业发展的广阔前景和巨大商机，推进西夏区文化创意产业发展成效显著，为加强两地文化对接、合作交流架起了联络沟通的桥梁。

【自治区政协副主席田成江调研八一社区小农场情况】 7月15日，自治区政协副主席田成江在西夏区政协主席高保、副主席马臻等的陪同下，调研了八一社区小农场人口、土地、住房等情况基本情况。田成江副主席要求，西夏区政协会同自治区民宗委在调研的基础上，与相关部门对接后，要尽快写出详实的调研报告，并提出切实合理的意见建议，为解决小农场存在问题奠定坚实基础。

社会团体

工　会

【概　况】 2016年，西夏区工会紧紧围绕西夏区委中心工作，服务大局履行职责，扎实工作奋勇争先，各项工作取得了较好的成绩，先后获得了先后获得了第三届“中国梦·劳动美”全国职工微影视大赛最佳策划奖和优秀奖，宁夏首届劳动者之歌合唱大赛三等奖、银川市劳动争议调解员大赛三等奖、银川市“传承发扬好家风，争做美丽银川人”系列活动先进集体、银川市基层卫生岗位练兵和技能大赛优秀组织奖等荣誉。

【经济技术劳动保护】 成功举办汽车驾驶大赛、劳动争议调解员大赛、卫生系统岗位练兵技能大赛、教育系的教学基本功大赛等四大赛事，各基层工会也相继开展了25场次的技能大赛，参与职工达2万余人。广泛开展“金点子”“我为企业献一计”等合理化建议活动，收到职工合理化建议94条，采纳建议73条，技改成果4项，创造经济效益157万余元。对重点行业和领域职业病防治和安全生产检查4次，提出存在职业危害和安全隐患意见建议14条，整改落实14条。为辖区3家企业赠送价值5000余元的安全生产标识。大力深化劳模(技能人才)创新工作室创建活动，在宁夏夏进昊尔乳品有限公司成立西夏区首家“职工创新工作室”。

【职工文化活动】 举办“中国梦·劳动美——永远跟党走”庆“五一”专场文艺演出、“我是长征精神传承人”主题演讲比赛、“相约你我·十全十美”相亲会等特色鲜明内容丰富的主题活动；承办西夏区全民运动会，各基层工会广泛开展趣味运动、登山比赛、文艺演出等系列活动百余场次，参与职工2万余人次。

【“两学一修一争”活动】 印发《关于在职工中广泛开展“学技能　学法规　修道德　争做优秀职工”教育活动方案》，组织职工开展各类主题活动30场次5000余人次，收到征文、心得等作品50余篇，培训职工(农民工)10037人次，企业参培率达75%。建立“职工爱心”“共享蓝天”“向阳花”等服务内容丰富的志愿服务队17支，700多名志愿者为5000多人次提供了服务。

【精准扶贫】 组织辖区企业工会开展扶贫帮困献爱心活动，与同阳新村签订了村企共建协议书，为90名贫困老人和70余名贫困学生捐赠5万元。通过技能培训、岗位推介、帮扶救助、法律援助等精准扶贫措施使193户在册困难职工脱贫。深化“夏送清凉”“金秋助学”“冬送温暖”等品牌活动，全年共帮扶救助1510人次104.5万元。稳步推进职工医疗互助工作,97家单位的3183名职工参加职工医疗互助,为49名职工申请办理医疗补助金14万余元。投入近19万元多层面全覆盖开展各种技能培训班33期1980人,就业1823人。举办"春风行动""秋季行动"专场就业招聘会,提供就业岗位2700多个,达成就业意向1254人。通过公示栏、网络平台、QQ群等发布用工信息3583条,提供岗位4762个,推荐就业206人。

【关爱农民工】 不断拓宽为农民工服务的领域和范围,在西夏万达、学府中央等重点项目工地建立"一站两室一堂"("农民工流动服务站"、"农民工心理疏导室"和"农民工维权工作室"、"农民工素质教育课堂"),为农民工提供政策、法律、维权、教育、咨询、文化等综合的"一站式"服务。接访农民工198人次,处理案件15件次,开展农民工素质教育课堂2期205人次,为农民工播放电影12场次。发挥"一室两站一庭"的维权模式,接待信访案件134案次377人次,办结率100%,为职工(农民工)协商讨薪1600多万元;举办法律知识培训班10期800余人次;开展各种普法宣传活动42次,发放宣传材料2万余份。投入8万元在户外劳动者集中的地方建立四家户外劳动者之家。

【构建和谐劳动关系】 深入开展和谐企业创建及评选活动,创建率达88%。宁夏铁发人力资源服务有限公司被评为银川市劳动关系和谐模范企业。召开全区首家学前幼儿教育行业集体协商,成功召开汽修、餐饮、枸杞等企业、行业、区域集体协商,70%的企业通过协商为职工争取6%的平均工资涨幅。开展集体协商"春季要约"行动,发出要约书232份,涵盖企业2398家,覆盖职工16455人。

【自身建设】 在重点项目、重点领域、重点工地实现工会组建新突破,成立银川公路铁路物流园联合工会、西夏古城联合工会及镇北堡温泉小镇商业街联合工会等特色工会组织。新增工会组织23家,发展会员2402人,工会会员录入20634人,完成任务的139%。开展工会干部联系点活动,深入187家企业与3000多名职工交流,走访困难职工337人次,发放调查问卷2000多份,发放宣传资料7000多份,收集职工群众反映的各类问题9类52条。出台《西夏区工会代表联系基层活动方案》,组织工会代表观摩西夏区重点项目建设和工会特色亮点工作,收集各类提案建议7条并全部解决。

【职工之家建设】 按照"会、站、家"一体化建设思路,以比基础工作夯实,赛建家"十个有"到位;比会员评家实施,赛"四亮一诺"落实;比活动作用显现,赛"四项职能"履行;比活动载体创新,赛"工会工作创优"为主题的"四比四赛"活动,以服务重点项目、服务全域旅游、服务基层为目的,投入50万元打造出公铁物流、温泉小镇、怀远路街道、育林巷社区等特色职工之家,形成了职工之家建设新格局。

共青团

【概　况】 2016年，是全面落实党的群团工作会议之年，是推进共青团工作深化改革之年，是启动实施"十三五"共青团发展规划开局之年，西夏区团委紧紧围绕宁夏区团委、团市委"7项行动"工作任务，着眼于新形势下青少年工作特点，积极发挥"组织、引导、服务、维护"青年的职能作用，创新工作形式，不断深化团的各项工作。

【青年理论学习】 认真贯彻落实开展"两学一做"专题学习会，转变团干部工作作风；组织各级团干部学习中央党的群团改革工作会议精神以及《共青团中央改革方案》；联合各小学组织少队辅导员、学生代表观看少先队第七次全国代表大会。

【青少年主题教育实践】 围绕区委、政府中心工作，将政策宣讲转化为项目活动："全民阅读日"期间组织开展"晒我阅读书香融融"网络读书分享活动，通过晒影像、晒笔记、晒创作，鼓励西夏区中小学生与书为友，多读书、读好书；清明节期间，广泛发动辖区各中小学开展"清明祭英烈·共铸中华魂"主题宣传教育活动；五四期间，组织辖区36所学校、各镇街、辖区企业等纷纷开展"主题团日+"活动65场(次)，覆盖青年20000余人；围绕西夏区城乡环境综合治理重点工作，开展"小手拉大手美丽西夏从我做起"主题团日活动；六一、少先队日等节点当天，组织开展校园文化艺术节展示、"集合在光荣的党旗下"暨庆祝少先队建队日67周年主题队日活动、"中华民族歌"展演决赛活动等。

【理想信念教育】 街镇团组织年度完成五项规定动作（与街镇辖区内的一家综合实力强的企事业单位达成共建、举办一场青年主题活动、打造一个特色志愿服务项目、注重培育一名优秀青年人物、全力抓好特需关爱青少年帮扶工作）；建立专职团干部与镇街定点联系制度，以"明任务、减负担、增活力、求突破"为原则，采取"4+1"联系模式（专职团干部每周安排1天在联系的镇街团(工)委工作）；针对学校团队工作实施"强基固本"工程，《西夏区少年队工作汇编》指导使用普及到中队，在中学重点开展团员意识教育，执行戴团徽、唱团歌、过团日和"三会两制一课"制度。

【青年创业就业】 以"赢在西夏"青年创业平台为依托，组织西夏区30余名创业青年、大学生观摩西夏电商谷、润恒物流园、志辉源石酒庄和瑞信小镇等近年来重大经济建设项目，帮助创业青年了解西夏区经济社会发展情况，学习借鉴电商、红酒等新业态发展经验，在"西夏突破"战略背景下深层次思考谋划创业项目；积极配合宁夏区团委开展"青年文明号"核查工作，深入厂区、工地组织开展西夏区"青年安全生产示范岗位"创建活动，引领广大青年职工立足岗位、争做先锋。落实团银合作，依托黄河银行等金融机构，搭建银企青交流平台，开展“相约银青银在青年”系列活动，细化银行产品服务、推进普惠金融覆盖面、降低青年创业成本；联合西夏区小微企业建立就业实习基地，提供实习岗位200个。

【关爱青少年】 在全区推行特需关爱青少年帮扶试点工作。西夏区团委制定《西夏区特需关爱青少年帮扶工作实施方案暨“向阳花”青少年事务服务项目工作方案》，成立区、街道、社区三级联动工作体系，形成“团干部＋社工＋志愿者”的帮扶队伍，邀请专业社工对辖区9个街镇及所辖社区的工作人员开展业务培训，完成13名重点看护型青少年与专业社工结对并建立了帮扶档案，建立3家特需关爱青少年就业实践基地，组织开展2场特需关爱青少年成长体验课和为期2天的职业体验活动，完成各社区完成所辖区域的一般关爱和温馨提示型的特需关爱青少年家访工作，制定西夏区特需关爱青少年帮扶工作街镇工作站、社区工作组及专业社工工作考核管理标准，向西夏区党委政府提交了向阳花特需关爱青少年帮扶工作项目书，探索政府购买服务。联合辖区派出所、交警二大队以中小学校为主要阵地，紧扣“青春自护·平安春节”主题，向青少年及其家长宣传普及安全自护知识；开展全区中高考减压活动。

【关爱留守儿童】 推报6名留守、单亲儿童参加“青春护苗”革命理想信念教育帮扶活动，推报10名符合条件的贫困留守儿童参加“泰康人寿关爱100爱心行动”，上报宁夏青基会18名患儿实施先心病及大病救助手术，医疗费用经医保、商保报销后的剩余部分，由爱佑慈善基金会兜底资助。开展“一路同行伴你成长”扶贫主题活动，推报40名留守、孤儿、单亲、残疾等家庭困难的学生，统一为孩子们发放了御寒衣物等慰问品。

【希望工程】 2016年，西夏区团委争取宁夏青基会“国酒茅台”项目资助名额15人，每人5000元；“黄河银行”项目资助名额20人，每人4000元；团市委“自筹”项目资助名额25人，每人3000元，共募集资金23万元，救助贫困学生60名，主要对象为2016年西夏区考入全日制高等院校经济困难且品学兼优的大学新生。

【志愿服务】 制定志愿服务项目规章制度、管理办法、实施细则，完善志愿服务项目的申报、审批、实施和成效评估等程序，推动志愿服务项目规范化、常态化发展。在街道层面、系统层面和社区层面分别开发打造一批品牌项目，努力在文化馆、图书馆、旅游景点、车站等公共服务场所和医院、养老院、福利院、残疾人康复中心等公益事业单位创建一批志愿服务活动基地。开展优秀志愿服务项目进银行、进机关、进企业、进医院等区域性推介活动，加大宣传力度，吸引志愿者参与。举办志愿者管理骨干培训班，对骨干志愿者进行集中培训，更新志愿服务理念，提高志愿者骨干在志愿者凝聚管理、项目运行开发等方面的技能，打造精干高效的志愿者骨干队伍。动员一批具有一技之长的市民和热心公益事业的专业人士发挥专长，参与志愿服务或志愿者培训工作，建立志愿者培训师资队伍，提高志愿服务的专业化水平和实际效果。继续开展深入的团队融合活动，进一步凝聚有热情的社会性志愿者，白领青年群体、大学生群体、社区老年人群体等最有活力的志愿者群体，不断组建新的志愿者团队。充分利用志愿者信息管理平台，使网络平台成为志愿者联合会凝聚管理会员的重要载体；建立志愿服务确认制度，对志愿者的服务进行认证；加大志愿者工作宣传力度，广泛传播志愿理念，不断提高志愿服务的社会影响；广泛开展对外交流活动，认真学习志愿服务事业发达地区的先进经验。

【建设舆论阵地】 进一步加大团系统在新媒体领域的组织领导作用，实施“网络共青团”建设，大力提升“青春西夏”QQ 群、微信公众号、微博、“青年之声”等新媒体建设，打通团员联系最后一公里。

妇　联

【概　况】 2016 年，西夏区妇联注重用中国特色社会主义共同理想凝聚妇女群众。以城乡社区“妇女之家”为主阵地，以“我与中国梦”主题宣传教育活动为载体，在各族各界妇女群众中深入持久地开展中国特色社会主义、中国梦、“四个全面”战略布局以及体现妇联工作特色的宣传教育活动，并通过“走基层、访妇情、讲政策”活动，宣传教育广大妇女坚信党的领导、坚定理想信念、凝聚共同目标，提高思想觉悟和道德水平，明辨真假是非、善恶美丑，与党同心同德。

【参加银川首届巾帼家政服务职业技能竞赛】 组织辖区 26 名家政服务从业人员与参加银川首届巾帼家政服务职业技能竞赛，30 人参加银川市首期家政职业经理人培训班，提升家政服务企业经理人、负责人管理能力和经营水平，在西夏区家政服务业中掀起提高服务技能、增强规范化服务意识的热潮。

【妇女就业创业】 举办第十四届妇女人才专场招聘会，为妇女人才提供岗位 1287 个，达成意向性就业 318 人。妇联参与宁夏财经网主办的“茶话财经”节目，充分利用新闻媒体为女性创业答疑解惑。开展举办“庆三八·架金桥”专场招聘会活动。开展以进城务工妇女、失地失业妇女、大学生群体开展“春分行动巾帼专场就业洽谈会”，帮助就业困难的女性群体实现创业就业。共发放各类宣传资料 8000 余份，发布各类企业用工信息 400 余条。

【农村妇女创业小额担保贷款】 2016 年，支持 274 人次农村妇女创业发展，共发放小额担保贷款 985 万元，超额完成贷款任务 500 万元的 54%。累计为 1781 人发放贷款金额 9727 万元。累计回收贷款 213 笔 832 万元，贷款回收率为 99.99%，累计为按期还款的 817 人发放贴息资金 3575099 元。大力深化“2+1”结对帮扶活动，借势借力更好地为贷款妇女服务，共组织 52 名农业科技人员与 48 名贷款妇女（合作社）结对帮扶，带动就业近万人，在项目选择、提高资金使用等方面对不同层次、不同需求的农村妇女实行有针对性的帮扶。执行“扶上马送一程”政策，对超过贴息年限的农村创业妇女继续给予商业贷款扶持；通过“女能人 + 龙头企业 + 合作社 + 贫困妇女”等方式，帮助贫困妇女采用带资入股、参股分红或就业分红增加收入，提高了小额担保贷款的精准性和有效性。实施“巾帼科技致富培训工程”，加大对妇女贷款户诚信意识、实用技能和经营管理培训，全年，共培训农村妇女 500 多人次，其中贷款户占 50%以上。

【表彰奖励】 “三八”前夕，评选表彰西夏区三八红旗手 10 人、巾帼创业明星 10 人、巾帼致富带头人 10 人、最美家庭 20 户、巾帼科技致富带头人 6 人、巾帼建功标兵 6人，集中表彰一批“西夏区三八红旗手（集体）”“西夏区巾帼建功标兵”“西夏区农村科技致富女能手”和“西夏区巾帼文明岗”“西夏区农村妇女岗位建功先进集体” 等妇女先进典型。2 人被评为“银川市三八红旗手”；1 个单位被评为“银川市三八红旗集体”；3 个单位被评为“银川市巾帼文明岗”、3 人被评为“银川市巾帼建功标兵”，1 个合作社被评为 “银川市农村妇女岗位建功先进集体；1 人被评为 “银川市农村科技致富女能手”。丁亚萍等 4 名创业妇女被评为 “宁夏巾帼创业之星”。

【廉洁家风建设】 2016 年，西夏区妇联与纪委联合举办 “好家风好家庭好家训展”，并向全区党员干部及其家庭发出《家庭助廉倡议》，倡导全区机关党员干部及家庭成员树立良好家风。引导妇女从自身做起、从家庭做起，讲道德、守规矩、重家风，有效地将社会主义核心价值观融入到日常生活中。围绕什么是家风家训、传承良好家风的重要意义以及如何传承良好的家风家训，从身边的例子、名人的事迹、典型的社会事件、舆论的热点话题入手，讲述家风家训的古今意义，发挥好妇女在营造廉洁家风氛围中的示范带头作用。开展“树清廉家风 创最美家庭” 主题教育活动和 “传承好家训·建设好家风”系列活动。传播文明向上的家风文化，以好家风支撑起社会好风气。

【关爱妇女儿童】 大力实施 “康乃馨·暖心”关爱单亲母亲行动，录入“康乃馨”单亲母亲信息 618 人。成立单亲母亲互助小组 46 个，经常开展谈心交流等互助活动。推行“3+1”或“x+1”结对服务模式，由社区巾帼志愿者、青年志愿者和社区工作者组建的三支志愿者服务队与一名单亲母亲结对帮扶，698 名志愿者与 204 名单亲母亲结对。组织失业妇女参加各类招聘会 2 场次 500 余人次；为 122 户贫困单亲母亲家庭发放慰问金 15 万元；帮助困难单亲母亲申请落实低保 57 名、就业 8 名、廉租房 27 户；组织 107 名单亲开展了健康体检。争取 8 万元，慰问了 80 户"康乃馨"贫困单亲母亲，实施"康乃馨"单亲母亲心理关怀项目，对生活困难的单亲母亲及孩子免费提供心理咨询跟踪服务。为西夏区镇北堡昊苑村聂玉平发放了 1 万元的"两癌"救助基金。募集资金 14 万元，慰问 27 名 60~70 岁的孤寡贫困妇女；为 300 名年龄在 16 周岁至 60 周岁的能正常工作的身体健康贫困母亲购买"关爱女性生殖健康保险"。开展"护航春蕾"活动，为兴泾镇兴泾中学、镇北堡镇华西中学、贺兰山西路芦花中学的 2400 名女童开展以"心系女童，花蕾绽放，美丽人生"为主题的青春期教育讲座。

【巾帼维权行动】 以建设"法制西夏·巾帼在行动——万家联动·送法到家"为主题，依托妇女之家等阵地，以"反对家庭暴力、我们共同的责任""幸福婚姻　和谐家庭""家庭律师社区行"等活动为载体，开展《中华人民共和国反家庭暴力法》《中华人民共和国婚姻法》《中华人民共和国妇女权益保障法》等相关法律法规知识宣传。2016 年，接待群众来电来访 16 件，办结率 100%。提供法律咨询 158 件，受到来访妇女的广泛好评。2016 年 3 月，西夏区妇联获得"自治区维护妇女儿童权益先进集体"的荣誉称号。1 人被推荐为"全国维护妇女儿童权益先进个人"。

【寻找"最美家庭"活动】 2016 年，紧紧围绕培育和践行社会主义核心价值观，不断加大家庭文明建设工作力度，全力推动妇联组织常态化开展寻找"最美家庭"活动。共有 800 多个家庭、3000 多名群众、参与了"寻找"活动，层层推选出"最美家庭"585 户；"妇女之家"共晒出家庭幸福照片 1500 张，征集到好家风好家训 128 条，举办家庭故事会、评议会 108 场；共设立"最美家庭"光荣榜 96 个，推荐上报候选"民族团结型""绿色节俭型""教子有方型""夫妻恩爱型""最美家庭"56 户。推荐的马瑞菊被评为全国"最美家庭"；马凤花家庭获得全国"五好文明家庭"；3 户被评为自治区"最美家庭"、16 户被评为银川市"最美家庭"。西夏区妇联也被命名为"自治区家庭教育指导中心"的荣誉称号。同时，西夏区妇联还注重把良好家风家训等内容融入家庭教育工作之中，与教育局联合举办第三届"喜阅图书节儿童读书月"主题活动。"5·15"国际家庭日期间，举办大型户外亲子乐享会暨"我爱我家·同悦书香"亲子阅读活动，以及"阅读、游戏"专家主题论坛等系列活动，引导家长培养孩子从小养成阅读好习惯。通过开展丰富多彩、寓教于乐的载体活动，全区五好文明家庭创建率达到 20%，为建设美好西夏增添家庭内涵。

【保护妇女儿童合法权益】 针对妇女维权的新需求、新特点，运用现代社会治理的理念、方法和路径，探索出维权工作新路径。既遵循法律法规的框架和原则，又着眼于婚姻家庭纠纷独特的规律和演变特点，集法理、情理、道理在工作方式上，将现有的"坐等式"

与"走出去"相结合，将维权关口前移。将传统工作模式与互联网媒介相结合。3月，西夏区妇联获得"自治区维护妇女儿童权益先进集体"的荣誉称号。1人被推荐为"自治区维护妇女儿童权益先进个人"。

【《妇女儿童发展规划》中期监测评估】 圆满完成《妇女儿童发展规划》中期监测评估工作，得到自治区妇儿工委充分肯定，西夏区的"两规划"综合实现程度为96.4%，位列全区第七名。召开西夏区"两规划"统计监测工作会议暨培训班，加强对"两规划"统计监测人员的培训，共培训300余名成员单位联络员和责任部门的统计工作人员，进一步明确工作职责和要求，提升工作人员的能力素质。围绕在中期评估中发展的薄弱环节和突出问题，特别是妇女常见病筛查率、村委会成员中女性比例等问题上，协调组织重难点指标承担单位开展自查评估、数据核实等工作，与责任部门进行沟通联动，力促各项指标的顺利达标。就村委会成员中女性比例与组织部、民政局等开展联合调研，并形成调研报告，为进一步加强农村基层妇女干部的培养提供决策参考。

【基层组织建设】 大力推进妇联系统改革，按照市妇联《关于扩大妇联组织成员及村(社区)妇联改建工作的实施方案》《关于在新型领域成立妇女组织并建立妇女之家的通知》，全面推进在城乡社区改建妇联，延伸妇联组织的触角和领域，构建开放多元立体的妇女工作组织体系。街道、社区妇代会完成改扩建妇联工作，扩大执委范围，拓宽联系妇女的渠道，配备多名基层兼职副主席，增强工作力量。大力加强基层组织建设，按照市妇联《关于坚持党建带妇建进一步加强基层妇联组织建设的实施意见》，明确基层妇联组织建设的方向、目标，并提供资金、落实保障；在村、社区建立"妇女之家"78个，实现全覆盖；在"两新"组织建立妇女组织5个，在妇女活动集中的50个广场、公园建立妇女组织和妇女之家。

【消除婴幼儿贫血行动】 为改善西夏区贫困儿童营养和健康状况，降低婴幼儿贫血率，提高儿童家长科学喂养知识的普及程度，西夏区妇联从中华全国妇女联合会争取到价值960余万元的"中央专项彩票公益金支持婴幼儿营养补助项目"，共收到全国妇联的营养包3940箱8万240万袋盒，发放236万袋。2016年11月28日，自治区妇联副主席李咏梅作出"西夏区妇联的消除婴幼儿贫血行动工作经验和做法值得全区推广学习"的批示。

【关爱留守儿童】 西夏区领导慰问银川一幼西夏园小朋友。西夏区妇联还慰问了花半里幼儿园和四小的孩子们。宁夏石化公司"大手牵小手　大步向前走"活动关爱40名农民工子女。宁夏困境儿童关爱协会志愿者为八小100名孩子捐赠含洗漱、护理等的"护苗爱心包"。宁夏司法警官职业学院50名学生到西夏五小为全校13个班级开展"与法同行　健康成长"普法教育宣传。中国解放军68232部队慰问平吉堡小学学生。西夏六小师生为患病的顾佳辉捐款28823元。西夏二小开展“重度残疾儿童家庭课堂”志愿帮扶活动。

【信息化建设】 积极探索“网上妇联”的创建模式，加强“两微一网”（微信、微博、官网）建设，构建线上线下互动融合的妇联服务新格局，在正面宣传和网上舆论引导中高举旗帜、引领导向、团结妇女、弘扬主旋律、传播正能量。建立“西夏区妇联”微信公众平台，共发布信息100余条，发挥了良好的宣传西夏、宣传妇女工作和凝聚各界妇女的作用。全年采写工作信息69篇，宁夏妇女网采用14篇，其他网站采用4篇，形成专题调研报告《西夏区留守妇女留守儿童工作专题调研》《西夏区农村妇女参政议政工作专题调研》。2篇作品获自治区妇联“纪念建党95周年”征文优秀奖。为西夏区的17个村赠送了《中国妇女报》。为获得银川市级17户最美家庭赠送《宁夏日报》。完成《中国妇女报》征订84份，《中国妇女》杂志72份，《中国妇运》72份，全区2镇7街87个村（社区）“妇女之家”全部实现了“一报一刊”全覆盖。

科学技术协会

【概　况】 西夏区科协现有主席1名，副主任科员1名，基层科协专干9名。两镇、七街均设基层科协组织，并设有2个企业科协。2016年西夏区科协在区、市科协的关心指导下，在西夏区委、政府的正确领导下，深入学习党的十八届四中、五中、六中全会精神，扎实开展“两学一做”主题教育活动，全面深入贯彻落实《中华人民共和国科学技术普及法》和《宁夏回族自治区全民科学素质行动计划纲要实施方案（2016年–2020年）》，切实履行“四服务一加强”的工作职责，充分发挥科普主力军作用，积极争取各级科普项目，开展基地建设和经常性的群众科普活动，为推动西夏区科普工作的发展做出了积极努力，荣获宁夏实施《全民科学素质行动计划纲要》工作先进集体等荣誉称号。

【科普宣传周（日）活动】 5月，西夏区科协以“创新引领·共享发展”为主题开展的科技活动周活动在形式上推陈出新，在结果上讲求实效，突出了“科技与文化融合，科技与生活同行”的特色，在成员单位以及基层科协的配合下，就创业就业、食品安全管理及环境保护等方面开展了广场咨询和义诊等活动。9月19日，西夏区2016年全国科普日活动启动仪式暨机器人·无人机·科普大篷车进社区展演活动以“创新放飞梦想，科技引领未来”为主题在西花园街道花半里社区举办，被中国科协办公厅评为“2016年全国科普日特色活动优秀单位”，并在科普日期间开展了“科普进军营”、“科普进校园”等多项重点活动，均取得了良好效果，分别在《银川晚报》《宁夏日报》等媒体刊登。

【青少年科学素质提升】 西夏区科协联合

西夏区教育局，积极参加自治区第三十一届青少年科技创新大赛暨机器人竞赛、全国青少年科学影像节活动、青少年科技调查体验活动及银川市第十三届青少年科技创新大赛暨机器人大赛等科技竞赛和实践活动，取得优异的成绩。其中14项作品荣获自治区优秀作品奖，83项作品荣获银川市优秀作品奖。在西夏区教育局科协的配合支持下，各中小学因地制宜陆续开展了丰富多彩的系列活动如：科普知识进校园、“流动实验室”进校园活动、科普大篷车进校园、青少年科技创新大赛等活动。

【“四下乡”活动】 为学习宣传贯彻落实十八大会议精神，以习近平总书记系列重要讲话精神为指导，认真策划，精心组织，大力开展科技文化卫生法律“四下乡”工作，繁荣农村文化，普及科学知识。活动期间，西夏区科协通过摆设咨询台、科普展板，发放宣传资料，送科普书籍等形式，向农民群众宣传科普知识、牛羊养殖技术、蔬菜种植技术，普及科技、环保、卫生、地震灾害防御等知识。激发了群众爱科学、学科学、用科学的热情，提高了广大群众的科学文化素质，深受群众欢迎。

【科普示范创建】 2016年，银川市西夏区沙城子畜禽养殖科普示范基地和西夏区翟靖巷社区被评为国家级2016年“基层科普行动计划”奖补单位；银川市昊惠畜禽养殖专业合作社法人黄建虎被评为自治区级“科普惠农兴村计划”优秀个人；银川市西夏区兴盛肉牛养殖协会、镇北堡镇华西村城市农夫乐园科普示范基地、银川市第八中学被评为银川市“科普惠民行动计划”优秀单位，西夏区马铃薯协会理事长杨俊杰被评为银川市“科普惠民行动计划”优秀个人。

【生态移民科技培训】 2016年，共累计培训10期次，受益人群累计达2000人(次)。西夏区科协紧紧围绕西夏区委、政府提出的关于做好西夏区移民地区扶贫脱贫攻坚的工作，围绕西夏区优特色产业发展，狠抓专家组成的科技服务团建设，积极发挥辖区院士专家的作用，组织农业专家深入基层生态移民村、农业基地、涉农企业等开展科技咨询、科技讲座、科技现场学习观摩和技术指导等形式的科技培训活动，积极推广农村先进适用技术，传播农业科技知识，着力培养有文化、懂技术、会经营的新型农民，有效地帮助西夏区移民提升科学文化素质、依靠科技脱贫致富。

【科普宣传】 2016年，科普宣传活动主题突出，服务民生，形式多样，发动和组织各级科协积极开展各类科普宣传活动，全年来共发放以生活习惯、疾病预防、养老育儿、居家穿戴等七个主题的系列科普丛书11000册，环保围裙3000余个，宣传手袋5000余个，宣传抽纸5000余盒；反邪教工作中，共展出反邪教展板10余块，发放反邪教系列丛书5000余册；改造和新建农牧场社区、园林场社区、幸福巷社区等9个社区的科普宣传长廊；举办的各类活动被《宁夏日报》《银川晚报》等媒体报道 20 余次。

【院地合作建设】 为进一步加强院地合作，充分发挥西夏区大学城“智囊团”优势，西夏区科协详细制定院地合作方案，定期和不定期组织中小学校师生、社区有创业就业意愿的居民及农村专业技术人员到宁夏职业技术学院实训基地、设施农业研发中心和宁夏大学创业就业中心观摩学习。

【创新工程】 认真按照自治区科协和银川市科协的安排部署，西夏区科协积极开展做好“助力创新工程”工作，7 月由西夏区科协牵线搭桥，宁夏共享机床辅机有限公司申报自治区科协 2016 年度助力创新工程·院士专家工作站建设项目，这为西夏区企业增强自主创新能力、创业水平，促成高端人才的交流合作，搭建了智力平台。

【银会合作】 西夏区科协通过牵线搭桥，联合邮储银行西夏分行共同开展“银行+协会”金融服务“三农”，深化科普惠农工作，先后组织 21 家有金融服务需求的小微企业和种养殖基地填写银川市财政金融支农贷款担保推荐审核表，并积极主动与邮储银行西夏分行进行对接，最终促成了银川市西夏区三鑫绿源肉牛养殖专业合作社等 7 家与邮储银行西夏分行达成贷款协议，共计贷款 310 万元，有力地促进了西夏区优特色产业的发展，提高了当地农民增收致富的能力。

【老科协工作】 2016 年西夏区老科协专家定期到所辖农户家中面对面、手把手传授种养殖技术，提高农户经济收入的基本技能；组织老科协农业专家工作组到镇北堡镇团结村开展精准扶贫工作，传授黑果枸杞种植技术，帮助农民发展产业，脱贫致富；老科协专家还经常对辖区相关主导产业进行科学论证、咨询服务，为西夏区经济社会发展建言献策。

残疾人联合会

【概　况】 1990 年 2 月 10 日，新城区残疾人联合会成立，与新城区民政局合署办公，由民政局代管。1995 年 6 月，从民政局分离，机构单列。2002 年 11 月，更名为西夏区残疾人联合会，事业编制 4 名，领导职数 2 名。理事会实行理事长负责制，主持残联和各专门协会日常工作；2016 年，马富琴任理事长，陈海霞任副理事长；下设 2 个乡镇残联、7 个街道残联。

【残疾人康复】 西夏区残疾人托养康复服务中心是集职业康复、术后康复、教育康复、心理康复、社区康复、社区康复指导、健康理疗、残疾人辅助器具销售、职业培训等为一体的综合性康复服务机构。该工程主体建设已全部完工，正在进行内部装修。对辖区内 0~14 岁残疾儿童进行全面摸底，已筛查出 99 名残疾儿童，对适合做康复训练的 18 名儿童进行及时转介，为 6 名儿童发放康复训练辅具 32 件。4 个社区康复站（南梁、舜天园、泾华园、民生)已经通过了自治区残联验收。申报银川市级残疾人社区康复站3个(星光、平吉堡、艺校)。已投入资金44.56万元,新更换精神残疾病人服药卡300张,为22名精神残疾病人报销医疗费29570元。购置发放各类残疾人辅具480件、轮椅120辆,完成16名肢体残疾人假肢及矫形器的安装。对51户贫困残疾人家庭进行了无障碍设施改造。举办残疾人康复员培训班和盲人定向行走培训班,35名学员取得了社区康复协调员资格证书。

【残疾人就业】 成立西夏区残疾人劳动就业服务中心,为辖区残疾人开展就业能力评估、就业创业指导、帮扶政策落实等服务。9月底自治区评估组对西夏区残疾人就业服务机构规范化建设工作进行了考核评估,11月份争取顺利通过中残联的检查验收。先后投资68.2万元,为西夏区残疾人创业园建立电子商务平台,配备办公运营设备,为36名有创业愿望的残疾人搭建了创业就业平台。成功引进宁夏隆德人造花项目,投入50万元,建成1个人造花展示中心和5个社区人造花加工点,采取残疾人灵活的就业模式,加工的产品由公司回收,按计件发放工资。已吸纳残疾人固定加工人员100余人、其他灵活加工人员50人,人均月收入千余元。燕宝社区人造花加工展示点被确定为自治区级残疾人工作观摩点。2016年,完成各类实用技能培训8期,共培训650人,完成任务指标619%。通过深入企业开展残疾人就业岗位调查、争取银川市残联和西夏区公岗名额、组织残疾人参加残疾人专场招聘会等方式,开发就业岗位103个,新增残疾人就业创业112人。举办淘宝“云客服”培训班2期,已经有50名残疾人达到淘宝客户“四心”标准,正式成为淘宝“云客服”工作人员,每人月增加收入1500余元。

【扶贫解困】 将37户精准扶贫残疾人建立脱贫人员信息库,并制定脱贫攻坚方案,明确残疾人脱贫工作目标。把精准扶贫的重点放在移民吊庄,依托兴泾镇泾河村特禽养殖合作社成立了残疾人扶贫基地,与银川泾河特禽种养殖专业合作社合作开展特禽托养,帮助兴泾镇20名特困残疾人脱贫。与银川昊惠畜禽农民专业合作社联合,签订土鸡养殖项目,由该合作社为困难残疾人提供土鸡养殖技术和饲料并代销。已与两户贫困残疾人签订了养殖协议,为其建立标准化鸡舍,首批每户配发100只鸡苗。依托上陵牧业奶牛托管项目,累计为40名生态移民村的贫困残疾人进行奶牛托管,使处于贫困线上的残疾人能够有稳定的收入。共扶持自主创业50人,盲人按摩9家,为28名符合条件的残疾人发放个体工商户养老保险补贴。投入扶贫帮扶资金22万元,完成了农村贫困残疾人种养殖业扶贫项目(117户)。2016年,共发放695人困难残疾人生活补贴1984620元整,重度残疾人护理补贴共发放2278人,共计发放1371920元整。

【残疾人教育】 完成扶残助学资助项目,

总计金额 22000 元。其中:学前教育 3 名,每人 1000 元,共计 4000 元;有一个视力一级的残疾学生在 1000 元的基础上再补助 1000 元。义务教育 15 人,每人补助 400 元,共 6000 元。大中专教育 4 人，每人补助 3000 元,共 12000 元。

【文体活动】 举办“爱心助残,共庆佳节”“自尊、自信、自强、自立,创造美好人生”残疾人演讲比赛等文体活动 10 余场次;选拔推荐 7 名残疾人选手参加全国残疾人体育竞赛。组织辖区爱康盲人志愿者服务队为西夏区退休老干部义务按摩；为辖区瘫痪重度残疾人开展上门办证服务。有 8 支注册志愿者服务队，在册志愿者 2176 人,服务残疾人 3000 多人次。西夏区残联报送的“平安阳光行”志愿服务项目获得了第三届宁夏志愿服务项目大赛三等奖，已经入围全国志愿服务项目大赛。设立西夏区残疾人网络微信平台,通过设置政策指南、服务咨询、需求互助、微信商店等板块,为残疾人提供更便捷、贴心的宣传教育。申报荷花苑、育林巷、舜天园 3 个社区为自治区级文化体育示范社区。完成宣传报导 86 篇。

【信访维权】 2016 年，共建立中国残疾人联合会信访网站 1 个，银川市信访网站 1 个,西夏区信访网站 1 个,即时通讯网路平台 1 个,拓宽了残疾人信访渠道,经来访救助了贫困残疾人 3 人。(1 名在校残疾人家庭学生提供就学救助，使之圆了上学梦;2 名家庭生活困难的给予了生活救助。)对符合条件的 500 名肢体残疾人发放了燃油补贴。每人每年 260 元,发放经费 130000 元,进行贫困家庭无障碍改造 51 户,公开投标 149267 元。按照规范化要求，落实人员配备、场所、制度建设、信访维权登记问题。妥善处理来信、来访、咨询政策法规 30 人次。

【关爱行动】 在“六一”儿童节之际,西夏区残联没有忘记幸平阳光家园那些特殊的孩子,再次把党的温暖送到中心,给孩子们送来了价值 8 千元的米、面、油及生活用品，让孩子们感受到了来自政府和社会的关怀,2016 年全年争取到资金 55.9 万元,对辖区内残疾人托养机构和贫困残疾人进行了春节、中秋节、开斋节等节日慰问。

工商业联合会

【概　况】 2016 年，西夏区工商业联合会认真贯彻落实党的十八届三中、四中、五中全会精神,按照《宁夏“五好”县级工商联建设实施方案》的建设标准,紧紧围绕区委、政府的中心工作和区市工商联安排的重点工作,以“服务立会、服务兴会、服务强会”为宗旨,加强基层组织建设,认真履行参政议政职能,反映社情民意,积极引导非公有制经济健康发展和培养非公有制经济人士健康成长，着力营造非公有制经济良好的发展环境。工商联现有会员总数达 1113 个,其中企业会员 671 个,个人会员 442 个,各类行业商会 3 家,镇、街基层商会 9 家,实现了辖区镇、街商会建设的全覆盖。在区委领导下，在组织部、统战部的大力支持下，于2016年9月9日召开工商联第三次会员代表大会并进行第三届执委会领导班子换届选举，选举产生新一届工商联主席（会长）1名、副主席（副会长）28名、秘书长1名、副秘书长1名、执委66名，圆满完成换届选举工作。2016年，西夏区工商联被全国工商联评为“全国‘五好’县级工商联”；被自治区工商联评为全国工商联民营企业信息直报工作示范点、参政议政工作先进单位；被银川市工商联授予2016年度基层组织建设一等奖。

【组织建设】 严格按照全国县级“五好”工商联建设要求，加强领导班子执政能力，工商联党组书记由统战部长兼任。建立了9个镇街商会，新增会员企业85家，辖区会员企业总数达1113家，会员企业数量逐年递增，会员结构逐年优化。认真开展辖区年轻一代非公有制经济人士调查摸底工作，建立了年轻一代非公有制经济人士数据库，储备了21名年轻一代非公有制经济人士。牵头组织与青铜峡市工商联（商会）、石嘴山市惠农区工商联（商会）、莒南县工商联、即墨市工商联、龙口市工商联、宁夏装饰材料商会、广东省宁夏商会缔结友好商会，促进商会会员间的交流合作共赢。

【思想建设】 引导广大非公有制经济人士认清形势，提振信心。围绕习近平总书记讲话精神，在机关内部、会员企业及街道商会范围内进行学习传达，加深对于“两个毫不动摇”“三个没有变”，以及“亲”“清”新型政商关系等讲话精神的理解和认识，帮助非公有制经济人士准确把握中央和区委有关重大决策部署。通过“一封信”形式向辖区各企业发出“坚持守法诚信、坚定信心发展”的倡议，利用“宪法日”、普法宣传月等节点，大力开展守法诚信宣传。以基层商会、行业商协会为依托，开展“律师进民企、进商会”活动。开展劳动关系和谐模范企业创建活动，创建了银川红玛瑙商贸有限公司等一批先进典型。组织全体工作人员及7名执委班子成员赴石嘴山市惠农区非公党建示范点开展“坚定理想信念，重温入党誓词”党建月系列活动，学习观摩非公企业党建工作，促进两地非公企业党建工作经验交流。

【参政议政】 坚持为非公有制经济人士搭建参政议政、民主监督、政治协商的政治舞台。工商联会员中的人大代表和政协委员们就特色农业、商贸物流等不同领域积极提出的14件政协提案，4条意见建议、1条人大议案已被西夏区政协三届四次会议、西夏区三届人大四次会议审议通过，已安排相关单位积极办理，非公经济代表人士参政议政作用得到充分体现。引导非公经济人士围绕西夏区经济社会发展的难点、热点问题积极开展调查研究，形成《关于促进西夏区传统产业转型升级的调研报告》《西夏区非公企业融资问题及对策》等调研报告。

【社会服务】 围绕西夏区重点招商产业，印制《西夏区工商联企业推介手册》《西夏区工商联十大重点招商产业》等宣传材料。组织10批35名非公企业家赴广东省广州市、深圳市、河南省新县、陕西省咸阳市、山东省青岛市、龙口市、即墨市、重庆市、湖南省长沙市等地进行考察，成功举办与深港企业家座谈会、产业合作座谈会暨缔结友好商会签约仪式等系列活动。全年接待吉林市工商联、贵阳市云岩区工商联、广东宁夏商会、长城影视文化企业集团有限公司等35家商会、企业来西夏区实地考察。重点与深圳华域佳泰纺织科技有限公司、华昊置业集团等企业对接户外运动产品及体育赛事策划项目、医疗与养老健康综合体等意向投资项目10个，达成宁夏绿色集成建筑工业产业园、银川伊诺新能源汽车等签约项目4个，总投资额102.15亿元，招商引资工作取得显著成效。专题研究部署扶贫攻坚工作，制定《西夏区工商联2016年精准扶贫工作计划》，发动非公经济人士积极投身助力精准扶贫工作，带领会员企业多次深入辖区各贫困村。协调帮助镇北堡镇团结村申请少数民族发展资金28万元，实施引进新品种苗木种植项目。同时，签订“家用分户式光伏发电”项目协议，筹资为团结村10户特困村民安装分布式太阳能发电、太阳能热水系统，有效改善因病、因残致贫的困难家庭的生活条件。组织银川昊惠畜禽农民专业合作社等会员企业实施产业扶贫，与兴泾镇吊庄村签订残疾人肉鸡家庭养殖、奶牛托管等项目，为困难残疾人提供技能指导和帮扶，带动贫困户增收脱贫。引导会员企业帮助1户贫困户解决就业问题，每月发放工资3000元。

【组织活动】 多次举办“企业家沙龙”、“政银企恳谈会”等活动，搭建主要领导、相关单位主要负责人、金融机构、企业的沟通平台，共同帮助企业破解难题，推动企业健康发展。大力开展中小微企业监测点建设工作，助推中小企业发展。积极引导22家中小微监测点样本企业在全国工商联非公有制经济调查研究系统参与上级下达的网上调研工作，为各级工商联组织了解掌握民营经济的运行情况提供参考依据。年初，西夏区工商联被自治区工商联评为全国工商联民营企业信息直报工作示范点。

民主党派

民革西夏区支部

【概　况】 2016年，民革西夏区支部按照民革区委会、银川市委会对基层组织建设的要求，在西夏区统战部的领导下，积极发挥自身优势，夯实基层组织建设，不断增强基层组织凝聚力，有计划有成效地开展了支部工作。

【组织建设】 2016年6月，支部通过逐步、充分地做好换届前的摸底、调研、沟通工作，做好支部换届准备工作以及与区委统战部和民革银川市委会的沟通工作，使支部顺利换届；通过分层次征求党员意见，做好了支部换届前思想统一工作；在换届前骨干党员通过支部工作“回头看”回顾整理总结了5年来支部工作的成绩、经验，进一步鼓足了干劲，统一了思想，并对今后五年支部工作提出方向建议。2016年发展2名新党员，为支部不断加入新鲜血液。目前支部32名党员中，具有中、高级职称12人，研究生4人，30岁以下4人，发展了具有公务员身份、社会法制界别党员3人，律师3人。

【思想建设】 2016年，支部不断完善学习机制，丰富学习活动与内容形式，改进思想教育学习方式方法，以加强思想教育来强化党员组织观和凝聚党员参政心。通过支部生活会和组织培训班，加强支部班子成员及骨干党员民革党章党史、统战理论、时事政治、政府工作的教育学习。选派干部赴外地革命圣地实地学习，极大地提高了支部班子主要领导的思想认识和革命境界。2016年，支部召开组织生活会4次；学习重要文件9篇、培训学习及外派学习12人次、通过微信群及QQ群组织讨论交流等形式，活跃了组织氛围，加强了组织凝聚力，加强了支部的组织和思想建设。开展孙中山先生诞辰150周年纪念活动，支部班子成员及骨干党员通过撰文写诗、微信群及QQ群讨论等方式来纪念伟大的爱国主义者、中国民主革命的伟大先驱孙中山先生诞辰150周年，激励大家弘扬孙中山思想，践行孙中山精神，发扬孙中山先生愈挫愈奋、不达目的不罢休的精神，实现中华民族的伟大复兴。支部推荐王晓蕾、陈美西、金芳、马丽等几位党员参加纪念演讲比赛活动，党员撰写的格律诗《孙中山》荣获民革银川市委会优秀奖，格律诗《中山陵》荣获自治区政协组织的征文活动优秀奖。

【参政议政】 2016年初，支部召开社情民意及参政议政工作计划交流会，对提案、社情民意与建议的方向及材料题目进行了讨论交流。3月、10月支部两次召开参政议政材料交流讨论会，落实明确各骨干党员及部分党员参政材料的撰写任务及方向题目，推进党员撰写材料的进度。支部主委定期向各党员询问参政素材情况和参政材料的撰写情况，鼓励和指导党员克服困难、突破瓶颈去履职履责。支部党员围绕题目认真调研，2016 年支部党员共撰写“加强老旧小区改造施工质量监管的建议” 等涉及民生、法制、经济类的提案建议、社情民意 18 篇，所提建议不同程度地被市县区采纳，调研报告《关于提高西夏区企业自主创新能力的建议》在西夏区四届政协会议上被进行了大会发言，《关于切实降低西夏区青少年犯罪率的建议》在民革银川市委会 2016 年参政议政成果交流会上进行了发言。

【社会服务】 2016 年年初冬季，民革西夏区支部冒着严寒开展送温暖慰问老党员活动，送去了组织的关怀和祝福。支部主委带领年轻党员登门走访慰问民革老党员、老干部，为他们送上慰问品或慰问金，感谢他们一如既往地关心和支持民革支部的工作。2016 年春节期间，民革西夏区支部党员与社区书记主任一同在民革支部社会服务基地恩和社区，看望慰问孤残儿童、困难群众家庭 7 户，给他们送去节日生活用品。

民盟西夏区支部

【概　况】 2016 年，有盟员 24 人，男 17 人，女 7 人，50 岁以上 8 人，40–50 岁 12 人，40 岁以下 3 人；具有硕士学位或研究生学历的 3 人，大学学历 16 人；获得高级职称 6 人，中级职称 10 人；盟员中担任各级政协委员的 5 人。盟员分别来自 8 个不同行业，其中，行政事业单位工作人员 13 人中，有 12 人担任社会职务。

【组织建设】 7 月 4 日召开了盟员全体大会，选举产生了新一届支部委员和领导班子，重新对主委、副主委、委员工作进行了责任分工。制定完善《中国民主同盟银川市西夏区支部委员会工作制度》，从委员分工、学习制度、参政议政制度、盟费管理等 7 个方面进行了制度规定，保证盟务活动的规范性和连续性。严格按照组织程序发展党员。通过盟员推荐、个人谈话、组织考察、与单位对接等方式，在慎重考察的基础上，发展了 2 名 30 岁以下盟员，其中：非公有制企业负责人 1 名，公务员 1 名，使盟员年龄结构、界别更趋合理优化。鼓励支持盟员在本职岗位建功立业。副主委李胜硕荣获民盟宁夏区委会优秀盟员，副主委宋萍荣获自治区文化厅非物质文化遗产保护工作先进工作者、西夏区大众创业就业富民行动先进工作者，盟员吴丽琼荣获银川市优秀教师。支部被民盟银川市委会授予年度组织建设工作三星级支部。

【思想建设】 支部组织委员和盟员积极参加各级党委、统战、民盟、政协举办的有关会议、各类培训、学习。参加了银川市委统战部主办的第一期、第二期、第三期、第四期统一战线“同心”大讲堂、民盟银川市委会主办的全国“两会”精神传达报告会、广西省南宁市主办的民盟中央第二届经济论坛,民盟宁夏区委会主办的健康知识讲座、政协西夏区党派调研课题会议、学习全国两会精神专题辅导培训班等，全年共组织委员和盟员参加各类会议活动20余次。组织新当选的2名支部委员和新盟员参加参政议政培训班等培训学习，提高了委员和盟员的参政议政、民主监督水平和自身理论素养。

【参政议政】 对接区委统战部、西夏区政协,推荐4名盟员担任政协委员,其中3人在政协西夏区四届一次委员会中被选举担任常委。10月份,积极征求盟员意见,征集涉及城乡建设、道路交通、社会养老、环境治理4大类13件建议，形成提案9件,其中,委员提案5件,集体提案4件,提交政协西夏区四届一次会议和西夏区委统战部。加强与西夏区城管局、环卫服务中心、文体旅游局、镇北堡镇等部门的沟通联系,组织盟员深入镇北堡镇、文体旅游局进行调研,先后完成《关于西夏区镇北堡镇环卫保洁及经费情况的调研报告》《关于加强西夏区流动摊贩经营管理的调研报告》和《关于西夏区民间文化人才队伍建设的调研报告》3篇调研报告。其中2篇提交政协提案委,1篇作为政协西夏区四届一次会议发言材料。积极承担市民盟《关于银川市留守儿童现状的调研》课题任务，与西夏区民政局、妇联、工会、团委主动对接,完成了《西夏区农村留守儿童现状、对策及建议》的调查报告,提交民盟银川市委会。做好调研工作的同时,支部关注民生、积极反映社情民意,向民盟市委会、政协西夏区、区委统战部上报工作简报10期,及时反映了支部工作情况和个别社会问题。

【社会服务】 支部委员、盟员在端午节前后和繁忙的工作之余,捐出衣物120余件，奉献爱心给朔方路217社区需要帮助的困难居民;根据《银川市统一战线示范基地辐射扩点实施方案》和《2016年西夏区统一战线示范基地建设暨助力脱贫攻坚行动工作计划》,与镇北堡镇团结村合作,实施团结村墙面美化,面积30.4平方米;设计、绘制宣传画7幅，营造了和谐幸福的乡村风景线。组织非遗代表性传承人16人参加了银川市首届西北美食节,推动“旅游+”全产业链融合发展，为全域旅游示范区创建工作营造了浓郁氛围。

【组织活动】 5月,组织盟员召开了参政议政会议,对调研课题进行了讨论,确定了课题承办人和责任分工。10月,组织全体盟员对西夏区重点建设项目西夏风情园进行了观摩，并广泛征集政协会议提案建议;12月,召开年终工作会议,传达学习了中共十八届六中全会精神和银川市第十四次党代会、西夏区委三届一次会议精神,对全年工作进行了总结,对2017年工作进行了安排部署。高度重视上级视察调研,积极做好迎检准备,分别于10月和11月迎接了民盟区委会、市委会主要领导的调研视察,全面总结汇报了支部近年来的工作，及时向上级反映了存在的问题，在盟员发展指数上获得了有力支持。

民建西夏区支部

【概　况】 民建西夏区支部深化“坚持和发展中国特色社会主义学习实践活动”，将2016年定为“政治交接年”，把增进政治共识、增强“三个自信”作为推进新老交替和政治交接的核心内容，在思想建设、组织建设、参政议政和社会服务等方面取得了新的成绩。

【组织建设】 7月4日，召开了第四次会员大会，严格按照程序选举产生了第四届委员会，新一届班子有更强的政治热情和政党意识，有坚定的信仰和甘于奉献的精神，专业界别突出、文化层次更高、年龄结构合理。进一步完善了各项制度。支部根据各主委和委员工作的性质和个人的能力特点，将支部的各项工作进行划分并落实到人，使支部各项工作均有专人负责。按照民建银川市委会“基层支部工作制度”的要求，对会员进行细化管理和有效评价，使支部管理工作逐步规范。期间共召开主委会议5次，全委扩大会议2次。开展春节走访慰问老社员活动，共走访社员8人，表达了组织对会员的关爱。

【思想建设】 组织会员学习习近平书记重要讲话、学习十八大和十八届三中、四中、五中、六中全会精神，学习中央和区、市统战工作会议精神，学习领会陈昌智主席在纪念中国民主建国会成立70周年大会上的讲话；传达学习自治区、银川市和西夏区“两会”精神。组织会员积极参加由民建自治区区委和银川市委组织的各级各类培训活动，以提升会员参政议政、服务地方经济社会的能力。2016年8月组织骨干会员参加了由区民建主办的“民建基层组织骨干会员培训班”的学习活动；10月，组织新会员参加了由民建市委会主办的“新会员党派理论学习班”的学习活动。11月16日，支部组织会员认真学习了十八届六中全会的精神和西夏区委第四届党代会和人代会工作报告。12月2日，支部参加了由银川市委统战部组织的“各民主党派新当选委员培训班”的政治理论学习。

【参政议政】 收集整理提案、两会积极“发声”，在2016年10月30日—11月3日召开的西夏区两会上，支部提交调研报告一篇，提案10篇，其中支部提案2篇，个人提案8篇。

【社会服务】 2016年，积极参与同心示范基地帮扶工作，推动项目建设；配合市委会领导多次深入到泾龙村参与调研帮扶工作；发挥会员中农业专家资源优势，为生态移民开展科学种植讲座、农药使用、葡萄种植等方面进行科普宣传，帮助、带动村民致富脱贫；支部与市场监管局、劳动就业局继续利用已成立的大学生创业孵化园联系点，为大学生创业提供自主创业形式、申报名称核准、选择创业场所及办照流程等问题进行帮扶，为大学生就业及自主创业提供良好的平台；紧密围绕西夏区党委、政府对西夏区未来五年的经济社会发展的规划要求，11月16日，协同民建市委会组织企业家会员到银川职业技术学院实地调研银川市职业教育现状，为企业与职业学校的“校企合作”和“校企联合”牵线搭桥。

民进西夏区支部

【概　况】 2016年，民进西夏区支部以深入学习贯彻中共十八届五中、六中全会和中央统战工作会议精神为主导，丰富学习实践活动内涵，以“社会服务”活动为主题，不断强化自身建设，积极履行参政党职能，在思想建设、组织建设、参政议政和社会服务等方面取得了新的成绩。主委李海宁被西夏区评为民族团结进步工作模范个人、安全生产先进个人；会员刘学贤在全区基础教育微课大赛暨网络空间评选活动中被评为组织工作先进个人；会员张淑琴书法作品和国画作品在《银川晚报》上发表共四件，同时被刊登在评鉴宁夏网上；会员乔霞被育才中学评为优秀教师。

【组织建设】 积极做好民进西夏区支部换届工作，经与有关部门多方协商并经会员大会民主推荐，民进银川市西夏区支部委员会确定李海宁、段洪芹等5名同志为民进银川市西夏区第三届委员会委员候选人建议人选，并于2016年7月4日顺利完成了民进西夏区支部换届选举工作。李海宁当选为民进西夏区支部第三届委员会主委，马永香、马振盛当选为副主委，段洪芹、刘学贤当选为委员。进一步修订完善《主任委员、副主任委员、委员职责》《会议制度》《组织生活制度》《会员发展工作制度》《会费收缴管理规定》和《表彰奖励管理办法》等，全年共召开主委会议6次，全委扩大会议2次，不断加强自身建设。严把会员准入关，严格按照“六步发展程序”，即：个人申请、会议审查、培养锻炼、实地考察、评价审核、上报备案。准备吸纳1名法律界的同志入会，增强组织后备力量。

【思想建设】 组织会员深入学习全国统战工作会议、自治区统战工作会议和银川市统战工作会议精神，及时传达落实西夏区2016年统一战线工作要点，安排部署2016年统一战线理论研究课题和西夏区实施银川市统一战线示范基地(团结村)建设项目工作，充分调动会员积极性做好社会服务工作。组织会员参加民进区委会、市委会和西夏区委统战部、政协组织的“学习贯彻党的十八届五中全会精神”“学习全国两会精神”。组织民进支部会员积极参加民进区委会、市委会组织的暑期党派“2016年大讲堂”等培训教育活动和西夏区委统战部举办的传达学习习近平总书记来宁视察重要讲话精神等专题工作会议，为履行参政党职能奠定坚实的思想基础。

【参政议政】 在西夏区四届一次政协会上，会员以个人形式提交提案6件，以支部集体形式提交提案4件，认真履行参政议政职能。组织支部会员进行“西夏区教育面临的问题与挑战”“如何破解西夏区中小企业融资难、融资贵的难题”等相关内容调研活动，并完成了2篇调研报告。邀请有关领导专家和支部企业家会员一起到西夏区兴泾镇公铁物流调研公铁物流的商贸物流业发展情况，到镇北堡瑞兴小镇调研特色小城镇建设情况，让会员们更直观地了解了西夏区经济社会发展现状，同时也有侧重点地开展调研并积极建言献策。

【社会服务】 根据西夏区委统战部关于《西夏区建立“银川市统一战线社会服务示范基地”实施方案》的要求，组织支部会员段洪芹老师为镇北堡团结村奕龙小学送数学观摩指导课一节，受到了老师和学生们的一致好评。在十八中挂牌成立的“民进西夏区支部名师辅导站”，充分发挥作用，支部会员中的马燕、段洪芹、刘学贤、杜淑琴、张淑琴老师作为辅导站的志愿者积极参与辅导站的社会服务活动。主委李海宁借助司法局平台，组织支部法律界会员到西夏区各社区为服刑人员进行法律知识辅导讲座。副主委马永香精心指导农牧场社区、金阳社区开展好少数民族流动人口示范社区创建，为他们做好服务工作。副主委马振盛充分发挥畜牧专业特长在镇北堡地区为养殖户做好畜禽养殖病害防治技术服务，得到了养殖户们的一致好评。会员冯茂盛、张淑琴两位老师擅长书法、国画，他们利用业余时间为社区居民进行书法、国画指导讲座，春节前在社区开展“迎新春送对联”活动。

【组织活动】 组织会员先后参加了迎“三八”妇女节趣味运动会、庆“五一”会员登山活动、中秋节农庄采摘活动、民进区委员迎新春文艺汇演等活动，支部建立了QQ群、微信群，会员们每天在群里就工作、学习、生活中的问题相互沟通、交流、讨论，群策群力，进一步增强了支部的向心力、凝聚力。

农工党西夏区总支

【概　况】 农工党银川市西夏区总支在银川市委会的领导、中共西夏区委统战部的支持指导下，深入贯彻落实党的十八大精神，进一步发挥自身优势，认真履行参政党职能和社会服务工作，积极加强自身建设，稳中有序推进各项工作。一年来，总支被农工党宁夏区委会评为基层组织建设年活动先进集体，在银川市委会2016年度“基层组织评星定级”活动中被评为三星级支部，2016年度统战系统党派综合考核第一名。总支副主委胡玉琳荣获农工党宁夏区委会基层组织建设年活动先进个人；总支机关支部副主委高瑞芝同志在教育局举办的首届“全国青少年学生法治知识网络大赛”中荣获初级中学组指导教师奖、在西夏区中小学“老师您好、我的好老师”征文比赛中荣获优秀指导教师奖；总支机关支部委员蒋荣在全国华罗庚金杯少年数学邀请赛中获得优秀教练员奖、在全国华罗庚金杯少年数学邀请赛组委会春季田径运动会中获得优秀裁判员称号、在“世界学生奥林匹克数学竞赛(中国区)选拔赛”中国区组委会中荣获优秀教练员、金凤区优秀教师等荣誉;新党员李佳同志编排的节目《红领巾的春天》在第十二届全区少儿“希望杯”舞蹈大赛暨第九届“小荷风采”全国少儿舞蹈展演选拔赛中荣获编导一等奖等荣誉。

【组织建设】 6月底,召开农工党西夏区支部全体党员会议,成立农工党银川市西夏区总支和农工党银川市西夏区总支机关支部、疾控支部,并圆满完成两个支部第一届主任委员、副主任委员和委员的选举工作。进一步完善了各项制度,共召开主委会议一次,全委扩大会议三次。

【思想建设】 组织学习习近平书记重要讲话、全国“两会”、十八届六中全会、中央统战工作会议、自治区统战工作会议和《中国共产党统一战线工作条例》(试行)等精神,提高社员理论素质。组织党员参加由银川市委统战部和农工党市委会组织的“同心大讲堂”,为履行参政党职能奠定坚实的思想基础。组织党员参加市委会举办的新党员培训班、骨干及后备干部培训班、参政议政培训班等培训班,为履行参政党职能奠定坚实的思想基础。

【参政议政】 2016年,在西夏区政协会上,以个人及联名形式共提交提案11件,总支提出《关于成立西夏区非物质文化遗产保护中心的提案》,被评为政协银川市西夏区第三届委员会优秀提案;马占豹委员提出的《关于进一步做好社会保险扩面征缴工作的建议》被评为政协银川市第十二届委员会优秀提案。完成《促进妇幼卫生事业发展,为全面落实二孩政策保驾护航》《加强农村污水治理,努力建设全面小康社会》等3个调研课题,其中一篇被选为政协十三届一次会议大会发言材料,一篇获银川市委马凯常委批阅,调研工作扎实推进。

【社会服务】 银川博康医院作为农工党银川市委会的社会服务实践基地,积极配合安装眼疾筛查智能平台并投入使用。上半年因系统升级和网络问题,眼疾筛查工作稍有落后,共做了100多人次。4月14日,农工党市委会、西夏支部建立的“农工党银川市委会爱心屋”在市委会社会服务基地——银川博康医院举办了启动仪式。按照农工党银川市委会《医疗助力精准扶贫调研方案》的要求,6月30日,农工党西夏区支部党员深入镇北堡镇芦花乡同阳新村开展精准扶贫入户调查。利用活动实践基地为社区居民开展健康教育指导宣传工作。举行义诊活动4次,为居民半价测血糖710人次;开办健康大讲堂6次,讲授内容有注意口腔卫生、传染病的防治、各种疾病的预防等知识。深入开展捐资助学爱心捐赠活动。11月10日总支主委组织党员前往西夏区第八中学进行爱心捐赠活动。为第八中学的500多名学生们捐赠了学习用品及体育器材,还通过学校确定了 15 名品学兼优的特困生,为他们捐助生活费,每年都将进行定点资助。

【组织活动】 组织党员先后参加农工党银川市委会组织的迎“三八”、重阳节和赴哈达铺重温革命精神等活动;利用闲暇时间,组织总支党员搞户外捡垃圾活动,做环保志愿者,并且积极到辖区敬老院、智障学校做康复理疗指导及各种义工活动。开展春节走访慰问老党员活动,共走访慰问党员 4 人,表达了组织对党员的关爱。此外,在中山公园、绿博园等场所开展“健步走、健康行”等活动,丰富了党员的生活,加强了总支的凝聚力。

九三学社西夏区委员会

【概　况】 九三学社西夏区委员会深化“坚持和发展中国特色社会主义学习实践活动”,将 2016 年定为“政治交接年”,把增进政治共识、增强“三个自信”作为推进新老交替和政治交接的核心内容,在思想建设、组织建设、参政议政和社会服务等方面取得了新的成绩。一年来,被社银川市委评为优秀基层组织,张作义荣获自治区科技进步三等奖、社银川市委第四届委员会社会服务先进个人、西夏区“8·21”抗洪救灾先进个人,海晓红获九三学社第二届全国青年论坛优秀征文奖、社银川市委第四届委员会思想宣传先进个人,陶卫国荣获社银川市委第四届委员会优秀社员,吴晓燕获社银川市委第四届委员会思想宣传先进个人、西夏区“六五”普法先进个人,岳泰和、郗平荣获社银川市委第四届委员会社务工作先进个人,郗平、张作义获社银川市委 2015 年优秀社员。

【组织建设】 7 月 4 日,召开第四次社员大会,严格按照程序选举产生了第四届委员会,新一届班子专业界别突出、文化层次更高、年龄结构合理。进一步完善各项制度,按照《“基层组织评星定级”、“基层工作手册”考核细则》和《绩效考核细则》的要求,明确职责,细化任务,不断强化自身建设。共召开主委会议 6 次,全委扩大会议 2 次。选派 1 人参加由社市委组织的赴江苏开展自身建设调研活动,学习好经验和做法,推进基层组织建设。召开年终工作总结表彰会,总结了 2015 年各项工作,安排部署了 2016 年工作,对 2015 年工作成绩突出的社员进行了表彰奖励,同时对领导班子及成员进行了民主测评。开展春节走访慰问老社员活动,共走访社员 12 人。慰问生病社员 4 人次,表达了组织对社员的关爱。

【思想建设】 组织学习习近平书记重要讲话、全国“两会”、十八届五中全会、中央统战工作会议、自治区统战工作会议和《中国共产党统一战线工作条例(试行)》等精神,提高社员理论素质。组织社员参加社区委、区委统战部、政协组织的社区委第二十四期学习班、“传达学习全国两会精神报告会”“学习贯彻中共十八届五中全会精神培训班”、“社市委 2016 年议政日活动”“2016 年社务及履职研讨会”“3D 打印技术在铸造领域的应用”共 11 期 60 人次，为履行参政党职能奠定坚实的思想基础。

【参政议政】 在政协西夏区四届一次会议上作“西夏区家庭农场发展中存在的问题及建议”的发言。在西夏区政协会上，以个人及联名形式共提交提案 4 件，“关于加大对乡镇生活垃圾无害化处理的提案”被西夏区政协列为优秀提案。政协银川市十二届四次会议个人提交提案 7 件，反映社情民意 3 件，认真履行参政议政职能。组织专家和社员调研西夏区“内置金融”村社、家庭农场与乡村旅游协同发展现状，分析西夏区“内置金融”村社和家庭农场与乡村旅游发展中存在的问题，提出有建设性的建议。撰写理论调研文章 4 篇，“浅谈如何发挥青年社员在社组织发展中的生力军作用”荣获九三学社第二届全国青年论坛优秀征文奖。

【社会服务】 2 月 20 日至 3 月 4 日，协助西夏区农牧水务局、科技局及科研院所，在兴泾镇兴盛村、西干村、兴泾肉牛养殖园区先后举办了以中央一号文件宣传、涉农政策精细解读、肉牛育肥、农业机械安全技术检验及维护保养等为主题的培训班 4 期，共培训农民达 160 人次。4 月 29 日，在宁夏赛马水泥有限公司一分厂开展了以“健康中国，职业健康先行”为主题的的《职业病防治法》宣传周集中宣传活动。共发放手提袋、宣传册、宣传单、漱口杯等宣传材料 100 余份。5 月 4 日，联合社银川市委会、宁夏科学技术馆在镇北堡镇团结村奕龙希望小学联合开展了 2016 年“科普大蓬车、健康教育”进校园活动。开展健康教育和学生保健宣传咨询，发放健康 100 问、健康素养 66 条、常见传染病防治等宣传读本和宣传册 400 余份，活动吸引了近 500 名学生参与。7 月 27 日，社中央副主席、重庆市政协副主席谢小军率领社中央巡视督导组一行 4 人到西夏区统一战线社会服务基地镇北堡镇团结村，观摩社西夏区委员会社会服务主题活动，现场观摩了团结村枸杞合作社引进的高振江教授的真空脉动枸杞烘干机运行情况和社西夏区委员会和永宁支社联合在团结村卫生室开展的慢性病健康复诊活动。

【组织活动】 组织社员先后参加了迎“三八”参观宁夏园艺产业园活动、调研滨河新区建设、区委会第二届趣味运动会、参观共享集团 3D 打印产业应用中心、参观考察灵武和当代美术馆等活动。

法　治

公　安

【概　况】 西夏区公安分局实有民警200名，其中研究生学历1人，大学学历115人，大专学历84人，女民警23人。有协勤294人，其中女协勤59人。设有内设部门5个，直属业务大队6个，派出所13个(合署办公3个)。2016年，分局以敢为人先的勇气提出创建“首府首善、平安高地”的目标，以追赶发达省区先进同行的魄力提出建设现代警务机制示范分局的战略，确立“人员精、情报真、研判准、指挥灵、手段多、行动快”六项重点内容，实现了西夏公安工作新发展。先后被评为全区“六五”普法先进集体、2015—2016年度全区优秀公安局、2016年度平安县区、执法质量优秀公安局、一网考优秀公安局。2016年群众对公安机关总体评价满意度为93.2%，位居全市前列。

【管辖范围】 西夏区公安分局辖区东起包兰铁路，西至贺兰山中轴线，辖区总面积1129.3平方公里，辖两镇七街、17个行政村、61个社区居委会，实有人口45.2万人，常住人口35.2万人。辖区既是银川市老工业基地、宁夏大学城，又是重点景区、铁路、驻军区域，在校学生、下岗工人、复转军人等相互交织，老旧企业、无物业管理小区较集中，人口流动频繁，故社情和治安形势严峻复杂。辖区有规模以上工业企业85家，有宁夏大学、北方民族大学等大中专院校17所，科研院所21家，在校学生12万余人；有大中型企事业单位68家，危爆单位4家，公共复杂娱乐场所217家，旅店业335家，非重点单位(九小场所)8000余家。

【维护稳定】 面对严峻的暴恐现实威胁，紧绷反恐防暴这根弦，全力排查高校涉暴恐线索，凸显围绕“宁夏大学城”对敌斗争的高压态势，圆满完成“4·28”专案抓捕、初审任务，成为近年来宁夏唯一直面疆独暴恐分子的县分局。面对一系列高规格、高强度、高要求的重大警卫任务，出色完成了习近平总书记、李克强总理等中央领导来宁安保执勤任务，环青海湖自行车赛安保执勤、银川超级群星演唱会、足球赛等大型活动安保任务，维稳工作经受住了考验，有效确保了辖区社会政治稳定，民族团结和谐。面对复杂的宗教隐患矛盾，高度重视民族宗教领域不稳定因素排查，依法妥善处置“6·15”个别信教人员煽动实施非法游行事件，刚柔并济的执法艺术，赢得自治区、银川市领导的肯定表扬。

【打击犯罪】 统筹推进“六大战役”，组织开展追逃、攻坚、斩扒等专项行动，实施驱

传净土固基工程、高校电信网络诈骗打防一体化建设和创新立体化巡防机制建设“三个重点项目”。刑事案件立案数同比下降7.3%,破案率上升5.1%,非法传销类警情同比下降17.3%。电信诈骗案件数下降6.8%，高校电信网络诈骗案件数下降16.5%。成功抓获潜逃14年命案逃犯,快侦快破6起现行命案，捣毁传销窝点146处，查获传销人员1964人。打掉长期盘踞在老火车站周边实施招嫖、抢劫、诈骗的恶势力团伙,抓获团伙成员63人,依法刑事拘留33人,治安复杂区域实现“由乱到治”的转变。提前3个月率先完成缉毒任务,投资近300万元启动建设全区一流禁毒教育基地，筑起了西夏公安近年来单项工作的标杆高点。2016年,分局共打击处理各类违法犯罪分子1218人(次),其中治安处罚400人(警告5人、罚款210人、拘留185人),强制戒毒137人、刑事拘留192人、逮捕137人、取保候审92人、移送起诉242人、其他18人。

【社会管理创新】 向现代科技要效益,创建侦查指挥部、建成合成作战室,实行侦查长统一调度侦查部门资源、直接抽调派出所警力,成立网安大队、技侦工作站和二级刑事技术室，筹集资金购置全区最先进的网侦车、无人机和应急指挥“方仓”,在破案攻坚中发挥了“杀手锏”的重要作用,并协助多个县分局侦办案件。针对西夏区治安监控设施欠账多的实际,争取经费2000万元一次性立项新建治安监控点位1350个，实现重点区域和重点场所全覆盖；争取经费70万元组建“平安使者”群防群治队伍，持续擦亮夫妻警务室品牌，夕阳红老年巡防队、警民联防指挥联动机制等新做法推陈出新,“零发案”小区由2015年2个增至8个。向立体化巡防机制建设要效益,组建全区县分局首支应急处突中队、便衣行动队,实行行动队、巡防队和派出所便衣抓捕现行联勤联动机制，全天候对社会面进行管控,保持重要节日重点景区“零发案”纪录,扒窃案件发案率大幅下降、破案率大幅提升,辖区群众安全感、满意度明显提高。

【队伍建设】 面对提拔任用干部的新标准,从所队长这个关键少数抓起,先后通过7次干部交流调整，配齐配强基础所队班子,自上而下形成了抓班子、带队伍的良好氛围，分局班子凝聚力和团结性在全市考核中名列第一。面对构建新型警民关系的新期待,首创家化接访室,实行督察与信访部门合署办公，建立网上三级信访联席会诊机制和落实领导接访日制度，全年254件信访案件全部办结,化解率达98%。查处民警违纪案件4件，党纪政纪处分3人,辞退协勤5人,约谈单位负责人16人次,严明纪律、整肃警风进入了新常态。向执法规范化要效益，借分局搬迁之机建成全区一流的“三室一区”,新建和升级改造了分局和七个派出所的执法办案区，分局建成了规范化的案管中心和涉案物品保管室、档案室,依托建成的案管中心,不断满足办案需求和执法监督条件，执法规范化建设成效明显。

【安全隐患排查整治】 2016年，西夏区交警一大队共排摸路安全隐患点段9处，在辖区政府的大力支持下全部予以解决。在辖区内开展"冒黑烟"车辆、三轮车、低速载货汽车等查处工作。采取"静动结合"的治理措施，在贺兰山路兴州街路口设立固定点位，强化路面巡逻查控，共查处此类车辆170辆，劝返430辆。全年共查处黑教练违法行为20余起。联合辖区城管局采取错时、错峰工作制，针对周末"三车"活动频繁、交通违法行为较为突出的特点，在辖区集中开展联合整治行动。共查处暂扣"三车"386辆，有效遏制"三车"乱象，预防了交通事故的发生。针对存在安全隐患的"五类"车辆建立专门档案，督促企业落实整改，及时参加车辆检验，对车辆逾期未检的，责令停运。通知有交通违法记录的车辆和驾驶员及时进行"清零"，切实加强对"五类"车辆的管理工作，积极营造安全、畅通、和谐的交通环境。

【交通执法】 2016年，西夏区交警一大队共接处警11422起，非事故类接警1142起，事故类接警10280起，其中一般程序处理案件176起，死亡28人，伤201人，适用简易程序处理的案件2243起，当场调解3124起，当事人自行撤离现场快速理赔的4685起，交通事故e处理84起，各种事故造成的财产损失共计3887120元。会同西夏区政法委、司法局、财政局等部门，对辖区5位交通事故逃逸未侦破和事故肇事方无赔偿能力的事故受害人，进行最高二万元的司法救助。

【道路交通安全宣传】 2016年，西夏区交警一大队共编发新闻资讯300篇，通过微博发布各类交通安全信息2320条，向新闻媒体投稿178篇，开展"六进"宣传81次，开展交通安全知识讲座18次。

【交通安全管理】 全年，西夏区交警一大队查处违法行为76350条，其中非现场处罚72854条，现场处罚3496条，罚款10458484元，暂扣车辆1469辆，行政拘留1035人，查处酒驾违法行为131起(其中饮酒41起，醉酒90起)。

【"两学一做"学教活动】 2016年，西夏区交警二大队制定详细的学习计划，按月推进学习进度，组织全体党员民警和协警认真学习了党章党规，习近平总书记系列讲话精神和区市关于加强和改进作风的相关文件等，把学习贯穿于教育活动始终，做到学习有安排、有记录、有笔记、有心得体会。同时以纪律作风整顿为切入点，着力整顿大队领导班子、党员民警、协警在作风建设中存在的突出问题。期间深入辖区镇北堡政府、西部影城、贺兰山自然保护区管理局、新华村等7家部门单位，广泛征求辖区群众对大队领导班子及大队在工作作风方面的意见与建议。针对收集整理的28条意见建议召开分析会，研究制定问题整改责任清单，逐项落实整改责任部门和责任人，能马上整改的立即整改销号，一时无法解决的，按照责任分工进行研究，创造条件，立行立改。并按照支队党委部署组织开展了“讲政治、有信念，树立政治坚定的党员形象”等专题学习讨论，有效促进了工作作风明显转变、工作效能明显提升，让群众看到形象的转变。

【党风廉政建设】 西夏区交警二大队制定《西夏交警二大队2016年度党风廉政建设工作计划》，签订责任书，定期组织党员开展政治教育和警示教育，开展专项活动和专项整治，组织党员民警民警学习区厅、市局关于民警违纪情况的通报，举一反三、防微杜渐，切实增强了民警的底线意识。

【警营文化建设】 2016年，西夏区交警二大队通过组织开展登山、劳动种菜、重温入党誓词等形式的文体活动，不断丰富警队业余生活，积极营造全队团结一致、积极向上的良好氛围，全年共慰问生病住院、培训等民警、协警40人次，开展谈心活动24人次，捐款活动2次，有力提升了队伍集体使命感，进一步增强了队伍的凝聚力和战斗力。

【执法规范化建设】 西夏区交警二大队针对少数民警执法素养不高、执法行为不规范等因素，把规范执法作为队伍建设的重要内容，制定了切实可行的岗位练兵计划，由大队法制员按月组织民警开展《中华人民共和国道路交通安全法》《公安机关办理行政案件程序规定》《道路交通事故处理程序规定》《公安机关人民警察纪律条令》等法律法规、基本业务知识和基本业务技能的学习培训12课次，并建立案卷考评制度狠抓案卷评查和执法质量考评工作，有力增强了广大民警的规范执法意识。

【交通秩序专项整治】 2016年，西夏区交警二大队先后按照分局春运交通安全保卫、渣土车专项整治、酒驾查处、摩托车涉牌涉证、城乡环境交通专项整治、校园及周边交通环境秩序整治、道路交通安全隐患排查治理、暑期交通安全集中整治、黄标车及冒黑烟车辆整治等专项行动的统一部署，将90%的警力下沉基层中队，组织开展了客车超员、货车违法载人、超速、疲劳驾驶、渣土车治理、酒驾查处、冒黑烟车查处等严重交通违法的集中整治行动，查处各类交通违法行为10313起，其中现场处罚6214起，非现场处罚3899起，口头教育200余起，行政拘留144人，醉酒驾驶7人，饮酒驾驶24人，无证驾驶201人，准驾车型不符12人，DNA采集750份。2016年支队勤务考核，大队6次获得B组第一名。全年共接报警685起，其中一般程序31起；办理死亡事故10起，死亡14人；简易事故280起；逃逸案件3起；办理危险驾驶案8起、交通肇事案4起。期间大队还结合辖区实际，主动出击开展了一系列针对性交通整治。

【交通安全隐患排查】 西夏区交警二大队为有效防范和遏制重特大交通安全事故的发生，改善道路交通条件，从严整治各类交通安全隐患，创造安全、和谐、稳定的交通安全环境，大队认真分析辖区事故发生的规律、特点，主动与辖区政府、安监、交通、公路等职能部门进行沟通，及时排查整治交通安全隐患，据统计，在交通安全隐患排查工作中，共排查各类交通安全隐患5处，对上述排查出的交通安全隐患点，大队及时予以登记造册，同时积极联系各相关责任部门进行联合整治。

【交通安全宣传教育】 2016年，西夏区交警二大队积极开展交通安全宣传教育活动。一是深入到辖区的乡镇、企业、学校、部队、清真寺，采取发放宣传资料、制作宣传展板、播放典型案例、现场解答群众提问等多种形式开展宣传教育活动，二是在旅游景区镇北堡西部影视城、驻区空军某师、兰州军区油库等单位建立了固定交通安全宣传学习园地，形成长期的交通安全、国防教育、警营开放等互动模式；三是在辖区镇北堡新华村村部设立了交通安全宣传阵地，与辖区新华村、德林村、昊苑村、华西社区12名交通安全协管员签订了聘书，四是持续开展大喇叭宣传。在团结村村委会开展“大喇叭”宣传。为大喇叭宣传提供季节性适宜交通安全宣传资料（如夏季农民摘枸杞、捉蝎子等违法乘车行为），以灌耳音的方式利用早晨、下午村民吃饭等时间段进行广播，使广大村民进一步认识到交通违法行为的严重危害，形成互相督促、互相纠正的良好氛围，以“润物细无声”的效果提升广大农村交通参与者的交通安全意识、文明意识，预防和减少农村道路交通事故的发生。全年大队共开展各类交通安全宣传活动70次，散发宣传材料6000余份，发送微博290条，微博回复群众问题51次，制作固定式宣传展板6块，在人员、车流较为集中地点悬挂交通安全宣传横幅13幅。

【交通安全保卫】 2016年，西夏区交警二大队先后完成“161”“二十国集团峰会和中美旅游高层对话”“塞上江南　美好银川”环贺兰山自行车联赛、“2016中国宁夏西夏国际轮滑马拉松测试赛”、保障部队拉练、注射死刑等各类级别警卫任务21次，共出动警力1599人次，人均145人次。

检　察

【职务犯罪预防查处】 按照区、市院统一安排，紧紧围绕区委发展战略，紧盯权力集中的重点领域、关键岗位，进行有针对性的职务犯罪查办和预防工作。共立案侦查职务犯罪案件6件9人，其中贪污贿赂案5件8人，渎职侵权案1件1人，大要案4件4人，侦结并移送起诉5件9人（含上年立案2件6人），提起公诉4件8人，通过办案为国家和集体挽回经济损失32万元。

【打击刑事犯罪】 认真学习领会全区公诉工作会议精神，严厉打击严重危害群众生命健康和财产权益的各类犯罪，积极探索公诉新模式，严厉打击涉众经济类犯罪，维护有序的社会经营秩序，共受理批捕案件146件204人，批捕98件136人，不批捕48

件68人，无错捕、漏捕案件。受理审查起诉案件295件378人（含积存37件53人），提起公诉284件363人（含积存），不起诉11件15人，没有撤回起诉和无罪判决案件。

【诉讼法律监督】 充分发挥在公安机关设立的检察官监督办公室职能作用，坚持对重大案件提前介入制度，加强刑事诉讼监督。共立案监督案件12件，纠正漏捕4人，纠正漏诉8人，纠正遗漏罪行8起，提请抗诉3件7人，市院均支持抗诉，未收到二审判决。统筹推进生效裁判监督、审判程序监督和执行活动监督，共办理民行监督案件30件，其中民行审判活动违法监督类案12件，民事行政执行类监督案9件，督促履行职责类案件18件，发检察建议书30份，有力维护了司法公正。

【控告申诉】 不断畅通信访渠道，强化服务措施，开展带案下访、定期巡访、联合接访等活动。共接待来信来访102件274人（化解一起50人集体访），受理举报类案件线索13件14人。其中贪污贿赂案件线索11件12人，渎职侵权案件2件2人。审查后，初核3件3人，转反贪局查办5件6人，转反渎局查办2件2人，转高级法院1件1人。共接听12309服务热线63次，开展法律宣传活动5次，开展咨询活动55次。

【队伍建设】 先后多次召开“两学一做”学习教育大会，提出在全院干警中认真践行“三干精神”，提升“十种意识”，强化“三个力戒”，提倡“八个不让”，以“六必为”的要求，认真落实党组确立的“五化”工作思路，切实加强班子成员的思想、组织和作风建设，以班子带队建、党建促队建，以队建促业务，强化创先争优。组织干警认真学习习近平总书记系列重要讲话精神、《检察机关执法工作基本规范》《检察官职业行为基本规范》等读本，引导干警树立理性、平和、文明、规范的执法理念。先后开展了“两学一做”和“弘扬长征精神·致力西夏检察”演讲比赛，和法院联合举办了“音”为梦想检法联欢会，开展了纪委书记、纪检组长和自治区党校老师讲党课活动。按照司法体制改革的要求，完成了首批23名入额检察官遴选工作，并按照大部制改革的要求，在充分征求干警意见的基础上，完成了现有部门的各类人员配备，优化了各部门的人员组合，保持了检察队伍的稳定。

【亮点工作及成绩】 依托“黄河预防工程”，成立西夏区预防职务犯罪宣教团，与纪委联合举办西夏区预防职务犯罪宣讲会，为进一步加强西夏区党风廉政教育，增强党员干部的法律意识和责任意识，起到了积极的促进作用；举办以预防职务犯罪宣教、扶贫领域案例剖析及预防约谈为内容的主题检察开放日活动；举办检察干警家庭助廉会，签订党风廉政建设责任书和干警家属助廉承诺书；与西夏法院联合举办趣味运动会和“音”为梦想联谊会，与西夏公安分局召开案件分析座谈会，为建立新型检法、检警新关系奠定了基础。依托西夏区高校集中的区位优势，在案件办理中采用“疑难案件专家咨询会议”和“不起诉案件公开审查会议”，主动自觉接受人大及其常委会和社会各界监督，确保依法公正行使检察权。共召开“不起诉案件公开审查会议”3次，“疑难案件专家咨询会议”1次。先后获得银川市巾帼文明岗、银川市“依法治理示范单位”、银川市“六五”普法先进集体、银川市“十佳”书香机关和银川市年度创新工作等多项集体荣誉。白燕获评银川市优秀共产党员，李小刚获评西夏区优秀共产党员，吴万宏、陈珊珊被市院记三等功，陈银牛等4人荣获银川市法院嘉奖，多人在区市院岗位练兵中取得优异成绩。

审 判

【概　况】 2016年，西夏区人民法院核定政法专项编制109名。下设13个庭室，分别为办公室、监察室、政工科、立案庭、民事审判一庭、民事审判二庭、刑事审判庭、行政审判庭、审判监督庭、执行局、执行一庭、执行二庭、司法警察大队，内设三个部门，分别为简易庭、审判管理办公室、交通巡回法庭。有11个审判法庭，其中9个数字审判法庭。2016年，西夏人民法院共受理各类案件7571件，已审结5866件，结案率77.48%。

【刑事犯罪】 全年共受理各类刑事案件381件，审结336件，结案率为88.19%。依法严惩抢劫、强奸等严重暴力犯罪，重点打击盗窃、诈骗、非法集资、传销等侵财类犯罪，积极参与反腐败斗争与禁毒斗争，依法严惩贪腐犯罪。判决发生法律效力218件285人，其中，10年以上不满15年15人、7年以上不满10年5人、5年以上不满7年15人、超过3年不满5年18人、3年以下44人；拘役99人、有期徒刑、拘役缓刑73人、管制1人；单处附加刑罚金2人，并处附加刑罚金189人。

【纠纷化解】 全年共受理各类民商事案件4686件，审结案件3731件，结案率为79.62%。针对破产企业多、下岗职工多、房屋拆迁多、征地纠纷多的区域性特点，主动服务辖区经济社会发展大局。妥善审理民间借贷、融资租赁类案件，着力化解金融风险。重视保护公民的人身权和财产权，依法处理婚姻家庭、合同纠纷、人身财产损害等案件。成立劳动争议案件专业合议庭，加强对合法劳动关系的保护，妥善处理了原告刘某与被告宝塔实业股份有限公司劳动争议13案。依法审结建筑工程施工等合同纠纷案件，农民土地承包经营权流转、宅基地纠纷、拖欠农民工工资等案件，成立了农民工维权合议庭。有效化解宁夏吉时印业有限公司房屋租赁合同纠纷等诉讼案件。注重保护妇女、儿童、老人、残疾人等弱势群体的合法权益。积极开展小额速裁工作，坚持“调判结合”，完善“三调联动”工作机制，加强与乡镇、街道、社区和相关单位的联系，构建多元化纠纷解决机制。积极开展城管巡回法庭工作，对辖区内城管执法工作进行业务指导、开展知识讲座。与行政执法机关召开联席会议,开展依法行政培训讲座,加强非诉行政案件审查，既注重保护当事人的合法权益，同时为辖区行政机关执法活动提供司法保障。

【攻坚执行难题】 2016年，共受理执行案件2469件，执结1785件，执结率为72.30%,执行案件标的金额48456.54万元。健全执行威慑机制,加强与公安、银行、房产、车管等协助机关的相互配合,实施“点对点”“总对总”网络查控机制,初步实现了在法院就地查控人员和财产的功能，大为提高了工作效率。加大对被执行人的法律制裁,建立失信被执行人黑名单制度,在融资信贷、旅游出行、高消费等方面予以严厉限制。开展“百日执行攻坚”“清理执行积案”“清理执行案款”等专项活动,果断运用查封、冻结、扣押、司法拘留等强制措施,严厉惩处执行“老赖”,开展“午夜行动”集中执行活动。坚持依法纠错的原则,对符合再审条件的案件依法予以再审，受理再审案件5件,结案1件。

【化解涉诉信访】 实行诉访分离、领导包案、评估预防、多元化解、依法终结。做到耐心接待、认真审查、有错必纠、实质解决,对进京上访的信访人李怀振建设工程施工合同纠纷一案成功化解,为其发放案件款159万余元,当事人自愿息诉罢访。一年来接待来访及法律咨询6千余人次，处理信访案件3件。

【司法公开】 推动法院常态化公开机制，实行党务、政务、审务三公开。推行审判流程公开、裁判文书公开和执行信息公开“三大平台”,通过法院内网、外网和官方微博，动态发布工作信息，对网络咨询举报做到及时回应,件件答复。推进“阳光司法”,倡导开门办案,实行审判执行全程公开,有理讲在法庭,有证据出示在法庭,裁判充分说明理由，做好答疑解惑，让当事人输赢皆明。实施裁判文书网上公开。建成9个数字审判法庭,实现庭审直播点播,增加了司法透明度。运用远程视频接访案件,配备执法记录仪，实施手机办公系统、12368诉讼服务热线、车载卫星定位系统,实现了网上办公办案，促进了信息技术与法院工作的深度融合。

【司法能力建设】 在中、高院的统一指导下,进行人员分类改革,完成首批35名入额法官遴选工作。制定《院、庭长办案制度》和《实施法官会议及改革裁判文书签发工作的意见》，修订审判委员会工作规则,完善主审法官、合议庭办案责任制,优化审判资源配置。落实审判权改革,简化裁判文书签发权,按规定兑现发放司改人员工资,积极组建审判团队,司法改革工作稳步推进。开展“守纪律、讲规矩”、“两学一做”等主题教育活动。严格落实中央八项规定,深入查摆“四风”问题,严肃认真开好民主生活会,广泛听取意见，提出并落实35条整改措施,修订完善15项规章制度。自觉接受监督，努力提升司法公信力自觉主动接受人大法律监督和政协民主监督，加强与人大代表、政协委员联络沟通。邀请人大代表、政协委员参加庭审观摩、征求意见等活动。自觉接受检察机关诉讼监督，建立工作沟通联络机制与反馈机制，定期召开联席会议，邀请检察院领导列席法院审判委员会，及时办理检察建议。开展“法院开放日”活动，邀请各界人士走进法院，增强对法院工作的监督和支持。公布举报网址、投诉电话和院长信箱，做到及时反馈，认真整改。

【廉政建设】 树立“讲廉政就是最大福利、讲廉政就是积德行善”的理念，注重用制度管人管事管权，筑牢反腐倡廉防线。开展廉洁司法教育活动，建立领导干部干预司法活动追责机制和内部人员插手案件登记制度。严格落实中央“八项规定”，减少“三公”经费支出，开展“六难三案”专项整治，实施“一岗双责”目标管理，抓工作下抓一级，追责任上追一级，对干警轻微违规行为进行约谈。

【审判机制建设】 建立完善流程管理机制，实施节点控制、红黄预警、限时办结，加强对审判执行的全过程监控，提升了法院管理的精细化水平。建立案件质效评查机制，逐案评查、月度通报、责任倒查。建立院庭长和审判委员会监管机制，加大对不当司法行为的问责。实施司法能力提升工程，开展岗位练兵、业务竞赛，进行庭审和裁判文书质量“两评查”活动，加强业务培训，发扬传帮带作用，培养锻炼年轻干警，不断提高司法能力。建立诉前调解对接机制，与司法局、街道(乡镇)、社区(村)及企业合作，开展“联合调解”，将矛盾化解在基层、解决在源头。发挥“城管巡回法庭”的作用，宣讲法律，及时处理。开展巡回审判和法官“六进”活动，充分利用展板、电子屏、宣传册等形式，以案释法，教育群众。

司法行政

【概　况】 西夏区司法局核定政法专项编制 39 个、事业编制 1 个，2016 年，实有政法专项编制人 35 人、事业编制人员 1 人。荣获全国先进集体荣誉 2 项，自治区级 3 项，银川市级 2 项，个人获银川市以上各级荣誉 9 项。重点做好人民调解、社区矫正、安置帮教、法制宣传、法律援助等各项工作。

【人民调解】 充分发挥 124 个各类调解组织作用，形成以镇街调委会为主导，村(社区)调委会为基础、行业性专业性调委会为补充的调解网络，2016 年指导 3 个新增社区成立了人民调解组织，指导成立镇北堡团结村清真大寺伊玛目调解工作室；整合资源，发挥联动联调优势，在街道推广“大调解”服务中心。创新工作思路，联合工会、法院、人社等部门设立“一室两站一庭”，完善职工维权的联动联调机制；建全完善调解员队伍结构，积极推进选举与聘任相结合的制度。西夏区现有专兼职调解员共 618 名，共举办调解员培训班 30 期，受训人员 300 余人次；加强源头治理，成立矛盾纠纷排查化解专项行动工作领导小组，切实提高矛盾纠纷调解率、成功率和协议履行率。2016年共开展矛盾纠纷排查4206次，化解各类矛盾纠纷1128件，完成民生工程任务118件，调解成功率达到100%，无一起因调解不力导致的重大案件发生。严格落实以案定补制度，2016年共发放补贴41640元。

【社区矫正】 2016年，西夏区累计接收社区服刑人员889人，在册社区服刑人员184人，司法局不断探索创新管理形式，进一步强化特殊人群管理工作。创新管理教育模式，实行"三色"分类管理模式，落实"三必帮、六必访"制度，积极开展"七个一"和"五学五比"教育矫正活动；全面提升社区矫正信息化水平，充分利用两个平台，借助定位手机强化区域管理，累计为社区服刑人员办理定位手机364部；设立了西夏区社区矫正工作办公室、未成年人社区矫正工作站，为各司法所配备社区矫正工作人员20名，为矫正办、司法所配备了防刺背心、防割手套、抓捕器、伸缩警棍等警用装备10套，配备了执法记录仪、数据采集工作站、电动车、照相机等设备，有力保障了社区矫正工作的顺利开展；组织社区服刑人员参加感恩日活动，依托公益劳动基地开展社会公益活动，为幸平阳光残疾人托养服务中心捐助生活用品价值近千元，现场捐款1410元，为4名身患残疾、生活困难的社区服刑人员配备了轮椅；成立西夏区未成年人社区矫正工作站暨西夏区青春护航社会服务工作站，将西夏区15名未成年社区服刑人员分类集中管理矫正，引入社会力量，联合社会公益组织，将司法监管、家庭教育、社会关怀融为一体，形成合力，取得了显著的矫正效果。

【安置帮教】 2016年，西夏区司法局在册帮教人数519人，其中监所释放260人，解除社区矫正259人，帮教人数515人，帮教率99.2%，安置人数513人，安置率98.8%。及时准确进行人员信息的核实工作，对核实成功的人员按规定及时上报，对核实失败的人员及时修改与确认，严格按照规定程序及时做好衔接工作；积极开展多种形式的帮教活动，严格贯彻落实以"包教育、包管理、包改好"为主要内容的帮教责任制，广泛开展一帮一、二帮一、三帮一活动，并把安置帮教工作与法制宣传、思想教育、解决实际问题等有机结合起来，切实降低重新犯罪率；充分发挥职能作用，积极协调民政、工商、税务等部门为刑满释放人员就业安置和社会保障提供服务，加大安置工作力度，做好刑满释放人员就业安置和生活保障工作；与宁夏共享劳务派遣有限公司达成初步意向，建立过渡性安置基地，为西夏区范围内刑满释放和解除社区矫正的无业人员提供就业培训、就业岗位的过渡性安置帮教基地。

【法制宣传】 积极拓宽普法宣传渠道，构建"一网两微一群"普法平台，先后创作"六五普法"工作纪实专题片《"六五"普法结硕果，依法治区展成效》、社区矫正微电影《重生》、"守法好公民"主题歌曲《法筑中国梦》;加强专业优势发挥,建立普法宣讲队伍,深入推进"订单式"普法,有针对性送法到最基层、业务最前线,开展大小讲座20多场次,受教育群众达6000余人;加强宣传阵地建设,打造成银川市第十八中学、兴泾镇法治文化教育基地等一批法治文化示范典型。2016年发放宣传资料数万份,接待各类法律咨询近万人次,悬挂横幅1000多条,法制文艺演出80多场,展出展板800多块,营造了浓厚的法治宣传氛围;积极开展"守法好公民"评选活动,先后推荐了3名自治区级"守法好公民",邀请2015年度守法好公民在辖区9个街道、乡镇开展先进事迹巡回报告和法治文艺汇演;在认真总结验收"六五"普法的基础上,全面启动西夏区"七五"普法工作。西夏区获得自治区、银川市"六五"普法先进单位16个、先进个人15名、依法治理示范单位18个,同时,对西夏区"六五"普法期间涌现出来的32个先进集体和63名先进个人进行了表彰奖励。

【法律服务】 充分优化整合现有资源,率先在全区构建覆盖城乡的公共法律服务体系,先后投入30余万元资金建成了集法律援助、法律咨询、人民调解、公证服务、信访法律服务、特殊人群维权等为一体的西夏区公共法律服务中心,形成"一站式法律服务"模式,大力推进公共法律服务体系建设及基本公共服务均等化;依托公共法律服务中心,建成以中心为根基,以辖区9个镇街惠民法律服务站为支干、以76个村居惠民法律服务室为终端的三级服务网络,全面提升法律服务惠民工程;率先在全区开辟了网络视频咨询,结合流动律师面对面活动,打造成10分钟惠民法律服务圈。指派专职律师在西夏区信访局和劳动监察大队轮流值班,为涉法信访人员和讨薪农民工当场提供法律咨询服务,进一步扩大法律服务功能覆盖面,2016年累计接待咨询2000余次,受理各类法律援助案件1056件,办结734件,为群众避免或挽回经济损失1894.4万元;摸清底数,将辖区323户、1228人全部纳入法律服务精准扶贫对象,建立台账,开辟绿色通道,结合干部下基层活动,送政策,送法律,送服务,切实把法律服务精准扶贫落到实处。

军 事

人民武装

【政治理论学习】 2016年，以习近平总书记系列重要讲话(2016版)为主教材，先后组织8人参加上级同步培训2次，人武部专题辅导3次，集中学习了习近平总书记系列重要讲话及上级文件指示14次，组织精读规定书目32小时，个人自学时间40小时。组织2人(次)补课。系统学了习近平总书记“强军兴军篇”和“改革强军篇”，在同步参加上级理论轮训的基础上，及时做好重大理论、重要讲话的宣讲普及和观点解读，官兵高举旗帜、听党指挥的思想根基更加牢固。结合改革强军进程，组织开展“新体制新职能新使命”和“政治工作发挥生命线作用”两个大讨论，抓了“看红色影片、读红色书籍”等配合活动。十八届六中全会召开后，全体干部能够通过观看直播、阅读报纸、网上浏览的方式学在前、用在前，主官带头宣讲辅导、带头改造思想，全体现役人人撰写心得体会。认真组织全体人观看《永远在路上》纪录片，专题学习了《准则》《条例》。紧贴形势任务和官兵思想实际，区分现役和民兵两个层次，开展“坚定改革强军意志，投身改革强军实践”主题教育，已完成五个专题的授课辅导。在整组和民兵训练期间，采取“集中整组上大课、检查调研上小课”的方法，把教育课堂向编兵单位延伸，向岗位拓展，组织民兵学习了《中国共产党党史》《党章》等书籍，开展“小讨论、小辨析、小展评”的“三小”活动，深化教育内容的认识理解，夯实官兵在理想信念、履行使命、献身强军实践方面的思想基础。在“两学一做”方面，先后2次集中组织党员原原本本学习《党章》，学习习近平总书记系列重要讲话，召开党委会认真学习毛泽东同志《党委会的工作方法》，指导党员制定了学习计划，组织进行3次党课辅导，开展4个专题学习讨论，结合纪念建党95年周年，掀起学习贯彻习近平总书记“七一”重要讲话的热潮。依托学习教育协作区，积极协调辖区部队团以上领导为地方上国防教育课20余场次，区委李鸿儒书记还带头为驻区部队作经济形势报告。先后2次邀请自治区党校李喆教授进行授课辅导，部领导带头上党课，党员领导干部主动交纳党费，带头过组织生活，带头承诺践诺，营造了真学实做浓厚氛围。把“古田会议精神”习近平总书记提出的“四个牢固立起来”“五个着力抓好”和“10个方面突出问题”作为标准，逐渐形成了从严抓教育管思想、抓组织严管理、抓服务保打赢、抓整顿正作风的良好氛围。

【战备训练】 认真落实《战备工作规定》，

按照进架上车、装箱入柜、模块化存储的要求，着手改建集指挥控制、专业救援、综合保障为一体的器材库，真正达到了定得准、出得快、用得上。紧紧围绕“考比拉”的要求，下大力抓了首长机关、应急分队训练，采取“大专业小集中，小专业大集中”的组训模式，利用3天时间在预备役高炮团培训了20名教练员，进一步统一了考核流程、规范了训练方法、明确了标准要求。从3月份开始，区分2个小组，调研论证民兵队伍现状，调整编组模式、优化布局结构、规范专业种类、改进编兵手段。

【应急动员】 聚焦打造国防动员样板建设，突出抓了国防动员组织调整、国防潜力调查、国防公铁物流储备。召开了年度人民武装工作会议，重点对国防动员和应急力量建设等工作进行部署和安排，专题研究调整西夏区国防动员委员会各办公室人员，将镇、街道党(工)委书记纳入到国动委领导小组，对各类应急动员预案方案进行修订完善，进一步健全了应急动员指挥机构。并针对敏感时期、重点地区及社会热点问题，对辖区78名情报信息员队伍进行了调整，实现了乡镇、企业、街道有情报信息员，有情报信息站，人武部有情报信息中心，确保了信息网布局合理、队伍精干、可靠、灵敏、管用。特别是在“8·21”贺兰山沿线防汛抢险中，第一时间作出反应，迅速启动应急预案，坚持靠前指挥，组织驻军、民兵及党员干部群众600余人，动用各类专业抢险救援车辆70多辆，对6000多名受困群众进行了解救和转移。

【廉洁征兵】 采取集中、分散和线上互动等形式进行宣传，在宁夏大学、北方民族大学设立集中宣传点，3次到院校进行集中宣传，累计发放宣传册3000余张，接听咨询电话5000余次，接待家长和应征对象200余人(次)，依托宁夏大学计算机教室安装了心理测试点，节约了资源，提高了效率。严格落实廉洁征兵规定，先后下发廉洁征兵宣传册、廉洁征兵监督卡、意见卡1500余张，与应征对象及家长逐级签订保证，制定拒服兵役处罚办法，联合公安、教育、民政、监察、街道进行联合政治考核，联合政治考核的做法被《解放军报》2版进行了报道，组织对高原兵进行了体检，召开新兵座谈会，发放优抚金35万元。今年报名人数为1344人，上站体检510人，合格人数216人，双合格人数214人，确定新兵人数177人，大学生127人，高中(中专)50人，大学生比例为71.75%。

【安全稳定】 扎实开展“学条令、训队列、整秩序”活动，规定每周一为条令法规学习日，组织干部职工集中学习条令条例等法规制度，切实提高法规意识和法治观念。结合人武部实际，制定本级贯彻落实安全工作的 “十个一”措施。以开展“学条令法规、抓部队秩序、上安全教育、搞隐患排查、练安全技能” 为抓手，逐级签定安全责任书，人人撰写安全保证书，开展大谈心活动，干部与职工人人见面进行谈心交心，建

立在外人员跟踪联系档案，每周与在外人员联系一次，掌握思想动态，进行安全教育。落实每月一次营门防袭击演练，强化大家处突意识；落实大项活动安全风险评估，建立安全工作清单，坚持问题导向，认真排除安全隐患，有效堵塞了安全漏洞。

【双拥共建】 协调辖区部队部分军官和基层专武干部，对西夏区兴泾回民中学10名品学兼优、家庭困难的学生进行一对一结对帮扶。结合精准扶贫，协调西夏区政府开展党政机关干部驻村包户精准脱贫活动，按照一户一干部的原则，一对一精准帮扶贫困户脱贫致富，209户贫困户均已分配到人。投入1.5万元对两户贫困户、4名生活困难退伍军人和10名学生进行慰问；协调地方民政投入5000元对两次参加维和的士官张晗进行慰问。“人武部精准扶贫聚力回乡群众脱贫记”和“两度出国维和宁夏仅此一人”在中国军网、新华网、全军政工网和宁夏电视台进行了报道。深入党政机关、中小学校、厂矿企业和宗教场所，举办了3场国防形势报告会，受众上万，普及国防教育知识，坚定了爱国拥军信念。结合驻区部队多、院校多和企业多的实际，开展教育协作区建设，“整合军地资源、协作共促区域建设”的经验被警备区转发。

【后勤服务保障】 按照上级有关要求，及时补充了指挥器材和应急连装备，为部分民兵分队配备了作训服。积极协调政府及林业部门，对营院绿化进行了规划整理，补种了部分常青树，营造了良好的生态环境。利用党委会组织党委委员学习后勤管理各项法规，修改完善了后勤物资管理制度规定，坚持党委理财，定期进行财务分析，严格落实大项经费、物资采购、联审会签等制度，杜绝了不合理开支，确保各项经费支出的科学性、合理性。围绕中心工作，保障重点，兼顾一般，精打细算，严管细抠，较好地保障了部日常经费开支和各项工作的开展。推行科学细致的后勤管理，狠抓了车辆、油料和驾驶员的管理工作，对营房住用情况进行了整治，调整了超标准的办公室。在机关食堂管理上，坚持做到计口下粮、日清月结，确保不超标、吃得好、不浪费。严格落实车辆派遣等规章制度，定期对车辆进行维修保养。及时维修用电和供水、供气等设备，确保营区内基础设施安全保障。

消　防

【灭火救援】 2016年，西夏区发生火灾247起，直接财产损失181万元，无人员伤亡，无较大以上火灾事故；怀远中队共接警出动384起，其中火灾247起、抢险救援85起、社会救助52起，出动车辆386台次，抢救和疏散被困人员528人，抢救财产224.1万元。

【落实消防责任】 通过提请政府召开消防工作会、部门联席会8次，签订责任书30份，政府、相关部门行文22份，分管领导带队、联合检查12次等多种形式，推动政府和相关行业职能部门的消防责任落实；通过提请政府发文、召开现场会、协调各级联动等形式，推动建立街道和社区微型消防站 68 个，重点单位微型消防站 92 个，划分区域联防 13 组。实现街道办、社区、重点单位微型消防站 100%全覆盖。提请拨付 19 万元为西夏区 5 所福利机构安装简易消防设施，全年共推广安装简易喷淋 41 套，独立式感烟探测器 305 个。提请综治办将消防安全“网格化”管理相关内容纳入政法综治平台中，并完成网格化管理微信群建设工作。推动 92 家重点单位进一步落实消防安全“户籍化”管理工作。

【火灾隐患整治】 2016 年，大队采取部门联合、行业牵头、舆论曝光、关停罚拆等措施，共检查社会单位 2171 家，督促整改火灾隐患或违法行为 1833 处，办理行政处罚案件 77 起，“三停”单位 12 家，临时查封 14 家，罚款 47.13 万元，行政拘留 5 人。同时，严格执法规范化，办理建设工程备案抽查 49 项，其中设计备案 40 项、验收备案 9 项、安检 98 项，实现了火灾事故 100%调查，无行政许可超期、行政复议和行政诉讼案件。投入 400 万元，协调政府以购买公共安全服务的方式整改浙江商城重大火灾隐患。扎实推动消防“八进”工作，免费向群众发放宣传册、挂图等 80000 余份，发展消防志愿者 30 人；举办“五类”人员培训班 23 期、开展消防“进军训”7 家，培训人员 3100 余人次，开展灭火逃生演练 15 次，开放消防站 52 次，受教育群众达 1 万余人次。在中央级媒体和自治区级媒体刊发消防新闻 26 条，在区内主流媒体刊发稿件 42 篇；大队微信平台新增人数 5000 人，在微信、微博、手机等发布信息 2 万余条。

【执勤训练】 落实党委（支部）议训、主官抓训、适时竞赛、定期考核等机制，扎实开展了执勤岗位练兵，圆满完成了冬训、春训和全年训练任务，在条令条例队列会操中取得了第一名的好成绩。落实战备工作制度，先后修订完善新数字化灭火救援预案 45 家，开展实兵、实装、实战演练 92 次、“六熟悉”92 次，完成年初目标责任。圆满完成了“2·2”兰星油库天然气槽罐车泄漏、“4·1”滚钟口、“7·13”贺兰山山岳救援以及“8·21”贺兰山抗洪救灾等艰难险重任务。我大队荣获西夏区“8·21”抗洪救灾工作先进集体，中队两名战士荣获西夏区抗洪先进个人。落实重大节日、重大活动和重要节点的现场勤务保卫措施，先后圆满完成了“两会”、元宵节以及重要警卫勤务保卫等 10 余项消防安全保卫任务。

【后勤保障】 积极协调地方政府支持，列入财政预算经费 66.7 万元，已全额拨付到位（灭火救援装备配套经费 20 万，业务经费 32 万，农村消防站经费 6 万元，官兵伙食补助经费 8.7 万元），并争取预算外经费 30 万元用于宣传培训，协调分局将文员保障经费纳入协警编制。争取支队投入资金对中队车库进行改造扩容，更换老旧大门，完成大队楼后停车区地面硬化工程，进一步改善官兵生活环境。完成中队荣誉室、红门影院招标工作，并施工建设。完成了大队后库房翻新改造工作。加强装备器材和固定资产管理，完善中队阅览室电脑配备，开展了财务大清查工作，基本实现了固定资产的规范化管理，达到账账相符、账物相符。

【政治工作】 大队认真落实各项组织生活制度，定期开展谈心谈话活动，分析党员思想动态，先后针对支队安排重大工作等问题召开党委会议 11 次，上党课 40 余次，召开思想汇报会 5 次，党委中心组学习 11 次，撰写调研文章 30 余篇，党委建设稳步推进。强化民主集中制建设，积极推行“三不一末”制度，不搞“家长制”，不搞“一言堂”。始终做到讲理解、讲支持、讲风格、讲肚量，做好耐心细致的思想政治工作，做到政治上爱护，互相信任；工作上放权，互相支持；生活上关心，互相帮助。班子成员心通气顺，感情融洽。巩固深化群众路线教育实践活动，大队班子始终把解决好“执法干什么，监督为什么”的问题，作为大队人员经常思考的重点问题。与官兵签订《廉政责任书》9 份、《家庭助廉承诺书》11 份、《党员干部廉洁自律承诺书》11 份。同时，大队积极做好《廉政监督卡》发放及回访工作，向社会单位发放消防执法廉政告知单 210 份，社会面无任何投诉。深入开展党风廉政活动、开展《中国共产党廉洁自律准则》和《中国共产党纪律处分条例》集中学习月活动、法纪教育和学雷锋日等教育活动，深入开展了消防部队改革强警主题教育活动和“学党章党规、学系列讲话，做合格党员”学习教育暨作风整顿主题教育活动、作风纪律教育整顿活动以及“帮建支部、帮带干部、帮抓骨干”活动，举办了主题教育知识竞赛、演讲比赛，扎实抓好以十八届六中全会、习近平总书记系列讲话精神的时势政治教育等工作。以建党 95 周年系列活动为契机，结合雷锋纪念日、五四活动等时机，组织开展了学习贯彻党章、入党宣誓、重温入党誓词活动。三组织官兵参加总、支队举办的各类培训班 17 期，极大地提高了官兵的业务素质。按照政工岗位练兵活动的要求，制定《政治干部岗位练兵活动实施方案》，并积极参加支队组织的政工干部网上考试。

综合经济

工 业

【概 况】 2016年，在银川市、西夏区党委、政府的坚强领导下，工信局全面贯彻落实十八大、十八届四中、五中全会精神，紧紧围绕市委“2258”工作思路，主动适应经济发展新常态，精准施策、主动作为，扎实推进稳增长、调结构、去产能、补短板，依靠创新驱动，加快转方式、调结构步伐，促进工业平稳增长。组织企业参加银川市工业“十九条”解读会。组织辖区81家规上企业主要负责人参加银川市工业“十九条”解读会，市工信局负责人对政策进行了详细的解读，并现场进行了解答，提高了政策的覆盖面。

【落实工业扶持政策】 2016年，西夏区获得2015年度节能降耗先进县(区)，奖励资金80万元。银川宝塔精细化工有限公司、共享装备有限公司等5家企业共获得160.74万元；向市工信局申报2016年银川市工业“十九条”和“工业振兴工程”扶持政策，共申报项目20个，项目涉及兼并重组、产品外销、淘汰落后产能、本地采购等10大类别。积极落实自治区《关于促进西夏区经济平稳较快发展有关税收政策的通知》(宁财[2015]187号)文件精神，积极为宁夏瀛海银川建材有限公司、银川宝塔精细化工有限公司、宁夏鲁西化工化肥有限公司争取土地使用税减免政策，减免资金287.49万元。完成《银川市西夏区城区老工业搬迁改造实施方案》(以下简称《实施方案》)。先后召开西夏区政府、银川市政府、自治区发改委组织的四次由有关部门及搬迁改造企业负责人参加的实施方案征求意见会，经吸纳各部门和搬迁改造企业的意见修改完善后，《实施方案》得到自治区政府批复，并上报国家发改委备案。

【专项基金争取】 2016年，帮助企业申请2016年国家专项建设基金。举办西夏区城区老工业区搬迁改造项目申报座谈会，邀请成功申报专项资金的宝塔实业有限公司负责人进行讲解程序，搬迁改造企业的法人及项目总监50余人参加培训。宝塔实业股份有限公司争取到一、二批专项基金3.83亿元，宝塔实业和共享装备分别争取到中央预算内资金1025万元和8000万元。

【经济指标完成情况】 2016年，西夏区81家规上工业企业完成工业总产值395亿元，同比下降3.3%，完成工业增加值105.5亿元，同比下降1.3%。完成宁夏乐叶光伏有限公司、宁夏大成永康营养技术有限公司等5家企业纳规入库工作。

【重点企业经济运行情况】 2016年，西夏区共有规模以上工业企业81家(含开发区企业),其中产值过亿元企业28家,中国石油天然气股份有限公司宁夏石化分公司是西夏区重点骨干企业，由于受石油价格因素影响,2016年,完成工业产值207.51亿元,同期减少产值13.2亿元,同比下降5.99%,工业产值占西夏区工业总产值的52.5%,成为影响西夏区工业增速的重要原因。银川宝塔精细化工有限公司由于资金短缺,11月停产,完成工业总产值8.3亿元,同比下降25.86%；宝塔实业股份有限公司完成工业总产值1.19亿元，同比下降38.83%;宁夏赛马水泥有限公司完成工业产值6.99亿元,同比上升12.27%;宁夏共享装备有限公司完成工业产值3.68亿元,同比下降25.3%。

【工业项目建设】 2016年，西夏区实施工业项目21个,年度计划总投资21.5亿元,其中新建项目11个,续建项目3个,技改项目7个,列入西夏区“四制”项目4个,自治区重点项目1个。宝塔精细化25万吨/年柴油加氢装置产品质量升级改造、荣力特光电智能制造研发生产实训中心项目、犇牛饲料5万吨加工厂等7个项目投产达效,累计完成投资21亿元,新增产值近3亿元。

【技术革新】 2016年，帮助重点用能企业申请电力直接交易,有效降低企业成本,节约资金约400余万元；组织实施宁夏宝塔精细化工有限公司25万吨/年柴油加氢装置产品质量升级改造、赛马水泥原有回转窑电收尘改造为袋式除尘器等12个节能技术改造项目,总投资达4.5亿元。

【淘汰落后产能】 2016年，共计淘汰落后产能1.25万吨标煤。其中淘汰宁夏荣盛特种合金集团有限公司淘汰产能1万吨标煤、淘汰新疆天河化工有限公司宁夏分公司产能0.25万吨标煤;组织开展2015年度重点用能企业目标责任考核工作，开展节能宣传周和全国低碳宣传活动。在同心路市场开展“节能一条街”宣传活动,共制作展板15块,悬挂横幅15条,现场发放各种节能宣传画册、宣传资料、环保购物袋等10000余份。

【协调服务】 开展县处级领导一对一精准包扶工作。包扶领导干部深入企业,建立联系企业“三个一”长效机制。35名县处级领导包扶38家工业和商贸物流企业,经走访调研,共梳理主要问题42个,已解决37个问题,为企业平稳运行提供了有利的支撑。全力做好重点项目开工建设协调服务。协调银川市供电局和银川市通联资本融资本，暂缓缴纳电费、帮助企业融资5000万元,促使企业及时复产并实施技改升级,实现企业提质增效；协调西夏热电二期项目开工建设,协调解决土地租用、土方外出运输临建、渣土堆放、移树等问题;成功办理了3个标段外经证，将施工单位的7亿元的税收及固定资产纳入西夏区；帮助犇牛饲料解决了土地审批等问题。多次协调市规划到项目施工现场完善规划方案，协调金凤区公安局办理好了停车厂手续，目前项目进展顺利。

【非公有制经济】 2016年,西夏区有非公有制企业254家，非公企业从业人员5064人，2016年规模以上非公企业实现工业总产值180亿元,占规模以上工业总产值45.8%。

农 业

【综 述】 2016年，西夏区农业紧紧围绕“农业发展、农村繁荣、农民增收”的目标，不断加大工作力度，强力推动现代农业、“三精”农业和高效农业建设,并形成以酿酒葡萄、有机枸杞、肉牛养殖、休闲观光等特色主导产业,实现农业增效、农民增收和农业农村经济可持续发展。2016年农业总产值达到10.79亿元,同比增长2%;农业增加值达到7.8亿元,同比增长4.5%;农村居民人均可支配收入10111.8元,同比增长8.3%。

【种植业】 2016年，西夏区完成种植业播种面积64626亩。其中春播小麦6200亩,籽粒玉米32000亩，青储玉米5000亩，苜蓿3000亩,冬牧70黑麦草1703亩,复种青贮、油葵1703亩。瓜菜播种面积9320亩,其中设施瓜菜3420亩,露地瓜菜2400亩,麦后复种蔬菜3500亩。蔬菜种植合作社10个，种植面积2000亩。发展粮食饲草种植合作社10个,种植面积11124亩。发展粮食饲草种植家庭农场10个,种植面积6000亩。实施农作物病虫害防控、番茄优新品种试验示范、冬牧70示范推广等6个项目,示范推广秸秆生物反应堆技术100亩。

【农村土地确权】 2016年，西夏区快速推进农村土地承包经营权确权登记颁证工作,涉及全区2镇10个行政村43个村民小组,农户4913户,确权面积45710.63亩,地块数15676块，只登记不发证面积7422.39亩。农村土地承包经营权确权登记工作的调查成果由自治区农村土地承包经营权确权登记工作领导小组验收通过。进一步完善农村集体土地所有权登记数据库。

【“三资”管理】 2016年,加强农村资金、资源、资产管理,村级财务管理均实行会计委托代理服务制,统一按照《村集体经济组织“三资”管理工作流程图》开展工作,进而规范镇、村“三资”管理程序。针对三资管理网络监控平台建设和农村财务管理规范化建设,初步搭建了本地区“三资”网络平台,实现了三资管理信息网络平台建设全覆盖和电算化记账全覆盖,对17个行政村进行了专项审计和村级组织换届前干部离任审计。

【农业产业化经营】 2016年，西夏区共有区、市级农业产业化龙头企业33家,其中区级12家、市级21家。2015-2016年,宁夏大成永康营养技术有限公司在银川经济开发区西区新建年产12万吨现代化无抗饲料厂1座,项目总投资12008万元,已于2016年6月正式投产。龙头企业销售收入127115万元，固定资产71352万元，净利润9773万元，上缴税金1966万元，带动农户总数32267户，其中省外带动3799户，争取农业产业化省级财政专项资金1319.77万元。

【休闲农业】 2016年2月，西夏区成为首批国家全域旅游示范区创建单位。2016年5月28日至6月1日，西夏区代表银川市成功举办银川市休闲农业推介会暨新牛庄园第二届民俗亲子游园节活动。2016年，共计争取自治区一二三产业融合项目资金500万元，银川市休闲农业示范点建设项目130万元，项目全部经过验收并拨付资金。全年接待游客达79.5万人次，实现营业收入7155万元。休闲企业每年吸纳周边固定农民用工1800人次，累计实现劳务收入2300多万元，同时，延伸休闲农业促进农民增收致富的产业链，发挥各休闲企业一二三产业融合发展的带动和辐射作用。

畜牧业

【概　况】 2016年，西夏区畜牧业以标准化规模养殖建设为重点，认真贯彻落实中央一号文件及区、市农业农村工作会议精神，重点发展特色优势草畜产业，形成粮草兼顾、农牧结合、循环发展的新型种养结构。全区畜牧业产值13.27亿元，同比减少3%。农民人均牧业纯收入4587元，占家庭总收入的45%。

【生产情况】 2016年，西夏区有奶牛养殖业11个、2个小型园区。奶牛存栏2.2万头，较上年减少了10.9%，肉牛饲养量4.66万头（其中，存栏1.46万头，出栏3.20万头），较上年减少了2.5%；羊只饲养量12.18万只（其中，存栏5.43万只、出栏6.75万只），较上年减少了0.5%。禽类饲养量149.24万只（其中，存栏89.74万只、出栏59.50万只），较上年增长6.5%；生猪饲养量9.19万头（其中，存栏2.91万头、出栏6.28万头），较上年增长32%。

【规模养殖】 2016年，畜禽养殖规模化、标准化生产水平进一步提高。辖区奶牛、蛋鸡养殖已实现100%规模化水平，肉牛、肉羊规模化养殖逐年递增。规模养殖场（小区）55个，其中：奶牛规模养殖场（小区）12个，存栏量2.2万头，规模化率达到100%；肉牛规模养殖场8个，饲养量1.06万头，规模化率达到32%；生猪规模养殖场（小区）6个，饲养量8.73万头，规模化率达到95%；羊规模养殖场8个，饲养量1.29万只，规模化率12%；鸡规模养殖场13个，饲养量61.49万羽，规模化率达到78%。

2016年西夏区畜牧业主要经济指标表

项目	单位	2015年	2016年	同比增长(%)
一、大牲畜存栏	万头	3.78	3.67	-2.91
其中：肉牛存栏	万头	1.35	1.46	8.15

续表：

项目	单位	2015 年	2016 年	同比增长(%)
其中：基础母牛存栏	万头	0.49	0.52	6.12
奶牛存栏	万头	2.25	2.2	-2.22
其中：成母牛存栏	万头	1.46	1.16	-20.55
牛出栏	万头	3.44	3.2	-6.98
牛肉产量	万吨	0.94	0.87	-7.45
二、羊只存栏	万只	6.04	5.43	-10.10
其中：绵羊存栏	万只	4.73	4.06	-14.16
其中：繁殖母羊	万只	3.22	2.29	-28.88
羊只出栏	万只	6.2	6.75	8.87
羊肉产量	万吨	0.099	0.11	11.11
三、生猪存栏	万头	2.62	2.91	11.07
能繁母猪	万头	0.4	0.4	0.00
猪出栏	万头	4.63	6.28	35.64
猪肉产量	万吨	0.29	0.4	37.93
四、家禽存栏	万只	86.11	89.74	4.22
其中：蛋鸡存栏	万只	67.87	66.93	-1.39
家禽出栏	万只	53.99	59.5	10.21
禽肉产量	万吨	0.176	0.19	7.95
五、肉类总产量	万吨	1.5	1.63	8.67
牛奶产量	万吨	9.48	7.56	-20.25
禽蛋产量	万吨	0.84	0.83	-1.19
六、牧业总产值	亿元	13.76	13.27	-3.56
七、农民人均牧业收入	万元	0.49	0.46	-6.12

【落实产业政策】 实施草畜产业项目 2个，污粪处理项目 3 个，肉牛场物联网技术示范项目 1 个，肉羊标准化规模养殖场 1个，肉牛“见犊补母”良繁补贴 1500 头，落实银川市畜牧业扶持政策肉羊种羊引进 230只、肉牛冻精 2000 支。建立了 9 个肉牛养殖节本增效示范点，以降低养殖成本、提高养殖效益、增加农民收入为目标，通过充分挖掘生产潜力、依靠科技进步，转变养殖方式，促进草畜产业综合生产能力。示范种植、加工收贮优质

牧草冬牧70黑麦草1700亩，指导各大牛场共计收割加工黄贮玉米秸秆1万余亩。共落实区市财政专项补贴资金300余万元。

【动物疫病防控】 2016年，猪口蹄疫累计免疫29760头，猪瘟累计免疫31310头，猪蓝耳病累计免疫2.976万头，牛口蹄疫累计免疫3.49万头，羊口蹄疫累计免疫4.87万只，高致病性禽流感累计免疫鸡54.125万羽，鸡新城疫累计免疫54万羽，羊小反刍兽疫免疫4.87万只，羊三联四防免疫5.52万只，羊痘免疫5.52万只，仔猪副伤寒免疫仔猪1万头。免疫密度100%。共投放消毒药3400公斤，累计消毒1300多万平方米。

【动物卫生监督】 2016年，强化动物检疫监督管理，组织开展专项整治工作，加强活畜市场检疫准入制度的落实，认真落实“六条禁令”，进一步规范了动物卫生监督执法行为，全面履行和落实动物卫生和动物产品安全监管法定职责，有效防止了重大动物疫病的传播，确保畜产品质量安全。取消了动物和动物产品产地检疫收费。全面施行电子出证。无害化处理被遗弃在野外的死猪10头、死鸡500只、死狗死猫35只，监督规模场无害化处理病死猪1548头。通过对病死动物排查、清理、无害化处理，防止动物尸体污染环境和传播疫病。详见2016年西夏区动物检疫情况一览表：

2016年西夏区动物检疫情况一览表

名称	猪	牛	羊	禽	狐狸
数量	22110头	1571头	1689只	224724只	1481只
名称	狐狸皮	种蛋	猪肉	脏器	鸡肉
数量	5200张	4119.49万枚	194.9万公斤	5.13万公斤	184万公斤

【落实畜牧产业政策】 一是奶牛托管园区营销网络及环境改造项目，占地18亩，总投资3000万元，建设巴氏奶生产基地及巴氏奶营销网络，园区奶牛存栏2700头，其中为移民托管392头。投产后，日处理鲜奶50吨，年产值过亿元。二是兴泾镇西干村肉牛养殖园区二期建设项目，投资352万元建成1个大户棚圈及道路硬化等配套设施任务。已动员审核55户动迁户入住养殖园区，肉牛存栏1000余头。三是落实自治区草畜产业切块项目资金395万元。其中，3000只基础母羊扩群项目每只补贴100元，基础母牛补贴（见犊补母）1500头每头补贴500元，3家肉羊养殖场建成棚圈面积9569平方米，1个肉牛养殖园区建成棚圈面积3618平方米，引进性控冻精1000支冷配改良奶牛600头。

渔 业

【概 况】 2016年西夏区渔业以养殖增效、农民增收为主攻方向，以水产健康养殖为主题，实施清淤改造老旧池塘，大力发展水产健康养殖示范基地和名特优水产品养殖技术推广，采用高产高效养殖模式和生态放养模式，创建规模化示范基地，引导养殖者转变观念，提高科学养殖水平，提升渔业科技对现代渔业建设的支撑保障能力。

2016 年西夏区水产养殖面积 10246 亩，与 2015 年相同；水产品产量 2980 吨，同比增加 30 吨，增长 1%；渔业产值 3230 万元，同比增加 30.7 万元，增长 0.9%；渔业增加值 410 万元，同比增加 5.75 万元，增长 1.4%。

2016 年西夏区水产业主要经济指标表

指标名称	计量单位	2015 年	2016 年	同比增长(%)
一、水产品总产量	吨	2950	2980	1
(一)淡水捕捞	吨	0	0	0
(二)淡水养殖	吨	2950	2980	1
1、鱼类	吨	2950	2980	1
鲤鱼	吨	1362	1330	-2.3
鲢鱼	吨	195	198	1.5
鲫鱼	吨	332	327	-1.5
草鱼	吨	975	997	2.3
鳙鱼	吨	86	76	-11.6
鲶鱼	吨	0	38	100
鲈鱼	吨	0	1	100
2、虾蟹类	吨	0	4	100
螃蟹	吨	0	4	100
二、鱼种产量	吨	283	292	3.2
三、淡水养殖面积	公顷	683	683	0
1.池塘养殖	公顷	392	392	0
2.湖泊养殖	公顷	158	158	0
3.水库养殖	公顷	133	133	0
4.稻田养蟹面积	公顷	13.3	67	403
四、渔业总产值	万元	3199.3	3230	0.9
五、渔业增加值	万元	404.29	410	1.4

【渔业生产】 2016年,西夏区水产养殖总面积10246亩,其中:池塘养殖面积5880亩,湖泊、景观水系和滞洪区生态养殖面积4366亩;水产品产量2980吨,与上年同期相比增加30吨;渔业总产值3230万元,与上年同期相比增加31万元;渔业增加值410万元,与上年同期相比增加6万元。

【水生动物疾病预测及防治】 2016年,西夏区及时设立鱼病测报点,建立健全鱼病测报系统,设立鱼病监测点2个,水环境监测点2个。测报点面积460亩(良渠稍村渔场测报点面积190亩,平吉堡测报点面积270亩)。对鲤、草、鲫、鲢鳙鱼、泥鳅等养殖品种及养殖水环境进行逐月跟踪检测,对危害养殖鱼类严重的肠炎病、烂鳃病、疱疹病毒病和车轮虫病、指环虫病等鱼类病虫害进行系统测报,并及时检测水质,做好鱼病防治和水质调控工作。

【水产品质量安全】 制定详细的活动实施方案,明确目标、任务和整治重点。并与无公害水产品基地养殖户签订水产品质量安全责任书,督促养殖户认真填写《养殖记录册》,确保水产品质量安全;组织开展辖区农产品超市、市场等流通领域水产品质量监管,健全追溯制度。

【渔政执法】 2016年,针对西夏区水域分散,滞洪区水库贯穿南北,不易管理的现状,为加强辖区湖泊池塘水系安全防范和水上环境卫生监管,采取巡查和张贴公告的形式,狠抓落实,确保群众生命和财产安全。2016年,共出动人员76人次,出动车辆38车次,喷刷警示标语42幅,先后三次印发通告60份,张贴在湖泊水域集中地区和农贸市场、学校等人员密集地段,新安装固定警示标牌20幅,防范违规、违法行为和溺水事故的发生。

【重点项目建设】 池塘清淤改造项目:2016年西夏区完成池塘湖泊清淤改造面积800亩,在实施池塘清淤改造项目中,积极协调督查,使清淤改造工作进展顺利,7月25日局项目验收小组对池塘清淤改造项目进行了实地GPS测量验收,验收合格面积459亩,获得补助资金13.77万元。稻蟹生态种养项目:2016年参与自治区水产站河蟹苗种繁育项目,项目实施单位是西夏区军华农民专业种植合作社,实施地点在芦花台同阳新村生态移民点,实施面积1000亩,投放蟹种30万只,完成水稻种植、防逃拦安装、蟹苗投放和养殖管理。名优新品种引进推广项目:2016年在平吉堡田园家庭农场完成池塘养殖台湾泥鳅试验面积10亩,投放台湾泥鳅苗种20万尾,完成池塘溶解氧监测设备和安全生产监控设备的安装,经验收合格,获得财政补助资金10万元;在同阳新村稻蟹基地完成稻田套养泥鳅面积100亩,放养台湾泥鳅10万尾;在三闸村、平吉堡、玖隆山庄完成池塘套养南美白对虾套养南美白对虾52万尾。在良渠稍村五丰农业和三闸村鹭岛湖完成梭鲈鱼苗投放2.1万尾。同时完成福瑞鲤、中科三号鲫鱼、鲢鳙鱼等名优苗种主养实验项目，采用高产高效养殖模式，创建规模化水产养殖示范基地。观赏鱼繁殖基地建设项目：2016年在辖区贺兰山农牧场建设观赏鱼繁殖基地，设施温棚建设面积674平方米，总投资70万元，其中：基础设施投资20万元，配套设施投资20万元，苗种、饲料投资30万元。9月底完成基础设施和辅助设施建设，目前已投入生产，12月1日引进台湾泥鳅苗种80万尾，规格3~5厘米。经验收合格，获得财政补助资金3.37万元。

水 利

【概　况】 2016年，西夏区严格按照自治区、银川市水行政主管部门制定下达的年度用水总量指标，编制水资源配置方案，核定各产业、各类农作物用水标准，将用水总量分配细化到各取用水户及乡镇、街道办事处，同时制定工业、农业、生活和生态用水之间的指导性用水比例，确定西夏区城镇人口、农业人口、牲畜、工业万元产值用水量、农田灌溉、生态林草等用水定额，以定额核定用水总量，科学进行水量分配，认真抓好区域用水总量控制制度的落实和监督管理工作，确保不突破用水总量控制指标。2016年底确保辖区取水总量控制在1.12亿立方米，其中：农业生态0.53亿立方米，工业0.25亿立方米，生活0.24亿立方米；建设高效节水灌溉面积0.12万亩，灌溉水利用系数达到0.505。城区供水管网漏失率控制到10.5%以下，城市节水器具普及率达100%。

【灌溉管理】 西夏区农牧水务局在积极兴修水利的同时，通过进一步落实灌溉管理目标责任制，严格执行用水指标和配水计划，狠抓节约用水，大力推行“一把锹”淌水制度，在黄河来水配额减少的情况下，保障了6.6万亩农田的及时灌溉。

【农田水利基本建设】 2016年，完成高标准农田建设2.2万亩，占计划任务的110%。砌护支斗农渠558条184.71公里，清淤骨干沟道6条19.1公里，整修清淤斗农沟道140条72公里；整修清淤支斗农渠269条98.7公里，整修农田生产路378条135.1公里；畦田建设1万亩，秋施肥0.8万亩，秸杆还田0.8万亩，秋翻地3万亩；涂红刷白树木32万株，整修林带30亩，补植树木0.3万棵。“美丽乡村”村容村貌整治涉及镇北堡镇、兴泾镇和贺兰山西路办事处21个庄点；实施西夏区兴泾镇一支沟改线段治理工程、镇北堡镇华西村高标准农田示范工程、西夏区兴泾镇渠道砌护工程、西夏区2016年支沟治理工程4个重点项目建设。全年，共计出动劳动力7.2万人次，完成土石方量41万方，出动机械2600台次，完成投资5100万元。

【防汛抗旱】 7月2日，召开西夏区2016年防汛工作会议，并对2016年的防汛抗旱工作进行安排部署，对各责任段进行了详细的划分，明确责任人和责任单位；副区长、防汛抗旱指挥部副总指挥杨智与13个重点防汛成员单位分别签订了2016年防汛目

标管理责任书。防汛办从 5 月 20 日起安排 24 小时防汛值班,及时掌握天气变化,对有关单位防汛物资储备和值班情况进行检查;修订完善《西夏区防汛抗洪抢险救灾应急预案》,为处置重特大汛情、减少灾害损失提供依据。组织人员对辖区重点防洪工程进行岁修(采用格宾砌护加固了镇北堡 2 号防洪堤)。“8·21”特大山洪灾害发生后,对大小水箕沟、镇木关沟、拜寺口沟、小口子沟、3 号导洪沟、4 号导洪沟进行了维修加固,确保安全度汛。对葡萄酒局和各酒庄进行防汛工作检查,并下发通知要求其修定防洪预案。

【农村水利改革】 2016 年,14 个农民用水协会都正常运行。在两镇、芦花台开展节水宣传 3 次,改制渠道灌溉用水量亩均有所减少,西夏区农村水费改革工作平稳运行。开展小型水利工程体制改革工作,进一步明晰了小型水利工程权属,明确管护主体和责任。完成水资源使用权确权登记工作,建立水资源使用权登记制度,完善水权分配制度,提高水资源利用效率和效益。

【水资源管理】 全面落实最严格水资源管理制度,积极调整种植结构,结合节水灌溉技术推广,采取井渠互补灌溉等方法,解决灌溉用水问题,同时加大宣传教育力度,让广大人民群众了解水情水政,提高全社会依法管水、依法用水意识。加强落实最严格水资源管理和节水型社会建设工作的监督与考核,把完成的情况作为领导干部综合考评的重要依据。建立高效的水资源管理机制体制,明确水资源管理专职机构和人员,加强部门间沟通与合作,完善水资源管理档案资料建立稳定长效的投入机制。完成水资源使用权确权登记工作,建立水资源使用权登记制度,完善水权分配制度,提高水资源利用效率和效益。

【节水型社会建设】 加强管理体制,政策体系建设,构建节水型社会的体制、机制框架。积极建设高效生态农业,全面提高水资源配置和使用效率。西夏区积极依靠科技进步,大力推广节水灌溉新技术,如水稻控灌技术、葡萄滴灌技术,地膜覆盖保水、秸杆覆盖保水、深耕深松保水技术等,有效的提高区域内有限的水资源利用率。加快建设高效节水灌溉项目,发展循环经济。其中投资 30 万元建设宁夏水利科学研究院试验基地智能化节水灌溉工程。该项目区内全部使用滴灌配套设施,引进高科技的电磁阀灌排设备,能有效的节水、节能、节约劳动力成本,为西夏区推进高效节水灌溉模式起了很好的示范作用。大力实施农田水利基本建设工作。切实加强水资源保护,建立良好的水生态环境。进一步加强水土保持工作,减少水土流失和山洪灾害。加强宣传教育工作,营造浓厚的全社会节水氛围,树立全民节水意识。依托“世界水日”“中国水周”,采取悬挂横幅、张贴标语等形式,使爱水、惜水、节水观念深入民心。

【水库移民】 2016 年,西夏区现有水库移民 43 户 159 人，其中资金直补 7 户 8 人，项目扶持 36 户 151 人。积极向财政申报了2016年水库移民后期扶持资金，做好发放工作。

商贸物流

【招商举措】 2016 年，紧密联系宁夏驻北京、广东、深圳、福建、上海等地办事处，借力造势、招大引强。四套班子主要领导分别带队赴北京、上海、广州、杭州、深圳、厦门、沈阳等地进行了 30 多次的招商考察。充分发挥社会组织及工商联等部门职能作用，积极整合各界资源，主动走访浙江投资研究会、福建工商联等组织和机构，召开企业家联谊座谈会，结成招商引资对子，以商招商，诚恳邀请投资者到西夏区考察洽谈。西夏区商贸物流与经合局开展“走出去，请进来”活动共计 110 余次，其中开展“请进来”活动 80 余次，共计 413 人次；开展“走出去”活动 35 余次，共计 106 人次。

【招商项目】 2016 年，西夏区共实施招商引资项目 27 个，协议资金 170.7 亿元，实际到位资金 79.9 亿元，占目标任务 75 亿元的 106.5%。其中：新建项目 23 个，协议资金 102.1 亿元，到位资金 68.2 亿元。包括：西夏区宽带中国基础通信设施建设，宁夏五丰现代农业经济示范区，文化宫商业广场，宁夏飞翔国际空港物流综合产业园，贺兰山文化运动休闲产业示范基地建设，宁夏佳奇物流供应链物流产业基地，西夏风情园旅游景区基础设施提升改造，西夏文化演艺中心，镇北堡镇华西商城，西线旅游集散中心，银川市互联网＋绿色生态社区循环利用，贺兰亭葡萄酒庄，新鑫燃天然气贺兰山东麓葡萄产业带管道工程，银川麗枫酒店，宁夏凸启创客基地，西夏假日酒店，宁夏荣立特智能制作研发生产实训中心，志辉源石酒庄电子商务线上交易平台，丝路明珠枸杞研发深加工，万亩油用牡丹种植文化旅游示范基地建设，盛连达箱包，银川市怀远路地下管廊建设，宁夏建材一般公司 5 亿元债券等项目。续建项目 4 个，协议资金68.6亿元，到位资金 11.7 亿元。包括：宁夏润恒农副产品（冷链）物流产业园，海尔（银川）虚实网服务园——银川日日顺物流配送中心，银川市第九污水处理厂，宁夏新兴现代物流等项目。总投资 10 亿元以上的项目 1 个，即工人文化宫文化商业广场项目。总投资 5 亿元以上项目 2 个，分别是飞翔国际空港物流综合产业园项目及润恒二期项目。

【招商成果】 2016 年，西夏区商贸物流与经合局重点对接招商引资项目共 58 个，总投资约 315 亿元。其中，已签订合作协议的项目 16 个，拟签约项目 6 个，跟踪对接项目 36 个：银川市西北部综合智慧能源，中铁物流集团银川智能综合物流产业基地，银川伊诺新能源汽车，长城影视文创旅游基地，西夏崛起丝绸之路，银川国际赛车场，贺兰山运动休闲露营文化产业园区及贺兰山国际房车露营公园，中阿汇跨境贸易平台及双语商学院，中阿友好医院，广东荣光光电研发创新产业园，镇北堡贺兰山文化小镇，

北外附中，海绵城市产业园等。西夏区商贸物流与经合局认真落实“一线工作法”，强化服务协调意识，加快工人文化宫商业广场、飞翔国际空港物流综合产业园项目、中垦电商平台、厦门风云科技等新建项目的建设进度，全力推进润恒农产品（冷链）物流城项目二期、第九污水处理厂、新兴现代物流、海尔虚实网服务园等续建项目的建设力度。

【维护社会稳定】 加强防火、防盗、交通安全等内部管理，创造和谐稳定的工作环境。全年没有发生违纪违法案件，没有因不当行为引发群体事件；积极开展法制宣传活动，组织干部学习政务服务有关政策和法律、法规，参加法制宣传日宣传活动，宣传政务服务政策及其他法律、法规；积极参与禁毒教育及宪法日宣传教育活动。充分利用西夏招商微信、西夏招商微博，开辟专栏，宣传社会主义法制理念和法律法规。机关干部六五普法参学率、参考率和合格率均达到100%。认真谋划“七五”普法工作。罗刚荣获西夏区“六五”普法先进个人称号。积极参加西夏区安委会组织的安全生产宣传活动，共开展安全大检查12次，出动人员70人次，车辆15台次，检查了辖区范围内7个商场、12个大型超市、5个农贸市场。

【项目储备】 围绕商贸物流、文化旅游、电子商务、新兴产业等领域，积极谋划、包装项目，积极引进一批带动效应强、产值过亿元的项目，已储备2017年招商引资项目45个，总投资170多亿元。其中，已签约项目有16个，分别是中铁二十三局综合项目、长城影视文创旅游基地项目、西夏崛起丝绸之路项目、贺兰山运动休闲露营文化产业园区项目等；拟签约项目6个，分别是中阿友好医院项目、中阿影视基地项目等；正在跟踪对接上海卡行天下等23个项目。

【安全生产】 制定《西夏区商贸物流企业及人员密集场所消防安全专项整治行动方案》《西夏区商贸流通领域2016年开展“安全生产月”和“安全生产万里行”活动工作方案》《西夏区商贸流通领域2016年夏季消防工作实施方案》，会同相关部门从查制度、查管理、查隐患着手，有计划、有步骤地对辖区大型商场、市场、加油站、公共密集场所等开展全方位监督检查，确保商贸流通领域无重大安全责任事故。全年共开展安全大检查12次，出动人员70人次，车辆15台次，检查了辖区范围内7个商场、12个大型超市、5个农贸市场等。

【宁夏电商谷】 西夏区委、政府围绕自治区“四个宁夏”建设和银川市“2258”工作思路，主动适应新常态，积极谋求新发展，深挖资源培育新业态，充分发挥辖区各类高校人才聚集的优势，重点培育以电子商务、微电影制作、文化创意产业为重点的新产业，新业态，着力打造“宁夏电商谷”这一新载体、新平台。以淘宝中国特色宁夏馆、久零网、中垦电商、厦门风云科技、中国网库、1号店等电商项目为引领，将“宁夏电商谷”打造成西夏区电子商务示范基地。入驻企业涵盖了 O2O、B2B、B2C、OVO 等电子商务业态，代表了互联网＋农业、互联网＋工业、互联网＋金融、互联网＋商业、互联网＋文化、互联网＋教育的最新发展方向。鼓励企业自建电商运营平台，已有久零网、中肯电商、中国网库等企业自建运营平台，有效突破电商企业结算的瓶颈问题，极大地带动了地方经济发展。四是电商新业态成效凸显。宁夏电商谷入驻企业实现销售额达 35 亿元，带动就业 500 余人，成为带动经济增长的新动力。

【农村电商】 实施以农村电商市场主体、农村电商人才队伍建设、生鲜农产品同城配送、搭建农村创业就业筑梦平台等四大类的农村电商筑梦项目。共实施项目 33 个，其中支持培育农村电子商务市场主体 8 个，支持农村电子商务人才队伍建设项目 3 个，支持生鲜农产品同城配送服务项目 2 个；搭建农村创业就业筑梦平台项目 20 个，成为带动农民增收致富的新动力。结合“千村电商”工作安排，西夏区完成 14 个村级电商服务站建设，实现交易金额 20 万元。举办了各类大型论坛活动 10 余场次，开展 15 期培训，培训电商人才 600 余人次。举办农民购物节 21 期，实现网上交易 3600 单，交易金额 15 万元。其中，德林村、华西村等服务站交易额均突破 8 万元。

【丝绸之路美食街】 特色街区整体为 S 形，采用古西夏建筑风格，商铺 129 间，美食街全长约 850 米，分户面积在 28 平方米至 1000 平方米之间，以宁夏金牌旅游小吃、宁夏特色小吃、舌尖上的中国、清真名小吃、特色饮品等为主营业态。举办各种大型活动，周末安排室外表演、篝火晚会、啤酒烤肉、互动游戏、猜谜等活动，并邀请西夏盛典的演员和游客互动，把餐饮、商业、旅游和文化有机结合起来，致力打造多元文化与美食文化融合发展的城市名片，将丝绸之路美食打造成为全区特色商业街区的示范街区。丝绸之路美食街作为镇北堡温泉小镇的主打业态，以丰富的美食资源和独特的美食文化魅力，吸引了众多消费者前来，大大地带动宁夏商业、旅游、文化等产业及延伸产业的发展，填补银川西线没有清真美食街的空白，同时向国内外游客集中展示宁夏独特的回族餐饮文化，将宁夏的回族餐饮推出国门。运用优惠的招商政策，将旅游地产开发、专业运营商打造有机结合，短时间内积聚丰富业态，入驻商家 120 家，包括餐饮、儿童娱乐、养生、文化等，营业额达 1000 万元，税收 150 万元，劳动就业 1400 余人。对宁夏商业、旅游产业的发展都具有非常重要的现实意义和显著的社会效益。

重点项目

【宁夏润恒农副产品（冷链）物流产业园二期暨新丝路农产品交易结算中心项目】 项目位于丽子园北街以东、包兰铁路以西、大连路以北、沈阳路以南，该项目占地 2500 亩，建筑面积约 167 万平方米。主要建设内容为:智能化大型多功能冷藏冷冻中心、现代化农副产品展示交易中心、检验检疫中心、商务金融办公中心和相关的商业配套设施(酒店、写字楼和住宅)以及城市中央厨房配送中心、农副产品电子商务创业园、西北地区农产品电子结算中心和润恒集团拟在香港上市的润恒实业股份有限公司总部。分三期建设,一期建筑面积约37万平方米,主要建设国际食品交易中心A座、果品交易市场、蔬菜交易市场、鲜活水产交易市场、民族食品交易市场、冷藏样品库A库B库、商务综合办公楼以及城市厨房配送中心、西北农产品电子结算中心和润恒集团拟在香港上市的润恒实业股份有限公司总部。二期建筑面积约40万平方米,主要建设食品检验检疫中心、保鲜冷库A库B库、自动化立体冷藏库ABCD库、粮油配送中心、精品粮油商服中心、国际食品交易中心B座、农副产品电子商务创业园。三期建筑面积约90万平方米,主要建设大型农机及农机配件交易市场、进口食品交易中心、商业步行街、花园餐厅、商业住宅区。项目建成后,预计年交易额在100亿元以上,利税5亿元以上,可带动就业2-3万人。可辐射周边500公里的农产品市场,实现万种食物一站式采购,为区内外客商打造了一个源产地农产品直销基地。特别是西北农产品电子结算中心建成后,可实现年交易额1500-3000亿元。

【海尔(银川)虚实网服务园——银川日日顺物流配送中心项目】 海尔(银川)虚实网服务园——银川日日顺物流配送中心项目位于银川公铁物流中心九号路以东、三号路以南、十一号路以西、四号路以北,项目占地216亩,概算投资3.5亿元,由海尔集团承建,总建筑面积7.3万平方米,建设5座现代化高标准物流库。仓库净高9米,雨棚宽9米,平台宽度4.5米、高1.2米,能够满足现代化仓储物流的使用需求,周边道路能够满足任意车型的周转、停放。主要建设内容为海尔电器西北配送中心、仓储、停车场、物流办公楼等。项目将成为西南地区物流服务的标杆项目。项目将拉动周边物流服务水平及带动相关行业发展。该项目是日日顺打造"营销网""物流网""服务网"一体化运营竞争力的重点工程,该物流产业园主营业务有海尔家电业务,日日顺社会化物流业务,跨行业社会化流通业务等。通过建立全流程可视的智慧物流信息平台,到村入户的物流体系,B2B,B2C物流服务平台及战略物资储备中心,为客户提供全流程一体化的供应链解决方案。在该产业园里,可以提供延伸到供应链前端基于用户订单的原材料VMI物流解决方案,向后可延伸到成品分销物流链管理,打造供应链一体化集成服务能力。通过不断整合跨行业客户资源,物流服务资源,物流装备资源以及运营管理资源,打造虚实融合的社会化物流服务平台。

【银川市第九污水处理厂项目】 位于南环高速以南、文昌街以东、包兰铁路以西、中石油"4580"项目以北区域,项目按照远期征地一次完成，总征地面积20万平方米。该项目估算总投资为1.57亿元，近期设计污水处理能力为5万立方米/日，远期设计规模为16万立方米/日。

【宁夏新兴现代物流项目】 由甘肃投资商投资建设，注册企业为宁夏新兴现代物流有限公司。项目位于西夏国际公铁物流城四号路以南、五路以北、十一号路以东、十二号以西，占地面积约111.82亩，总投资3.5亿元，项目主要建设商业服务区、交易市场及配套货物仓储区三个功能区的建设和交互式电子信息平台及配套基础设施的建设。

【西夏区宽带中国基础通信设施建设项目】 由中国铁塔股份有限公司银川市分公司投资20600万元，项目位于西夏区辖区内各电信基站，新建206座移动通信基站，用于提高西夏区通信网络建设。项目主要包括铁塔建设、维护、运营，基站机房、电源、空调配套设施和室内分布系统的建设、维护、运营及基站设备的维护。

【宁夏五丰现代农业经济示范区项目】 由甘肃投资商投资建设，注册企业为宁夏五丰农业科技有限公司。项目位于银川市西夏区(通山路)五丰产业园，占地面积400亩。项目总投资1.5亿元，主要建设宁夏农业微生物技术创新中心、沼液复合微生物肥料研发、生产及专用菌种培育车间，农业微生物菌种扩繁基地，大型沼气站建设，新型节能钢架大棚，农产品冷链包装车间。公司主要开展沼气、沼肥设备的设计、加工、安装；沼液复合微生物肥的研发、生产、销售；农业微生物应用技术研发；农业微生物系列产品生产、销售；绿色(有机)农产品的种植、加工、销售；推广“五丰绿色种植”模式，服务精准农业，为种植农户提供技术支持；为区内外大专院校相关专业提供实习基地。

【文化宫商业广场项目】 由云南投资商投资建设，注册企业为银川市金穗房地产开发有限公司。项目位于银川市西夏区文萃北街与怀远西路交叉道口西北角原宁夏工人文化宫旧址，东邻文萃北街、南邻怀远西路，北邻宣和巷广电局等单位老旧住宅区，西邻西夏区第九小学，该地块是西夏区历经近五十年形成的文化商业中心。项目总投资约36亿元。规划建设用地28030.16平方米（约42亩），规划总建筑面积约19.80万平方米，其中地下三层6.6万平方米，地上主楼六层7.6万平方米，三个塔楼5.6万平方米，分别为22层和23层，建筑高度99.80米。项目定位是城市新生活综合体，地下三层和地下二层部分为停车库，可停放1200辆小型轿车，在地下一层设置了911个小商铺；地上六层主楼为综合商业，融合了巨幕影城、美食街、数码广场、儿童乐园、健身娱乐城、宁夏土特产品展示与交易等业态；三个塔楼为甲级写字楼、星级酒店、教育培训、创业孵化园、电子商务、青年公寓等。文化宫商业广场定位为新城市主义综合体，围绕“产、贸、文、旅”四大要素，以西夏区工业文明延续与现代创意结合的文化旅游商业发展平台为主体，融合地下不夜城、巨幕影城、美食风情街、数码广场、星级酒店、教育培训、创业孵化园、电子商务、甲级写字楼、青年公寓、儿童游乐园、健身娱乐城、宁夏民族文化旅游中心及土特产品展示与交易中心等业态，为青年学生、城镇居民、旅游群体等各类人员提供一个体验民族风情、品尝特色美食、欣赏文化演艺、展销土特商品、尽享休闲娱乐、时尚旅游购物的中心，项目建成后将成为银川市西夏区的城市地标，将为创业者提供创业培训、创业产品展示等综合服务，为消费者提供一个体验一站式消费的购物天堂，为投资者提供回报稳定丰厚、升值空间巨大的投资项目。预计可向社会提供4万余个就业岗位，为近万名青年学生提供优质的创业平台和孵化基地。项目年零售总额预计在10亿元以上，实现利税近2亿元。

【贺兰山文化运动休闲产业示范基地建设项目】 由宁夏志辉实业集团公司投资建设。项目位于西夏区镇北堡镇，总投资42000万元，占地面积15300亩。主要建设文化运动休闲区、体育运动场地、休闲度假区和基础设施工程。示范基地进行提升改造，亮化基地，进一步打造运动休闲城市，提高示范基地的品位。贺兰山文化运动休闲产业示范基地建设项目推动了银行金融业的发展，促进了经济增长，拉动内需。项目建成后，以贺兰山文化为主题，以运动休闲与生态景观、休闲相结合，建设以消费需求为主导的绿色生态运动，提供体育休闲、体育锻炼、体育观赏的活动场所。培育了以生态观光、运动休闲为一体的城市游憩地，建设成具有区域性的大型郊野生态旅游休闲地，促进了文化和旅游产业的发展，拉动了经济增长。实现了自然、社会、经济复合生态系统的平衡和可持续发展，改善了银川市生态环境。

【供应链物流产业基地项目】 由宁夏佳奇物流股份有限公司投资5亿元打造实施。项目位于西夏区银巴路以西区域，总占地面积123亩，该项目拟开发建设制造业与物流业联动信息平台系统、物流园区物联网信息管理系统，扩建物流商品融资监管仓库10000平方米，硬化露天货物堆场6000平方米，公铁联运配套汽车服务区设施8000平方米，新建电子商务信息中心大厦、机电化工产品交易展示大厅50000平方米。该项目建成后预计实现公铁联运货物吞吐量100万吨。

【西夏风情园旅游景区基础设施提升改造项目】 总占地2500亩，项目总投资24500万元，主要建设绿化提升、水系改造2200亩、景区特色道路及游园步道18公里，生态停车场，并配套水、电、暖、天然气管线等工程。

【西夏文化演艺中心项目】 计划总投资约1.5亿元，用地面积约2万平方米。项目位于西夏区镇北堡镇，主要建设西夏文化演艺中心、商务会所等附属设施，将其打造成集文化影视、旅游休闲、娱乐餐饮、商业展示为一体的综合体，切实打造西夏文化展示聚集区。项目建成后，将有效的打造环境优美、西夏文化氛围浓郁地西夏文化圈貌，创造镇北堡镇经济快速发展新的增长极，对宁夏旅游产业配套发展起到巨大的促进作用。

【镇北堡镇华西商城项目】 位于西夏区镇北堡镇商业繁华集镇区，由宁夏华建房地产开发有限公司投资 1.1 亿元打造的商业综合体项目，项目占地 21 亩，总建筑面积 26250 平方米。

【西线旅游集散中心项目】 位于西夏区镇北堡镇，占地面积约 20 亩。项目总投资 3260 万元。主要建设游客服务中心、车辆（自驾游）停车场、公交换乘站点、观光自行车租赁点。

【银川市互联网 + 绿色生态社区循环利用项目】 项目总投资 16000 万元，项目覆盖银川市三区二县。在社区、企事业单位、学校等公共区域放置 3000 个智能回收装置。项目建设地址位于银川市西夏区，所需调度中心建筑面积约为 1500 平方米，分拣中心 1500 平方米，主要用互联网设备安装与软件系统的运行。建设内容主要围绕互联网 +，通过移动扫码、远程控制技术，以生态文明建设为突破，推动互联网 + 与生态文明建设的深度融合，发挥互联网在城市逆向物流回收体系中的平台作用，促进再生资源交易利用方式便捷化、互动化、透明化、促进生产生活方式绿色化。项目建设完成后年回报率预计可以达到 6.1%，回报周期预计在 15 年以内。项目建设能够拉动银行贷款 2000 万元以上。

【贺兰亭葡萄酒庄项目】 由宁夏贺兰亭酒庄有限公司投资 1.2 亿元建设，新建酒庄位于北纬 38 度、东经 106 度、海拔 1165 米的昊源产区。110 国道自东往西进入 103 新小线 9.8 公里里程碑处，穿过北林带边即到项目建设地点。

【新鑫燃天然气贺兰山东麓葡萄产业带管道工程项目】 由宁夏新鑫燃天然气有限公司投资 1.85 亿元实施打造。主要建设天然气管道铺设，管道铺设工作已完成。

【银川麗枫酒店项目】 由陕西投资商投资建设，注册企业为银川市西夏区麗枫酒店有限公司。项目位于西夏区怀远路与丽子园街交汇处西北角，由银川市西夏区麗枫酒店有限公司投资 1.1 亿元打造三星级酒店项目，丽枫酒店是铂涛集团旗下力推的中端连锁酒店，将薰衣草主题、香氛文化和酒店进行完美结合，倡导“多一点自在”的生活哲学，通过对睡眠系统、洗浴系统、智能系统、服务系统等的深度刻画，为商旅客人提供自在舒适的住宿体验。2016 年到位资金为 11000 万元。

【宁夏凸启创客基地项目】 由宁夏凸启创客基地有限公司投资 3000 万元，打造西夏区创意创新创业、融智融资融合的开放式孵化区，免费为入驻企业提供办公场地、办公桌椅以及网络等硬件条件，帮助大学生创办的企业融资并包装上线。基地集线上线下为一体，建立宁夏凸启网销售平台，面向全国招商，结算中心注册在西夏区。业务辐射全自治区，为微小大学生创办企业、大中型社会企业提供策划、包装、宣传等服务，同时扩展创业就业培训、旅游纪念品研发、创客咖啡、电子商务等业务。

【西夏假日酒店项目】 位于西夏区贺兰山西路以北、兴州北街以西、丽子园北街以东、规划四号路以南，总建筑面积30000平方米，计划总投2亿元人民币，打造西夏风格高端酒店。西夏假日酒店属于文化旅游产业化项目，要实现其最大价值，不仅要体现在建筑风格上，而且要将西夏文化的衍生产品融入到酒店内部，使其形成西夏文化产业链的发展形式。该项目建成后将成为西夏区商业、文化和旅游为一体的文化产业群，对促进和带动当地经济的发展具有十分的重要意义。

【宁夏荣立特智能制作研发生产实训中心项目】 位于西夏区大连西路531号，该项目由宁夏荣立特光电科技研发有限公司投资3亿元打造。

【志辉源石酒庄电子商务项目】 由志辉实业集团公司投资2000万元人民币，打造志辉源石系列红酒线上交易平台。

【丝路明珠枸杞研发深加工项目】 由广东投资商投资建设，注册企业为宁夏丝路明珠生物科技有限公司。由宁夏丝路明生物科技有限公司投资2亿元打造集枸杞种植与枸杞深加工为一体枸杞深加工项目，项目位于西夏区南梁农场宁夏枸杞研究所内，建设6000平方米标准厂房、办公楼、仓储中心及两条枸杞深加工生产线，500亩枸杞种植基地。

【万亩油用牡丹种植文化旅游示范基地建设项目】 项目位于西夏区镇北堡振兴路，由陕西投资商投资建设，注册企业为宁夏禾阳农业开发有限公司，项目总投资27000万元，建设高标准牡丹种植、加工、观光、旅游示范基地，总占地约10000亩，新建教育科普示范园、科技培训基地、加工厂房、仓储库房、道路和停车场及其他基础配套设施。2016年完成投资22000万元。

【西夏热电厂二期2×350MW热电联产项目】 项目位于西夏热电厂东边预留扩建端空地，北靠六盘山西路，南临银川市南环高速公路，东侧为包兰铁路，地势开阔，地形平坦，自然标高在1112.2至1113.9米之间，面积为266亩。建设规模为2×350MW超临界空冷机组，同步建设烟气脱硫、脱硝装置，年发电量38.5亿千瓦时，实际供热负荷1642万平方米，最大年供热能力1800万平方米；项目采用工艺技术先进的节能、环保（脱硫、脱硝、除尘）设施，能够达到燃机排放标准的超低排放要求即“近零排放”。银川市西部地区供热还有较大的缺口，本期工程建成后冬季可增加采暖面积 1642×104 平方米，基本能缓解银川市西部地区冬季采暖的矛盾，同时可拆除大量银川市西部地区冬季供热小锅炉，可减少 SO_2 的排放量 768t/a，减少粉尘的排放量 1159t/a，这样可大大地改善银川市的环境，同时，全年发电量为 38.5×108 千瓦时，是一项造福银川的民生工程。

【西夏陵申报世界文化遗产基础设施建设工程】 该项目建设地点为 110 国道保护范围以东、第三拦洪沟保护范围以西南绕城高速延伸段以南与空军某部以北的区域。建设规模：主要包括综合环境整治工程，西夏博物馆迁建工程、建筑面积 9000 平方米，西夏陵综合管理中心建设工程、建筑面积 12000 平方米，文物保护设施建设，旅游基础设施建设，下穿 110 国道数字化全景展示隧道建设工程及迁建区附属配套设施项目；在博物馆迁建区二期征收土地，打造西夏境内地理风貌展示，特色餐饮、西夏民俗文化展示为一体的特色文化街区，并建设相关配套的游乐设施。项目总投资 11.7 亿元，该项目建成后，西夏陵景区的基础设施水平将得到很大提高，使遗址区保护设施、展示和服务设施得到完善，同时使景区游客服务水平和社会服务能力得到很大提高，为西夏陵申报世界文化遗产和建设国家考古遗址公园打下坚实的基础。使西夏陵周边景点增多，游客停留时间延长，将增加旅游附带产业的收入，也将给周边农户创造更多的就业机会。

【自治区人民医院儿童医疗中心】 在银川市西夏区自治区人民医院西夏分院现住院楼南侧空地，西侧为星河雅居住宅区，东侧为亚麻北区住宅区，南侧为医院综合病房、图书馆及锅炉房。建筑占地面积 3439.2 平方米，总建筑面积 46592 平方米，其中地上十三层（建筑面积 43246.3 平方米），地下一层（建筑面积 3345.7 平方米），总建筑高度 56.03 米。总投资约 26220 万元，其中中央内预算资金 9000 万元，医院自筹 17220 万元。儿童医疗中心拟设床位数 500 张，依托自治区人民医院的优势资源、学科特色和深厚沉淀，突出儿童和妇女治疗为主要特色，同时以强大的学科实力和雄厚的医疗技术资源为儿童医疗中心发展小儿眼科、小儿口腔科、小儿神经内外科、小儿心血管科、小儿胸外科、小儿呼吸科、小儿血液肿瘤科、小儿骨科、小儿泌尿外科、小儿普通外科等专科提供了有力的支撑平台。通过项目建设，改善基础设施条件，全方位提升和完善儿童医疗服务能力，利用 3–5 年的发展实现西夏分院的学科转型，建设以儿童疾病治疗和保健为主要特色、集医疗、教学、科研、预防、保健、康复、急救为一体的区域性中心，为构建辖区完善的儿童医疗服务体系奠定坚实基础，同时推动地区儿科临床研究、临床教学的发展，为地区培养合格的基层儿科卫生人才创造有利条件。

【盛连达箱包项目】 位于西夏区芦花地

区，项目由鄢陵盛连达（乐器）箱包有限公司宁夏分公司投资5000万元兴建。该项目是集乐器箱包的研发、设计、生产和销售为一体的综合性项目。盛连达（乐器）箱包，是国内享有盛名的乐器箱包生产者。

【银川市怀远路地下管廊建设项目】 由中冶建工集团和银川市采用PPP模式兴建，注册企业为银川市怀远路地下综合管廊建设有限公司。项目总投资95330万元，其中中冶建工集团投资66731万元。项目位于西夏区中部，起点为兴州街，终点为宁朔街，全长6000米，主要建设道路工程、道路附属工程，同时建设四个舱室，收纳给水、污水、电力、通信、热力、燃气、再生水管线。

公铁物流

【概　况】 2016年，银川公铁物流服务中心全力推进园区项目和基础设施建设，组织实施供电线路、道路绿化等工程，提升园区整体形象。截至2016年底，累计完成园区“三纵六横”共九条12.38公里长的基础设施道路、给排水、路灯工程建设内容，实现一期道路环线通车；园区共累计完成固定资产投资21.57亿元，其中，基础设施累计完成投资6.3亿元，项目建设累计完成投资15.27亿元；2016年，完成固定资产投资6.691亿元，其中，基础设施完成投资1.835亿元，项目建设完成4.865亿元，超额223%完成全年投资计划。

【党的建设】 紧紧围绕《党章》《条例》《准则》和党的十八大以来中央历次重要会议精神、习近平总书记重要讲话等重点内容，制定了“两学一做”学习教育计划，开展了不同主题的学习交流活动和民主生活会，做到每个党员有笔记、有体会。投资26万元建成了党员多功能综合活动室，配置了音响、投影、课桌椅等设备，投资18万元建成了职工图书室、书画室、健身房、职工维权室等阵地，配置了500册图书和部分健身器械，组织开展了首届“公铁杯”篮球赛，活跃了干部职工和园区企业工人的文化生活。中心党工委将非公党建工作纳入中心党工委党建工作整体部署当中，对入驻园区企业党员情况进行了摸底调查，积极开展非公经济党组织组建工作。领导干部定期到帮扶户家中进行走访，了解贫困原因，制定帮扶措施，制作了精准帮扶明白卡，为帮扶对象送去价值1.2万余元的米面油和防寒衣物，6户帮扶对象已有4户达到了国家脱贫标准，2户达到宁夏脱贫标准。

【依法治理】 自觉学习相关法律政策，组织全体党员干部参加了学法、普法活动，宪法学习参与率100%，考试合格率100%；在“两会”和重大节假日前，重视舆情研判，提前做好矛盾纠纷化解，不定期到施工现场向务工人员宣讲相关法律，并聘请律师做好务工人员维权法律救助，避免了重大上访事件发生。规范工作流程，实行政务公开，自觉接受群众监督。

【走访慰问】 在夏季高温期间，与西夏区工会联合开展了“酷暑送清凉”活动，为建筑施工企业送去绿茶300件；在传统的古尔邦节来临前，购买饮料300件、西瓜5000斤、羊肉470斤等慰问品，为广大穆斯林朋友送去了节日的问候与祝福。为黄花村党支部、村委会购置了价值5万余元的办公桌椅、电脑等办公用品，密切了干群关系。

【基础设施建设】 组织实施银川公铁物流园区二期基础设施配套工程，其中十二号路铺油已经全部完成，两侧路灯已安装完毕；四号路向西延伸段绿化全部完工。园区三、四、六号路与文昌南街衔接工程和路灯安装已完成，正在进行十一号路北段地下管网施工。已完成一期“三纵六横”共九条12.38公里长的基础设施道路、给排水、路灯工程建设内容，实现一期道路环线通车。组织实施供电线路改造工程，先后对影响入驻企业及基础设施建设的35KV高压电力线路、中石油宁夏石化公司6KV、10KV供电线路、黄花农村电网10KV供电线路等进行了迁移改造，同时实施了10KV双回路电源供电工程，实现园区双回路电源的正式供电。为打造绿色生态园区环境，在做好对园区行道树及绿化带绿化工程的同时，园区与中石油宁夏石化分公司多次对接，将位于园区内中石油宁夏石化分公司所有的林地小公园改造提升，已完成改造设计方案，经多次修改论证。银川公铁物流服务中心对园区周边约2000亩空置土地进行了认真调研，编制《宁夏多式联运物流中心控制性规划方案》，并已报送银川市政府和规划局审批。制定了标准化仓储物流基地建设规划，为进一步提升园区承载吸附能力，拟在园区内建设标准化仓储物流基地，主要建设国际标准仓储、厂房和企业孵化园等内容，已完成方案设计，正在进一步完善与细化。

【园区项目建设】 海尔(银川)虚实网服务园一、二号库主体建设已完成，室内外装修基本结束，外网施工和南大门与园区四号路衔接工程已基本完工。宁夏飞翔国际空港物流综合产业园科研一号楼屋面工程、室内抹灰已完成，科研二号楼主体已封顶，六号楼地下一层已施工完成，进入地上施工。公铁物流中心公交首末站11月份已开工建设，场地平整和围墙、大门封建工程均施工完成，配套用房地基工程已完成，正在进行院墙围栏安装。宁夏新兴现代物流商贸信息服务中心三号、四号楼内部地热管道全部铺设完毕，十二号、十三号楼正在进行内墙粉刷和门窗安装工作，一至四号仓库基础浇筑已经全部完成，钢架安装基本结束。

【项目建设资金】 协助新兴现代商贸信息物流服务中心争取国家建设专项基金4000万元，为企业建设发展提供了资金保障。以上项目作为中心结合“大干实干100天”重点建设项目，均已按计划完成相应建设。截至2016年底，园区共累计完成固定资产投资21.57亿元，其中，基础设施累计完成投资6.3亿元，项目建设累计完成投资15.27亿元;2016年，累计完成固定资产投资6.691亿元,其中,基础设施完成投资1.835亿元,项目建设完成4.865亿元,超额223%完成全年投资计划。

【招商引资】 2016年，物流服务中心组织招商小分队,先后到北京、上海、青岛、福建、浙江、成都、贵阳等地,大力开展对外招商和园区推介。特别是2016年“准备之冬”以来,积极联系对接了20多家具有一定市场影响力、带动力的物流企业,先后与3家签订了合作协议书，协议资金达34亿元。银川智能综合物流产业基地项目已于2016年3月9日签订框架合作协议,8月完成《中铁物流集团银川市西夏区智能物流园项目PPP模式实施方案》的研究课题报告,2016年11月22日完成咨询服务公司的招标采购工作,正在做可行性研究报告和“一案两评” 工作，平面规划设计也在同步进行。银川申亮针织轻纺产业及商贸物流基地项目厂房建设已全部完成，前期100台进口织袜机和生产原料已经到达银川,袜机安装工作已基本完成，正在进行设备调试和招聘员工准备工作。经过积极对接,与深圳市伊诺动力科技有限公司签订银川伊诺新能源汽车动力系统集成及新能源汽车产业化建设项目合同，拟由该公司投资27亿元，在园区建设以新能源汽车锂电池和新能源电动汽车的生产基地。

【铁路跨境物流服务】 一是对捷时特物流公司开行“中阿号”运行情况进行了实地走访调研,积极协调自治区商务厅、银川市商务局落实政府财政补贴，争取近期恢复开通“中阿号”班列。二是与银川海关、兰州铁路局及银川货运中心、银川铁路南站综合货场进行对接，沟通了解宁夏境内高铁建设计划和铁路跨境物流基地建设规划,以及拓展货运业务计划等,并联系有关方面,对争取开通银川至天津港货运专列和银川至俄罗斯国际专列的开行方案进行联络对接,并对专列运营赢亏情况进行测算,争取自治区、银川市给予补贴政策,补充出口物流短板,借力“中阿号”跨境物流班列运行推进进口清关业务，为打通宁夏对外跨境多式联运通道做好相关基础工作。

【李旺零担中转分拨区项目】 项目规划占地194亩,总投资5亿元,建设内容主要是大型仓储、零担中转分拨区、大型停车场、现代物流信息大楼、司机公寓等,主要功能为货物的储存、堆放、装卸、分拣、拼装、中转和现代物流信息平台服务等。该项目一期于2014年7月18日正式开工建设,2015年10月完成物流信息大厅、综合办公楼、五星级商务酒店、零担分拨区经营用房和停车场等建设内容,周边路网、绿化及外网也已完成,一期项目于2015年11月8日正式开业运营,已有10余家企业和业主入驻。同时于2015年7月份开工建设的二期18、19号也已完成全部建设内容。该项目累计完成建筑面积7万余平方米,实现投资3亿元。

【国药配送中心项目】 由国药控股宁夏公司于 2014 年 3 月投资 1.2 亿元进行建设，占地面积约 51 亩，建筑总面积 1.9 万平方米。主要建设包括常温、冷库、待验、器械、耗材、特殊药品等符合 GSP 规范和国药控股物流标准的现代化仓储设施，并配备先进的仓储管理系统(WMS)、运输配送系统和监控系统。该项目是宁夏地区第一个也是规模最大的现代化医药物流中心，有效提高和扩大了宁夏地区药品配送的综合能力。该项目可满足医院纯销、终端直销、商业调拨以及面向全区的配送业务，形成覆盖宁夏全区的医药物流网络，实现医药物流的专业化、现代化、网络化和信息化。该项目自 2015 年 5 月 4 日正式投入运营后，已累计完成药品配送销售收入 35.3 亿元，年销售收入可达 17 亿元。

【海尔(银川)虚实网服务园项目】 该项目由海尔集团承建，项目规划占地面积约 500 亩，概算投资 8 亿元，其中一期占地 216 亩。主要建设内容为海尔电器西北配送中心、仓储、停车场、物流办公楼等。该项目于 2015 年 9 月底开工，目前已完成 1 号库和 2 号库建设，其中，1 号库为线上商品库，建筑面积约为 14000 平方米；2 号库为线下实体店商品库，建筑面积约为 10000 平方米，累计完成建筑面积 30000 平方米。该项目已于 5 月 2 日正式交付使用，海尔银川日日顺物流也已全部搬迁至园区，所有销售业务将在园区开展。预计该项目年销售收入可达 3 亿元，带来年利税近 1 千万元，设计年进出货物 420 万立方，项目配送周转车辆近 50 辆，解决相关就业岗位约 100 个。

【宁夏飞翔国际空港物流综合产业园项目】 由内蒙古投资商投资建设，注册企业为宁夏飞翔国际空港物流有限公司。项目位于文昌南街以东、铁路专运线以西、中石油 500 万吨项目以南、银川铁路南货场以北，总占地面积约 330 亩总投资 10 亿元。主要建设综合管理及服务区，临港加工区，物流配送区，集装箱堆放区，综合商贸区，普通仓储区、公司总部大楼、电商平台写字楼、商业服务网点、交易大厅、仓储用房等，建设会展、科技产品交易区、产品生产加工区、物流区、生活服务区等。项目计划分二期建设，其中一期先行实施约 100 亩，位于该地块北侧，投资 3 亿元，建设时间为 2015 年 4 月至 2016 年 11 月，建筑面积约 48000 平方米，主要建设公司总部大楼、电商平台写字楼、商业服务网点、交易大厅、仓储用房等。二期占地约 200 亩，投资 5.3 亿元，建设时间为 2016 年 3 月—2017 年 11 月，建筑面积约 280000 平方米，主要建设会展、科技产品交易区、产品生产加工区、物流区、生活服务区等。项目建设方面，科研 1 号楼已完成 3 层主体封顶，室内外墙体抹灰工程已完成；科研 2 号楼(8 号楼)主体已封顶，准备进行内外墙砌筑和抹灰工程；6 号办公楼正在进行地下基础施工。目前已完成投资 23231 万元。

【中拓交易展示中心项目】 该项目由银川

中拓长和恒森物流公司投资承建，概算资金9.5亿元。项目占地面积327.6亩，主要建设内容为五金机电、钢材、生产资料交易市场和展示中心、餐饮娱乐、商务酒店、主题商业街和办公场所等，概算资金9.5亿元。一期2万平方米商贸配套服务用房主体、内外部装饰装修、周边路网、绿化等外网均已完成，已于2015年5月18日正式开盘，正在进行二次招商与销售等工作。

【宁夏新兴现代商贸物流信息中心项目】 该项目规划占地112亩，概算投资3亿元，由宁夏新兴物流有限公司开发建设。主要建设商业街区、仓储物流、中转站、物流信息中心、酒店公寓和配套基础设施等。该项目11–13号楼、3–4号楼已实现主体封顶，正在进行11–13号楼门窗安装、内外墙抹灰，3–4号楼内部砌墙等。累计完成建筑面积4万余平方米，完成投资1.05亿元，2016年年底前完成并投入运营。

【龙江清洁能源配送中心项目】 该项目占地面积约15亩，主要建设内容为液化气储罐区、机泵房、灌瓶间、瓶库、办公楼、压缩水泵及配套基础设施等，总建筑面积5243.7平方米，概算投资3000万元。该项目已完成全部建设内容并投入试运营。

【综合加油加气站项目】 该项目占地面积20亩，概算投资4300万元，主要建设门站、加气站站房、加气机罩棚、LNG储罐区、压缩机机房及配套附属设施等。该项目加气站站房、门站房、压缩机房、LNG储罐区和CNG储罐区、场地硬化、室内外装饰装修、设备安装及调试、场区绿化等外网工程均已完成，投入运营。

【宁夏绿色集成建筑工业产业园项目】 由宁夏城建集团和西夏区政府牵头，10家企业(2家上市公司，8家大型企业)组建了宁夏建筑工业装配产业化有限公司，在银川公铁物流园区投资建设宁夏绿色集成建筑装配产业园。该项目占地800亩，总投资20亿元。计划建设全预制装配式建筑和预制装配式建筑部品生产线3套，每套为5+1模式，即两条外墙板、两条内墙板、一条楼板及一条钢筋生产线。采用工厂化生产建筑产品，使生产、安装、物流、人工效率提高6到10倍，材料利用率接近100%，总成本比传统建筑成本降低约15%。该项目计划分两期实施：一期占地304亩，计划投资5亿元，建设包括1栋厂房、6栋展示别墅及园区基础配套设施，建筑面积约4万平方米，年生产100万平方米建筑的部品、部件，预计2017年7月可开始生产预制装配构件；2018年6月开始二期扩建，计划投资15亿元，预计2019年3月全部完成，主要生产复合外墙板(内带保温、自带装饰面)、内隔墙、叠合楼板、预制楼梯、叠合梁、预制阳台、管道井和小型预制构件，及其他小型预制构件，可用于100米以下高层住宅、公寓、酒店、写字楼、商场、高档办公、公寓、医院、学校、公共建筑和场馆、装配式地下室、预制装配整体式城市管廊及地下通道等建筑。2016年完成协议签订、公司注册、项目备案等，正在进行总体规划方案审批和土地招拍挂。

【公铁物流园区公交首末站项目】 该项目位于文昌南街西侧、园区四号路以北、三号路以南、十一号路以东，用地面积16.8亩，总建筑面积693.2平方米，该项目概算总投资为1078.16万元，其中：工程费用954.39万元、其他费用72.43万元、预备费51.34万元，资金来源为银川市公交公司融资。该项目建设内容包括调度中心、附属用房、道路硬化、给排水、采暖通风、电气、消防等工程，并配置12-18米公交车位。该项目于2016年11月份开工建设，2016年底完成场地平整和围墙、大门。预计将于2017年7月底完成全部建设内容，并交付使用。该项目建成后，将作为园区及周边地区的一个公交首末场地，极大方便园区干部职工、企业产业工人、周边群众的日常出行，改善园区交通条件，提高园区人气。

【银川智能综合物流产业基地项目】 该项目由中铁物流集团组织建设，位于西夏区文昌南街东侧，中石油宁夏炼油厂4580项目北侧围墙以北，中石油宁夏炼化北厂区以东，第九污水处理厂进场路以南区域。项目占地约340亩，建设周期18个月，计划总投资4亿元，其中西夏区政府投资2400万元。该项目拟采用PPP项目中BOO(建设—拥有—运营)模式运作，以突出政府资本金对该产业的引导作用，从而带动和丰富园区乃至西夏区产业形态，繁荣产业发展。该项目以现代仓储和综合配送为主体，建设内容包括智能公路港、高标准仓库、冷库，结算大厅、电商孵化园，配套建设快捷酒店、汽修厂、加油站等生活设施。2017年主要建设加油加气站(680平方米)、职工公寓、司机之家、城市配送中心、综合办公楼等项目，预计2017年3月底开始建设，建设周期18个月。计划总投资6亿元，2017年计划投资10000万元，建设城市配送综合转运中心、现代仓储中心、园区商务配套区。

【宁夏银川申亮针织园项目】 该项目由浙江诸暨马奇针织股份公司投资1亿元，在园区建设针织袜业生产企业。主要利用新兴现代物流公司已有场地改造成生产车间。一期改造针织厂房、办公楼、职工宿舍及其他附属设施，安装生产机器100台，计划年生产各类袜子4000万双。二期将再安装生产机器100台，另通过家庭分包加工、企业回收产品的方式，增加生产设备150台左右。该项目厂房建设、宿舍改造、电梯等配套设施已施工完成，设备已安装到位，正在进行设备调试与人员招聘工作，6月份正式开工投产。该项目建成后，将直接解决就业岗位300个，间接增加就业岗位150个以上；实现年销售收入8000万元，增加税收约300万元以上，将带动周边省区袜业零售市场，形成以园区为中心的销售展示集散中心，同时增加当地居民收入。

经济管理

国民经济和社会发展

【规划和计划编制】 为切实做好规划编制工作，树立规划执行权威，完成“十三五”规划编制工作，谋划储备“十三五”规划重点项目196个，计划投资774.83亿元。其中，一产项目42个，计划投资31.1亿元；二产项目36个，计划投资119.56亿元；三产项目118个，计划投资624.17亿元。编制《西夏区2016年西夏区国民经济与社会发展计划》和《西夏区2016年国民经济和社会发展计划执行情况与2017年国民经济和社会发展计划报告》等，完成季度经济运行分析和月度固定资产投资分析报告。

【重点项目建设】 2016年，共确定商贸物流、工业、文化旅游、城乡基础设施及社会事业、农林水牧和招商引资六大类59个重点项目，总投资324亿元，年度计划投资116.54亿元。截至年末，“四制”文件中确定的59个项目除招商引资项目外均已开工。年初通过认真筛选，确定了35个前期工作较为充分、建设资金基本到位的项目作为2016年一季度集中开工项目，总投资192.7亿元，年度计划投资67.5亿元。

【争取项目资金】 2016年，共上报3批62个国家专项建设基金项目，争取国家专项建设基金12.16亿元，惠及西夏热电二期、兴泾镇特色小城镇基础设施建设、新兴现代物流园中心建设、西夏风情园建设项目等12个项目，总投资114.69亿元；通过协调各方力量，积极帮助项目单位争取城市公用设施、产业振兴、高新技术、自主创新、结构调整等方面的专项资金，为项目建设提供资金支持。通过上级发改部门争取各级财政资金4.9亿元，其中：共上报国家项目26个，争取中央预算内资金5067万元；上报自治区项目11个，争取资金1229万元；上报银川市项目28个，争取资金4.24亿元。通过政府购买服务方式，为西夏区镇北堡镇幸福小镇三期、芦花洲安置区二期、西夏区兴泾镇回乡风情特色小城镇整体城镇化等项目争取贷款65.5亿元。

【项目储备】 围绕“十三五”发展目标和“西夏突破”发展战略，按照项目“四个一批”的要求，共谋划储备2017年基本建设项目145个，涉及农林水牧、工业、商贸物流、文体旅游、城市基础设施、社会事业、招商引资及储备项目等领域，总投资743.99亿元，年度计划投资190.67亿元。其中，新建项目71个，总投资207亿元，年度计划投资86.02亿元，续建项目38个，总投资238.32亿元，年度计划投资84.75亿元；投产达效项目 12 个，全年新增产值 18.9 亿元；储备项目 36 个，总投资 298.67 亿元，年度计划投资 19.9 亿元。由西夏区本级实施的项目 93 个，总投资 543.69 亿元，年度计划投资 108.34 亿元；由区市和辖区单位实施的项目 52 个，总投资 200.3 亿元，年度计划投资 82.33 亿元。年度计划投资 10 亿元以上项目 5 个，5 亿元 –10 亿元项目 6 个，1 亿元 ~5 亿元项目 39 个，1 亿元以下项目 95 个。

市场监督管理

【企业年报信息】 2016 年，将企业年报信息公示责任落实到所、到片、到人，坚持每周统计进度，每月通报讲评，促进年报工作进度，截至 2016 年 6 月 30 日，完成企业年报 2143 户，年报率 92.41%，位居全区第六，受到了自治区工商局的通报表扬；督促市场主体主动公示年报信息，对失信主体进行限制和约束，共移入异常名录 48 家，组织抽查企业年报 108 户，清理“僵死户”662 户，吊销 639 户，注销 14 户，公示行政处罚信息 35 条，通过公示使监管主体的信用情况更加公开透明，社会监督更加畅通；积极探索“双随机”抽查工作，认真做好经济户的认领和企业基本信息的收集工作，初步建立了市场主体名录库和执法人员名录库，为探索和开展“双随机”抽查工作打下了基础。

【食品安全监管】 落实好各类专项检查，组织开展“两节、两会、五一”等重点节假日市场、农村食品市场、校园周边、旅游景点（农家乐）等 21 项专项整治，检查各类食品经营主体 3190 户次，检查食品生产企业 82 家，小餐饮单位 783 家，学校食堂 76 家，烧烤类餐饮服务 63 家，农家乐 22 家，收缴过期变质、标识不全问题食品 83 瓶（袋），规范冷冻冷藏食品经营行为 75 户次；强化食品安全监督检测能力，全年共完成自治区安排的民生抽检 169 批次，市本级安排的监督抽检 106 批次，专项类抽检 25 批次，加工环节和餐饮环节完成快检 141 批次，增强了食品安全监管的靶向性；严格实施分类分级监管，完成餐饮量化等级评定 1286 户；完成明厨亮灶 661 户；完成生产环节分级分类监管 281 户；完成食品生产企业风险分级分类监管的现场核查和等级评定 72 家；培育示范点，西夏万达广场被市旅游局、市场监管局联合评定为市食品安全餐饮示范街区，30 家餐饮单位被认定为“2016 年度食品安全示范单位”，兴泾镇被银川市食品安全委员会评定为“食品安全示范乡镇”；从业人员业务能力培训，全年组织食品从业人员培训 4 次，培训从业人员 430 人次。开展食品安全进校园、进社区、进农村、进企业、进清真寺等宣传活动，发放宣传材料 3200 份，良好地营造了食品安全全社会共治的氛围。

【特种设备安全监察】 组织“2016 全球智慧城市峰会”等重大活动期间的特种设备安全保障活动，全年共完成特种设备安全保障任务 4 次，检查保障活动共用特种设备 17 台次，确保了活动期的设备安全；安全生产年、特种设备安全生产百日专项整治等活动及日常监察，共检查特种设备使用单位137家次，下发《特种设备安全监察指令书》26份，提出整改意见31条，消除安全隐患33条，指导企业事故应急救援演练8次。立案查处特种设备违法案件6件，结案5件；特种设备安全常识宣传，开展了特种设备安全应急常识宣传教育"进学校、进社区、进企业、进市场"工作，向1190多名学生、150余名社区群众、148名在岗职工、200余名消费群众赠送《特种设备安全使用常用知识汇编》。

【药品药械经营】 2016年，开展"春节"和"两会"期间药品医疗器械专项整治和注射用透明质酸钠等7项专项检查，检查经营企业123家，规范企业的经营行为；开展药品流通领域专项整治3次，共检查批发企业1家，医药连锁公司2家，药品零售企业48家。上报自查报告96份，立案查处3起，起到警示作用；抓好家庭过期药品回收工作，辖区内3家家庭过期药品回收点共回收家庭过期药品1132个品种，2093盒(瓶、袋)，金额26591.5元，新增7家家庭过期药品回收点；认真抓好药品抽检工作，共抽样42批次，强化药品事前风险监管。

【保健化妆品监督检查】 开展"春节"和"两会"期间保健食品化妆品专项检查等7项专项整治，共检查保健食品和化妆品经营单位60家，成人用品店29家；检查保健食品156个品种，化妆品230个品种。进一步摸清辖区化妆品经营户234家；对1家无证美容院督促其限期办理了证照，对3家化妆品经营单位未索证索票行为，限期责令整改；调解处理保健食品化妆品消费投诉3起，挽回经济损失7600元；规范保健食品会销行为，利用网络化监管的优势，采取监管所分片摸底，分局集中执法查处的方式，严查保健食品非法经营、非法宣传行动，查处会销案件1件，罚款20000元。形成打击保健食品会销非法经营、非法宣传高压态势；对辖区11家保健食品化妆品经营单位进行监督抽样，共完成普通保健食品监督抽样8个批次，具有改善睡眠和缓解疲劳功能的保健食品20批次，美白类、染发类化妆品快速检测任务20批次，抽样任务完成率100%，合格率100%。

【市场经济秩序】 全年共立案75件，已经结案49件，罚没款入库392038.8元，共计没收违法所得入库3685.6元，没收香皂59块、洗发水12瓶、侵权牛栏山白酒45瓶，五粮液、五粮春、剑南春等白酒38瓶。共出动执法人员120人次，打击遣散传销人员67人次，捣毁传销窝点6处。开展红盾护农、"3·15"宣传咨询、假冒伪劣商品真假展示、校园周边、医疗器械、不正当竞争、商标侵权、装饰材料市场、旅游市场等专题宣传和专项检查，检查各类经营户数1200户次，查处销售不合格镀锌方管案4件，擅用知名商品名称不正当竞争案3件。检查景点、农家乐、旅游宾馆经营户64余户，取缔无照经营8家；对网络交易行为进行检查，网上巡查82次，检查网络销售主体96家，现场规范15家，下发行政指导建议书1份，责令改正通知书2份。规范广告市场经营秩序。检查清理户外广告牌匾21块，检查印刷品广告2000余份，宣传彩页1000余张，没收违法宣传材料47张，净化了辖区广告市场。

【驰著名商标】 积极开展驰名商标培育工作，结合西夏区实际制定2016年驰名商标培育工作计划，开展驰名商标培育工作摸底调查，上报驰名商标培育对象；组织第十届宁夏著名商标认定申报工作，指导21家企业23个商标申报宁夏第十届著名商标，其中5家为新申报企业，16家企业为延续申报企业；组织企业积极参与宁夏名牌的申报。采取宣传动员、集中指导的方式，帮助17家企业申报名牌产品评选。

【农贸市场整治】 检查指导市场制作规范公示牌11次，与经营户签订"门前三包"责任书417份，检查市场经营户2169户次，取缔无证经营19户，下发责令整改通知书21份。督促同心路市场对长城厅进行改造，完善设施，规范经营行为，此项工作受到西夏区、市领导的好评，成为春季集贸市场整治的亮点工作。

【质量计量监管】 强化计量器具监督检查。对商场超市的公平秤配备情况、计量器具周期检定情况进行检查，共检查2个市场，4家超市，322台计量器具；对兴盈市场西区和兴顺农贸市场2家早夜市和7家集贸市场的1920个固定摊位在用的1314台电子秤、229台弹簧度盘秤，157台台秤免费强制检定，没收"鬼秤"25台(件)，保证在用计量器具检定率100%；完成产品质量监督抽查，按计划对辖区内36家工业企业生产的水泥、钢化玻璃、床垫、塑料编织袋等22种84个批次(规格)的产品进行了抽样。春耕期间，对辖区内的8家经销农资的企业26个样品进行抽样，检验结果均为合格，确保了农资安全；与自治区计量测试院联合对辖区6家乡(镇)卫生院，11家村级卫生室的医用计量器具进行强制检定。共检定心电图机6台，B超机7台，X光机3台，血压计57个，体重称32台，现场修理校准血压计21个，体重称13台；开展民用"四表"计量专项监督检查工作，对辖区内5家住宅小区在用民用"四表"11046块(其中水表4089块，电能表4089块，煤气表2186块，热量表682块)进行检查，逐步建立、完善民用"四表"计量监督管理的工作机制；冬季燃煤专项检查，一方面是检查各锅炉房储备煤炭煤质检测报告、购买协议等资料，追溯煤炭销售企业，对29家燃煤锅炉房确定了责任人员；另一方面对辖区内散煤销售点进行拉网式摸排，对无任何证照的11家取缔，对合法经营的19家散煤销售点落实了网络化监管，并进行全覆盖抽检。

【维护消费者合法权益】 本着预防和减少群体性投诉的原则，在人口较多的社区、超市、集贸市场、旅游景点、繁华商业街区的22个网点挂牌设立12315服务站，畅通了投诉渠道。按照"消费环节经营者首问"和"消费环节赔偿先付"这两项制度要求，遴选新华百货西夏店等4家企业为试点单位，统一签订推行“两项制度”的承诺书。全年共计受理投诉661件，争议金额237万元，调解成功率100%，为消费者挽回经济损失237万元。受理转办银川党务政务，市长热线83件，分局2084315电话投诉举报咨询176件。

【防范非法集资】 重点对含有非法集资内容的小广告进行整顿，对辖区涉及投资咨询、贷款咨询、代客理财等业务的经济主体进行彻底清查，共检查各类户外广告139条，检查网络交易平台53户，对市局下发的20家投资公司（管理、理财、咨询公司）进行全面排查。有2家移入异常名录，其余的18家未发现非法集资、非法开展金融业务等违法行为。

【党风廉政建设】 一是以建设学习型机关为目标，从政治理论、业务技能、法律素养、执法监管能力等方面做好干部教育培训工作，认真组织干部职工参加公务员网络培训及各类培训，学习法律法规和政治理论，提升干部综合素质；二是开展党员组织关系排查工作，严格按要求核查了每个党员的身份信息，摸清党员底数，理顺党员组织关系，健全完善党员档案，党员为管理打下基础；三是开展“两学一做”学习教育活动，把学党章、党规和习近平总书记的系列讲话精神作为学习重点，强化党员干部党纪党规教育，让党员干部明确问责内容。完成“两学一做”征文和好文、好书推荐活动及三次讨论活动，开展理论测试，组织讨论及领导干部“学、查、改”等活动，让党员干部践守承诺，坚定理念，争做合格党员；四是开展四项纪律自查自纠专项行动，要求每名党员干部严格对照党纪党规和自查自纠内容深入查摆问题，逐项、分类、分步骤进行整改落实，全局党员干部共撰写上报剖析材料48篇，作出公开承诺48份，树立了党员干部良好形象。

安全生产监督管理

【概　况】 西夏区安全生产工作牢固树立“安全发展”的理念，坚持“安全第一，预防为主，综合治理”的方针，严厉打击非法、违法、违规违章生产经营行为，突出抓好重点行业和领域的专项整治行动，不断提高安全生产意识和风险防控能力，加大隐患排查力度，确保西夏区安全生产形势平稳向好发展。截至2016年12月31日，西夏区发生事故77起，死亡15人（生产安全事故死亡7人），受伤86人，直接经济损失229.86万元，同比事故起数、受伤人数下降51.57%、1.14%，死亡人数、直接经济损失同比分别上升25%、24.3%，四项指标呈现“两降两升”趋势。

【安全生产监管】 组织召开4次安委会全体（扩大）会议和11次安全生产专题会议，安排部署“元旦”“春节”“两会”“五一”“安全生产月”“中阿博览会”和“十一”期间安全生产大检查工作，与乡镇、街道及相关成员单位签订安全生产目标责任书，层层落实安全生产责任，明确安全生产工作任务及重点。加强安全生产宣传教育力度，提高全民宣传意识。强化重大危险源和重大事故隐患监控。开展节会安全检查，安全生产专项整治，深入排查治理安全隐患。

【安全生产宣传教育】 按照“突出重点、注重实效”的原则，把平时执法宣传与集中宣传有机结合起来。开展“安全生产月”活动，通过采取悬挂横幅、张贴标语、发放宣传材料、组织参加培训等多种形式广泛宣传安全知识，积极营造“强化安全发展观念，提升全民安全素质”的浓厚氛围。“安全生产月”共发放宣传资料12000余份，展出各种展板40余块，悬挂横幅60余条，并组织了一场安全生产专场文艺演出。

【节会安全检查】 先后下发《关于“元旦”“春节”和“两会”期间开展安全生产大检查的通知》《关于切实加强2016年古尔邦节中秋节国庆节期间安全生产工作的通知》《关于做好近期安全生产工作的紧急通知》等通知，组织10次安全生产大检查。

【排查治理安全隐患】 西夏区安监局采取政府购买服务的方式，聘请自治区、银川市专家库人员，组成专业技术人员对重点企业进行专业检查。自11月7日起连续8天对辖区17家危化企业和油库进行拉网式排查，重点检查各生产经营单位安全生产管理制度、从业人员安全教育培训、现场安全管理、职业卫生管理、安全隐患排查治理及“六化”内容等工作落实情况，共查找隐患408条，检查组对存在问题的单位，当场下发了限期整改指令书，要求企业11月底前完成整改，并将整改情况上报西夏区安监局备案，安监局将于元旦前针对此次检查发现的隐患开展一次“回头看”，对隐患整改情况进行督查，确保隐患整改率达到100%。

【应急管理】 安全生产应急管理工作继续规范深入，建立健全重特大事故应急救援机制，修订西夏区重特大安全生产事故应急救援预案和各相关部门事故预案180余份，组织辖区重点化工企业（如：中石油宁夏石化公司、中石油油库、宝塔精细化工）等开展了重大事故救援演练。

【依法查处安全生产事故】 按照“四不放过”原则，认真执行《中华人民共和国安全生产法》《生产安全事故调查处理条例》（国办发493号令）《安全生产违法行为行政处罚办法》（安监总局第15号令）和《宁夏回族自治区安全生产条例》，对2016年发生的3起一般生产安全事故进行调查处理，严肃追究事故单位。

统　计

【基本单位名录库建设】 加快基本单位名录库和“四上”企业申报审批工作，贯彻落实国家名录库管理办法和实施细则，做好2016年基本单位名录库季度更新和日常维护。严格按照规定要求，及时做好“四上”企业申报审批，严格规范统计数据采集、加工、整理。认真做好企业“一套表”数据上报工作，按照全国统一安排，及时督促企业做好各类报表年报、月报上报工作。2016年，各专业企业“一套表”联网直报上报率达100%。

【统计“双基”建设】 抓好统计基层基础工作，巩固、提高镇（街）统计站“双基”建设成果，着力构建基础建设长效机制，不断提升基础工作水平。开展星级评定工作，对辖区已申报星级统计单位的企业进行了分期分批抽查，在实地检查验收过程中，重点加强对“四上”企业的督查指导，切实做到“小问题立时解决、大问题限时解决”；积极配合区、市统计局对辖区已评定的星级单位进行复检和验收。深化企业统计“双基”建设，加强“四上”企业规范化建设，建立规模以上工业企业统计工作考核制度，建立、健全企业基层台账，加强原始数据审核评估力度，切实保证基层统计数据质量，不断提高联网直报效率和质量。加强统计队伍建设和管理，坚持以会代训，利用统计工作会议、统计例会、年报会及其他专门会议，对基层统计人员进行业务培训和职业道德教育。

【统计法制建设】 充分利用“9·20”统计开放日、“12·4”全国法制宣传日、“12·8”《统计法》颁布纪念日等重大活动日为契机，发放宣传单10000余张、制作宣传展板15块、宣传横幅160条进行统计法律法规宣传。扎实开展“数据造假　以数谋私”专项治理工作以及统计专项执法大检查活动。对辖区两镇、7个街道办事处、3个有关部门、4个资质以上建筑企业和亿元以上固定资产投资项目、20家统计调查单位开展执法检查，对1家统计调查单位因违反统计法相关规定进行了立案查处，确保统计数据的真实可靠。西夏区统计执法工作，受到自治区、银川市统计局一致好评，被推荐到自治区人大，作为全区贯彻落实《中华人民共和国统计法》执行情况现场观摩。

【信息服务和咨询】 2016年，发布《西夏区2016年国民经济和社会发展统计公报》，精心组织编印《西夏区季度国民经济发展指标手册》、月度指标卡片、活页2200余册。全年，共撰写统计信息247期，信息上报及采用情况均在全区统计系统前列；统计分析37篇，1篇获雍辉书记批示。

【统计队伍建设】 始终坚持把理论武装作为最大的政治任务，认真学习党的十八届四中、五中、六中全会精神以及习近平总书记系列讲话精神，加强党性修养，筑牢理想信念。全面落实从严治党主体责任，主要领导与自治区统计局签订了统计行风建设责任书，与西夏区委、政府签订了落实全面从严治党主体责任书，全局10名党员签订了落实中央八项规定承诺书。研究制定党风廉政建设年度工作计划和学习计划。组织全局干部职工学习贯彻落实《中国共产党章程》《中国共产党廉洁自律准则》《中国共产党纪律处分条例》《中国共产党党内监督条例》《习近平总书记系列讲话》《胡锦涛文选》以及自治区、银川市、西夏区纪委通报精神，进一步提高思想认识，切实增强廉洁自律的自觉性。全年，组织党员干部集中学习25次，每个党员干部撰写心得体会7篇、学习笔记20000字以上。

审　计

【概　况】 2016年，以贯彻落实西夏区委、政府各项决策为重心，紧紧围绕“西夏突破”发展大局，认真履行审计监督职责。计划完成各类审计项目13个。实际完成项目审计23个，查出违规使用或管理不规范资金共26331.85万元。为促进依法行政，维护财经秩序，推进廉政建设，优化经济发展环境服务等方面发挥了积极的作用。

【本级财政预算执行情况审计】 把握重点，加强对财政资金分配、使用和管理情况的监督，着力反映本级财政的突出问题。关注财政存量资金，拓展预算资金执行覆盖面及关注“三公”经费情况，注重找问题，提出改进建议。以规范预算管理、提高财政资金使用效益为目标，以预算执行为主线，以财政支出为重点，查找财政部门及预算执行单位在具体组织预算执行、部门预算执行等方面存在的问题。在完成的5个预算执行项目审计中，共查处违规及管理不规范资金9806万元，提出审计建议12条。

【经济责任审计】 全年共完成11名领导干部的经济责任审计工作，查出资金执行率不高、固定资产入账不及时、财务管理不规范等3216.31万元，提出审计建议21条。不断加大审计整改力度，力促整改到位。采取拉清单、限时、销号、督查等方法，要求相关部门单位从严从实，认真整改落实。对拒不落实整改的部门责任人移送纪委监察局进行处理，力促审计发现问题的整改落实。2016年，针对审计查出的问题共提出整改事项81项，落实整改事项74项，7项在逐步整改，落实整改率达到91%。

【政府投资项目竣工决算审核】 针对政府投资项目实施中存在的问题，制定《西夏区政府投资项目竣工决算审核暂行办法》。筛选10家具有甲级资质企业，参与西夏区政府投资项目竣工决算审核项目。全年完成政府投资项目竣工决算审核项目356个，送审金额63930.49万元，审减金额8548.24万元，审减率13.37%，为政府节约建设资金8548.24万元。

【政务服务】 先后多次为西夏区15个建设项目的遗留问题、现场签证、工程测算等提出了24条合理化建议，还参与纪委落实“回头看”专项巡查及“三资”管理巡查工作，以及17个村委会班子换届经济责任离任审计。完成区委、政府主要领导交办的其他审计项目7个。

【清理退出议事机构】 按照中共中央办公厅、国务院办公厅《关于完善审计制度若干重大问题的框架意见》中“关于审计机关不参与各类与审计法定职责无关的、可能影响依法独立进行审计监督的议事协调机构或工作”的要求，西夏区审计局已全部退出

6 项议事协调机构，另外 12 项议事协调机构的内容因与审计监督工作有关，涉及事前、事中、事后审计监督，尚未退出。

【干部队伍建设】 认真学习各项审计法律法规，积极参加审计厅、市审计局组织的各项业务培训班的学习，选派骨干力量参加审计厅、市审计局组织的审计项目。通过参加业务培训、“以审代培”、交流互学等方式，审计业务得到进一步提升。2016 年，共 14 人次参加了国家审计署、自治区审计厅、银川市审计局组织的审计业务培训，4 人次参与审计厅、市审计局组织实施的审计项目，对 10 个自审项目开展了交流互学。制定出台《银川市西夏区领导干部经济责任审计办法》《西夏区审计局审计廉政监督员跟踪监督规定》及《西夏区项目复核与审理制度》等多项规章制度，要求审计人员必须依法依规依纪开展工作，确保每个审计项目做到程序合法、资料齐全、事实清晰、定性准确、处理得当。

国土资源管理

【概　况】 2016 年，西夏区全区土地总面积 88383.88 公顷，其中，耕地 17176.15 公顷（含农垦），园地 4282.52 公顷，林地 11487.55 公顷，草地 21386.89 公顷，城镇村及工矿用地 11073.18 公顷，交通运输用地 2363.37 公顷，水域及水利设施用地 6471.32 公顷，其他土地（盐碱地、沙地、未利用地等）14142.90 公顷。12 月，西夏区国土局荣获西夏区 2016 年度安全生产先进集体。

【耕地保护】 2016 年，全面完成银川市政府下达的西夏区耕地保有量和基本农田保护面积分别不低于 7.55 万亩和 4.747 万亩（不含农垦系统）的目标任务。根据国土资源部要求，按照银川市局的统一安排部署，认真收集西夏区各类园区、项目规划及批文文件 26 份，形成西夏区划定永久基本农田成果上报国土资源部验收。8 月，完成西夏区耕地后备资源评价工作，查清西夏区耕地后备资源面积 1965.63 公顷，形成耕地后备资源调查评价成果数据库。

【基本农田建设】 推进辖区高标准基本农田建设，确保基本农田面积充足、质量不降低。2016 年，实施西夏区枸杞研究所高标准基本农田土地整治项目，项目计划总投资 3308 万元，规划治理高标准农田 23479.85 亩。

【遏制土地违法】 2016 年，共开展土地动态巡查 150 次，发现土地违法行为 212 起，制止 212 起，下发责令停工通知书、限期拆除通知书、监察通知书、接受调查通知书等法律文书共 163 份，涉及土地面积 462.13 亩；矿产动态巡查 18 次，其中夜间动态巡查 8 次，发现非法采矿行为 4 宗。已立案 31 宗，结案 27 宗，应收 66 万余元，实收 58 万元。配合参与两镇、涉农街道办依法强制拆除行动 22 次，拆除违法违章建筑物面积约 4.9 万平方米，有效地遏制了辖区违法占地违章建设行为。

财政　税务

财　政

【财政收入】 2016年，完成公共财政预算收入41365万元，比2015年决算的35103万元,增长17.83%;税收收入完成27234万元,非税收入完成14131万元。其中:增值税8037万元,营业税3585万元,企业所得税601万元,个人所得税491万元,房产税3750万元,印花税3391万元,城镇土地使用税3813万元,土地增值税459万元,车船使用税3107万元,行政事业性收费和罚没收入1469万元，国有资产有偿使用收入6775万元,其他收入5848万元,专项收入39万元。

【财政支出】 2016年，财政支出总量为176485万元。公共财政预算支出145658万元（含上解支出2143万元）；基金支出32970万元。其中:一般公共服务支出16300万元，国防支出121万元，公共安全支出7052万元,教育支出28422万元,科学技术支出971万元,文化体育与传媒支出746万元,社会保障和就业支出21816万元,医疗卫生支出6597万元,节能环保支出1384万元,城乡社区事务支出34857万元,农林水事务支出13522万元,交通运输支出538万元，资源勘探电力信息等事务支出282万元,商业服务业等事务支出677万元,国土资源气象等事务支出12万元,住房保障支出6802万元,粮油物资储备支出300万元,其他支出3116万元,上解支出2143万元。

【财政收支结果】 2016年，本级公共财政预算收入完成41365万元，市级补助基数25607万元(含上解支出2143万元),区、市拨入专款75068万元，上年财政年终结余6570万元(含专项结转6570万元),调用预算稳定调节基金486万元，公共财政预算支出完成145658万元(含上解支出2143万元),结余686万元(为银川市已下达指标,纳入预算稳定调节基金2952万元),实现收支平衡。2016年基金区、市拨入专款32993万元,2015年财政年终结余52万元，基金预算支出完成32970万元,结余75万元(为专项结转)。

【融资杠杆效应】 通过发挥润夏、国控等融资平台优势,对接国家开发银行、农业发展银行等金融机构，争取到棚户区改造融资贷款24.69亿元,用于泾华园三期、泾祥园、兴盈家园、镇北堡幸福小镇二期安置区等项目建设;通过政府购买服务,争取农业发展银行贷款65.5亿元，实施芦花洲安置区二期、镇北堡幸福小镇三期、城市建成区零散片区棚户区改造等5个重大基础设施建设项目；争取到农业发展银行重点建设基金 9.16 亿元，用于宝塔实业有限公司高端轴承产业化基地、盈北商贸城、新兴现代商贸物流中心等项目建设。

【上争资金】 积极对接上级部门，争取到项目建设资金、拆迁费和土地出让金 5.63 亿元，确保了 500 万吨炼油大气环保带动迁、芦花洲土地增减挂钩复垦、110 国道综合整治工程、文昌南街拓宽、银吴客专项目、公铁物流园、润恒物流园、薄弱学校改造等重大项目的顺利实施。

【培植税源】 制定西夏区税收“四制”分工，对 2016 年实施的 59 个重点项目，一律实行县级领导分片包税，并将税收完成情况纳入全年绩效考核。西夏区重点项目督导组按照税务局设计的企业税收情况统计表，对辖区纳税企业进行督查指导。组织财政局、工信局、经发局等多家单位对辖区税收单位和文化创意等新业态、新产业开展了一次“拉网式”的普查摸底，做到了应统尽统。对区、市政府组织实施的项目，积极协助项目企业在西夏区办理税收登记，照章纳税。赴天津协助天津电建办理了外经证等相关手续。对中国网库、蓝图大宗商品交易中心等落户西夏区的电商项目，加大与集团总部的协调对接，争取在西夏区设立集团总部西北结算中心；对辖区已落地或生产经营但结算及税收未在西夏区的项目，积极协调争取将结算地或项目部设立在西夏区。将宁夏报业不种田电子商务等 12 个项目变更注册在西夏区。协助润恒物流产业园、国药配送中心等商贸物流项目尽快上市，并将庆元建设有限公司总部注册在西夏区。为企业提供办公经营场所，并给予优惠政策，协助企业在西夏区注册、结算、投资和开展业务，依法依规开展动态税收监管，采取有力措施稳住老税源，挖掘新税源。现已将银西铁路有限公司、玉泉国际葡萄酒庄贸易总公司等 8 家企业注册在西夏区。协调市直部门，引进央企、国企注册在西夏区，已将中铁二十一局、中铁二十三局、中冶公司等 24 家企业注册在西夏区。

【服务经济发展】 积极筹集调度资金，调整和优化支出结构，加大教育投入，推进政府购买学前教育服务，全面改善农村义务教育薄弱学校改造，促进义务教育均衡发展；全面提升城乡社会保障水平，加大社会保障力度，支持养老服务体系建设；积极支持公共医疗卫生体制改革，提高医疗卫生服务水平；大力推进老旧小区改造、维修更换环卫设施建设、公厕改造及植树造林等城乡社区事务；深入实施“蓝天”工程，支持群众文化体育活动；保障公安协勤人员工资及禁毒专项支出，维护辖区公共安全；积极落实财政强农惠农政策，精准助力农村脱贫攻坚，改善农田水利基础设施建设，加快发展农业特色优势产业；推进美丽小城镇建设，加大棚户区项目改造推进力度。全年一般公共预算财政支出为 143515 万元，其中民生支出 122707 万元，占总支出的 85.5%。

【财政改革】 积极推进政府购买社会服务，完成西夏区敬老院公办民营、西夏区接管办“西马银”土地宅基地房屋测绘项目等；编制发布政府和社会资本合作(PPP)项目清单，完善风险共担、利益分配等机制，与中铁物流集团有限公司、中国PPP研究院联合开展中铁物流集团西夏区智能物流园项目课题研究，筹备实施镇北堡镇污水处理厂和自来水厂PPP模式合作项目。

【政府采购】 2016年，西夏区财政局不再对政府采购计划及其资金来源进行审批，改为备案管理。各单位填写备案表，向政府采购办备案，自行委托社会代理机构进入银川市公共资源中心进行采购工作。实行备案制后，政府采购办积极配合银川市公共资源交易中心做好采购评审、专家管理、采购方式等行为的规范化管理，采购中邀请纪委、审计、采购单位代表等参与采购工作全过程，加大监督管理制度。采购前后严格按照国家有关规定对招标公告、中标公告进行公示。接受供应商的投诉事项并严格按照政府采购供应商投诉处理工作规程办理。全年，完成政府招投标采购项目73个，其中：预算金额为9241.64万元，实际执行采购金额为8630.66万元，节约资金610.98万元，节约率达6%。完成了西夏区镇北堡自来水厂及污水处理厂PPP项目特许经营权的政府采购项目1个，项目投资估算约为4232.51万元，投标人注册资金3000万元。通过政府与社会资本合作(PPP)模式在基础设施及公共服务领域建立一种长期合作关系，PPP项目模式由社会资本承担设计、建设、运营、维护基础设施的大部分工作，并通过“使用者付费”及必要的“政府付费”获得合理投资回报，政府部门负责基础设施及公共服务价格和质量监管，以保证公共利益最大化。通过竞争性磋商完成西夏区民政局敬老院的项目1个，运营模式为公建民营，供应商投资注册资金为500万元。

国家税务

【概　况】 2016年，西夏区国税局共有干部职工106人，其中：在职干部职工91人(包括公务员72人，工勤人员19人)，退休干部15人。其中在职干部职工中平均年龄43岁。全局党员共65名，占全局71%。其中：在职党员53名、退休党员12名。共管辖各类纳税人17442户，其中一般纳税人1512户，小规模纳税人2982户，个体纳税人12948户。5月，营改增以来，地税移交4958户，其中单位纳税人1295，个体纳税人3706户。国地税共管户1000户，纯地税户3962户。其中建筑业335户，金融业8户，房地产业35户，生活服务业4584户。

【组织收入】 2016年，组织税收收入78.58亿元。其中中央级收入75.59亿元，地市级收入2.17亿元，县区级收入0.82亿元。共开展风险应对457户，其中纳税提醒434户，实际存在问题23户，补缴企业所得税税款1555.73万元、调增应纳税所得额6877.83

万元、进项税额转出 19.96 万元；确定纳税评估 21 户，实际存在问题 5 户，补缴增值税税款 7.3 万元，调减留抵金额 50.41 万元；评估后移交稽查 3 户。风险管理成效贡献率 0.21%，风险分析识别命中率 5.03%。

【营改增】 2016 年 3 月以来，按照国务院和总局统一部署，开展建筑业和不动产业、生活服务业、金融保险业等剩余行业营改增改革，做到把握好时间节点，做好政策制度、业务衔接、管户移交、申报征收、监控分析等各项工作，确保顺利实现税制转换。完成两批次 4548 户的系统迁移户的营改增确认工作，召开营改增纳税人培训班 15 期，印发宣传资料 7000 余份，做到政策告知解答全覆盖。

【纳税服务】 2016 年，联合西夏南区、北区地税局在西夏区社保局 2 楼利用 1000 平方米空间建设西夏区联合办税服务厅，创新采用国地税业务“一窗受理、一站办结“的纳税服务新模式，使西夏区国地税合作工作走在自治区国地税合作前列。在软硬件设施、税收管理系统、工作人员等方面实现深度融合，西夏区联合办税服务厅实现共同办税以来，西夏区国地税部门通过调整窗口设置，优化业务流程，简并涉税资料，推行免填单和国地税涉税业务“一窗办结”服务，窗口人员统一调配管理，共同为纳税人提供规范便捷、高效文明的服务，联合开展税收宣传活动和日常咨询辅导，发放各类宣传资料 50000 余份，解答涉税问题 8000 余条。联合走访纳税人 1200 余户，发放纳税人意见建议征求表 2000 份，征集纳税人及社会各界意见建议 9 条。整合国地税纳税人学堂、纳税服务 QQ 群和微信公众号等咨询辅导平台，通过实体教学与网络培训的互动、互补，为纳税人提供了税收政策法规、热点难点等问题的一站式服务。联合开展纳税人培训 76 场次，累计参训纳税人 9000 余人次。

【党的建设】 成立党建工作领导小组和“两学一做”学习教育领导小组，认真履行“抓班子带队伍、抓学习提能力、抓纪律转作风” 的工作思路和基层党组织书记抓党建工作职责。层层签订《党建工作目标责任书》，统筹抓好党组、党总支、各党支部以及党建工作领导小组四类主体，基本构建起了“党组书记统筹亲自抓、党组成员牵头具体抓、始终把党员教育管理作为推动党建工作开展的重要环节来抓，紧密结合“营改增”工作，通过集中教育和常态教育两种形式，全面铺开“两学一做”学习教育活动。将“两学一做”的学习融入到每月的党组中心组理论学习中，深入学习《党章》、习近平总书记系列讲话、习近平总书记在纪念建党 95 周年大会上的讲话、在纪念红军长征胜利 80 周年大会上的讲话，以及党的十八届六中全会精神等内容，各业务科室和行政部门还结合当前工作重点，组织学习最新业务知识和行政管理知识，进行党情、税情、舆情和廉政教育，把“两学一做”学习教育落实到政治信仰上、落实到严明纪律上、落实到税收工作推动发展上，增强党建工作的针对性与时效性。党总支、各支部加强制度建设，严格党内组织生活，按照有关规定认真落实“三会一课”制度；局党组坚持每月 1 次的党组中心组学习，并扩大到中层干部，以“两学一做”活动为主要内容，加强领导班子和全体党员的理论学习和思想建设。针对工资改革的实际情况，每月根据每个党员的工资收入和党费计算收缴的相关规定，详细计算了应交党费数额，各党支部则严格党费收缴、管理工作，尤其是对退休、提前离岗的党员管理不放松；62 名党员共检查补缴党费 1.4366 万元，及时上交至银川市国税局机关党委，并在党支部会议上通报收缴情况，以及在局域网中公示，接受党员群众的监督。以“深化巡视整改”为抓手，规范全局党建工作。把“深化巡视整改”作为党建工作的重要抓手，根据深化巡视整改和全面自查自纠风险问题的要求，对 2015 年与 2016 年的党建工作进行自查，重点自查党建工作责任制、基层党组织建设、党内政治生活、加强党员队伍建设等四个方面，查出各项问题 10 余项，制订整改措施，并且根据部门工作职责，指定责任领导、责任部门、配合部门和整改时限，实行高标准严要求的工作准则。

【税收执法】 成立以局长为组长的“七五”普法和“依法治税”工作领导小组，由“一把手”亲自抓普法工作的贯彻落实。认真组织每年的全国税收宣传月活动，围绕税法宣传主题，着力抓好政策宣传、服务宣传和普法宣传，努力增强宣传效果。2016 年，共受理“增值税税控系统最高开票限额审批”项目共 338 件，其中百万元版 52 份(法定办理时限 20 日)，均在承诺办结时限 15 日内按相关规定办理；十万元版 245 份、万元版 27 份，均即时办理。进行行政处罚共 87 户次，处罚金额 139420.02 元：其中 81 户企业适用一般处罚程序，处罚 137000.02 元；另 6 户企业适用简易处罚，处罚 2420 元。

【党风廉政建设】 年初召开全局党风廉政和政风行风建设工作会议，全面部署工作任务；落实政风行风工作会议精神，召开党组会、局务会和全体干部大会，对政风行风建设工作进行层层动员；严明纪律规矩，落实八项规定精神，坚守责任担当，加强廉政教育，规范两权运行，强化执纪问责，严肃查处违纪违法案件，落实党风廉政建设主体责任双报告制度，分管领导和各部门负责人每半年分别向局党组和监察部门汇报主体责任落实和加强党风廉政建设工作情况，全局签订 86 份党风廉政建设责任书。

【精神文明建设】 围绕社会公德、职业道德、家庭美德、个人品德四项基本内容，开展了 10 次“道德讲堂”活动；参加街道、社区组织的爱国卫生运动，深入所辖社区进行卫生清扫工作。以捐款捐物、送医送药、走访慰问等形式向社会弱势群体、困难群众送温暖。在节假日期间慰问社区困难群众 10 户次，共发放慰问金(慰问品)5000 余元。在建党 95 周年之际，组织离退休老干部前往绿博园、滨河新区参加“观摩改革新成果、喜迎建党95周年”活动，共享党建新成果；组织妇女干部参观贺兰山岩画以及韩美林美术馆、举办健康知识讲座，丰富精神文明活动和先进模范力量的引导下，副局长张晓东获得“最美银川人”荣誉称号。

北区地方税务

【税收收入】 2016年，面对复杂严峻的经济形势和持续加大的经济下行压力，坚定不移地坚持依法行政、坚决落实收入原则，多措并举、加强征管、堵塞漏洞。全年共组织各项收入20.79亿元，同比增收3250万元。其中税收收入完成9.77亿元，超额完成全年税收任务，税收增量走在全市地税系统的前列。

【征管改革】 落实考核整改，切实强化征管质量和信息管税的作用，不断提高征管水平，以金税三期税收管理系统为基础，积极推广《宁夏电子税务局》和《征管档案电子信息系统》等辅助系统的应用，开展绩效考核。落实“五证合一”“一照一码”“两个清单”登记制度改革。利用大厅电子屏、办税QQ群、报纸等媒介，多渠道、多角度进行“三证合一”及“五证合一、一照一码”登记制度改革政策的宣传。认真贯彻执行《全国税收征管规范1.1版》，持续提升税收征管水平。积极参与落实电子税务局各项工作。按照市局要求，为办税大厅配备征管电子档案所需仪器。制定本局实施方案，时间表和路线图，制定分批推广计划，做好纳税服务和宣传辅导工作，使分局的征管工作上了一个新台阶。

【税收优惠政策】 规范税收执法行为，落实各项税收优惠政策，2016年办理备案类减免180项，减免税金6.06亿元，落实工业企业困难性减免土地使用税307.59万元。积极落实小型微利企业优惠政策，受惠面达到100%，共计减免金额78.33万元。

【保障纳税人的合法权益】 开展税收宣传月活动，举办税收宣传“十进”特色宣传活动，全力打造西夏北局“贺兰山精神”的特色服务品牌，公开纳税服务投诉受理电话，为纳税户提供手机短信申报、短信发票查询、短信税收政策宣传等多种便捷服务；全面加强12366纳税服务热线，做好12366转办举报、局长信箱转办投诉及市长热线12345投诉事件的处理，在规定时限内对侵害纳税人合法权益的投诉进行妥善处理，并及时将处理结果反馈给上级部门和纳税人。全年共受理各类涉税事项76人次；建立畅通的群众诉求通道，高效的应对措施和零距离的阳光服务，充分保障纳税人的合法权益，社会反响良好，纳税人满意度持续提升。

【法治建设】 2016年，深入开展法制宣传的教育活动，以税收政策业务为载体开展常态化税收法制宣传培训，结合营改增工作开展助推建筑行业营改增税企座谈会。

同时，开展法律十进活动，突出不同行业不同对象的不同需求，创新普法方式工作成效显著，被自治区地税局认定为全区地税系统“法治税务示范基地”。

【行政审批】 2016 年，共办理 1139 项行政审批事项，其中非行政许可类减免中，备案类减免办理 180 项，核准类减免办理 7 项。外出经营 583 户次，外经报验 297 户次，注销 106 户。

【综合治理】 作为以地控税试点单位，从全市 7.4 万条土地登记信息中筛选出属所辖企业及个人土地登记信息 4000 余条，通过案头审核与实地核查相结合的方式，梳理各类疑点信息，并对核查过程中发现的其他涉税问题进行延伸检查，共评估纳税人 71 户，补缴各类税款、罚款及滞纳金 455.19 万元。强化股权转让纳税人的个人所得税评估工作，共评估 48 户，补缴个人所得税 43 万元。全力清缴欠税，确保应收尽收。将认真核对欠税、进行分类清欠，严格下达清欠计划任务，采取约谈企业老总、提请国税部门配合清理欠税及与辖区财政部门配合封闭转移支付清理欠税等有效手段，清理欠税 5227 万元。

【党的建设】 认真贯彻党的十八大、十八届三中、四中、五中、六中全会精神和习近平总书记系列重要讲话，切实落实党建工作责任制，突出抓好基层党组织建设，改选了基层党支部。深化创先争优长效机制，推进党员先进性建设。大力开展创建“五个好”规范化党支部、争做优秀共产党员等活动，通报表彰一批优秀共产党员和优秀党务工作者。认真落实党支部“三会一课”制度，开展“两学一做”学习教育活动，切实加强党总支、党支部建设。认真落实党建工作责任制，加强党员干部教育培训和党务干部队伍建设，开展了野外登山拓展、绿化植树、党员志愿者慰问生活困难党员、老党员、工作一线党员等活动。

【精神文明建设】 深入推进社会主义核心价值体系建设，加强社会主义核心价值体系学习宣传，深入开展“讲文明树新风”活动，提升文明单位建设和管理水平，抓好“五个一”(即一堂——道德讲堂；一队——志愿服务队；一牌——道德提示牌；一桌——文明餐桌；一传播——网络文明志愿传播体系)建设。广泛开展“学雷锋”志愿服务活动、生态文明建设志愿服务活动和送温暖献爱心志愿服务活动。深入开展“三关爱”助学活动和扶贫帮困工作。组织党员干部资助困难学生上学、慰问孤寡老人，深入开展群众性精神文明创建活动和“我为建设美丽银川做贡献”主题活动。累计捐赠、帮扶资金物品共计 5 万元。

【教育培训】 2016 年，举办各类培训 25 场次，培训 900 余人次，发放各类资料 1200 份；全局干部职工的业务技能和综合素质得到了提升。在 2016 年业务大学习大练兵大比武活动中，开展了计会业务、信息技术业务、行政管理等业务培训，真正实现了“有培训、有考试、有成效”。干部职工工作的积极性、能动性不断增强。在“六五”普法验收工作中，工作扎实，成绩显著，得到了自治区“六五”普法领导小组的表杨。

南区地方税务

【概　况】 2016年，银川市西夏区南区地方税务局紧紧围绕区、市地税工作会议精神，在自治区、银川市地税局党组和西夏区党委、政府的正确领导和关心支持下，按照“党建引领、绩效推动、规范落实、统筹发展”的总体工作思路，把握地方经济发展新机遇，在组织收入、依法治税、税制改革、纳税服务、基层党建、廉政建设等重点工作中主动作为，真抓实干，各项工作齐头并进，取得了新进展、新成效、为地方经济做出了新贡献。2016年，西夏南区地税局荣获西夏区“六五”普法先进集体和银川市“依法治理示范单位”。严格执行税收政策，2016年，分局两个党支部顺利晋级为“四星级”五好党支部。

【组织收入】 全年共完成各项收入56076万元，同比下降9.68%，减收6011万元。其中完成税收收入23841万元，同比下降30.17%，减收10299万元，圆满完成市局下达的年度计划任务；完成社保费收入29003万元，同比增长14.42%，增收3655万元，完成年度计划的113.86%，超收3531万元；其他收入3232万元，同比增长24.36%，增收633万元。

【税收优惠政策】 全年共为264户小微企业减免企业所得税58万元，为1408户纳税人减免营业税201万元，行政审批受理备案类减免共53户次，减免税款共计18031万元。

【纳税服务】 2016年，西夏南局与西夏区国税局、西夏北区地税局成立联合办税服务厅，严格落实“一次性告知”和“首问责任制”，将18个办税窗口整合为综合服务、税务登记、行政审批等三类，实现一窗通办、同城通办、区内通办，减少办税环节。加强纳税人培训，全年共开展培训76场次，累计参训9000余人。加大税收宣传力度，发放各类宣传资料10000余份，解答涉税问题800余条，走访纳税人200余户，发放意见建议征求表2000份，征集意见建议9条。

【队伍建设】 全年举办各类培训班12期，参训干部达500多人次，计会科被授予南区地税局“巾帼文明岗”荣誉称号，刘慧获南区地税局“巾帼建功标兵”称号。

城乡建设与交通管理

城乡建设

【概　况】 2016年，建设交通局紧紧围绕区委、政府实施“六大”战略，建设美好西夏部署要求，把加快推进城乡一体化发展、改善城乡生活环境、完善基础设施配套作为工作主线，积极争取自治区、银川市有关部门项目支持，坚持高质量实施市政基础设施、旧城棚户区改造、市政道路畅通、农村公路建设等民生工程，不断提升建设交通工作服务经济、改善民生工作水平。

【党风廉政建设】 一是制定党工委纪工委领导班子及成员党风廉政建设主体责任清单和党风廉政工作要点、任务分工，全面安排、深入推进党风廉政工作；完善了书记、班子成员、站办所组负责人三方党风廉政责任书，强化领导干部“一岗双责”；建立了与工程建设单位的廉政责任制，签订了6个项目的廉政责任书，把党风廉政的责任和压力传导到全体干部和工程建设单位。二是强化执纪监督问责，抓早抓小，发现问题及时纠正。戒勉谈话2人，提醒谈话2人，问责处理2人，起到了纠正“四风”、警示教育干部的作用。加强对工作作风、经费执行、工程建设、行政执法的监督，随时监督工作人员履职情况和廉洁自律情况，发现问题及时批评纠正，预防违纪违规行为。三是组织党员干部认真学习《党内监督条例》等党规党纪，开展警示教育和先进典型示范教育，强化党员干部的党性观念和纪律意识，规范从政行为。四是开展“六项纪律”自查自纠和落实中央八项规定精神“回头看”，认真对照检查，把“六项纪律”落到实处；落实5项整改任务，对违规发放“司机安全奖”等问题进行了整改。五是织密制度的篱笆，制定了重大事项集体决策等13项制度，完善了30万元以内不进行招标的建设工程项目管理程序，健全了深入群众调查研究、公务接待、因公出差等公务活动管理办法和会议、文件制度，规范公务活动和“三公经费”管理，改进会风、文风，深入推进中央八项规定精神的全面落实。严格执行述职述廉、重大事项请示报告、招投标和财务决算等制度，按照规定程序在政府指定网站、报刊发布招标公告等信息，39个项目公开招标率100%。

【组织建设】 一是把党建工作作为班子成员和党员干部重要的考核、监督内容，强化责任、任务、措施、作风“四落实”。以强责任、强思想、强队伍、强服务、创一流工作业绩为抓手，开展基层服务型党组织创星晋级、党员积分制管理。二是强化党员队伍建设，严肃党内生活，认真组织民主生活会和

党性分析、民主评议、“讲党课”等组织生活，民主选举、调整了2个支部委员会；高标准发展党员，转正党员1名；认真开展党组织关系集中排查，党员登记率100%；规范党费收缴基数和标准，增强党员干部按月交纳党费的主动性。加强思想教育，完成网络理论学习5人次，业务培训30人次。三是加强党员干部作风考核监督，按照合格党员的标准，通过重点督查、工作检查、年度考核等方式，评判党员干部的作风状况和工作效能；加强公务员和事业干部的管理、考核、监督，促进干部提高岗位绩效完成效率。四是强化为民服务，领导干部深入同阳新村4户村民包户帮扶，联系中建公司沈阳路工地，帮助村民增加劳务收入；深入镇北堡村等基层单位，听取群众意见，帮扶困难群众，开展“党建月”“敬老月”和环境卫生整治志愿服务活动；立足岗位，以涉及群众切身利益的旧城改造、道路损毁等工作作为着力点，深入群众宣传政策、和谐动迁，急群众所急，坚持在道路抢修一线指挥，树立党员形象。

【“两学一做”学习教育】 一是召开专题会议，研究制定实施方案，明确学习时间、内容、要求和措施，全面动员、安排部署、扎实推进。二是认真组织党员干部学习《党章》、“两准则三条例”党规党纪和习近平总书记关于党风廉政、深化改革、依法治国的论述，学习《招标投标法》等行业规章、第十三个五年规划与十八届六中全会精神，丰富学习内容。三是深入开展“讲政治、有信念”“讲规矩、有纪律”“讲奉献、有作为”三个专题讨论，提炼出建设交通领域“政治坚定、遵规守纪、担当作为的党员形象行为规范”和“警言戒训”，为党员做人做事提供了基本遵循规范。四是深入开展提升领导干部执行力专项行动，深入基层、深入群众，调查研究长城机床厂等旧城改造中存在的问题，着力解决影响发展的突出问题；调研重点项目方案，顺利推进镇北堡自来水厂、污水处理厂等西夏区重点项目。

【依法治理】 一是加强组织领导，工作有安排、有督查，切实落实目标、任务、人员和责任；建立了行政执法和刑事司法衔接工作平台，健全了衔接工作机制。二是开展“七五”普法宣传教育，培训执法人员2次，提高了干部依法行政的能力；编制了土地征收、农村公路建设与管理、招投标普法宣传册草案，开展法治宣传2次、发放宣传材料1000余份，营造依法治区的社会氛围。三是落实重大事项决策、社会风险评估、招投标管理办法等制度，对公路建设规划、水厂污水厂可行研究等重大事项严格遵守行政决策程序，及时备案招标文件，发布招标信息，公开招标率100%。四是公布行政权力清单和责任清单26项，严格执行行政执法程序等7项制度，办理行政审批3件，检查劝返超载超限车辆500辆，维护农村公路路产路权。

【构建“平安西夏”】 一是积极推进平安建设重点工作。配合劳动部门对22个施工企业拖欠农民工工资情况进行了排查和清欠，督促施工企业落实工资保证金等制度，维护农民工权益；对政府投资项目历年拖欠工程款进行了再梳理，78个政府投资项目基本上能按照工程进度按比例支付工程款；对工程建设项目是否存在未批先建、转包挂靠、违法分包等情况进行了全面排查，函告银川市建筑行业管理处对5个建设工程的6家施工单位进行行政监察，加强建设领域突出问题整治。二是加大建筑工地安全生产的宣传力度，排查、督促6个政府投资项目消除安全隐患。强化应急值班和防汛预案演练，加强抢险队伍和运输队伍建设，确保安全度汛和山洪水毁道路的抢修。三是开展矛盾纠纷月排查和分析研判，信访平台办结信访件4件，协助有关单位调处化解长机厂旧城改造项目等5起矛盾纠纷。对镇北堡镇水厂、污水厂项目进行了社会风险评估，完善了政策宣传等措施，顺利推进项目建设。处理微博、数字城管转办事项93件，及时答复旧城改造政策、计划和维修小街巷等群众关注的民生问题。

【议案提案办理】 一是高效高质地办理领导批示件47件，完成了小城镇规划、危房调查和旧城改造项目申报等重要批示。二是及时上报信息72篇，宣传、反映西夏区城乡基础设施建设事业发展成就。三是办结人大议案政协提案33件，涉及旧城改造、市政道路、公交设施等民生设施建设，宁朔北路、沈阳路等议案提案的办理，极大地推动了西夏区基础设施建设水平，受到各界代表的广泛赞誉。

【重点项目建设】 按照银川市"两化两宜"城市建设要求，积极与自治区住建厅、市规划局、设计单位等部门沟通协调，以及召开项目设计论证会、征求专家意见、西夏区重大项目领导小组审定等方式，促进重点项目建设工程顺利进行。西夏区政务服务中心已投入使用；采取PPP模式新建镇北堡自来水、污水厂项目，自来水厂已开工，污水厂计划2017年3月份开工建设；宁阳文化商业广场项目六层裙楼及三座塔楼提前四个月封顶，综合商业计划于2017年春节前试运营；西夏万达广场项目全年客流1150万人次，销售4.2亿元；第九污水处理厂项目正在设备安装调试，2017年3月底全面投入运营；西夏古城B区主体正在加快建设，力争2017年底交付使用。积极配合市建筑行业管理处开展辖区建筑工地扬尘防控综合治理，各建筑场地周边围挡、物料堆放、有效覆盖、出入车辆冲洗、施工现场地面硬化、土方及时清运、拆迁湿法作业等6项指标全部达到100%。共处理案件151件，其中修补破损路面94处、更换及加固雨水箅子25处、污水井盖29处、维护修整护树设施3处。

【旧城（棚户区）改造】 2016年，西夏区已开工正在实施旧城（棚户区）改造项目共8个，总投资54.09亿元，建筑面积174万平方米。幸福小镇二期：西区正在外网施工和室内安装，计划2017年5月底交付使用。泾华园三期:A 区 36 栋住宅楼已全部完工,B 区 43 栋楼主体全部封顶,正在进行室内装修,计划 2017 年 9 月竣工。福祥苑安置区:一标正在拆迁,计划 2017 年 5 月开工;二三标段主体已封顶,计划 2017 年 10 月竣工。兴盈公司五、八队:一期已竣工,计划 2017 年 3 月安置分配;二期主体已全部封顶,计划 2018 年 6 月竣工。长城机床厂家属区:一期已开工建设 10 栋楼(8 栋主体封顶,2 栋正在主体施工),计划 2017 年 8 月全部完成安置;二期涉及拆迁居民 618 户,计划准备之冬完成征收工作。胶带厂老厂区:已于 2016 年 9 月竣工交付使用。金波南区:安置区两栋楼已交付使用,1 栋安置楼已开工建设,1 栋楼正在进行前期拆迁工作。兴盈公司七、十队:一期 2 栋安置楼主体已封顶,建成房屋 208 套,计划 2017 年 9 月底全部完成安置任务。二期已全部完成房屋征收及拆迁工作,计划 2017 年 3 月开工建设另一栋住宅楼及清真寺。

【防灾减灾体系建设工程】 先后制定西夏区、街道、社区三级防灾减灾应急预案,协调市民防局在辖区 20 个小区布设应急疏散指示牌,在 6 个社区内重点加强防空防灾建设工作,设置防灾减灾应急房,切实提高战时应急保障能力;不断加大公众应急知识宣传力度,按照市民防局总体部署,结合西夏区实际,先后组织各街道、社区、教育局、部分中小学校开展了公众防灾减灾宣教活动,并于 5 月 12 日组织全体干部职工在西夏区同心路市场开展防灾减灾知识科普宣传,展出展板 5 块,应急救援器材 1 套,宣传资料 1000 余份,普及公共安全和应急知识,增强了公众的安全意识、责任意识、风险防范意识和应急自救互救能力,开展了以“防灾减灾从我做起”为主题的“防灾减灾”宣传教育和应急避险演练活动。

【建设工程招投标监督管理】 加强工程量清单和招标控制价的编审管理,工程取费严格按照规定的工程类别执行,并经西夏区基本建设领导小组会审后向市造价站审核备案后发布。推行科学、合理、公正的评标办法,按照不同工程建设项目,通过控制评标基准价、设立最高限价,杜绝恶意竞标或围标、串标行为。严格招投标各个环节,所有建设工程全部在银川市公共资源交易中心统一交易,工程招标公告分别在银川市建设信息网、宁夏建设工程招标投标信息网、宁夏公共资源交易网、中国采购与招标网上发布。工程招标文件、资格审查、开标评标、控制价、中标结果全部在区、市依法进行备案审查。全年,施工招标 43 项,中标总造价 112747 万元,公开招标率 100%。

【征地拆迁】 2016 年,共有 24 个征地拆迁项目。共完成 15 个项目征地拆迁工作,正在进行的有 9 个,累计征收土地 7849.39 亩,拆除各类建筑物 17.47 万平方米,涉及拆迁户 837 户,3767 人,累计投资 11.14 亿元。完成的征地拆迁项目有:500 万吨炼油厂扩建工程卫生和大气防护带项目,西夏王陵申报世界遗产征地（养殖场）项目，西夏区残联大楼征地项目，宁朔北街畅通工程，澳海澜庭规划路畅通项目，银川市第九污水处理厂管线建设项目征地拆迁工作，兴州街拓宽项目，贺兰山东麓葡萄种植基地周边环境综合整治项目，贺兰山路向西延伸工程，24 家高能源、高耗能企业整改项目，110 国道综合整治拆迁工作（支线），兴州北街拓宽项目，西夏王陵申报世界遗产征地项目，兴盈公司七、十队二期项目，110 国道分流线 15 个项目。正在进行项目有：银西高铁，犀牛湖旅游开发项目，恒泰元种禽有限公司拆迁项目，文昌路拓宽项目，干沟路整治项目，宁夏军区东侧旧厂区改造项目，火车站以北兴盈公司八队安置项目，兴盈公司七、十队二期项目，开福酒庄项，镇苏路酒庄项目，110 国道分流线 9 个项目。

城市绿化

【概　况】 2016 年，完成春季造林面积 1099 亩，种植各类苗木 122.45 万株。其中：治沙造林 454 亩、绿色通道 600 亩、庄点绿化 35 亩、经济林建设 300 亩、农田林网 30 亩、酒庄防护林建设 200 亩。10 月 11 日，组织西夏区林业和葡萄产业局全局干部职工在西夏区镇北堡镇同庄村四队，义务栽植柳树、杨树共 3000 余株。

【小微公园建设】 争取银川市林业局在西夏区兴州北街 BRT 始发站、同心北街梧桐花园小区西门广场、贺兰山西路与文昌北街交叉口西南角、贺兰山西路宁大 C 区宿舍楼西围墙、北京西路碧波公园对面建设 5 个小微公园，总面积共 25791 平方米。其中：绿化总面积共 22310 平方米，硬化面积 3481 平方米，工程概算总投资共 671.01 万元。新建 1 处主题公园——盈北家园公园，位于西夏区兴州路以东，包兰铁路以西，贺兰山路以北，原铁路公安看守所南侧，盈北家园东侧，建设面积 47992 平方米，投资 1893.69 万元。

【主干道路绿化】 完成 110 国道、南环绕城高速、镇苏公路、大连路等主干道路的绿化提升，重点对南环绕城高速、兴州北街主干道路主要节点进行景观打造，提高绿化档次，种植金叶榆、紫叶李、金枝国槐、花灌木等有色树种 5.6 万株。对兴州北街全长 810 米，单侧绿化带宽 20 米进项绿化，绿化面积 32400 平方米，投资约 329.4 万元。

【小口子沟两侧绿化】 对镇北堡镇小口子沟两侧进行绿化提升，种植刺槐、紫穗槐、石竹、荷兰菊等苗木 26 万株，绿化总面积 16 亩，打造一条绿色花带，并建设百米葡萄长廊，总投资 450 万元。

【110 国道镇北堡镇区段绿化】 对 110 国道东侧新牛山庄路口至德林村山下人家路口段进行绿化提升，绿化带长 1.97 公里、宽 50 米，绿化面积 10 万平方米。计划总投资 359 万元。

“美丽西夏”建设工程

【“美丽村镇”建设】 2016年，西夏区在镇北堡镇幸福小镇二期安置区建设1处休闲公园，绿化面积48亩。对兴泾镇小商品城外围裸露空地进行绿化提升，绿化面积20亩。对镇北堡镇、兴泾镇镇区和泾华村、黄花村、新华村、德林村、团结村、昊苑村、同阳社区三期等7个庄点进行绿化，种植各类苗木6.1万株，绿化面积60亩。

【“美丽校园”绿化】 对西夏区奕龙小学、银川市第八中学等4所学校进行整体景观提升，绿化面积8610平方米总投资73.5万元。对西夏区南梁小学、西夏区第七小学等8所学校提供苗木支持，共29344株。

【美丽庭院建设】 2016年，对西夏区政务服务中心西围墙外、西夏区人力资源和社会保障局、西夏区政务服务中心、西夏区兴泾镇黄花大寺、西夏区兴泾镇泾河大寺共5处庭院进行了整体绿化，绿化面积28953平方米，总投资108.4万元。

【无物业小区环境综合整治】 对6个街道34个无物业小区进行绿化改造提升，绿化面积15万平方米，种植各类乔灌木10万余株，提供草籽100公斤。

【葡萄产业及酒庄建设】 2016年，指导辖区酒庄企业完成酿酒葡萄种植900亩，完成3750亩低产园改造，评选优质葡萄园4个。新建美御、名麓酒庄2座，续建酒庄4座。推进非基本农田葡萄确权颁证，为银川新牛葡萄酒庄园有限公司、银川西夏开福酒庄有限公司等5家酒庄颁发林木所有权证。加大葡萄产业种植、酿造、品牌建设、宣传推广等全产业链扶持力度，争取区市各类扶持资金537.23万元，举办西夏区葡萄酒标识和品牌保护知识培训班，组织参加自治区、银川市葡萄酒局的培训4期296人次。

城市管理

【概　况】 2016年，西夏区城管环卫系统按照区委、政府决策部署，根据市城管局工作安排，以贯彻落实党的十八届五中、六中全会，银川市第十四次党代会和西夏区第三次党代会精神为主线，坚持以建立“干净、整洁、规范”的文明卫生区为中心，紧紧围绕全国东西部扶贫协作会议、习近平总书记来宁视察、城乡环境综合治理、违法违规建设拆除、大气污染防治、环保督查等重点工作，发挥“敢于担当、容于责备、甘于吃苦、乐于奉献”的城管精神，努力实现城市管理服务社会发展、服务民生事业、贴近百姓生活。

【城乡环境综合治理】 2016年，西夏区城管局广泛发动机关干部和镇街群众、大学生志愿者，联合辖区文明单位、军队院校和企事业单位，协调区市相关部门，共同做好城乡环境综合治理工作。通过“先易后难、重点突破，一点一策、示范推进”的方法，清运整治渣土 52 处 467 万方，拆除拌合站 6 家 14 万平方米，搬迁整治废品回收站 71 家 3.4 万平方米，74 家灰沙砖厂全部停产，54 家老旧小区完成整治，27 家砂石厂停产歇业。彩钢房等“两违”建筑面积约 55197 平方米，拆除各类违法建设 8 万余平方米，城乡环境大力改善。

【无烟烧烤炉具更换】 2016 年，联合环保、卫计、市场监管等部门积极推广无烟烧烤环保炉具专项工作，辖区更换无烟烧烤炉 56 台，占应换商户的 80%，达标商户 42 家。采取设置疏导和建档管理进行规范，实行统一划定经营范围、统一设置隔离护栏、统一配置桌椅板凳和遮阳伞、统一铺设隔油布、统一配置垃圾桶、统一经营人员服装的“六统一”，统一规划设立 5 处烧烤广场，不定期开展夜市烧烤集中区联合执法活动，露天烧烤全部进店经营，对不按要求违规经营的 12 家烧烤店进行了严厉处罚，露天烧烤管理工作位列三区第一。

【渣土治理】 2016 年，结合环保督查和冬季大气污染防治工作，严格落实渣土管理“6 个 100%”，建立工地扬尘治理巡查共管机制，先后出动执法人员 460 余人次，对祥瑞城市花园、宁夏体育运动学校迁建工程等 21 家工地现场进行全过程监管。设立夜间检查点，对违规拉运砂石料的行为进行严查，确保拉运砂石车辆无洒漏、路面无扬尘。联合相关职能部门进行联合执法，部门联动，并进行长效管理。

【环卫机械车辆停车场建设项目】 2016 年，争取银川市人大议案项目资金 450 万元，建设膜结构车棚 2000 平方米，配套排水管网 350 米，高光投光灯 4 盏，占地面积约 7200 平方米的环卫机械车辆停车场建设项目。

【“8·21”救灾】 2016 年 8 月 21 日，西夏区发生特大暴雨，危急时刻，全体城管环卫干部职工紧急集结，出动城管执法队员 82 名，执法车辆 15 辆，劝离车辆 40 余辆，疏散群众 3000 余人，动用城管执法车辆 15 辆次，转移老弱妇孺群众 161 人，全力保卫人民群众生命财产安全，受到西夏区委、政府的表彰奖励。

【规范占道经营】 2016 年，通过发放《关于规范经营秩序禁止占道经营的通告》和《限期整改通知书》广泛宣传教育和劝导动员，对辖区内的占道经营进行清理整治。同时，在清理取缔的过程中，坚持“以人为本、疏堵结合”的原则，将大部分经营摊主分别向相关规划市场进行疏导。建立长效管理机制，采取专人值守、延长管理时间、不定时巡查等管理措施，坚决防止占道经营市场的再次发生，还路于民。先后对广武巷、东塔巷、燕宝花园西门等流动占道经营摊区进行规范和依法取缔，规范管理秩序，组织环卫工人进行清扫保洁。

【建设“智慧小区”】 2016年,借助智慧银川建设之力,争取到32个小区打造成智慧小区,完成兴洲花园、燕葆小区等5个智慧小区直饮水、人脸识别、免费WIFI等惠民工程,为居民现代化智能生活打下基础。争取“银川市老旧小区智慧安防项目”,为93个小区安装智慧安防监控系统,安装高清摄像头1044个,建立三级监控点41个,二级监控点1个。

【暖气分户改造】 2016年,组织协调同心苑、银巴小区等4个小区138栋楼6800余户完成了暖气分户改造。配合完成42家锅炉房统计、拆除、并网工作,协助供热、环保部门强化供热企业燃煤堆场封闭降尘措施。

【物业管理新模式】 2016年,率先成立街道物业管理服务站,形成了“三级管理、五位联动”的物业管理模式。完善物业服务质量考评和日常检查机制,推进物业服务职业经理人制,逐步实现物业管理专业化。

【数字化城市管理】 2016年,通过召开案件研判、举办案件处理培训班、新案件确权、细化管理流程等形式,使西夏区数字城管系统综合评价考核有所提升,派遣案件3.6万件,按期处置3.55万件,处置率100%,按期处置率99.66%,结案率99.63%,综合指标99.4125。

【保重大活动期间环境卫生】 2016年,全力做好习近平总书记来宁(银)视察指导、刘延东副总理来宁考察、东西部扶贫协作会议召开、环湖赛西夏区赛段保障、中央第八环保督查组环境督查、咸辉主席视察温泉小镇等多项工作,清理整治包兰铁路西侧、110国道两侧、新小线两侧、绕城高速西夏区段两侧、乌玛高速西夏区段两侧等主干公路两侧环境卫生,做好环境管理和服务保障工作。

【“三车”综合整治持续发力】 2016年,西夏区城管局联合交警、公安、街道、民政、残联等部门,集中开展专项行动,暂扣非法“三车”406辆,清退补偿271辆,接待全区各级管理部门调研观摩7次,整治工作位列三区第一,集中整治和清退补偿“三车”综合整治工作成为全国城市管理优秀案例。

【城乡一体化管理】 2016年,结合西夏区旅游示范区创建工作,为镇北堡镇、兴泾镇配备吸粪车、干扫车、洒水车共12辆,实现镇区和部分村庄环卫机扫化。为镇街增加清扫保洁人员120名,实现辖区主干道路及村庄保洁全覆盖。对两镇垃圾中转站的垃圾进行清运,保证两镇垃圾不过夜。成立镇北堡镇城管综合执法中队,做好旅游沿线环境卫生、交通秩序维护、环境保护等执法工作。

【表彰奖励】 2016年,西夏区城管环卫工会职工书屋被中华全国总工会授予全国“职工书屋”;被银川市委、市政府评为2015年平安建设工作先进集体;被政协银川市西夏区委员会评为政协银川市西夏区第三届委员会提案办理先进单位；被西夏区工会评为 2015 年工会工作目标考核一等奖；被西夏区委评为先进基层党组织；被授予“8·21”抗洪救灾先进集体荣誉称号；38 人次获得各级各类表彰奖励。

市容环境卫生

【概　况】 环卫服务中心设党政综合办公室、业务科(增设的市容监察执法队与业务科合署办公)清扫公司、清运公司、清洁公司和环卫服务中心共 6 个职能部门。2016 年 1 月 15 日根据自治区巡视组反馈问题的相关意见，环卫服务中心将原清运公司、清扫公司、清洁公司更名为清运队、清扫队、清洁队。

【清雪工作】 2016 年初，银川市迎来 3 场降雪，为了保证车辆和行人安全出行，环卫服务中心在每场降雪中都能以雪为令，及时启动除雪应急预案，对清雪工作进行安排部署，组织 700 多名一线环卫工人对人流量、车流量密集的北京路、怀远路、贺兰山路等主要道路、立交桥和十字路口、公交车站的积雪进行清扫，并组织中心所有管理人员对结冰路段的冰雪进行为期三天的铲除，圆满完成了清雪除冰工作。累计共出动环卫工人 3000 余人次、铲雪车 30 多台次。

【节日期间环境卫生保障】 制定了元旦、春节等各节日期间清扫保洁工作方案，全面加强环境卫生管理。为提高路面洁净度，700 多名环卫工人改变常规作业模式，全员上班，并每天延长保洁作业时间，增加路面巡回保洁次数。为确保节日期间垃圾日产日清，清运队采取增加垃圾清运次数及延长收运时间等方式，确保各垃圾点每天垃圾收运不脱节、不积存。同时，每天安排专人进行值班巡查，对巡查时发现的问题，及时联络各部门迅速进行督促整改，并跟踪处理。节日期间，共出动清扫清运车辆 1000 多台次，累计清运各类生活垃圾 1 万余吨。

【扬尘污染防控】 针对春季气候干燥容易产生灰尘的特点，消除冬季以来形成的道路积尘污染，从 3 月初开始，全面启动“水洗”深度清洁机械化作业模式，打响春季“净路降尘战”，每天出动干扫车、洗扫车、洒水车对怀远路、北京路、贺兰山路、文萃街等主要街路进行 2 次机扫吸尘，1 次高压冲洗，5 次洒水降尘，并每天安排雾炮车对辖区路段进行喷雾降尘作业，增加空气湿度，有效降低空气中的悬浮物扬尘。

【排查清理卫生死角】 在完成日常清扫保洁的基础上，开展精细化作业清除卫生死角活动，每天组织全员力量徒步无缝隙排查清理卫生死角，逐街逐路清理大街小巷道牙、绿化带、过路口、人行道的积尘、杂草、垃圾、碎砖乱石等，并对沿街及巷道内的乱贴乱画进行集中清理，共清理死角 2000 多处，清理垃圾 600 多吨，清理小广告

1500多处，使主次干道和背街小巷的环境卫生质量提档升级。

【集中整治活动】 全年，中心组织开展各类专项整治30余次，对城郊结合部、铁路沿线及城市出入口环境卫生进行集中整治，及时清理各类垃圾、杂物；相继对六盘山西路、氮肥厂中转站南侧、丽子园北街、金波街、培华路等断头路处的生活垃圾及建筑垃圾集中清理和整治。共出动环卫职工2000余人次，清理各类垃圾800多吨，清理死角500多处。

【"标准化"管理】 加大辖区27座垃圾中转站、67座公厕的日常管理力度，每天对公厕卫生间手纸、洗手液配备是否及时等问题进行检查，并对中转站设备和内外设施实行督查，发现问题及时维修，确保正常运行。严格落实站厕管理制度，按照卫生标准，清污除臭，增加保洁频次和消毒灭蝇次数，认真落实除"四害"措施，增加垃圾清运次数及延长收运时间，确保中转站垃圾日产日清，为方便夜间行人，对铁路医院、文萃街等3座公厕进行24小时开放，提高了站厕服务水平。对10座漏雨公厕进行维修，确保了公厕的正常运转；升级改造的7座中转站全部投入使用。

【人性化服务】 在"城管环卫职工文化月"及"环卫工人节"期间开展形式多样的庆祝活动。为提升职工文化素质，组织开展了"书香银川　银川书香"等活动；在清扫公司成立了两个"职工之家"并配设了"职工书屋"，在环卫工人休息点配置了小型书柜、购置书刊2000本，为环卫职工多读书、读好书提供了有利条件，并组织开展了干部职工捐书活动。协调沿街商户，为环卫职工设置20个免费饮水点，在部分公厕、中转站设置9处环卫工人休息点，配置了桌椅、电水壶、风扇、暖瓶等物品。成立环卫职工爱心互助会，建立环卫职工爱心互助金，采取城管工委出一点、工会帮一点、职工筹一点，社会集一点的方式，共筹集资金5万余元，用于帮扶困难职工，已有10余名环卫工人得到救助。

爱国卫生

【概　况】 2016年，西夏区爱卫办在西夏区委、政府的领导下，按照自治区和市爱卫办的工作部署，西夏区深入推进"城乡环境综合治理"工程，扎实开展"自治区爱国卫生日"活动，巩固深化创城、创卫成果，突出重点，加强管理，文明执法，狠抓落实，市容环境管理制度不断完善，城市管理水平不断提升，长效机制得到有效落实，各项工作稳步推进。

【组织管理】 区长刘虹、区委常委杨晨、副区长姜永、政协副主席孙春芳坚持落实每周督查制度。及时调整西夏区爱卫会、西夏区城乡卫生长效管理领导小组组成人员，调整西夏区病媒防制领导小组成员。制定印发《西夏区城乡环境综合治理暨春季行动实施方案》,全面开展城乡环境综合治理工作。召开爱卫专题会议 13 次,研究部署环境卫生整治、爱国卫生日和爱国卫生相关工作。落实检查、督查制度,共印发督查专报、通报 28 期,信息简报 35 期,拍摄照片 800 余张,拍摄视频 160 分钟,处罚 10 个单位和责任人,共罚款 8900 元。

【城乡环境综合治理暨春季行动】 2016 年,联合环保、卫计、市场监管等部门积极推广无烟烧烤环保炉具专项工作,辖区更换无烟烧烤炉 56 台,占应换商户的 80%,达标商户 42 家。采取设置疏导和建档管理进行规范,实行统一划定经营范围、统一设置隔离护栏、统一配置桌椅板凳和遮阳伞、统一铺设隔油布、统一配置垃圾桶、统一经营人员服装的“六统一”,统一规划设立 5 处烧烤广场,不定期开展夜市烧烤集中区联合执法活动,露天烧烤全部进店经营,对不按要求违规经营的 12 家烧烤店进行了严厉处罚,露天烧烤管理工作位列三区第一。

【环境卫生综合整治】 扎实落实自治区爱国卫生日活动,将自治区、银川市、辖区机关单位明确到街道办事处,直接与街道对接,每月对一个大的卫生脏点进行集中整治,爱卫办对爱国卫生日活动情况进行检查通报;要求各镇街办按照各自存在的问题,以社区为单位落实周末卫生整治日活动,对社区卫生脏点进行整治。结合 4 月“爱国卫生月”活动,重点对包兰铁路西侧、主干公路两侧及沿线各村的树挂、生活垃圾、废弃物进行了彻底清理整治,21000 余人次参加集中整治活动,共清理各类垃圾 1800 余吨。对辖区 54 个老旧物业小区进行集中整治,对小区内的乱堆乱放、乱搭乱建进行清理,清理各类垃圾 600 余吨;对 20000 平方米的裸露地面进行硬化或绿化。协调银川市经济技术开发区、贺兰山农牧场、兰州铁路局银川办事处等辖区单位,集中对银川经济技术开发区、铁路沿线、贺兰山农牧场东侧、金阳花园周边、农垦新村周边的环境卫生进行整治。对兴泾镇、镇北堡镇镇区及周边环境卫生进行了集中整治,对镇区商户门前的乱堆乱放进行清理,对沿街门头牌匾进行规范,对镇区机动车乱停乱放行为进行了规范整治,拆除两镇各类违章和有碍观瞻建筑 4.5 万平方米,通过集中整治使两镇环境有了质的改变。

【亮化美化市容市貌】 加强对沿街门头牌匾规范管理,拆除破旧、不符合规定的门头牌匾 510 块,拆除大型广告牌 660 平方米,清理占道经营 5850 余次,清理乱贴乱画 9300 余处,粉刷墙面 15936 平方米。对广武巷和燕宝花园西门占道经营马路市场进行依法取缔,维护校园周边环境。配合环保、国土、镇街等部门对废品收购站、灰砂砖厂、拌合站进行集中拆除和整治。集中整治占道亭(房),整治行动初见成效。对怀远路、同心路、北京路等路段中国邮政、银川晚报多处亭(房)依法进行拆除、移位。共拆除、移位 55 处,其中拆除亭(房)24 处,移位到妥当位置 31 处,路段面貌得到有效改善。狠抓学校周边经营秩序整治,全面清理校园周边违章搭建、占道经营、乱设摊点、乱拉乱挂。共清理校园周边流动商贩200余人次,店外摆卖200余户、占道经营80余处,治理商业噪音32起,教育170人次;收缴流动铁皮车18个、台秤4个、烤箱3个。对丽子园南街两侧大型车辆占道停放、28中校园周边环境等进行集中清理,严格按照银川市示范街管理标准,对主要街路进行管理。通过集中执法,暂扣"三车"413辆,制定了"三车"后期处置方案,并对暂扣三车进行价格评估,争取政府资金150万元,对暂扣"三车"进行清退补偿,共清退车辆180多辆。出动人员500人次,对兴泾镇、镇北堡镇镇苏路、贺兰山西路街道新南公路(新)两侧、朔方路风华小区、宁华路110国道两侧以及西马银接管办等多处遗留的残垣断壁和违建彩钢房近1.3万平方米违章建筑进行拆除。

【行政执法】 以改进城市管理工作,推动"西夏突破"为主题,组织开展全体执法队员集中学习15次,并对学习情况进行测试和通报,测试成绩在90分以上的达到90%,使执法队员增强了学法守法意识和法律的实际运用能力。在日常执法活动中,要求全体执法队员严格执行"六统一"和"五步骤"管理要求,统一执法服装,为执法队员配备执法头盔、防刺马甲、闪光马甲以及渣土管理单兵装备,成立城管局执法督查监察中队,加大对执法行为的监督,对发现的问题及时进行整改落实。强化全体执法队员的工作责任感和提高文明执法意识。制作各类行政执法案卷62件,并邀请城管巡回法庭工作人员对案卷进行评审。组织城管巡回法庭人员联合执法队员开展巡回宣讲6次,尤其是加强对门前三包、占道经营、乱贴乱画、校园周边环境、"三车"整治等重点难点的宣传和教育,提高市民参与城市管理、遵守城市行为的意识。

【推广无烟环保烧烤炉】 2016年,在辖区范围开展露天烧烤集中整治及推广无烟烧烤环保炉具专项工作。48家商户及时更换无烟烧烤炉具,并通过了环保部门的验收,被授予"无烟烧烤环保经营示范户"称号。西夏区城管局联合环保、市场监管等部门联合执法,对重点区域、重点问题进行检查督办,集中执法7次,对未使用无烟烧烤炉具的烧烤摊点取缔6起,对占用盲道和绿化的进行教育劝导30余家。

【环卫清扫保洁】 一是坚持以雪为令,及时启动除雪应急预案,对清雪工作进行安排部署,组织700多名环卫工人对人流量、车流量密集的北京路、怀远路、贺兰山路等主要道路、立交桥和十字路口、公交车站的积雪进行清扫,并对结冰路段的冰雪进行铲除,圆满完成了清雪除冰工作。二是提前安排、周密部署,制定了元旦、春节等清扫保洁工作方案,全面加强环境卫生管理。700多名环卫工人放弃节日休息,每天延长保洁作业时间,增加路面巡回保洁次数。三是环卫服务中心积极开展"以克论净"环卫深度保洁市场化试点，在学习徐州、大连、金凤区市场化试点的基础上，提出西夏区试点实施方案，将西夏区辖区内清扫保洁道路划分为5个区域，选择三个片区作为试点，清扫保洁、中转站、公厕全部按照区域进行市场化。划分为标段，采用公开招标方式，为了避免恶意低价竞争，由第三方进行测算，设置拦标价。引入信誉好，实力强的环卫作业企业，缴纳保证金，合同期限实行3+5年，实行考核淘汰制。四是结合西夏区数字化城管指挥系统，建立“数字化城管+以克论净”深度保洁模式。在没有试点开始前，环卫部门结合夏季高温炎热，加大清扫保洁、洒水降尘、机械作业频次，由原来的一天五次提高的一天八次，保持路面清洁，有效降低了道路扬尘。五是针对春季气候干燥容易产生灰尘的特点，消除冬季以来形成的道路积尘污染，全面启动“水洗”深度清洁机械化作业模式，打响春季“净路降尘战”，每天出动干扫车、洗扫车、洒水车对主要街路进行2次机扫吸尘，1次高压冲洗，5次洒水降尘，并每天安排雾炮车对辖区路段进行喷雾降尘作业，增加空气湿度，有效降低空气中的悬浮物扬尘。六是开展精细化作业清除卫生死角活动，每天组织全员力量徒步无缝隙排查清理卫生死角，逐街逐路清理大街小巷道牙、绿化带、过路口、人行道的积尘、杂草、垃圾、碎砖乱石等，并对沿街及巷道内的乱贴乱画进行集中清理，使主次干道和背街小巷的环境卫生质量提档升级。七是加大辖区27座垃圾中转站、67座公厕的日常管理力度，严格落实站厕管理制度，按照卫生标准，清污除臭，增加保洁频次和消毒灭蝇次数，认真落实除“四害”措施，进一步加大检查力度，提高了站厕服务水平。

【数字化城管】 2016年，西夏区数字化城市管理指挥中心坚持以数字城管信息系统为载体，以提高区域综合城市管理水平为目的，坚持科学的工作流程和完善的绩效评价结果。充分发挥信息平台的协调指挥功能，大力加强各分平台管理员的业务培训，严格落实任务派遣、处置流程、回复结案的标准化，实现了城市管理科学化、精细化和人性化服务的新要求，提高了西夏区人民群众对城市管理工作认知度，改善了人居环境，全面提升了城市管理水平。在银川市数字城管监督指挥中心的综合评价考核中，西夏区位居三区第二，全年，西夏区数字城管指挥中心共接到银川市数字城管监督指挥中心派遣案件立案37727件，处置37465件，按期处置36998件，处置率99.76%，按期处置率98.51%，结案率99.74%，综合指标99.2445。

【渣土及扬尘整治活动】 一是加大对北京路，兴州路，丽子园路，黄河路，经天路，工业开发园区，贺兰山路，文昌路，学院路及新小线等路段的巡查建筑渣土运输主要路段的巡查密度；二是继续实施日夜蹲守制，严格监管车辆运输行为，尤其对运输过程中未盖篷布、篷布加盖不严、违规运输建筑渣土、洒漏污染路面的车辆、混凝土搅拌运输车辆等进行严查，对违规车辆进行顶格处罚；三是对建筑工地渣土运输的审批、办证、监管实行出渣、运输全程、渣土消纳场地全程管理，要求建筑工地渣土的运输须由有资质的运输公司承运，并到渣土执法部门申报审批办理渣土准运证，建档备案，实行24小时全天侯监控管理。共查处各种工程车辆126辆(次)，工程混凝土运输车65辆(次)，建筑渣土运输车87辆(次)，处罚违规工程车辆22辆(次)，整治私自乱倾倒建筑垃圾车辆21辆(次)。四是联合市局渣土大队、环保、交警等部门开展集中整治夜查行动24次，采取设卡夜巡、集中执法、白天巡查等方式对辖区内的渣土拉运、建筑工地进出口进行管理。巡查各类车辆178辆次，批评教育车主42人次，暂扣处罚35余辆次。五是为打好大气污染防治攻坚战，持续改善城区大气环境质量，共计巡查建筑工地13家，铺设防尘网约70000余平方米，下发《责令限期整改通知书》14份，查处违规拉运渣土车辆9辆，暂扣篷布遮盖不严遗撒工程车辆7辆，口头警告30余辆次。共制止、控制及协助消防官员扑灭16起焚烧垃圾树叶、秸秆行为。督查供热公司3家，铺设防尘网100余平方米。六是对工地内部物料堆放、建筑材料摆放、生活区生活垃圾处理等进行严格要求，做到摆放整齐，不定时进行抽检，以“6个100%”要求工地，严格落实。

【公共场所和医疗机构监督检查】 落实银川市控烟条例，积极探索创建单位无烟文明办公环境活动；对管辖的公共场所开展了卫生法律法规培训5次，印制并发放公共场所禁止吸烟标识约5000余个。开展“诚信服务规范管理”专项整治推进工作，与辖区23家一级医疗机构签订承诺书，推进医疗机构诚信服务工作规范化制度化。开展打击非法行医专项行动，共查处非法行医行为16起，没收非法所得12000元，罚款人民币28000元，有力地净化了辖区医疗市场秩序。

【集贸市场综合整治】 一是推行局领导包市场，监管所长、管片干部的“包保责任制”。明确市场开办方的主体责任，严格责任追究。二是各市场按照国家卫生城市标准，六个集贸市场均规范制作了市场公示牌，做到市场规划区域图、管理人员职责、健康教育专栏、农残公示栏、卫生管理制度、禁烟标识清晰、明了。三是积极开展市场环境卫生秩序整治，及时采取防蚊、防蝇、防鼠、防蟑螂等病媒生物措施；设置足够的垃圾桶(带盖)及垃圾转运设备；配备清扫保洁人员，做到垃圾，随产随清，保持地面整洁、无积水；各市场内的公厕免费开放，标识清楚，设施完善，卫生干净。四是做到市场内经营者证照齐全、悬挂整齐规范；食品经营户环境干净、整洁、从业人员证件齐全，卫生良好，“三防”设施配置齐全、使用规范，进货查验、索证索票等制度执行规范；餐饮店亮化分级规范；严格控制活禽销售，活禽售卖设置独立区域，管理良好，确保市场经营规。五是根据西夏区政府安排部署，西夏区城管局自 10 月中旬接手管理东塔巷，结合东塔巷环境秩序违章问题高发时间、区域规律等特点，积极对巷内摆摊设点、堆物占道、流动摊贩、柜台商户出店经营、占道经营等进行违章行为进行集中治理，解决了道路不通、环境脏、乱、差等长期困扰周边居民及影响市容环境的城市管理重难点问题，取得了良好的管理效果。

【病媒生物防制】 一是对辖区蟑螂侵害情况进行摸底调查，配合市爱卫办对侵害严重的 850 栋楼房下水管道和暖气地沟、辖区主干道路、蚊虫滋生地进行消杀。二是印制蚊虫防制方法、蟑螂的预防与消杀方法宣传单 20000 份，发放到个街道办事处和社区，广泛发动群众和各部门、各单位参与环境整治与病媒生物的防制活动。三是举办孳生地调查与病媒防制培训班 3 期，对辖区的“四害”孳生地和防治重点区域进行重新登记汇总、调查统计。四是购置 4 万元灭蟑胶饵(6000 余支)发放到街道社区。五是联系消杀公司对温泉小镇、源石酒庄周边、镇北堡山洪灾区及安置区、贺兰山音乐节约 50 万平方米外环境进行集中消杀。

环境治理

【概　况】 2016 年，西夏区分局以节能减排、农村环境综合整治、“创模”持续改进等为抓手，按照明确工作重点、优化各项服务、实现全面推进的工作思路，统筹城乡环保，加强环境监管，抓好农村环境连片整治项目建设，促进西夏区经济、社会、环境协调发展。

【排污许可管理】 2016 年，办理饮食娱乐业排污许可证 28 家，换证、年检 125 家；一般源工业企业排污许可证新办 6 家，换证、年检 69 家。开展 2016 年排污申报工作，核算排污费 76 家，征收排污费 121.2715 万元。收缴行政罚款 111.96 万元。

【环保专项行动】 制定《西夏区餐饮油烟整治工作方案》，配合城管部门推广无烟烧烤炉 98 家。加强对 606 家餐饮企业的环境监管，确保了油烟净化设施正常运行。加强辖区 70 家燃煤锅炉使用单位 121 台锅炉的综合治理，对煤质超标的 12 家单位依法处以罚款 38 万元，完成 4 家单位 20 蒸吨以下燃煤锅炉拆除工作。执行夜间施工审批制度，审批 109 次；查处夜间违法施工 10 件，下达首次违法告知书 4 家，立案处罚 5 家 6 次。

【建设项目环保专项执法检查】 按照自治区政府办公厅《关于印发清理整顿环保违规建设项目工作方案》要求，对环保违规项目进行全面清理整顿，共清理出未批先建或批建不符合的工业企业 3 批次 26 家。严格建设项目把关，杜绝违法违规项目落地，共对 8 个不符合产业政策、选址不当的项目予以否决。

【信访投诉】 完成各类信访查处 293 件，查处率 100%，满意率 97.3%。其中上级转办件

5 件、12345 督办件 38 件、环保微博、微信 86 件、政民互动平台投诉 1 件、12369 环保热线投诉 163 件。

【环保宣传教育】 接待现场咨询及电话咨询共约 800 人次，发放公众环境监督卡 400 余张。利用“6·5”环境日等时机，组织环保开放日活动 2 次。参加节能减排环境安全月宣传活动 5 次，发放环保科普知识读本 1000 余册。

生态建设

【中央环保督察】 西夏区共收到中央第八环境保护督察组转办事项 30 件，重点件 11 件，主要涉及工业污染、畜禽养殖污染、焚烧垃圾臭气、油烟噪声污染、扬尘污染等方面，其中，工业类污染 13 项，非工业类污染 28 项。所有事项均转办并按照规定的时限和要求上报，没有发生办理情况逾期报送或不实的问题。对查处后群众仍不满意的案件，由政府主要领导带队进行现场办理，对不属实的案件邀请周边居民进企业实地查看，告知案件办理情况；对整改措施不力的提出更严格的整治要求，加快整治进度。按照自治区党委办公厅、政府办公厅《关于切实做好中央第八环境保护督察组转办事项办理结果社会公开工作的通知》要求，自 7 月 24 日起，每日通过《银川日报》、银川市人民政府网站、银川环保网站公开，接受群众监督，办理结果反馈率和公示率均达到 100%。

【蓝天工程】 制定《西夏区 2016 年蓝天工程实施方案》《西夏区城乡环境综合治理暨春季行动实施方案》《西夏区冬季大气污染防治工作方案》形成了条块结合、协调联动的工作机制。采取清运、覆盖、绿化等方式清理、整治渣土 52 处 470 万方；对 21 家工地在建工地进行全过程监管，工地扬尘防控 6 个 100%落实比例明显提高，拆除市区内临时拌合站 4 家；清理整治灰砂砖厂 74 家。

【污染减排】 扎实推进污染减排，实施自治区级重点工业减排项目 11 个、市级重点工业减排项目 9 个。落实重点减排项目月督查、季通报制度，西夏热电等 11 个自治区级项目、二污提标改造等 9 个市级项目加紧建设。

【农村环保和自然生态保护】 一是开展农村环境综合整治。加快实施 2012 年至 2015 年农村环境整治项目的验收工作。制定《西夏区 2016 年度农村环境整治工作方案》，督促各相关单位加快项目建设进度，确保按期建成投运。二是开展贺兰山自然保护区专项检查。先后出动执法人员 40 人次对贺兰山自然保护区内的工矿企业、农林牧设施、军事设施和交通旅游设施进行检查，及时发现查处环境违法行为。三是开展贺兰山东麓环境综合整治。积极协调有关部门对恒泰元种禽场和昊苑村养殖区进行关闭搬迁。对 110 国道两侧 8 家拌合站进行集中整治，先后出动执法人员 80 余人次，对26 家采砂采石企业进行检查，目前采砂采石企业均停产整治，正在建设挡风墙、碎石设备防尘和喷淋等设施。加强对26家已建成葡萄酒庄的环境监管，督促8家葡萄酒庄申请补办环评手续。四是加强饮用水水源地保护工作。关停取缔北郊水源地及周边的灰砂砖厂15家。开展水源地专项检查10次。对辖区39家规模化畜禽养殖场进行全面排查整治。

交通管理

【道路畅通工程】 积极对接上级住建交通部门，争取实施南线物流快速通道、文昌街至闽宁镇、沈阳路西延伸至110国道、兴州北街道路改扩建等12条新建道路，新小线及镇苏路自行车专用车道及沈阳路、怀远路、宁朔北街地下综合管廊工程已开工建设，贺兰山西路向西延伸工程已竣工通车，文昌南街拓宽改造项目计划年底交付使用。对运材巷、广武巷等10余条小街巷进行了维修改造。

【农村公路建设】 2016年，积极争取自治区交通厅对乡村公路建设工程的支持，启动黑云墩泄洪沟道路、志辉源石酒庄至宝石酒庄共4条15公里道路建设，总投资1900万元。组织人员对8月22日贺兰山山洪水毁工程进行全面统计抢修，合计受损道路桥涵共七处涉及资金331万元。全力做好2016年贺兰山音乐节筹备工作，累计投入资金72万元对活动场地进行平整，安装路灯117盏，为音乐盛典顺利开展保驾护航。

【农村公路养护】 制定《交通安全隐患专项整治方案》，大力实施道路交通安全隐患专项整治工程，对辖区农村公路管养路段进行安全隐患排查，制定整治方案，投入资金30余万元，对隐患路段安装各类标识牌、减速带、桥梁反光膜、车道线、缓冲坡等；巡查乡村公路200条、340余公里，查出并整改各类问题4类，其中缺损各类标志牌50余块，减速带200余米，警示柱20余个，隔离桩4个；办理行政许可审批3件。

科学技术

综 述

【科技特派员创业行动】 按照《西夏区关于深入开展科技特派员创业行动的意见》《西夏区科技特派员管理办法》《西夏区科技特派员考核细则》,组织、带动科技特派员规范化、标准化模式发展。现有82名科技特派员,围绕葡萄酒产业、枸杞、肉牛、设施温棚、经果林等优势特色产业开展创业服务,发挥“一带十”的传帮带作用,每名科技特派员示范带动10名科技示范户,每名科技示范户带动10户普通农民进行创业,以创业带动全民就业,增加农民收入。组织科技特派员参加自治区中级科技培训2期,培训人员3人;参加“三区”人才观摩学习1次,参加人员3人;观摩学习宁夏职业技术学院、宁夏大学双创中心1次,参观人员109人。并为58名科技特派员颁发宁夏回族自治区法人科技特派员奖牌。

【项目申报】 2016年,科技局申报自治区科技特派员创业项目7项,到位资金40万元。银川市科技特派员创业项目3项,到位资金24万元。围绕能源化工、机械装备制造等优势特色产业,组织向自治区、银川市申报工业项目12个。其中争取自治区科技项目6个,资金674.29万元。2016年西夏区计划确定本级科技发展项目30项,支持资金497.47万元。其中,第一产业11项,支持资金188万元;第二产业8项,支持资金86万元;第三产业11项,支持资金223.47万元。

【高新技术产业】 2016年,西夏区科技局以推动企业自主创新为核心,大力培育高新技术企业和科技型中小企业,大力发展先进制造、新能源等产业,加快高新技术改造提升传统产业。组织企业认定高新技术企业2家,认定自治区科技型中小企业1家。

【企业技术创新】 鼓励企业加大研发投入。共享装备等公司开展新产品、新技术、新工艺研发,享受了企业税收减免政策,推动企业成为研发投入的主体。培育科技创新平台。加大政策的引导和扶持,依托技术水平先进、科研条件较好的行业龙头企业,引导企业加强研发机构建设,已获批组建自治区科技创新平台3个,共享装备获批组建宁夏智能铸造工程技术研究中心。突破一批关键技术。引导技术、人才等创新要素向企业集聚,鼓励企业针对制约产业发展的关键共性技术问题进行研发,在大型铸件、特种轴承等技术领域突破解决一批制约产业发展的关键技术。宝塔实业(西北轴承)研发的地铁车辆轴箱轴承和高性能轨道交通轴承润滑脂,两项成果填补了国内空白,投产后能够替代进口产品。

【产学研合作】 鼓励支持宝塔实业、共享集团等企业与河南科技大学、中国科学院金属研究所等高校、科研院所开展产学研用交流，企业柔性引进院士 3 名，引进或开展技术合作专家 25 名，共同开展项目的研发、技术推广应用和人才培养。充分发挥中科院银川中心的资源优势，组织召开中科院银川中心与西夏区企业科技创新对接会，企业提出技术需求，中科院银川中心正在开展后续对接活动。

【知识产权】 加大知识产权宣传培训力度，增强了全社会知识产权意识，举办培训班 2 期，培训 65 人次，提高了企业专利工作者能力。提高专利申请数量和质量，2016 年，专利申请量 1157 件，授权量 491 件，其中发明专利专利授权量 174 件，万人有效发明水量达到 11.91 件，位居全区各县(市)区首位，实现了专利申请量和授权量快速增长，培育了共享集团等一批知识产权优势企业，新增自治区级知识产权示范企业 2 家，试点企业 1 家，积极配合区市知识产权部门做好企业知识产权贯标工作，提升知识产权创造、运用、保护和管理能力。

防震减灾

【地震应急预案】 一是加强社区地震应急实战演练。5 月 10 日，组织社区居民在北京西路街道地矿局广场开展了防震减灾应急演练，参演人员 120 余人。二是加强学校防震减灾应急演练。由教育局派职工进行指导，科技局协作确保各中小学地震应急演练顺利进行。辖区 29 所小学 22900 名学生和 1157 名教师、7 所中学 8884 名学生和 749 名教师全部参加了应急演练，参加人数达 33690 人，使学校参演率达到 100%，师生参演率达 100%。

【地震科普宣传】 为了使群众和学生进一步学习和掌握防震减灾知识，科学有效地预防地震给人们带来的灾难，广泛开展防震减灾宣传活动及举办防震减灾知识讲座。活动期间共举办防震减灾知识讲座培训班 2 期，培训人数 200 人；社区居民防震减灾应急演练 5 次，参加人数 450 人；开展集中宣传 5 次，发放防震减灾等科普手册 2000 余册、悬挂横幅 30 条、摆放科普展板 38 块、设宣传咨询点 25 个。

【防震减灾基础建设】 按照自治区、银川市地震局的要求，创建地震安全示范社区 5 个，地震科普示范学校 4 个，其中国家级地震安全示范社区 2 个(燕宝社区、长城须崎社区)；自治区级居民地震安全工程示范社区 1 个(同阳新村)、市级地震安全示范社区 2 个(翟靖社区、宁华园社区)；自治区级地震科普示范学校 1 个（银川十四中)、市级地震科普示范学校 3 个(银川十八中、银川十六中、西夏六小)，市级地震安全示范企业 1 个(宝塔精细化工)。经过努力，正在创建的自治区级地震安全示范社区（翟靖巷社区)、市级地震科普示范学校(西夏四小)、市级地震安全示范社区(地矿局社区)申报材料已上报银川市地震局。

人口与医疗卫生事业

人　口

【概　况】 西夏区总人口为404640人，出生4566人，政策内出生4468人，死亡832人。人口出生率为11.8‰，死亡率为2.15‰，自然增长率为9.63‰，出生政策符合率为97.85%，出生人口性别比为107。全区已婚育龄群众采取各种避孕措施人数达55977人，综合避孕率为90.94%。大中院校学生数94349人，约占总人口23.32%。学生人数超过5000人的学校有：北方民族大学、宁夏大学北校C区、宁夏工商职业技术学院、中国矿业大学银川学院、宁夏广播电视大学和银川执业教育学院。西夏区两镇：镇北堡镇，兴泾镇辖；七个街道:西花园路、北京西路、宁华路、文昌路、朔方路、贺兰山西路、怀远路。17个村民委员会，61个社区居民委员会。西夏区流动人口26693人，其中流入人口25573人，流出人口1120人，流动人口计划生育服务管理综合覆盖率91.7%。分别在各农场、移民地区开展"关爱女性健康知识讲座"等宣传培训、以"服务百姓健康行动"为主题的"三查"技术服务和慰问活动。在文昌路街道艺术巷社区成立了"580"(我帮你)民乐互助社，通过组建5支队伍，服务8类人群，实现卫计优质服务零距离。

【计划生育管理】 西夏区委、政府高度重视计划生育工作，将计生工作纳入2016年政府工作重要日程，落实"一把手"负责制，区委、政府先后召开4次会议，研究决定人事任免和机构整合问题、兑现2015年度人口和计划生育目标管理责任书、签订《西夏区2016年卫生和计划生育目标管理责任书》、专门听取卫生和计划工作进展情况，研究解决计生工作存在的问题和困难。按照目标责任书及考核办法的要求，建立月督查指导、季通报点评，半年、全年考核相结合的监督考核机制，及时掌握各镇、街道及成员单位计划生育工作开展情况。严肃查处领导干部等违法生育行为，对全年拟提拔任用、评先选优的859人次、66家单位执行计划生育政策情况进行审核，严格执行"一票否决"制。年初，将西夏区各村居联络员薪酬(每人每年600元)全部纳入财政预算，确保各项计生工作经费落实到位。

【机构整合】 按照国家、自治区、银川市对卫生计生机构改革的总体要求，率先在银川市开展机构整合，成立西夏区卫生和计划生育局，制定"三定方案"，配齐、配强卫生计生局领导班子，整合卫生和计生内设科室。将县乡两级计生服务中心(站)和妇幼保健机构进行了整合，将原"计划生育生育服务中心"(站)更名为"妇幼保健计划生育服务中心”(站)。在机构改革和居委会换届中,加强和稳定镇街、村居卫生和计划生育基层队伍,配齐配强工作人员。镇街现有编制人员 36 人,无编制人员 50 人,村、居卫生计生专干及协管员 170 人,联络员 218人。

【综合管理】 经西夏区委、政府研究,对西夏区人口和计划生育领导小组成员进行调整。与 8 家重要成员单位签订《西夏区 2016 年卫生和计划生育综合治理目标管理责任书》,为统筹解决人口问题,提供了有力保障。建立健全联席会议制度,各责任部门将卫生计生工作列入本单位日常工作,做到与业务工作同计划、同布置、同检查、同考核;先后召开计生领导小组工作会议 2 次,通报区、镇街及成员单位的工作进展情况。各成员单位充分发挥职能作用,扶贫办、公安等部门切实履行职责,加强指导、监督和检查,严把“合作关”“证件关”“告知关”。民政、助产医院等部门及时反馈新生儿入户、婚姻登记、妊娠分娩等信息,实现信息互通、资源共享。与辖区大型综合医疗机构签订《西夏区治理非医学需要胎儿性别鉴定和选择性别人工终止妊娠责任书》;定期通过现场查看、听取介绍、查阅资料等方式对“两非”工作进行督导;落实住院分娩实名登记、终止 14 周以上妊娠查验证明、实时通报等制度;深入开展“关爱女孩”行动,不断完善宣传倡导、利益引导、孕情随访监测和 B 超监管相结合的长效工作机制。

【行政执法】 强计生干部依法行政能力,实行行政审批“一窗式受理、一站式审批、一条龙服务”,再生育审批 396 对,其中:单独 138 对,审批合格率 100%。社会抚养费征收及行政处罚立案 60 件,立案率 100%。社会抚养费及行政罚款实行收支两条线,均交财政部门。

【宣传教育】 调整完善健康西夏行动领导小组,制定《健康西夏行动 2016 年实施方案》,明确健康教育工作职责分工。巩固国家卫生城市创建成果,规范辖区 16 家社区卫生服务机构、6 家卫生院健康教育咨询点,在 12 家清真寺建立了健康教育咨询点。组建健康教育宣讲团,开展健康知识“七进”巡回宣讲活动。打造人口文化健康教育宣传阵地 8 个,彰显“一居一品”新特色。如朔方路街道恩和社区将居民健康体检和计生服务相结合,打造了社区“健康服务站”;文昌路街道长城须崎社区成立“妈咪 Q 吧”享乐园、“共享青情”服务驿站,开展生命全周期服务。在公共场所和工作场所实施全面禁烟,制作“禁止吸烟”标识 3000 张。创建无烟学校 5 所,无烟医疗卫生单位创建率达 100%。开展学校健康教育,辖区学校健康教育课开课率达 100%。编印“健康素养 66 条”读本 1 万册,制作《自治区人口与计划生育条例解读》1 万册,制作发放“全家福”710 幅。在《宁夏日报》《银川晚报》《新消息报》、人生网等各类媒体上刊发稿件 10 余篇。

【计生服务】 实施妇幼卫生“七免一救助”

等重大民生工程和计划生育技术服务工作，为孕前及孕早、中、晚期妊娠妇女做优生四项检查2181人，免费孕前优生健康检查2028人/1014对，开展高风险人群评估85人，有效预防辖区内出生缺陷的发生；开展孕15~20周的孕期妇女优生筛查3153人，查出高风险284人；免费为辖区2885名流动人口提供查环、查孕、查病服务；在超市、学校、医院等主要场所安装避孕药具自取箱224个、智能机20个，打造“计划生育免费药具超市”1个。

【信息化建设】 对全员人口信息采集、比对、录入等进行补充和完善，修正人口信息数据，健全和完善全员人口信息数据库，截至9月30日，西夏区全员人口信息平台共录入255662人(不含学生)，常住人口完整率98.99%，单变量综合完整率99.21%，已婚育龄妇女逻辑关系准确率98.5%，单变量综合完整率98.47%，村级应用率100%，待办事宜办结率100%。

【利益导向】 “两节”期间走访慰问“奖励扶助”等计划生育户124户，发放慰问金6.2万元。2016年，登记独生子女7187户，发放独生子女保健费308.8880万元；对参加统筹城乡居民医保人员进行摸底登记，其符合政策条件的21587人，发放医保补贴181.3308万元；少生快富户新增1户，共计68户；提前奖励扶助新增20人，退出4人，共计167人；家庭特别扶助新增50人，伤残转死亡2人，共计249人。奖励扶助新增16人，共计73人。资格确认率、信息准确率100%。

医疗卫生事业

【机构改革】 2015年2月13日，根据《关于印发银川市西夏区卫生和计划生育局机构设置主要职责和人员编制规定》的通知(银西政办发〔2015〕19号)，正式设立西夏区卫生和计划生育局，为西夏区人民政府工作部门。撤销银川市西夏区卫生和食品药品监督管理局、银川市西夏区人口和计划生育局。核定行政编制7名。核定领导职数5名(1正4副)，局长1名，副局长3名，纪工委书记1名。卫生和计划生育局不再承担食品药品监管的相关职责，将其监管协调职责移交银川市相关职能部门。将原卫生和食品药品监督管理局医疗卫生管理服务、健康教育、疾病控制方面的职责、原人口和计划生育局计划生育管理和服务职责整合划入卫生和计划生育局。将原人口和计划生育局研究拟定人口发展战略，制定人口发展计划职责划入经济发展局。将西夏区深化医药卫生体制改革和发展工作领导小组办公室的职责划入西夏区卫生与计划生育局。

【基础设施建设】 一是加速推进芦花洲、澳海澜庭社区卫生服务中心(站)建设，在芦花洲安置区、澳海澜庭小区建设2631平方米的芦花洲社区卫生服务中心和313平方米澳海澜庭卫生服务站，争取银川市健康惠民工程专项资金315.96万元用于室内装修,计划于 2017 年 2 月投入使用,基层社区卫生服务基础设建设得到加强。二是新建镇北堡镇中心卫生院，项目总投资 2045.55 万元,建筑面积 5735 平方米,现主体建筑已封顶，计划于 2017 年 6 月投入使用，该项目的建成将进一步改善镇北堡地区现有的医疗服务条件，全域旅游黄金线医疗救护承载能力得到提升。三是认真落实 2016 年自治区“为民办实事”工作要求，解决泾华园、西马银、捞池社区卫生服务站业务用房,争取自治区资金 300 万元,用于卫生站内部装修、设备配备等,计划于 2017 年 4 月投入使用。四是争取国家项目资金 135.7 万元,建成兴泾镇、平吉堡、贺兰山农牧场卫生院周转宿舍，解决了医疗服务联合体建设中城市支援基层、“三支一扶”等医护人员住宿问题。五是争取自治区 122.5 万元资金,全面实施兴泾镇卫生院、丰友社区服务中心等 7 家医疗机构中医馆建设项目,进一步改善基层医疗服务条件。六是按照西夏区“准备之冬”要求,加快怀远路社区卫生服务中心建设力度，解决西马营自发移民医疗需求。

【民生工作】 一是农村妇女“两癌”筛查、艾滋病关怀救治和 10~12 岁儿童麻腮风强化免疫等卫生民生工作全面完成,完成城乡居民普惠性体检 3135 人，落实安置大专生村医 7 人;二是西夏区美沙酮门诊人员招聘到位并取得医疗机构执业许可证及第一类精神药品购用印签卡，并向自治区申请将“西夏区美沙酮药物维持治疗门诊” 变更为“宁夏安康医院药物维持治疗门诊延伸点”。

【表彰奖励】 2016 年，西夏区卫计局创新思路,突出重点,圆满完成了区市下达的各项指标任务,2016 年,先后荣获银川市基层卫生岗位练兵和技能竞赛团体二等奖和优秀组织奖、银川市“三八红旗”集体奖,西夏区文昌路街道艺术巷计生协会荣获全国计生协会社区级先进单位。承接国家卫计委有关调研四项,并在国家卫计委举办的“西部片区科学育儿和青少年发展” 培训班上进行了经验交流。荣获“全国中医药先进示范县区”、计划生育家庭科学育儿与青少年健康发展工作试点县区等各级各类奖项 10 余项，其中西夏区避孕药具管理服务工作在全区观摩会上还被进行了交流发言,兴泾镇卫生院“创建群众满意的乡镇卫生院”通过自治区考核验收，卫生监督所荣获全区公共卫生工作先进集体荣誉称号和银川市第三届卫生计生技能竞赛团体三等奖，《西夏区打击非法行医奖励举报办法》、美沙酮门诊等创新工作得到区市业务部门肯定,并在全区范围内推广;机关精神文明建设成绩显著,先后获得“西夏区先进基层党组织”“敬老文明号” 和西夏区职工运动会团体“第三名”的好成绩,涌现出了一批银川市健康教育知识竞赛、公共场所卫生监督技能竞赛先进个人。

卫生监督

【概　况】 2016 年，辖区监管服务对象

1295户,其中公共场所1017户,学校55所(大中专院校12所、中小学43所),托幼机构50所,医疗机构121家(个体诊所68家、学校医务室7家、厂矿办医5家、卫生院6家、村卫生室17家、妇幼保健1家、社区卫生服务机构17家),疾控机构1家,生活饮用水单位49家,放射诊疗卫生单位1家,消毒产品企业1家。实施卫生行政许可网上受理602件,发放602件。全年出动监督人员1266人次,车辆380车次,监督检查3876户次,监督覆盖率为100%。实施卫生计生行政处罚52件,案件查处指数为0.91。其中警告31件,罚款41件,罚款金额48285元,没收违法所得11件,没收金额16272元。向公安机关移送非法行医案件1件。处理群众投诉举报17件,均办结。

【公共场所卫生监督】 完成游泳场所、理发美容、住宿场所等70户的重点监督检查和抽样检测任务。实验室检测样品275件,监测合格率为92.72%。开展学校周边公共场所网吧及住宿场所传染病防控、生活美容场所从事医疗美容服务、公共场所控烟等专项整治工作。

【医疗服务监管】 开展了医疗机构卫生专项整治,检查医疗机构104家,涉及卫生监督信息公示及不良执业行为、药品集中采购、"山东济南非法经营疫苗案件"查处、二类疫苗预防接种、预防接种、医疗广告、医疗机构控烟、病原微生物实验室生物安全管理等专项检查。开展严厉打击非法行医行为,共取缔无证行医17件,收缴罚款23285元,没收违法所得16272元,没收违法药品、器械货值金额超过2万元。开展传染病防治重点监督检查工作,监督检查医疗机构27家。对1家消毒产品生产企业卫生管理情况开展消毒产品生产企业重点监督检查。

【生活饮用水卫生监督】 开展生活饮用水卫生重点监督检查工作,对城市区9家二次供水单位和农村15家集中式供水单位进行监督检查和水质现场快速检测。开展生活饮用水专项监督检查工作,检查饮用水单位19家。

【学校卫生监督】 对45所学校的教学环境及生活设施、60所学校的传染病防控及饮用水卫生开展了重点监督检查。开展春、秋两季学校及托幼机构专项监督检查,共检查学校和托幼机构214家次。对宁夏大学新华学院结核病防控工作督导检查近20次。

【职业卫生和放射卫生监督】 开展《职业病防治法》宣传周活动和职业健康体检机构调查工作。开展放射卫生监督专项整治工作,检查放射诊疗体检机构1家。

【计划生育卫生监督】 开展母婴保健机构及打击"两非"专项监督检查,检查医疗机构11家,其中3家开展母婴保健技术服务计划生育服务工作,其余未开展。被检查单位未超出《医疗机构执业许可证》的许可范围，未发现非医学需要的胎儿性别鉴定和选择性别的人工终止妊娠现象。

【卫生监督稽查】 一是开展日常监督稽查，规范监督执法行为。卫生监督员着装风纪和现场监督执法行为稽查 10 次，被稽查对象 33 人次。无监督员被群众投诉举报或被行政问责的情况。二是开展卫生计生专项监督稽查。对 24 份行政处罚案卷进行评查，上报优秀案卷及案例评析各 5 份。对监督员执法资格进行稽查，对离岗或借调人员 12 人进行清理。三是加强对卫生计生监督信息报告稽查和通报工作。四是开展政风行风问卷调查，发放调查问卷 187 份，群众满意度 96.3%。

疾病预防控制

【概　况】 2016 年，西夏区疾病预防控制中心核定编制 27 人，有正式职工 24 人，中心事业单位新招聘正式占编工作人员 2 人。其中专业技术人员 21 人，高级职称 8 人（占 38%），中级职称 7 人（占 33%），初级职称 5 人（占 24%）。中心共设 5 科 1 室，即卫生检验、检测科、传染病防治与免疫规划管理科、健康危害因素监测与病媒生物防治、体检科、慢性病监测和地方病、寄生虫病防治科、综合业务科和党政综合办公室。中心实验室拥有电子分析天平、分光光度计、紫外可见分光光度计、pH 值、电导率综合测定仪、荧光分光光度计、自动电位滴定仪等仪器设备 45 台，基本具备县级疾病预防控制机构实验室装备标准。

【计划免疫】 2016 年，适龄儿童国家免疫规划疫苗接种 109460 剂次。免疫规划原五苗报告接种率为 99.92%，新增疫苗接种率达 99.93%，新生儿乙肝疫苗首针及时接种率 99.41%。辖区医疗机构报告 AFP 病例 3 例。采集疑似麻疹 / 风疹报告病例血样 15 份，实验室确诊为麻疹病例 2 例，临床诊断 1 例。完成 59 例急性（未分型）乙肝病例抗-HBc　IgM　1:1000 的监测工作，诊断急性乙肝病例 14 例。

【基本公共卫生服务】 一是建立健康档案。辖区社区公共卫生服务机构建立居民纸质档案 310633 人，电子电子居民档案 310633 人，建档率 88.9%；其中乡镇农场卫生院建立居民档案纸质 75660 人，电子档案 67758 人，电子建档率 72.9%；二是开展预防接种。适龄儿童国家免疫规划疫苗接种率达 99.85%（＞96%以上），新增疫苗接种率达 99.87%（＞96%以上），新生儿乙肝疫苗首针及时接种率 96.45%（＞92%以上）。三是高血压、糖尿病管理。辖区管理高血压病人 18251 人，糖尿病病人 6291 人；其中乡镇农场卫生院管理高血压病人 2832 人，糖尿病病人 733 人；四是 65 岁以上老年人健康管理。2016 年，65 岁老年人新增辅助检查项目，包括血尿常规，肝肾功能，腹部 B 超和心电图，截至年底，年检 65 岁老年人规范管理 19053 人。五是重性精神病管理。管理重性精神病患者757人，复核确诊重性精神患者260人。

【地方病防治】 2016年，检测畜产品贩运、屠宰、加工，兽医、动物防疫员等高危职业人群209人，其中布鲁氏杆菌病实验室确诊病例4例，均已转诊至综合医院接受正规治疗。2016年，开展布病防治知识知晓情况调查暨布病防护行为调查，分别完成160名布病一类人群和160名布病二类人群的问卷调查工作，完成问卷1280份。布病一类人群知识知晓率由基线调查时的63.2%上升到评估调查的94.3%，防护行为改变率由基线调查时的55.8%上升到评估调查的84.9%。布病二类人群知识知晓率由基线调查时的61.5%上升到评估调查的83.3%，防护行为改变率由基线调查时的65.0%上升到评估调查的82.9%。开展碘缺乏病监测工作，采集8~10岁儿童家中食用盐样200份和孕妇家中食用盐样100份。经中心实验室检测碘盐结果显示：合格碘盐230份，不合格碘盐70份，其中非碘盐50份，居民食用碘盐合格率76.7%。现场为200名8–10岁儿童进行B超影像学检查，检出甲状腺肿大为6人，8~10岁儿童甲状腺肿大率为3%。采集8~10岁儿童尿样200份，尿碘含量中位数为208.5ug/L；孕妇尿样100份，尿碘含量中位数为120.65ug/L。根据辖区碘缺乏病防治方案，对2个乡镇的3所农村小学的4~6年级的小学生和周边家庭妇女开展碘缺乏病的防治知识问卷调查，共调查小学生90人，家庭妇女45人，知晓率分别为89.26%、93.33%。

【传染病防治】 2016年，西夏区无甲类传染病报告，报告乙、丙类传染病19种2031例。其中报告本县区病例1987例，报告发病率568.12/10万，较上年同期下降26.70%。对辖区医疗机构进行工作督导，开展传染病漏报调查。对36家医疗机构的门诊日志，住院部登记、化验室登记开展两次传染病防治工作督导及漏报调查，辖区传染病漏报率<2%。全年共报告传染病聚集疫情16起；报告学校、托幼机构散发疫情386起；系统报告预警信息117次；均对报告疫情进行核实并有效规范处置。全年对辖区3家综合医院开展流感样病例监测工作，共报告流感样病例1202例，采集送检样品657份，检出流感阳性26例。辖区综合医院共报告手足口病病例233例，较上年同期发病数下降73.85%，无重症和死亡病例报告。全年无麻疹病例报告。建设辖区狂犬病暴露预防处置规范门诊，乡镇门诊覆盖率100%。2016年，共登记管理肺结核病人100例，其中初治95例，复治5例。初治菌阳病人48例，菌阴病人62例；复治病人5例。网络管理病例100例，网络管理率100%。筛查菌阳密切接触者2904人，筛查率100%。2015年初治涂阳病人治愈率84%。基层卫生服务机构推荐转诊195人，到位181人，推荐转诊到位率92.8%。2016年共报告辖区学校病例102例（本县区10例），均落实学校治疗管理。报告学校肺结核聚集疫情1起。及时处置学校结核病聚

集及散发病例，开展学校结核病病例密切接触者筛查工作，筛查教职员工和学生共2868人，密接筛查率100%。

【性病防治】 2016年，西夏区共报告5种性病328例，较上年同期水平上升23.8%。其中报告梅毒259例，淋病37例，尖锐湿疣29例，生殖器疱疹3例，无生殖道沙眼衣原体感染病例报告。辖区共报告艾滋病病毒感染者/病人20例，其中本县区病例8例，外省、县区病例12例。均开展流行病学调查和个案随访。辖区现有HIV感染者/病人90例(包括死亡3例、失访3例、查无此人4例)。中心管理34例，自治区第四人民医院管理56例。中心管理病例中，死亡3例，失访3例，现管理28例。按照国家艾滋病感染者和病人管理工作要求，进行随访管理。随访检测率92.86%。现在治抗病毒治疗56人。随访比例100%，配偶检测比例100%，结核病筛查率100%，抗病毒治疗率62.22%，病毒载量检测率100%。西夏区艾滋病综合防治示范区工作有序开展，及时召开专题会议，举办示范区工作培训班，有效推进西夏区艾滋病综合防治示范区工作的顺利开展。对西夏区美沙酮药物治疗门诊工作开展督导和指导，规范辖区药物治疗门诊各项工作；在辖区重点地区开展药物治疗宣传，提高入组服药率。

【慢性非传染性疾病防治】 2016年，全年利用例会等举办社区卫生服务机构、乡镇、农场卫生院慢病防治工作培训4期，累计培训433人次。采取月、季度督导全覆盖的模式，完成督导技术报告4份，及时纠察纰漏。全年辖区各级医疗机构均实行死亡报告的网络直报工作，全年审卡1447张，审核率100%，死因监测工作逐步规范，每月、每季度及时撰写死因监测分析。全年共录入肿瘤新发病例卡862张。

【精神病防治】 2016年，开展精神病卫生防治工作，辖区重性精神病管理、治疗体系日趋完善。全年复核确诊260人，精神专科医生累计专业指导109人，贫困精神病人免费治疗累计109人次，家属护理教育1309人次。开展重性精神疾病个案管理员培训4期;培训174人次。利用宣传日开展培训和咨询活动1次。

文化 体育 教育 旅游

文 化

【概 况】 召开了2016年度“优秀社会文艺团队、优秀节目、优秀文化志愿者”表彰大会和庆“五一”劳动节文艺晚会暨表彰大会,对成绩突出的基层文艺团队、文化志愿者采取评定奖项、颁发奖金补助;举办2016年西夏区社会文艺团体联合会创编节目展演活动,对辖区内47支社会文艺团队的业务水平进行考核,并针对辖区61个社区13个村开展文化调研摸底工作,根据摸底情况,有针对性地开展帮扶指导工作。以强化文艺骨干队伍为目的,开展以辖区文艺骨干、社区农村的文化专干为主的广场舞、乐器、书法、绘画等各类培训班18期,培训学员人数达900余人。在提升文化团队整体素质的同时,也提高西夏区群众文化节目的艺术水准和节目质量。积极选派西夏区各级文化工作者参加全国、全区及银川市等各级组织举办的各类培训班共7人/次。

【文化“七进”活动】 以“打造文化西夏,构建和谐西夏”为目标,充分利用西夏区部队、高校、大中型企业、景区集中的优势资源,开展文化“七进”活动。先后开展了“军民鱼水一家亲”文化进部队系列活动、“文化助困送温暖”志愿服务、贺兰山岩画冰雪嘉年华文艺演出等活动,用文化活动整合辖区资源,真正实现文化大融合、大发展。

【“文化送温暖”活动】 组织辖区文化工作者深入社区、农村、福利院、敬老院、环卫工作一线进行慰问演出。上半年开展文化助困送温暖志愿者服务5场、西夏区“花开四季·魅力银川”广场文化季系列演出50场、西夏区“周末欢乐大舞台”演出24场、西夏区“送戏下乡”专场演出39场、西夏区文化进社区8场,同时,配合银川市圆满完成银川市首届“农民文化大集”启动仪式。

【重大节日文化庆祝活动】 2016年初,制定《西夏区2016年元旦春节期间群众文化活动实施方案》,创新文化活动方式,先后举办“西夏之春2016年新年音乐会”“2016银川首届西夏古城传统文化庙会”系列活动、“刘晓聪书画展全国巡展—银川站”“红红火火闹新春”社火巡游大赛、“古韵今声唱响西夏”秦腔大赛、“农家乐特色美食大赛”“庆六一”儿童节、西夏区端午“海洋文化节”“欢乐宁夏、幸福银川”、纪念建党95周年院地合作专场文艺等专场文艺演出。

【免费培训】 文化馆开办以机关、乡镇街道办事处、农民工、低保户子女及社区艺术团为主的少儿跆拳道、少儿舞蹈、播音主持、基础乐理知识、摄影、秦腔、舞台化妆、演讲与口才、少儿书法等免费培训班，自开馆以来，累计培训共计8000余人。西夏区文化馆获“全国优秀文化馆”称号。

【文化设施建设】 2016年，西夏区6家街道中心图书馆已正常运行，实现了市、区、街道三级图书通借通还、资源共享、二代身份证免押金办证服务；2016年，给17家农家书屋配送图书共2600册；先后又在西夏区城管局和宁夏军区教导大队挂牌成立了2家西夏区图书馆馆外图书集体借阅点，分别配送图书600册、300册，签订馆外图书集体借阅协议。

【图书馆】 2016年，西夏区图书馆实施二代身份证免押金办理读者证，共接待读者9万余人次，免费办理借书证5000多个；新增入藏图书6094册，书刊文献外借10万册次。打破传统格局、转变传统服务模式，打造西夏区图书馆“馆外图书集体借阅点”4个，建立和完善了现代城市图书流动网络。开展“四下乡”和送书读书到社区、举办“你选书我买单”“迎新年书画作品展”“迎新年阅读推广”“春节视频讲座及电影欣赏”“闹元宵、乐猜谜”有奖竞猜、4月23日读书宣传日、“书虫读书积分兑换”“我读书、我快乐”演讲比赛、科技类影片放映、“小小图书管理员”招募、少儿、成人优秀图书推荐、“书香西夏·阅读助力人生”社区读书诵读比赛、庆六一“好书大家读”少儿征文大赛、电子查阅知识的普及讲座、图书“六进”等一系列形式多样、内容丰富的全民阅读活动。

【非物质文化遗产】 西夏区非遗中心非遗传承人队伍建设日趋成熟与规模化，传承人队伍逐步成长与壮大化。现有非遗项目27项：其中，国家级非遗项目4项：贺兰砚制作技艺、滩羊皮鞣制工艺(二毛皮制作技艺)、回族剪纸；自治区级非遗项目6项：民间刺绣、民间剪纸、回族刺绣、回族踏脚、皮影戏、抟土砖雕制作技艺；银川市级非遗项目10项：阿文书法、清真寺与民居建筑艺术、民歌、玉凤堆贴画、赵增涛皮影制作技艺、谈家泥塑、乔家手工皮艺、黄毓糖画、传统古法纯粮酿酒技艺、五奎陶艺；县区级非遗项目7项：牛肉分割技艺、汪氏篆刻、杨家布艺、常氏根雕、西夏沙画、闫家软陶工艺、贺兰山石画技艺。有非遗代表性传承人30名(包括回族非遗传承人13名)，贺兰砚制作与雕刻技艺传承人50名，国家级非遗传承人1名、自治区级非遗传承人8名、银川市级非遗传承人9名，西夏区级非遗传承人8名。

【参加贺兰砚制作技艺精品赛】 围绕“让文化遗产融入现代生活”的主题，充分利用西夏区各级非物质文化遗产贺兰砚制作与雕刻技艺传承人比较集中的资源优势，组织代表性传承人参加宁夏贺兰砚制作技艺精品赛事，展示各类贺兰砚制作技艺代表作，吸引热爱购买、收藏贺兰砚制作技艺精品受众者的视线，让贺兰砚制作技艺作品走进公众视野，营造文化遗产融入现代生活的氛围。

【参加特色文化产品博览会】 参加第三届中国文化馆年会·文化艺术博览会暨银川“一带一路”特色文化产品博览会。积极组织滩羊皮揉制工艺、民间刺绣、抟土砖雕制作技艺、玉凤堆贴画、皮影制作技艺、谈家泥塑、乔家手工皮艺、古法纯粮酿酒技艺、民间软陶工艺、黄毓糖画、西夏沙画、杨家布艺、贺兰石画技艺项目参加第三届中国文化馆年会·文化艺术博览会暨银川“一带一路”特色文化产品博览会，配合银川市非遗保护中心圆满博览会活动，荣获2016中国文化馆年会·文化艺术博览会非遗展“优秀组织奖”。

【重大民间文化活动】 2016年，举办西夏古城文化产业基地暨非遗传承保护基地非遗展示周活动，组织区内、外共计18个非遗项目、29位非遗传承人参加。西夏区委四套班子、西夏区人大代表、西夏区政协委员、北京画家刘晓聪、草根明星刘大成、朱之文亲临非遗传承保护基地调研、视察。组织西夏区12位各级非遗代表性传承人、10大非遗项目参加银川市第十一个“文化遗产日”系列活动，营造了浓浓的文化遗产融入现代生活的氛围。

【非遗培训与研修】 非遗中心组织自治区级、银川市级非遗项目代表性传承人参加宁夏非物质文化遗产项目代表性传承人及非遗专干短期培训班、银川市非物质文化遗产项目代表性传承人、非遗传承保护基地、保护点负责人及非遗专干短期学习班，组织各级非遗传承人参加为期一个月的文化部、教育部全国文化干部培训基地中国非遗传承人群“研培计划”宁夏剪纸、宁夏回族花儿培训班，系统学习素描、书法、花儿理论、非遗产品营销、中国非遗概论、中国美术史、中国工艺美术史、中国传统文化修养等科目。组织非遗工作者参加国家发改委西部开发司主办的非遗保护与法制建设、非遗生产性保护的原则、非遗的田野调查与记录保存、非遗保护方法及措施、少数民族文化和非遗保护专题科目研修班。组织西夏区文物负责人参加国家文物局长城保护管理培训班，学习全国长城保护工作会议精神、十三五长城保护与管理、长城保护相关法律法规。2016年，累计培训100余人次。

【非遗传承保护】 西夏区人民政府投资约1500万元，建成西夏古城文化产业基地(非遗传承保护基地)，总建筑面积6300平方米，有传统文化区、非遗区、古玩文化区、玉石文化区、创意创作区、会展区，全力营造融作品展演、收藏、创作、研究及运营为一体的综合文化服务基地。入驻贺兰砚(石)制作与雕刻技艺、滩羊皮鞣制工艺(二毛皮制作技艺)、抟土砖雕制作技艺、皮影制作技艺、手工皮艺、民间刺绣、民间剪纸、堆贴画、皮影戏、影视文化项目26项，进驻非遗传承人30人。这些项目从整体展位设计、装饰,从作品制作、摆放,充分融合传统与现代相结合的文化元素，以传统的方式打造时代内涵，从传统文化方面为基地注入人文理念和回归意识。文化产业基地取得经济效益近 100 万元，接待了塔吉克斯坦党政干部考察团、韩国庆山市青少年代表团、日本岛根县松江市民间文化代表团、意大利葡萄酒专家、文化部公共文化司、辽宁沈阳人大代表团、法籍华人观摩团，接待 11860 人次。

【中国贺兰砚之乡】 2016 年 11 月 11—12 日，中国文房四宝协会专家组一行到西夏区就贺兰石的保护和开发情况进行初期考察，充分肯定了西夏区在加快文化产业发展、促进非物质文化遗产保护等方面所做的工作。通过实地考察、座谈、听汇报等多种形式对西夏区贺兰砚原材料资源的保护、非物质文化遗产贺兰砚制作技艺保护、行业发展现状、民间人才培养及今后发展方向进行了综合考评,明确西夏区申报“中国贺兰砚之乡”唯一县区具备所有条件,给予极大肯定。

【文物保护】 西夏区文物局有全国重点文物保护单位 3 处:西夏王陵、贺兰山岩画、拜寺口双塔；国家级文物保护单位 26 处(明代长城区域段烽火台):拜寺沟烽火台、镇木关沟烽火台、黄旗沟烽火台、高家闸烽火台、青羊沟烽火台、独石沟 1 号烽火台、山嘴沟烽火台、独石沟 2 号烽火台、甘沟 1 号烽火台、甘沟 2 号烽火台、大口子沟 1 号烽火台、大水渠沟 1 号烽火台、大水渠沟 2 号烽火台、贺兰山农牧场烽火台、大口子沟 2 号烽火台;镇北堡明堡;拜寺口—大水渠山险、大水渠—黄旗口山险、黄旗口—滚钟口山险、滚钟口—大口子山险、大口子—独石沟山险、独石沟—青羊沟山险、青羊沟—甘沟山险、甘沟—套门沟山险、套门沟—山嘴沟山险、山嘴沟—大十字沟山险;银川市级文物保护单位 1 处(清代):将军楼。在市局支持下，西夏区 2 处国家级文物保护单位长城区域段单体建筑：高家闸烽火台和地圈烽火台的重要地段和必要位置安装树立了醒目的保护界碑、保护界桩、保护围栏、保护标语等保护标志,划定了保护范围及建设控制地带。

【文化市场管理】 2016 年，结合西夏区实际,对西夏区新闻出版、文化市场等行政审批工作进行梳理。完成辖区打字复印个体经营户印刷经营许可证年审换证工作。开展文化市场检查，配合各部门相继开展校园周边整治、网吧整治等专项文化检查 12 余次,有效保证辖区文化市场稳定发展。

【新闻出版】 2016 年，顺利完成西夏区新闻出版行业年检及换证工作。共有 22 家印刷企业和 68 家新闻出版零售业参与此次年检工作。

体　育

【体育活动】 2016 年,相继举办了“中国体育彩票”2016全国新年登高健身大会(宁夏滚钟口分会场)、2016年迎新春“北方乳业”八人制足球比赛、2016年迎新春太极拳比赛、2016年冬钓比赛、毽球比赛、乒乓球比赛、象棋比赛、钓鱼比赛、2016年迎新春西夏风情园冰雪趣味运动会、“千人骑行”大型公益活动、家庭健身挑战赛、西夏区全民运动会、山地徒步大会、西夏区青少年游泳比赛、自驾车露营大会、2016中国宁夏国际轮滑马拉松赛、2016环中国自行车赛银川站、中国银川西夏区山地徒步露营大会等系列群众体育赛事。代表宁夏队参加2016香港马会助力全民健身公益系列活动,并获得全国社会体育指导员健身技能培训交流展示大会一等奖(广场舞);参加2016年宁夏迎新春全民健身季第二十四届“通和迎春杯”全区象棋锦标赛,获得团体第一名;获得2016年宁夏迎新春全民健身季“锦绣杯”体育舞蹈大拜年团体舞二等奖;参加全区青少年U12足球比赛,并获得第四名;参加2016年全国青少年户外体育活动营地夏令营(河北站),并获得体育道德风尚奖。

【体育项目】 2016年,西夏区委、政府不断加大对体育事业的经费投入,建立健全投入保障机制,使得西夏区体育事业经费投入逐年增长。政府自筹资金2600万元,并争取国家、自治区项目扶持资金500万元。完成宁华路街道办事处等4个多功能运动场和北京西路街道办事处等5个多功能运动场的建设工作;完成西夏区八一体育公园健身步道建设工程;完成西夏区宁夏大学学仕园社区门球场建设工程;完成西夏区芦花台园林场社区一队篮球场建设工程;完成西夏区平安社区多功能运动场的建设工程;在建工程有西夏区八一体育公园建设工程以及西夏区八一体育公园器材采购安装工程。

【体育设施建设】 2016年,争取自治区健身路径32套,并完成61个社区的健身路径全面摸底排查工作,确保体育器材全部覆盖。西夏区文化体育旅游局与辖区社区卫生服务中心建立合作机制,建立了2个国民体质监测点,为辖区近千人开具了运动处方,以科学人性化的服务倡导全民健身。

教　育

【概　况】 2016年,西夏区共有各级各类学校141所。普通高等学校10所,其中:本科院校4所(宁夏大学、北方民族大学、中国矿业大学银川学院、宁夏大学新华学院);高职(专科)学院6所(宁夏职业技术学院、宁夏财经职业技术学院、宁夏工商职业技术学院、宁夏司法警官职业学院、宁夏建设职业技术学院、宁夏艺术职业学院)。中等职业学校8所。普通中小学45所,幼儿园43所,民办教育机构35所。共有各级各类在校学生13.97万人,其中普通高等学校在校生68634人;高中阶段在校生22471人;义务教育阶段在校生33336人(初中10582人,小学23036人);幼儿园在园生

8645 人；民办非学历教育在校生 6635 人。西夏区各级各类专任教师共 8123 人，其中高等院校 4368 人，高中阶段学校 1144 人，义务教育阶段 2046 人，学前教育 565 人，全部实现持教师资格证书上岗。2016 年，继续开办宁夏生源地信用助学贷款业务，认真做好大学生生源地贷款工作。全年共受理申请 727 人，贷款总金额 483.66 万元。

【教育管理】 为进一步加强学校管理队伍建设，西夏区对 36 所中小学领导班子及成员进行培训与考核，通过民主测评和考核赋分等方式，全面了解学校领导干部政治业务素质和履行岗位职责情况，进一步提高班子整体素质和管理水平。同时，不断完善师德建设长效机制，以“美丽教师”工程为抓手，结合“名师工作室”和“三名工程”，加强思想政治、职业道德教育和业务素质培养，发挥优秀教师示范引领作用，积极培育出了一支知识渊博、教法娴熟、人格高尚的“育人骨干团队”。2016 年，共组织教师培训 8176 人(次)；教师优质课、教学设计等竞赛获奖 645 人(次)；教师论文发表及获奖 298 篇；辅导学生学科竞赛获奖 465 人(次)；市级以上课题立项 33 项；编印教研资料 5 期。完成 2013 年招聘的 3 年服务期满且考核合格的 95 名特岗教师办理正式入编手续。招聘特岗教师 40 名(其中国家特岗教师 36 名，地方特岗教师 4 名)。面向社会公开选聘中小学在职在编教师 54 名。审核认定中小学幼儿园教师资格 1241 人(其中初中 1107 人、小学 90 人、幼儿园 44 人)。会同人社部门完成了 2016 年中小学幼儿园系列专业教师资格评审的相关工作，受理教师职称评审材料 164 份，完成了中小学幼儿园教师职称评审工作。为进一步加强义务教育学校招生工作，西夏区制定《西夏区 2016 年中小学招生工作方案》，继续实行“阳光招生”，划定 26 个城市中小学学片区域，严格控制班额，面向社会公布招生政策，广泛接受监督。建立“西夏学籍管理群”，对学籍录入、转入、转出等进行规范和管理。

【学前教育】 2016 年，将学前教育纳入经济社会发展总体规划，加大资金投入力度，建设物华兴洲幼儿园、兴泾镇幼儿园。积极发挥属地公办幼儿园示范引领作用，统筹协调城乡学前教育科学发展。至年底，辖区有登记注册幼儿园 43 所，其中：自治区级示范幼儿园 3 所，市级示范幼儿园 4 所，市级一类园 7 所，市级二类园 8 所，市级三类园 2 所。学前一年入园率 95.07%，学前两年入园率 95%，学前三年入园率 92%。

【基础教育】 2016 年，辖区共有义务教育学校 39 所，其中自治区直属 1 所，银川市直属 2 所，西夏区直属 36 所。共有在校学生 33618 人，专任教师 2046 人。2016 年小学按时入学率 100%，小学毕业率 100%；初中按时入学率 99.91%，初中毕业率 99%，初中升学率 95.90%；15 周岁完成率 100%，17 周岁完成率 97.3%；小学在校生年辍学率 0%，初中在校生年辍学率 0.47%。全年总投入

4478万元，实施建设项目18个，扩建银川十八中，实施“改薄”项目5个，维修改造学校12所。投入2200万元，配置更新信息化设备。通过近三年的工程实施，建成一批园林型、开放型、科技艺术型、综合实践型“美丽学校”。在特色办学方面，各中小学积极挖掘学校资源，凝练核心文化精神，初步形成“一校一品、一校一特”、内容丰富、特色鲜明的校园文化体系，涌现出“花样跳绳”“舞踩竹竿”“泥哇呜”“回族踏脚舞”“校园小足球”等特色品牌。引进“方略教育咨询服务”，与上海浦东新区方略教育培训中心签订服务协议，选取25所学校，实施优质教育咨询与合作学习学校共同体建设项目服务。遴选130名“种子教师”，选派9名校级干部和18名教师赴济南、上海参加培训；举办集中研修班3期，参训400人(次)。同时，西夏区还利用职教园区品牌优势，进一步放大优质教育覆盖面。组织50名中小学校赴职教园区观摩学习。依托体育、葡萄酒学院和9个职教园区实训基地优势，积极引国内一流大学附属品牌学校。推进“全国影视教育实验区”创建工作，组织校长赴江苏、北京等地学习，举办微视频大赛，推出微记录片、微视频、微电影19部。

【教育信息化】 2016年，西夏区建成云计算教室12间、高清录播教室5间、思维可视化课堂4间。更新计算机312台、电子白板140套。36所中小学校全部安装电子阅读机、微课仪、智能触摸一体机。完善更新“西夏教育云平台”，积极开展网上教研，注册用户14779个，上传资源60279条、文章65463篇。2015—2016年度参加“一师一优课，一课一名师”注册学校38所，报名教师1583人，晒课教师1022人，晒课1044节。2016年自治区参加优秀微课大赛注册教师272人，微课参赛作品上传教育厅云平台315个，推荐53个微课、12个教师空间参加自治区比赛。2016年银川市“推进课堂变革 提升教学效率”课堂教学评比展示活动第一阶段中学参赛64人，小学参赛44人。举办“2016银川市教师教学基本功大赛”西夏区选拔赛，144名教师参加比赛，选拔出13名教师参加银川市比赛，举办西夏区“第一届小学优质课大赛”。组织开展“信息技术背景下青年教师语文教学观摩交流暨录像课评选活动”，1名教师获自治区二等奖，4名教师获银川市一、二等奖，12名教师获西夏区一等奖。举办“信息技术背景下小学语文课堂教学诊断活动”，组织开展西夏区信息技术背景下青年教师课堂教学观摩及评选活动。积极开展网络教研活动，以教育共同体为单位，组织骨干教师送课下乡，进行网上评课议课。同时大力推动信息化教学资源在音乐教学中的普及与应用，组织教师参加全区音乐欣赏教学课件网络评选展示活动。

【普通高中教育】 2016年，辖区共有公办高中阶段学校6所，其中：普通高中5所，在校生14367人，专任教师928人；职业教育中学1所，在校生8104人。2016~2017学年，普及程度逐年提高，普通高中阶段毛入学率为 93.49%。银川二十四中、北方民族大学附属中学等学校高考质量持续上升，高中阶段优质资源进一步扩充，教学质量进一步提升。

【民办教育】 西夏区依法落实民办学校学生、教师与公办学校学生、教师平等法律地位，保障民人学校办学的自主权，进一步加强民办教育管理，切实规范民办教育审批程序，配合西夏区政务大厅做好审批工作，全年共受理审批 14 件。加强民办教育过程性督查，全年下发限期整改、停止办学通知书 22 份。利用民办教育信息管理系统，向社会公示 73 家有资质办学机构，为家长提供便利。

【学校安全卫生】 建立“西夏安全动态”管理群，全面落实“四级五线”安全管理机制，联合城管、公安、卫生、工商等部门联合开展“洁净校园”整治行动，大力营造学校周边良好环境。积极创建“安全管理示范校”，全年共开展中小学(幼儿园)安全工作检查 42 次，有力促进中小学、幼儿园安全有序发展。

【政务、校务公开】 将政务、校务公开纳入教育工作考核体系，完善监督、检查、考核、评议、奖惩等制度，要求各学校将规章制度制定、评优选先、职称评定、绩效工资发放、财务收支、招生收费等，通过不同形式进行公开。

【信访工作】 把查处损害师生利益和教育腐败案件作为重要任务，认真做好信访工作，及时化解矛盾纠纷。全年共受理群众信访件 8 件，其中：自治区、银川市、西夏区转办 7 件。初核调查 3 件，函询 4 件，信访处理 1 件，办结率 100%。处理违纪 1 人，约谈 3 人。

【媒体宣传】 2016 年，西夏区共编发教育宣传信息 203 篇、教育动态 67 期；其中，各类报刊采用新闻稿件 152 篇，各类电视媒体和网站报道 164 次。成功举办教育宣传推介会，邀请新华网、宁夏电视台、《宁夏日报》《银川日报》等 10 余家新闻媒体参加活动，连续推出“美丽教育”“思维导图”“翻转课堂”等特色品牌宣传报道。

旅　游

【旅游大本营建设】 2016 年，辖区共有国家 5 级旅游景区 1 家（镇北堡西部影城）、4 级旅游景区 4 家(西夏王陵、贺兰山国家森林公园、贺兰山岩画风景区、张裕摩赛尔十五世酒庄)、AAA 级旅游景区 2 家（西夏风情园、志辉源石酒庄)、AA 级旅游景区 3 家（滚钟口景区、红玛瑙枸杞观光园、塞上江南枸杞观光园)。共有星级农家乐 9 家(五星级 3 家：贺麓庄园、新牛庄园、红柳湾山庄，四星级农家乐 5 家：古夏山庄、玖隆山庄、岩画古村、万义生态园、兰一山庄，三星级农家乐 1 家：郭家大院)。

【2016 年西夏区贺兰山东麓农家乐美食大赛】 组织农家乐开展“2016 年西夏区贺兰

山东麓农家乐美食大赛”。最终由东方红公社推出的农家四大碗获得特色农家菜金奖，由宁夏农垦平吉堡生态庄园推出的庄园特色铁锅炖鱼、岩画古村推出的贺兰山紫菇炖羊肉获得特色农家菜银奖，由古夏山庄推出的酱香羊棒骨、兰泉旅游度假村推出的兰泉鱼汤泡饭、马家老店推出的海陆空烧烤、贺兰山溜溜鸡推出的干嘣鸡获得特色农家菜铜奖；由贺麓庄园推出的贺磨焖肉筋获得风味小吃金奖，新牛庄园推出的传统石磨豆花、岩画古村推出的泉水蒸野菜获得风味小吃银奖，古夏山庄推出的风味鱼包羊、百寺山庄推出的地菜灌饼、宁夏农垦平吉堡生态庄园推出的风味烤土豆获得风味小吃铜奖；由岩画古村推出的公鸡泡饼获得乡村美食创意菜金奖，东方红公社推出的鱼米之乡、贺麓庄园推出的乡村烤馍获得乡村美食创意菜银奖，玖隆山庄推出的干烧鱼、新牛庄园推出的秘制烤椒牛腩、宁夏农垦平吉堡生态庄园推出的芋盏爆鸡花获得乡村美食创意菜铜奖。

【行业服务与管理】 2016 年，西夏区被确定为首批全域旅游示范区创建单位，活动开展以来，西夏区认真贯彻自治区创建全域旅游示范区精神，在全区率先召开了西夏区全域旅游示范区创建工作动员大会，出台《西夏区全域旅游示范区创建工作实施方案》，并结合全域旅游创建工作，高起点、高标准编制《西夏区全域旅游发展规划》《镇北堡镇特色小城镇旅游规划》等专项规划，先后举办全域旅游高峰论坛、2016 贺兰山音乐节暨大学生艺术节、首届宁夏丝路美食节等一系列精彩纷呈的特色旅游活动，打造夜游影视城、银川国际灯光秀、贺兰山冰雪旅游季等夜游和冬季旅游品牌，并在全国性网络媒体宣传报道。同时，与新华网、深圳卫视、旅游视点、今日头条等宣传媒体签订战略合作协议，形成强力度的宣传态势，使“神秘西夏贺兰山”品牌深入人心。2016 年，西夏区全年旅游景区共接待游客 502.59 万人次，实现旅游收入 2.92 亿元，同比增长 55.77%和 39.05%。

社会管理与服务

人力资源和社会保障

【社会保障】 2016年，西夏区城乡居民医疗保险共缴费107183人；城乡居民社会养老保险应参保15086人，已参保14567人，参保率为96.55%；城乡居民社会养老保险应缴费11427人，已缴费10070人，征缴率为88.1%；为2890名到龄人员发放养老金680.63万元，发放率100%。西夏区城乡居民养老保险领取养老金资格认证5789人。西夏区社会保险经办服务中心窗口全年办件量为36532件。城乡居民住院中心端报销362人次，报销补偿189.07万元。普通门诊和一般诊疗费支出共130524人次，基金统筹支付200.53万元。医保退费63人，2.1万元。城乡居民大病保险报销563人次，209.99万元。西夏区将自治区生态移民项目363名被征地农民纳入到银川市被征地农民养老保险参保范围，为西夏区节省财政补贴资金1128万元。全年西夏区已为1740人办理了被征地农民养老保险参保登记，其中领取待遇672人。制订西夏区普惠性体检实施方案，为4133人实施了普惠性健康体检并建立了体检档案，发放体检报告。2016年社会保障卡统一在各市、县(区)进行首次制卡、补卡、缴激活等业务，共办理首次制卡2244张、补办卡3344张。

【人才队伍建设】 2016年，根据各单位岗位需求和空编情况，为西夏区安监局、司法局等9家单位招录公务员21名，为西夏区信息中心、新闻中心等6家单位招聘事业单位工作人员59名，为西夏区教育局招聘特岗教师40名；完成2016年度4名急需紧缺高层次人才的面试、体检工作；办理2013年“特岗教师”三年服务期满考核聘用手续95人，办理2016届免费师范毕业生聘用审批手续4人，办理专项招聘农村订单定向医学生聘用审批手续1人；根据银川市下达的退役士兵安置计划数，分配安置退役士兵7名；完成168名初、中、高级专业技术人员职称聘任工作，完成2016年度经济、群文、计划生育等6个专业17名专业技术人员及教育系统64名高级教师、104名一级教师职称评选上报工作，审核上报符合2016年机关事业单位工勤技能人员岗位晋级9人。通过宁夏干部教育网络平台，全年培训科级以下公务员161人；全年共组织25名公务员参加全国及区、市专题培训班；组织西夏区各部门21名公务员参加银川市公务员公文写作、办公软件比赛；2016年10月组织18名2016年新招录公务员、选调生参加公务员初任培训班。办理西夏区兴泾镇等15家单位21名公务员的调入登记工作、西夏区司法局等4家单位7名公务员的录用登记工作。

【人事信息统计】 完成西夏区近五年乡镇公务员摸底统计工作;完成西夏区59家机关事业单位986名编外聘用人员的摸底统计工作;印发《西夏区公务用车制度改革司勤人员安置分流实施方案》,完成西夏区46家机关及参照公务员法管理的事业单位共计142名司勤人员的信息采集工作,做好28家机关及参照公务员法管理的事业单位103名司勤人员的分流安置工作。完成2016年度事业单位人员年报统计工作,统计上报事业单位工作人员3713人,完成2016年度公务员年报统计工作,统计上报公务员231人;审核备案西夏区科级非领导职务及以下公务员和事业单位工作人员年度考核2517名;审批各类请休假190人次、办理解聘、辞职手续17人;审核备案科级以下工作人员出入境64人次;对54名退休军转干部进行了节日慰问,送慰问金2.7万元。

【工资收入分配制度改革】 2016年,完成2015年工资年报和公务员工资试调查工作;完成了机关事业单位2658名工作人员2016年度工资进档和兑现;办理退休,调入、调出人员工资手续118人,审核发放丧葬费、抚恤金24人。职务与职级并行及津补贴发放工作,审核兑现2015年及2016年上半年符合职务与职级并行条件人员109人;审核发放乡镇工作人员补贴886人,补发2015年乡镇工作补贴330.7万元;为4973人调整兑现艰边津贴;审核调整法检两院12名人民警察警衔津贴;为新考录208人(其中:公务员28人,事业编81人,选调生3人,定向医学生1人,转正特岗95人),调入36人进行了工资审批,使工资正常发放。为在职2804人、政策性安置非在编390人、同工同酬19人审核发放了民族团结奖2404万元、政府绩效奖2174万元、取暖费1405万元、创城奖2798万元、年终一次性奖金238万元、未休公休假报酬约768万元。完成企业薪酬调查72户。积极推进机关事业单位养老保险制度改革,采集上报人员信息4973条(人),并将1566名退休人员信息于2016年6月移交社保实行社会化发放。根据自治区、银川市的部署,继2014年10月后又一次为机关事业单位在职2804人调整了基本工资标准,并规范了津补贴,通过建立基本工资标准的正常调整机制,逐步实现基本工资在工资中占主体。

【清欠农民工工资】 人社局牵头,工会、公安分局、司法局、建设交通局等部门抽调业务骨干组建集中清欠农民工工资联合工作组,对农民工欠薪案件采取集中受理的"一站式"服务模式。联合工作组对辖区23家欠薪隐患工程项目下发《治安隐患整改责令通知书》12份、《劳动监察限期整改指令书》12份,督促欠薪企业发放农民工工资1300多万元。建立重点监控企业台账34家,将9家建筑工地欠薪隐患项目列入任务清单、问题清单、责任清单"三清单";组织开展6次专项执法检查、与公安部门协作联合将1件拒不支付劳动报酬案件移交处理。通过劳动仲裁部门调解、裁决拖欠职工(农民工)案件210件,涉及人数300余人，涉及金额 1850 万元；对 1652 户用人单位进行信息采集工作，涉及职工人数 11560 人，督促用人单位补签劳动合同 225 份，催缴社会保险费 24 万元；建立用人单位信息台账，录入劳动关系综合管理平台网站 5361 户，其中个体工商户 3501 户，企业 1860 户，信息录入率达到 98%。2016 年结转上年度农民工工资保证金 5423.58 万元，本年收缴 19 个项目农民工工资保证金 5213.16 万元、收缴率 100%，返还农民工工资保证金 1198.278 万元。截至年底，结存农民工工资保证金 8859.7828 万元。建立农民工工资应急周转金 500 万元。

【劳动监察信息管理】 全年共检查西夏区各类用人单位 5675 家，使用职工（农民工）32963 人，其中签订劳动合同 30623 份，劳动合同签订率 92.9%；集体合同 2460 份，签订率 97%。建筑项目 34 个（新建项目 19 个，续建项目 15 个），使用农民工 1574 人，实名制管理率 100%；签订劳动合同 1544 人，签订率 98.09%；2016 年，收缴 19 个项目农民工工资保证金 5213.16 万元，收缴率 100%；开设农民工工资支付专用账户实行分账管理 32 个，分账管理率 96.96%；办理银行卡 1533 张，办卡率 97.39%；按照不低于工程进度款 22%的比例将资金拨付到专用账户 26 家，拨付率 79%；在建项目中，工资支付流程公示、工资支付办公室组建、劳资专管员配备、维权告知牌设立均达 100%。接待群众来电、来访咨询 3960 人次，受理拖欠农民工工资案件 245 件，与 2015 年度案件同比下降 33.2%，金额同比增长 32.36%。其中：协调处理 243 件，立案 2 件，结案 2 件，结案率 100%，涉及农民工 4113 人，共清欠农民工工资 7332.045 万元。办理回复“信访网络平台”处理单 18 件，回复微博投诉 15 件。

【劳动人事争议仲裁】 全年接待各类劳动争议仲裁申请 536 件，审查立案受理 422 件。涉案人数 504 人，涉及经济标的 3671.6 万元（不包含补缴各项社会保险）。其中调解处理 148 件，裁决处理 256 件，驳回 18 起，调解撤诉处理 15 件，时效内结案率为 100%，案件调解率 35.07%。2016 年解除和终止劳动合同导致经济补偿案件高达 66 件，所占比重为 15.6%；受理社会保险争议 270 件，占受理总数的 64%，与上年同比上升 32.2%；受理劳动报酬争议的案件 167 件，占立案受理案件总数的 39.6%。2016 年立案受理案件数比 2015 年增长 27.96%（118 件）。

创业就业

【概　况】 2016 年，西夏区新增注册个体工商户 3133 个，小微企业 1104 家；培养小老板 489 个，完成自治区目标任务 250 人的 195%，培育小企业 233 个，完成自治区目标任务 140 的 166%，创造新岗位 2342 个，完成自治区目标任务 1150 个的 184%，全民创业带动就业 3042 个，完成自治区目标任务 2500 人的 121%。生态移民创业 22 人，完成自治区目标任务 20 人的 110%。共为 49 名创业者发放贷款243万元,带动就业103人。

【职业技能培训】 2016年,组织城乡劳动力职业技能培训14期700人,完成目标任务600人的117%,其中:中式面点培训2期100人,家政服务员4期200人,维修电工1期50人,热力司炉工1期50人,计算机1期50人,挖掘机驾驶员1期50人,保安员2期100人,育婴师2期100人;创业能力培训5期145人,完成目标任务145人的100%,其中SYB培训4期120人,IYB培训1期25人;电子商务培训4期240人,其中:入门班四期240人;跨境电子商务专才培训班1期60人。

【城镇就业】 2016年,城镇新增就业6430人,完成目标任务3000人的241%;城镇失业人员实现再就业5080人,完成目标任务2800人的181%;其中城镇就业困难人员就业511人,完成目标任务360人的143%;共登记2016年应届高校毕业生528人,其中:教育部门反馈信息398人(有206人无联系方式或联系不上),入户走访摸排130人,自谋职业、自主创业128人,离校未就业高校毕业生当年底总体就业率达98%;城镇登记失业率控制在3.35%。

【农村劳动力转移】 2016年,农村劳动力转移就业9632人次,完成目标任务3500人的275%;劳务工资收入8440.6万元,完成目标任务3000万元的281%;农村劳动力转移就业实名制管理90%。

【就业失业登记管理】 2016年,将就业失业登记证办理的三级审批优化为两级审批办理,共办理就业失业登记证2650本、就业创业证60本,年审就业失业登记证5460本。2016年共接收下岗职工、破产企业人事档案托管13256份,新托管档案640份,办理退休330人,转出档案138份,死亡退费13人。

【高校毕业生服务】 2016年,西夏区就业创业和人才服务局继续加强与辖区11所高校创业就业服务站所的协调对接,开辟高校毕业生就业绿色通道,帮助用人单位招聘合适人才,通过举办高校毕业生就业服务月、人力资源市场高校毕业生就业服务周及联合辖区11所高校创业就业服务站所开展“公共就业和人才服务进校园行”“企业的人力资源经理、创业导师进校园”等活动,把就业指导工作做成“面对面传授”“手把手”引导模式,提高就业指导工作的时效性。引导服务对象树立“先就业,后择业,再创业”“行行能建功,处处能立业”的就业观念,先后举办各类招聘会3场,组织74家用工单位和劳务派遣公司进场招聘,提供550个就业岗位,吸引近600多名应往届未就业高校毕业生前来应聘、咨询。达成初步就业意向325人。2016年,应届高校毕业生528人,自谋职业、自主创业518人,联系高校毕业生当年底总体就业率98%。

【就业服务】 2016年,西夏区就业创业和人才服务局投入专项资金15万元,在76个村居就业服务站设立了创业就业宣传栏，向居民群众动态宣传创业就业政策、活动信息和企业用工信息。通过开展“就业援助月”“春风行动”“民营企业招聘周”等公共就业创业专项活动，为供需双方搭建便捷高效的对接平台，全力帮助各类失业人员就业，2016年5月开始，先后投入50余万元在兴泾镇小商品城6~10号营业房规划建设“西夏新市民劳务市场”，免费为失地农民、农村转移劳动力及各类求职人员提供用工登记、求职登记、职业指导、家庭服务登记、培训需求登记、精准就业扶贫、用工信息发布等全方位综合服务。自8月18日开业运行以业，共有30家企业进行招工登记，提供岗位185个，有215人在劳务市场求职登记，达成初步求职意向163人。

【全民创业】 2016年，西夏区就业创业和人才服务局继续深化“院地联动、共建共享”机制，发挥各高校创业就业工作站职能，采取政府主导、院地合作的形式，共同打造了3家大学生创业就业孵化基地，即北方民族大学大学生创业孵化园暨西夏区青年文化创意创业孵化基地、银川（西夏）大学生创业就业孵化基地、宁夏大学创新创业学院。共培育创业企业235家，年营业额1.1143亿元以上，带动就业达1810多人。宁夏电商谷被评为自治区级创业孵化基地。举办西夏区首届大学生创业营销挑战赛，吸引了辖区10所院校的467个团队报名参加，参与人数达2000余人。大力培养“跨境电商”团队，全面实施“千亿成长计划”和“十百千”电商骨干企业培育工程，逐步将西夏区打造成跨境电子商务示范区，引进5家跨境电商和200家电商团队，创建西夏区电子商务产业聚集区，引进5家跨境电商和200家电商团队，自筹资金55万元，重点扶持7家企业抢建跨境电子商务平台，培养27人成为银川市青年拔尖人才，举办了跨境电子商务专才培训班。

【职业介绍】 2016年，举办各类招聘洽谈会6场（次），组织382家用工单位和劳务派遣公司进场招聘，提供就业岗位1620个，吸引辖区近4900名各类失业人员、农村劳动力、进城务工人员和高校（职业院校）学生进场求职，有1442人与用工单位达成就业意向，免费发放各类宣传资料6万余份，有3320人接受政策咨询、职业介绍、职业指导、职业培训、项目推荐、劳务代理、法律维权等服务。

【公岗管理】 2016年，安置自治区级公益性岗位174名，银川市级170人，审核2015年灵活就业社保补贴2907人。修改并出台《进一步规范公益性岗位管理的通知》，对辖区22家单位公岗上岗情况进行核查。举办灵活就业社保补贴工作专题培训班3期。

【档案管理】 2016年，创新人事档案编号、姓氏检索查询功能，提高服务效率。共接收下岗职工、破产企业人事档案托管13256份，新托管档案640份，办理退休330人，转出档案138份，死亡退费13人。

民 政

【民政事业】 2016年，全面落实覆盖城乡低保、医疗等各类救助工作，西夏区共有城乡低保对象3782户6413人(其中:城市低保对象2348户4005人；农村低保对象1442户2417人)，截至12月底，发放城乡低保金(含各类补贴)3713.63万元；特困供养人员103人，其中:农村五保对象30人，城市三无人员28人，孤儿45人，截至12月底，发放供养金和养育金共计90.43万元。1—12月，共实施临时救助12批，救助1220户次2316人次，发放临时救助金368.19万元；实施医疗救助1879人次，发放救助金502.11万元；实施大学生助学2批266人，发放助学金92.5万元；发放低保对象中的重度残疾人津贴286.7万元。全年，西夏区共发放各类社会救助资金共计5053.56万元。走访慰问老党员、困难党员、重点优抚对象等困难家庭，对驻西夏区部队、社会福利机构等27家单位、12家机构13227人（户）发放慰问金(慰问物资)940.56万元。其中，为民政对象发放慰问救助金共计302.06万元；积极协调自治区政协下拨新华爱心协会专项资金15万元，购买烤火煤炉602套，确保困难群众度过一个祥和温暖的春节。

【慈善事业】 重点围绕重特大疾病患者、失能失智老人、困难大学生等群众，先后发放各类慈善捐款27.6万元。西夏区共有慈善超市(实体)20家。2016年西夏区慈善总会被中华慈善总会批准为团体会员单位，西夏区荣获“宁夏首届慈善城市提名奖”。以政府购买服务的形式引进宁夏六盘善行社会工作服务中心在燕宝社区、八一社区和西干村开展留守儿童关爱保护试点工作，积极推进“代管家长”“爱心妈妈”等帮扶活动，多形式开展心理慰藉、学习辅导、安全教育等专业服务，为困境未成年人和农村留守儿童健康成长撑起一片蓝天。

【基层政权和社区建设】 2016年，共组织两镇一街举办3期培训班；两镇一街先后组织24场培训，参训人数1469人次。推进“三社联动”与社区工作融合发展，在星光巷、梧桐和荷花苑3个社区开展“三社联动”试点工作，推进“三事分流、三社联动、三治并举”社区治理创新试点工作，提升社区公共服务水平。加快智慧社区建设，以兴洲花园、兴洲雅居、燕宝花园和瑞星小镇等4个小区为试点，争取智慧银川建设项目支持，在小区安排平安监控、WI-FI、人脸识别、直饮水、环保设备、智能垃圾桶等基础设施，为社区信息化智慧化服务奠定基础。做好西夏区第五届村“两委”换届工作，12月14日西夏区召开动员部署和培训大会，计划在2017年1月底之前完成17个行政村“两委”换届选举工作。推进农村社区化管理，在巩固和提升的基础上，重点在吴苑村、黄花村、良渠稍村、顾家桥村、同庄村剩余5个行政村开展试点工作，全力推进美丽乡村建设，加大村容村貌整治力度，改善农村社区人居环境，建设优良民风村风，不断深化和扩大农村社区建设成果。加强网格化管理,进一步细化各项工作制度,规范考核激励机制，提高网格员的执行力和服务能力。西夏区共划分551个网格,45个社区开展智能社区建设工作，实现网格化管理与西夏区政务云信息平台服务有效衔接,逐步建立网上办事大厅、手机终端、微信关注和政务服务大厅窗口“四位一体”办理模式,更加便民利民。深化街道(镇)与社区职能转变,不断推进社区减负。严格执行《银川市社区服务事项准入清单》28项内容,社区新增事项严格落实“准入制”,强化社区服务功能。强化“以房管人”网格化管理服务模式,全面提升为民服务水平。积极开展“爱心超市”“老饭桌”“四点半课堂”、文化志愿者培训等服务项目，推行“菜单式”等服务模式,确保服务“一网格一特色、一社区一品牌”。

【城乡社区建设项目】 进一步加强社区基础设施建设，积极争取自治区民生计划城乡社区建设项目资金260万元，通过购买方式建设兴磷、217、金波和建设巷4个社区服务站，使社区服务用房面积分别达到500平方米以上，社区服务功能不断完善，和谐社区建设扎实推进。

【双拥优抚】 接收2015年春季转业士官38名,秋季退伍士兵115人,2016年秋季退伍士兵147人，军队移交地方政府无军籍退休职工5名；对115名自主就业退役士兵提供岗前教育培训；及时发放自主就业退役士兵一次性经济补助金548万元。在重大节日组织走访慰问驻区部队，送去慰问物资63余万元；推进“关爱功臣”活动，为317名重点优抚对象及时足额发放优抚金、春节慰问金等348.44万元。

【双拥共建】 深入开展“六进军营”活动，为驻区部队义务演出12场；举办2次技能培训班,受益士兵800余人；开展心理知识专题讲座2次；深入做好维护民族团结工作,积极推进军警寺共建6家；协调辖区新华书店以让利销售、免费赠送等形式,每季度深入驻区团以上部队开展送图书进军营活动。开展“雷锋日”服务活动,驻区部队到西夏区敬老院送去米、面、油、牛奶、药品等慰问品；宁夏军区共建连队百余名官兵来到“西马银”进行环境卫生大整治活动；农牧场社区工作人员与宁夏消防总队培训中心基地官兵60人,在“亲情一家”老年公寓开展慰问活动,营造出军民鱼水一家亲的浓厚氛围。将怀远路街道和文昌路街道打造成了西夏区双拥共建示范街道,怀远路街道八一社区打造成西夏区双拥共建示范社区。

【老龄工作】 积极争取中央预算内资金1090万元，共投资2850万元建成9868平方米医养结合型现代化敬老院，引进社会力量以公建民营模式实施运营，共设置床位220张，使西夏区农村五保老人和城市三无人员集中入住率将由原来的21.4%提高到100%。争取资金1471.5万元,共打造老年人日间照料中心7个，农村老饭桌5

个,农村互助养老院4个。争取资金981万元,打造和建设平吉堡、园林场、团结社区和镇北堡社区4个老年人日间照料中心,大力发展社区居家养老服务。采取政府购买服务模式,投入55.32万元招标委托宁居通为西夏区379名生活困难以及60岁以上失能、半失能老人提供上门服务。截至11月份,共为284名城乡80岁以上高龄老人发放各类生活补贴151.17万元。春节期间,为90岁及以上老年人发放春节慰问金19.6万元。利用"敬老月"开展免费义诊等活动,营造尊老敬老爱老为老的良好社会氛围。

【"敬老月"系列活动】 敬老月期间,在辖区内悬挂"敬老月"专题宣传横幅500多条,办宣传栏122块,利用LED屏幕滚动宣传1000余次,发放孝亲敬老倡议书和慰问信2000多份。走访慰问了辖区百岁老人6名、部分困难高龄老人以及6家民办老年公寓,每所民办老年公寓发放15000元的慰问金,老饭桌5000元;慰问百岁老人每人2000元、为困难高龄老人送去米面油等慰问品,并送上党委政府对老人们的美好祝福。全区共走访慰问80户困难、高龄、残疾老人,发放慰问金、慰问品等达20余万元。银川市爱尔眼科医院、西夏区卫生系统等为辖区众多老年人免费义诊,举办老年保健知识讲座20期;街道、社区协调消防安全培训中心开展消防知识讲座12期,接受培训1000余人,为老年人安全、健康保驾护航。各街道、社区(村)发动社区党员、骨干、青年、学生等组成助老志愿者队伍,与空巢、独居、孤寡、高龄老人结对子,上门开展陪老人聊天、做家务、理发、剪指甲、代缴水电气费等助老服务,全区近800名助老志愿者为1100名老人提供了服务。区直部门、乡镇(街道)、社区(村)举办各类体育赛事19场,参与人数800余人次;举办不同层次的文艺演出30多场,参与人数2万余人次;举办老年书画展、手工艺制作展12场次,参展作品900余幅(件);家乡一日游15次,参与人数近1000人。在银川市举办的老年人才艺大赛中取得团体第二名和第三名,广场舞比赛团体第三名的好成绩。

【社会组织管理】 巩固社会组织孵化基地,引进了宁夏昊善博士团社会事务评估服务机构、中国寸草心养老服务、六盘善行等品牌机构,通过政府购买服务的形式,规范社会组织的登记、管理、扶持、评估、考核及重点培育工作;通过提供办公场所、资金项目,支持孵化有发展潜力、惠及民生需求、适应经济和社会发展要求的社会组织。同时指导镇(街)开展社会组织培育发展工作,成立镇(街)社会组织孵化园,将社区孵化的社会组织继续培育发展,待条件成熟后向西夏区社会组织服务中心推荐入驻,进行重点培育。孵化中心共接待上级部门检查4次,区内外观摩15次,其中接待香港代表团观摩3次。提高办证效率,缩短办证时间,指导社会组织做好"三证合一"的准备工作,加强社会组织事中事后监管力度。2016年,依法登记的社会组织有10家,其中:社会团体2家,民办非企业单位8家;年检合格的社会组织有108家，其中：社会团体51家，民办非企业单位57家；注销3家。加强社会组织能力建设，引导社会组织履行社会责任、参加社会组织评估。邀请宁夏昊善博士团社会事务评估服务机构为辖区社会组织负责人进行社会组织评估培训，引导社会组织履行社会责任，有效提高社会组织责任感和公信力。实施行业协会与行政机关脱钩方案，厘清政府、市场社会关系。制定实施方案，明确脱钩主体和范围，在西夏区内开展摸底调查工作，5家单位进行人员脱钩登记。部门联动，组织开展“红顶中介”专项治理工作。经过排查和梳理确定西夏区中介机构共有6家，无涉红中介机构。

【社会事务管理】 成立怀远路街道办事处，做好怀远路街道与调整后的镇北堡镇、周边街道办事处行政区域边界踏勘调整工作，推动城市精细化管理服务。规范路牌标志，为镇北堡镇更换、新做11块街道指示路牌，完成与贺兰县行政区域界线联合检查工作；全国第二次地名普查工作顺利进入现场踏勘阶段。强化殡葬管理和改革，文明殡葬、绿色殡葬良好风气逐渐形成。

【婚姻登记】 扎实做好婚姻登记和收养工作，截至9月30日办理登记结婚2605对，离婚登记687对；补办结婚登记794对，离婚51对；办理收养1名，登记合格率达100%。婚姻大厅被西夏区妇联评为2016年度西夏区“三八”红旗集体。

【救灾救济】 在8月21日的抗洪救灾中，民政局迅速反应，紧急疏散安置群众，及时查核灾情，全力实施救助，紧急调运折叠床300张、棉被500套、褥子400床、棉大衣100件，向受灾群众发放矿泉水180箱、方便面100盒、火腿肠80盒、牛奶100箱，下拨救灾资金116万元，确保了受灾群众的基本生活需要。被西夏区授予“8·21”抗洪先进单位。

【信息宣传】 2016年，共报送民政快讯118篇、双拥快讯25篇，共143篇。其中西夏区《西夏信息》采编34篇，银川市民政局《民政信息》采编47篇，自治区民政厅《民政信息》采编1篇，《宁夏日报》采编1篇，《银川晚报》采编1篇，《宁夏双拥》采编3篇，《宁夏老龄工作》采编3篇，《宁夏信息》采编2篇，《综合信息》采编2篇，《要情汇报》采编2篇，“西夏微博”共受理网民反映各类问题34件，办结率100%。

扶贫开发

【贫困户确认】 按照国家和自治区对贫困户、贫困村进行识别和建档立卡的工作要求，运用“四看识真贫”法（一看房、二看粮、三看劳动力强不强、四看家中有没有读书郎），识别真贫，帮扶真贫，把最贫困的户、最贫困的村纳入帮扶范围，全区先后3次组织专门力量对17个行政村基本情况进行摸底调查，分村逐户建立了基本情况数据库。经摸排，确定自治区级贫困村1个

(同阳新村);自治区级建档立卡贫困家庭323户口1228人,其中因病致贫11.8%,因残致贫1.1%,因学致贫14.6%,因发展能力不足致贫66.1%,其他致贫6.4%。并按照“持扶贫对象精准、项目安排精准、资金使用精准、措施到位精准,因村派人精准,脱贫成效精准”的原则,成立了精准脱贫攻坚领导小组,制定了《西夏区西夏区推进精准脱贫攻坚实施方案》,以此为基础,逐村逐户制定扶贫开发的路线图和时间表,确保脱贫致富奔小康的路上不落一户一人。按照“五步十看”的要求,组织人员进行摸底、核实,对所有贫困户信息做到“四清”:一是核准家底状况、致贫原因、收入来源、收入水平等基本情况,完善基础档案,做到“底数清”;二是核准脱贫门路、需要解决的主要困难,完善问题台账,做到“问题清”;三是核准以往扶持情况、扶持效果,提出具有针对性的帮扶措施,做到“对策清”;四是确定帮扶单位、帮扶干部,实行定户定人定时定责帮扶、不脱贫不脱钩的“四定两不”帮扶机制,做到“责任清”。通过建档立卡回头看的工作,对323户贫困户的核查、调整、信息、影像资料采集及录入工作,已采集323户按时完成所有贫困人口的云信息采集工作,为精准扶贫打下坚实基础。

【建立包抓帮扶机制】 印发《西夏区干部结对帮扶贫困户方案》《贫困户脱贫双到扶贫方案》,扶贫领导小组各成员单位也制定本部门脱贫方案,采取“1+1+X”方式,(县处级领导干部结对帮扶一个贫困村及一个贫困户,科级干部结对帮扶一个贫困户,所在镇(街)干部(职工)包干托底),35名县级干部,288名科级干部开展一对一结对帮扶工作,做到结对帮扶全覆盖;同时把村民组织起来,把致富能手培育起来,把大学生村官、驻村工作队、第一书记合理利用起来,负责分析致贫原因,制定帮扶计划,积极开展送温暖、送政策、送技术、送项目“四送”活动,帮助贫困户树立信心、克服困难、脱贫致富。确保西夏区323户贫困户户户有人帮,村村有人扶。

【产业发展脱贫】 根据所在镇域、村域已形成的主导产业优势,大力发展产业基础好、资源禀赋条件优,综合效益高的特色产业。重点发展肉牛养殖、饲草种植、葡萄种植、枸杞种植、蔬菜种植、食用菌等特色农业,支持鼓励兴泾镇西干村和兴盛村发展养殖业、饲草产业,泾河发展生态鸡,合作社提供种苗及服务,贫困户出力共同发展;支持镇北堡镇团结村依托资源优势,提升枸杞产业,将贫困户纳入合作社进行全方位帮扶;贺兰山西路街道同阳新村引企驻村搭建增收平台,通过闽宁协作平台引进宁夏优素福.泽丽哈民族服装加工厂在同阳村驻点设厂,开展驻村帮扶,该企业已调入加工设备84台,月收入1500~2300元;引进五丰农业循环产业园,同阳村有40余人在该园工作,日工资90元。同阳村食用菌培育园建设已开工建设,建成后将解决40余人建档立卡贫困人口就业及脱贫治富问题。兴泾镇建档立卡贫困户通过奶牛企业

托管；小商品城分红；肉牛、特禽、饲草玉米等种养殖合作社包扶的方式解决脱贫问题。镇北堡团结村的贫困户通过该村枸杞合作免费发放枸杞苗，免费提供技术并高于市场价回收果品的方式解决脱贫致富。

【劳务输出脱贫】 2016 年，共举办各类培训班 9 场次，共培训人员 3000 人次，劳务输出人员 6800 人次。组建满源劳务公司、万平劳务公司，培育劳务经济人 12 名，依托劳务输出公司及经济人，带出 700 余人承揽海原新区及西夏王陵工地、阅海工地及绿化建设、枸杞采摘等工作。其中 3—5 月份主要在绿化工地及葡萄园区打工，每人每天收入 90~120 元；6~9 月主要在枸杞园区采摘枸杞，每人每天收入 120~200 元；10~11 月在绿化工地及葡萄园工作，收入 90~120 元；年收入 1500 万元。

【农村电商脱贫】 结合电子商务进农村建设，推进贫困村接通宽带网络，到 2017 年实现贫困村宽带网络、3G/4G 网络全覆盖，提高贫困户宽带网络使用率。17 个村全部实现了一村一电商，并对每个村级电商服务站补助 2 万元，拓展农产品销售渠道，提高农民收入；支持贫困户开设网店，给予 1 万元的创业流动资金及 1000 元网络资费补助等。兴泾镇西干村伊斯海尔合作社电商站；镇北堡团结村杞茗枸杞合作社电商站及华西村电商站通过电商消售本村特色牛肉及枸杞等产品，每月收入 2000 至 5000 元。

【社会保障脱贫】 按照“托底线、救急难、可持续”的原则和“广覆盖、保基本、多层次、可持续”的要求，加快推进社会保障体系建设，将建档立卡户中无劳动能力，低保户纳入最低生活保障，已有 62 户 120 人纳入保障范围。

【教育脱贫】 把教育脱贫作为治本之策，加大“雨露计划”宣传力度，目前已有 111 名学生提出资助申请，审核符合条件的学生将发放 3000 元生活补助；定向培训务工人员 150 人，贫困学生的就业能力稳步增强，“传统农民”正向“技术人才”转型。

【整村推进助贫】 按照西夏区脱贫攻坚整村推进计划，主要在同阳村实施绿化提升，环境改善，产业发展等项目。投入 100 万实施绿化工作，种植各类苗木 4 万余株；投入 15 万元对同阳村环境进行整治，清理垃圾，建设围栏等；投入 10 万元对文化大看台进行改造整治，投入 30 万元建设停车场，解决群众停车难的问题。

【扶贫投入】 西夏区政府拿出 460 万作为扶贫小额信贷风险补偿金，存入邮政银行西夏区支行，以 1∶10 放大贷款，为西夏区移民群众发放贷款 4400 万元，解决移民贷款难的问题。争取自治区、银川市扶持资金 80.7 万元，已完成 271 户的项目申报工作。实施增资扩股工作，争取区市互助资金，将互助资金由目前 2780 万元扩大到 3500 万元。安排为民专项资金 981 万元，每个村不少于 15 万元，实施项目 75 个，进一步改善村居生活环境。严格落实自治区、银川市及西夏区资金管理的要求办法，坚持“项目跟着规划走，资金跟着项目走”的原则，严格按上级下达的项目资金额度和建设内容精心组织实施。严格实行项目资金公示公告制，确保扶贫项目和资金充分接受群众审计、财政、监察部门和上级主管部门的检查、监督，提高了扶贫项目和资金使用的透明度。始终做到了专款专用，足额到位，无挤占、挪用、截留、垒大户等现象发生。

镇·街道

镇北堡镇

【概　况】 镇北堡镇位于银川市西夏区西北端，东起西干渠，南至新小线公路，西至1200等高线，北与贺兰县金山接壤，行政区划面积210平方公里，土地使用面积10万亩，全镇下辖德林村、华西村、镇北堡村、团结村、昊苑村5个行政村和1个华西社区。全镇人口7321户3.28万人，其中回族642户2830人，党员364名，镇区面积12.8平方公里，商业、产业、服务业、种植业等区域功能全面，个体经营户已达780家，从业人员3648人，年游客量约503万人，收益达到2.09亿元。有小学3所，初级中学1所，在校学生3167人(男生1667人，女生1500人)，教师203人(男教师64人，女教师139)。幼儿园3所。医院1所，村级卫生室5个。农业银行、黄河商业银行均在镇区设立代办点各1个。2016年，镇北堡镇党委、政府以"加快科学发展，实现富民强镇"为发展目标，推进农业向二三产业融合发展，抢抓贺兰山东麓葡萄文化长廊发展机遇，深化葡萄枸杞特色产业、创新乡村旅游发展，放大影视城文化旅游效应，葡萄温泉影视文化旅游明星镇建设迈上新台阶。2016年社会固定资产投资完成15亿元，比2012年高出2.5倍，增长17%；预计实现地区生产总值11.8亿元，比2012年高出1.8倍，增长15%；预计农村居民人均可支配收入达到12100元，比2012年高出1.7倍，增长15%。2016年先后被国家发改委、国家住建部、中国报业集团等评为"深化城镇基础设施投融资模式创新特色镇""全国首批特色小城镇"和"2016年中国报业最受关注的十大古镇"之一。

【党组织建设】 一是充分发挥各村派驻的第一书记作用，提升村班子的决策能力；严格党员发展程序，开展党员积分制管理，把好入党关口，全年共发展党员26名；开展和谐民风建设年工作，开展农村环境卫生整治、民风教育、文化活动、调解巡逻等，印发《乡规民约》宣传单5000余份。开展平安乡村建设活动10次，发放法律宣传彩页6000余份，签订责任书32份；评出四星级党组织1个，三星级党组织2个，二星级党组织1个，一星级党组织1个；打造特色党建项目，增加村集体收入。结合酿酒葡萄、有机枸杞、文化旅游、贩运劳务、商贸物流等新型业态，明确项目和工作重点，选好选准富裕户和贫困户，探索多种服务模式，建立党群共富联合体，着力找准"发展"与"服务"的结合点，科学设置98个功能党小组和255个党群共富联合体，激活了党支部和党员服务群众的神经末梢，打造了德林村"313"党建工作机制，团结村"一带双促"工作法、昊苑村“四抓四促”等特色党建品牌。

【就业培训及劳务输出】 按照大众产业、万众创新要求，围绕“56789”创业就业平台，突出劳务输出、文化旅游服务、有机枸杞、酿酒葡萄种植加工等产业，加大培训扶持力度，共举办创业就业培训7期，共350人。全年共输出劳务人员2716人，实现劳务收入2578万元。全民创业实现农民家庭人均收入占家庭总收入的72%，比上年同期增长3.3%。

【特色产业项目建设】 立足实际，以大项目好项目推动葡萄温泉影视文化旅游明星镇建设，突出区域影视文化和旅游服务功能地位，抢抓宁夏葡萄酒庄文化产业政策机遇和西夏区争创“全域旅游”示范区的发展机遇，以发展旅游服务业和葡萄酒产业为主，着力打造影视文化核心区、葡萄酒庄文化中心区、温泉休闲度假区“三区”。旅游项目全面运营。温泉度假中心暨红酒街项目建设已全部完成，建筑面积达27万平方米，天沐温泉度假中心、新丝路美食一条街、红酒博物馆、西夏盛典大剧院、冰雪世界等旅游项目先后投入运营，完成了温泉路等道路配套基础设施建设，城镇化建设进一步加快；幸福小镇项目快速推进。已建成和计划新建安置区总投资35.8亿元，总建筑面积63万平方米，可安置农户4328户20791人。其中幸福小镇一期项目10万平方米，安置农户418户2300人；幸福小镇二期项目13万平方米，11月底交付使用，安置群众5760人；幸福小镇三期争取国家棚户区改造项目政策性贷款资金20亿元，建设面积40万平方米正在进行审批规划、征地拆迁等前期工作。

【特色产业】 立足区位优势，按照“一村一品、一村一特色”的发展模式，以“双增”为重点内容，全面推进贩运劳务、文化旅游服务、有机枸杞种植及酿酒葡萄等特色产业创新融合发展，呈现出百花齐放的良好局面。一是旅游服务产业形成品牌。温泉小镇暨红酒街项目弥补了宁夏西线黄金旅游带的短板，全面运营的温泉度假中心、新丝路美食一条街、红酒一条街、贺兰山葡萄酒博物馆、涂家公寓等新业态，丰富了旅游元素，实现了“吃住行游购娱”一站式服务，推动了文化旅游、休闲养生、地产商业等多元融合发展，共接待游客85万人，收入达到8700万元，解决本镇3000余人的就业问题；华西村“农夫乐园”引领乡村旅游产业发展，现已建成100亩百种向日葵基地、80亩农耕园等观光生态园，形成集花海游览、农业观光、农事体验为一体的乡村旅游基地，累计接待游客2万多人次，实现经济收入约150万元，为村集体创收10万元，解决60余人就业；二是酿酒葡萄产业初具规模。镇域共种植酿酒葡萄3.32万亩，建成投产酒庄24座，年均产酒260吨，收益5500万元，解决当地500多农民就近就地务工问题；三是枸杞产业稳步增长。已种植枸杞3800亩，有机枸杞1500亩，种植新品种枸杞700亩，建成枸杞芽茶厂、枸杞加工厂等枸杞加工企业,年产值3100余万元,枸杞种植户年收入1.5万元。

【产业发展】 实现经济发展,农民增收,促进产业发展实现“双增”,“一管”,深化特色产业发展,按照“一村一品”产业布局,大力发展有机枸杞种植加工产业,着力打造以红、白、黑、黄有机枸杞为主的生态观光和枸杞加工展销项目;实施“支部引领、合作社组织、党员包户,示范户带动,农户参与”的模式,设立功能党小组。大力推广有机枸杞种植,提高有机枸杞种植的科技含量及品质,提升产品附加值,增加经济效益,使全村枸杞种植户户均种植收入达到5.5万元,人均纯收入达1.3万元。另外“一管”是拓宽和深化“先富带后富“的致富路,严格统计村拥有10万元以上的富裕户数,年均收入1万元至5万元中间户数,针对现状,村两委班子按照“农户自愿、行业相同、产业相近、意愿相投、互惠互利、共同致富”的原则,通过实施“先富带后富”,让富裕户带动贫困户,达到“抓两头促中间、整村推进全面提升”的目标。

【秋季农田水利建设】 基本完成2016年秋季农田水利建设任务,投入劳力3492人次,共动用机械87台170次,整修和清理农沟、农渠、道路等45.53公里,整修林带10条共计36.2亩。

【基础设施建设】 为改善城乡环境,完善基础设施,把一篮子小项目分类归纳到镇改善人居环境大项目中,全面统筹、同步建设,大项目共投资99710万元。其中昊苑村二组美丽村庄建设项目已验收完工,镇文化活动中心、中心卫生院等项目建设进入攻坚阶段,基础设施道路建设工程新建23条道路55470千米,已开工建设格莉其、源石路两条道路。

【计划生育】 严格执行国家计划生育政策,人口出生率控制在10‰;出生政策符合率98%;人口自然增长率9.2‰;城乡居民基本医疗保险的计划生育补贴人员349人资金24430元。大力宣传“全面二孩”政策,组织宣传活动15场次,并被《中国人口报》等媒体进行报道,发放独生子女保健费、少生快富奖励资金等各类资金7.76万元。

【社会保障】 全年累计救助低保、高龄老人、孤儿、五保对象等6613人发放各类救助金2132290元。养老保险已参保人数2201人,参保率98%,缴费率93%;2017年医保已缴费4994人,缴费率72%。加大创业就业扶持力度,共举办面点、保安等创业就业培训6期共260人;全年共输出劳务人员2927人,实现劳务收入2380.1万元;培养小老板19人,培养小企业8家。

【教育文化事业】 小学7~12周岁适龄儿童入学率100%,中学13~15周岁适龄儿童入学率99.59%。在校小学生巩固率100%,辍学率0%;在校中学生巩固率99.16%,辍学率0.84%,控制在国家规定的2%以内。

【精神文明建设】 2016年，为推进群众思想道德建设，深化群众精神文明创建活动，紧扣培育和践行社会主义核心价值观这一主线，突出美丽乡村建设主题，部署加强移风易俗、遏制农村陋习工作，努力实现镇北堡镇"三个美起来"目标。镇北堡镇开展了"最美志愿者""文明村镇""文明单位""最美西夏人""星级文明户""好婆婆"和"好女婿"等评选活动，推选最美家庭、好婆婆等31户；举办广场文艺演出64场次，新增农家书屋2家、农家大院1家，文化站图书室、电子阅览室、培训室等免费开放均达到要求时间。大力发扬乡贤文化，创新乡贤文化内涵，实现乡贤文化接地气、聚人气，对农村的精神文明建设起到至关重要的作用。积极开展环境卫生志愿服务、法律知识竞赛、文明旅游宣传等活动。

【"两权一化"试点】 一是五村建立"政策超市"，扎实推进"三化一满意"工作，简化办事程序和环节，推行"一站式"便民服务；二是试点开展强镇扩权工作，对县级下放给镇北堡镇的产业发展、规划建设、项目投资、环境保护、社会治安、市场监督等方面管理权限，试点对接；对机关各站（办）中心、执法队重新进行整合划分，公开对8个部门13名主任（副主任）进行选聘，使规范化行政效率得到极大提升；三是采取各种渠道，积极争取项目资金，使公共财政最大限度向镇北堡镇倾斜，极大地释放基层政府的发展活力，充分发挥特色小城镇的带动、辐射、示范作用，推进了产城一体化快速发展；四是争取农村社区化项目资金80万元，加强昊苑村、镇北堡村和谐民风示范村建设，使两个村基本实现硬化、亮化、绿化、美化。加快华西村、镇北堡村、团结村农村社区化建设，推行"网格化"管理、组团式服务。

【信访接待】 全年，共接待群众信访30件200余人次，化解25件次，化解率达83%，刑事（治安）案件、信访案件下降15%；调处矛盾纠纷50余件，开展各项法治宣传7场次，为困难群众提供法律援助22人次，接受法律咨询50余人次；加强安全生产工作，每年与辖区企事业单位、宗教场所签订安全生产责任书40余份，无重大安全事故发生。

【环境综合整治】 全年共出动人力6500余人次，宣传发放《城乡环境综合治理春季行动通告》500余份，《致商户的一封信》1000余份，规范店外经营400余户；动用机械650余台次，动迁、整治德林村二三组、云山路两侧等有碍观瞻房屋40户约10万平方米，拆除大型户外广告牌20处；清理建筑垃圾、渣土、生活垃圾等13000余吨，填埋土方约3.5万方；平整林带10万平方米；补修镇苏路围墙3.5公里，粉刷涂白5400平方米，种植各类花草树木20万株。开展德林村、华西村、团结村、昊苑村美丽村庄建设项目，极大地改善了人居环境；新建公厕2座，垃圾中转站2个，建设公共停车场3处，配发垃圾箱600个，配有洒水车等大型车5辆，基本上实现户收、村集、镇转运的垃圾处理模式，镇村环境卫生有了很大改观。结合西夏区组织开展全域旅游主干道路美化义务劳动，在110国道、新小线、镇苏路沿线种植花草68公里，美化面积68000平方米。

【巡查执法管理】 发挥执法中队作用，不断提高城镇综合执法管理水平，拆除卫片违建20余处，发放整改通知书80份，责令停工通知书65份，拆除违章建筑4000平方米。发放封育禁牧宣传单1000余份，规范各类行为170余件。

【8·21抗洪救灾】 2016年8月21日洪水灾害中，全镇共有356户1456人受灾，种养殖区看护房损毁433间14136平方米，各类经济作物受灾面积260.37亩等，直接经济损失约3290万元。灾情发生后，全镇动员和组织转移受灾群众9000余人，无人员伤亡。争取西夏区政府救灾款213万元，镇政府产生各类费用121.17万元，恢复生产，重建家园。

【葡萄温泉影视文化旅游明星镇建设】 镇北堡镇地处银川市西线黄金旅游带腹地和被誉为“东方波尔多”的贺兰山东麓葡萄产区的中心。拥有独特的贺兰山地理优势和历史长河中沉淀的深厚文化底蕴造就的自然和人文旅游资源。镇北堡镇认真落实《宁夏空间战略规划》，深化镇情认识，突出区域影视文化和旅游服务功能地位，抢抓宁夏葡萄酒庄文化产业政策机遇，以发展旅游服务业和葡萄酒产业为主，以影视文化、葡萄酒文化、乡村旅游文化和温泉体验文化为特色，建成集旅游观光、生态休憩、文化体验、商务会议、度假娱乐为一体的中国北方温泉影视文化明星镇。

【乡村旅游服务业】 镇北堡镇积极引导农民发展乡村旅游服务业。首先建立农民参与到乡村旅游的准入机制，华西村农夫乐园以农民土地流转的形式自愿加入，以自己特色的种植形成万亩葵花园、枸杞园继而成为农场主；其次是加大农民培训教育力度，华西村农夫乐园着重在旅游服务、种植技术和管理、电商应用等方面进行全面培训。

【打造葡萄酒庄文化中心区】 镇北堡镇温泉度假中心暨红酒街项目是西夏区政府通过招商引资，放大影视城文化旅游效益，以瑞信快乐小镇为载体做强葡萄酒产业，做优休闲服务业，建成集“旅游度假、休闲养生、餐饮娱乐、文化艺术展示、红酒销售展示”于一体的体验式旅游集散中心。集中打造一个集红酒展示、体验、销售及红酒文化感悟、宣传于一体的交易展示平台，和传播贺兰山东麓红酒酒文化的重要窗口，推动贺兰山东麓葡萄文化旅游产业融合发展。

【镇北堡村】 地处贺兰山东麓，西靠德林村，南靠加气站，北靠三泵站渠坝，东靠110国道。镇北堡村辖区面积11.4平方公里，耕地5700亩，下辖6个村民小组，共有党员56名（其中预备党员1人），60岁以上党员7人，党员发展对象1人，培养入党积极分子2人。现有常住人口2380户11900人，其

中回族39户153人;有大学毕业生200人,劳动力人口2784人,其中妇女劳动力1380人。镇北堡村人均耕地较少,劳动力较为充足,村民的经济收入主要依靠“劳务派遣和从事二三产业”,村里有镇北堡村劳务派遣协会、镇北堡村亮声物业有限公司等协会和公司。2016年,农民人均纯收入10860元,村集体经济收入13.6万元。

【团结村】 地处西夏区镇北堡北部,东邻芦花台园林场和贺兰山农牧场,西接110国道,南靠华西村,北靠兰州军区林果基地,行政区域面积4平方公里,耕地面积5000亩,其中种植枸杞3800亩。下设四个村民小组,总户数658户,3050人,其中回族175户,935人。党员85名,回族党员31名,妇女党员16名,60岁以上的党员有14人,党支部成员6人。幼儿园1所,占地面积2400平方米,在校幼儿75人;清真寺1座,占地面积4600平方米;小学1所,占地面积16350平方米,在校学生540名。2016年团结村深化特色产业、延伸产业链,着力打造以有机枸杞为主的生态观光和枸杞加工产业项目,引导310户枸杞种植户种植白、黄、黑等“新品种”有机枸杞200亩,种植户人均收入达到1.4万元,村集体收入增加了4.5万元。2016年农民人均可支配收入达11800元。

【昊苑村】 东至110国道,西至、南至小口子旅游路线,北至西部影视城防洪沟。村域面积21.2平方公里,耕地面积24604亩,粮食播种面积2350亩,葡萄种植面积5800亩。现有三个村民小组,436户1663人;村干部5人,中共党员37人(其中女党员14人,预备党员1人)。辖区内有志辉希望小学1所,在校学生92人,教职工12人;有志辉公司、万义生态园和恒泰元种禽公司三大民营企业。全村共有17家酒庄,已建成投产12家。2016年昊苑村充分利用葡萄和葡萄酒产业集聚区的优势,以农民经纪人为引领,积极组织剩余劳动力常年在葡萄种植园和酒庄务工村民主要从事种植业、养殖业和劳务产业、运输业等。2016年,农民人均年收入1.4万元,村集体经济收入8万元。

【华西村】 东起西干渠,南邻影视城,西至110国道,北与金山乡接壤。1996年年初由江苏华西村在宁夏设立“华西扶贫开发试验区”时,陆续从宁夏南部山区搬迁来的贫困农民,当时归华西村三区管理。2000年年底在撤乡并镇过程中,与德援项目三区合并,名为新华村,2014年更名为华西村。行政面积6.2平方公里,总耕地面积8113亩,现有农户1502户 6216人,下辖6个村民小组,党支部现有党员64名,其中预备党员1名,积极分子1名,农民人均可支配收入1.8万元。村集体经济收入50.5万元。华西村“两委”班子始终把培育发展特色优势产业,作为内涵式发展的主攻方向和主要内容。经过多年的努力,培育发展了五个支柱产业。一是养殖业,主要为肥羊养殖,现有养殖户12个,年养殖存栏1600只,出栏6000只,带动55人增收致富,农民人均增收2万元；二是种植业，主要是枸杞、枸杞芽茶种植及加工，现种植枸杞900亩、枸杞芽茶200多亩，带动村民100多人致富，亩均增收4000元；三是劳务输出，收入占全村农民收入的三分之一，为村民增收达40%；四是运输业，全村现有大、中型货运车辆及小轿车、出租车200多辆，年均收入4万多元，占村民总收入的30%，其中年收入10万元以上运输户60户，带动100户村民创业致富：五是乡村旅游业，2015年华西村筹措资金300万元，集中流转土地300亩已建成农耕园100亩、采摘园100亩、观光园69亩等10余个观光园的农夫乐园，2016年实现经济收入约150万元，为村集体创收10万元，吸纳60多人次就地实现就业，进一步带动了生态旅游业发展。

【德林村】 位于镇北堡西部影视城以北1公里处，东起110国道，南邻镇北堡村，西至王耀武农场，北与德大酒庄接壤，2001年12月由中德合作项目一分区、二分区及华西养殖区组建成立的行政村，村域面积4.88平方公里，其中可耕地面积为2200亩。有4个村民小组，1213户5459人。村两委班子成员5人，村民小组长4人，党员63名，预备党员1名，入党积极分子1名。2016年，德林村扩大经果林种植面积提高收入、培训外出务工人员职业技能、加大劳务输出力度，人均收入10500元。2016年德林村利用一事一议项目、为民服务专项资金加强村基础建设，硬化三四组剩余巷道532米，安装太阳能路灯300盏，解决了387户1820人出行难问题，铺修农渠4.8公里，安装太阳能热水器560台。

【华西社区】 成立于2003年11月，是银川市旅游西线镇北堡西部影视城和瑞信温泉小镇所在地，是去苏峪口森林公园、贺兰山岩画、沙湖等著名景区必经之路，地理位置优越，交通便利，人杰地灵。社区两委班子成员为7人，管辖全镇非农户1969户，总人口2536人，回族90户130人，华西社区党支部现有党员29名，其中回族党员3名，妇女党员10名，流动党员3名。西夏区敬老院设在社区辖区内，集中供养老人有17人。社区管辖的人群很分散，有镇北堡村北街组、南街组、西街组，华西村1组、2组、3组，德林村、团结村等非农户人群。社区成立1个功能党小组，就业人员976人。2016年，人均纯收入为9400元左右。

兴泾镇

【概　况】 兴泾镇位于银川市西夏区南部，南邻永宁县，北与银川经济技术开发区接壤，西与平吉堡农场相连，东靠包兰铁路，是银川市的城郊镇，面积为28.85平方公里，全镇南北长约16.8公里，东西宽约2公里。兴泾镇是自治区最早实施“以川济山、山川共济”战略，1983年，系宁夏泾源县搬迁的移民乡镇。2001年移交银川市原郊区管理，2002年11月，划归西夏区管辖。辖机关企事业单位5个，非公有制经济组织6个，新社会组织7个，个体商业网点350家。

2016年，全镇共辖6个行政村，3个居委会（民生社区居委会、泾华园社区居委会、兴顺苑社区居委会），从北向南依次为十里铺村、黄花村、泾华村、兴盛村、泾河村、西干村。村民小组27个，户籍人口6228户26998人，其中城镇户1012户3891人，农村人口5216户23107人。2017年全镇经济社会呈现出良好的发展态势，全镇经济总收入2.95亿元，同比增长7.84%，农民人均可支配收入9135元，同比增长8.4%。

【组织建设】 2016年，镇党委班子成员11人，设书记1人，副书记2人（1名担任镇长），委员8人；政府班子成员5人，设镇长1名，副镇长4名。镇党委下设14个党组织，其中农村党支部9个、机关党支部1个，非公党支部4个，有23个党小组。全镇共有党员369名，其中农村党员286名，妇女党员80名，占总数的21.6%；流动党员10名，占总数的3%；离退休党员22名，占总数的2.9%；大专以上文化程度的党员85名，占总数的23%；高中文化程度的党员90名，占总数的24.4%；初中及以下文化程度的党员173名，占总数的46.9%；35岁以下的党员105名，占总数的28.5%；60岁及以上的党员68名，占总数的18.9%；少数民族党员341名，汉族党员28名。

【经济收入】 全年全镇经济总收入2.95亿元，其中第一产业收入7151.6万元，第二产业收入3380.26万元，第三产业收入18930.29万元（其中农民劳务收入11576.48万元），农民人均可支配收入9135元，同比增长8.4%，增幅位居西夏区第一名，连续两年与银川市持平。

【项目建设】 2016年，共组织实施重点项目3大类18项，累计完成项目总投资17.7亿元。通过挂图作战、倒排工期等具体措施，使得项目在保证质量的前提下全力推进。2016年底，投资9.9亿元的泾华园三期A区36栋楼内外网建设全部完成并交付使用，泾华园三期B区48栋楼主体全部封顶，完成了内外墙粉刷，完成了外网工程招标；总投资3.4亿元的文昌南街主干道全线贯通并实现通车，路灯安装、上下水管埋设完毕，辅道建设完成了85%，投资1500多万元的镇区一支沟完成砌护并投入使用；投资1300万元的黄花大寺建成并投入使用，投资2500多万元的泾和大寺全面建成；投资2.1亿元的兴泾镇失地农民创业就业园区暨农贸市场项目已经全部完工。富祥园二、三标段23栋楼主体建设全部封顶，中石化成品油库专运线全部建成并投入使用，银川市第九污水处理厂已经完成了主体工程和沉降池的建设，投资2870万元的进厂管线埋设和道路建设全部完成。全年共实施农村“一事一议”项目6个，累计投入资金420万元，切实改善了农村道路等基础设施条件。

【肉牛工程】 2016年，全镇牛饲养量达4.2万头，出栏3.15万头，肉牛存栏9770头。种养殖相关合作社34家（其中，种养殖联合合作社 29 家,肉牛规模养殖户 62 户),仅西干、泾河、兴盛三个村共有肉牛羊规模养殖户 38 户,养殖业收入 5518.35 万元,比上年同期增长 17.68%。

【劳务产业】 依托公铁物流、李旺物流示范园区,鼓励失地农民投资经营货运物流、餐饮服务、绿化保洁、装卸和机械劳务等产业,第三产业收入达 18930.39 万元,同比增长 15.67%。2016 年,兴泾镇转移就业人员 3717 人,累计劳务收入 11576.48 万元,同比增长了 8.32%。特别是泾河村丁志国养殖珍珠鸡、乌鸡、野鸡等特禽,特色突出,经济效益明显,同时也带动贫困户、残疾户 42 户增收脱贫。

【社会保障】 一是实施城乡低保救助。严格低保评审,切实做到动态管理下的应保尽保,全年发放城乡低保金 515 万元,临时救助金 15.58 万元,清理退出低保户 143 户 217 人。二是打造西干村关爱留守儿童之家,率先尝试以政府购买服务的方式购买社会工作的专业服务。三是全面落实农村新型养老保险、医疗保险政策,被征地农民养老保险共参保 875 人,城乡居民统筹养老保险参保 1638 人,城乡居民医疗保险参保 7196 人。四是扎实推进大众创业就业富民行动。举办培训班 2 期,共培训 83 人,培养小老板 36 个,完成目标任务的 180%;培养小企业 19 家,完成任务的 127%,创造新岗位 174 人。全年为妇女进行小额贷款 166 户,贷款涉及资金 607 万元。五是创新突破残联工作。通过"三社联动"为全镇 64 名残疾人购买服务项目,为他们提供个性化服务。在民生社区和泾华园社区建成了两个"残疾人社区康复站",配备了康复器材,为周边近 160 多名残疾人提供社区康复服务。

【土地管理】 全年共组织拆违联合执法活动 10 余次,组织自行拆违小型拆除 43 次,拆除建筑 317 宗 9.2 万余平方米,铲除违法地基 30 余处,拆除墙 5200 多延长米。积极参与中石油 500 万吨大气防护带剩余房屋和土地征收、文昌南街拓宽改造项目拆迁和泾华园三期 B 区项目建设征地拆迁、富祥园项目用地的动迁工作,共计拆除 1677 户房屋 84 万平方米,共征收土地 3019 亩,其中耕地 2133 亩,拆除清真寺 8 座,安置面积 34 万平方米,涉及安置户 3381 户 10143 人。

【环境卫生整治】 一是结合银川市城乡环境综合治理暨"春季行动",克服时间紧、任务重、工作量大,投入 400 多万元,历时 20 多天完成了文昌路两侧及大气防护带拆迁范围内的清渣、绿化等工程;对南环高速以南林带中的各类垃圾及渣土彻底进行了清理整治,拉运转出、清理渣土 187 万方,填埋、平整土方约 30 万立方平,实施简易绿化 350 亩。被评为银川市 2015 年度美丽乡村建设先进单位。二是实施镇区环境综合整治工作,联系城管、公安和土地消防部门,对长期占据镇区主要地段和部分耕地的 100 多个废旧木材、门窗交易摊点,实施了集中清理整顿,在兴盛村规划100亩,以租赁形式划出临时废旧木材交易堆点100个,引导经营户进驻经营,既美化了镇区环境,又为村集体增收打下了基础。三是对主干道两侧、村容村貌进行综合整治。其中清理整治庄点13个,清理“三堆”8000立方米、清运垃圾1100吨;树木涂红刷白8万株,修枝抚育树木2400株;清理整修巷道60条,铺垫生产道路3条2.5公里,有效解决了农民路难走、田难进的问题。四是大力开展秋季农田建设,高标准完成秋季农田建设任务。共出动劳动力2.22万人次,超额完成高标准农田8000亩,投入资金2248万元,砌护支斗农渠208条长91.6公里,整修渠道123条长50.3公里,配套各类渠系建筑物6291座,整修农田路110条长55公里,平田整地220亩,畦田建设0.9万亩。

【安全生产】 全面落实安全生产责任,与各村、镇重大项目建设单位签订《安全生产责任书》,开展安全生产大排查24次,整改安全隐患30多件次,全年未发生一起安全责任事故;扎实做好动物安全防疫工作,重大动物疫病的防疫密度达到100%,全镇没有发生任何疫情。

【卫生和计划生育】 严格按照《西夏区2016年度人口和计划生育目标管理责任书》的要求,坚持以提高群众满意度为标准;以稳定低生育,提高优质服务为核心,着力推进全镇人口和计划生育工作,开展了以计划生育政策法规、生育健康知识、优质服务等为主要内容的系列宣传教育活动,2016年全镇出生政策符合率94.45%。

【党建工作】 兴泾镇党委围绕农村产业化发展要求,创新农村党组织设置模式,成立功能党小组23个,农村专业经济组织联合支部委员会6个,社区社会组织联合支部委员会1个。建立党建工作例会制度,与各村支部书记签订党建目标责任书、土地巡查监管责任书等;落实党委重大事项报告制度、重大事项决策会议议事制度、岗位责任制度、“四议两公开”和“民主议政日”等制度,进一步扩大基层党内民主。全力抓好西干村“干好一件事,树立新形象”、十里铺村“一体多元”、泾河村“双增一服务”、兴盛村“121百富带百贫”、泾华村“先富带后富”等特色党建载体,提高党组织服务能力。实施党建工作项目化,确定为民服务和发展专项资金项目8个。严把党员入口关,2016年兴泾镇党委共转正预备党员7名,发展预备党员6名,培养积极分子18名,培养发展对象9名。与各村(居)党支部签订党风廉政建设工作任务书,严格落实党风廉政建设责任制和“一岗双责”制度,扎实推进党风廉政建设和反腐败工作。镇党委成立“两学一做”学习教育领导小组,制定“两学一做”学习教育班子成员分包制。建立“互联网+学习教育”模式,充分利用村务信息公开平台,实时发送最新学习信息和动态;切实依托微信公众号、微信群等载体,开发制作形象直观、方便易懂的学习内容;组织建立大学生宣讲团,上门送学、讲学。西干村针对群众反映强烈的四组1000多亩土地常年浸涝,农田退水没有排水沟的问题,组织村民投工投劳,镇政府给予机械支持,开挖排水沟13条15.7公里,实现种植增收近30万元,得到了群众的认可。

【西干村】 地处西夏区西南25公里处,是西夏区最南边的一个村。东靠包兰铁路,南接黄羊滩农场,西与平吉堡接壤,北靠泾河村。全村有四个村民小组,村干部10人(含4个组长),占地面积5700亩,可耕地面积4317亩,人均耕地面积1.8亩。全村现有514户2300人,支部现有党员40人,其中女性党员6人。全村参加养老保险应交481人,实交330人,参保率68.6%;参加医疗保险2185,有125户229人享受最低生活保障。村民收入主要靠养殖、种植和劳务输出为主,2016年饲养牛1200头、羊2160只、家禽1500只,2016年农民人均可支配收入为8702元。西干村致力在"干好一件事"上用心用力,立足全村留守儿童多的实际(共有留守儿童26人),在宁夏六盘善行社工服务中心的支持下,于2016年成立了西夏区首家"留守儿童之家",率先尝试以政府购买服务的方式通过留守儿童之家温暖童心,并广泛宣传,得到全社会的广泛关注,2016年全年累计争取并发放慰问品资金合计15万元。

【泾河村】 位于兴泾镇西南6公里处,距离银川市南绕城高速公路12公里,东靠包兰铁路,南接西干村,西与平吉堡接壤,北靠兴盛村。自流支渠纵贯全村,交通、灌溉条件良好。全村共有四个村民小组,全村现有350户1682人,支部现有党员25人,其中,女性党员3人,预备党员1人,西夏区、镇级人大代表4名。全村参加养老保险应交513人,实交306,参保率59.6%,有64户111人享受最低生活保障。全村主要经济来源以种、养殖及劳务输出为主,有4个功能党小组,6个党群共富联合体,6个农民专业合作社,2016年农民人均可支配收入8426元,同比增长9.55%。泾河村深挖特色培育,借鉴贵州六盘水"三变"模式,养殖珍珠鸡、乌鸡、野鸡等特禽,特色突出,经济效益明显,同时将20户残疾户残疾人创业扶持资金、22户贫困户的扶贫双到资金纳入泾河特禽养殖专业合作社,参与入股分红,今年已经实现残疾人年分红4000元、贫困户年分红1850元。

【兴盛村】 位于兴泾镇西南3公里处,北靠泾华村,南接泾河村,文昌南路横穿本村,交通便捷,灌溉便利,是全镇种养殖业的中心村,全村共有620户3084人,劳动力1920人,中共党员54人,可耕土地面积5074亩。兴盛村村民收入主要以养殖、种植、劳务为主,2016年农民人均可支配收入9853.3元,达到比上年同期增长8%的发展目标。先后荣获"自治区生态文明村""自治区扶贫开发先进村"、自治区勤廉为民工程"五好村"等多项荣誉称号。被西夏区组织部认定为"五个好党支部",安西利合作社被评为三星级优秀组织团体,并多次被西夏区评为先进基层党组织。

【泾华村】 位于西夏区西南9公里处，是兴泾镇中心村了，东起包兰铁路护林带，西至东一支渠，南起南八斗渠，北至桑园沟，全村有6个村民小组，村干部14人（含6个村民小组组长），占地面积4.5平方公里，全村现有住户997户，5628人，党员56人，其中女性党员7名、预备党员1人，耕地1000多亩。参加医疗保险4856人，有124户享受最低生活保障，村民收入主要以劳务、养殖、运输、小商品经营为主，劳务经济人3人，养殖合作社1个、劳务派遣公司2个。2016年农民人均可支配收入9535.46万元，其中农业收入147.4万元，第二产业收入3229.8万元，劳务输出收入1092万元，村民人均收入11568.2元，同比增长11.8%。

【黄花村】 位于兴泾镇以北，南起桑园沟，北至炼油厂铁路，东靠包兰铁路，西与化工苗木场接壤，南北长2.5公里，东西长2公里，辖区总面积5公里，该村下辖4个自然组，有875户3259人，共有党员29人（女性党员5人、预备党员1人）。村干部9人（含4个组长），原占地面积6300亩，可耕地面积2700亩，人均耕地面积0.8亩。2016年农民人均可支配收入为8425元。2016年参加养老保险230人，参加医疗保险247人，享受最低生活保障128户243人。黄花村村民收入主要以运输业，服务业，劳务输出为主，依托银川火车南站，宁夏炼油厂，西夏国际公铁物流园区位优势，2016年共输出中长期劳动力960人、零工230人，实现劳务收入1500万元；组织运输车辆58辆，挖掘机和铲车共20余台，实现运输收入五百万余元；共有规模养殖户12户，实现养殖收入约350万元；引导有经济头脑的群众自主创业，发展出租车23辆，户均年创收20万元。

【十里铺村】 地处西夏区最北端，分布在文昌南路及银川市南绕城高速公路南、北两侧，现辖村民小组2个（原有4个村民小组，后整村拆迁2个），共有农户977户5569人。村“两委”班子成员7名，共有党员33名，已组建劳务、种植、运输功能型党小组3个，成立以劳务、养殖、运输为主党群共富劳务联合体4个，成立农村专业经济组织联合党支部1个。十里铺村以“一体多元”以村党支部为主体，产业多元、服务多元、文化多元为服务载体，大力发展劳务派遣、工程机械、停车租赁、养殖业等产业，结合重点项目在十里铺村相继落地，征地拆迁后全村失地农民较多的现状，村党支部成立军慧来劳务派遣公司，2016年共有序输出劳动力3280人，人均收入13175元，人均年增收600元；现挂靠公司车辆近120辆，创收达2400万元，净收入达480万元；集体停车场创收村集体经济收入21万元；养殖户32户，规模养殖户10户，肉牛养殖达325头。2016年，全村农民人均可支配收入达到11082元，同比增长13.7%。

【泾华园社区】 成立于2015年8月。所辖区域东起文昌南路,西至西环路,南起兴泾回中,北至泾华村中庄组,占地面积 0.22 平方公里,社区办公面积 340 平方米,辖有泾华园 A、B 两个小区,小区共有 752 户,实际入住 1481 户,其中,常住人口 1240 户 4443 人,流动人口 240 户 720 人,回族人口 4256 人,占总人口的 96%。现共有党员 28 名,其中女性党员 6 名,流动党员 1 名。辖区居民主要由兴泾镇十里铺村、黄花村、泾华村等周边失地农民组成,以外出务工为主要经济来源。泾华园社区党支部以“两转两提高”为载体(即“村民转新市民、村干部转社区干部,社区服务质量提高、居民生活水平提高”),着力提高安置区居民生活质量和水平,变“促发展”为“促和谐”,成立一站式服务便民代办点,打造社区服务阵地,强化功能室作用,大力开展失地农民创业就业培训,以楼栋为单位开展网格化服务,加强对辖区妇女儿童、孤寡老人以及残疾人的服务,强化服务意识。争取为民服务和发展专项资金打造社区科普文化长廊,协调西夏区司法局搭建社区文化活动大舞台,常年开展文体娱乐进社区活动。

【民生社区】 地处兴泾镇人民政府对面,居委会东起铁路林带,西至老供电所,南起泾华村新民组,北至中石油储备库,占地面积 2 平方公里。现有居民 2021 户 5731 人,其中常住人口 980 户 2759 人,流动人口 38 户 156 人,少数民族人口 2610 人,是典型的城乡混居棚户社区,社区人口流动性大,住房条件差,多以砖木结构为主。支部共有党员 44 名,其中女性党员 8 名,预备党员 2 名。参加养老保险应交 126 人,实交 119 人,参保率 94.4%,参加医疗保险 1560 人,有 29 户 40 人享受最低生活保障。2016 年,民生社区先后获得西夏区“平安社区”“星级社区”等荣誉。

【兴顺苑社区】 成立于 2015 年 8 月,位于兴泾镇文昌路(泾西路)以东、包兰铁路 300 米防护林带以西、桑园沟以南、中石油油库防护带以北,占地 422.94 亩,共建设住房 1752 套。安置区可满足安置人数约为 9319 人,社区总体设计将“以人为本”理念与回族群众的生活习俗相结合,既满足日照、采光、通风等基本要求,又充分体现回族特色风格。社区主要用于安置十里铺村及黄花村动迁村民,住宅楼建设主体已基本完工,预计 2017 年 5 月分配入住。

北京西路街道

【概　况】 北京西路街道东起金波街、西至同心街,南起南环高速公路、北至怀远西路。辖区面积 8.6 平方公里,52 个居民小区,无物业小区 22 个;住户 21323 户 53276 人,其中少数民族人口 5019 人,农业人口 3424 人。北京西路街道地处西夏区商业中心地带,辖区内有怀远市场、南华市场、新百连超、新百西夏店、浙江商城等大型商超 6 家。有地矿局、自治区人民医院西夏分院、中医研究院、西夏区环保局等企事业单位 34 家。街道党工委下设星光巷、金波路、纺苑、地矿局、幸福巷、育林巷、机床厂、建设巷、文萃南街等9个社区党支部和1个机关党支部，共有党员1343人，成立了非遗大师工作室和非遗党支部。

【“两学一做”学习教育】 成立“两学一做”学习教育领导工作小组和联系指导组，召开专题会议4次，采取“送学上门、送书上门”的形式，对全街50余名老弱病残的老党员加强学习教育。查找失联党员119名。通过开展专题学习讨论、演讲比赛、讲党课、手工摘抄比赛、寻找“最美党员”等系列活动，引导广大党员进一步坚定理想信念，增强干事创业热情，争做合格党员。2016年，开展专题讨论30次，领导干部讲党课19场次，举办骨干队伍培训班6次、主题演讲比赛4次、学习教育知识问答活动2次。对辖区23名建国前老党员和生活困难党员进行了走访慰问，送去慰问金3.68万元；为100名退休党员在生日当天送上了生日蛋糕和水果。开展党员“红色教育”主题实践活动，组织180余名党员在五七干校重温入党誓词。

【组织建设】 以“互联网+”综合服务为平台，重点打造育林巷社区e服务试点，通过e生活、e联系、e点餐、e就业、e掌握、e学通等数字化服务手段，为居民提供社会化、专业化、智能化服务，让居民群众足不出社区就能享受最便捷、最便利、最优质的服务。2016年，解决了20余名老人的就餐问题，帮助12名就业困难人员实现了灵活就业，为辖区居民发布各类信息500余条。投入为民服务和发展专项资金109万元，建立“抓立项、抓进度、抓监督”三抓机制，通过“四议两公开”程序，确立实施为民服务和发展专项资金项目9个，重点用于改善无物业小区居民生活环境、丰富居民文化生活及为老服务。创建一星级基层服务型党组织2个、二星级2个、三星级4个、四星级1个。依据每个社区的服务特点，确定了9个社区的品牌特色，即打造星光巷社区“健康关爱型”、金波路社区“双创双增型”、建设巷社区“和谐共建型”、地矿局社区“平安和睦型”、育林巷社区“文化智慧型”、机床厂社区“双减双美型”、纺苑社区“家庭文明型”、文萃南街社区“融合转化型”、幸福巷社区“幸福邻里型”。

【三社联动志愿服务】 建立以社区为平台，以社工为核心，以社会组织为抓手的“三社联动”服务机制，引进社会组织11个，形成社区工作社工化、社工力量组织化、社会组织社区化的格局。三社联动服务模式在星光巷社区试点以来，深受居民欢迎，尤其是在服务青少年和老年人方面效果非常明显。社区四点半课堂由最初的辅导小学生到现在的初高中学生全覆盖，辅导科目由最初的语、数、外到现在的史、地、生、理、化全覆盖，辅导方式也由最初的集中辅导变成一对一、多对一辅导。星光巷社区与宁夏昊善义工联合会共同实施的特需青少年关爱项目，受到团中央充分肯定。注册志愿者3361名，成立志愿服务队26支。

组织开展扶危济困、助人为乐、扶老助残等多项志愿服务活动 3000 余次，帮助居民代办有关事项 300 余件(次)。

【民生服务】 新增城市低保 36 户，清退146户，发放保障金 200 余万元。慰问退休人员 150 人，发放慰问金 1.5 万元；为 22 人办理丧抚费 96 万余元。发放残疾人补贴 10.24 万元。成功引进张娜、赵桂琴等非遗传承人 7 名，打造纳福文化创意产业有限公司、星光巷市场、江南巷市场等创业平台为辖区 230 人提供就业平台，并实现就业人员 938 人，解决灵活就业 70 人。举办劳动技能培训班培训 325 人，发放灵活就业人员社保补贴 141 万余元。推行网格化服务、实现了网上办公全覆盖。开展健康教育讲座 52 场次，联合共建单位开展义诊活动 15 场次。新组建工会组织 3 家，新增会员 302 人，签订工资专项集体合同 33 份。免费为 830 名 0~2 岁儿童发放“消除婴幼儿贫血行动”营养包 1828 盒。成立租赁房屋服务中心 3 家、少数民族流动人口服务站 3 家。创建自治区级民族示范社区 1 个，银川市级民族示范社区 2 个，西夏区级民族示范社区 4 个。

【计划生育】 北京西路街道共有育龄妇女 10773 人，特别扶助 58 人。领取独生子女证 2394 人，出生 740 人，人口出生率 6‰，死亡率 2.9‰，人口自增率 3.1‰。街道党工委、办事处将计划生育工作纳入重要议事日程，坚持一把手亲自抓，负总责的原则，层层分解落实到人。签订计划生育责任书 32 份，签订流动人口责任书 260 份。定期不定期对本辖区居民和已婚育龄妇女及新建小区进行入户摸底造册及跟踪服务，做到了变动及时更新。设立计划生育药具免费发放点 45 个。建立了悄悄话室、人口理论学校、计划生育优质服务台、监督箱、举报箱、咨询服务热线、图书角，为广大育龄群众了解生殖健康知识、优生优育知识、避孕节育知情选择等提供了方便。举办各类宣传 40 余场以“关爱计生弱势群体”行动为载体，采取多种途径为帮扶对象扶贫解困，进行定期随访，与 24 名帮扶对象签订了帮扶协议书。

【综合治理】 成立街道“综治中心”，共排查矛盾纠纷 83 件，调处率 100%。开展普法宣传教育活动 7 场 2000 多人次，为 36 人提供了法律援助，劝返上访人员 264 人。建立健全“五位一体”帮教机制，对辖区重点管理人员 198 名(刑满释放人员 44 名，社区服刑人员 14 名，吸毒人员 136 名)实施帮教服务。组织开展了“七五”普法动员大会暨打击传销表彰大会，表彰打击传销先进个人 35 名，发放奖金 7000 元。有效化解了西城府邸建设工程、广电总台文化产意园旧楼翻新工程、建工集团五公司九分公司、二毛厂改造工程、金波小区道路畅通工程、浩华房地产拖欠安置费等案件，协调解决拖欠工资 974.3 万元。多次协调解决浙江商城供暖分层改造、物业引进、消防前室回购、消防设施损坏、基础设施不全等多项矛盾纠纷 86 起。西城府邸小区开发商一房多卖(35 套房卖与 65 人)，引起群众大面积上访。经多方协调，开发商将多卖的35户1200万元购房款已协调退款1100万元，余额年前结清。不断加强居民消防安全意识教育，在人员密集场所开展消防演练、地震演练10余次。及时处置了西城府邸小区天然气泄漏事故，未发生居民生命和财产损失。开展和谐寺观创建活动，创建民族宗教精品社区2个。街道被评为银川市级安全生产先进单位和社会综合管理平安街道。组织全体干部职工深入社区、学校、企业及部队，开展“千名干部百日大走访”活动，主动“听民意、察民情、解民忧”。办事处40余名干部深入9个社区走访入户群众3200余户，发放宣传资料8000多份，召开民情恳谈会6场次，排查安全隐患12处，现场化解矛盾纠纷5起。

【卫生管理】 投入资金146.8万余元，对二毛厂铁路沿线、小区周边空地、14个无物业小区等城乡环境进行了重点整治，拆除有碍观瞻残垣断壁800米、私搭乱建22处、违章建筑3800平方米，平整空地7100平方米、修砌围墙310米、粉刷美化墙体851平方米、绿化2.1万平方米；对建行家属院、工行家属院、新市区百货大楼家属院、百货大楼商住楼等4个零散小区进行了拆墙合并。对怡林园、棉厂南北区等8个无物业小区进行了“穿衣戴帽”；实现22个无物业小区电子监控全覆盖。

【活动阵地】 协调开发商提供育林巷社区服务阵地500平方米简装并已交付使用；地矿局社区服务阵地1000平方米，现正在装修中。为金波路社区和建设巷社区购买活动阵地247.07平方米。

【旧城改造】 长城机床厂家属区旧城（棚户区）改造一期涉及拆迁户400户，已全部完成征收工作，二期涉及618户，已签订协议262户，货币补偿评估工作已完成。原银川二毛厂小区一期拆迁户297户，已签订协议272户，二期拆迁户216户，已签订协议123户，货币补偿评估工作正在进行。亚麻南区和水科院家属区涉及拆迁户298户，已签订协议277户。协调自治区国资委拨付850万元安置资金，完成了原宁夏建筑机械厂单身楼24户职工动迁安置工作。积极协调836万元，完成建设巷道路畅通工程22户拆迁安置工作。发放安置补偿款1200余万元。

【星光巷社区】 东起金波北街，南至北京西路，西起建设巷，北至怀远西路，占地面积0.72平方公里。包括橡民B区、文欣苑小区、西景花园A区、B区、木材公司家属院、红雷部队家属院六个小区，现有居民住宅楼38栋，1658户4617人，直管党员130人，设有居民小组22个，划分5个网格。依托财校志愿者每周二对社区高龄独居老人开展居家养老帮扶服务，开展各类志愿活动50余场次。为7名老年人免费提供用餐服务。在橡民B区开展了“三化两减一满意”（环境小区化、安保智能化、管理常态化、治安刑事案件不断减少、信访案件不断减少）

工作，取得了明显的效果。以“文化育人、法制育人、道德育人、环境育人、党建育人”为载体开展居民自治服务活动 7 次。开展各类道德宣传教育活动 6 次。评选出社区五好文明家庭 8 户、两型家庭 2 户、学习型家庭 17 户、最美家庭 5 户、和谐家庭 10 户、好媳妇 5 人、好公婆 5 人、诚信之星 5 人。设立了“微益行”志愿服务工作室，制作“幸福储蓄卡”“党员学分积分卡”，制定《积分奖励兑换办法》，已有 106 名网格志愿者经常在社区开展邻里守望志愿服务活动，使志愿服务活动长效化、规范化、制度化。成功创建“四星级”基层服务型党组织。被评为四星级基层服务型党组织。先后荣获西夏区基层建设先进单位、西夏区先进基层服务型党组织、“平安社区”“平安家庭创建示范点”“科普文明社区”“计划生育先进集体”“无传销社区”“卫生先进单位”“民兵工作先进集体”等荣誉称号。“微益行”志愿服务荣获第三届中国青年志愿服务项目大赛银奖。

【金波路社区】 位于怀远东路 68 号建工集团二公司南院，东起建业巷，西至文萃路，南起星光巷，北至怀远西路，辖区总面积 0.8 平方公里。由二公司家属院、学林园、棉厂家属区、文萃小区、邮电小区、建设公司等六个居民小区组成。共有居民住宅楼 47 栋、简易楼 44 栋、住户 2573 户 6838 人。划分 6 个网格，直管党员 223 名，设有 5 个功能党小组。以促进居民创业增收为出发点，利用馨怡手工制作协会及非遗技能大师工作室，组织开展手工刺绣、剪纸等非遗技能培训 20 余期，同时将非遗传承引入校园，搭建了学生兴趣课堂。全面完成建设巷道路畅通工程项目的拆迁安置工作。申请无物业小区邮电小区及文萃小区老旧小区综合改造项目。先后荣获“全国科教进社区活动先进集体”“先进基层党组织”“自治区法制宣传教育先进单位”“充分就业社区”“自治区敬老模范社区”“银川市科普先进集体”“银川市平安社区”“银川市治安模范小区”“银川市节水型社区”“银川市无传销社区”“西夏区民族团结进步模范单位”“优秀基层党组织书记”“三星级基层服务型党组织”等荣誉称号。

【建设巷社区】 南起北京西路，北至星光巷，东起建设巷，西至文萃路。辖区面积 0.85 平方公里，所辖文沁园、棉厂南区、银巴小区等 3 个居民小区，有居民住宅楼 29 栋，1400 户 3393 人，直管党员 209 人。5 支志愿者队伍 308 人。利用为民服务和发展专项资金，对棉厂南区进行环境卫生综合整治，拆除旱厕，硬化路面、更换道砖，修补围栏，安装休闲座椅 22 组，室外棋牌桌椅 4 套。对棉厂南区老年人活动室进行了重新维修，增添了活动设施。对银巴小区进行了老旧小区综合改造。组织党员开展“红色教育”主题实践活动、“‘两学一做’唱红歌，社区百姓颂党恩”红色革命歌文艺演出和“两学一做重在行，关爱老人我先行”等活动 8 场次。为 13 位居家养老人员免费提供送餐服务。被评为“一星级基层服务型党组织”。

【纺苑社区】 东起文萃街、西至轻纺巷，南起北京西路、北至怀远西路。辖区面积0.28平方公里，7个居民小区，57栋住宅楼，1912户5736人，党员135名，下设6个功能党小组，辖区单位5家。社区党支部以“围绕发展抓党建，抓好党建促发展”的工作思路，发挥党组织战斗堡垒的作用，为居民做好“三服务”，(即：建好服务阵地，拓展服务内容，提升服务水平)，与辖区单位开展“六送六促”活动(送政策解民惑，送法规促民主，送服务促交流，送关爱促发展，送文化促合作，送文明促新貌)的工作思路，延伸扩展党员服务范围。通过“大党委”工作机制，开展社区、辖区单位、包片干部三方联动，从实际出发建立党建工作网络体系，为辖区单位积极融入社区建设，搭建了信息互通平台，营造了和谐友善，团结互助的良好风尚。党建月期间组织社区党员、居民代表40余人到宁夏镇北堡红柳湾进行“红色教育”主题活动。利用为民服务和发展专项资金对棉厂3、4号楼实施了“美丽庭院”项目，对小区内的路面进行了修整。成立了知心大姐服务团队，开展青少年心理咨询2次、老年人情感陪护8次、邻里关系调解4次、中青年家庭婚姻关系疏导2次。先后荣获“节水型先进社区”“园林式居住区”、自治区级“充分就业星级社区”“民族团结进步示范社区”“三星级基层服务型党组织”等荣誉称号。

【地矿局社区】 总面积0.25平方公里，现有8个居民小区，住宅楼60栋，2192户，6158人，党员109人，成立6个特色功能党小组。辖区单位9家，商业网点138家，非公有制经济组织1个，志愿者队伍11支296人。社区党支部坚持教育在先、警示在先，积极运用现代信息技术，把“互联网+”纳入学习教育，通过开办网上课堂，用好微博、微信，QQ群手机客户端等新载体，切实丰富党章党规和系列讲话学习的方式办法，进一步提高学习教育的针对性、实效性。转发各种学习材料370份，发放各类通知210多份，居务党务公开55份，互动咨询1000余条，收集居民意见建议18条。表彰优秀党员、支持社区建设好居民等140户，送去各类慰问品33000元。处理各类矛盾纠纷62起，协调解决了西城府邸小区承建方拖欠农民工工资52万元；协调解决了西城府邸小区回迁户和购房户因开发商延期交房引发的信访件3起。先后被评为“全国文明单位”“充分就业社区”“五星级社区”“基层党建先进单位”“党建示范社区”“三星级基层服务型党组织”，荣获“西夏区信访综治维稳工作先进集体”、“西夏区六五普法先进集体”和“平安社区等荣誉称号”。社区党支部书记马素玲荣获“自治区级优秀共产党员”荣誉称号。

【幸福巷社区】 位于西夏区怀远西路288号，区医院与同心路中心地带，占地面积0.8平方公里，住宅楼49栋，2495户6238人，党员131人，设有4个功能党小组。辖区单位有自治区人民医院西夏区分院、石嘴山银行等，所辖怀远小区、亚麻小区、幸福园、区医院家属院、浙江商城住宅楼、星河雅居小区等6个居民小区。在星河雅居小区建立社区微型消防站、联合消防二中队,清理浙江商城占用消防通道3处,在浙江商城开展消防安全演练,增强群众安全生产意识。调解受理民间纠纷13起,组织开展"每周五卫生日""公益日"志愿活动,清理垃圾52车、乱堆乱放63处、清除"牛皮癣"170处,为无物业小区绿化种植树木45棵,为怀远小区72个下水井消杀蟑螂,处理数字化城管反馈案件15起,协调民政部门10万元资金,对社区办公楼进行了维修。利用党建专项资金,启动"幸福之家"计划。腾退办公用房120平方米。先后荣获"银川市计划生育工作五级联创""银川市首批诚信计生检测点""银川市首家城市社区开展幸福家庭创建活动试点社区""西夏区残疾人文化体育示范社区""二星级基层服务型党组织"等荣誉称号。成功申报宁夏社会科学普及教育基地。

【育林巷社区】 位于北京路以南,西夏区热电厂以北,同心南路以东,东面与机床厂社区毗邻。辖区面积1.2平方公里,现有7个居民小区(建工A区、B区、红树林小区、嘉宝花园、二毛厂小区、宁馨嘉园),居民住宅楼72栋,4215户8365人,党员178人,划分8个网格。成立4个特色功能党小组。辖区单位2家,商业网点152家,志愿者服务队632人,建立了6支志愿者队伍。二毛厂项目动迁工作一期已签协议262户,发放安置补偿款3068465.40元;二期签定协议123户,发放安置补偿款1675720.80元。社区结合自身工作实际,通过e生活、e点餐、e联系、e掌握、e就业、e学通等六个方面,为居民在衣、食、住、行等方面提供便捷、便利、优质的服务。最终达到"民情掌握在一线,民忧化解在一线,民心凝聚在一线。为170余人提供手机话费充值业务,为23户家庭提供缴纳水电煤气费。为25户就餐困难的家庭提供集中用餐、上门送餐服务。开展"幸福社区、温馨家园"为主题的文艺会演10余场次;组织志愿者整治环境卫生70余次;义诊服务11次、健康知识讲座12次;处理矛盾纠纷26起、调解率100%;消防安全检查摸排60余次;开展"扶贫送温暖"慰问活动28户,宣传各类政策80余次;发放宣传册和彩页8000余份。举办家政服务、厨艺烹饪、手工编织、剪纸刺绣,电商培训等各类职业技能培训班5期,7名就业困难人员实现了就业。先后荣获银川市"拥军优属先进单位"、西夏区"先进基层党组织""无毒社区"、计划生育"三无"社区、"无传销社区""平安社区""卫生先进单位""三星级基层服务型党组织"等荣誉称号。

【机床厂社区】 位于北京西路怡林园小区内,占地面积2.0平方公里,东至金波南路,西至育林巷,南至黄河路,北至北京西路。辖区内有怡林园小区、机床厂小区、景翠花园、才运家园、华荣园、一公司二工区、中医院、536部队家属院等8个居民小区,居民住宅楼102栋,居民3835户8800人,党员

158人，志愿者904人。现有4家企事业单位和156家个体工商户。社区党支部在党员思想状况、生活水平和身体条件上的差异方面，坚持做到“三个结合”：坚持集中教育与分散教育相结合，组织党员开展“学分、积分制”活动；坚持理论教育与联系实际相结合，开展无职党员设岗定责、在职党员参与社区建设等活动，增强党员的服务意识，发挥党员的先锋模范作用；坚持思想教育与解决实际问题相结合，在注重思想教育的同时，努力帮助党员解决实际问题，引领党员创家业，带领群众创企业。党支部坚持每周开展一次理论学习，通过集中学、送学、微信公众平台、通过小巷红花QQ群等形式，让每位参加学习的党员及时了解政策及新闻时事，确保党员思想上不落伍，觉悟上与党的要求同步。开展社区党员免费常规体检2次，建立健康档案60余份。“七一”期间，组织党员走进五七干校教育基地重温入党誓词。为社区居民提供服务3242余人次，解决困难20多件。采取“三四三”模式，利用“连心社”调解队化解居民各类矛盾纠纷56起。积极响应“蓝天工程”实施项目，联合绿化二处清理银湖酒业北侧及才运小区北侧私占国有土地种植菜地29户；平整土地1500平方米、绿化600平方米、植树500棵，共清理违章建筑垃圾、杂物300余吨。端掉小区内的传销窝点20多个200多人次。先后荣获自治区五星级社区、西夏区级“平安社区”、“民族团结进步模范示范社区”、二星级基层服务型党组织、“全国敬老模范社区”、银川市“党建工作先进集体”“科普文明社区”“无传销社区”“银川市民族团结进步示范集体”等荣誉称号。

【文萃南街社区】 东起文萃南街，南至南环高速公路，西到原机床厂西围墙延伸至经天路向南——诚信街延伸至济民东路向西——同心南街，北止黄河西路。占地面积1.3平方公里，有2个居民小区，1540户6930人。其中流动人口940户4230人，少数民族5166人。直管党员8人。社区党支部严格落实“三会一课”、“民主生活会”、“民主评议党员”等党内生活制度。邀请书法家协会会员为居民现场撰写春联120余份。增设药材公司小区围栏400米，张贴喷绘宣传6处。“党建月”期间，组织53名党员参观了景城公园和滨河新区规划展示馆。开展志愿者活动17次，各类宣传及慰问活动15次，慰问辖区群众、老党员、困难职工15户。荣获“一星级基层服务型党组织”荣誉称号。

朔方路街道

【概　况】 朔方路街道辖区位于银川市西夏区中部，东至金波北路，南至怀远西路，西至201省道，北至贺兰山西路(东部)及新小线军区至高家闸段(西部)，辖区面积13.6平方公里。下辖10个社区（宁大、正茂、梧桐、同心苑、玫瑰园、宁安、恩和、217、文怀、艺校）。辖区共有25个居民小区，学校家属区有7个，其他事业单位家属区9

个，企业家属区5个，混合商住小区4个（居住大多数为做生意人员），常住人口24054户87230人，其中，流动人口4033人，在校大中专学生2万余人。朔方路街道现有干部职工52人，在职在编12人，其中公务员7人，事业编制6人，社区两委班子成员77名。街道党工委下设机关党支部1个，党总支1个，党支部9个，非公经济党支部2个，直管党员1220名，流动党员59名。辖区内有科级以上单位35家，各级文明单位23家。其中自治区级文明单位3家，银川市文明单位6家，西夏区级文明单位7家。

【基层党建】 街道党工委结合“两学一做”学习教育，牢固树立抓好党建促发展工作理念。通过开展集中学、个人学、讲党课、主题研讨等形式，重点学习党章党规及习近平总书记系列讲话精神及银川市、西夏区党代会精神和西夏区第四届人民大代表大会精神。组织召开专题讨论学习45次，撰写心得体会42篇，报送理论征文10篇。按照“一居一品一特色”的要求，结合实际，积极探索，着力打造基层服务型特色党建品牌。涌现出了217社区“580”、梧桐社区“种好梧桐树 引得凤凰来”、玫瑰园社区“赠人玫瑰 手留余香”、恩和社区“1231”等特色党建载体，通过党建引领，充分调动社会组织、党员干部的积极性，不断增强基层党组织活力。按照西夏区委《关于印发〈西夏区意识形态工作责任制考核办法〉的通知》（银西党办发〔2016〕163号）精神，街道成立以街道党工委书记为组长的意识形态工作领导小组，与西夏区委签订《西夏区2016年意识形态工作责任书》；相继开通新浪官方微博和司法所微信平台，做好“西夏政务微博”的回复、督办工作，完成政务微博投诉件6件，新闻报道78篇条，上报政务信息97篇。街道党工委认真落实党风廉政建设“两个责任”，将党风廉政建设融入到各项业务工作中，与10个社区及街道8个站所签订《党风廉政建设责任书》，组织召开“述职述廉”工作会议，提交书面述职述廉报告22份，召开党风廉政专题学习6次，党风廉政建设分析研究会2次，开展明察暗访19次，通报2起，完成西夏区纪委交办案件2件，组织参观银川市警示教育2场次。

【民生服务】 街道将民政、计生、社保、医保、住房、创业就业等6个服务窗口39项业务统一进驻服务中心，按照要求减少行政审批5项。2016年8月，街道服务大厅及9个社区全面启动网上申报、审核、审批、办理，全面推进政务服务及时快速上报。进一步规范低保对象的申请、审核、程序，全年对293户499人低保家庭进行了全面筛查，取消不符合低保政策83户，截至2016年底，发放低保金185.6302万元，办理大病救助58户，临时救助144户，共计37.47万元。受理办结保障性住房116户，慰问各类困难群体550余户，发放慰问金46.64万元。全面开展老年人保障工作，对4911名老年人进行了退休认证，认证率达100%，城镇居民养老保险参保登记缴费率达

100%。建立老年人助餐点5个,居家养老服务站达到全覆盖。核发383名适龄儿童入学通知书,使辖区适龄儿童就近入学率达到100%。不断加大创业就业扶持力度,登记各类失业人员991人,失业人员再就业784人,就业困难人员实现就业73人。培养小老板102家,完成全年目标任务40家的255%;培育小企业34家,完成全年目标任务30家的113%;创造新岗位288个,完成全年目标任务250个的115.2%;组织各类失业人员参加SYB、家政服务技能等培训130人次。在居家养老方面,有条件的社区大力推广老饭桌医养服务,利用社区服务站为辖区内独居、残疾,高龄的困难老年人提供配餐。网格化管理打造平安智慧社区建设,在每一个小区里设立"网格工作室",内设"小区调解室"和"沟通驿站",依托"智慧社区",打造便民服务网点,包括家政服务、法律服务、医疗卫生、帮扶济困、水电维修、送餐送水等与群众生活密切相关的服务选项,为网格内居民提供"十分钟便民服务圈"项目。朔方小区水网改造面积10.09万余平方米,涉及33栋楼1542户,项目总投资1480多万元。2016年8月6日开工建设,工程预计2017年6月份全部完工,项目建设完成后,可彻底解决小区居民用水难问题,为西夏区下一步全面开展水网改造工程提供经验借鉴。2016年4月党校家属院棚户区改造项目启动,动迁户191户,用40天时间完成动迁工作,地面附着物全面拆除,拆除面积1.5万平方米。

【环境卫生整治】 组织开展城乡环境卫生综合治理春季行动、"蓝天工程"暨城乡环境综合治理大会战、"美丽西夏 洁净庭院"三大行动。出动人力2300余人次,机械11台次,投入资金65.8333万元,重点对110国道、新小线、宁朔北街等交通主干道、城市主巷道、背街小巷,以及217小区、二公司、建校家属院、瑞祥苑等9个老旧小区开展专项整治,共拆除违章建筑6处849平方米;治理渣土堆场31个,清理渣土29万余方;清理生活垃圾、白色污染物8300余方590余吨,清理乱堆放、乱吊挂杂物370吨;清理乱涂乱画4700余处7900余平方米;美化墙面970平方米;硬化裸露空地430平方米;种植补植树木43600棵,平整绿化裸露空地1.2万余平方米,"涂红刷白"树木4.8万棵。

【计划生育】 2016年,认真做好计划生育特别扶助对象资格确认、资金发放审核工作。全年办理一孩生育登记226对、二孩81对,审批三孩生育1对。计生特别扶助对象32户50人,上报独生子女费1198户资金50.405万元,独生子女医保补贴3329人资金27.9636万元。对享受国家特别扶助(49周岁以上)伤残死亡家庭23户36人(伤残家庭16户25人,死亡家庭7户11人)和享受宁夏计划生育家庭特别扶助(40~48周岁)伤残死亡家庭9户14人(伤残家庭5户7人,死亡家庭4户7人)特扶家庭进行一对一帮扶,定期不定期开展心理慰藉、家政服务、民俗节慰问等帮扶工作,切实解决实际困难。通过“一网二室”提供优质服务，组织开展大学生青春期性健康教育、性病、艾滋病防治等知识教育骨干培训，共培训30期，培训教育骨干900多人。

【综合整治】 全年接待来信来访来电25起69人次，涉及重访、缠访人员信访4起案件全部有效化解。针对广大居民反映的物业、环境、出行等方面的热点问题，积极协调解决，并及时给予书面或电话答复。截至2016年12月底，排查矛盾纠纷200余件，成功调解纠纷186件，调解成功率达到90%以上。做好安全生产宣传教育培训工作，组织学生、社区干部等1000余人观看了安全警示片，悬挂横幅20余条，发放宣传资料3100余份，开展了“安康杯”知识竞赛。同时大力开展禁毒宣传工作，向辖区企事业单位、中小学校发放《禁毒宣传手册》200余册，“6·26”国际禁毒日在文萃路人流量大的地段设一个毒品知识宣传点，向广大居民发放宣传资料200多份，张贴标语20多条，横幅10条。

【宁大社区】 东至金波北街，西至文萃北街，南至怀远东路，北至贺兰山西路，是由原来的宁大社区和二公司社区合并组建而成。面积23.76万平方米。辖区有宁夏大学学仕园、宁大附中家属院、二公司北区三个住宅小区，共有51栋楼，居民户数2456户，常住人口5676人。社区共有党员义务巡逻队、妈妈劝导队、物业志愿者队伍、文艺志愿者队伍、大学生志愿者队5支志愿者队伍，“功能党小组”3支，社区艺术团（宁韵艺术团）1支，社区门球队2支，2016年成立了门球培训基地，吸纳更多的社区居民参与到此项活动中。社区利用“为民服务和发展”专项资金，建设了社区文化休闲广场，方便小区居民休闲娱乐。与二公司小区鑫盛物业协调进行了小区暖气分户改造，并进行老旧小区外墙保温工程。

【正茂社区】 位于西夏区贺兰山西路南侧，辖区总面积106万平方米，现有居民2215户，常住人口4830人。辖区共有各类党员377人。辖区主要有自治区党校、宁煤培训中心、银川市十六中、西夏区九小等单位。社区党总支以“四心”工作法为载体，深入开展社区建设和“五民”服务活动，社区党支部也先后获得全国“敬老文明号”、“充分就业社区”、自治区“环境友好示范社区”等称号。先后组建了秧歌队、腰鼓队、合唱团、秦腔社、舞蹈队、广场舞队等其300多人组成的艺术队伍；推出了“贴心卡”服务，居民足不出户就可以享受购水、购电、购气、电信、物业、家政、保健医疗等各项服务，极大地方便了居民；组建了群众演员协会，参与拍摄《大话西游》《牛郎织女》《爱在苍茫大地间》《五星红旗迎风飘扬》等70余部影视剧。2016年11月8日西夏区“准备之冬”项目集中开工仪式在朔方路街道正茂社区自治区党校家属院举行。

【恩和社区】 位于西夏区怀远西路，东起恩和巷，南至怀远西路，西起文昌北路、北至丰安巷，占地23万平方米。社区现有34栋住宅楼1920户、4570人，辖区有单位1个（西夏区七小）和十二家小企业，个体工商户55家，社区党支部直管党员176人。社区现有阵地面积1050平方米（其中办公阵地440平方米，老年活动中心610平方米）；社区志愿服务队由涵盖生育关怀、心理咨询、法律援助、扶贫助困、家政服务、医疗保健等12支志愿服务分队组成，在册志愿者900余人，其中党员志愿者56人。2016年，继续强化基层服务型党组织建设工作，强化五个服务，推行联合党委机制；拓展社区“三联三互”活动，结对帮扶6对，开展共建活动20次；组建了4个功能党小组，解决了社区热点难点问题8件，全年共走访入户2600余人次，开展干群座谈6次，难点治理4个，解决问题1个，为民办实事350余件，进行资金帮扶2万余元，实现资源共享、优势互补、共驻共建。实行“5278”服务体系错时上下班、无节假日上班制以来，共接待受理事项达895余件，其中接听群众来电咨询480件、接待居民来办理事项360件、上门代办事项55件。在赢得群众满意的同时，也提升了社区为民服务理念。恩和社区始终坚持把民族团结创建工作与社区党建紧密结合起来，先后荣获西夏区“平安社区先进集体”“先进基层党组织”、银川市“民族团结进步创建活动示范社区”“公共文化建设示范体系社区”“市级示范妇女之家”、自治区“民族团结进步示范社区”“充分就业星级社区”等荣誉称号。

【梧桐社区】 南起怀远西路，北至朔方路，东起新风巷，西至同心北街，辖区总面积约27万平方米。辖区有瑞祥苑小区、梧桐花园2个小区，51栋居民楼，现有居民2344户，5590人。辖区有宁夏社会科学院1个事业单位，小商户、小企业172个。社区位于瑞祥苑小区36号楼，现有阵地面积800平方米，（其中办公场所100平方米，居民活动场所700平方米）；设有便民服务大厅、居家养老室、阅览室、老年活动中心、多功能厅等居民活动场所。梧桐社区党支部现有直管党员205人，社会服务组织10个，专业社工队伍1个，在册志愿者400余人。2016年11月底，为社区居民建成400多平方米的地下娱乐活动室，设有乒乓球案，各种健身器材、舞蹈场地等，为居民提供了优质的活动场所。社区先后被评为自治区“科普示范社区”“星级和谐社区”“充分就业社区”银川市级“民族团结示范社区”“居民自治示范社区”等荣誉称号。

【宁安社区】 由怡祥小区、同庆新村、宁和园、学知园4个小区组成。面积355万平方米。辖区单位由宁夏大学新华学院及中油炼化物业公司单位组成。共有居民楼62栋，2472户8594人，常住人口6350人，新华学院学生2244人，外籍人口58人。“两委”班子实行“交叉任职”，居委会9人（支部委员5人）。社区直管党员122人。2016年，组织辖区单位开展了“6·26”“三八”妇女维权周、综治宣传月等系列活动，社区广场举行宣传4场次，举办法律讲座3场，受教育100

人次，发放宣传材料 200 余份。

【玫瑰园社区】 位于西夏区朔方路玫瑰公园西侧，东起同心北路，西至文昌北路，南起丰安巷，北至朔方路。辖区面积 23 万平方米，辖区有企事业单位 5 个，社区常住户 1074 户，2576 人，社区党支部共有党员 105 人，功能党小组 4 个，社会组织 9 个，非公党组织 1 个。社区党支部立足实际，成立社区"联合党委"，以"爱心大联盟""老易民情直通车""老王说和室"和"玫瑰书苑""玫瑰乐苑""玫瑰艺苑"等文化功能载体，全面提升社区服务水平，推进基层服务型党组织建设。社区设有社区服务中心，棋牌室、阅览室、党员活动室、电教室等。小区外有市民休闲公园——玫瑰公园园，内有玫瑰园小广场 2 处。建立了儿童乐园、青少年乐园、中老年乐园，通过开展形式多样的文化活动，丰富居民的业余生活。先后被自治区、银川市及西夏区评为"社区示范家长学校""科普文明社区""绿色社区""无毒社区""平安社区""文明社区""无传销社区""充分就业社区""十佳书香社区""充分就业星级社区""民族团结示范社区""'六五'普法先进集体"等荣誉称号。

【同心苑社区】 位于同心北路以西，南靠怀远西路，北到丰安巷，西至恩和巷，辖区面积 24 万平方米，有居民楼 38 栋，辖区常住户 1832 户，常住人口 5015 人。党支部紧紧围绕"同心同愿、美丽社区"这一主题，以打造"五民五园"社区为载体，着力推动党组织建设，完善服务功能，增强服务能力，提升服务水平。始终坚持以"发挥居民自治，强化为民服务，构建和谐社区"为宗旨的指导原则，以关爱老年人、困难群体、青少年为服务重点。2016 年 6 月，成立了"如意便民服务站"，让小区居民不出小区，就得到方便、快捷的优质服务。

【217 社区】 辖区面积 25 万平方米（位于西夏区贺兰山西路 718 号，东起爱民巷、西至文昌北路、南起朔方路、北至贺兰山西路），居民小区 3 个（农机校、建校、217 小区家属院），属无物业老旧小区，1220 户 2438人，60 岁以上老人 687 人，驻辖区单位 3 个。"两委"成员 8 人，直管党员 248 人，功能党小组 5 个。以社区党组织为龙头，利用辖区资源共享、优势互补、协作共建、共同发展的工作模式，为辖区内生活困难居民捐款 2360 元，发放物资 20000 余元，有效架起了机关在职党员联系服务社区居民"连心桥"，充分发挥了党员示范引领和先锋模范作用。以"城乡环境综合治理及春季行动"为契机，对小区内乱堆乱放、私搭乱建"进行了美化、绿化、亮化、硬化的综合治理，共清理了卫生死角 51 处 43 车，清理面积 1.4 万平方米；绘制文化墙 300 平方米、制作灯箱及牌匾 43 块、粉刷墙面 400 平方米、亮化公园广场 15 处并对小区破损地面进行硬化、绿化，共 4 处 700 余平方米，翻建青少年活动广场 1 处、新建自行车棚 1 处 360 平方米、绿化植树 7000 余株。先后荣获"全国群众体育先进单位"、银川市"文明社区"、西

夏区“五个好党支部”“创先争优先进党组织”“平安单位”等荣誉称号。

【文怀社区】 以自治区测绘局为中心，东起文昌北路，西至宁朔北路，南到怀远西路，北到贺兰山西路。社区委员6名、网格员1名。现有居民981户，人口23534人，其中常住人口3020人，大学生20514人。辖区含部队2个，大中专院校1个(北方民族大学)。截至2016年底，办理“4050”灵活就业社保补贴17人；组织辖区失业、待业、应届毕业生106人参加了4招聘会；9月份，为失业妇女举办手工编制培训。全年办理医保245人，发放居民医保卡367张；办理退休老人认证97人；慰问空巢老人、独居老人16户、残疾人15户。

【艺校社区】 占地面积约90万平方米，东起文昌北街，西至110国道，南接贺兰山西路，北至新小线，居民小区三个(尚美雅居A区、尚美雅居B区、国韵天成)，小农场18个，楼房51栋，3358户，8808人(其中在校生1535人)，辖区含部队1个(68611部队)，学校2个(警察培训学校、旅游学校)。社区两委成员7人，直管党员26人。设功能党小组5个、党群共建联合体8个。党支部充分发挥在社区中的领导核心作用，以“155”社区党建载体，形成完整的“五联”“五平台”、五个功能党小组的志愿者服务工作机制。以“一核”，以社区支部为核心，整合辖区单位、学校、部队各项资源，共驻共建，形成为民服务强大合力。“五联”把辖区学校、部队、单位、司法所、派出所纳入社区支部，形成联合党委，运用不同领域的功能，发挥服务作用。“五平台”成立五个功能党小组，发挥功能、提升服务，和谐发展社区建设。2016年精简各项办事程序，减缩办事时间，减少居民群众办事次数，全程代办服务1046次，实现居民群众一站式办理事宜新格局。开通社区微信群，把所管辖的楼栋人员纳入微信群中，社区全部网格纳入社区支部核心微信群，形成层层管理、分层学习、集中解决问题的网络动态管理。五方会谈工作室全年为社区居民成功化解各类矛盾86次。社区充分发挥党支部核心作用，组织开展以“弘扬文化传统，情系尚美端午”为主题的包粽子活动，“三八”妇女节组织辖区育龄妇女和单亲家庭开展了以“花好月圆人团圆、浓浓关怀祝福”吃饺子品月饼活动，组织老年人到西夏区风情园等景区游览，感受宁夏的发展变化。

贺兰山西路街道

【概　况】 西夏区贺兰山西路街道办事处系2016年1月由原芦花台产城一体城市化领导小组办公室调整而来。辖区东至包兰铁路，南至贺兰山西路，西至文昌北街，北至贺兰县金山乡，辖区总面积101.18平方公里。辖区有6个行政村(顾家桥村、芦花村、三闸村、良渠稍村、同庄村、同阳移民新村)，7个社区居委会(盈北社区、书香苑社区、芦花洲社区、南梁社区、学院社区、伊地社区、赛马社区)，共有二个中心城镇(芦花台、南梁），20 个自然村（队），辖区常住人口 10.18 万人。其中：农业人口 1.1 万人，城市居民 3.9 万人，生态移民 690 户 3090 人，大中专院校学生约 5 万人。中共贺兰山西路街道党工委下辖 14 个基层党支部，其中社区党支部 7 个，村党支部 6 个，机关党支部 1 个，现有党员 1048 名。街道党工委在开展“两学一做”学习教育工作中把学习教育同推动发展、服务群众结合起来，坚持问题导向、创新工作方法，把“双增双减”工作贯穿于街道经济社会发展的各个方面，达到群众增收社会稳定双赢的目标。2016 年村均集体收入突破 15 万元，预计农民人均可支配收入可达到 10950 元，同比增长 8%。接待信访群众 270 人次，处理信访件 9 件，办结率 97%，做到有针对性地减小群体性信访事件和刑事案件增幅。

【“两学一做”学习教育】 通过党工委中心组学习、干部例会学习、讨论交流、个人自学、组织送学、领导辅导、结对帮学等方式，引导督促街道全体党员干部、农村党员、社区党员认真学习党章、《准则》《条例》，真正搞清楚该做什么，不该做什么，掌握好能做什么，不能做什么，守住共产党员为人做事的标准和底线，弘扬共产党员一以贯之的作风和品格，自觉尊崇、坚守和维护党章党规。街道坚持把学习习近平总书记系列讲话的落脚点放在武装头脑、统一思想、指导行动上，教育引导全体党员干部落实好“学而知”的要求，通过读原著、学原文、悟原理，深入领会系列讲话蕴含的丰富内涵和战略思想，做到吃透实质、融会贯通；落实好“学而信”的要求，在思想深处信，在灵魂深处信，真正转化为个人的价值追求和信条。街道党工委把开展“两学一做”问题整改同“四风”问题整改、不严不实问题整改贯通起来一起抓，坚持落实党员日常教育管理制度，教育引导街道全体党员干部讲政治、讲党性、讲担当，用实际行动展示共产党人的时代风采。街道及各村、社区参加“两学一做”学习教育的党员共 1030 名，发放党员学习资料 2196 册；开展党务骨干培训 34 场次，党组织书记带头讲党课 37 次（原区委书记李鸿儒在同阳新村 1 次，街道党工委 2 次，各村、社区 34 次）；各级负责人下基层指导工作 50 次，解决群众实际困难 8 件，慰问困难家庭 120 户；组织开展专题讨论 13 场次，开展各类活动 70 场次。

【基层党组织建设】 紧紧抓住基层服务型党组织加强年建设的契机，进一步强化基层党组织服务功能，持续做好党建工作。一是切实加强基层党的组织建设。通过加强对党员的经常性教育和从严加强党员队伍管理，进一步提升了基层党支部的战斗堡垒作用和党员的先锋模范作用，为各项重点项目建设奠定坚实的组织基础。二是围绕服务型党组织建设，配合区委、政府做好第一书记选派工作和基层组织活动场所综合服务功能提升工程。三是大力推进各村党群共富联合体建设。通过实施“百富带百贫”，“一对一”精确帮扶，形成“整村规模化、组组有一优、户户有一产”的发展格局。

【党风廉洁建设】 贺西街道制定《党风廉政建设党工委主体责任和纪工委监督责任清单》《班子领导成员和纪工委班子成员“一岗双责”责任清单》，将党风廉洁建设、查办案件、效能监督、廉政风险防范等主要工作任务细化分解到每个班子成员、分管干部和村（居）干部身上，做到人人肩上有担子，个个身上有责任；按照“三严三实”的要求，牢固树立长期抵制“四风”的思想防线。积极开展“八项规定回头看”和自治区纪委巡视组和西夏区纪委巡查组意见反馈整改落实工作。建立问题整改消号台账，确定责任人和整改时限，及时整改出现的问题，对涉及三农资金管理等方面意见建议性的问题，重新修订管理制度，认真落实，截至目前已经基本整改完成。对征地拆迁部分不符合条件的村、居低保户停发低保救助共163户265人、停发低保金71905元。对1名存在聘用分离现象和1名因户籍问题不符合规定的公益性岗位人员进行了解聘。对2014—2015年违反“八项规定”的盈北社区和南梁社区违规向社区干部发放交通补贴12842元，已经全部追回。通过群众反映、走访入户、开设“信访举报箱”“监督意见箱”、公布监督举报电话，设立信访接待室等形式，下功夫解决党员干部中存在的庸、懒、散、奢等问题。在案件办理上，不干预、不设障，主动为办案人员“撑腰”“加力”，增加办案人员信心；在项目建设、招商引资、惠民政策落实、政府采购等工作中，主动邀请街道纪工委全程监督。利用每周干部职工会议集中学习《党章》《中国共产党廉洁自律准则》和《中国共产党纪律处分条例》《银川市党和国家机关及其工作人员不当行为问责办法》（试行），《关于新形势下党内政治生活的若干准则》等，同时将学习十八届六中全会精神和银川市第十四次党代会精神作为“两学一做”学习教育活动的重点内容，教育引导全体党员干部落实好“学而知”“学而信”“学而行”的要求，把学到的思想理论、形成的观念认识、获取的学习成果付诸具体实践，创造实实在在的工作成果。全面启动2016年度“党员冬季轮训”工作。制定切实可行的方案，并要求各党支部要把冬训工作作为进一步夯实“两学一做”学习教育的重要抓手，制定轮训方案，明确轮训任务，列出轮训计划，确保人员、经费、场地到位、丰富内容，创新方式，组织党员自学、讨论，为党员提供多样化的学习载体。街道党工委将对参训率和培训质量进行督察，力求通过轮训，进一步提高干部思想政治素质和政策理论水平，使干部认清当前经济社会发展形势，掌握党的各项方针政策，全面提升干部发展经济、服务群众、维护稳定的能力和水平，切实担当起稳定和发展的责任和重担。按照全面化、规范化、信息化的要求，严格落实领导干部重大事项报告制度，对所有在职副科级以上领导干部及村“两委”班子成员进行建档工作，进一步促进党风廉政建设责任制的落实和领导干部廉洁从政，加强了领导干部监督管理约束机制。

【“三农”服务】 农业基础设施建设。争取各级项目资金 770 余万元，对农业生产基础设施进行升级改造。维修主干渠道 3000 米，砌护支渠、毛渠 20 公里，节水灌溉得到进一步推进；结合今年黄河来水偏少的实际，在各村新建抗旱井 22 眼，解决群众灌溉用水困难问题。土地流转。结合 6 个村实际，因地制宜在各村推进土地流转，促进农业向规模化、产业化发展，把更多的劳动力从土地上解放出来。2016 年流转土地面积 1.05 万亩，占 6 个村耕地总面积的 40%。落实惠农强农政策。发放粮食直补资金 387530.55 元；农资综合补贴资金共发放 1705134.42 元；良种补贴 264928.95 元。争取自治区村级公益事业一事一议财政奖补项目 3 个，总投资 144.51 万元用于农渠砌护、乡村道路硬化、农用抗旱深水井建设。打造新型农业融资平台。创新农业金融服务模式，与辖区银行合作，通过推广“五户联保”与“电子银行”，2016 年共争取惠农贷款 1000 万元，为农业融资开辟绿色通道。完善农业金融市场体系，村级发展互助资金累计投入 380 万元，吸纳 488 户农户入股 107.7 万元，为群众打造新型融资平台，解决了部分群众融资发展难的问题。全面完成秋冬农田水利基本建设工作。完成高标准农田建设 8000 亩，出动劳动力 1.5 万人次，出动机械 750 台次，完成土方量 5.6 万方，清淤整治支渠 1 条 2.5 公里，斗渠 10 条 8.2 公里，农渠 120 条 44 公里；清挖支斗沟 15 条 18.5 公里，农沟 110 条 40 公里，整修农田路 220 条 78 公里；完成畦田建设 3500 亩，秋翻地 14000亩，其中机深翻 10000 亩，秋施肥 3000 亩，秸秆还田 3000 亩，涂红刷白及修枝抚育 12 万株。初步形成了田成方、树成行、道路整洁、沟渠畅通的“塞上江南”新风貌，赢得了西夏区委、政府主要领导的肯定。做好农技推广工作。完成两杂粮种 6320 亩，完成农业专家肥料配方推广到 5 个村。种植蔬菜 3763 亩，其中设施蔬菜 1726 亩，花卉 300 亩、畜草 735亩。春小麦 3756 亩，水稻 5755 亩，玉米3535 亩，黄花 210 亩。

【精神文明建设】 利用海报、宣传册、微信等平台，文艺表演、送书下乡、知识竞赛等活动宣传文明创建，遵德守礼，力求宣传氛围深入人心，为辖区内 6 个村建立农家书屋，下拨 933 册图书，街道文化站以及各社区、村各艺术团队进行送戏下乡、体育比赛、文艺汇演等各类演出 100 余场，参与 1000 余人。街道辖区居民荣获银川市“最美家庭”“最美银川人”“十星级文明户” 等多项荣誉。召开街道、村组干部会，对民族宗教政策和相关法律法规进行培训、学习，提高他们的民族宗教理论水平和法治水平。同时，多次到辖区农村、企业开展民族宗教政策法规的宣传教育，普及民族宗教法律知识。每年开斋节、古尔邦节等少数民族节日，街道班子成员都带领相关村组干部，到辖区各宗教场所走访慰问穆斯林群众，为他们送去节日祝福和诚挚问候，同时，详细了解少数民族群众生产生活中的困难和问题，及时予以帮扶解决，增强各民族团结共进的动力。2016 年 7 月，西夏清真寺教长马生明阿訇受到习近平总书记接见，为辖区民族团结工作创造了更加有利的条件。注重加强和改进对工、青、妇、残联工作的领导,不断完善群团组织的基层组织建设,通过群团组织的纽带作用，进一步团结社会各个阶层。已建立基层工会27家,覆盖单位173个,拥有会员1891人,今年新建独立工会3家,发展会员323人。建立团组织14个,建立妇女组织13个,残联组织11个。帮助13位应届贫困大学生获得希望工程赞助,为辖区24位残疾人配发辅具;为361名贫困残疾人申领生活补贴、371人申领护理补贴,69人申请一级特困个性化生活服务,为103位农民工讨回近300万元工资。

【精准扶贫】 在全面完成自治区下达西夏区安置彭阳县690户2956人全部移民任务的基础上,对现有209户981名建档立卡贫困户家庭做到“六个精准”到位。联系协调西夏区民政、移民、农牧、科技等部门通过多种途径解决移民就业和收入难题，推荐就业岗位3000个,成立劳务合作社带动稳定务工258户，累计实现工资性收入2200万元。预计2016年生态移民人均可支配收入6540元。2016年脱贫100户435人,已通过验收；其余109户拟于2017年底实现全部脱贫。

【西夏区第三届党代会代表和第四届人代会代表选举工作】 根据西夏区委、人大对西夏区党代会代表和人代会代表选举工作总体部署,在充分发扬民主,广泛酝酿讨论的基础上,采用差额选举、无记名投票的方式,选举产生了出席西夏区第三届党代会代表24名,出席西夏区第四届人代会代表24名,圆满完成党代会、人代会代表选举任务。

【村“两委”班子换届选举】 12月14日,街道党工委召开村“两委”班子换届选举动员大会并下发具体选举工作方案,12月15日,辖区6个行政村召开各村“两委”班子换届选举动员会,12月19日，街道党工委经考察研究后通过了各村上报的党员大会召开时间和主要议程，下届村党组织成员名额和差额比例,委员、书记、副书记的提名和选举办法,各村村“两委”班子换届选举工作严格按照相关法律、组织程序有序进行。

【重大项目服务】 完成芦花台土地增减挂钩项目一期任务,完成17个庄点1503户房屋征收工作,复垦土地616.15亩的基础上，摸清芦花村8队、9队基本情况，为土地增减挂钩项目二期全面拆迁、复垦动迁做好工作准备,完成芦花9队97户的拆迁工作。采用一把手亲自抓、分管领导具体抓,各村居各部门共同抓的工作制度,实地走访、摸清情况,及时掌握、化解矛盾纠纷,保障银西高铁建设项目、沈阳路(亲水大街—新南公路)贯通工程、土地增减挂钩项目二期工程顺利推进。配合西夏区建设交通局,完成宁光电工厂棚户区256户居民,五家企业的走访、调查、动迁工作。深入开展“双增双减” 行动。围绕增加群众收入与村集体收入,搭建技能培训、劳务输出、特色种养、项目服务等特色增收平台，农民人均可支配收入为 10950 元，比 2015 年增加 811 元，同比增长 8%；各村结合各自实际，通过发展产业、收取集体资产租赁（管理）费用、加强村级发展互助资金等方式，2016 年实现村集体收入 60 万元。积极配合西夏区农牧水务局、文体旅游局，抓住冬季开展水利施工的有利时机，对西大沟、犀牛湖周边老旧鱼塘、沟渠、进行摸底调查工作，为下一步开挖治理、建设水上生态公园打下基础。争取项目资金筹建南梁社区老年人日间照料中心，该中心建成后建筑面积达 1085 平方米，兼具医疗、养老、文体娱乐、护理康复等多项功能。实施银西高铁项目征地拆迁工作。项目涉及三闸村、芦花村、顾家桥村三个村365户 1100 人 2710.33 亩土地，以及良渠稍村、顾家桥村两处清真寺迁移合建。

【城乡环境综合整治】 2016 年，组织、协调各村、社区及国土储备局、润恒物流园等单位，通过清扫街道、清运渣土、垃圾，拆除违章建筑，清理流动摊点、规范车位，修建绿化带、种植树木，购置清扫车辆等工作，全面整治辖区范围内城乡环境卫生，使整治工作见到明显成效。街道辖区内新建围墙、围挡 3432 米，粉刷墙面 29080 米，建绿化带 2700 米，新植各类树木 14078 棵，涂红刷白树木 37000 棵，更换各类牌匾 30 余块；辖区范围内共拆除违章房屋 8020 平方米，拆除围墙 866 米，取缔流动摊点 650 个，清理店外经营 1300 户。清理生活垃圾 38583 立方米，清运渣土 1109362 立方米，清理小广告 25476 条，出动机械 726 台次，发动志愿者 6337 人次，初步实现了停车归点、经营归市、街面整洁、绿化合理、文明有序的目标。争取自治区环保厅农村环境连片整治项目资金 762 万元，在同阳新村实施污水处理及周边各村生活垃圾集中转运处理项目，共采购钩臂式垃圾车 12 辆、垃圾转运车 2 辆、三轮电动垃圾收集车 32 辆、钩臂式垃圾箱 43 个、240L 挂桶式垃圾桶 407 个，污水处理工程已完成招标，2017 年 3 月开工建设。

【创业就业及培训服务】 贺西街道紧抓以“大众创业、万众创新”为重点的创业就业工作，2016 年新增城镇就业 739 人，城镇失业人员再就业 444 人，农村劳动力转移就业 2900 人，实现工资性收入 3137.7 万元，2016 年共举办各类技能培训班 12 期培训 1200 人次，职业技能鉴定 97 人。创办小企业 13 个，培养小老板 35 个，创造新岗位147 个，有效促进劳务经济社会又好又快地发展。

【社会保障】 至 2016 年 11 月底，贺西街道农村低保 437 户 639 人，累计发放低保金 2428228 元；城市低保 274 户 458 人，累计发放低保金 2270799 元；高龄 132 人，累计发放高龄津贴 722850 元。孤儿 4 人，五保 10 人。养老保险参保人数 170 人，发放养老金存折 124 张，退休认证 1988 人，认证率 99%；医疗保险参保人数 500 人，缴费人数 500 人，缴费率 100%。共清退不符合低保救助条件家庭 163 户 265 人，停发低保金 71905 元。发放社会保障卡 897 张，办理失

地农民转社保492人，为150名到龄的失地农民转社保人员办理养老金存折。

【卫生计生】 至2016年11月底，辖区人口出生率6.23‰，死亡率1.28‰，自然增长率4.95‰。各项数据指标持续稳定在正常范围内，出生人口结构进一步改善。

【社会治安综合治理】 深入推进法治建设，抓好司法工作，不断加强矛盾纠纷排查工作，排查出各类矛盾，经由司法所调解65起，调解成功64起，成功率98.5%，街道办事处调解131起，接待信访群众510人次，受理信访案件21件，办结19件，办结率90.5%。抓好综治工作，强化治安重点整治，开展打击传销、阳光禁毒、铁路安全等专项行动，提升了群众安全感和满意度。年初，街道指导辖区内书香苑、盈北社区、芦花洲社区建立了社区独立的综治服务工作站，并进一步完善其他村居原有的综治工作阵地。目前13个村、居中9个被评为西夏区“平安社区（村）”。抓实安全生产工作，开展安全生产责任体系年活动，对辖区内宝塔石化等12家危险化学品行业、20家单位、2处建筑工地、3家清真寺、11个居民小区等安全防护重点单位进行集中排查，排查出6处安全隐患，已协调行业监管部门和安监局进行督促整改。认真履行武装工作职责，组织民兵61人进行整组演练，30余人参加实弹射击。成立了铁路护路民兵班、农田水利建设先锋班等民兵小队，在维护地方治安、完成铁路护路工作、兵役登记工作等方面发挥重要作用。发现铁路护栏损坏问题11起，劝阻行人21次，清理涵洞积水30次，翻修沟渠500米。

【“8·21”洪水应急处置】 8月21日，贺兰山沿山普降大雨，造成洪水发生后，街道在西夏区委宣传部、公安分局、西夏区城管局等部门的大力支持和配合下，及时启动应急预案，动员所有的力量深入抗洪一线，在一个多小时内，转移群众6000余人，搬迁芦花九队危房内集中的群众26户，确保群众生命、财产安全。

【顾家桥村】 位于兴州北街老火车站向北2公里处，东起包兰铁路，西至丽子园街，南接盈北社区，北接芦花村。土地面积9平方公里，全村辖有9个村民小组，现有常住村民902户，总人口3130人，其中回族126户，256人。截至2016年村城镇居民人数约2200余人，农村居民900余人。党支部共设8各党小组，共有党员120名（含1名预备党员），其中回族党员16名，60岁以上党员39名。先后被银川市委、市政府评为“社会主义新农村建设先进示范村”“宁夏自治区巾帼示范村”“全国文明村镇工作先进村镇”“西夏区农村信息化工作先进示范点”“银川市民主法治示范村”“西夏区民族团结进步模范村”“自治区城乡妇女岗位建功先进集体”。2016年，获评全区农民工工作先进集体，被西夏区委组织部评为二星级党支部。

【芦花村】 位于银川火车站北6.8公里处，东起包兰铁路，西至丽子园街，南接顾家桥村，北接三闸村。全村行政区域面积7.11平方公里，耕地面积8904亩，均系水浇地。农村居民606户(2033人)，少数民族3户(10人且均为农村居民)，城镇散居48户(167人)，低保86户(117人)。下设9个村民小组。全村共有党员108名，村两委班子成员5人，各类机构健全。先后被评为自治区文明村镇、西夏区“清廉为民五好村”、农田水利基本建设先进集体、自治区文明办复检为“文明村镇”、一星级党组织，在西夏区举办的第三届农民运动会上获得道德风尚奖等。2016年，被西夏区委组织部评为二星级党支部。

【三闸村】 位于芦花地区东北处，地势平缓。南自芦花沟，北经新南公路、新良公路并穿绕城高速公路至良渠稍2队分界，西起新南公路向东，东部与西湖阅海公园相邻，一沟(西湖挡浸沟)之隔。全村面积3.2平方公里，耕地面积3518亩。共418户、总人口1377人(不含流动人口)，农业人口1299人、非农业人口78人，男687人占总人口的50%、女690人占总人口的50%，少数民族113人(其中回族109人、满族4人)。低保70户101人。村两委班子成员共5人，成员交叉任职。多次被自治区、银川市、西夏区、镇党委、政府评为“红旗党支部”、“五个好村党支部”“全区优秀人民调解委员会”、自治区“巾帼示范村”、银川市级“文明村”“全市村务公开和民主管理工作先进单位”、全市重点工作重点项目“先进基层党组织”、西夏区“六五”普法先进集体、西夏区农村信息化工作“先进示范点”、年度重点工作“先进集体”等。2016年，被西夏区委组织部评为三星级党支部。

【同庄村】 位于芦花地区西北部，北与宝塔石化炼油厂相邻，西与贺兰山农牧场相邻，东与三闸村、良渠稍村相接，南与芦花村相邻，辖区下设五个村民小组，现有住户420户，现常住人口1563人，其中城镇46人，农村1517人。回族人口110人、30户。低保57户，76人。辖区土地面积10953亩。现有劳动力869人，男劳动力485人。支部下设五个党小组，现有党员90名，其中女党员24名。以服务本村产业、社会、民生、群众、党员为工作目标，开展各项工作。曾获自治区精神文明建设指导委员会颁发的自治区级文明村称号，并于2013年成功通过“自治区级文明村”复检。先后被评为自治区级优秀农家图书屋、民族团结进步模范村、西夏区创业示范村、西夏区优秀基层党组织。2016年，被西夏区委组织部评为三星级党支部。

【良渠稍村】 位于芦花地区以北，东起包兰铁路，西接同阳新村，南起三闸村九队，北接南梁农场。紧邻包兰铁路，距离银川市火车站13公里。有7个村民小组，实有人口1714人，现有464户，现常住人口1305人，其中城镇67人，农村1647人，回族人口663人，满族15人。低保82户，117人，高龄

26 人，孤儿 1 人。全村土地面积 6700 亩，耕地面积 3400 亩，其中党员 84 名，现有劳动力 870 人，男劳动力 443 人，女劳动力 427 人，支部下设三个党小组，为村民开展社会、民生、计生，妇联、养老保险，残疾，统计等各项工作。良渠稍村以蔬菜种植、机械施工和劳务输出作为经济发展、村民致富的主要产业。先后被国家人口计划生育委员会评为计划生育基层群众自治示范村、自治区民族团结进步模范村，被自治区精神文明建设指导委员会评为自治区文明村镇。2016 年，被西夏区委组织部评为二星级党支部。

【同阳新村】 位于西夏区新南公路以东、北环绕城高速以北，隶属于西夏区贺兰山西路办事处。按照自治区移民方案要求，分七批共计移民 690 户 3090 人，其中党员 68 人。全村共设 7 个村民小组，其中回民小组 1 个 100 户 423 人(党员 7 人)。自移民以来，同阳新村按照“生产发展，生活富裕，村风文明，村容整洁，管理民主”的要求，以搬得出、稳得住、逐步能致富为原则，既富脑袋又富口袋，在基础设施建设、农民居住环境等方面有了较大的改善，物质文明、精神文明、政治文明和生态文明建设等方面取得了一定的成效。村支部还始终坚持把群众愿望与心声作为工作第一信号，真心实意为群众解决生产生活中的实际困难，努力改善群众生活条件，优化村内环境。同时，村两委班子积极维护民族团结，创建和谐生活氛围。同阳新村是一个汉族、回族混居的行政村，为了民族大团结，构建和谐新农村，村两委按照宗教和顺、民族和睦的要求，安排一名回族干部进入村级班子，具体负责相关工作，在日常工作生活中，尊重民族风俗，使全村人形成民族团结、文明礼貌、尊老爱幼、关心他人、邻里和谐的新气象。2016 年被西夏区委组织部评为二星级党支部。

【盈北社区】 2003 年由原盈北村村改居组建而成，社区党支部、居委会分别于 8 月 8 日和 8 月 18 日选举产生。辖区总面积 3.6 平方公里，东至包兰铁路、西至兴州北街、南至贺兰山西路、北至四清沟。辖区现有住户 1620 户 4850 人。其中，少数民族 156 户 624 人。盈北社区党支部以建设服务型党组织统揽基层党建工作，使服务成为基层党组织建设的鲜明主题，“凝心聚力强服务、党群共富促和谐”为主线，以“一带双转”为党建载体，以“三培两带一争”为抓手，充分发挥“创业党支部”的战斗堡垒作用，党组织带领群众创业就业，依靠创业激发活力、推动就业、增加收入。2016 年新增创业者 110 人，带动就业人员 450 多人。“农民转市民”，是让新市民熟悉城市生活、融入城市生活、享受城市生活。从村干部转变成社区委员的思想意识与身份转换入手，在思想上牢固建立管理转服务的意识，在行动上扎根基层服务居民。在“服务”上下功夫，及时了解群众的需求，解决群众关心的热点、难点问题。先后获得“2016 年西夏区平安社区”“银川市民族团结进步创建示范社区”“2016 年度银川市示范妇女之家”称号。

【南梁社区】 地处银川市西夏区北郊 19 公里处,东与贺兰县南梁台子接壤,南与西夏区同庄村为邻,西与自治区芦花台园林试验场相邻,北面是贺兰县的金鑫村和国营暖泉农场,辖区以盛产枸杞、玉米、水稻而享誉区内外。辖区现有土地面积 53223.97 亩,其中耕地面积 22610 亩;常住户数 2451 户 7708 人;其中流动人口 1317 户 4571 人;城镇居民 3126 人,少数民族 4168 人;低保户 92 户 144 人。2015 年 8 月依法选举产生出社区“两委”班子,党支部委员 5 名,居委会委员 7 名,其中党员 6 名,入党积极分子 1 名;先后被银川市评为平安社区、被银川市人民政府认定为四星级社区、获西夏区“平安社区”称号,创建为自治区充分就业社区、被西夏区认定为民族团结进步示范社区、被西夏区组织部和贺兰山西路街道办事处认定为一星级和谐社区。

【书香苑社区】 位于银川市西夏区学院路以东,系原盈北社区及学院社区部分区域组建而成。辖区总面积 0.8 平方公里,东至兴州北街、西至丽子园北街、南至贺兰山西路、北至四清沟。现有 5 个居民小区 8 个生活区、1 个商业中心,其中:盈北苑小区 10 栋楼 780 户;书香门第小区 18 栋楼 536 户;建发兴洲花园 A、B 区计 20 栋楼为 1604 户,全入住可达 3590 户;盈北家园经适房、廉租房 A 区 14 栋楼 967 户,B 区 12 栋楼包括商铺共 987 户,C 区 7 栋楼 978 户;宁光厂小区 14 栋楼 294 户;西夏古城一、二期现有商铺 1108 户(现入住商户 240 户);有 2 所幼儿园分别为盈北幼儿园和海贝尚智,在校幼儿 520 人;辖区政府单位有西夏区政府、西夏区公安分局、西夏区社保中心及城管大楼等政府单位。直管党员 173 人;享受民政低保户 76 人。登记在册残疾人 116 人,少数民族 206 人。社区引进义工联合会等社会组织及 8 所高校的大学生志愿者,在社区长期开展助残帮困、“阳光助学”、一对一残疾家庭入户、“党员志愿者在行动”等活动,有效服务于辖区居民。社区自成立以来先后获得银川市“义工联合会”示范基地称号、银川市“科普示范社区”、西夏区“美丽西夏洁净庭院”工作先进集体奖、贺兰山西路办事处“两学一做”模范党组织称号,社区支部联合银川电视台、宁夏广播电视报、大学生志愿者团队、银房物业“金牌管家”为辖区残困群体开展“一对一”帮扶活动,得到群众广泛好评。

【芦花洲社区】 位于西夏区兴州北街,辖区面积 0.47 平方公里,范围为东起新南路,西至兴州街,南起小四清沟,北至原村级公路。现有居民来自顾家桥村、芦花村、同庄村 5 队的农民,因拆迁安置集中居住到芦花洲小区。社区共有 2562 户,共 7961 人,城镇户 4370 人,农村户 3591 人,其中少数民族 488 人。

【伊地社区】 位于西夏区同心北街,地处城乡接合部,辖区面积 3.8 平方公里,南起贺兰山西路,北至宁夏工商职业技术学院,东起文萃北街,西至同心北路。由伊地小

区、宁大北校、农垦干校、祥华居、糖厂四连、西夏贡酒厂家属院组成，其中居民住宅楼23栋（伊地小区10栋，祥华居2栋，农垦干校家属院2栋，学怡园9栋），平房42户，共33280人，其中常住人口1496户4574人，少数民族354人，辖区残疾人55人，低保户25户40人，直管党员46人，志愿者服务队注册人员468人，65岁以上老年人893人。辖区内共有52家个体工商户，22家法人单位，8家产业单位（其中高校5所，分别是宁夏大学北校区、宁夏财经职业技术学院、银川职业技术学院、农垦干部培训中心、宁夏工商职业技术学院），清真寺1座。

【赛马社区】 在贺兰山西路爱民巷宁水园内。辖区面积2平方公里，东至双拥路，南到贺兰山西路，西至爱民巷，北到学院路。辖区内有西夏区回小，新华学院经管系、地质工程学校3家单位，有3个居民小区（宁水园、宁祥园、兰岳小区）31栋楼、辖区总面积2平方公里，共有住户1520户6328人。其中城镇居民5752人，农村居民676人，少数民族342人，低保人员35人，个体工商户52户。现有社区工作人员9人，其中“两委”成员5人，经过社区换届选举产生。以“创新服务、提升服务水平”为工作重点，通过“关爱社区”“基层服务性党组织”等一系列创建活动，形成了常态化、制度化的五条爱心工作线，把赛马社区建设成“管理体制更加完善、服务设备更加完备、服务体系更加完善、文化生活更加丰富、社会秩序更加稳定、队伍素质更加优良”的现代化文明社区。先后荣获自治区五星级社区、居民自治示范社区、先进基层党组织、全区敬老模范示范社区、自治区级防震减灾示范单位、自治区充分就业社区、银川市级文明社区和平安社区、西夏区健康促进示范社区、民族团结进步模范社区等多项殊荣。

【学院社区】 东起丽子园北街，西到文萃北街，南临贺兰山西路，北至矿业大学，辖区总面积4.2平方公里。共有6个居民小区（学府苑，兴明苑小区，学明园一期、学明园二期，建研所家属院，再建绿地学府花都），总户数5184户，总人数26623人，其中城镇居民12356人，少数民族546人，低保21户39人。学院社区现有社区委员9名，其中大专以上学历占83%。2016年1月，学院社区被评为二星级和谐社区。自社区成立以来充分发挥周边院校较多的地理优势，以共筑“爱心大联盟　服务千万家”为载体，以丰富“普通服务平台”、细化“定向服务平台”、延伸“党的先锋志愿服务平台”、搭建“爱心服务平台”和建立“驻区单位服务平台”五大服务平台为抓手，发挥辖区单位资源优势，开展特色服务活动，不断提高居民的参与率，确保社区更好地为辖区居民提供贴心服务。

文昌路街道

【概　况】 东起同心路，西至宏图街，南起黄河路，北至怀远西路，面积17.5平方公里，现有辖区单位25家、个体商业网点

1244 家；社区区居委会 8 个，常住人口 11236 户 29183 人，街道党工委下设党总支 5 个，党支部 29 个，其中机关党支部 1 个，社区党支部 26 个，新经济组织和新社会组织党支部 2 个。街道有干部职工 50 名，党工委班子成员 5 人，在编人员 6 人，复转军人 3 人，其他工作人员 26 名，街道党工委直管党员 1660 人。

【党风廉政建设】 全面落实从严治党的“两个责任”，积极履行“一岗双责”，增强党员干部“四种意识”，深化“两学一做”学习教育，完善体制机制、强化监督问责和“五个不直接分管”制度，持之以恒纠正“四风”问题，着力构建抓早抓小预防机制，集中开展“五查五解决五树立”专项检查。年初与 8 个社区签订党风廉政目标责任书；创办《清廉文昌》《文昌之窗》小报，出刊 7 期共 3500 余份；组织千余名党员参观警示教育基地 9 次；开展廉政讲座、廉洁家风建设等工作；扎实推进党风廉政教育。

【组织建设】 成立社区老党员宣讲队伍，为基层党员和辖区居民群众进行十八届六中全会精神宣讲 26 次；领导干部带头学、党校教授专题讲座学、工作之余自学等多种方式 30 余次，制作十八届六中全会专题学习笔记 160 本，要求干部职工手写心得体会 110 篇，制作学习专题宣传栏 18 块，悬挂宣传横幅 18 条；社区志愿者为行动不便老党员实行上门送学活动 80 余次，激励老党员切实做到离岗不离党、退休不褪色，以一名优秀老党员的职责，发挥自己的余热。全面落实意识形态工作，将其作为党的建设和政权建设的重要内容，纳入重要议事日程，签订责任书，同安排部署，同考核督查。通过“千名干部百日大走访”“社区舞台我最靓——网格员技能大赛”“亿党史、感党恩、跟党走”“共驻共建军地联学”等系列活动，加强基层服务型党组织建设。全力做好宣传报道工作，全年共完成宣传信息报道 210 余篇。其中宁夏电视台报道 3 次，银川电视台报道 5 次，中央社区党建杂志刊登 5 期，《宁夏日报》刊登 5 次，《银川日报》刊登 9 次，《银川晚报》刊登 11 次，各类信息简报 176 篇。

【精神文明建设】 大力推动文明城市提升和文昌新民风建设活动，投入资金 5 万余元制作讲文明树新风宣传栏等，广泛开展了以“除陋习树新风”为主题的“双创双评”活动。结合“书香润西夏·知识助腾飞”全民阅读活动，组织开展了“全民读书月”活动；结合“两学一做”学习教育，举办“如何做一名合格党员”为主题的演讲比赛；开展廉政讲堂、“廉文荐读”“晒家风、讲家事”、少数民族文明礼仪培训；举办“我为‘西夏突破’发展做贡献”主题演讲比赛、军地辩论会；组建“文昌之光”道德宣讲团，借助道德讲堂、社区市民学校、社区读书室、图书电子阅览室等平台，宣讲道德模范先进事迹和群众身边的好人好事，带动居民践行社会主义核心价值观。

【社区阵地建设】 2016年，为同安苑社区争取167.14平方米的办公用房，解决了同安苑社区阵地不达500平方米标准的问题。通过无偿提供为文昌南路社区争取了72平方米的办公用房，阵地面积达144.12平方米。以“区域化党建”为载体，坚持推广“一居一品”品牌服务模式，积极打造翟靖巷社区“联合党委”、长城须崎社区“五步工作法”、文昌南路社区“同心同安新家园”、荷花苑社区“共驻共建幸福荷苑”、艺术巷社区“民乐帮办互助社”、同安苑社区“五小工作法”等特色党建品牌，在8个社区实行党员“六色”管理新机制。

【特色社区建设】 加强智慧社区建设和网格化管理，全面推进“三化一满意”工作，全面落实社区减负要求，进一步简化办事流程，提升服务水平，为同安苑社区协调争取阵地167平方米。建立民意收集反馈机制，及时掌握社情民意，使群众反映的问题事事有回音。扎实做好统计、双拥优抚、民族宗教等工作，深化和谐社区创建活动。

【军民共建】 加强国防宣传教育，先后迎接了海南省儋州市人武部、宁夏军区集训班学员等3次大型观摩。高质量完成2016年民兵整组工作，组织李二晓女子民兵应急分队开展环境整治、维护治安、防汛抗洪等工作。进一步做好拥军优属工作，借助“绿色情缘”文昌军属之家开展军属联谊、结亲互助等活动9次，组织拥军妈妈服务队、“西夏鱼水情”军地文化艺术团、“鱼水情深”志愿者服务队进军营演节目、包粽子、送鞋垫、说知心话等10余次，慰问部队8家，慰问军属19人，解决军属就业、子女入学7人。

【计划生育】 加强居民健康教育，完成居民普惠性体检350人次；落实计生扶助政策，宣传落实全面两孩政策，深化拓展“共享青情服务驿站”“360阳光计生服务室”“580民乐互助社”等服务功能；在长城须崎社区成立“妈咪Q吧”享乐园，为居民健康提供无缝隙覆盖、全员化管理、全方位服务；充分发挥计生协会作用，进一步加强流动人口均等化服务管理。

【民生建设】 严格按照“四议两公开”程序，认真实施为民服务发展专项资金项目。在艺术巷社区打造绿廊文化小院，在文昌南路社区打造夕阳红活动中心，在同安苑社区打造民族团结绿色文化长廊，在长城须崎社区打造红色长廊，打造翟靖巷社区宣传长廊，打造荷花苑社区休闲文化庭院等项目。建立了“残疾人文化体育示范社区”，重点打造同安苑社区民族团结进步示范社区，积极争取了荷花苑社区建设“残疾人康复站”项目。

【民生服务】 截至12月底，纳入最低生活保障230户341人，累计发放低保金205万元；一门受理医疗救助73人次，救助金额35.17万元，临时救助142人，发放救助金27.8万元，发放困难大学生救助金10万元，上报住房保障 82 户，发放慈善救助 15 户4.5 万元，残疾人补贴 132 人 31.3 万元。为失能失智老年人发放困难救助金 16 人 1.6 万元，为贫困单亲母亲发放救助金 16 人 1.6万元。

【平安建设】 推进和完善网格化管理，积极完善各类社会矛盾问题化解清单台账，全面落实“以房管人”，加强重点特殊人群、出租房屋、传销活动等方面的排查监管。开展了以“群防群治、党员先行、共享平安”为主题的平安建设活动，成立了文昌平安使者队伍，街道组建平安使者义务巡防总队 1 支，社区巡防支队 8 支，聘请义务巡防员 60 名，每月开展至少三次大规模的集中巡逻活动；结合“综治宣传月”活动，组织开展了法律服务、禁毒宣传等“进企业、进社区、进家庭”活动。扎实开展社会矛盾问题集中排查化解稳控专项行动；加强艺术巷社区社会治安重点整治；妥善做好西夏小区供暖分户改造纠纷、三毛厂家属区拆迁安置纠纷等重点矛盾问题的化解、稳控工作。

【司法行政】 在 8 个社区建立“文昌 360 阳光司法”工作站，设立“居民说事点”，积极拓展司法工作 34567 服务模式，打造阳光司法服务平台，实现人民调解、社区矫正、安置帮教、法律援助、普法宣传“全覆盖”。做好“七五普法”启动工作，组织开展普法宣传活动工 8 场次。借助银川十八中青少年法制教育基地，开展了法治漫画比赛、中学生“无毒世界，我们能做到”主题演讲比赛。在长城须崎社区举办法律明白人及民事调解员签约仪式，共受理法律援助案件 33 件。接待司法部、中央政法委、自治区司法厅、银川市及各县区观摩指导 10 多次，街道司法所被推荐为全国模范司法所。

【社会保障】 积极推进公共创业服务体系建设，将用工企业、培训机构、劳务派遣公司等列入“文昌就业地图”，倾力打造“半小时就业服务圈”，努力为辖区失业人员搭建好创业就业平台。全年登记城镇各类失业人员 957 人，其中就业转失业人员 834 人，4050 人员 757 人，就业困难人员 70 人，现已全部实现就业再就业；申报 2015 年灵活就业人员社保补贴 635 人，补贴金额 1606541.7 元；零就业家庭实现动态消零。完成技能培训 50 人，培养小老板 51 个，小企业 25 个，创造新岗位 266 个。医疗保险新参保 244 人，其中新生儿参加 172 人；办理二级以上重大残疾零缴费业务 170 人，新增城乡统筹居民养老保险人，为居民发放社会保障卡 391 张。企业退休人员社会化管理人数 6028人，已领取养老金待遇的 5980 人参加了认证。

【环境卫生整治】 利用“准备之冬”有利时机抓好冬季环境综合治理工作，街道召开专题会议，研讨整治方案，集中力量，突出重点，把专项治理与长效管理、改善环境与提升素质有机结合。根据西夏区“冬防工作会议”的安排文件要求，履行属地管辖职责，及时开展巡查和摸底工作，与辖区有关单位签订责任书 24 份，努力完成“冬防”任务要求。加强老旧小区、东塔巷市场等重点区域综合整治，全力推进城乡环境综合治理百日大会战。共出动人员13000余人次，拆除私搭乱建4100余平方米，清除乱推乱放及卫生脏点700余处，清理杂物和垃圾1100余车，粉刷墙面3800余平方米，硬化路面1800余平方米，绿化空地3000余平方米，涂红刷白树木12000余棵，种植树木4200余棵，整治废品收购站6家，完成了17个老旧无物业小区的卫生整治。

【旧城更新改造】 全力积极做好三毛厂家属区旧城改造项目一期工程共187户动迁工作，现已签订动迁协议181户，发放过渡安置费643万余元，剩余6户正在积极动迁。二期工程共232户动迁居民，9月开始动迁，已签订协议108户，剩余124户正在积极做动迁工作。发放过度安置费105万余元。

【志愿服务活动】 完善街道“五色花”志愿服务积分奖励机制，采取实物奖励和旅游景点、商场、电影院等折扣发放相结合等多种形式，拓宽丰富了奖励的内容，建立了社区“邻里守望”“D+T”、小小红星等5支志愿服务队，在各级文明单位建立了学雷锋志愿服务队，举办了“最美志愿者”经验交流座谈会。以“三关爱”为主要内容，进一步深化每周五的“志愿者活动日”和推广“全民公益日”活动，开展文明劝导、邻里互助等志愿服务260场次。深入开展“先锋社区行”“微心愿、微服务”活动，帮助圆梦“微心愿”59个。

【荣誉】 街道获得国家级表彰5项、自治区级表彰10项、市级表彰10项，其中被评为自治区级计划生育五星级街道、自治区级五星级司法所和服务型窗口建设先进单位、银川市级文明单位、平安建设工作先进集体和平安街道等。

【荷花苑社区】 位于同心南街160号荷花湖畔小区里，辖区居委会东起同心南路，西至文昌南路，南起经天路，北至黄河西路。辖区占地面积1.6平方公里，有2个居民小区，居住楼52栋、商业用房6栋，有1634户共4848人，其中党员94人，残疾人40人，60岁以上老年人140人，流动人口85户255人，有少数民族138户378人，少数民族人数占15%以上，其中以回族353人居多，其他还有蒙古族和满族。社区两委班子成员7名，委员5名，公岗5名。2016年，荷花苑社区为辖区居民申请了为民服务发展专项资金12万，建设了居民休闲座椅亭5个，安装了休闲座椅40把；二毛西区棚户区拆迁改造共429户，一期187户，二期232户；依托以深化社区、社会组织、社工团队等组织，打造“三社联动”新机制，荷花苑社区党支部被提升为二星级服务党组织。

【翟靖巷社区】 是以中石油宁夏炼化公司家属区为中心的封闭社区，东起环境监测站，西至西夏小区东围墙，南起共享家园北围墙，北至怀远西路，占地总面积12.7万平方米。所辖怡安小区、地质研究所、兰后钻井队、建材地质队，化工技校等，现有居民1424

户 3305 人，其中老年人 443 人，青少年 290 人，育龄妇女 734 人，低保户 28 人，残疾人 77 人。社区设党支部 1 个，直管党员 78 人。辖区单位 2 家，商业网点 72 家，志愿者队伍 8 支 371 人，以社区党组织为中心，组建“一体化”共建委员会，并与辖区及周边 8 家企事业单位签订共建协议书，经常为居民开展健康教育、就业帮扶、居家养老、助学帮教、文艺会演等志愿服务活动。社区先后被评为自治区地震安全示范社区、全国社区科普益民先进计划单位、全国创建无邪教示范社区、自治区级全国社区科普益民计划先进单位、全国科普示范社区、西夏区先进基层党组织、自治区 AAA 级中国社区组织阳光家园、自治区 AAAA 级中国社区组织联合会等荣誉称号。

【长城须崎社区】 是以共享家园为中心的半封闭式小区。社区内共享集团有限公司、西夏北区地税局、共享化工有限公司、银川十八中、文昌路派出所、安泰苑物业分公司、舍弗乐等 8 个单位。社区有楼房 39 栋，总户数 1816 户，总人口 4532 人。享受低保户数 30 户，低保人数 39 人，残疾人 91 人，其中，重度残疾 39 人。社区拥有 707 平方米的社区服务阵地，有卫生医疗服务中心、文化广场、幼儿园、商业网点 78 个。设置市民学校、党员电教室、文化活动室、图书阅览室、爱心超市、警务室、计划生育服务站、庇护室、老年活动服务中心、共享蓝天艺术团等群众活动组织，满足群众文化需求，丰富社区居民文化生活。先后获得了全国综合减灾示范社区、自治区级“民族团结进步创建示范社区”、全区“六五”普法先进单位、银川市“先进基层党组织”、银川市“依法治理示范”单位、西夏区“三八红旗集体”等荣誉称号。社区的先进事迹也多次在今日头条、新华网、宁夏日报、宁夏老年报等各大媒体进行了报道。长城须崎社区多年来致力于为居民提供高效、快捷、方便的服务。创新了五步工作法、党 e+ 园、六色党员积分制管理、微党课、三簿一册、居民说事点、民族团结同心联盟、三区三联三互等亮点工作。同时打造出了党群连心工作室、少数民族民情联络站等特色功能室。

【文昌北路社区】 位于东塔巷 56 号建欣苑小区院内，面积 220 平方米。东起梧桐巷，西至文昌北街，南起黄河西路，北至怀远西路，辖区总面积 1.9 万平方米。由宁夏区建三公司、宁夏标准件厂、宁夏汽车配件厂、贺兰山磷矿及宁夏环境监测中心站、银川十四中、西夏区十小等十一个家属区组成。辖区现有 1860 户 4914 人，中共党员 262 人，社区老年人 873 人，残疾人 131 人，二级以上残疾人 77 人，低保户 36 户 58 人，社区退休人员 1252 人，个体工商户 285 家。社区先后获得自治区充分就业社区，银川市四星级社区、科普文明社区，西夏区先进基层党组织、文明社区、卫生达标社区、平安社区、民族团结进步模范社区等荣誉。

【文昌南路社区】 地处宁朔街以东、诚信街以西、经天路以南、规划路以北，占地面积1、9平方公里。社区下设工4个居民小组，共设3个网格；辖区内居民1362户3011人；少数民族103户332人（回族、蒙族、满族、朝鲜族、瑶族）；60岁以上老年人690人；辖区直管党员133人；社区工作人员共7人，委员4人，均是大专学历，中共党员2人，网格员1人，公岗2人；辖区低保户48户，91人，残疾人员60人，享受低保的残疾人22人。先后荣获自治区无传销社区、银川市科普文明社区、平安社区、节水型社区，西夏区卫生达标小区、文明社区、保持共产党员先进性教育先进集体、“五个好”社区等荣誉称号。

【艺术巷社区】 位于北京西路385号，占地面积14万平方米，总户数1180户，总人口3291人。截至2016年12月，为符合条件的残疾人申请了困难残疾人生活补贴和重度残疾人护理补贴，其中生活补贴20人，护理补贴32人，保障房办理20户；新申请最低生活保障4户；办理大病救助5户，临时救助11户。2016年荣获全国计划生育协会先进单位荣誉称号和“自治区流动人口先进集体。

【同安苑社区】 同安苑社区是兴泾镇十里铺村移民安置小区。社区阵地从2015年的358平方米增加到现在的556平方米。辖区共有10个居民小组，21栋居民楼，一栋综合楼。常住人口1142户，4698人，流动人口436户2180人，少数民族1038户5788人，占总人数的84%以上。社区共有工作人员8人，委员4人，公岗4人。在街道党工委领导下，同安苑社区党支部以加强基层服务型党组织建设、提高党建工作水平为目标，充分发挥领导核心作用，结合社区实际情况，运用“五小”工作法，以打造“四个同安”为抓手，积极打造重点党建活动项目品牌，充分发挥党员的先锋模范作用，加强社区党组织的凝聚力、创造力、战斗力，带动广大居民努力把社区建成一个环境优美、秩序井然、管理规范、民族团结、人际和谐的同心同安新家园。

【宁朔北路社区】 文昌路宁朔北路社区位于北京西路581号，东至共享家园边界线、西至宁朔北街、南起北京西路、北至怀远路，占地面积235044平方米，属于单位型社区。现有户数3147户8123人，流动人口258人，辖区单位4家、商业网点68家。社区通过整合辖区单位、社会组织等资源，以社区“158”工作法为工作机制，通过“一联”联辖区单位、社会组织等资源，形成“内网、外网、X网”的“三网”架构模式；依托“五个一体化”即：活动载体一体化、党群信息一体化、扶贫帮困一体化、党群教育一体化、军民共建一体化，最终实现“八帮”，即：帮需、帮议、帮和、帮困、帮扶、帮学、帮健、帮富。让有困难的人得到帮助、让老百姓得到实惠，增强居民对社区的满意度和认同感。2016年3月社区被国务院侨务办公室评为全国社区侨务工作示范单位、11月社区“小小红星志愿服务项目”获得第三届宁夏志愿服务项目大赛三等奖。

宁华路街道

【概　况】 辖区东起宁朔南路，西至110国道，南至平吉堡奶牛场，北至套门沟。辖区面积35平方公里，共有11290户，总人口3.1万人，其中外来人口6542人。街道内设三个中心，即综治信访维稳中心（司法所、信访办、综治办、安监站、禁毒办）、民生服务中心（民政办、计生站、文化站、执法中队），主要承载着辖区内的社会治安综合治理、民政、文化、科技、教育、卫生、计划生育、安全生产等多项职能。劳保所、统计站）和城管环卫中心（卫生站、物业站、城管站）。辖宁华园社区、园林场社区、农垦建社区、兴磷社区、宁朔南路社区、平吉堡社区等6个社区居委会，有企事业单位45个，驻地部队5个，规模以上企业7家；2016年创建“四星级”社区1个、“三星级”社区3个、“二星级”社区2个，在各单位的支持下，先后解决了平吉堡社区、园林场社区、宁华园社区阵地面积不达标的问题。街道先后获得：全国无邪教社区、自治区社区建设工作先进集体、青年文明社区、全区法制宣传教育先进集体，自治区总工会模范职工之家、全区依法治理示范单位、银川市平安街道等诸多荣誉称号。

【基层党建】 结合民主生活会、组织生活会，每季度组织党员、群众和服务对象开展党员积分、群众满意窗口、党员业务能手和服务标兵等推荐评比活动，努力做到服务事项“零推诿、零积压、零差错、零投诉”，重点从履行岗位职责、群众服务意识、领导干部包联社区责任落实、兑现承诺等内容方面进行评选，通过开展评选活动进行表彰，在党员队伍中树立一批作风硬、能干事、示范作用强的先进典型，切实调动和发挥基层党组织和广大党员在服务中心、推动发展中的战斗堡垒和先锋模范作用，推选出先进基层党组织3个，优秀共产党员7名，优秀党务工作者5名，“两学一做”模范党组织4个，“两学一做”先进个人7名。通过微博、微信、QQ等平台，树立问题导向，带着问题学，针对问题改，使学习教育经常化、常态化，发挥基层党员先锋模范作用。同时，把解决突出问题作为出发点和落脚点，重点实现深入一线“听民意、察民情、解民忧”的常态化，街道全体广大党员干部深入社区，以“六个一”活动为载体，认真贯彻落实区委“千名干部百日大走访”活动精神，引导广大党员干部树立群众立场、增强群众观念、增进群众感情，着力解决人民群众反映强烈的突出问题，提高做好新形势下群众工作的能力。2016年，全街道广大党员干部深入6个社区，召开民情恳谈会11场次，收集群众意见建议14条，召开民情理事会8场次，梳理群众反映问题29条，正在办理5条，协调办理2条，走访困难群众268户，发现困难救助类问题34个，现场解决生活需求问题19个，正在多方协调办理问题15个；物业管理问题10个，现场办理6个；排查安全隐患23处，现场化解矛盾纠纷15余起。

【党建+基层治理模式】 解放思想、大胆创新，立足和谐社区建设需要，通过体制机制创新，将发挥社会组织作用作为社区治理的突破口，探索出了“一核多元”(“一核”即以社区党支部为核心，“多元”即民情理事会、群团组织、市场组织、居民个人等)的基层治理体系。理事会充分遵循“五步工作法”(选题定事、调研明事、协商议事、结果公示、监督执行)，利用“四进访民情”机制，经常联系居民，了解、掌握社情民意，收集、整理、调查居民反映的热点和难点问题；通过促进基层民主协商调研，找到“最大公约数”；按照“三事分流”工作机制，遵循“谁受益、谁监督，谁执行，监督谁”的原则，实行监督执行，达到办实事、解难事、做好事，消散民怨，聚拢民心，最终实现“要我做”向“我要做”转变，从居民的实践中发扬了民主、汇聚了民智、凝聚了人心，提高了社区治理水平。街道建立6个民情理事会，召开会议29场次，提出各类问题32条，办理各类需求21条；民情恳谈会11场次，提出各类问题14条，解决各类问题12个。

【精神文明建设】 结合各社区实际情况，不断创新精神文明建设工作方法，提升工作水平，形成农垦建社区以志愿服务活动为引领的志愿服务型社区，园林场社区以善德孝心为主题的邻里和谐一家亲社区，平吉堡社区以特色文体活动为引领的幸福农场社区，宁朔南路社区以四点半课堂为代表的学习型社区等六个特色鲜明的精神文明新社区，实现精神文明建设全覆盖，大大提高社区居民的归属感和幸福感，赢得居民的认可。先后在辖区创建自治区级文明单位3家，银川市级文明单位6家，西夏区级文明单位8家，有8人被评选为最美西夏人、13人被评选为最美银川人、4人被评选为自治区道德模范、1人被评选为宁夏好人。打造了自治区级“爱心小红帽”优秀志愿服务组织，志愿服务受益群众11000余人。

【综治信访维稳中心】 组建宁华路街道综治信访维稳中心（宁华路街道公共安全监管服务中心），统筹了司法所、安监站、禁毒办、信访办、综治办等站所工作力量，形成了“一中心六站所”工作格局，坚持“四前四先”工作法，实行“五统一”工作流程，建立“六联”工作机制，建立大排查、大综治、大调解工作格局。完善两级人民调解网络，建立街道大调解服务中心，成立劳资、物业、医患、校园等4个专业调委会，社区、厂矿、企业等21家企业调委会，培训建立72名基层调解员队伍。在各社区建立了以小区为单位组建“平安宁华义务巡逻队”13支，完善义务巡防工作机制，做到人员到位、工作到位、保障到位。街道共发生刑事案件44起，查处44起，共发生治安案件45起，其中两会期间上报16起，已全部成功化解。排查传销窝点2处33人，全部依法遣返。受理信访案件7件，按照信访工作程序已全部处理；全年无安全生产事故发生。

【社区阵地建设】 2016年，宁华路街道积极争取西夏区各级部门和辖区单位支持。截至 2016 年年底，宁华路街道平吉堡社区办公楼完工并入驻，办公阵地面积达到2000平方米以上。同时，积极与宁夏农垦集团建设事业有限公司取得联系，有效增加了农垦建社区办公阵地面积，使街道六个社区办公阵地面积全部达到 500 平方米以上。

【社会综合治理】 2016 年，建立以政法综治信息网为平台，以网格长 + 网格员 + 楼栋长 + 网格信息员为基础，在全街道广泛开展知民、安民、暖民、便民、乐民、育民的“六民”工程，通过开展惠民政策宣传、困难群众走访、矛盾纠纷安全大排查、召开民情恳谈会、民情理事会等活动实际了解掌握社情民意，收集、整理、调查居民反映的热点和难点问题，为居民办实事、解难事、做好事，积极做到消散民怨，聚拢民心，汇聚民智，凝聚人心。共收到政法综治信息网平台信息 2746 条，处理平台群众各类诉求 36 条。组织召开民情恳谈会 11 场，走访群众 179 户，收集各类诉求意见 14 条。同辖区 25 个单位签订了社会治安综合治理责任书及安全生产责任书，共排查化解各类矛盾 96 件，化解 92 件，4 件正在处理中；共接受调处网格化事件 36 件，全部化解；共受理信访件 50 件，办结 50 件，并及时转责任单位及时办理，办结率 100%。共受理投诉案 30 件，其中受理西夏区督办来电 19 件，自接来电 11 件，成功率达到 97%，切实做到了小事不出社区，大事不出街道。强化对丰友化工停产、征地拆迁补偿安置等问题的关注力度，调解各类民事矛盾纠纷 36 件，解决主干道路大拆迁过程中遗留问题 10 余件，接待解决群众上访问题 21 次，基本做到老问题结案事了，新问题就地化解。

【民生工程】 协调收回兴磷社区公益性用房，用于社区老年活动阵地；加大平吉堡社区老年日间照料中心项目建设的督查力度，同时积极争取区市社区建设工程项目，解决三个社区阵地不达标问题，加强与红领地、澳海澜庭小区开发商的对接，健全社区服务功能。重点加强了社区“三规范一推进”建设，即规范社区办公模式、规范社区服务职能、规范社区创建标准，集中开展社区服务用房“清退转”活动，清理一站式服务大厅，办公用房转为服务用房近 400 平方米，设立“社区服务站”，提升社区网格管理，实现社区服务职能的转变。深入开展环境整治、助残扶老等志愿服务活动 280 余次，深化和推广“爱飞翔”“知心小红帽”等志愿服务品牌；推行“菜单式”“微心愿”等服务模式，建立“时间银行”“爱心储蓄”等志愿服务激励机制。为辖区居民免费体检 700 余人次，免费发放营养包 570 盒，开展各类培训 15 次；发放灵活就业社保补贴 114 万余元，接管退休人员 3599 人；参加城镇居民医疗保 11656 人，已缴 8927 人；现有低保户 406 户 793 人，清理停发 70 户 137 人，累计发放各类救助补贴金 200 万元，办理住房保障 154 户。

【农垦建社区】 东至农垦巷，西至干沟路，南至银巴路，北至420路，面积4.2平方公里，下设3个小区及五个平房区，居民住宅楼48栋，有住户2650户7755人；有企事业单位2个，非公有制经济组织和新社会组织8个，是一个以农垦建设实业总公司为主的企业型社区。社区有直管党员153名，社区两委班子7人。先后荣获全国无邪教社区、全国综合减灾示范社区、自治区五星级社区、自治区民族团结示范社区、自治区五星级社区工会、自治区充分就业星级社区、自治区知心小红帽优秀服务组织，银川市三区城市社区测评A类、银川市创星晋级四星级和谐社区、西夏区先进基层党组织、“两学一做”模范党支部等多项荣誉称号。

【宁朔南路社区】 位于西夏区宁华路街道江南小区院内，辖区面积2.8平方公里，下设5个居民区，人口2099户5541人。社区直管党员166人。2016年以来，社区党支部通过实施“13461”党建+基层社会治理工作模式，促进基层民主民生，凝聚了居民群众，着力推进服务型党组织建设。曾先后荣获2016年度“平安建设先进集体”“平安社区”等荣誉称号。社区党支部以基层服务型党组织建设为契机，加强对社区党员的教育和管理，利用党员活动室开展经常性教育活动，为社区166名直管党员建立积分制档案，党员开展活动以百分制项目指标进行量化积分考核，社区代管老旧小区过程中，党支部建立党员在居住地发挥作用机制，积极发挥党员先锋模范作用。党支部坚持“三会一课”制度，召开党支部会议、举办党课讲座15场次，组织开展各类活动10次，增强了社区党员的党性和觉悟。党支部还严按照银川市《为民服务发展专项资金的使用和管理办法》申请“温馨休闲大院”项目，并严格认真组织实施。

【宁华园社区】 位于北京西路1338号，东起干沟路，西至青苗路，南至银巴路，北与苗木场相连，面积4.9平方公里；辖区有事业单位5家，企业医院1家，学校2所，幼儿园1家，商业网点33家，非公有制经济组织36个；有居民点8个，2316户，5518人，住宅楼68栋。社区办公阵地面积800余平方米，其中400平方米为市政府出资的社区老年活动中心，内设“老饭桌”、老年图书室、电子阅览室、老年活动室等场所。

【平吉堡社区】 平吉堡社区属农场型社区，辖区东至兴径镇，西至贺兰山下，南至永宁县的黄羊滩农场，北至高新开发区及化肥厂相连。占地面积21万亩(140平方公里)，共有22个居民点。截至2016年底辖区总户数3612户，总人口9472人，辖区共有平吉堡农场等企业单位12家。在平吉堡社区全体工作人员的辛勤努力和宁华路街道等各级部门的帮助与支持下，2016年平吉堡社区被西夏区人民政府评为“人民调解优秀集体”，并建成老年活动中心及日间照料中心2002平方米，着力打造“欢乐在社区 幸福在农场”型社区。

【兴磷社区】 位于北京西路731号嘉兴苑

小区内，东起宏图北街，西到农垦巷，南起北京西路，北至怀远西路兴庆小区。整个社区由鲁祥苑、嘉兴苑、兴庆小区、农垦四区平房，四个片区组成，占地面积3.5平方公里，住户1990户，总人口5970人，其中流动人口280户，730人，低保户49户，90人，社区党支部现有党员169名。辖区单位有第四人民医院、西夏一小、银川北民大附中、四家企事业单位。先后荣获银川市“节水型”社区、西夏区“人口与计划生育知识竞赛”二等奖、西夏区“六五”普法先进集体、西夏区“平安社区”等荣誉称号。

【园林场社区】 位于北京西路园缘小区。辖区东至中国石油宁夏化工厂西院墙，西至沿山路，南至西夏油库，北至套门沟，总面积17.5平方公里。现有居住户数1392户，4426人。社区党员74人，退休人员473人，下岗失业人员152人，享受城市最低生活保障金77户。60岁以上老年人496人，残疾人58人。社区居委会现有工作人员8人，设党支部书记、主任1名，居委会委员4名，协管3名。社区党支部委员4名，与居委会委员交叉任职。社区党支部以“邻里和谐一家亲”为载体，以室内、室外、楼道三大阵地为平台，围绕“邻里识、邻里帮、邻里和、邻里乐”四个方面，建立技术指导、邻里帮扶、矛盾调解、文体指导四个特色功能党小组，重点开展“技能赛、百家宴、故事会、合家游、鲜果会”五大民俗节主题月活动。社区开展的邻里节百家宴、邻里鲜果会非常具有社区特色。

西花园路街道

【概　况】 位于西夏区最东面，东起包兰铁路，西至金波路，南至南环高速公路，北至贺兰山西路，面积约为10.6平方公里。街道下辖康庄社区、西花园社区、福利巷社区、惠民社区、橡民社区、沁园社区、梦园社区、兴洲南路社区、燕宝社区、花半里社区、兴洲苑社区、舜天园社区、锦润社区等13个居委会，有3个老年活动中心，9个居家养老日间照料室，有全国防灾减灾示范社区1个(燕宝)，全国创建无邪教示范社区1个(西花园)，自治区民族团结进步示范社区1个(燕宝)，自治全区先进基层党组织1个(燕宝)，自治区银川市民族团结进步示范社区2个(梦园、花半里)，自治区星级充分就业示范社区1个(福利巷)，银川市创业型示范社区1个(花半里)，银川市科普示范社区2个(舜天园、锦润)，银川市居民自治示范社区1个(橡民)，银川市文明社区4个(梦园、沁园、西花园、康庄)。街道辖区内有兰州铁路局驻银各站段、银川佳通轮胎公司等31家大中型企业事业单位，3家社区卫生服务站。有居民64945人，其中流动人口近2678人。街道党工委、办事处下辖武装部1个、党支部17个，党员1941名。街道办事处下设市民服务中心、党政综合办公室、城管站、劳动保障事务所、计生站、统计站、司法所、文化站和1个图书室。2016年末，有工作人员51人：其中行政编制人员8名、事业编制15名、复转军人7

人，社区工作者9人，职业化工会人员2人，禁毒专干8人，西夏区残联下派1人，三支一扶大学生1人。

【党组织建设】 街道紧紧围绕区委、政府中心工作部署，以“六抓六促”为载体，深入推进基层服务型党组织建设，狠抓党风廉政建设责任制落实，推动全面从严治党向基层延伸，围绕“西夏突破”发展战略，扎实推进重点项目推进，社会管理创新，城乡环境整治，维护和谐稳定等各项工作，为建设幸福和谐美丽平安西花园奠定坚实基础。一年来，街道中心组学习36学时，干部学习48学时，撰写学习心得98篇。分两批次组织街道社区130余名党员干部到自治区警示教育基地进行廉政警示教育，经常性开展法律法规和党性党纪党规教育。以推进“两学一做”教育活动为契机，编印“两学一做”口袋书1000本、廉洁齐家教育读本300本，利用“党建月”开展丰富多彩的党建活动。严格按照比例收取党费，实现失联党员找回率100%、流动党员活动证持证率100%、组织关系回执率100%，推进党支部对党员的规范化管理。圆满完成西夏区第三次党代表、第四次人大代表选举工作。新发展党员6名，转正党员6名。各社区根据自身特点，确定工作重点，舜天园社区打造“五色聚力，幸福舜天园”社区；沁园社区通过开展“沁心工程”，设立便民服务站等七站，满足群众多方面的需求；燕宝社区打造“阳光筑梦型”社区；花半里社区继续打造“590”创业就业型社区；惠民社区打造“惠众安民三情服务”型社区等——夯实了基层服务型党组织建设。加强对“宁夏精神”和社会主义核心价值观的宣传，街道、社区制作宣传展板和条幅50余处，公益广告564块。开展100余场“道德讲堂”活动，加强信息和对外宣传工作，被各级新闻媒体宣传报道232次。

【旧城更新改造】 争取西夏区政府支持橡民A区棚户区改造项目，对供暖管道进行维修、落实了冬季采暖费，对废弃的1、2号楼栋门窗进行封堵，对居留在楼内的闲散人员进行了清理，对其他11栋居民楼在单元楼口安装铁栅栏，消除安全隐患，妥善解决橡民A区冬季上访隐患。实施兴盈七、十队棚户区改造项目。按照西夏区政府安排部署，街道与拆迁办积极做好征地动迁工作，基本完成108户3.4万平方米房屋征收和拆迁任务，与开发商签订了清真寺安置补偿协议，为2017年春季项目启动打好基础，此项工作受到区委、政府主要领导的肯定。实施银西高铁建设项目。与拆迁办、中铁二十一局等单位紧密配合，积极推进银西高铁银吴客专段沿线土地房屋征收，完成四季园锅炉房、车库、围墙、车棚、哈纳斯供气设施等评估。银川火车站广场以北铁路锅炉房、铁路平房区启动征收工作。

【环境综合整治】 持续深入推进“蓝天工程”，投入资金近26万余元，对贺兰山高架桥、宁安医院以东、景园小区周边、石油库周边等处环境卫生进行集中整治，对安居小区、祥乐居小区、商储等小区进行环境面貌提升。坚持开展月末卫生整治，逐步建立社会广泛参与的长效机制。严格落实冬防工作要求，对点火冒烟行为严防死守，对辖区6处燃煤锅炉房进行网格化管理，对裸露渣土用绿网覆盖，确保良好的环境卫生面貌，前三季度，西花园路街道在西夏区卫生长效管理考核中位居第一名。

【民生服务项目】 截至2016年底，低保504户，833人，共发放低保金3080672元，救助慰问困难人员120余人，共计10万余元。辖区共建部队2个，重点优抚对象34人。关爱老年人生活，在社区建成2个老饭桌，1个配餐点，12个老年人活动室。办理失地农民养老保险70人，完成西夏区下达的参保率指标。认证企业退管人员5467人，认证率达99.7%，协查企业退管人员异地协查认证600人，两节慰问20余人，对47名90岁以上退休人员进行慰问，发放慰问品12000余元。街道共登记新增失业人员1167人，安置就业1167人，就业率达到100%；举办了4场招聘会，征集用工岗位615个，实现失业人员再就业550人。举办礼仪、技能、创业培训班5期共计240余人。动员社会力量关爱和帮助残疾人，落实银川市困难残疾人生活补贴273人、重度残疾人护理补贴375人，为53户残疾人争取享受阳光家园托养补助，为51名符合条件居民申请了一级特困残疾人个性化生活服务名额，为27名残疾人申请配发了41件辅助器具。

【社区阵地建设】 共划分网格101个，平均每个网格为547户。2016年，落实锦润社区阵地500平方米；橡民社区新增阵地400平方米、兴洲南社区阵地700平方米。加强拓展智慧型社区建设，在燕宝社区实施智慧型社区试点建设，引进快递柜、人脸识别镜、Wi-Fi全覆盖、摄像头、智慧垃圾箱等项目，实现服务居民从传统面对面服务向电子化、智能化转变，计划近期启动金冠华庭等5个智慧社区建设，进一步提升社区智慧化管理和服务水平。

【计划生育】 2016年，辖区总人口64945人，其中，流动人口2234人，已婚育龄妇女12876人，2016年本期出生人口1295人，男孩654人，女孩641人，其中一孩896人，二孩380人，多孩19人，政策外出生24人，符合全面两孩政策出生165人，人口出生率19.94‰，出生政策符合率98.15%，死亡176人，死亡率2.71‰，人口自然增长率17.23‰。2016年共上报计划生育家庭特别扶助伤残家庭19户30人，死亡家庭3户5人。对1980年以来独生子女伤残、死亡家庭44户进行了补助金发放共计13.6万元。2016年计划生育家庭特别扶助新增9户12人，累计41户64人；发放2015年独生子女保健费1530户，兑现资金62.8575万元；发放2015年统筹城乡居民医疗保险独生子女参保人数3397人，兑现资金23.779万元。2016年出生政策符合率98.15%。为53名符合条件的居民申请了一级特困残疾人个性化生活服务的名额。顺利通过自治区五星级示范街道，银川市流动人口基本公共卫生计生服务均等化示范街道验收，两次接受国家卫计委实地调研。

【综合治理】 街道司法所长邓凤梅被评为自治区“六五”普法先进个人，有2名干部被评为西夏区“六五”普法工作先进个人。共排查各类矛盾纠纷311次，调处304件，调处率98%。成功化解橡民A区冬季采暖、兴业家园一区锅炉房拆迁、燕宝小区供暖、盈北清真寺换届、地中海洗浴中心风机扰民等问题。2016年街道有12个社区被命名为“平安社区”，西花园社区被评命名为全国创建无邪教示范社区。联合派出所共取缔传销窝点83处，劝返传销人员785人，解救误入传销21人，对举报传销有功人员予以表彰奖励。将街道246名吸毒人员全部纳入网格管理，社区(戒毒)康复执行率达到100%，吸毒人员管控率85%。安装摄像头14个，进行突击检查14次，关闭死灰复燃涉黄招待所12家，查封涉黄招待所10家。推行“以房管人”“以铺管人”的流动人口出租房屋管理模式。全年开展安全检查15次，共整治危险路段3处，设立安全警示标志牌35块，排查各类隐患141条，发出安全生产现场整改通知书131份，责令整改通知书10份；检查食品经销企业(商场、超市、批发市场、摊点)126家。

【康庄社区】 东起兴州路，西至西花园南巷，南起北京西路，北至怀远路，总面积约为1平方公里。是铁路最老最旧的小区，共有30栋楼1819户3864人。辖区企事业单位及个体工商户65户。其中60岁以上老年人986人，占到社区总人数的25%以上。社区党支部直管党员现243人。社区办公场所位于西花园南巷78号，面积约400平方米，按照“办公最小化、服务最大化”的原则，社区留出30平方米作为办公用房，其余为居民们打造出健康小屋、妇女之家、电子阅览室、棋牌室及舞蹈排练室等，最全方位地为老百姓服务。

【西花园社区】 西花园社区辖区范围东起西花园南巷，西至丽子园北街，南至北京路，北至怀远路，管辖面积达0.8平方公里。管辖西花园小区：31栋1625户2978人；丽园小区：7栋330户1267人；胜利小区：12栋498户1290人；御景小区2栋84户352人。共有6个居民小区组成，共划分6个网格，居民住宅楼共52栋，现住户2537户，总人口5887人。直管党员302人，物业公司1个，出租房屋95户，流动人口283人。两委班子成员5人，网格员3人，公益性岗位2人，巡逻队1支22人。辖区单位4家，商业网点78家，学校2家，小饭桌7家。重点人员65人，其中银川市第二十四中学是自治区级文明单位。社区居委会办公场所位于西花园南巷78号，面积400平方米左右，为居民们打造出阅览室、活动室、书画室及舞蹈排练室等。社区“康乐家园志愿者工作站”，以“创和谐，共欢乐，发挥余热”的服务理念，为社区居民长期提供便捷、有效的服务，设有四支队伍：便民服务队、“常青藤”

舞蹈队、健康咨询队、巡逻队。

【兴洲南路社区】 兴洲南路社区是典型的“村改居”社区，辖区总面积约0.7平方公里。社区居住着回、汉、蒙、满等少数民族，其中回族占辖区人口总数的17%，总户数3360户6360人。其中回族1126人占总人口的17%，人在户不在的居民有340户1020人，流动人口205户486人，空挂户300多户，社区共有党员99人。社区现成立志愿者服务队3支，文化体育队伍2支。2016年社区利用党建专项资金，为小区居民打造了一个图文并茂的文化墙和休闲小广场，由党支部引领，开展各项文体、娱乐、宣传等各项活动，不断提升社区党员居民的文化素质。

【惠民社区】 惠民社区毗邻银川老火车站，位于兴业家园二区院内。辖区总面积0.8平方公里，有居民小区5个，43栋居民楼，常住3528户、总人口5256人，其中少数民族386人，流动人口884人。低保人员46户（80人），高龄老人94人、孤寡175人、残疾63人，吸毒人员20名。党总支有直管党员176名，下设3个支部。社区有工作人员9名，书记/主任一肩挑，其中“两委”班子成员7名，网格员2名，平均年40岁，大专以上文化占70%。有辖自治区第三人民医院、银川工务段、银川市兴盈综合市场、西花园派出所等7家企事业单位，营业网点887家，共划分7个网格。社区服务阵地712平方米，围绕“2251”工作机制，整合“联合党委”资源，开展“协议+共建”服务机制，拓宽为民服务领域，激发党员先锋引领的作用，带动居民共同参与社区共治共理，提升为民服务质量，以此增强党支部的凝聚力和向心力。

【福利巷社区】 辖区总面积1平方公里，位于怀远路以北福利巷西花苑内，东起西花园北巷，西至丽子园北路，南起怀远路，北至红井巷。辖区有9个居民小区，共64栋楼，住户3329户，居住人口6987人。辖区集体户3536户，企事业单位1个，商业网点289家。社区“两委”班子成员7人，大专以上文化程度7人；平均年龄39岁，35岁以下的1人。“4050“公岗4人。社区党支部直管党员270名。社区办公场地使用面积410平方米，社区以构建“多方位、全覆盖，无死角，零距离”的服务体系为目标，并借助网格化管理新模式，通过走访入户，探索推行“1248”社区党组织服务模式，提升了社区“零盲点”，服务“零距离”推进了服务型党组织建设。

【梦园社区】 辖区总面积2平方公里，由梦园东小区、金冠华庭、兴业家园一区3个居民小区组成，其中梦园东小区为铁路老旧小区。住宅楼39栋，住户1774户，商铺234户，总户数2008户，总人数4160人，划分6个网格。社区现有工作人员9人，其中社区书记兼主任1人、委员兼网格员4人，专职网格员1人、公岗3人，直管党员218人。社区以“文化引领、同心圆梦、共筑和谐家园”为主题，倡导“为百姓搭建舞台，让百姓来唱主角的”的服务理念，以“四园”多功能室为活动平台，围绕国学文化、养生文化、国粹文化、书画文化、早教文化、红色文化、家文化等特色文化开展丰富多彩积极向上的文化活动，使社会主义核心价值观内化为精神追求，外化为自觉行动，实现以文化人、以文育人的目的。梦园社区党支部创新“360 全方位服务”党建载体，建立 3 级组织网络、6 位一体共建模式、0 距离服务标准，将党组织工作体系延伸至每一个党员，以党员联系社区内的每个单位、每楼每户，实现党组织和党的工作全覆盖。

【橡民社区】 辖区东起丽子园北街，西至金波街，南起北京西路，北至贺兰山西路，总面积约 2 平方公里，绿地面积 30 万平方米，辖区单位 5 家，346 家个体商户。所辖 7 个居民小区，共有居民住宅楼 82 栋，住户 8023 户，总人口数约 10360 人。社区支部直管党员 340 名；退休人员 1336 人；60 岁以上老人 728 人，70 岁以上老人 248 人，80 岁以上老人 128 人，90 岁以上老人 10 人；社区优抚对象 3 人，军烈属 1 人，残疾人 138 人，低保户 56 户 92 人；吸毒人员 24 人，强戒 7 人。社区建筑面积 330 平方米，共有 8 支志愿服务队伍，其中“夕阳红”志愿服务队伍在社区实现“老有所养、老有所依、老有所为、老有所乐”，在着力打造“为老服务型”和谐平安社区中发挥巨大作用。2016 年被评为西夏区人民调解先进集体、西夏区三星级和谐社区。

【花半里社区】 位于西夏区东南，东起丽子园南路，西至金波南路，南起南二环路，北至北京西路，总面积为 0.8 平方公里。辖区有 3 个小区，共有 64 栋楼房，总户数为 4335 户，总人数 10200 人。有 1231 户个体工商户。社区实行“网格化管理、组团式服务”共划分为 11 个网格，有专人管理。党支部以“590”工作法为抓手，打造创业型示范社区，通过就业局及群团组织扶持创业平台创造新岗位 16 个，创收 4000 元；培育小企业 7 个，创造新岗位 13 个，人均收入 1600 元；就业率达到 98%。全民投入到“大众创业、万众创新”创业浪潮中。打造商圈党建模式，依托辖区建材城 7 厅 45 户创业示范基地，每月 20、21 日定为爱心奉献日，志愿者免费为辖区孤寡、残疾、以及行动不便的老人义务理发。“希望微创园”现有手工制作人员 27 名，扩展代销商 2 家，并注册了淘宝网店，全年创收 26240 元，实现联合党委和谐共建。

【燕宝社区】 辖区东起宝兰铁路，西至丽子园南路，南起经天路，北到北京西路，面积 0.4 平方公里。社区所辖 2 个居民小区，有住宅楼 71 栋，居住着回、汉、苗族等 12 个民族，总人口是 3584 户 8507 人，其中少数民族是 1536 人，占总人口 18%，有党员 225 人，成立社区志愿者服务队 6 支，文化体育队伍 6 支。380 平方米的老年活动室，室内设施配备齐全，全天向辖区老年人免费开放。在实施党员积分制的基础上，实行“五型”党员管理，以看得见的硬指标推动党员日常教育管理成为新常态，助推党员学习履职取得实效;通过“以房管人”创新机制，实现对流动人口管理水平和服务水平的双提高,“四强化”落实流动人口均等化服务，增强他们的归属感，促进社区平安和谐建设;“五有”为老志愿服务,让老年人“老有所养”“老有所依”;依托468“智能化”服务平台推动社区服务科学发展。

【沁园社区】 辖区总面积0.7平方公里,东起西花园北巷,西至丽子园北街,南起民族风情街,北至贺兰山西路。共有楼房74栋，住户3357户,常住人口7788人,营业网点314户。社区党支部共有党员309名。社区服务阵地560平方米。社区坚持以党建工作为龙头,以“沁心工程”为载体,结合“四项措施保平安、七站服务暖民心”的工作机制,实现“网格化管理、组团式服务”,扎实推进“以房管人”工作体系,提高对流动人口的管理服务水平，同时成立了“沁心卫士”巡逻队,开展以党员为表率的义务巡逻服务，使辖区的治安和卫生状况得到明显改善,有效地维护了社区的安定团结,2016年被西夏区政府授予“平安社区”称号。另外社区根据实际情况,通过整合辖区资源，为居民设立了“健康小屋”,联合第三人民医院志愿者,每年为60岁以上老人提供免费体检,开展健康知识讲座、义诊等活动。

【兴洲苑社区】 位于西夏区丽子园南街233号。辖区东起兴州南街,南起黄河路,北临燕宝花园,西至丽子园南街,辖区占地面积0.2平方公里。有1个居民小区,共有64栋楼人口4072户10180人,划分为7个网格,均有专人负责。各类志愿者队伍3支。注册志愿者362人。社区党支部共有直管党员52名， 其中离退休党员26名，在职直管党员15名。联合大党委有成员单位3家。辖区居民生活配套建设:卫生服务站、诊所、超市等便民服务网点近百家。社区是临时阵地，只有一处办公场所，面积100平方米。社区党支部通过“六点一心”工作模式，实现社区建设社会化,工作规范化,活动娱乐化,服务公众化,不断推进和谐社区建设。

【锦润社区】 位于兴州南街东侧锦润秀府(秀园)小区24号楼2楼,社区阵地面积约500平方米,现未打造。辖区东起包兰铁路，西至兴洲南街,南起南二环路,北至北京西路。辖区占地面积0.8平方公里,属城乡结合部,由失地农民、铁路职工和流动人口三部分人员组成,现有5个居民小区,共有45栋楼,15排平房,清真寺一座,共计3343户5600人。辖区企事业单位11家,个体工商户12家。辖区共分为8个网格，均有专人负责。各类志愿者队伍6支,注册志愿者382人。社区党支部共有党员31名,其中离退休党员21名,在职党员10名。运用“党支部携手志愿者”服务民生模式,组建民乐互助帮办,开展社区志愿者结对帮扶,开展献爱心、送温暖活动。以“网格化管理”为基础，扎实推进“以房管人”,为居民营造一个平安、祥和的生活环境。通过“锦润连心桥”微信公众平台架起社区服务居民的桥梁,解答居民业务咨询，收集民情民意。

【舜天园社区】 辖区面积1.0平方公里。东起金波南街，西至文萃南街，南起南二环，北至经天路。下设3个居民小区，共43栋楼，常住户3283户，总人口4924人，营业网点40户，17家企事业单位。社区服务阵地509平方米，共划分为6个网格，设有“学知园、康乐园、亲子园、才俊园、沁心园”等多功能室。“两委”班子成员6人，公益性岗位4人，网格员1人，大专以上文化程度10人，平均年龄34岁。社区党支部直管党员28人。社区以网格化管理工作为载体，以“三方融入强服务，八园平台促和谐”服务为抓手，用服务凝聚党心民心，靠实干建设幸福家园。通过“四议两公开”程序，推出“幸福舜天园”建设项目。定期举行的联合党委联席会、才俊议事、党员大会等会议，广泛吸纳辖区内企事业单位、社会组织、志愿者服务队伍、党员、居民的参与，平等地、经常性地协商辖区问题，协调社区各类需求，群策群力实现了“平台整合、服务聚合、队伍整合”建设。2016年社区荣获银川市“科普示范社区”荣誉称号。

怀远路街道

【概　况】 西夏区怀远路街道办事处于2016年6月26日经自治区人民政府批准成立，前身是西夏区自主迁徙居民接收管理办公室，简称接管办。下辖八一、农牧场、金阳、芦花台园林场4个社区及“西马银”区域。党工委下设1个机关支部、4个社区党支部及银西临时党支部，现有在册党员167人。辖区位于银川市西夏区中西部，东以原贺兰山西路街道与老芦花乡交界为界，西以110国道为界，南以贺兰山路接至艺校社区边界，北至园林场与南梁农场交界处，总面积138.04平方公里；常住人口12205户、47434人；经2016年第三次全国农业普查摸底，怀远路街道农户共2683户，耕地面积共计106063亩。辖区内有国营农场1个（贺兰山农牧场），各种中小农场26家；有科研院所1家（宁夏农林科学院枸杞研究所）、大中专院校2所（宁夏职业技术学院、宁夏艺术学校）、团以上部队1个（宁夏军区）、专业训练基地1个（宁夏武警消防训练基地）、教育基地1个（宁夏警示教育基地）、规模以上工业企业1家（赛马水泥厂）；辖区内贺兰山西路、新小线、110国道、镇芦路是通往银川西线旅游带的黄金线。辖区内共有9所大中专院校，长期活跃在社区的志愿者服务团队20余个，在“西夏区志愿者网站”注册的志愿者5000余人，定期为辖区老年人、残疾人、少年儿童开展形式多样的服务；辖区现有国家级文明单位2家。2016年街道被授予自治区级爱国拥军模范单位。

【党组织建设】 积极打造“一居一品”服务载体，八一社区以擦亮军徽行动为载体，开展“三进军营”“三进社区”活动，整合军地资源，构筑和谐社区；得到自治区党委常委傅兴国同志高度赞扬。金阳社区探索开展网格化管理和网络化服务的"两网融合"党建服务模式,努力实现服务居民零距离,无死角;农牧场社区以"政企联盟、美我农场"为载体,在社区打造"两好一美"幸福农场;园林场社区以"幸福在他乡"党建载体,建立"流动人口关爱驿站";大力实施"农民工在他乡援助计划" 为流动人口开辟幸福新家园,认真开展"两学一做"学习教育。2016年,共开展中心组专题学习 6 次,专题讨论 3 次,报告会 2 场,党工委书记讲党课 2 次,观看专题片 12 场,演讲比赛 2 场,为党员送书 300 本,发送学习短信 1600 余条。另外做好"千名干部百日大走访活动"。组织辖区 100 余名党员干部深入社区、深入群众,听民意、察民情、解民忧。走访群众 2130 户、慰问困难家庭 28 户、排查矛盾纠纷 53 件、化解信访案件 8 起,收集梳理各类诉求 120 余条,为群众答疑解惑,维护了群众合法权益。

【党风廉政建设】 以街道党工委集中学习为主要形式,深入组织学习贯彻《中国共产党廉洁自律准则》和《中国共产党纪律处分条例》,坚持把纪律和规矩挺在前面。修订完善了街道《落实党风廉政建设主体责任和纪工委监督责任实施方案》,对街道党工委 8 项责任、党工委书记 8 项责任、班子成员 4 项责任和纪工委 6 项责任进行了细化。查找班子及干部个人勤政廉政风险点 16 条,制定防范措施 16 条。严格公务用车管理,单位公务用车的维护、保养以及车辆调配全部由党政办公室统一管理, 节假日期间车辆统一封存, 没有公车私用现象。

【统战和民族宗教】 农牧场社区被推荐创建为银川市级民族团结进步示范社区;农牧场社区、金阳社区成功创建为少数民族流动人口示范社区; 推荐西夏区民族团结模范家庭 1 户,模范个人 1 名。以农牧场社区、金阳社区、芦花台园林场社区为重点,建立少数民族流动人口服务管理网络,开设 "少数民族之家""少数民族流动人口服务站"。帮助少数民族流动人口解决生活、工作中的困难, 不断促进各民族之间互帮互敬,不断探索完善民族工作机制。

【工青妇】 街道工会联合会有基层工会组织 22 个,其中独立建会企业 17 家,机关 1 家,4 个社区联合会。职工 1062 人(农民工 458),职工入会率 98%,春节期间慰问困难职工 112 人次, 发放慰问金 10.5 万元辖区有困难职工 6 户,21 人。按照"金秋助学"活动要求,排摸筛选符合助学学子 1 名,救助资金 5000 元。辖区妇女组织 7 个,组织辖区有就业意愿的妇女,参加"春风行动"专场招聘会,帮助 10 余名妇女实现就业,并与工会、劳保所联合在各社区举办串珠、美容美发等培训班,受培训妇女 280 人次。联合司法所在社区举办妇女维权讲座。推选出"最美家庭"20 户,其中 1 户被评为 2016 年"银川市最美家庭",3 人被西夏区政府授予"三八"红旗手、巾帼创业致富带头人、巾帼创业明星等荣誉称号,形成培育文明家风,争做最美家庭,构建和谐社会的良好氛围。

团组织9个,关注弱势群体,联系西夏区团委为辖区3名贫困家庭大学生捐资助学9000元。

【依法治理】 在“七五”普法开局之年,街道联系辖区各企事业单位、大中专院校、社区居委会、驻地部队,开展法律“十进”系列活动,在重大节点开展不同的法制宣传活动20场次,活动期间接待法律咨询345起。共受理法律援助案件15件,向街道办事处反馈法律建议17次采纳10次;法治培训15场次、“法治西夏”大讲堂活动15场次;举办领导干部法治思维和法治方式系列讲座8场次,开展“法律进校园”活动5场次。设立“一室两站一庭”,构建职工维权绿色通道。与西夏区法院签订建立基层诉调对接协议,在八一社区建立诉调工作室,将工作重心向基层倾斜。司法所与街道综合治理、安全生产、禁毒工作互相联动,完善“大调解”工作网络,着力化解各类矛盾纠纷。今年共调解案件121起,其中疑难5起,涉及金额59万元,排查矛盾纠纷500余次,有效的减少了矛盾纠纷向信访、群访案件转化。严格社区矫正及安置帮教工作,现管理帮教社区服刑人员18人,刑满释放人员14人,安置帮教率92.3%。怀远路司法所成功晋级自治区五星级司法所。辖区单位及社区技防设施覆盖率达到70%,建立8支义务巡防队142人,专业巡防队6支92人。通过网格化管理工作的深入开展,一网多用,大大提升了社区服务工作水平和效率。并在重大节假日期间,开展了多次安全生产大检查,共发放宣传资料3500份,签订安全生产目标责任书30份,签订消防责任目标书31份,新建微型消防站5个,共检查企业146家次,查处企业违规行为300余起,出具限期整改意见书66份,现场处置措施6份;排查治理隐患企业162家次,排查一般隐患230项,整改230项,整改率为100%。

【社会保障】 依托银川(西夏)大学生暨青年人才创业就业孵化基地,街道建立小微创业孵化基地,开展创业能力培训3期,共培养小老板40个,任务完成率200%;培育小企业16家,任务完成率160%;创造新岗位133个,开发创业项目10个,城镇劳动力电子商务培训60人,职业技能鉴定60人。城镇新增就业706人,任务完成率108.6%;城镇困难人员就业61人,任务完成率101.6%;城镇登记失业率控制在4%以内;把消除“零就业家庭”与创建“充分就业社区”结合起来,实现“零就业”家庭动态消零,“充分就业社区”巩固率达100%。向宁夏生态纺织产业灵武示范园输送就业人员20人,为辖区失业人员办理就业失业登记证228本;为19名公益性岗位人员办理劳动合同备案工作;为12名公益性岗位人员办理解除劳动合同备案及失业金领取工作。为132名“4050”灵活就业人员办理社保补贴,补贴金额299159.8元。报送各类创业就业信息18篇。健全社区服务网格27个,通过网格化管理,实现社区服务精细化。严格“应保尽保”的原则,辖区共有城乡低保户107户(农村6户),207人(农村10人),其中特困残疾 52 户，62 人。全年新增低保户 5 户，13 人；停发 32 户，58 人。全年累计发放城乡低保户最低生活保障金 93.5 万元；发放城乡低保户生活补贴 28.72 万元；临时救助 20 户，救助金额 9.54 万元；申请各类保障型住房 64 户。辖区内参加居民养老保险 182 人，统筹城乡居民参加医疗保险登记人员 5529 人。联合社区医院，每月定期开展 60 岁以上老人免费体检活动，并不定期开展老年人常见病知识讲座，为辖区 2150 位老人建立健康档案，协调爱尔眼科医院为 385 位老年人免费检查眼睛。辖区有老年活动中心 4 个，养老服务机构 1 个。八一社区被列为西夏区未成年人社会保护工作试点单位之一，为 16 户未成年人建立档案，通过圆梦计划为 72 名残疾人配备了辅助器具，为 30 名残疾人解决了就业问题。

【人口和计划生育】 辖区育龄妇女人数 5088 人，出生 281 人，出生政策符合率达 96.44%。2016 年共办理一孩生育服务证 200 本，二孩生育服务证 77 本，三孩申报审批 2 对。对符合特别扶助条件的计划生育家庭中独生子女三级以上伤残或子女死亡家庭进行登记申报工作，共为 222 户 309 人发放独生子女费 92750 元。独生子女户医保补贴共发放 559 人，发放金额 46956 元。

【城乡环境卫生】 随着城乡环境综合整治工作的深入开展，街道积极部署、主动出击，协调城管局、环保分局、国土分局等部门联合采取措施，齐抓共管，形成工作合力，投入资金 60 余万元，在辖区开展环境卫生综合整治。清理整治金阳花园西北侧废品收购站及南侧污水沟，扎围栏 100 米，砌围墙 100 米；清理整治金波北路灰砂砖厂，砌围墙高 2.5 米，长 140 米，拆临时活动房 7 间，并对路边进行绿化。同时对新小线、文萃北街、同心北街、镇芦路以及“西马银”等城乡主干道路两侧进行彻底整治，改变了脏乱差的面貌。整治活动共出动人员 2165 人次，机械 45 台次 320 小时，平整土地 40500 平方米，回填沙土 1500 立方米；清理卫生脏点 270 多处，清理垃圾 4000 余立方米；粉刷主干道路沿线彩钢广告 5800 平方米，清理小广告 3000 余条；涂刷宣传标语 19 条；涂红刷白树木 3 万株；拆除违章建筑 4000 平方米，恢复耕地 4.9 亩，消除卫片图斑 6 宗。协调联系建设交通局投入资金 30 万为金阳社区铺设一条长 420 米、宽 6 米柏油路。为便于“西马银”卫生整治，街道配合西夏区环卫处争取垃圾中转站项目，总投资 200 万元，在“西马银”修建 300 平方米综合性垃圾中转站，解决了“西马银”多年来垃圾清理靠风吹、焚烧、填埋的问题。在大气污染防治工作上，成立由街道主任任组长、辖区重点单位为成员的大气污染防治领导小组；街道制定工作方案，采取“一日一排查”“一周一总结”，领导不定期巡查制。积极宣传，利用社区、学校、农场的宣传橱窗、报刊亭、电子屏、小巷红花 QQ 群、微信平台向居民宣传大气污染防治、环境保护法和环保知识，在辖区内张贴禁烧秸秆、保护环境、美化家园倡议书。并利用各种活动在群众中开展冬季大气污染防治传，发放宣传单5000余份，悬挂30余条横幅，同辖区内的农牧场社区种植户签订《秸秆焚烧责任书》1500份。对露天烧烤摊2个、流动小吃摊20多个予以集中整治。组织辖区2名网格员每天到辖区内2处锅炉房检查燃煤锅炉房的洒水降尘、煤质监管的情况。

【人大工作】 结合"两学一做"专题教育，组织人大代表开展座谈、交流和学习活动2次，并根据代表所反映的情况加以归类，形成议案、建议12条。组织代表开展视察和调研活动，先后组织对校园的食品安全、环境整治等工作进行了调研，协调落实了农牧场社区70平方米老年人活动阵地；9月辖区四个选区圆满完成西夏区第四届人民代表选举任务。

【政协委员基层联系点】 联系政协委员多次深入社区了解情况。把八一社区、"西马银"定为调研视察点，年初西夏区政协为西马银困难家庭送去200套取暖炉，为八一社区小农场送去30套取暖炉；开展了八一社区"26个小农场"的户籍、人口、土地、房屋等方面的调研，掌握小农场一手资料，为区委对小农场的决策部署提供科学依据。

【党管武装】 认真落实党工委议军制度，成立民兵组织建设领导小组、征兵工作领导小组等机构，组建了2支68人的民兵分队，民兵情报侦查队伍28人、民兵应急队伍40人；在今年进行了民兵整组点验和训练2次200多人次参与。制作宣传栏10个、印发宣传单3000余份。街道应征青年参加体检、心理测试12人，政审合格3人，向部队输送合格兵员3人，大专以上学历比例达到100%。

【八一社区】 八一社区成立于1976年，辖区总面积32平方公里，东至同心北路，西至西干渠，南至贺兰山路，北与农牧场交接。辖区总户数4682户，总人口14492人。现有直管党员42人，双拥优抚对象29人，军属433户、部队离退休干部92户。社区含有26个小农场，8个辖区单位（军区招待所、军区干休所、军区医院、军区幼儿园、宁夏艺术职业学院、银西防护林、农科园艺研究所、西干渠四所），101家个体工商户，一个新建小区常春藤高层住宅区。社区现有室内办公场所860平方米，另常春藤小区新增阵地680平方米。领导班子健全，现有工作人员12名（其中公益性岗位5人），平均年龄33岁，其中大专及以上文化水平7人，高中文化2人。各项工作制度健全，注重服务质量和水平，借助常春藤小区"智慧社区"工程建设，采取一站式办公，打造各项功能室，为居民提供方便、快捷、亲切、满意的服务。结合社区实际，以"擦亮军徽"双拥六进为特色活动，分别开展了以"社区文艺进军营""法制宣传进军营""双拥服务进军营""志愿服务进社区""医疗义诊进社区""国防教育进社区"活动。同时社区整合共建单位资源，与西夏区法院联合开展"诉调一条线"人民调解活动，将法院的人力资源及相关法律知识直接引入社区，排查化解居民之间的矛盾纠纷，促进和谐社区建设。通过引入“香柏树播音主持”培训机构及其他社区组织，加入“四点半课堂”建设，开展“香柏树下的红领巾”活动，进行对孩子兴趣培养、读书作画等课业辅导，为年轻父母解决后顾之忧，使居民满意度和幸福感得到进一步提升。社区先后获“两学一做模范党组织”“先进基层党组织”“五个好社区”“文明社区”“民族团结模范社区”“充分就业社区”“无传销社区”“无毒社区”“平安社区”“军民共建先进单位”“依法治理示范单位”等荣誉称号。

【金阳社区】 位于西夏区金波北街金阳花园B区门口，辖区面积2.2平方公里。东与芦花乡接壤、西至马场路、南至农牧场四清沟，北至塑料厂老牧一渠。辖区共有住户1889户共5615人，其中流动人口2030人。辖区单位6个，个体户152个，2016年成立大党委。由于社区流动人口多、居民综合素质亟待提高、缺乏归属感等客观实际，以“金子般服务·阳光般温暖”为党建载体，通过“145”(一个核心。四支队伍。五在社区)工作机制全力打造基层服务型党组织。

【园林场社区】 成立于1991年3月，位于银川市西夏区。辖区总面积3.2万亩，下设6个居民点，辖区居民总数898户2763人，社区党支部现有党员18人。辖区居民居住分散，流动人口多，占总人口的三分之二，居民主要靠种植枸杞、酿酒葡萄为主。社区以“五项好服务幸福在他乡”为党建载体，以服务辖区流动人口为切入点，创新活动载体，丰富活动内容，为民服务水平不断提高。

【农牧场社区】 位于文萃北路，西至镇北堡，东至马场路，北至园林场，南至四清沟。辖区面积208平方公里，下辖30个居民片区，有4个辖区单位(贺兰山实业公司、茂盛草业公司、农牧场卫生院及西夏区第十八小学)。现有居民5033户，16047人，其中流动人口4512人、少数民族758人，在岗职工1017人，退休职工1182人。农牧场社区居委会成立于2003年8月，2012年8月建立社区党支部。

人物与集体

领导简介

【雍　辉】 银川市西夏区委书记。男，汉族，1966年2月出生，宁夏中卫人，1988年7月入党，1989年8月参加工作，宁夏农学院水利系农田水利工程专业毕业。1985年9月至1989年7月，在宁夏农学院水利系农田水利工程专业学习。1989年8月至1992年7月，任银川市水电工程处干部。1992年7月至1996年12月，任银川市水电工程处副队长。1996年12月至1998年9月，任银川市水利局水政水资源科科长。1998年9月至2002年9月，任银川市水政监察支队副队长。2002年9月至2007年12月，任银川市水务局防汛办主任。2007年12月至2012年5月，任银川市水务局党组成员、副局长。2012年5月至2012年12月，任银川市水务局党组副书记（正处级）、副局长。2012年12月至2015年1月，任银川市水务局党组书记、局长。2015年1月至2016年5月，任银川市财政局党组书记、局长。2016年5月至2016年8月，任银川市政府副秘书长，市财政局党组书记、局长。2016年8月，任银川市西夏区委书记。

【刘　虹】 西夏区委副书记、政府党组书记、区长。女，汉族，1969年11月出生，辽宁大连人，1995年5月入党，1991年8月参加工作，东北工学院工业会计专业毕业。1987年9月至1991年7月，在东北工学院工业会计专业学习。1991年8月至1998年4月，在银川市城区财政局工作。1998年4月至2002年1月，任银川市城区财政局副局长。2002年1月至2006年10月，任银川市城区（兴庆区）财政局局长。2006年10月至2008年12月，任银川市兴庆区党委常委。2008年12月至2010年7月，任银川市贺兰县委常委。2010年7月至2011年9月，任银川市贺兰县委常委、副县长。2011年9月至2012年3月，任银川市财政局副局长、党组成员。2012年3月至2012年5月，任银川市审计局党组书记。2012年5月至2016年1月，任银川市审计局党组书记、局长。2016年1月，任银川市西夏区委副书记、政府党组书记、区长。

【党　成】 银川公路铁路运输物流服务中心党工委书记、主任，西夏区委副书记、政法委书记。男，汉族，1971年6月出生，宁夏青铜峡人，1995年7月参加工作，宁夏大学历史教育专业毕业。1996年7月入党，1991年9月至1995年7月，在宁夏大学历史系历史教育专业学习。1995年7月至1997年2月，任宁夏青铜峡市教育局工作。1997年2月至19989年10月，任银川市城区新华街街道办事处党务专干。1998年10月至1999年9月，任银川市城区政府办公室秘书。1999年9月至2000年2月，任银川市城区文化街街道党工委委员、人武部长。2000年2月至2002年3月，任银川市城区文化街街道党工委副书记、人武部长。2002年3月至2003年2月，任银川市兴庆区委组织部副科级组织员。2003年2月至2005年1月，任银川市兴庆区解放西街党工委副书记、办事处主任。2005年1月至2008年11月，任银川市兴庆区政府办公室主任。2008年11月至2009年3月，任银川市兴庆区党委办公室主任。2009年3月至2011年1月，任银川市纪委办公室主任(副处级)。2011年1月至2012年5月，任银川市纪委效能监察室主任。2012年5月至2013年1月，任银川市监察局副局长。2013年1月至2014年10月，任银川市西夏区委常委、纪委书记。2014年10月至2016年9月，任银川市西夏区委常委、副区长。2016年9月至2016年10月，任银川市西夏区委副书记。2016年10月至2016年12月，任银川市西夏区委副书记、政法委书记。2016年12月任银川公路铁路运输物流服务中心党工委书记，西夏区委副书记、政法委书记。

【杨　晨】 银川市西夏区委常委、宣传部部长。女，汉族，1974年5月出生，河北保定人，1997年11月入党，1998年9月参加工作，宁夏党校公共管理专业毕业。1994年9月至1998年7月，任宁夏农学院经济管理专业学习。1998年9月至2006年4月，任银川高新技术开发区工商局科员。2006年4月至2007年2月，任自治区工商局个体处科员。2007年2月至2010年5月，任自治区工商局个体处副主任科员。2010年5月至2014年12月，任自治区工商局个体私营经济监督管理处主任科员。2014年12月至2016年6月，任自治区工商行政管理局个体私营经济监督管理处副调研员。2016年6月至2016年6月，任自治区工商行政管理局反垄断与反不正当竞争执法局副局长。2016年6月，任银川市西夏区委常委、宣传部部长。

【路爱宁】 银川市西夏区委常委、组织部部长。男，汉族，1975年1月出生，宁夏贺兰人，1999年7月参加工作，宁夏大学历史教育专业毕业。2002年3月入党，1995年9月至1999年7月，在宁夏大学历史教育专业学习。1999年7月至2000年7月，在西安陆军学院大学生轮训部培训。2000年7月至2002年6月，任兰州军区给水工程团一营一连副连职排长兼技术员。2002年6月至2003年3月，任兰州军区给水工程团司令部副连职参谋。2003年3月至2003年8月，任兰州军区给水工程团教导队队长。2003年8月至2006年3月，任兰州军区给水工程团警通连连长。2006年3月至2006年10月，转业待安置。2006年10月至2008年4月，任银川市委组织部科员。2008年4月至2011年4月，任银川市委组织部副科级组织员。2011年4月至2011年8月，任银川市委组织部主任科员。2011年8月至

2014 年 5 月，任银川市委组织部公务员主管(科长)。2014 年 5 月至 2015 年 6 月，任银川市委组织部公务员主管(科长)，银川市领导干部考试与测评中心主任。2015 年 6 月至 2016 年 8 月，任银川市委组织部干部管理主管(科长)。2016 年 8 月，任银川市西夏区委常委、组织部部长。

【贺满庭】 银川市西夏区委常委、统战部部长。男，汉族，1972 年 5 月出生，宁夏盐池人，1991 年 12 月参加工作，中央党校法律专业毕业。1993 年 11 月入党，1991 年 12 月至 1994 年 12 月，在武警陕西总队服役。1994 年 12 月至 1995 年 10 月待安置。1995 年 10 月至 2001 年 2 月，在盐池县人民法院工作。2001 年 2 月至 2001 年 9 月，任盐池县人民法院副主任科员。2001 年 9 月至 2003 年 2 月，在银川市兴庆区政法委工作。2003 年 2 月至 2003 年 7 月，任银川市兴庆区永固乡党委副书记，武装部长。2003 年 7 月至 2005 年 1 月，任银川市兴庆区掌政镇党委委员、人武部部长。2005 年 1 月至 2007 年 11 月，任银川市兴庆区中山南街党工委书记，人武部部长。2007 年 11 月至 2008 年 9 月，任银川市国土资源局西夏分局副局长。2008 年 9 月至 2011 年 3 月，任银川市国土资源局西夏分局主任科员、副局长。2011 年 3 月至 2012 年 10 月，任银川市国土资源局兴庆分局局长。2012 年 10 月至 2016 年 9 月，任银川市贺兰县人民政府党组成员、副县长。2016 年 9 月，任银川市西夏区委常委、统战部部长。

【邵中宏】 银川市西夏区委常委，兴泾镇党委书记。男，汉族，1972 年 7 月出生，宁夏平罗人，1993 年 8 月参加工作，宁夏大学(函授)汉语言文学教育专业毕业。2001 年 4 月入党，1989 年 9 月至 1993 年 6 月，在甘肃省临洮师范学校小学教育专业中专学习。1993 年 8 月至 1997 年 8 月，在银川铁路小学教书。1997 年 8 月至 1998 年 2 月，在宁夏固原铁路小学参加教学交流。1998 年 2 月至 1998 年 8 月，在宁夏大武口铁路小学参加教学交流。1998 年 8 月至 2003 年 9 月，任银川市铁路第一小学教导副主任。2003 年 9 月至 2004 年 11 月，任银川市西夏区四小教导副主任。2004 年 11 月至 2008 年 1 月，任银川经济技术开发区西夏工业园管委会干部。2008 年 1 月至 2011 年 12 月，任银川市西夏区政府行政服务中心副主任，兼政府办公室副主任。2011 年 12 月至 2012 年 3 月，任银川市西夏区工商联党组成员、秘书长。2012 年 3 月至 2012 年 11 月，任银川市西夏区工商联党组成员、秘书长，西夏区非公有制企业工作委员会副书记。2012 年 11 月至 2013 年 3 月，任银川市西夏区西花园路街道党工委副书记、办事处主任，西夏区非公有制企业工作委员会副书记。2013 年 3 月至 2015 年 1 月，任银川市西夏区西花园路街道党工委副书记、办事处主任。2015 年 1 月至 2016 年 9 月，任银川市西夏区兴泾镇党委书记、人大主席。2016 年 9 月，任银川市西夏区委常委，兴泾镇党委书记、人大主席。

【杨振如】 银川市西夏区人大常委会党组书记、主任。男，回族，1962 年 11 月出生，宁夏灵武人，1982 年 7 月参加工作，中国政法大学经济法学经济学专业在职研究生毕业。1985 年 8 月入党，1979 年 7 月至 1982 年 7 月，在银南农业机械化学校农机管理专业学习。1982 年 7 月至 1993 年 7 月，在灵武县计委工作。1993 年 7 月至 1998 年 3 月，任灵武市计委副主任。1998 年 3 月至 2002 年 4 月，任灵武市计委主任。2002 年 4 月至 2003 年 4 月，任灵武市政府办公室主任。2003 年 4 月至 2006 年 12 月，任银川市发展计划委员会(发展和改革委员会)助理调研员。2006 年 12 月至 2007 年 9，任银川市西夏区副区长。2007 年 9 月至 2008 年 12 月，任永宁县委常委、副县长。2008 年 12 月至 2013 年 2 月，任银川市发展和改革委员会副主任。2013 年 2 月至 2013 年 10 月，任银川市发展和改革委员会副主任、党组成员、调研员，市物价局局长。2013 年 10 月至 2015 年 4 月，任银川市政府副秘书长、市政府办公厅调研员。2015 年 4 月至 2016 年 8 月，任银川市公共资源交易中心党组书记、主任。2016 年 8 月至 2016 年 11 月，任银川市西夏区人大常委会党组书记。2016 年 11 月，任银川市西夏区人大常委会党组书记、主任。

【林克川】 银川市西夏区人大常委会副主任。男，汉族，1963 年 11 月出生，江苏丹阳人，民进会员，1985 年 7 月参加工作，宁夏农学院畜牧兽医专业毕业。1981 年 9 月至 1985 年 7 月，在宁夏农学院畜牧兽医专业学习。1985 年 7 月至 1991 年 5 月，在银川市郊区畜牧站工作。1991 年 5 月至 1998 年 9 月，任银川市农业局畜牧科科员。1998 年 9 月至 2002 年 7 月，任银川市农业局副主任科员。2002 年 7 月至 2008 年 12 月，任银川市农牧局综合科副科长。2008 年 12 月至 2011 年 3 月，任银川市农牧局农机科主任科员。2011 年 3 月至 2011 年 4 月，任银川市农牧局农业机械主管。2011 年 4 月至 2016 年 2 月，任银川市农牧局畜牧主管。2016 年 2 月，任银川市西夏区人大常委会副主任。

【王立平】 银川市西夏区人大常委会副主任、党组成员。男，汉族，1970 年 6 月出生，河北保定人，1990 年 1 月参加工作，中央党校函授学院经济管理专业毕业。1995 年 1 月入党，1990 年 1 月至 1993 年 11 月，在宁夏海原县农业局工作。1993 年 11 月至 1997 年 10 月，在宁夏海原县计委工作。1997 年 10 月至 1998 年 5 月，任银川市原新城区文昌路街道办事处干部。1998 年 5 月至 2002 年 11 月，任银川市原新城区政府办公室干部。2002 年 11 月至 2004 年 3 月，任银川市西夏区政府办公室干部。2004 年 3 月至 2008 年 4 月，任银川市西夏区经济发展统计局副局长、党委委员。2008 年 4 月至 2009 年 3 月，任银川市西夏区镇北堡镇党委副书记。2009 年 3 月至 2009 年 9 月，任银川市西夏区经济发展统计局副局长（正科级）。2009 年 9 月至 2010 年 8 月，任银川市西夏区经济发展局副局长。2010 年 8 月至

2011 年 8 月，任银川市西夏区经济发展局局长。2011 年 8 月至 2016 年 11 月，任银川市西夏区政府办公室主任。2016 年 11 月至 2016 年 12 月，任银川市西夏区人大常委会副主任、党组成员，西夏区政府办公室主任。2016 年 12 月，任银川市西夏区人大常委会副主任、党组成员。

【侯自强】 银川市西夏区副区长、党组成员。男，汉族，1979 年 10 月出生，宁夏中宁人，2003 年 5 月参加工作，中国政法大学律师专业在职毕业 2004 年 6 月入党，。1997 年 8 月至 1999 年 7 月，在宁夏司法警官学校法律专业学习。1999 年 7 月至 2003 年 5 月，任毕业待分配。2003 年 5 月至 2009 年 7 月，在中宁县石空镇政府工作。2009 年 7 月至 2009 年 12 月，任中宁县红苑社区党支部副书记。2009 年 12 月至 2010 年 1 月，任中宁县余丁乡人民政府副乡长。2010 年 1 月至 2010 年 3 月，任中卫市委办公室副科级干部。2010 年 3 月至 2012 年 3 月，任中卫市委办公室秘书一科副科长。2012 年 3 月至 2012 年 9 月，任银川市委办公厅综合处副科级干部。2012 年 9 月至 2015 年 12 月，任银川市委办公厅综合事务主管（期间：2013 年 6 月至 2015 年 12 挂任银川市委办公厅主任助理）。2015 年 12 月至 2016 年 9 月，任银川市委办公厅副主任、综合事务主管。2016 年 9 月至 2016 年 9 月，提名为银川市西夏区副区长人选，政府党组成员。2016 年 9 月，任银川市西夏区人民政府副区长、党组成员。

【姜　永】 银川市西夏区人民政府副区长，党组成员。男，汉族，1972 年 9 月出生，宁夏永宁人，1996 年 8 月参加工作，宁夏区委党校法律专业毕业。1998 年 8 月入党，1993 年 9 月至 1996 年 7 月，在宁夏农学院园林系果树蔬菜专业学习。1996 年 8 月至 2003 年 7 月，任永宁县通桥乡政府文书兼出纳。2003 年 7 月至 2004 年 4 月，任永宁县望远镇组检干事。2004 年 4 月至 2005 年 4 月，任永宁县闽宁镇中滩村党支部书记（挂职）。2005 年 4 月至 2007 年 11 月，任永宁县闽宁镇党委副书记。2007 年 11 月至 2011 年 8 月，任永宁县杨和街道党工委副书记、办事处主任。2011 年 8 月至 2012 年 8 月，任永宁县李俊镇党委副书记、镇长。2012 年 8 月至 2014 年 11 月，任永宁县李俊镇党委书记、人大主席团主席。2014 年 11 月至 2015 年 7 月，任永宁县工业信息化和商务局（经济技术合作局）局长。2015 年 7 月至 2016 年 9 月，任永宁县工业信息化和商务局（经济技术合作局）党委书记、局长，县非公有制经济组织党工委委员。2016 年 9 月至 2016 年 9 月，提名为银川市西夏区副区长人选，政府党组成员。2016 年 9 月，任银川市西夏区副区长，党组成员。

【马秀英】 银川市西夏区副区长、党组成员。女，回族，1972 年 3 月出生，甘肃临夏人，1988 年 7 月参加工作，中央党校函授学院法律专业毕业。1997 年 3 月入党，1984 年 9 月至 1988 年 7 月，在宁夏体育运动学校田径专业学习。1988 年 7 月至 1990 年 10

月，在宁夏体委体工大队工作。1990 年 10 月至 1992 年 11 月，任银川市新城区教育局干部。1992 年 11 月至 2002 年 11 月，任银川市新城区长城（北京西路）街道办事处干部。2002 年 11 月至 2004 年 3 月，任银川市西夏区北京西路街道办事处干部。2004 年 3 月至 2008 年 2 月，任银川市西夏区宁华路街道办事处副主任、党工委委员。2008 年 2 月至 2009 年 9 月，任银川市西夏区宁华路街道党工委副书记、办事处主任。2009 年 9 月至 2010 年 2 月，任银川市西夏区宁华路街道党工委书记。2010 年 2 月至 2010 年 3 月，任银川市西夏区经济技术合作局局长。2010 年 3 月至 2012 年 6 月，任银川市西夏区经济技术合作局局长兼银川经济技术开发区西区协调服务办公室副主任。2012 年 6 月至 2012 年 10 月，任银川市西夏区财政局党支部书记、财政局局长，政府采购办主任，银川经济技术开发区西区协调服务办公室副主任。2012 年 10 月至 2013 年 1 月，任银川市西夏区财政局党支部书记、财政局局长，政府采购办主任，银川经济技术开发区西区协调服务办公室副主任，银川润夏权益有限公司副总经理。2013 年 1 月至 2015 年 12 月，任银川市西夏区财政局党支部书记、财政局局长，政府采购办主任，银川经济技术开发区西区协调服务办公室副主任，银川润夏权益有限公司副总经理、董事。2015 年 12 月至 2016 年 11 月，任银川市西夏区财政局党支部书记、财政局局长、政府采购办主任、银川经济技术开发区西区协调服务办公室副主任。2016 年 11 月至 2016 年 12 月，任银川市西夏区副区长、党组成员，财政局局长。2016 年 12 月，任银川市西夏区副区长、党组成员。

【裴建宁】 银川市西夏区政协党组书记、主席。男，汉族，1969 年 12 月出生，宁夏银川人，1989 年 2 月参加工作，中央党校函授学院行政管理专业毕业。1993 年 11 月入党，1989 年 2 月至 1995 年 3 月，任银川市郊区掌政乡财政所干部。1995 年 3 月至 1997 年 7 月，任银川市郊区财政局干部。1997 年 7 月至 1998 年 6 月，任银川市郊区党委组织部组织干事。1998 年 6 月至 2000 年 6 月，任银川市郊区党委组织部副科级组织员。2000 年 6 月至 2004 年 6 月，任银川市郊区（金凤区）党委组织部副部长。2004 年 6 月至 2006 年 10 月，任银川市金凤区党委办公室主任。2006 年 10 月至 2007 年 12 月，任银川市金凤区党委常委、党办主任。2007 年 12 月至 2008 年 12 月，任银川市金凤区党委常委、统战部部长。2008 年 12 月至 2011 年 9 月，任银川市西夏区委常委、纪委书记。2011 年 9 月至 2013 年 1 月，任银川市西夏区委常委、副区长、党组成员。2013 年 1 月至 2014 年 10 月，任银川市西夏区副区长、银川公路铁路运输物流服务中心主任。2014 年 10 月至 2016 年 8 月，任银川市西夏区政府党组成员，银川公路铁路运输物流服务中心党工委书记、主任。2016 年 8 月至 2016 年 11 月，任银川市西夏区政协党组副书记、银川公路铁路运输物流服务中心党工委书记、主任。2016 年 11 月至2016年12月，任银川市西夏区政协党组书记、主席，银川公路铁路运输物流服务中心党工委书记、主任。2016年12月至2017年1月，任银川市西夏区政协党组书记、主席，银川公路铁路运输物流服务中心主任。2017年1月，任银川市西夏区政协党组书记、主席。

【孙春芳】 银川市西夏区政协副主席、党组成员，城管环卫党工委书记、城市管理综合执法局局长、爱国卫生运动委员会办公室主任。女，汉族，1968年2月出生，山西临猗人，1988年7月参加工作，中央党校函授学院法律专业毕业。1998年3月入党，1982年8月至1988年7月，在宁夏体育运动学校体育专业中专学习。1988年7月至1988年11月，任宁夏体委体育工作大队运动员。1988年11月至2000年2月，在银川市原新城区劳动服务公司工作。2000年2月至2002年6月，在银川市原新城区暂住人口管理局工作。2002年6月至2002年11月，任银川市原新城区劳动就业服务局干部。2002年11月至2004年3月，任银川市西夏区劳动就业服务局干部。2004年3月至2009年10月，任银川市西夏区劳动就业服务局副局长。2009年10月至2012年6月，任银川市西夏区文化体育旅游局副局长。2012年6月至2012年9月，任银川市西夏区文化体育旅游局副局长、主任科员。2012年9月至2012年11月，任银川市西夏区城管环卫党工委委员、城市管理综合执法局副局长，爱国卫生运动委员会办公室主任。2012年11月至2013年2月，任银川市西夏区城管环卫党工委委员、爱国卫生运动委员会办公室主任，兼任西夏区政府办公室副主任。2013年2月至2014年3月，任银川市西夏区城管环卫党工委委员、爱国卫生运动委员会办公室主任，兼任西夏区政府办公室副主任、精神文明办公室主任。2014年3月至2015年1月，任银川市西夏区贺兰山西路街道党工委书记、西夏区城管环卫党工委委员、爱国卫生运动委员会办公室主任。2015年1月至2015年10月，任银川市西夏区贺兰山西路街道党工委书记。2015年10月至2016年11月，任银川市西夏区城管环卫党工委书记、城市管理综合执法局局长、爱国卫生运动委员会办公室主任。2016年11月，任银川市西夏区政协副主席、党组成员，城管环卫党工委书记、城市管理综合执法局局长、爱国卫生运动委员会办公室主任。

【吴永东】 银川公路铁路运输物流服务中心副主任、党工委委员。男，汉族，1968年10月出生，宁夏永宁人，1990年8月参加工作，宁夏党校经济管理专业毕业。1991年10月入党，1986年7月至1990年8月，在宁夏水利学校农田水利专业学习。1990年8月至1998年12月，在永宁县仁存乡工作。1998年12月至1999年1月，任永宁县仁存乡党委委员、副乡长候选人。1999年1月至2003年5月，任永宁县仁存乡党委委员、副乡长。2003年5月至2003年7月，任永宁县仁存乡党委委员、副书记、纪委委员、纪委书记。2003 年 7 月至 2006 年 9 月，任永宁县李俊镇党委副书记、纪委书记。2006 年 9 月至 2007 年 11 月，任永宁县望远镇党委副书记。2007 年 11 月至 2009 年 1 月，任永宁县望远镇党委副书记、人大主席团主席。2009 年 1 月至 2009 年 8 月，任永宁县胜利乡党委书记、乡长。2009 年 8 月至 2010 年 1 月，任永宁县胜利乡党委书记、人大主席团主席。2010 年 1 月至 2012 年 6 月，任永宁县委办公室主任。2012 年 6 月至 2012 年 8 月，任永宁县委委员、县委办公室主任、银川望远工业园区管委会副主任。2012 年 8 月至 2014 年 11 月，任永宁县委委员、银川望远工业园区党工委委员、管委会副主任。2014 年 11 月至 2016 年 6 月，任永宁县委委员、银川望远工业园区党工委委员、管委会副主任，永宁县望远镇党委书记、人大主席团主席。2016 年 6 月至 2016 年 8 月，任永宁县委委员、银川望远工业园区党工委委员、管委会副主任。2016 年 8 月至 2016 年 10 月，任银川公路铁路运输物流服务中心副主任。2016 年 10 月，任银川公路铁路运输物流服务中心副主任、党工委委员。

【马立新】 银川市西夏区人民法院党组书记、院长。男，回族，1968 年 9 月出生，宁夏贺兰人，1989 年 7 月参加工作，西北政法大学法律专业在职毕业。1995 年 11 月入党，1987 年 9 月至 1989 年 7 月，在宁夏广播电视大学中文系汉语言文学专业学习。1989 年 7 月至 1992 年 1 月，任贺兰县金贵中学教师。1992 年 1 月至 1998 年 9 月，任银川市中级人民法院书记员。1998 年 9 月至 2005 年 7 月，任银川中级人民法院助理审判员。2005 年 7 月至 2007 年 8 月，任银川市中级人民法院研究室副主任（副科）。2007 年 8 月至 2008 年 6 月，任银川市中级人民法院审判员（副科）。2008 年 6 月至 2010 年 4 月，任银川市中级人民法院政治处副主任(正科)。2010 年 4 月至 2011 年 10 月，任银川市中级人民法院研究室主任。2011 年 10 月至 2012 年 4 月，任银川市中级人民法院审委会委员、研究室主任。2012 年 4 月至 2012 年 10 月，任银川市中级人民法院审委会委员、副处级审判员、研究室主任。2012 年 10 月至 2016 年 8 月，任银川市永宁县人民法院院长。2016 年 8 月至 2016 年 9 月，任银川市西夏区人民法院党组书记、提名为西夏区人民法院院长候选人。2016 年 9 月至 2016 年 11 月，任银川市西夏区人民法院党组书记、代院长。2016 年 11 月，任银川市西夏区人民法院党组书记、院长。

【王安云】 银川市西夏区人民检察院党组书记、检察长。男，汉族，1965 年 3 月出生，宁夏灵武人，1989 年 7 月参加工作，西北政法学院法律专业毕业。1991 年 6 月入党，1985 年 9 月至 1989 年 7 月，在西北政法学院法律专业学习。1989 年 7 月至 1991 年 11 月，在银川市灵武县杜木桥乡工作。1991 年 11 月至 1998 年 4 月，在银川市灵武县人民法院工作。1998 年 4 月至 2002 年 4 月，任银川市灵武市人民法院新华桥法庭庭长。2002 年 4 月至 2004 年 3 月，任银川市灵武市人民法院立案庭庭长(正科级)。2004年3月至2007年5月，任银川市灵武市人民法院民事审判庭一庭庭长。2007年5月至2008年8月，任银川市灵武市人民法院党组成员、副院长。2008年8月至2016年8月，任银川市灵武市人民检察院党组成员、副检察长。2016年8月至2016年9月，任银川市西夏区人民检察院党组书记、提名为西夏区人民检察院检察长候选人。2016年9月至2016年11月，任银川市西夏区人民检察院党组书记、西夏区人民检察院代检察长。2016年11月，任银川市西夏区人民检察院党组书记、人民检察院检察长。

【马　峰】 银川市公安局西夏区公安分局党委副书记、政委。男，汉族，1967年3月出生，陕西绥德人，1985年10月参加工作，中国人民公安大学法学专业在职毕业。1988年7月入党，1985年10月至1989年3月，在青海武警总队服役。1989年3月至1993年2月，任陕西省米脂县公安局科员。1993年2月至2001年4月，任银川市公安局兴庆区分局刑警大队科员。2001年4月至2004年6月，任银川市公安局兴庆区分局刑警大队前进街中队队长。2004年6月至2006年11月，任银川市公安局兴庆区分局刑警大队副大队长。2006年11月至2008年8月，任银川市公安局兴庆区分局刑警大队教导员。2008年8月至2012年11月，任银川市公安局兴庆区分局刑事侦查大队大队长。2012年11月至2013年5月，任银川市公安局技术侦查支队副支队长。2013年5月至2015年12月，任银川市公安局西夏区分局副局长。2015年12月至2016年7月，任银川市公安局刑事犯罪侦查支队政委。2016年7月，任银川市公安局西夏区公安分局党委副书记、政委。

见义勇为先进个人事迹

【张晓东】 2015年9月27日，西夏区国家税务局副局长张晓东携家人驾私家车前往武汉。下午3点半左右，途经河南信阳高速公路段时，突然发现前面一辆白色越野车撞击道路左侧防护栏后停在一边。张晓东放慢车速，发现车内有驾驶员一人满身是血，张晓东果断停车施救。他将肇事车内的提包和手机妥善保管，架起伤者穿过车流走上自己的车，然后拨打110报警，请求警车和120到最近的高速公路出口处接应，同时打开导航寻找最近的高速出口和医院。车辆驶出信阳高速后，张晓东发现并驶入了前方的信阳第五医院，但由于伤情严重，该医院没有处置能力。在医院给伤者进行简单包扎后，将病人抬上120救护车，将伤者送往信阳中心医院。一路上，张晓东拿着伤者的提包和手机，开车紧紧跟在120后面，并用伤者的手机联系到了伤者家属。到达信阳中心医院后，张晓东垫支了各项检查费用并积极办理住院手续进行急救，经检查，伤者颅骨塌陷，颅内出血，头部外伤，左眼球严重受伤，非常危急，迅速转往武汉人民医院急救。高速公路交警前往现场勘察后赶到医院，伤者的妻子和儿子也从 300 公里外的郑州赶到医院。当着警察的面，张晓东将伤者装有大额现金和贵重物品的提包及手机原封不动交给伤者的儿子，当伤者的儿子拿出 1 万元现金硬塞给他表示感谢时，被他婉拒，并悄然离开了信阳市。由于伤者抢救及时，虽然左眼永久性失明，但生命转危为安，事后，张晓东守口如瓶，直到当地公安机关顺着身份证信息向宁夏区国税局发来感谢信后，他见义勇为的事迹才被人们传颂开。张晓东在工作、学习、生活中做过的助人为乐、见义勇为的好事还有多起，其中能够找到证明人或当事人的自 2000 年起至今就有 8 次，救助车祸伤员、当街擒获抢劫者、送返幼儿园走失儿童、救援失火车辆等。2016 年，西夏区委、政府授予张晓东“见义勇为先进个人”称号。

【朱志杰、袁生、黄春琪】 2016 年 11 月 26 日 14 时许，西夏区农牧场社区贺兰山家园 B 区的观景湖中，两名小男孩在无大人看管的情况下到湖面滑冰，因为天暖冰层很薄，在玩耍的过程中冰面突然破裂，大一点的孩子俞潮瞬间落入水中不见踪影，小一些的孩子张兵吓得哭着跑上前去拉俞潮，结果张兵也掉到了水中。正在危急时刻，闻声赶来的朱志杰、袁生、黄春琪不畏危险，跳入湖中进行救援，在三人的共同努力下，最终将落水的张兵、俞潮救了上来。此时，两个小孩都已经处于昏迷状态，120 急救车赶到现场，经过医生的紧急抢救，两个小男孩最终脱离了危险。朱志杰、袁生、黄春琪见孩子得救，便悄然离开。后经核查，救人的朱志杰系西夏区北方民族大学附属中学高二年级学生，黄春琪系西夏区农牧场社区贺兰山家园 B 区居民，袁生系银川市第八中学学生。2016 年，西夏区委、政府决定授予朱志杰、袁生、黄春琪“见义勇为先进个人”称号。

个人名(录)表

【第二届“最美西夏人”名录】

1.敬业奉献先进个人

周　斌	西夏区第八小学副校长
林　栋	西夏区城管局干部
陶卫国	西夏区卫生监督所所长

2.助人为乐先进个人

杨凤彩	西花园路街道梦园社区居民
哈秀兰	贺兰山西路街道书香苑社区居民

3.孝老爱亲先进个人

刘　刚	西夏区公安分局政治处副主任
汪银香	宁华路街道宁华园社区居民

4.见义勇为先进个人

朱志杰	北方民族大学附属中学高二(2)班学生
袁　生	银川市第八中学初三(1)班学生
黄春琪	怀远路街道农牧场社区居民

【西夏区平安建设先进个人名录】

田晓霞	西夏区人力资源和社会保障局局长
石彦斌	西夏区综治办专职副主任
陈学忠	西夏区政府办公室副主任
张小莉	西夏区农牧水务局副局长

包顺琴　西夏区民族宗教事务局宗教干部
胡纪康　西夏区委办公室秘书
王银娥　西夏区财政局会计
涂焕应　西夏区教育局副局长
李淑云　西夏区信访局工作人员
贺　晨　西夏区团委综治专干
白秀桃　西夏区民政局专干
白　金　西夏区机关事务管理局副局长
陆仓州　西夏区公安分局刑警大队便衣队科员
白　燕　西夏区检察院侦查监督科科长
郑鼎丽　西夏区法院刑事审判庭副庭长、女工委主任
石　倩　西夏区司法局科员
高小龙　西夏区镇北堡镇副镇长
兰旭辉　西夏区兴泾镇社会事业管理办公室主任
李　娜　西夏区文昌路街道宁朔北路社区书记
刘　洁　西夏区文昌路街道同安苑社区书记
刘红琴　西夏区宁华路街道办事处副主任
邢春宁　西夏区怀远路街道办事处综治专干
吴雪梅　西夏区西花园路街道花半里社区党支部书记
刘学华　西夏区贺西街道办良渠稍村书记
温丽萍　西夏区北京西路街道办事处综治专干
马素玲　西夏区北京西路街道地矿局社区书记、主任
李锦梅　西夏区宁华路街道农垦建社区社区书记、主任
韩　珺　西夏区朔方路街道办事处综治专干
郭红梅　西夏区朔方路街道玫瑰园社区书记
陈少云　西夏区兴盈实业公司经理

【西夏区政法工作先进个人名录】

王继斌　西夏区政法委常务副书记、秘书长
侯卫东　西夏区公安分局法制大队教导员
寇　斌　西夏区公安分局缉毒大队副大队长
王朝水　西夏区公安分局北京西路派出所所长
杨倩茹　西夏区检察院民行科负责人
任　薇　西夏区检察院检察员
朱晓霞　西夏区法院民一庭副庭长
唐玉强　西夏区人民法院民事审判二庭助理审判员
李福星　西夏区司法局朔方路司法所所长
曹　雪　西夏区司法局科员

【西夏区防范处理邪教先进个人名录】

陈　波　西夏区政法委 610 专干
李　兰　西夏区公安分局沙城子派出所所长
周方东　西夏区公安分局宁华路派出所教导员
汪树彦　西夏区公安分局西花园路派出所副所长
于　颖　西夏区文昌路街道副主任

杨晓梅　西夏区文昌路街道翟靖巷社区书记
白　燕　西夏区西花园路街道梦园社区综治专干
牛卫华　西夏区西花园路街道西花园社区综治专干
李亚杰　西夏区宁华路街道兴磷社区社区书记、主任
谭丽丽　西夏区宁华路街道平吉堡社区综治专干

【西夏区铁路护路联防工作先进个人名录】

王晓茹　西夏区护路办护路专干
杨宝明　西夏区兴泾镇兴盛村党支部书记、主任
韩　燕　西夏区西花园路街道燕宝社区护路专干
周晓军　西夏区贺兰山西路街道良渠稍村副主任
张红丽　西夏区第四小学大队辅导员

【西夏区优秀铁道小卫士名录】

刘子陆　西夏区第四小学学生
马雨璇　西夏区第四小学学生
刘建鑫　西夏区良渠稍小学学生
鄢博凯　西夏区兴泾镇回民一小学生
马玉虎　西夏区芦花学校学生

【西夏区人民调解工作先进个人名录】

田兴明　西夏区镇北堡镇团结村人民调解委员会主任
杨　辉　西夏区镇北堡镇人民调解委员会调解员
李　雅　西夏区镇北堡镇人民调解委员会调解员
易建华　西夏区兴泾镇人民调解委员会调解员
马占仓　西夏区兴泾镇人民调解委员会调解员
杨　广　西夏区兴泾镇黄花村人民调解委员会调解员
胡　倩　西夏区文昌路街道人民调解委员会调解员
何小蓉　西夏区文昌路街道艺术巷社区人民调解委员会调解员
张文净　西夏区文昌路街道宁朔北社区人民调解委员会调解员
李　燕　西夏区西花园路街道康庄社区人民调解委员会调解员
汪晓艳　西夏区西花园路街道兴洲苑社区人民调解委员会会调解员
于兰凤　西夏区西花园路街道惠民社区人民调解委员会调解员
赵伟刚　西夏区西夏区婚姻家庭纠纷人民调解委员会调解员
乔桂云　西夏区朔方路街道正茂社区人民调解委员会调解员
吴　艳　西夏区朔方路街道宁安社区人民调解委员会调解员
雍丽侠　西夏区朔方路街道二一七社区人民调解委员会调解员
马　丽　西夏区宁华路街道人民调解委员会调解员
刘彩霞　西夏区宁华路街道园林场社区

人民调解委员会调解员

方　媛　西夏区宁华路街道平吉堡社区人民调解委员会调解员

刘淑琴　西夏区宁华路街道宁朔南社区人民调解委员会调解员

陆春芳　西夏区贺兰山西路街道南梁社区人民调解委员会调解员

赵　蕾　西夏区贺兰山西路街道赛马社区人民调解委员会调解员

周晓军　西夏区贺兰山西路街道良渠稍村人民调解委员会调解员

张　蕾　西夏区北京西路街道人民调解委员会调解员

乔　瑛　西夏区北京西路街道星光巷社区人民调解委员会调解员

李银红　西夏区北京西路街道地矿局社区人民调解委员会调解员

谢占海　西夏区怀远路街道人民调解委员会调解员

海　荣　西夏区怀远路街道人民调解委员会调解员

刘海霞　西夏区怀远路街道八一社区人民调解委员会调解员

张金香　西夏区怀远路街道园林场社区人民调解委员会调解员

【西夏区信访工作先进个人名录】

蒋　博　西夏区委办公室秘书

郭彦彤　西夏区政府办公室机要秘书

韩建国　西夏区司法局朔方路司法所综治、信访专干

张建峰　西夏区司法局镇北堡司法所所长

张晶明　西夏区城管局纪工委书记

窦元胜　西夏区物业管理服务中心主任

王金山　西夏区劳动监察大队大队长

常　超　西夏区劳动监察大队劳动保障监察员

冯小宾　西夏区信访局工作人员

张　中　西夏区公安分局纪委民警

张　瑛　西夏区法院立案庭副庭长

糟海莲　西夏区兴泾镇政府信访专干

丁保仓　西夏区兴泾镇泾河村村支书

王　静　西夏区镇北堡镇政府综治办综治专干

曹东旭　西夏区镇北堡昊苑村村委会党支部书记

查天珍　西夏区宁华路街道园林场社区党支部书记、主任

李建新　西夏区文昌路街道办事处信访专干

杨建红　西夏区北京西路街道办事处信访专干

俞永忠　西夏区怀远路街道办事处信访专干

沙　辰　西夏区朔方路街道办事处主任助理

沈宴宏　西夏区朔方路街道梧桐社区书记

郝宏波　西夏区西花园路街道办事处信访专干

安格平　西夏区贺兰山西路街道办事处副主任

朱　林　西夏区教育局副局长

沙海军　西夏区建设交通局副局长

韩　刚　西夏区法制办主任

葛玉霞　　西夏区信访法律服务(援助)中心律师
王维萍　　西夏区农牧水务局纪工委书记
顾继升　　西夏区综治办信访专干
张　惠　　西夏区工信局专干
陈志明　　西夏区检察院控申科科长
先淑婷　　西夏区纪委案件监督管理室(信访局)主任

集体名录(表)

【2016 年绩效考评优秀等次获得者单位名录】

西夏区委办公室
西夏区人大常委会办公室
西夏区政府办公室
西夏区政协办公室
文昌路街道办事处
镇北堡镇
兴泾镇
西花园路街道办事处
西夏区委组织部(机关党工委)
西夏区委宣传部(文明办)
西夏区工会
西夏区委统战部(民宗局)
西夏区纪检委(监察局)
西夏区城管局(爱卫办、市容环境卫生服务中心、物业办)
西夏区人民法院
西夏区委政法委(综治办、610 办)
西夏区文体旅游局
西夏区教育局(教育督查室)
西夏区人社局(就创局)
西夏区财政局(会计核算中心)
西夏区经发局
西夏区建设交通局(土地征迁办)

【2016 年绩效考核良好等次获得者单位名录】

西夏区残联
西夏区妇联
西夏区委老干部局
西夏区审计局
西夏区人民检察院
西夏区统计局
西夏区民政局
西夏区政务服务中心
西夏区信访局
西夏区农牧水务局(扶贫办)
西夏区公铁物流服务中心
西夏区商贸物流与经合局
北京西路街道办事处
宁华路街道办事处
贺兰山西路街道办事处
西夏区机关事务管理局

【2016 年绩效考核一般等次获得者单位名录】

西夏区编办
西夏区团委
西夏区司法局
西夏区安监局
西夏区科技局(科协)
西夏区卫计局
西夏区林业和葡萄产业局
西夏区工业和信息化局(工商联)

西夏区朔方路街道办事处

西夏区怀远路街道办事处

【2016 年垂管部门绩效考评一等奖获得者单位名录】

西夏区公安分局

西夏区南区地税局

西夏区国税局

西夏区北区地税局

西夏区交警一大队

西夏区交警二大队

西夏区供电服务中心

西夏区消防大队

西夏区环保分局

【2016 年垂管部门绩效考评二等奖获得者单位名录】

西夏区国土分局

西夏区市场监管局

【2016 年绩效考核争先奖获得者单位名录】

西夏区委组织部(机关党工委)

西夏区纪委(监察局)

西夏区委统战部(民宗局)

镇北堡镇

【2016 年绩效考核进位奖获得者单位名录】

西夏区委政法委(综治办、610 办)

西夏区文体旅游局

【2016 年绩效考核获得创新工作的单位】

单位名称	创新内容
编办、怀远路街道办事处	1.创新在自发移民地区成立街道办事处,积极稳妥地推进解决“西马银”历史遗留问题,为全区提供示范和样板
镇北堡镇	2.深化东西协作,全力打造宁夏华西村对口扶贫典范
镇北堡镇	3.抢抓机遇,乘势而上,被成功列入全国第一批特色小镇
文体旅游局	4.发挥优势,打造特色,被确定为国家首批全域旅游示范县区创建单位
团委	5.“向阳花”关爱“三失”青少年,促进下一代健康成长
经发局	6.通过与社会资本合作,将镇北堡镇打造成为国家发改委深化城镇基础设施投融资模式创新特色镇
政法委、兴泾镇	7.充分发挥少数民族特色,创建穆斯林爱路护路宣传驿站
经合局	8.深挖资源培育新业态,着力打造“宁夏电商谷”新平台
文体旅游局	9.设立智慧便民公共体育服务平台,被自治区列为基本公共体育服务示范县区
政法委、司法局	10.建成公共法律服务(援助)中心,率先在全区构建覆盖城乡的公共法律服务体系
教育局	11.探索构建“互联网 + 三全(全员、全园、全方位)”育德模式,打造“全国影视教育实验区”
文体旅 游局	12.搭建非遗展示、传承、销售一体化平台,文化产业基地获得良好社会效应
就创局	13.采用“政府引导 + 多方参与 + 市场运作 + 规范管理 + 配套服务”工作模式,全面打造西夏新市民劳务市场

西花园路街道办事处

西夏区农牧水务局

西夏区民族宗教局

西夏区经济发展局

【2016年安全生产目标责任书兑现名录】

一等奖：

西夏区公安分局治安大队

西夏区安全生产监督管理局

西夏区消防大队

西夏区交警一大队

西夏区交警二大队

西夏区工信局

西夏区教育局

西夏区文体旅游局

银川市市场监督管理局西夏分局

二等奖：

镇北堡镇人民政府

兴泾镇人民政府

北京西路街道办事处

贺兰山西路街道办事处

文昌路街道办事处

西花园路街道办事处

怀远路街道办事处

西夏区商贸物流与经合局

西夏区农牧水务局

西夏区城管局

西夏区国控公司

西夏区民政局

银川市国土资源局西夏分局

三等奖：

西夏区工会

西夏区林业和葡萄产业局

西夏区卫生和计划生育局

【西夏区平安建设先进集体名录】

西夏区西花园路街道办事处

西夏区文昌路街道办事处

西夏区宁华路派出所

西夏区宁华路街道宁朔南路社区

西夏区北京西路街道纺苑社区

西夏区怀远路街道八一社区

西夏区朔方路街道恩和社区

西夏区贺兰山西路街道书香苑社区

西夏区兴泾镇泾河村

西夏区镇北堡镇昊苑村

【西夏区优秀政法机关服务型窗口单位名录】

西夏区公安分局市民大厅窗口

西夏区公安分局北京西路派出所

西夏区检察院控申科

西夏区人民法院立案庭

西夏区公共法律服务(援助)中心

【西夏区国家安全人民防线先进单位名录】

西夏区北京西路街道办事处

西夏区公安分局国保大队

【西夏区人民调解工作先进集体名录】

西夏区镇北堡镇人民调解委员会

西夏区镇北堡团结村清真寺伊玛目调解室

西夏区兴泾镇兴盛村人民调解委员会

西夏区文昌路街道人民调解委员会

西夏区文昌路街道同安苑社区人民调解委

员会

西花园路街道人民调解委员会

西夏区西花园路街道橡民社区人民调解委员会

西夏区朔方路街道人民调解委员会

西夏区朔方路街道恩和社区人民调解委员会

西夏区宁华路街道人民调解委员会

西夏区宁华路街道平吉堡社区人民调解委员会

西夏区贺兰山西路街道三闸村社区人民调解委员会

西夏区北京西路街道人民调解委员会

西夏区怀远路街道人民调解委员会

宁夏贺兰山国家级自然保护管理局人民调解委员会

【西夏区信访工作先进集体名录】

西夏区信访局

西夏区公安分局

西夏区人力资源和社会保障局

西夏区拆迁安置办公室

西夏区兴泾镇人民政府

西夏区怀远路街道办事处

西夏区镇北堡镇团结村村民委员会

附　录

一、文件选编

关于全面推进西夏区政务公开工作的实施意见

（2017–2020 年）

全面推进政务公开是增强政府工作透明度、提高政府公信力执行力的重要手段，是推进政府职能转变、加快建设法治政府的重要内容。根据《中共中央办公厅　国务院办公厅印发关于全面推进政务公开工作的意见》（中办发〔2016〕8 号）《自治区党委办公厅　人民政府办公厅印发〈关于全面推进政务公开工作的意见〉的通知》（宁党办发〔2016〕67 号）和《中共银川市委办公厅　银川市人民政府办公厅印发〈关于全面推进全市政务公开工作的实施意见〉的通知》（银党办发〔2016〕99 号）要求，结合西夏区实际，现就西夏区全面推进政务公开工作提出如下实施意见。

一、把握总体要求，明确工作目标

（一）指导思想

认真贯彻落实党的十八大和十八届三中、四中、五中、六中全会精神，深入贯彻落实习近平总书记系列重要讲话精神和治国理政新理念新思想新战略，按照“五位一体”总体布局和“四个全面”战略布局，紧扣自治区“四个宁夏”和建设“两宜两化”西北重要中心城市的总体要求，围绕西夏区第三次党代会提出的“转型突破、跨越发展，建设美好西夏”的奋斗目标和“六大战略”，深入推进依法行政，坚持以公开为常态、不公开为例外，全面推进政务公开，深化简政放权、放管结合、优化服务改革，加快建设法治政府、创新政府、廉洁政府和服务型政府。

（二）基本原则

坚持全面公开。紧紧围绕各级党委、政府中心工作和人民群众关注关切，全面推进行政决策公开、执行公开、管理公开、服务公开和结果公开，增强政府公信力、执行力，保障人民群众知情权、参与权、表达权、监督权。

坚持依法依规。认真落实《中华人民共和国政府信息公开条例》，明确政务公开的主体、内容、标准、方式、程序，加快推进权力清单、责任清单、负面清单公开，提高依法公开工作水平。

坚持改革创新。坚持把创新突破作为推进政务公开工作的重要手段，创新公开理念，创新体制机制，创新方式方法，创新技术手段，注重精细化、可操作性，不断提升公开的质量和实效。

坚持正面导向。以新闻媒体为载体，加强权威信息发布，强化重大主题宣传，正确解读重大政策，引导社会正确认知，凝聚社会共识，实现政务公开的精确“制导”。

坚持群众参与。以社会需求为导向，推行“互联网 + 政务”，深入开展政企、政民、政社互动，扩大公众参与，促进政府有效施政，提升人民群众实实在在的“获得感”。

(三)工作目标

2017年，夯实基础、完善机制。完善政务公开组织体系，深化政务公开制度建设，强化政务公开顶层设计和统筹协调，规范政务公开内容和方式，以面向基层、面向群众为重点，创新公开理念、方法、渠道，明确政务公开主体、内容、标准、流程、平台、时限等，建立统筹协调有力、工作运转顺畅的政务公开工作机制，在信息公开、政策解读、回应关切、公众参与等各环节实现新突破。2017年，将政务公开工作纳入绩效考核。

2018年，持续深化，重点突破。深化政务公开内容，建立依申请公开配套制度，规范行政复议、行政诉讼协调机制，加大重点领域公开力度，整合各级政务信息资源，完善官方网站、微博、微信等公开载体建设，“互联网 + 政务”不断融合，扩大公众参与、政府数据开放等创新工作取得实效，公开的制度化、标准化、信息化水平显著提升。

2020年，全面落实，成为常态。全面落实自治区、银川市和本实施意见的各项要求，西夏区政务公开负面清单制度全面实行，政务公开内容覆盖权力运行全流程、政务服务全过程，形成各级行政机关更加公开透明、制度建设更加完备、政府信息获取更加便捷的新格局，以政府更加公开透明赢得人民群众更多理解、信任和支持。

二、推进政务阳光透明，提升公开实效

(一)深入推进深化改革事项公开

1.全面推进权力清单和责任清单公开。2016年6月底，西夏区人民政府的“两个清单”已全面公开，同时建立健全了“两个清单”动态调整机制，确保每半年开展一次全面清理规范，及时公开调整和变更情况，方便公众获取和监督，切实做到法定职责必须为，法无授权不可为(编办、法制办牵头，政府各部门具体落实)。

2.推进市场监管公开透明。行政执法部门围绕事中事后监管，建立健全随机抽取检查对象，随机抽取检查人员、检查结果公开的“双随机一公开”监管模式，依法公开随机抽查事项清单，明确抽查依据、主体、内容、方式等，及时公布抽查情况及查处结果(各行政执法部门具体落实)。

3.推进政务服务公开。推动政务服务事项办理由政务大厅向网上办事大厅延伸，逐步实现服务事项在线咨询、网上办理、电子督查。行业主管部门要全力推进学校、公交等公共企业单位办事公开，并在年内制定完善具体实施办法，督促指导所有公共事企业单位编制发布公共服务事项目录和服务指南，方便企业和群众办事(政务服务中心牵头，政府各有关部门具体落实)。

(二)深入推进经济发展事项公开

1.经济社会政策公开。加大稳增长、促

改革、调结构、惠民生、防风险等方面的政策公开力度，及时公布支持“双创”、培育发展新动能、改造提升传统动能，深挖内需潜力、优化产业结构、扩大对外开放等方面的政策措施。及时公布招商引资、工业扶持、农业农村、金融强区、开放经济、招才引智、智慧城市、电子商务，以及房地产、新能源材料等方面的支持政策，公开申报程序、标准和结果。对外公开的重大政策，通过政府网站开设专栏、设立微博微信专题、增强政策公开的系统性、针对性、可读性（政府办公室牵头，信息中心、经发局、扶贫办、工信局、经合局等相关部门具体落实）。

2.政府投资的重大建设项目信息公开。围绕道路交通、农田水利、老旧小区改造等项目，以及教育、卫生、文化事业建设，做好审批、核准、备案、实施等信息的公开，加大在线监测、执法检查等监督执法信息的公开力度，以公开提升公共产品供给质量。做好政府和社会资本合作（PPP）项目的信息征集和推介工作，及时发布各项名称、建设地址、建设内容、投资规模、拟采取政府和社会资本合作（PPP）方式等内容，及时公开项目合同和回报机制、项目实施情况等内容，激发社会资本投资活力（经发局牵头，政府各相关部门具体落实）。

3.公共资源配置领域信息公开。推动公共资源交易平台透明运行，依法公开公共资源交易平台交易情况；政府采购和建设工程项目的招标公告、变更补遗；项目资格审查结果；开标区当日进场交易项目信息；政府采购和建设工程项目的中标公示等信息。实现公共资源配置全流程公开和信息资源共享（财政局、建设交通局牵头，政府各部门具体落实）。

4.减税降费信息公开。加大降成本系列政策措施的公开力度，重点公开支持小微企业、促进就业创业、兼并重组等方面的税收优惠和减免政策，及时公布行政事业性收费、政府性基金及实施政府定价或指导价的经营服务性收费目录清单。充分发挥各类新媒体的主动推送功能，提高政策知晓度和传播率（工信局、财政局牵头，政府各部门具体落实）。

5.国有企业运营监管信息公开。依法依规、及时准确披露国有资本整体运营情况、企业国有资产保值增值及经营业绩考核有关情况、国有资产监管制度和监督检查情况等。推动国有企业产权和股权转让、增资扩股等方面的信息公开和结果公示。及时公开国有企业改革重组、公司治理及管理架构、财务状况、重要人事变动、企业负责人薪酬等信息（财政局牵头，政府各相关部门、国控公司、润夏公司、文投公司具体落实）。

（三）深入推进民生改善事项公开

1.扶贫工作信息公开。围绕实施精准扶贫、精准脱贫，多渠道及时公开财政、教育、产业、金融、劳务、社保兜底等扶贫政策及执行情况。公开扶持资金和互助资金的拨付使用，产业、民生、基础设施项目安排和实施，机关单位结对帮扶及脱贫退出等信息。公开年度减贫责任书、建档立卡贫困人口脱贫计划、精准扶贫专项行动和专项工程信息及落实。加强和规范公募扶贫款物管理,及时公开捐赠款物使用情况,提高社会扶贫公信力和透明度(扶贫办、财政局、民政局具体落实)。

2.社会救助信息公开。低保和特困人员救助方面,重点公开城乡低保对象人数、特困人员人数、低保标准、补助水平、资金支出等情况;医疗救助方面,重点公开救助对象的人次数、资金支出等情况;临时救助方面,重点公开救助对象的户次数、救助水平、资金支出等情况。(民政局具体落实)。

3.就业创业信息公开。多渠道公开税费减免、创业培训、项目推荐、资金扶持、小额担保贷款等政策措施。公开相关补贴申领条件、申领程序等信息。加强面向农村劳动力、就业困难人员、高校毕业生等就业专项活动的公开工作。及时公开就业供求信息,进一步做好国有企事业单位人员招录信息和人力资源市场供求信息的发布工作,扩大就业信息服务的受众面。编制公布农民工权益清单、维权流程图和侵权投诉方式等信息(人社局具体落实)。

4.棚户区改造等信息公开。主动发布和准确解读棚户区改造范围、补偿标准、产权评估、安置计划、安置方式及完成情况等内容。全面公开农村危房改造政府补助标准、危房等级评定标准、危改户贫困类别认定、政府补助申请程序及资金拨付方式等内容(建设交通局具体落实)。

5.教育卫生领域信息公开。公开教育督导报告、义务教育均衡发展督导评估反馈意见、全面改善教育薄弱学校基本办学条件工作进展和实施成效等内容。推进义务教育划片工作程序、内容、结果,随迁子女入学办法、入学流程、证件要求和办理方式公开。加快推进医疗卫生机构资质、诊疗管理制度、服务项目、诊疗流程、收费依据和标准、医疗报销规定和程序、便民措施、医疗投诉方式等信息公开(教育局、卫生和计划生育局、人社局牵头,相关单位配合落实)。

(四)深入推进政府自身建设信息公开

1.决策公开。严格执行《宁夏回族自治区重大行政决策规则》(自治区人民政府令第 74 号),严格按照公众参与、专家论证、风险评估、合法性审查、集体讨论决定等重大行政决策法定程序办事。积极实行重大决策预公开,扩大公众参与,对社会关注度高的决策事项,除依法应当保密的外,在决策前应向社会公开相关信息,征求公众意见,及时反馈意见采纳情况,说明不予采纳的理由(政府办公室牵头,政府各部门具体落实)。

2.政策执行和落实情况公开。围绕西夏区委、政府重点工作、发展规划提出的重要事项,特别是自治区党委、政府及银川市委、市政府部署的改革任务、民生举措,公开执行措施、实施步骤、责任分工、监督方式等内容,实事求是公布进展和完成情况。定期公开人大代表建议和政协委员提案办理情况。进一步加大对督查发现问题及整改落实、奖惩情况的公开力度,促进重大政策措施有效落实。深化政府及其各部门财政预决算、公共资金、公共资源等审计结果及整改情况公开,以公开推动审计查处问题的整改(政府办公室、审计局牵头,政府

各部门具体落实）。

3. 财政资金信息公开。要重点公开教育、医疗卫生、社会保障和就业、住房保障、涉农补贴等民生支出情况，包括项目名称、预算规模、补助标准、发放程序、资金分配结果等。深入推进“三公”经费预决算公开。各部门要严格按照《地方预决算公开操作规程》，及时公开部门预决算及报表，包括收支总体情况和财政拨款收支情况，同时一并公开本部门的职责、机构设置情况、预决算收支增减变化、机关运行经费以及政府采购等情况的说明（财政局牵头，各相关部门具体落实）。

三、加强政府与公众互动交流，扩大政务开放参与

（一）加强政策解读力度

1.建立政策解读机制。把政策解读与政策制定工作同步考虑，按照“谁起草、谁解读”的原则，牵头起草部门应加强事前社会风险评估，制定信息发布、意见征求、解读和回应的整体方案，并将文件草案、解读方案和解读材料一并报批。相关解读材料于文件公开后 3 个工作日内在政府网站和媒体发布，同时公布相关操作流程和咨询电话。政府主要负责人 1 年内解读重要政策措施不少于 2 次。要充分发挥政策参与制定者、专家学者的作用，积极适应网络传播特点，更多运用图片、图表、图解等方式，提高政策解读的针对性、科学性、权威性和实效性，让群众“听得懂”“信得过”（政府办公室牵头，政府各部门具体落实）。

2.积极回应社会关切。建立健全政务舆情收集、研判、处置和回应机制，对重要舆情、媒体关切等热点问题，要及时借助媒体、网站、微博、微信等渠道发布准确权威信息。遇有重大突发事件、重要社会关切时，主要负责同志要当好“第一新闻发言人”，带头接受媒体采访。特别是重大突发事件发生后，应在 24 小时内举行新闻发布会，表明立场态度，发出权威声音（宣传部、政府办公室牵头，政府各部门具体落实）。

3.做好依申请公开。规范公开程序，公布受理的事项目录、申请程序、办理时限等。对于经审核认定可以让社会广泛知晓的政府信息，在答复申请人的同时，应通过主动公开渠道予以公开。对涉及多个部门的申请事项，要加强会商协调，依法依规妥善办理（政府各部门具体落实）

（二）扩大公众参与

1.加大政民互动力度。围绕政府重点工作、重要政策制定和社会关注热点等，通过西夏区政府网站政民互动板块，运用微博、微信等新媒体，扩大公众参与渠道和范围，发挥好公众在需求调查、建言献策、社会监督等方面的作用，提高政府公共政策制定、公共管理、公共服务的响应速度。通过政务公开让公众更大程度参与政策制定、执行和监督，汇众智、定政策、抓落实，不断完善政策，改进工作。加强区长信箱、政府热线、在线访谈、网友留言、意见征集、建言献策等互动平台建设，畅通群众诉求反映和回应渠道，妥善处置公众诉求，接受社会公众监督（政府办公室牵头，政府各部门具体落实）。

2.建立公众建言建议反馈机制。研究探

索不同层级、不同领域公众参与的事项种类和方式,积极开展政府开放日、网络问政等多种主题活动,加强互动交流,增进公众对政府工作的认同和支持。及时向社会公布公众意见和建议采纳情况,提升公众参与实效(宣传部、政府办公室牵头,政府各部门具体落实)。

四、加强平台建设,优化融合政务公开渠道

(一)加强政府门户网站建设

强化政府网站政务公开作用,完善西夏区政府门户网站查询功能,加强管理维护,将政府网站打造成主动、及时、全面、准确发布权威政府信息的主渠道。公开内容正式生成后,应在10个工作日内发布,重大政策要在5个工作日内公开。确保政府门户网站和部门网站每周至少更新1次。及时转载、链接中共中央、国务院,自治区党委、人民政府和市委、市政府公开的重大政策信息(政府办公室、信息中心牵头,政府各部门具体落实)。

(二)充分发挥新闻媒体作用

1.加强与新闻媒体的沟通联系。充分发挥新闻媒体发布信息、解读政策、引领舆论、回应关切、推动工作等积极作用。对重要会议活动、重大决策部署,经济运行和社会发展重要动态等方面的信息,统筹运用传统媒体、网络平台、新媒体做好发布工作,注重通过主流媒体及其新媒体在重要版面、重要时段及时报道解读(宣传部、政府办公室牵头,政府各部门具体落实)。

2.畅通媒体采访渠道。适时安排媒体、新闻网站代表参与西夏区重要会议和重要活动,积极为新闻媒体采访、了解重大决策和政策、掌握权威信息等创造条件(宣传部、政府办公室牵头,政府各部门具体落实)。

3.打造政务公开新媒体平台。通过政务微博、微信和移动客户端等新媒体平台,加大新媒体发布政府权威信息力度,提高便民服务信息推送比例,不断增强新媒体发布的针对性和有效性(宣传部、政府办公室牵头,政府各部门具体落实)。

五、加强能力建设,增强政务公开实效

(一)加强制度建设

进一步完善主动公开、依申请公开、保密审查、政策解读等工作制度。健全政务公开标准规范,对公开主体、公开范围、公开目录、信息内容、公开流程、公开形式、公开载体、公开时限等提出可量化、能核查、易监督的标准化要求。认真落实政府新闻发言人制度,围绕重大决策事项、重点工作安排、重大民生实事等适时组织召开新闻发布会。建立政务公开促进依法行政机制,通过公开行政依据、流程、标准等,推动解决行政不规范等问题(宣传部、政府办公室、法制办公室牵头,政府各部门具体落实)。

(二)提高信息化水平

1.推进“互联网＋政务”。积极运用大数据、云计算、移动互联网等信息技术,提升政务公开信息化、集中化水平。加快推进“智慧城市”建设,全面推进“互联网＋政务”,构建基于互联网的一体化政务服务体系,通过互联互通、信息共享、业务协同,实行审批和服务事项在线咨询、网上办理、电

子监察，做到利企便民（宣传部、政府办公室、工信局、政务服务中心牵头，政府各部门具体落实）。

2.推动信用信息互联共享。加强社会征信体系建设，按照自治区要求，加快政府门户网站及各部门网站与“信用宁夏”系统和“信用中国”系统的链接工作；政府门户网站公示行政许可、行政处罚等信用信息的同时，要将公示内容推送至自治区公共信用信息交换共享平台，同步在“信用宁夏”网公开（经发局牵头，政府各部门具体落实）。

（三）实施政务公开负面清单

1.细化明确不予公开的范围。依法积极稳妥制定政务公开负面清单，对涉及国家秘密和公开后可能危及国家安全、经济安全、公共安全和社会稳定等方面的事项，纳入负面清单管理，并及时进行调整更新。负面清单外的事项原则上都要依法依规予以公开（区委办公室、政府办公室、法制办、经发局按职责分工牵头，政府各部门具体落实）。

2.健全公开前保密审查机制。规范保密审查程序，对依法应当保密的，切实做好保密工作（区委办公室、政府办公室牵头，政府各部门具体落实）。

（四）深化基层政务公开

1.强化指导监督力度。指导监督镇（街）、村（社区）两级组织，重点公开基层土地利用总体规划、集体资产处置以及税费收缴、征地补偿、拆迁安置、公共事业投入、扶贫救灾等群众关心的信息。全过程公开民生资金分配使用情况，探索建立民生资金公开监管平台，利于群众知情，便于群众监督（政府办公室、财政局、民政局、两镇七街牵头，各部门具体落实）。

2.大力推进基层办事公开。着力加大创业就业、社会保险、社会救助、社会福利、户籍管理、计划生育、涉农补贴等事项的公开力度。进一步加强镇街便民服务中心、村（社区）便民代办点建设，把政策落实和群众问题解决在基层（政府办公室、人社局、民政局、农牧水务局、卫生和计划生育局、公安分局具体落实）。

六、强化保障措施，推动政务公开工作落实

（一）加强组织领导。在西夏区委、政府统一领导下，各部门要高度重视，牵头做好政务公开工作。及时调整政务公开工作领导小组，主要负责同志每年至少主动听取1—2次公开工作情况汇报，研究解决突出问题，同时明确政务公开工作分管领导，列入工作分工并向社会公布。

（二）抓好队伍建设。进一步充实工作队伍，强化力量配备，保持人员的相对稳定。财政局要将政务公开工作经费、网站更新改造、设备购置等费用列入财政预算，为工作顺利开展创造条件。党委、政府和各部门召开的重要会议，均要及时在政府门户网站和部门网站公开。每年组织1—2次专业培训，提高政务公开工作人员发布信息、解读政策、回应关切的能力。

（三）强化监督考核。政务公开工作将纳入西夏区全年绩效目标考核，所占分值权重不低于5%。信息中心在做好西夏区政

府门户网站维护、更新工作的同时，加强对各专栏的指导、监测工作，及时反馈存在的问题和不足，督促及时整改完善。充分发挥人大代表、政协委员、民主党派、人民团体、社会公众等对政务公开工作的监督作用。建立政务公开工作的激励和问责机制，对工作落实好的，按照有关规定予以表扬；对违反政府信息公开有关规定、在政府信息公开工作中不积极、不主动的单位予以通报批评，责令限期整改。

（银西党办发〔2017〕7 号）

二、重要文件目录

2016 年重要文件目录

中共银川市西夏区委员会文件	
文件标题	文　号
关于印发《关于贯彻落实中央一号文件加快推进都市型特色现代农业建设实施方案》的通知	银西党发〔2016〕1 号
中共银川市西夏区委 2016 年工作要点	银西党发〔2016〕2 号
关于尽快启动建设沈阳路跨阅海彩虹大桥打通向西开放大通道工程的请示	银西党发〔2016〕3 号
关于协调自治区尽快启动实施贺兰山苏峪口公路铁路隧道工程的请示	银西党发〔2016〕4 号
关于 2015 年区委班子民主生活会的报告	银西党发〔2016〕5 号
关于印发《自治区党委第二巡视组反馈意见整改方案》的通知	银西党发〔2016〕6 号
关于西夏区第三届人民代表大会第四次会议选举结果的报告	银西党发〔2016〕7 号
关于命名西夏区第五批民族团结进步模范单位和模范家庭模范人物的决定	银西党发〔2016〕8 号
关于表彰 2015 年度绩效考评先进集体和争先进位优秀单位的决定	银西党发〔2016〕9 号
关于命名表彰西夏区级文明单位的决定	银西党发〔2016〕10 号
关于表彰奖励 2015 年度重大项目和重点工作优秀项目组的决定	银西党发〔2016〕11 号
关于表彰奖励西夏区 2015 年度本级财政贡献奖先进单位的决定	银西党发〔2016〕12 号
关于对 2015 年度创新和创一流工作单位通报表扬的决定	银西党发〔2016〕13 号
关于对 2015 年度绩效考评综合排名末两位单位的通报	银西党发〔2016〕14 号
关于 2015 年度未按时限完成和推进迟缓的重点项目项目组及责任领导责任单位的通报	银西党发〔2016〕15 号
关于表彰 2015 年度“西夏才俊”的决定	银西党发〔2016〕16 号
关于成立西夏区统一战线工作领导小组的通知	银西党发〔2016〕17 号
关于评选表彰大众创业就业富民行动创业就业先进单位及个人的决定	银西党发〔2016〕18 号
关于进一步完善区委中心组学习制度的意见	银西党发〔2016〕19 号

2016年重要文件目录(续表)

关于加强各党组党(工)委中心组学习工作的意见	银西党发〔2016〕20号
关于印发《贯彻落实〈中国共产党统一战线工作条例(试行)〉的十二条具体措施》的通知	银西党发〔2016〕21号
关于印发《西夏区城乡环境综合治理暨春季行动实施方案》通知	银西党发〔2016〕22号
关于印发《进一步加强和改进人民政协工作的实施意见》的通知	银西党发〔2016〕23号
关于表彰2015年人武工作先进单位及个人的决定	银西党发〔2016〕24号
关于印发《西夏区全域旅游示范县(区)创建工作实施方案》的通知	银西党发〔2016〕25号
关于恳请市委支持西夏区创建国家全域旅游示范区的请示	银西党发〔2016〕26号
关于自治区党委第二巡视组反馈意见、整改落实情况的报告	银西党发〔2016〕27号
关于自治区党委第二巡视组反馈意见整改落实情况的报告	银西党发〔2016〕28号
关于西夏区政府工程建设招投标存在问题整改落实情况的报告	银西党发〔2016〕29号
关于印发《党风廉政建设党委主体责任和纪委监督责任清单(试行)》的通知	银西党发〔2016〕30号
关于印发《中共银川市西夏区委政党协商制度》的通知	银西党发〔2016〕31号
关于同意召开中国共产党银川市西夏区镇北堡镇第三次代表大会的批复	银西党发〔2016〕32号
关于同意召开中国共产党银川市西夏区兴泾镇第三次代表大会的批复	银西党发〔2016〕33号
关于表彰建党95周年及"两学一做"学习教育先进基层党组织和个人的决定	银西党发〔2016〕34号
关于成立中共银川市西夏区怀远路街道工作委员会、纪律检查工作委员会和银西等4个社区支部委员会的通知	银西党发〔2016〕36号
关于恳请帮助解决宁夏润恒农副产品(冷链)物流园运营建设中有关困难问题的请示	银西党发〔2016〕37号
关于学习贯彻《习近平总书记在庆祝中国共产党成立95周年大会上的讲话》的通知	银西党发〔2016〕38号
关于镇北堡镇领导班子换届人事安排方案的批复	银西党发〔2016〕39号
关于兴泾镇领导班子换届人事安排方案的批复	银西党发〔2016〕40号
关于自治区党委第二巡视组督办回访中遗留问题整改落实情况的报告	银西党发〔2016〕41号
西夏区人代会选举委员会	银西党发〔2016〕42号
两镇人代会选举委员会	银西党发〔2016〕43号
关于研究确定周维骞同志为自治区党委组织部正处级领导干部职位考察对象建议人选的报告	银西党发〔2016〕44号

2016 年重要文件目录(续表)

关于研究确定张学锋同志为正处级非领导干部职位考察对象建议人选的报告	银西党发〔2016〕45 号
关于研究确定李静同志为副处级非领导干部职位考察对象建议人选的报告	银西党发〔2016〕46 号
关于刘红伟同志任职的报告	银西党发〔2016〕47 号
关于镇北堡镇党委换届选举结果的批复	银西党发〔2016〕48 号
关于兴泾镇党委换届选举结果的批复	银西党发〔2016〕49 号
关于研究确定李景阳同志为正处级领导干部职位考察对象建议人选的报告	银西党发〔2016〕50 号
关于征求西夏区领导班子换届工作中党外干部拟继续提名人选意见的函	银西党发〔2016〕51 号
关于征求西夏区人民法院院长继续提名人选意见的函	银西党发〔2016〕52 号
关于征求西夏区人民检察院检察长继续提名人选意见的函	银西党发〔2016〕53 号
关于征求李亮同志作为西夏区领导班子换届继续提名人选意见的函	银西党发〔2016〕54 号
关于征求西夏区纪委常委及纪委书记副书记初步人选意见的请示	银西党发〔2016〕55 号
关于中共银川市西夏区领导班子换届人事安排的请示	银西党发〔2016〕56 号
关于表彰奖励西夏区教育系统 2016 年先进集体和先进个人的决定	银西党发〔2016〕57 号
关于确定西夏区出席中国共产党银川市第十四次代表大会候选人预备人选的情况报告	银西党发〔2016〕58 号
关于中国共产党银川市西夏区第三届委员会和纪律检查委员会选举结果的报告	银西党发〔2016〕59 号
关于选举产生西夏区出席中国共产党银川市第十四次代表大会代表的情况报告	银西党发〔2016〕60 号
关于落实绿色发展理念　加快美丽西夏建设的实施意见	银西党发〔2016〕61 号
关于表彰西夏区十佳环卫工人及先进工作者的决定	银西党发〔2016〕62 号
关于表彰奖励西夏区“8·21”抗洪救灾先进集体和先进个人的决定	银西党发〔2016〕63 号
关于印发《银川市西夏区群团工作联系会议制度(试行)》的通知	银西党发〔2016〕64 号
银川市西夏区第四届人民代表大会第一次会议选举结果的报告	银西党发〔2016〕65 号
中国人民政治协商会议银川市西夏区第四届委员会第一次会议选举结果的报告	银西党发〔2016〕66 号
关于研究确定党成同志为正处级领导干部职位考察对象建议人选的报告	银西党发〔2016〕67 号
关于表彰西夏区“六五”普法先进集体和先进个人的决定	银西党发〔2016〕68 号
关于印发《在西夏区公民中开展第七个五年法制宣传教育的实施意见》的通知	银西党发〔2016〕69 号

2016 年重要文件目录(续表)

中共银川市西夏区委办公室文件	
文件标题	文 号
关于认真制定“十三五”期间“十大工程”实施方案责任分工的通知	银西党办发〔2016〕1 号
关于召开 2015 年度西夏区委班子“三严三实”专题民主生活会的通知	银西党办发〔2016〕2 号
关于召开中共银川市西夏区委员会二届七次全体(扩大)会议的通知	银西党办发〔2016〕3 号
关于印发《西夏区深入开展社会矛盾问题集中排查化解稳控专项行动实施方案》的通知	银西党办发〔2016〕4 号
关于成立银川市西夏区自主迁徙居民接收管理领导小组及工作机构的通知	银西党办发〔2016〕5 号
关于成立银川市西夏区自主迁徙居民接收管理办公室的通知	银西党办发〔2016〕6 号
关于成立中共银川市西夏区自主迁徙居民接收管理办公室工作委员会和纪律检查工作委员会的通知	银西党办发〔2016〕7 号
关于印发《西夏区 2016 年送温暖及春节期间走访慰问活动实施方案》的通知	银西党办发〔2016〕8 号
转发《自治区党委办公厅关于认真学习贯彻习近平总书记在中央政治局“三严三实”专题民主生活会上重要讲话精神》的通知	银西党办发〔2016〕9 号
关于进一步加强督查督办工作的通知	银西党办发〔2016〕10 号
转发《自治区党委办公厅　关于认真学习贯彻〈中国共产党地方委员会工作条例〉》的通知	银西党办发〔2016〕11 号
关于举办西夏区 2016 年迎春团拜会的通知	银西党办发〔2016〕12 号
关于调整中共银川市西夏区委书记、副书记、常委工作分工的通知	银西党办发〔2016〕13 号
关于做好春节期间信息报送工作的通知	银西党办发〔2016〕14 号
转发《中共银川市委办公厅　银川市人民政府办公厅　关于严明公务用车改革工作纪律》的通知	银西党办发〔2016〕15 号
关于做好西夏区 2016 年第一季度拟开工项目对接准备落实工作的通知	银西党办发〔2016〕16 号
关于 2015 年度西夏区科级干部考核结果的通知	银西党办发〔2016〕17 号
关于调整西夏区旧城(棚户区)改造指挥部及工作组组成人员的通知	银西党办发〔2016〕18 号
关于关于开展纪念“三八”国际劳动妇女节 106 周年表彰活动的通知	银西党办发〔2016〕19 号
关于表彰首届“最美西夏人”的决定	银西党办发〔2016〕20 号
关于表彰“新丝路”首届宁夏“西夏杯”微电影大赛获奖作品的决定	银西党办发〔2016〕21 号
关于召开西夏区纪委二届六次全体(扩大)会议的通知	银西党办发〔2016〕22 号
关于表彰 2015 年度西夏区信息调研工作先进集体及先进个人的决定	银西党办发〔2016〕23 号

2016 年重要文件目录(续表)

关于印发《西夏区 2016 年“3·5”学雷锋活动及全年志愿服务工作实施方案》的通知	银西党办发〔2016〕24 号
关于表彰西夏区信访维稳工作先进集体和先进个人的决定	银西党办发〔2016〕25 号
关于召开西夏区 2015 年度绩效考核暨项目建设表彰会的通知	银西党办发〔2016〕26 号
关于邀请银川市四套班子领导及部门领导参加西夏区 2016 年第一批重点建设项目集中启动誓师大会的请示	银西党办发〔2016〕27 号
关于贯彻落实徐广国书记在“新常态下如何破解产业发展难题”专题会重要讲话精神责任分工的通知	银西党办发〔2016〕28 号
关于贯彻落实《市委关于加快开放银川建设打造“一带一路”战略节点城市的若干意见》精神的责任分工的通知	银西党办发〔2016〕29 号
关于印发《西夏区 2015 年信访工作情况暨 2016 年工作要点》的通知	银西党办发〔2016〕30 号
关于进一步加强领导干部接访和带案下访工作的通知	银西党办发〔2016〕31 号
关于撤销西夏区纪委派驻系统(行业)四风监察员办公室的通知	银西党办发〔2016〕32 号
关于西夏区 2015 年镇(街道)及村(社区)星级基层服务型党组织创星晋级评定结果的通知	银西党办发〔2016〕33 号
关于表彰西夏区“三八红旗集体”、“三八红旗手”等先进集体和先进个人的决定	银西党办发〔2016〕34 号
关于印发《银川市西夏区 2016 年重点项目“四制”责任分工》的通知	银西党办发〔2016〕35 号
关于印发《西夏区 2015 年宣传思想文化工作总结暨 2016 年工作要点》的通知	银西党办发〔2016〕36 号
关于调整西夏区扶贫开发领导小组组成人员的通知	银西党办发〔2016〕37 号
关于印发《西夏区 2015 年政法综治工作总结暨 2016 年工作要点》的通知	银西党办发〔2016〕38 号
关于召开西夏区庆“三八”创业就业表彰暨首届“最美西夏人”“西夏杯”微电影大赛颁奖会的通知	银西党办发〔2016〕39 号
关于召开西夏区城乡环境综合治理春季行动大会的通知	银西党办发〔2016〕40 号
关于印发《西夏区 2015 年组织工作总结暨 2016 年工作要点》的通知	银西党办发〔2016〕41 号
关于成立西夏区蓝天工程暨城乡环境综合治理工作指挥部的通知	银西党办发〔2016〕42 号
关于印发《西夏区年鉴》(2016)编纂工作实施方案的通知	银西党办发〔2016〕43 号
关于印发《西夏区统一战线和民族宗教工作 2015 年总结暨 2015 年工作要点》的通知	银西党办发〔2016〕44 号
关于印发《西夏区 2016 年农业农村工作要点》的通知	银西党办发〔2016〕45 号
关于印发《西夏区 2016 年党风廉政建设和反腐败主要任务及分工》的通知	银西党办发〔2016〕46 号
关于印发《银川市西夏区政协年度协商计划的实施意见》的通知	银西党办发〔2016〕47 号

2016年重要文件目录(续表)

关于开展2016年“书香润泽西夏·阅读点亮人生”全民阅读活动的通知	银西党办发〔2016〕48号
关于组织科级以上党员干部参加党规党纪知识测试的通知	银西党办发〔2016〕49号
关于完成2016年经济各项指标目标任务的通知	银西党办发〔2016〕50号
关于印发《西夏区春季园林绿化工作实施方案》的通知	银西党办发〔2016〕51号
关于印发《西夏区全面深化改革领导小组2016年工作要点》的通知	银西党办发〔2016〕52号
关于成立西夏区2016年重大项目和重点工作督导组的通知	银西党办发〔2016〕53号
关于加快办理2016年第一批县级领导包案信访事项的通知	银西党办发〔2016〕54号
关于印发《关于开展党政群机关和事业单位“下基层 送政策 促发展(和谐)”活动方案》的通知	银西党办发〔2016〕55号
关于调整西夏区卫生和计划生育领导小组的通知	银西党办发〔2016〕56号
关于召开西夏区创建全域旅游示范区动员部署会的通知	银西党办发〔2016〕57号
关于成立西夏区全域旅游示范区创建协调工作领导小组的通知	银西党办发〔2016〕58号
关于调整西夏区科技特派员创业行动协调领导小组组成人员的通知	银西党办发〔2016〕59号
关于印发《关于落实〈银川市推进领导干部能上能下实施细则(试行)〉的实施意见》的通知	银西党办发〔2016〕60号
关于印发《西夏区进一步从严管理干部开展干部召回管理工作实施方案》的通知	银西党办发〔2016〕61号
关于印发《西夏区科级非领导职务干部管理暂行办法》的通知	银西党办发〔2016〕62号
关于印发《区委书记约谈制度》的通知	银西党办发〔2016〕63号
关于明确区委领导批示件办理工作责任分工的通知	银西党办发〔2016〕64号
关于调整西夏区机构编制委员会组成人员的通知	银西党办发〔2016〕65号
关于印发《西夏区政协2016年度协商计划》的通知	银西党办发〔2016〕66号
关于2016年度领导领衔督办重点提案的通知	银西党办发〔2016〕67号
关于西夏区县级领导包扶联系企业工作的通知	银西党办发〔2016〕68号
关于开展全域旅游主干道路美化义务劳动的通知	银西党办发〔2016〕69号
关于召开西夏区“两学一做”学习教育工作动员大会的通知	银西党办发〔2016〕70号
关于印发《关于在西夏区全体党员中开展“学党章党规、学系列讲话,做合格党员”学习教育实施方案》的通知	银西党办发〔2016〕71号
关于成立西夏区“两学一做”学习教育领导小组的通知	银西党办发〔2016〕72号
关于召开西夏区大力发展国外劳务输出产业宣传动员大会的通知	银西党办发〔2016〕73号
关于成立取缔兴泾镇自发形成废旧建材市场领导小组的通知	银西党办发〔2016〕74号

2016 年重要文件目录(续表)

关于贯彻落实市委对《自治区党委检查银川市 2015 年党风廉政建设责任制落实情况反馈问题整改方案》的责任分工的通知	银西党办发〔2016〕75 号
关于迎接自治区党委巡视组巡视反馈意见整改落实情况进行督查的通知	银西党办发〔2016〕76 号
关于召开自治区党委巡视组反馈意见整改落实情况督查会的通知	银西党办发〔2016〕77 号
关于转发自治区党委办公厅和人民政府办公厅《关于加强突发事件应对工作的意见》的通知	银西党办发〔2016〕78 号
关于转发《关于促进工业经济平稳发展的意见》的通知	银西党办发〔2016〕79 号
关于认真做好西夏区有关问题办理工作责任分工的通知	银西党办发〔2016〕80 号
关于印发《区委领导包抓基层党风廉政建设制度》的通知	银西党办发〔2016〕81 号
关于对西夏区 2016 年重点项目建设及城乡环境综合治理春季行动进行观摩的通知	银西党办发〔2016〕82 号
关于调整西夏区委农村工作领导小组组成人员的通知	银西党办发〔2016〕83 号
关于印发《开展社会矛盾问题排查化解　信访秩序整治　吸毒人员管控大收戒　打击治理电信网络新型违法犯罪　政法机关服务型窗口建设专项行动实施意见》的通知	银西党办发〔2016〕84 号
关于推荐和表彰建党 95 周年及“两学一做”学习教育先进基层党组织和个人的通知	银西党办发〔2016〕85 号
关于成立银川极地梦幻海洋世界项目协调服务领导小组的通知	银西党办发〔2016〕86 号
关于对西夏区 2016 年重点项目建设及城乡环境综合治理春季行动观摩会上研究相关事项进行督办的通知	银西党办发〔2016〕87 号
关于成立西夏区联合执法领导小组的通知	银西党办发〔2016〕88 号
关于进一步规范领导干部离银外出请假报批的通知	银西党办发〔2016〕89 号
关于调整西夏区党风廉政建设有关议事协调机构的通知	银西党办发〔2016〕90 号
关于印发《在全区移民地开展“富口袋富脑袋”活动的实施方案》的通知	银西党办发〔2016〕91 号
关于印发《银川市西夏区两镇领导班子换届选举工作实施方案》的通知	银西党办发〔2016〕92 号
关于开展领导干部驻村包户帮扶精准脱贫工作的通知	银西党办发〔2016〕93 号
关于迅速抓好银川市 2016 年上半年县域经济观摩项目建设进度有关工作的通知	银西党办发〔2016〕94 号
印发《西夏区关于开展廉洁家风建设活动实施方案》的通知	银西党办发〔2016〕95 号
关于调整西夏区深化医药卫生体制改革领导小组组成人员的通知	银西党办发〔2016〕96 号
关于以“永远跟党走　共筑中国梦”为主题开展中国共产党成立 95 周年纪念活动的通知	银西党办发〔2016〕97 号

2016年重要文件目录(续表)

关于举办西夏区2016年全民运动会的通知	银西党办发〔2016〕98号
关于成立宁夏光电物联研发创新产业示范基地建设领导小组的通知	银西党办发〔2016〕99号
关于开展以“做合格党员 强使命担当”为主题的第十个“党建月”活动的通知	银西党办发〔2016〕100号
关于优秀村干部等三类人员中公推比选两镇领导班子换届提名人选的通知	银西党办发〔2016〕101号
关于转发《关于印发〈关于加强乡镇建设的若干意见〉的通知》的通知	银西党办发〔2016〕102号
关于印发《西夏区行业协会商会与行政机关脱钩实施方案》的通知	银西党办发〔2016〕103号
关于印发《西夏区反腐败协调工作领导小组工作制度》的通知	银西党办发〔2016〕104号
西夏区关于进一步提高村(社区)干部和大学生村官待遇的通知	银西党办发〔2016〕105号
关于在“两学一做”学习教育中开展“四走进”活动深化拓展“三联三互”党建载体的通知	银西党办发〔2016〕106号
关于举办区委第6次中心组学习(扩大)会暨“两学一做”学习教育党课的通知	银西党办发〔2016〕107号
关于成立西夏区法学会的通知	银西党办发〔2016〕108号
关于转发《银川市违反公务用车改革管理规定责任追究办法(试行)》的通知	银西党办发〔2016〕109号
关于转发《关于印发〈关于加强乡镇建设的若干意见〉的通知》的通知	银西党办发〔2016〕110号
关于成立依法处置非法游行和信访维稳工作领导小组的通知	银西党办发〔2016〕111号
关于认真做好西夏区行政中心搬迁过程中档案安全管理工作的通知	银西党办发〔2016〕112号
关于严格落实“八项规定”精神重申公务活动纪律要求的通知	银西党办发〔2016〕113号
关于印发《西夏区县(处)级领导和区直机关在“两学一做”中带头改进会议文件调研工作的承诺》的通知	银西党办发〔2016〕114号
关于印发《西夏区县(处)级领导和区直机关在“两学一做”中带头改进会议文件调研工作的承诺》的通知	银西党办发〔2016〕115号
关于在西夏区开展贯彻落实中央八项规定精神“回头看”的通知	银西党办发〔2016〕116号
关于召开西夏区建党95周年及“两学一做”学习教育表彰大会的通知	银西党办发〔2016〕117号
西夏区1-5月固定资产投资和重点建设项目投资情况汇报	银西党办发〔2016〕118号
关于2016年开斋节前贺节慰问活动安排的通知	银西党办发〔2016〕119号
关于“三事分流、三社联动、三治并举”社区治理创新试点工作实施意见	银西党办发〔2016〕121号
关于印发《西夏区创建全国慈善示范区实施方案》的通知	银西党办发〔2016〕122号
关于印发《关于在“两学一做”学习教育中深化“千名干部百日大走访行动”实施方案》的通知	银西党办发〔2016〕123号

2016 年重要文件目录(续表)

关于印发《在"两学一做"学习教育中开展"明理守法感党恩,争做合格新市民"活动的实施方案》的通知	银西党办发〔2016〕124 号
关于进一步加强军地教育协作区建设的意见	银西党办发〔2016〕125 号
关于转发《银川市关于"精准执纪"践行"四种形态"的实施意见》的通知	银西党办发〔2016〕126 号
关于印发《2016 年西夏区城乡社区治理"全面提升年"工作方案》的通知	银西党办发〔2016〕127 号
关于印发《西夏区党委、政府及有关部门环境保护责任》的通知	银西党办发〔2016〕128 号
关于印发《银川市西夏区政协换届工作方案》的通知	银西党办发〔2016〕129 号
关于印发《西夏区 2016 年庆"八一"暨双拥共建日系列活动实施方案》的通知	银西党办发〔2016〕130 号
关于成立西夏区环境保护督导工作领导小组的通知	银西党办发〔2016〕131 号
关于印发《西夏区工商联(商会)换届工作实施方案》的通知	银西党办发〔2016〕132 号
关于西夏区在职领导干部 2016 年休假事宜的通知	银西党办发〔2016〕133 号
关于成立西夏区委网络安全和信息化领导小组的通知	银西党办发〔2016〕134 号
关于深入学习贯彻习近平总书记来宁视察重要讲话精神的意见	银西党办发〔2016〕135 号
关于中国共产党银川市西夏区第三次代表大会代表选举工作的安排意见	银西党办发〔2016〕136 号
关于印发《加快西夏突破重点调研课题和责任分工》的通知	银西党办发〔2016〕137 号
关于做好"8·21"贺兰山局部特大暴雨防汛抢险工作的紧急通知	银西党办发〔2016〕138 号
关于印发《银川市西夏区 2016 年"民族团结月"活动实施方案》的通知	银西党办发〔2016〕139 号
关于成立顾家桥村信访问题处置领导小组的通知	银西党办发〔2016〕140 号
关于转发宁夏回族自治区版权局《关于市、县(区)党政机关软件正版化工作检查的通知》的通知	银西党办发〔2016〕141 号
关于古尔邦节中秋节期间封存公车的通知	银西党办发〔2016〕142 号
关于调整中共银川市西夏区委书记、副书记、常委工作分工的通知	银西党办发〔2016〕143 号
关于召开西夏区 2016 年秋冬农田水利基本建设动员会议的通知	银西党办发〔2016〕144 号
关于调整西夏区农田水利基本建设指挥部组成人员的通知	银西党办发〔2016〕145 号
关于上报机关及参照公务员法管理的事业单位司勤人员信息的通知	银西党办发〔2016〕146 号
关于转发自治区党委办公厅《关于支持干部干事创业建立容错纠错机制的办法(试行)》的通知	银西党办发〔2016〕147 号
关于印发《大干实干 100 天誓保完成全年目标任务活动实施方案》的通知	银西党办发〔2016〕148 号
关于举办区委第 9 次中心组学习(扩大)暨长征故事报告会的通知	银西党办发〔2016〕149 号
关于召开中国共产党银川市西夏区第三次代表大会的通知	银西党办发〔2016〕150 号

2016年重要文件目录(续表)

关于组织干部职工参加2016贺兰山音乐节暨大学生艺术节开幕式的通知	银西党办发〔2016〕151号
关于做好西夏区固定资产投资工作的通知	银西党办发〔2016〕152号
关于做好国庆期间信息报送工作的通知	银西党办发〔2016〕153号
关于认真组织干部职工参加升国旗仪式的通知	银西党办发〔2016〕154号
关于贯彻落实中央自治区要求切实做好当前经济工作的通知	银西党办发〔2016〕155号
关于中共银川市西夏区第三届委员会书记、副书记、常委工作分工的通知	银西党办发〔2016〕156号
关于印发《党组党(工)委意识形态工作责任制实施细则》的通知	银西党办发〔2016〕157号
关于印发《西夏区互联网+群众路线工作实施方案》的通知	银西党办发〔2016〕158号
关于组织机关干部职工参加秋冬农田水利基本建设义务劳动的通知	银西党办发〔2016〕159号
关于认真做好迎接2016年度自治区效能目标考核和银川市绩效考评工作的通知	银西党办发〔2016〕160号
关于深入学习宣传贯彻西夏区第三次党代会精神的通知	银西党办发〔2016〕161号
关于成立西夏区意识形态工作领导小组的通知	银西党办发〔2016〕162号
关于印发《西夏意识形态工作责任制考核办法》的通知	银西党办发〔2016〕163号
关于印发《西夏区2016-2017年度冬季大气污染防治工作方案》的通知	银西党办发〔2016〕164号
关于召开西夏区庆祝银川市第十一个环卫工作节表彰大会的通知	银西党办发〔2016〕165号
关于印发《〈关于落实绿色发展理念加快美丽西夏建设的实施意见〉主要任务分工方案》的通知	银西党办发〔2016〕166号
关于评选西夏区"8·21"抗洪救灾工作先进个人和先进集体的通知	银西党办发〔2016〕167号
关于召开西夏区"准备之冬"动员暨"8·21"贺兰山抗洪救灾表彰大会的通知	银西党办发〔2016〕168号
关于对中共银川市西夏区第三次党代会报告重要举措任务进行责任分工的通知	银西党办发〔2016〕169号
关于印发《银川市西夏区公务用车制度改革实施方案》及相关文件的通知	银西党办发〔2016〕170号
关于做好公车改革司勤人员分流安置有关事宜的通知	银西党办发〔2016〕171号
关于印发《西夏区做好全国工商联十一届十次常委会议暨民营企业助推宁夏创新发展大会招商引资工作的实施方案》的通知	银西党办发〔2016〕172号
关于进一步加全国工商联十一届十次常委会议暨民营企业助推宁夏创新发展大会招商引资工作的通知	银西党办发〔2016〕173号
关于转发《关于进一步规范银川市党和国家机关公务支出有关事项的通知》的通知	银西党办发〔2016〕174号
关于印发《西夏区行政综合执法执勤用车保障管理办法》的通知	银西党办发〔2016〕175号

2016 年重要文件目录(续表)

印发《西夏区委关于贯彻落实〈自治区党委关于深入学习贯彻落实习近平总书记来宁视察重要讲话精神的决定〉实施意见的责任分工》通知	银西党办发〔2016〕176 号
关于印发《西夏区 2016 年准备之冬活动实施方案》的通知	银西党办发〔2016〕177 号
印章变用的通知	银西党办发〔2016〕178 号
关于召开西夏区"准备之冬"工作推进会的通知	银西党办发〔2016〕179 号
关于印发《西夏区开展涉农资金使用管理突出问题装箱检查实施方案》的通知	银西党办发〔2016〕180 号
关于调整西夏区反腐败协调工作领导小组的通知	银西党办发〔2016〕181 号
关于转发自治区党委办公厅《关于印发〈从律师和法学专家中公开选拔立法工作者、法官、检察官工作实施办法(试行)〉的通知》的通知	银西党办发〔2016〕182 号
关于进一步落实精准扶贫、结对帮扶主体责任的通知	银西党办发〔2016〕183 号
关于进一步落实全面从严治党主体责任的实施意见	银西党办发〔2016〕184 号
《西夏区星级和谐社区创建工作考评方案》	银西党办发〔2016〕185 号
关于进一步规范举办重大活动工作要求的通知	银西党办发〔2016〕186 号
关于印发《西夏区学习宣传贯彻党的十八届六中全会精神实施方案》的通知	银西党办发〔2016〕187 号
关于做好 2017 年度党报党刊征订工作的通知	银西党办发〔2016〕188 号
关于举办文秘工作培训班的通知	银西党办发〔2016〕189 号
关于成立"西马银"接管工作协调推进组的通知	银西党办发〔2016〕190 号
中共银川市西夏区委办公室关于印发西夏区新闻宣传奖励办法的通知	银西党办发〔2016〕191 号
关于成立兴泾镇回乡风情特色小镇建设征地动迁工作领导小组的通知	银西党办发〔2016〕192 号
关于调整西夏区国防动员委员会及其办事机构组成人员的通知	银西党办发〔2016〕193 号
转发《自治区党委人民政府关于落实全面两孩政策改革完善计划生育服务管理的实施意见》的通知	银西党办发〔2016〕194 号
印发《关于坚持和完善计划生育目标管理责任制的实施意见》的通知	银西党办发〔2016〕195 号
关于成立西夏区农村留守儿童关爱保护工作领导小组的通知	银西党办发〔2016〕196 号
关于印发《关于加强农村留守儿童关爱保护工作实施方案》的通知	银西党办发〔2016〕197 号
关于成立西夏区重大项目和重点工作推进会领导小组的通知	银西党办发〔2016〕198 号
关于召开西夏区"六五"普法总结表彰暨"七五"普法动员大会的通知	银西党办发〔2016〕199 号
关于调整西夏区安全生产委员会的通知	银西党办发〔2016〕200 号
关于印发《西夏区 2017 年第一季度集中开工项目"四制"责任分工》的通知	银西党办发〔2016〕201 号

2016 年重要文件目录(续表)

关于印发《西夏区村党组织和第五届村民委员会换届选举工作实施方案》的通知	银西党办发〔2016〕202 号
关于做好 2016 年度绩效考评及落实全面从严治党主体责任集中考核工作有关事项的通知	银西党办发〔2016〕203 号
关于推荐党的十九大代表候选人初步人选的通知	银西党办发〔2016〕204 号
关于印发《西夏区 2017 年“两节”期间走访慰问送温暖活动实施方案》的通知	银西党办发〔2016〕205 号
关于西夏区 2016 年基层服务型党组织创星晋级评定结果的通知	银西党办发〔2016〕206 号
关于印发《西夏区委领导班子 2016 年度民主生活会方案》的通知	银西党办发〔2016〕207 号
关于深入学习宣传贯彻银川市第十四次党代会精神的通知	银西党办发〔2016〕208 号
关于做好“两节”“两会”期间有关工作的通知	银西党办发〔2016〕209 号
关于印发《西夏区 2017 年精准脱贫销号扶贫开发实施方案》的通知	银西党办发〔2016〕210 号
关于印发《贯彻落实徐广国同志在西夏区代表团分团讨论会上重要讲话精神的责任分工》的通知	银西党办发〔2016〕211 号
银川市西夏区人民政府文件	
文件标题	**文 号**
关于将银川火车站西站及广场周边区域改造提升为综合交通枢纽、旅游集散服务中心和商业新中心的请示	银西政发〔2016〕1 号
关于尽快启动建设沈阳路跨阅海彩虹大桥打通向西开放大通道工程的请示	银西政发〔2016〕2 号
关于划拨西夏区镇北堡镇文体活动中心建设用地的请示	银西政发〔2016〕3 号
关于审议《宁夏银川市西夏区城区老工业区搬迁改造实施方案》的请示	银西政发〔2016〕4 号
关于在“西马银”自流居民区设立街道办事处的报告	银西政发〔2016〕5 号
关于在“西马银”自流居民区设立街道办事处的报告	银西政发〔2016〕6 号
关于在“西马银”自流居民区设立街道办事处的报告	银西政发〔2016〕7 号
关于设立“八一”街道办事处加强对自主迁徙居民日常管理服务工作的请示	银西政发〔2016〕8 号
关于设立“八一”街道办事处加强对自主迁徙居民日常管理服务工作的请示	银西政发〔2016〕9 号
关于设立“八一”街道办事处加强对自主迁徙居民日常管理服务工作的请示	银西政发〔2016〕10 号
关于恳请解决宁夏石化大气防护带项目新增拆迁补偿资金的请示	银西政发〔2016〕11 号
关于报送西夏区 2016 年美丽小城镇和美丽村庄建设项目的报告	银西政发〔2016〕12 号

2016 年重要文件目录(续表)

关于拨付艺校农场保障住房项目区华德塑料有限公司征地拆迁补偿款的请示	银西政发〔2016〕13 号
关于印发《西夏区关于开展集中打击非法占地非法积土非法挡工和已出让土地未完成征收专项整治工作实施方案》的通知	银西政发〔2016〕14 号
关于对西夏区兴泾镇一宗国有建设用地进行挂牌出让的请示	银西政发〔2016〕15 号
关于启动建设贺兰山路阅海宾馆至新小线段休闲自行车道及基础设施配套工程的请示	银西政发〔2016〕16 号
关于宁夏建工集团反映拖欠农民工工资问题调查核实情况的报告	银西政发〔2016〕17 号
关于表彰奖励西夏区国税局的决定	银西政发〔2016〕18 号
关于表彰奖励西夏区南区地税局、北区地税局的决定	银西政发〔2016〕19 号
关于解决西夏区朔方小区居民生活用水问题的紧急请示	银西政发〔2016〕20 号
关于迁建西夏区镇北堡镇华西小学的请示	银西政发〔2016〕21 号
关于做好第三次全国农业普查的通知	银西政发〔2016〕22 号
关于借款解决宁夏润恒农副产品(冷链)物流园项目拖欠农民工工资的请示	银西政发〔2016〕23 号
关于上报《西夏区中小学幼儿园布局调整规划》的报告	银西政发〔2016〕24 号
关于原银川第二、第三毛纺织厂家属区旧城(棚户区)改造项目有关事宜的请示	银西政发〔2016〕25 号
关于印发《西夏区 2016 年度组织民兵整顿工作实施方案》的通知	银西政发〔2016〕26 号
关于拨付艺校农场保障住房项目区华德塑料有限公司征地拆迁补偿款的请示	银西政发〔2016〕27 号
关于为西夏区被征地农民办理养老保险的请示	银西政发〔2016〕28 号
关于印发《西夏区水资源确权登记工作实施方案》的通知	银西政发〔2016〕29 号
关于对西夏区西干渠管理处、标准件、区党校家属院旧城(棚户区)改造项目继续实行毛地净挂政策进行土地招拍挂的请示	银西政发〔2016〕30 号
关于西夏区金波南街道路打通工程项目测算情况的报告	银西政发〔2016〕31 号
关于申请划拨西夏区泾祥园棚户区改造项目建设用地的请示	银西政发〔2016〕32 号
关于原银川第二、三毛纺织厂家属区旧城(棚户区)改造项目跟踪审计情况说明的报告	银西政发〔2016〕33 号
关于将“银川市西夏区贺兰山农牧场小学”更名为“银川市西夏区第十八小学”的申请	银西政发〔2016〕34 号
关于将“西马银小学”更名为“银川市西夏区第十七小学”的申请	银西政发〔2016〕35 号
关于解决西夏区 2016 年政府性投资棚户区建设项目融资的请示	银西政发〔2016〕36 号
关于恳请调整农垦集团南梁农场生态移民安置区移交安排的报告	银西政发〔2016〕37 号
关于报送西夏区 2016 年重点减排项目的报告	银西政发〔2016〕38 号

2016年重要文件目录(续表)

关于原银川二毛厂、三毛厂家属区旧城(棚户区)改造项目有关问题的报告	银西政发〔2016〕39号
关于印发《西夏区深化小型水利工程管理体制改革实施方案》的通知	银西政发〔2016〕40号
关于领导干部离宁考察项目的请示	银西政发〔2016〕41号
关于划定森林防火期和森林防火责任区的通知	银西政发〔2016〕42号
关于拨付110国道综合整治工程现场指挥部2015年工作经费的请示	银西政发〔2016〕43号
关于银川市第九污水处理厂配套进出厂管网工程项目征地拆迁安置补偿测算的报告	银西政发〔2016〕44号
关于拨付西夏区棚户区贷款项目配套资本金的请示	银西政发〔2016〕45号
关于西夏王陵申遗区环境整治拆迁补偿测算的请示	银西政发〔2016〕46号
关于印发2016年蓝天工程实施方案的通知	银西政发〔2016〕47号
关于解决兴泾镇回乡风情特色小镇城镇化建设项目融资的请示	银西政发〔2016〕48号
关于解决镇北堡镇改善农村人居环境建设项目融资的请示	银西政发〔2016〕49号
关于印发《贺兰山国家级自然保护区违法人类活动整治工作实施方案》的通知	银西政发〔2016〕50号
关于举办"中国·银川首届西北五省特色小吃美食节"活动的请示	银西政发〔2016〕51号
关于申请划拨西夏区镇北堡镇昊苑村幼儿园新建项目用地的请示	银西政发〔2016〕52号
关于申请划拨西夏区华西小学迁建项目用地的请示	银西政发〔2016〕53号
关于印发《西夏区处置一般森林火灾应急预案》的通知	银西政发〔2016〕54号
关于西夏区宁朔北街道路畅通项目测算的请示	银西政发〔2016〕55号
关于兴洲北街(芦花洲安置区至北环高速)道路两侧延伸拓宽项目土地及地上附着物测算的请示	银西政发〔2016〕56号
关于西夏区兴泾镇涝池居民点二期征地搬迁补偿安置方案暨征收土地及地上附着物测算报告的请示	银西政发〔2016〕57号
关于解决宁阳文化商业广场与怀远路地下通道连通有关事宜的请示	银西政发〔2016〕58号
关于呈报《西夏区500平米以下社区服务用房问题解决方案》的报告	银西政发〔2016〕59号
关于呈报《西夏区500平米以下社区服务用房问题解决方案》的报告	银西政发〔2016〕60号
关于解决西大沟治理工程建设资金的请示	银西政发〔2016〕61号
关于商请将银川市经济技术开发区实施项目被征地农民纳入养老保险范围的函	银西政发〔2016〕62号
关于将镇北堡镇棚户区改造项目列入自治区棚户区改造项目计划的报告	银西政发〔2016〕63号
关于将镇北堡镇改善农村人居环境建设项目列入2016年美丽乡村建设项目计划的报告	银西政发〔2016〕64号

2016 年重要文件目录(续表)

关于尽快拨付建设巷道路畅通工程动迁户安置房购置资金的请示	银西政发〔2016〕65 号
关于印发《银川市西夏区政府投资项目竣工决算审计暂行办法》的通知	银西政发〔2016〕66 号
关于借用宁夏军区士兵招待所用于西夏区“西马银”接管办临时办公场所的请示	银西政发〔2016〕67 号
关于领导干部离宁考察项目的请示	银西政发〔2016〕68 号
关于西夏王陵申遗区宁夏海生养殖有限公司拆迁补偿测算的请示	银西政发〔2016〕69 号
关于西夏区朔方市场监督管理所资产处置情况的请示	银西政发〔2016〕70 号
关于呈报《贺兰山东麓葡萄长廊污染企业搬迁整治工作实施方案》的报告	银西政发〔2016〕71 号
关于规划建设宁夏全民健身示范中心的请示	银西政发〔2016〕72 号
关于贺兰山东麓污染企业搬迁整治工作进展情况的报告	银西政发〔2016〕73 号
关于表彰西夏区 2015 年度见义勇为先进分子的决定	银西政发〔2016〕74 号
关于申请在“中国·银川首届西北五省特色小吃美食节”期间设置临时性广告的请示	银西政发〔2016〕75 号
关于申请将西夏区棚户区改造货币化安置项目列入银川市 2016-2017 年度保障性安居工程建设项目计划的请示	银西政发〔2016〕76 号
关于开展扶持村集体经济发展试点的请示	银西政发〔2016〕77 号
关于申请贺兰山西路文化运动休闲产业示范基地建设项目补助资金的请示	银西政发〔2016〕78 号
西夏区涉及自治区生态移民项目被征地农民办理养老保险的意见	银西政发〔2016〕79 号
关于印发《贺兰山东麓葡萄文化长廊污染企业搬迁整治工作实施方案》的通知	银西政发〔2016〕80 号
关于西夏区镇北堡镇快乐小镇改造及幸福　小镇安置房建设项目免缴劳保基金的请示	银西政发〔2016〕81 号
关于改革政府采购工作有关事项的通知	银西政发〔2016〕82 号
关于划拨西夏区交警二大队项目建设用地的请示	银西政发〔2016〕83 号
关于在西夏区主要路段设立创建全域旅游公益宣传牌的请示	银西政发〔2016〕84 号
关于恳请将西夏区环卫综合服务中心项目列入银川市 2016 年重点建设项目的请示	银西政发〔2016〕85 号
关于解决西马银公共基础设施项目的请示	银西政发〔2016〕86 号
关于印发《西夏区推进精准脱贫攻坚实施方案》的通知	银西政发〔2016〕87 号
关于协调为西双苑公司动迁户办理阳光美林小区房产证手续的请示	银西政发〔2016〕88 号
西夏区关于对 2015 年地方政府置换债券自查及整改情况的报告	银西政发〔2016〕89 号

2016年重要文件目录(续表)

关于兑现2015年度安全生产目标责任书及表彰2015年度安全生产先进集体和先进个人的决定	银西政发〔2016〕90号
关于公布西夏区本级政府部门(两镇)行政职权事项的决定	银西政发〔2016〕91号
关于刘虹同志赴北京考察项目的请示	银西政发〔2016〕92号
关于调整西夏区橡民A区旧城(棚户区)改造范围的请示	银西政发〔2016〕93号
关于申请建设西夏区镇北堡镇全民健身中心的报告	银西政发〔2016〕94号
关于协调解决“西马银”管理机构人员编制移交接收相关问题的请示	银西政发〔2016〕95号
关于解决“西马银”农用地、宅基地和住宅实测确认工作经费的请示	银西政发〔2016〕96号
关于协调自治区审计厅对“西马银”已建成公共设施组织审计的请示	银西政发〔2016〕97号
关于“西马银”移交地块勘测定界等有关事项的请示	银西政发〔2016〕98号
关于办理中石油宁夏石化公司铁路专用线整体改造工程项目用地手续的请示	银西政发〔2016〕99号
关于调整西夏区市民休闲森林公园建设方案的报告	银西政发〔2016〕100号
关于调整西夏区市民休闲森林公园建设方案的报告	银西政发〔2016〕101号
关于调整西夏区市民休闲森林公园建设方案的报告	银西政发〔2016〕102号
关于尽快解决西夏区朔方小区居民生活用水问题的请示	银西政发〔2016〕103号
关于调整西夏区应急委员会部分组成人员的通知	银西政发〔2016〕104号
关于申请拨付贺兰山东麓开福酒庄征地补偿费用的请示	银西政发〔2016〕105号
关于申请政策性返还镇北堡镇林草试验场范围内有关费用的请示	银西政发〔2016〕106号
关于协调解决长城西路建设等项目拆迁户安置在双渠口安置区的请示	银西政发〔2016〕107号
关于解决西夏区芦花洲安置区二期项目融资的请示	银西政发〔2016〕108号
关于加快建设幸福小镇三期棚户区改造项目的请示	银西政发〔2016〕109号
关于协调将银川经济技术开发区征地项目被征地农民纳入养老保险的请示	银西政发〔2016〕110号
关于确认自治区生态移民项目是自治区重点项目的函	银西政发〔2016〕111号
关于西夏区政府区长刘虹同志离宁出差的请示	银西政发〔2016〕112号
关于宁光厂及周边区域旧城改造项目有关事宜的请示	银西政发〔2016〕113号
关于拨付空军部队老营区拆迁工程资金的请示	银西政发〔2016〕114号
关于恳请核查“西马银”户籍人口中已享受移民安置政策的报告	银西政发〔2016〕115号
关于上报2016年西夏区人民政府政务公开事项的报告	银西政发〔2016〕116号

2016 年重要文件目录(续表)

关于呈报《西夏区零散片区棚户区改造项目存量房回购及安置方案》的请示	银西政发〔2016〕117 号
关于在西夏区 110 国道六处自行车停靠点设立公益导向宣传牌的请示	银西政发〔2016〕118 号
关于对西夏区贺兰山东麓葡萄产业规划区内部分国家公益林地进行调整的报告	银西政发〔2016〕119 号
关于恳请解决恒泰元种禽有限公司迁建选址问题的请示	银西政发〔2016〕120 号
关于宁夏荣盛特种合金集团有限公司有关问题的报告	银西政发〔2016〕121 号
关于拨付泾祥园(棚户区)改造项目政府购买服务财政补贴资金的请示	银西政发〔2016〕122 号
关于申请自治区生态移民项目被征地农民养老保险财政补贴的请示	银西政发〔2016〕123 号
关于将自治区机关事务管理局用房(朔方路 22 号)及院内区域纳入凤华小区及自治区党委家属院旧城(棚户区)改造项目的请示	银西政发〔2016〕124 号
关于平吉堡奶牛场自发移民临时宗教活动点安全隐患整改情况的报告	银西政发〔2016〕125 号
关于西夏区 110 国道综合整治工程征地拆迁补偿情况的报告	银西政发〔2016〕126 号
关于挂牌出让贺兰山体育场东侧土地的请示	银西政发〔2016〕127 号
关于申请办理空港物流园项目供地的请示	银西政发〔2016〕128 号
关于办理盈北商贸城·富润园项目处置剩余公寓及营业房土地出让手续的请示	银西政发〔2016〕129 号
关于兑现 2015 年度卫生和计划生育目标管理责任书的决定	银西政发〔2016〕130 号
关于办理西夏区物华兴洲苑幼儿园项目用地置换手续的请示	银西政发〔2016〕131 号
关于印发《西夏区镇北堡镇葡萄种植基地周边人居环境整治及棚户区改造房屋征收补偿安置方案》的通知	银西政发〔2016〕132 号
关于西夏区九号地块棚户区改造项目办理土地手续的请示	银西政发〔2016〕133 号
关于拨付 110 国道自行车停靠点建设资金的请示	银西政发〔2016〕134 号
关于解决恒泰元种禽有限公司搬迁整治补偿费用的请示	银西政发〔2016〕135 号
关于解决恒泰元种禽有限公司迁建用地的请示	银西政发〔2016〕136 号
关于恳请尽快解决原银川市第二、三毛纺织厂家属区旧城(棚户区)改造项目土地挂牌及做好稳定工作有关问题的请示	银西政发〔2016〕137 号
关于恳请帮助解决宁夏润恒农副产品(冷链)物流园运营建设中有关困难问题的请示	银西政发〔2016〕138 号
关于尽快研究解决兴泾镇涝池居民点整体搬迁及做好稳定工作的请示	银西政发〔2016〕139 号
关于追加建设巷道路畅通工程动迁户安置房购置资金的请示	银西政发〔2016〕140 号

2016年重要文件目录(续表)

关于拨付贺兰山路向西延伸段征收土地及地上附着物费用的请示	银西政发〔2016〕141号
关于恳请尽快启动长城机床厂家属区旧城(棚户区)改造项目二期征收及做好稳定工作有关问题的请示	银西政发〔2016〕142号
关于宁夏军区东侧旧城改造项目征收西夏区教育局综合木器加工厂土地及地上附着物征收测算报告的请示	银西政发〔2016〕143号
关于增加芦花洲安置房简易装修补助的请示	银西政发〔2016〕144号
关于恳请协调解决市供电部门准备停止对银川宝塔精细化工有限公司供电相关事宜的请示	银西政发〔2016〕145号
关于盈盛达热力物业公司办理土地使用权移交手续的请示	银西政发〔2016〕146号
关于拨付恢复兴洲北街(芦花洲安置区至北绕城高速段)道路两侧沟渠所需资金的请示	银西政发〔2016〕147号
关于申请西夏区镇北堡镇文化体育运动中心建设项目补助资金的请示	银西政发〔2016〕148号
关于成立宁夏爆破公司"7·10"矿山道路安全事故调查组的通知	银西政发〔2016〕149号
关于办理回乡风情特色小镇城镇化建设观平路项目改扩建用地手续的请示	银西政发〔2016〕150号
关于办理兴泾镇2016年美丽小城镇道路基础设施建设项目用地手续的请示	银西政发〔2016〕151号
关于划拨镇北堡镇自来水厂项目建设用地的请示	银西政发〔2016〕152号
关于西夏区兴泾镇涝池居民点二期征地搬迁补偿安置方案暨征收土地及地上附着物测算报告的请示	银西政发〔2016〕153号
关于申请认定西夏区城管局职工马军视同工伤的请示	银西政发〔2016〕154号
关于变更宁夏博泰隆石油技术咨询有限公司土地性质的请示	银西政发〔2016〕155号
关于解决购买社区用房资金的请示	银西政发〔2016〕156号
关于解决贺兰山西路带状公园建设资金的请示	银西政发〔2016〕157号
关于申请办理银川公路铁路运输物流园区一期基础设施道路建设用地手续的请示	银西政发〔2016〕158号
关于自治区党委领导批示件办理情况的报告	银西政发〔2016〕159号
关于自治区党委领导批示件办理情况的报告	银西政发〔2016〕160号
关于成立西夏新市民劳务市场的通知	银西政发〔2016〕161号
关于为西夏区同心北路幼儿园划拨建设用地的请示	银西政发〔2016〕162号
关于为西夏区兴泾镇回民一小附属幼儿园划拨建设用地的的请示	银西政发〔2016〕163号
关于增加芦花台地区土地增减挂钩项目二期安置房面积的请示	银西政发〔2016〕164号

2016 年重要文件目录(续表)

关于减免银带橡胶厂旧城(棚户区)改造项目涉及安置部分建设的城市基础设施配套费的请示	银西政发〔2016〕165 号
关于申请调拨救灾物资的请示	银西政发〔2016〕166 号
关于推荐镇北堡镇为全国特色小城镇的报告	银西政发〔2016〕167 号
关于调整西夏区境内贺兰山自然保护区试验区和一般林地保护等级的报告	银西政发〔2016〕168 号
关于办理西夏区镇北堡镇供水水源地探矿权的报告	银西政发〔2016〕169 号
关于建立银川市农村产权交易中心的请示	银西政发〔2016〕170 号
关于加快镇北堡镇瑞信温泉小镇发展的请示	银西政发〔2016〕171 号
关于对兴泾镇一宗国有建设用地进行挂牌出让的请示	银西政发〔2016〕172 号
关于变更贺兰山沿线自行车专用车道面层沥青的请示	银西政发〔2016〕173 号
关于西夏区贺兰山西路街道顾家桥村部分群众到区市连续上访处置情况的报告	银西政发〔2016〕174 号
关于自治区党校家属区旧城(棚户区)改造项目征收补偿及成本核算情况报告的请示	银西政发〔2016〕175 号
关于尽快启动兴泾镇涝池居民点征地拆迁工作的请示	银西政发〔2016〕176 号
关于申报第二批结合新型城镇化开展支持农民工等人员返乡创业试点地区的报告	银西政发〔2016〕177 号
关于西夏区政府区长刘虹同志离宁考察项目的请示	银西政发〔2016〕178 号
关于不予变更镇北堡村巷道硬化给排水改造项目的批复	银西政发〔2016〕179 号
关于解决购买及新建社区用房资金的请示	银西政发〔2016〕180 号
关于对西夏区境内贺兰山自然保护区实验区林地保护等级进行调整的报告	银西政发〔2016〕181 号
关于对“西马银”已勘测定界土地进行移交确认的请示	银西政发〔2016〕182 号
关于解决泾华园(新市民)安置区三期给水及污水接入文昌南街管网的请示	银西政发〔2016〕183 号
关于印发《银川市西夏区 2016 年秋冬农田水利基本建设实施方案》的通知	银西政发〔2016〕184 号
关于呈报《银川市西夏区公务用车制度改革实施方案》的请示	银西政发〔2016〕185 号
关于成立银西铁路银吴客专工程建设协调服务领导小组的通知	银西政发〔2016〕186 号
关于解决西夏区兴泾镇一支沟改线段治理工程建设资金的请示	银西政发〔2016〕187 号
关于长城机床厂家属区旧城(棚户区)改造项目有关事宜的请示	银西政发〔2016〕188 号

2016年重要文件目录(续表)

关于提请审核《银川至西安高铁项目涉及银川德荣物业四季园小区十吨热水锅炉房征收拆迁补偿资金及接入宁夏电投热力有限公司热网费用测算情况》的请示	银西政发〔2016〕189号
关于拨付建设巷(星光巷—怀远路)道路畅通工程安置资金的请示	银西政发〔2016〕190号
关于对西夏区亚麻厂家属区(润纺家园)旧城改造项目一期用地进行挂牌出让的请示	银西政发〔2016〕191号
关于印发《西夏区2016年土地例行督察发现问题整改工作实施方案》的通知	银西政发〔2016〕192号
关于补报西夏区2016年村镇建设项目计划的报告	银西政发〔2016〕193号
关于西夏区政府区长刘虹同志离宁考察项目的请示	银西政发〔2016〕194号
关于110国道综合整治工程西夏区段征地拆迁补偿情况的报告	银西政发〔2016〕195号
关于申请拨付2016贺兰山音乐节暨大学生艺术节活动经费的请示	银西政发〔2016〕196号
关于举办2016中国·宁夏·贺兰山户外运动季之环中国系列赛事活动的请示	银西政发〔2016〕197号
关于为西夏区润夏公司融资解决银川宝塔精细化工有限公司升级改造资金的请示	银西政发〔2016〕198号
关于给予贺兰山国际户外运动休闲基地项目资金支持的请示	银西政发〔2016〕199号
关于西夏区审计查出问题整改情况的报告	银西政发〔2016〕200号
关于西夏区审计查出问题整改情况的报告	银西政发〔2016〕201号
关于统计融资平台公司债务等有关数据情况的报告	银西政发〔2016〕202号
关于统计融资平台公司债务等有关数据情况的报告	银西政发〔2016〕203号
关于启动自治区党委机关原办公楼(南院)及印刷厂拆迁工作的报告	银西政发〔2016〕204号
关于将西夏区城市公园建设改造工程列入银川市2017年项目建设计划的请示	银西政发〔2016〕205号
关于将西夏区主干道路绿化提升工程列入银川市2017年项目建设计划的请示	银西政发〔2016〕206号
关于将南线物流快速通道等七条道路列入银川市2017年政府投资类基本建设项目计划的请示	银西政发〔2016〕207号
关于西夏区政府区长刘虹同志离宁考察项目的请示	银西政发〔2016〕208号
关于表彰奖励西夏区税务部门的决定	银西政发〔2016〕209号
关于西夏区政府区长刘虹同志离宁考察项目的请示	银西政发〔2016〕210号
关于拨付中石油500万吨大气防护带项目新增征地拆迁资金的请示	银西政发〔2016〕211号
关于西夏区"十二五"生态移民工作总结的报告	银西政发〔2016〕212号

2016 年重要文件目录(续表)

关于将泾西公路等三条道路建设工程列入银川市 2017 年为民办实事计划的请示	银西政发〔2016〕213号
关于将贺兰山路等六个亮化项目列入银川市 2017 年政府投资类基本建设项目计划的请示	银西政发〔2016〕214号
关于申请承办 2016 宁夏冬季旅游活动启动仪式的请示	银西政发〔2016〕215号
关于审核银西高铁银吴客专工程土地及地上附着物征收补偿测算情况的请示	银西政发〔2016〕216号
关于办理银川公路铁路运输物流园区二期道路建设用地划拨手续的请示	银西政发〔2016〕217号
关于成立银川市西夏区第十七小学的请示	银西政发〔2016〕218号
关于核准西夏区为“中国贺兰砚之乡”唯一申报县区的请示	银西政发〔2016〕219号
关于命名平安社区(村)及平安单位的决定	银西政发〔2016〕220号
银川市西夏区人民政府关于实施“西夏突破”发展基础设施建设项目的请示	银西政发〔2016〕221号
关于印发西夏区与贺兰县行政区域界线联合检查实施方案的通知	银西政发〔2016〕222号
关于局部调整西夏区两镇总体发展规划的请示	银西政发〔2016〕223号
关于成立银川市西夏区芦花洲小学的请示	银西政发〔2016〕224号
关于第三轮县级行政区域界线联合检查情况的报告	银西政发〔2016〕225号
关于申请拨付贺兰山东麓酒庄项目征地补偿费用的请示	银西政发〔2016〕226号
银川市西夏区人民政府关于申请划拨镇北堡镇幸福小镇三期 A 区棚户区改造项目用地的请示	银西政发〔2016〕227号
关于西夏区政府区长刘虹同志离宁考察项目的请示	银西政发〔2016〕228号
关于以去库存方式解决芦花台地区土地增减挂钩项目安置面积缺口的请示	银西政发〔2016〕229号
关于 2016 年度耕地保护目标责任履行情况的报告	银西政发〔2016〕230号
关于申请拨付西夏陵申遗项目海生养殖公司征地拆迁补偿资金的请示	银西政发〔2016〕231号
关于报送 2017 年美丽小城镇和美丽村庄建设项目的报告	银西政发〔2016〕232号
关于申请办理兴泾镇兴庆加油站迁建用地挂牌出让手续的请示	银西政发〔2016〕233号
关于成立银川日日顺物流有限公司“10·20”一般高处坠落事故调查组的通知	银西政发〔2016〕234号
关于将西夏区列入国家老工业城市和资源型城市产业转型升级示范区的请示	银西政发〔2016〕235号

2016年重要文件目录(续表)

关于解决银川润恒农副产品(冷链)物流产业园项目入库税收返还资金的请示	银西政发〔2016〕236号
关于提请西夏区人民代表大会常务委员会审议决定政府组成人员职务任免的议案	银西政发〔2016〕237号
关于印发《银川市西夏区国民经济和社会发展第十三个五年规划纲要》的通知	银西政发〔2016〕238号
关于挂牌出售部分国有资产的请示	银西政发〔2016〕239号
关于申报宁夏回族自治区银川市西夏区为“中国贺兰砚之乡”的请示	银西政发〔2016〕240号
关于提请审定自治区党委机关原办公楼(南院)及印刷厂改造项目征收成本的请示	银西政发〔2016〕241号
关于改善宁夏石油化工建设有限公司平房区居民住房条件事宜的请示	银西政发〔2016〕242号
关于向银川通联资本和银川市产业基金借款的请示	银西政发〔2016〕243号
关于西夏区芦花村九队居民洪振明信函上访事项调查情况的报告	银西政发〔2016〕244号
关于恳请解决泾祥园(棚户区)项目政府购买服务价款增加部分资金的请示	银西政发〔2016〕245号
银川市西夏区人民政府关于“两节”“两会”期间开展安全生产大检查的通知	银西政发〔2016〕246号
关于开展兴盈公司七十队旧城(棚户区)改造项目二期土地招拍挂的请示	银西政发〔2016〕247号
关于邀请市政府领导参加2017中国体育彩票杯全国新年登高活动的请示	银西政发〔2016〕248号
关于收储犀牛湖生态修复综合整治项目土地的请示	银西政发〔2016〕249号
关于自治区党委机关原办公楼及印刷厂资产处置有关事宜的报告	银西政发〔2016〕250号
关于风华小区及自治区党委家属院旧城(棚户区)改造项目规划相关事宜的函	银西政发〔2016〕251号
关于解决恒泰元种禽有限公司关停搬迁费用的请示	银西政发〔2016〕252号
关于拨付2016年“西夏突破”大学生就业创业扶持资金的请示	银西政发〔2016〕253号
关于宁光厂及周边区域旧城改造项目三号地块挂牌出让事宜的请示	银西政发〔2016〕254号
关于责令宁夏精英鲁西化肥有限公司停止磷酸二铵生产线的通知	银西政发〔2016〕255号
银川市西夏区人民政府办公室文件	
文件标题	**文 号**
关于开展安全生产大检查的紧急通知	银西政办发〔2016〕1号
关于再次开展生活无着流浪乞讨人员大排查大救助工作的通知	银西政办发〔2016〕2号

2016 年重要文件目录（续表）

关于印发《西夏区行政许可和行政处罚等信用信息公示工作实施方案》的通知	银西政办发〔2016〕3 号
关于西夏区“十三五”重点减排项目的报告	银西政办发〔2016〕5 号
西夏区 2015 年度突发事件应对工作总结评估报告	银西政办发〔2016〕6 号
西夏区 2015 年度突发事件应对工作总结评估报告	银西政办发〔2016〕7 号
关于全市安全生产大检查安全隐患整改落实情况的报告	银西政办发〔2016〕8 号
关于深刻吸取火灾事故教训迅速组织开展居（村）民楼院“三查三清”活动的通知	银西政办发〔2016〕9 号
关于开展统计专项执法大检查的通知	银西政办发〔2016〕10 号
关于调整西夏区区长副区长工作分工的通知	银西政办发〔2016〕11 号
关于拨付购买复印机等办公设备资金的请示	银西政办发〔2016〕12 号
关于提请审议《关于 2016 年政府工作报告任务分工的通知（讨论稿）》的请示	银西政办发〔2016〕13 号
关于印发《西夏区 2016 年“清明节”期间群众祭扫活动工作方案》的通知	银西政办发〔2016〕14 号
关于开展“十二五”时期公共机构节能工作情况调查的通知	银西政办发〔2016〕15 号
关于 2016 年政府工作报告任务分工的通知	银西政办发〔2016〕16 号
关于成立西夏区防范和处置非法集资工作领导小组的通知	银西政办发〔2016〕17 号
关于在建筑领域实行农民工工资实名制管理发放的通知	银西政办发〔2016〕18 号
关于认真做好自治区十一届人大五次会议代表建议和自治区政协十届四次会议提案办理工作的通知	银西政办发〔2016〕19 号
关于认真做好银川市十四届人大五次会议议案代表建议和银川政协十二届四次会议提案办理工作的通知	银西政办发〔2016〕20 号
关于认真做好西夏区三届人大四次会议议案建议意见和政协三届四次会议提案意见建议办理工作的通知	银西政办发〔2016〕21 号
关于印发《西夏区 2016 年纪念“5·12”防震减灾月活动实施方案》的通知	银西政办发〔2016〕23 号
关于开展西夏区地震应急防范准备和风险隐患排查及地震急工作检查的通知	银西政办发〔2016〕24 号
关于报送 2016 年应急预案演练及应急宣传培训计划的通知	银西政办发〔2016〕25 号
关于印发《西夏区未成年人社会保护试点工作实施方案》的通知	银西政办发〔2016〕26 号
关于印发《西夏区 2016 年“安全生产年”活动实施方案》的通知	银西政办发〔2016〕27 号
西夏区关于开展公众应急常识进社区进学校进厂矿进农村活动的通知	银西政办发〔2016〕28 号

2016年重要文件目录(续表)

关于提请审议《关于认真做好西夏区有关问题办理工作责任分工的通知》的请示	银西政办发〔2016〕29号
关于对西夏区政务服务中心室内环境综合治整工程进行公开招标的请示	银西政办发〔2016〕30号
关于同意为西夏区政务服务中心集中采购餐厅圆桌及后厨用品的请示	银西政办发〔2016〕31号
关于调整西夏区农民工工资清欠领导小组成员及单位职责的通知	银西政办发〔2016〕32号
关于调整西夏区食品安全委员会成员的通知	银西政办发〔2016〕33号
关于印发《西夏区治理货运车辆超限超载工作联席会议制度》的通知	银西政办发〔2016〕34号
关于印发《西夏区三联治超实施方案》的通知	银西政办发〔2016〕35号
关于印发《西夏区农村公路车辆超限超载治理实施方案》的通知	银西政办发〔2016〕36号
关于为保障西夏区政务服务中心物业服务进行集中采购有关用品的请示	银西政办发〔2016〕37号
关于印发《贺兰山东麓污染企业搬迁整治实施方案补充细则》的通知	银西政办发〔2016〕38号
关于印发银川市西夏区2016年夏季消防检查工作的通知	银西政办发〔2016〕39号
关于报送自治区暨银川市经济社会发展图片资料的通知	银西政办发〔2016〕40号
关于确认核报西夏区政务服务事项的通知	银西政办发〔2016〕41号
关于印发《西夏区关于全面治理拖欠农民工工资问题的实施方案》的通知	银西政办发〔2016〕42号
关于拨付购买平板电脑等办公设备资金的请示	银西政办发〔2016〕43号
关于对西夏区人民政府工作部门职责履行评估检查的通知	银西政办发〔2016〕44号
关于借调林红等三名同志到政府办跟班学习的请示	银西政办发〔2016〕45号
关于开展全区行政执法主体和行政执法人员专项清理工作的通知	银西政办发〔2016〕46号
关于开展行政执法专项监督检查工作的通知	银西政办发〔2016〕47号
关于印发《西夏区2016年中小学招生工作实施方案》的通知	银西政办发〔2016〕48号
关于印发《银川市西夏区行业主管部门消防安全专项整治行动方案》的通知	银西政办发〔2016〕49号
关于印发《贺兰山国家级自然保护区违法人类活动整治工作实施方案》的通知	银西政办发〔2016〕50号
关于印发《西夏区2016年节能宣传周活动方案》的通知	银西政办发〔2016〕51号
关于成立西夏区电信普遍补偿服务项目建设工作组的通知	银西政办发〔2016〕52号
关于同意西夏区政务服务中心招标采购办公家具追加变更并拨付变更资金的请示	银西政办发〔2016〕53号

2016 年重要文件目录(续表)

关于印发《健康西夏行动 2016 年实施方案》的通知	银西政办发〔2016〕54 号
关于调整西夏区区长副区长工作分工的通知	银西政办发〔2016〕55 号
关于银川市第十七期《电视问政》节目群众反映问题整改落实情况的报告	银西政办发〔2016〕56 号
关于认真做好行政职权运行流程图编制工作的通知	银西政办发〔2016〕57 号
关于启用银川市西夏区机关事务管理局印章的通知	银西政办发〔2016〕58 号
关于印发《西夏区 2016 年国民体质监测工作方案》的通知	银西政办发〔2016〕59 号
关于印发《西夏区乡村教师支持计划实施办法(2016–2020)》的通知	银西政办发〔2016〕60 号
关于下达 2016 年被征地农民养老保险参保任务的通知	银西政办发〔2016〕61 号
关于报送 2016 年度解决影响西夏区长远发展的突出问题的报告	银西政办发〔2016〕62 号
关于西夏区机关事业单位办公用房清理整改落实情况的报告	银西政办发〔2016〕63 号
关于进一步做好防范和处置非法集资信息统计报送工作的通知	银西政办发〔2016〕64 号
关于印发《西夏区体育产业专项调查工作方案》的通知	银西政办发〔2016〕65 号
关于印发《西夏区 2016 年地质灾害防治方案和应急预案》的通知	银西政办发〔2016〕66 号
关于抽调人员成立西夏区环境保护综合执法工作小组的通知	银西政办发〔2016〕67 号
关于成立西夏区精神卫生综合管理试点工作领导小组的通知	银西政办发〔2016〕68 号
关于印发《西夏区精神卫生综合管理试点工作实施方案》的通知	银西政办发〔2016〕69 号
关于转发宁党(环)督函〔2016〕18 号的通知	银西政办发〔2016〕70 号
关于启用银川市西夏区怀远路街道办事处印章的通知	银西政办发〔2016〕71 号
关于做好克马伦丁长老纪念活动期间安全维稳工作的通知	银西政办发〔2016〕72 号
关于印发《西夏区 2016 年精神卫生综合管理试点工作任务及责任分工》的通知	银西政办发〔2016〕73 号
关于印发《西夏区开展治超治洒专项治理工作实施方案》的通知	银西政办发〔2016〕74 号
关于加强西夏区近期消防安全工作的通知	银西政办发〔2016〕75 号
关于开展大督查的通知	银西政办发〔2016〕76 号
关于调整西夏区区长副区长工作分工的通知	银西政办发〔2016〕77 号
关于制定行政职权事项事中事后监管清单的通知	银西政办发〔2016〕78 号
关于拨付西夏区换届考察工作经费的请示	银西政办发〔2016〕79 号
关于做好迎接国务院大督查抽检准备工作的通知	银西政办发〔2016〕80 号
关于移交原政府办公大院固定资产的请示	银西政办发〔2016〕81 号
关于追加政府办公室差旅费的请示	银西政办发〔2016〕82 号

2016 年重要文件目录(续表)

关于明确有关单位环境保护工作分管领导的通知	银西政办发〔2016〕83 号
关于调整西夏区公务用车制度改革领导小组的通知	银西政办发〔2016〕84 号
关于印发《西夏区重污染天气应急预案》的通知	银西政办发〔2016〕85 号
关于启用西夏区道路养护所印章的通知	银西政办发〔2016〕86 号
关于转发《自治区人民政府办公厅〈关于发布 2016 年度企业工资指导线的通知〉》的通知	银西政办发〔2016〕87 号
关于申请核拨应急值班补助并执行应急办值班人员补助标准的请示	银西政办发〔2016〕88 号
关于做好 2016 年度区直机关干部职工健康体检工作的通知	银西政办发〔2016〕89 号
关于做好 2016 年度各镇街干部职工及在职村(社区)干部等人员健康体检工作的通知	银西政办发〔2016〕90 号
关于转发自治区政府《关于进一步做好为农民工服务工作的实施意见》的通知	银西政办发〔2016〕91 号
关于增加政府办公室办公经费的请示	银西政办发〔2016〕92 号
关于转发公安厅民政厅卫生计生委《宁夏回族自治区无户口人员登记管理办法》的通知	银西政办发〔2016〕93 号
关于做好西夏区 2016 年度法治政府建设迎检工作的通知	银西政办发〔2016〕94 号
关于印发《西夏区简化优化公共服务流程方便基层群众办事创业工作方案》的通知	银西政办发〔2016〕95 号
关于征集 2017 年为民办实事的通知	银西政办发〔2016〕96 号
关于开展 2016 中国·宁夏·贺兰山户外运动季之环中国系列赛事活动的通知	银西政办发〔2016〕97 号
关于建立突发事件应急处置工作联络员报告制度的通知	银西政办发〔2016〕98 号
关于转发《自治区人民政府办公厅关于报送 2017 年度地方性法规和政府规章项目的通知》的通知	银西政办发〔2016〕99 号
关于召开西夏区冬季大气污染防治安排部署会的通知	银西政办发〔2016〕100 号
关于借调马晓芳同志到政府办(法制办)跟班学习的请示	银西政办发〔2016〕101 号
关于印发《西夏区公交线路加密暨定制公交出行指南》的通知	银西政办发〔2016〕102 号
关于对银川市政府信息公开工作督查存在问题整改落实情况的报告	银西政办发〔2016〕103 号
关于对银川市政协十二届四次会议第 1-13 号提案的答复	银西政办发〔2016〕104 号
关于对银川市政协十二届四次会议第 1-29 号提案的答复	银西政办发〔2016〕105 号
关于对银川市政协十二届四次会议第 1-54 号提案的答复	银西政办发〔2016〕106 号
关于对银川市政协十二届四次会议第 1-55 号提案的答复	银西政办发〔2016〕107 号

2016 年重要文件目录(续表)

关于对银川市政协十二届四次会议第 2-9 号提案的答复	银西政办发〔2016〕108 号
关于对银川市政协十二届四次会议第 2-12 号提案的答复	银西政办发〔2016〕109 号
关于对银川市政协十二届四次会议第 2-13 号提案的答复	银西政办发〔2016〕110 号
关于对银川市政协十二届四次会议第 2-28 号提案的答复	银西政办发〔2016〕111 号
关于对银川市政协十二届四次会议第 2-39 号提案的答复	银西政办发〔2016〕112 号
关于对银川市政协十二届四次会议第 3-38 号提案的答复	银西政办发〔2016〕113 号
关于对银川市政协十二届四次会议第 3-47 号提案的答复	银西政办发〔2016〕114 号
关于对银川市政协十二届四次会议第 3-64 号提案的答复	银西政办发〔2016〕115 号
关于对银川市政协十二届四次会议第 3-67 号提案的答复	银西政办发〔2016〕116 号
关于对银川市政协十二届四次会议第 3-76 号提案的答复	银西政办发〔2016〕117 号
关于对银川市政协十二届四次会议第 3-92 号提案的答复	银西政办发〔2016〕118 号
关于对银川市政协十二届四次会议第 3-96 号提案的答复	银西政办发〔2016〕119 号
关于对银川市政协十二届四次会议第 3-98 号提案的答复	银西政办发〔2016〕120 号
关于对银川市政协十二届四次会议第 4-9 号提案的答复	银西政办发〔2016〕121 号
关于对银川市政协十二届四次会议第 4-11 号提案的答复	银西政办发〔2016〕122 号
关于对银川市政协十二届四次会议第 4-12 号提案的答复	银西政办发〔2016〕123 号
关于对银川市政协十二届四次会议第 4-14 号提案的答复	银西政办发〔2016〕124 号
关于对银川市政协十二届四次会议第 4-31 号提案的答复	银西政办发〔2016〕125 号
关于对银川市政协十二届四次会议第 4-34 号提案的答复	银西政办发〔2016〕126 号
关于对银川市政协十二届四次会议第 4-40 号提案的答复	银西政办发〔2016〕127 号
关于对银川市政协十二届四次会议第 4-57 号提案的答复	银西政办发〔2016〕128 号
关于对银川市政协十二届四次会议第 4-60 号提案的答复	银西政办发〔2016〕129 号
关于成立西夏区政府购买服务工作领导小组的通知	银西政办发〔2016〕130 号
西夏区 2016 年度法治政府建设自查自评报告	银西政办发〔2016〕131 号
关于印发《西夏区农村环境保护设施设备长效运行管理办法》的通知	银西政办发〔2016〕132 号
关于移交国有资产权证的通知	银西政办发〔2016〕133 号
关于调整西夏区防治重大动物疫病指挥部领导小组成员的通知	银西政办发〔2016〕134 号
关于印发《西夏区第四季度节能降耗攻坚工作实施方案》的通知	银西政办发〔2016〕135 号
关于印发《西夏区创建国家食品安全城市试点工作方案》的通知	银西政办发〔2016〕136 号
关于印发《西夏区创建国家食品安全城市试点工作方案》的通知	银西政办发〔2016〕137 号

2016年重要文件目录(续表)

关于调整西夏区区长副区长工作分工的通知	银西政办发〔2016〕138号
关于调整西夏区食品安全委员会领导小组成员的通知	银西政办发〔2016〕139号
关于2017年拟办理民生实事的报告	银西政办发〔2016〕140号
关于印发《2016年今冬明春火灾防控工作方案》的通知	银西政办发〔2016〕141号
关于印发《西夏区"蓝天碧水·美丽银川"专项行动方案》的通知	银西政办发〔2016〕142号
关于成立西夏区粮食安全省长责任制工作领导小组的通知	银西政办发〔2016〕143号
关于上报一事一议财政奖补项目审计结算工作情况的通知	银西政办发〔2016〕144号
关于开展农民工工资支付情况专项检查的通知	银西政办发〔2016〕145号
关于报送《银川市西夏区消除"大班额"专项规划实施方案》的报告	银西政办发〔2016〕146号
关于2016年度法治政府建设工作的报告	银西政办发〔2016〕147号
关于银川市第十八期《电视问政》节目群众反映问题整改落实情况的报告	银西政办发〔2016〕148号
关于进一步加强和改进政务信息报送工作的通知	银西政办发〔2016〕149号
关于调整西夏区法治政府建设领导小组的通知	银西政办发〔2016〕150号
关于呈报2016年应急管理工作总结暨2017年工作计划的报告	银西政办发〔2016〕151号
关于呈报2016年应急管理工作总结暨2017年工作计划的报告	银西政办发〔2016〕152号
关于申请西夏区政府门户网站建设费用的请示	银西政办发〔2016〕153号
关于做好西夏区专项应急预案修订工作的通知	银西政办发〔2016〕154号
关于转发《自治区人民政府办公厅〈关于印发整改落实国务院第三次大督查反馈意见工作方案的通知〉》的通知	银西政办发〔2016〕155号
关于成立犀牛湖水上生态公园项目征地拆迁工作领导小组的通知	银西政办发〔2016〕156号
关于全面改善贫困地区义务教育薄弱学校基本办学条件工作自查情况的报告	银西政办发〔2016〕157号
关于印发《西夏区大气水和土壤污染防治工作联席会议制度》的通知	银西政办发〔2016〕158号
关于提请审议《关于2017年政府工作报告任务分工的通知(讨论稿)》的请示	银西政办发〔2016〕159号
关于进一步规范西夏区人民政府常务会议流程的通知	银西政办发〔2016〕160号
关于审议《关于全面推进西夏区政务公开工作的实施意见》(讨论稿)的请示	银西政办发〔2016〕161号
关于提请审议《西夏区法治政府建设实施方案(2016年-2020年)》(讨论稿)的请示	银西政办发〔2016〕162号
关于做好迎接银川市精准脱贫监督检查工作的通知	银西政办发〔2016〕163号

2016 年重要文件目录(续表)

关于转发银川市公共机构节能工作领导小组办公室《关于组织参加全国公共机构节能管理远程培训(第四期)的通知》的通知	银西政办发〔2016〕164 号
关于调整西夏区第三次全国农业普查领导小组的通知	银西政办发〔2016〕165 号
关于转发《银川市人民政府办公厅关于扎实做好水面冰面安全预防工作的紧急通知》的通知	银西政办发〔2016〕166 号
关于转发自治区政府办公厅《关于 2017 年部分节假日安排的通知》的通知	银西政办发〔2016〕167 号
关于准确报送数据并积极动员被征地农民参加养老保险的通知	银西政办发〔2016〕168 号
关于成立镇北堡西部影视城股权改革工作领导小组的通知	银西政办发〔2016〕169 号
关于印发扶贫开发工作监督检查和精准扶贫第三方评估情况的整改方案的通知	银西政办发〔2016〕170 号

三、媒体眼中的西夏区

新闻标题	媒体及发布日期
西夏区立足“四早”推动监督执纪常态化	《银川日报》2016 年 1 月 12 日
认真履行政协职能　全力助推“西夏突破”——西夏区政协常委会工作回顾与展望	《银川日报》2016 年 1 月 26 日
认真履行监督职能　“西夏突破”源动力——西夏区人大常委会 2015 年工作综述及 2016 年工作展望	《银川日报》2016 年 1 月 27 日
西夏区系列活动确保学习教育取得成效	《银川日报》2016 年 5 月 7 日
西夏区惠民社区弹“三弦琴”奏响党建最强音	《银川日报》2016 年 5 月 22 日
筑牢基层战斗堡垒——西夏区建领导包抓党风廉政建设制度	《银川日报》2016 年 5 月 28 日
党员干部为民办实事办好事解难事——西夏区“两学一做”在基层落地生根	《宁夏日报》2016 年 6 月 8 日
西夏区党风廉政巡察让“苍蝇”无处遁形	《宁夏日报》2016 年 6 月 12 日
西夏区“三转”模式推动党风廉政建设	《银川日报》2016 年 6 月 15 日
“两学一做”落实处	《银川日报》2016 年 6 月 22 日
西夏区镇北堡镇“双增”有诀窍——支部建在产业上　群众富在产业中	《宁夏日报》2016 年 7 月 17 日
西夏区严把“四关”确保换届风清气正	《银川日报》2016 年 9 月 2 日
西夏区把长征精神植入干群心间	《宁夏日报》2016 年 10 月 2 日
西夏区组织观看纪念红军长征胜利 80 周年大会	《宁夏新闻网》2016 年 10 月 21 日
“工匠精神”铸造服务品牌——西夏区基层党建工作贴近百姓心	《银川日报》2016 年 10 月 27 日
西夏区掀起学习党的十八届六中全会精神热潮	《银川日报》2016 年 11 月 4 日
西夏区“以学促做”立合格标尺树先锋形象	《银川日报》2016 年 11 月 10 日
西夏区党建工作有“盆景”更有“风景”	《宁夏日报》2016 年 11 月 24 日
开放合作新模式助力“开放银川”——政府搭好台　企业唱主角	《银川日报》2016 年 1 月 5 日
西夏区全力开启“西夏突破”发展“加速度”	《银川日报》2016 年 1 月 9 日
商家电商谷里“敲”出 GDP	《银川日报》2016 年 1 月 10 日
宁夏润恒城交易额累计超 20 亿元	《银川日报》2016 年 1 月 15 日
扶贫先扶智　输血变造血——西夏区为贫困户量身打造“帮扶计划”	《银川日报》2016 年 1 月 28 日
人均纯收入从不足 1000 元增长到 13000 余元，人均居住面积增长 10 倍——华西村“旅游饭”吃得倍儿香	《宁夏日报》2016 年 1 月 29 日

媒体眼中的西夏区（续表）

新闻标题	媒体及发布日期
西夏区擂响“建设之春”战鼓　20 个项目集中开工	《宁夏日报》2016 年 3 月 1 日
西夏区 2016 年第一批重点建设项目集中启动	《银川日报》2016 年 3 月 1 日
3D 打印重塑“中国制造”	新华社 2016 年 2 月 29 日
西夏公铁物流城点燃产业发展新引擎	《银川日报》2016 年 3 月 2 日
西夏区去年劳务收入超 1 亿元	《宁夏日报》2016 年 3 月 9 日
西夏区多措并举激发“双创”活力	《银川日报》2016 年 3 月 10 日
西夏区一季度财政实现“开门红”	《银川日报》2016 年 4 月 6 日
西夏区精准扶贫激发内生动力　贫困群众争做“多金”农民	《宁夏日报》2016 年 4 月 18 日
宁夏“移民第一村”的致富秘籍	《经济日报》2016 年 4 月 20 日
帮到点子上　扶到根子上——西夏区细分政策精准扶贫	《宁夏日报》2016 年 4 月 29 日
整合资源组团发展　建特色街区增亮点——西夏区整合旅游资源打造“热产业”	《宁夏日报》2016 年 4 月 29 日
西夏区一季度农村居民人均可支配收入增速全市第一	《银川日报》2016 年 5 月 3 日
精准脱贫路上的团结村	《宁夏日报》2016 年 5 月 6 日
种下“摇钱树” 盼结“致富果”——西夏区为移民送上科技致富金钥匙	《银川日报》2016 年 5 月 27 日
工业经济逆势前行：西夏区为企业发展“精准施策”	《银川日报》2016 年 5 月 28 日
西夏区崛起城市新地标	《银川日报》2016 年 6 月 17 日
西夏区精准脱贫问需于民	《宁夏日报》2016 年 7 月 1 日
西夏区产业扶贫落地见效	《银川日报》2016 年 7 月 5 日
西夏区今年 50 个重点项目全部开工	《银川日报》2016 年 7 月 13 日
同阳新村嬗变记	《宁夏日报》2016 年 7 月 15 日
产业助推移民致富	《银川日报》2016 年 7 月 15 日
久零网打造 O2O 行业领航者	《银川日报》2016 年 7 月 18 日
西夏区五十个重点项目带动经济民生齐头并进	《宁夏日报》2016 年 7 月 27 日
银川市西夏区引进优势企业助力全域旅游发展	新华网 2016 年 7 月 31 日
与北青集团签订战略合作协议，西夏区推进全域旅游示范区建设	《宁夏日报》2016 年 8 月 1 日
今年上半年西夏区经济稳中有进	《宁夏日报》2016 年 8 月 4 日
西夏区用实干实现发展新突破	《银川日报》2016 年 8 月 17 日

媒体眼中的西夏区（续表）

新闻标题	媒体及发布日期
西夏区委书记雍辉:全面规划统筹实现发展新突破	《银川日报》2016 年 8 月 23 日
西夏区微影视撬动大产业	《宁夏日报》2016 年 9 月 2 日
送政策　送服务　送资金——西夏区院地联手“孵化”大学生创业梦	《宁夏日报》2016 年 9 月 8 日
加快推进“西夏突破”让实干落地生根	《银川日报》2016 年 9 月 26 日
“六大”战略绘美好蓝图——“西夏突破”让愿景成真	《银川日报》2016 年 9 月 28 日
西夏区新常态新突破新发展	《银川日报》2016 年 10 月 13 日
西夏区坚定信心实现全面突破	《银川日报》2016 年 10 月 15 日
西夏区紧盯全年计划实施项目	《银川日报》2016 年 10 月 29 日
全力实施“六大战略”　奋力建设美好西夏	《银川日报》2016 年 11 月 1 日
西夏区谋划 35 个项目吹响“准备之冬”号角	《银川日报》2016 年 11 月 2 日
西夏区“准备之冬”大干实干　15 个项目集中开工　涵盖商贸、民生等领域	《宁夏日报》2016 年 11 月 3 日
西夏区赴厦门举办专场招商引资推介会	《银川日报》2016 年 11 月 8 日
华西村:昔日苦焦之地　今朝农夫乐园	《新消息报》2016 年 11 月 14 日
养上”扶贫羊“,致富有盼头;入股合作社,村民发“鸡”财——西夏区特色养殖拓宽精准脱贫路	《银川日报》2016 年 11 月 17 日
323 户建档立卡贫困户今年 50%脱贫——西夏区精准扶贫扶出好日子	《宁夏日报》2016 年 11 月 24 日
西夏区招商引资花繁果硕	《宁夏日报》2016 年 11 月 25 日
立足产业发展需求补短板　西夏区着力培育跨境电商人才	《宁夏日报》2016 年 11 月 28 日
西夏区定制培训助农冬闲增收	《银川日报》2016 年 12 月 8 日
全域旅游格局,既吸引了游客,又发展了经济——全域旅游的西夏区版图	《银川日报》2016 年 12 月 20 日
丁学峰:破案能手获点赞	《银川日报》2016 年 1 月 5 日
西夏区高效政务服务化解办事难	《银川日报》2016 年 1 月 5 日
西夏区失地农民新年唱响新生活	《银川日报》2016 年 1 月 5 日
西夏区 2000 余农民喜迁新家	《宁夏日报》2016 年 1 月 5 日
小志愿者获爱心奖励	《银川日报》2016 年 1 月 8 日
西夏区“双增双减”绘出乡村新景——去年 8 个“空壳村”脱壳	《宁夏日报》2016 年 1 月 13 日
他乡变故乡开辟新生活	《银川日报》2016 年 2 月 18 日
西夏区恳谈会上谈出“心”天地	《银川日报》2016 年 2 月 19 日

媒体眼中的西夏区（续表）

新闻标题	媒体及发布日期
“西马银”的早春	《宁夏日报》2016 年 3 月 1 日
让发展成果更多惠及普通百姓——西夏区超八成财力用于民生	《宁夏日报》2016 年 3 月 2 日
西夏区为妇女提供岗位近千个	《银川日报》2016 年 3 月 7 日
西夏区打响城乡环境治理战役	《宁夏日报》2016 年 3 月 8 日
西夏区环境治理力争“四个达标”	《银川日报》2016 年 3 月 8 日
西夏区八大工程让群众乐享生态红利	《银川日报》2016 年 3 月 8 日
52 处渣土堆开始“移山”——西夏区重拳实招整治环境	《银川日报》2016 年 3 月 18 日
西夏城管三管齐下整治渣土车辆	《银川日报》2016 年 3 月 21 日
宁朔北路社区获全国社区侨务工作示范单位	《银川日报》2016 年 3 月 22 日
西夏区燕宝社区：自办公众号掌中送服务	《银川日报》2016 年 4 月 11 日
老小区变新家园	《银川日报》2016 年 4 月 20 日
“垃圾场”变身停车场：西夏区环境整治“一石二鸟”	《银川日报》2016 年 4 月 26 日
西夏区地震应急演练人机联动堪比“实战”	《宁夏日报》2016 年 5 月 11 日
西夏区把钱花在民生“刀刃”上	《银川日报》2015 年 5 月 17 日
镇苏路干净得让人“眼生”，西夏区给城乡来了场“大扫除”	《宁夏日报》2016 年 5 月 22 日
同心路市场改造升级　居民买菜更舒心——银川最老农贸市场旧貌换新颜	《宁夏日报》2016 年 5 月 24 日
西夏区一面信息墙实现居民微心愿	《银川日报》2016 年 6 月 13 日
枸杞红了	《银川日报》2016 年 6 月 20 日
秋万全：不能自己富了就忘了群众	《银川日报》2016 年 6 月 22 日
西夏区“4+2+N”工作法促老旧小区升级	《银川日报》2016 年 7 月 4 日
全国跳绳联赛总决赛闭幕：西夏区第八小学获 4 金 2 银 3 铜	《宁夏日报》2016 年 7 月 14 日
移民村里话幸福	《银川日报》2016 年 7 月 21 日
西夏区用智慧管理服务城市	《银川日报》2016 年 7 月 26 日
新市民劳务市场投入使用　西夏区农民工路边揽活成为历史	《宁夏日报》2016 年 8 月 19 日
兴泾镇成立西夏新市民劳务市场　村民在家门口就能找工作	《银川日报》2016 年 8 月 19 日
西夏城管转移老弱妇孺 161 人	《宁夏日报》2016 年 8 月 23 日
西夏区“网络达人游西夏”活动启动：美美的西夏区　爽爽的全域游	新华网 2016 年 8 月 25 日

媒体眼中的西夏区（续表）

新闻标题	媒体及发布日期
西夏区百万元助266名贫困生圆梦	《银川日报》2016年8月30日
西夏区打造宜居宜业新福地	《银川日报》2016年9月27日
第五届亚洲大众体操节　西夏区第一小学获佳绩	《宁夏日报》2016年10月11日
干部带头干群众抢着干——西夏区农田水利建设正酣	《银川日报》2016年10月14日
西夏区为900余名环卫工免费体检	《银川日报》2016年10月20日
西夏区有个“留守儿童之家”欢声和笑语　情暖农村娃	《宁夏日报》2016年10月27日
西夏区表彰抗洪救灾先进	《银川日报》2016年10月31日
数据多跑路　群众少跑路：西夏区网上办事大厅给群众省事	《宁夏日报》2016年11月2日
西夏区4年来八成财力用于民生	《宁夏日报》2016年11月4日
“环中国自行车赛银川站”开赛	《银川日报》2016年11月7日
第二十届环球夫人宁夏赛区总决赛决出名次	新华网2016年11月12日
这群孩子跳绳跳出世界水平：刚从上海回来，又接到香港邀请	《新消息报》2016年11月14日
西夏区首届大学生创业营销挑战赛结束6个团队24个个人获奖	宁夏新闻网2016年11月30日
“美丽工程”馨香银川市西夏区教育	新华网2016年12月1日
西夏区打造大学生创业“实战训练营”	《宁夏日报》2016年12月5日
“美丽学校”工程趟出“教育在西夏”新路径	《银川日报》2016年12月5日
西夏区鼓励群众参与打传　为74名举报者兑现奖励	宁夏新闻网2016年12月6日
西夏区4万余元奖励传销举报人	《银川日报》2016年12月7日
西夏检察院向辖区案发学校发建议：切实消除并杜绝校园安全隐患	《宁夏日报》2016年12月13日
西夏区扼住电信诈骗犯罪“喉咙”	《宁夏日报》2016年12月16日
西夏区情暖被征地农民：养老保险惠民政策送到群众心坎上	《宁夏日报》2016年12月19日
数据“多跑路”　百姓“少跑腿”——西夏区打通政务服务五级网络	《宁夏日报》2016年12月20日
执行超低排放标准　污染物排放总量大幅降低：西夏热电多措助力“银川蓝”	《宁夏日报》2016年12月20日
西夏区多举措丰富群众春节文化生活	《银川日报》2016年1月8日
家门口享“文化大餐”：西夏区15项文化活动闹新春	《宁夏日报》2016年1月20日
西夏区同心联盟绘就民族团结同心圆	《宁夏日报》2016年1月21日
为民送实惠　年味提前到西夏区四下乡活动启动	新华网2016年1月25日

媒体眼中的西夏区（续表）

新闻标题	媒体及发布日期
西夏区 17 项活动推动学雷锋常态化	《宁夏日报》2016 年 3 月 6 日
首届“西夏杯”微电影大赛落幕	《宁夏日报》2016 年 3 月 8 日
夕阳红志愿巡逻队：服务老百姓传递正能量	《银川日报》2016 年 3 月 22 日
西夏区兴泾镇：全民参与打造秀美回乡小镇	《银川日报》2016 年 4 月 9 日
微信分享大事小情　社区服务多元化：西夏区舜天园社区“和谐之花”越开越旺	《宁夏日报》2016 年 4 月 21 日
长城须崎社区：民族团结花正艳	《宁夏日报》2016 年 5 月 3 日
西夏区全域旅游精彩纷呈	《银川日报》2016 年 5 月 13 日
西夏区农家乐斗“宴”：40 多道菜肴一决高低	《宁夏日报》2016 年 5 月 19 日
首届西北五省（区）特色小吃美食节落幕	《宁夏日报》2016 年 5 月 31 日
摆下百家宴　找回邻里间亲热劲	《宁夏日报》2016 年 6 月 2 日
大型战争史诗秀《西夏盛典》成功首演　总投资达 1.5 亿元	新华网 2016 年 6 月 6 日
宁夏首部大型战争史诗秀《西夏盛典》首演	《宁夏日报》2016 年 6 月 7 日
推出两大旅游清单　融合商业旅游文化：西夏区探索“全域旅游”新模式	《宁夏日报》2016 年 6 月 10 日
西夏区全面推进文化惠民工程	《宁夏日报》2016 年 6 月 17 日
宁夏第四届青年书法篆刻作品展开幕	新华网 2016 年 6 月 18 日
王惠英：　用行动谱就“爱心常在”最美赞歌	《宁夏日报》2016 年 6 月 23 日
西夏区同阳新村有了农耕文化馆，让农具会“说话”　为移民留记忆	《宁夏日报》2016 年 6 月 28 日
西夏区群众性体育活动蓬勃发展　每天坚持参加锻炼群众达 4.2 万多人次	《宁夏日报》2016 年 6 月 29 日
全国媒体、旅游界大咖贺兰山下对话全域旅游	新华网 2016 年 9 月 8 日
咸辉在西夏区调研时强调：打造凸显宁夏特色的全域旅游示范区景点资源多　旅游文化浓　游客人气旺	《宁夏日报》2016 年 9 月 9 日
全域游西夏处处是美景	《银川日报》2016 年 9 月 19 日
居民点单　支部下单　党员接单——西夏区翟靖巷社区送服务“大餐”	《宁夏日报》2016 年 9 月 19 日
郑钧、谢天笑、苏阳等 9 月 28 日贺兰山下同台献唱	新华网 2016 年 9 月 20 日
打“组合”牌　亮“特色”招：西夏区全域旅游持续升温	《宁夏日报》2016 年 9 月 21 日
2016 贺兰山音乐节暨大学生艺术节开幕	《宁夏日报》2016 年 9 月 29 日
燕宝社区：民族团结造就和谐家园	《宁夏日报》2016 年 10 月 2 日

媒体眼中的西夏区（续表）

新闻标题	媒体及发布日期
西夏区镇北堡镇入选首批中国特色小镇	《银川日报》2016 年 10 月 17 日
贺兰山下放光彩的特色小镇	《银川日报》2016 年 10 月 18 日
宁夏西夏户外运动季活动 10 月 23 日启幕	宁夏新闻网 2016 年 10 月 21日
2016 中国·银川环西夏自行车赛今日开赛	宁夏新闻网 2016 年 11 月 5 日
第 20 届环球夫人大赛宁夏区总决赛完美收官	宁夏新闻网 2016 年 11 月 12日
昊苑村美酒与盛景的约会	《新消息报》2016 年 11 月 14 日
镇北堡:一部宁夏移民历史的缩影　一个古堡华丽转身的传奇	《新消息报》2016 年 11 月 14 日
西夏区精准脱贫不忘民风教育:《村规民约》“三字经”深入人心	《新消息报》2016 年 11 月 16 日
2016 宁夏冬季旅游活动暨贺兰山冰雪旅游季启动	新华网 2016 年 11 月 26 日
西夏区 16 户家庭被授予银川市“最美家庭”称号	宁夏新闻网 2016 年 12 月 12日
最受中国报业关注的十大古镇:镇北堡镇榜上有名	《宁夏日报》2016 年 12 月 14 日
西夏区弘扬良好家风引领时代风尚	《宁夏日报》2016 年 12 月 15 日
西夏区百日百场平安文艺汇演:演绎身边邻里事 传递平安和谐情	《宁夏日报》2016 年 12 月 19 日
2017 中国大北方区攀冰联赛揭幕赛银川开战	新华网 2016 年 12 月 24 日

索　引

说　明

1.本索引以主题分析方法为主，按主题词首字汉语拼音字母书序排列。

2.主题词后的数字表示内容所在的页码，数字后面的 a、b 表示该页面自左至右的栏别。

K

L

M

N

P

R

S

Y

Z